21世纪高等院校规划教材 · 公共课系列

云南省一流本科课程配套教材

大学生
心理健康教育

主　编：尚　云

副主编：赵光辉　陈红燕

参编人员：尚　云　郭愿志　宋　熹　陈红燕　夏体韬　杨冬青
肖　甜　范庆江　常义恒　谭　安　刘　源　晁　婷
刘　芳　王琦平　傅　源　李丽红　张海涛　刘　曦
陆玲玲　夏　冰　李　娜　普星维　张　瑛

北京大学出版社
PEKING UNIVERSITY PRESS

图书在版编目（CIP）数据

大学生心理健康教育 / 尚云主编. -- 北京 : 北京大学出版社, 2025. 2. -- (21世纪高等院校规划教材).--ISBN 978-7-301-35924-2

Ⅰ. G444

中国国家版本馆CIP数据核字第2025TQ3096号

书　　名	大学生心理健康教育 DAXUESHENG XINLI JIANKANG JIAOYU
著作责任者	尚　云　主编
责任编辑	李　晨　巩佳佳
标准书号	ISBN 978-7-301-35924-2
出版发行	北京大学出版社
地　　址	北京市海淀区成府路205号　100871
网　　址	http://www.pup.cn　新浪微博: @ 北京大学出版社
电子邮箱	编辑部 zyjy@pup.cn　总编室 zpup@pup.cn
电　　话	邮购部 010-62752015　发行部 010-62750672　编辑部 010-62704142
印 刷 者	河北滦县鑫华书刊印刷厂
经 销 者	新华书店
	787毫米×1092毫米　16开本　17.5印张　407千字
	2025年2月第1版　2025年2月第1次印刷
定　　价	49.00元

本书编委会

主　　编： 尚　云

副 主 编： 赵光辉　陈红燕

编委会成员： 吴　捷　张海涛　陈　瑶　夏　冰
杨舒涵　李　鹏　任　利　宋　熹
谭　安　蔡文华　何万银　晏　源

参编人员： 尚　云　郭愿志　宋　熹　陈红燕
夏体韬　杨冬青　肖　甜　范庆江
常义恒　谭　安　刘　源　晁　婷
刘　芳　王琦平　傅　源　李丽红
张海涛　刘　曦　陆玲玲　夏　冰
李　娜　普星维　张　瑛

前言

随着生产技术的日新月异，人工智能赋能千行百业，变革已然到来。当代大学生拥有充分展示自我才华、发挥个人专长的广阔空间，以及更加多元的发展机遇。大学阶段是心理发展的重要转折期，也是完善人格、塑造性格的关键时期。大学生普遍缺乏社会经验，在生活、学业、就业、情感等方面面临重大困难、特殊情况时，较容易出现心理失衡的情况和各类心理问题。

习近平总书记在党的二十大报告中提出“重视心理健康和精神卫生”，对新时代我国的心理健康工作提出了明确要求。2024 年 1 月，中共云南省委办公厅、云南省人民政府办公厅根据《全面加强和改进新时代学生心理健康工作专项行动计划（2023—2025 年）》精神，印发了《云南省全面加强和改进新时代学生心理健康工作专项行动实施方案》（以下简称《实施方案》），要求提高课堂内外吸引力，全方位开展心理健康教育。《实施方案》强调，高等学校要开设心理健康必修课，原则上应设置 2 个学分（32 ～ 36 学时），有条件的高等学校可开设更多样、更有针对性的心理健康选修课，分学段编写中小学校心理健康教育教师指导丛书。

心理健康在实现人生目标、提升个人生活幸福感、促进社会发展等方面具有重要价值。课程是学校心理健康教育的主阵地。开设心理健康教育课程是向学生传授知识、技能，改变学生认知方式的重要途径，是做好心理健康教育工作、促进心理育人的必要前提和保障。

本书的结构设计遵循大学生身心发展规律和认知规律，坚持“从学生中来，到学生中去”，贴近大学生实际生活，理论部分便于学生理解与应用。本书共有十三章内容。第一章为绪论，第二章为大学生活的适应，第三章为大学生自我意识，第四章为大学生学习心理，第五章为大学生家庭关系，第六章为大学生人际关系，第七章为大学生恋爱心理，第八章为大学生情绪管理，第九章为大学生压力与挫折应对，第十章为大学生网络心理，第十一章为大学生心理危机，第十二章为大学生职业生涯规划，第十三章为大学生心理健康的维护。本书编者结合每个章节的具体内容设计了案例导入、微课学习、拓展阅读、思政启航、心理感悟、团体训练、心理测验、案例学习、思考与练习等模块，帮助学生提高学习效果。

本书由云南师范大学尚云教授担任主编，由贵州财经大学赵光辉教授、云南师范大学陈红燕老师担任副主编。本书第一章由郭愿志、尚云编写，第二章由郭愿志、宋熹编写，第三章由陈红燕、夏体韬编写，第四章由杨冬青、张海涛编写，第五章由肖甜、范庆江编写，第六章由常义恒、谭安编写，第七章由刘源、尚云编写，第八章由晁婷、刘芳编写，第九章由刘芳、王琦平编写，第十章由傅源、李丽红编写，第十一章由尚云、常义恒编写，第十二章由刘曦、陆玲玲、夏冰编写，第十三章由肖甜、李娜编写，参考文献由普星维、张瑛整理。

本书编者在编写本书的过程中，既吸取了心理学专家的意见，也通过与广大高校心理健康教育同行进行深入交流，吸取了同行们的宝贵经验，在此一并致谢。尽管整个编写团队力求为读者提供优质的学习内容，但由于水平有限，教材还有很多需要改进和提高的地方。因此，我们真诚地期待各位读者朋友向我们提出宝贵的意见。未来我们也会根据遇到的实际问题对教材内容进行改进，坚持教中学、学中教，不断对教材进行完善。

编　者

2025 年 2 月 21 日

本教材配有练习题、参考答案等相关资源。
读者扫描右侧二维码，即可获取上述资源。
一书一码，相关资源仅供一个人使用。

大学生心理健康教育
请刮开后扫描获取本书资源
本码2030年12月31日前有效

本教材配有教学课件及其他教学资源，如有老师需要，可扫描右侧的二维码关注北京大学出版社微信公众号“北大出版社创新大学堂”(zyjy-pku)索取。

● 课件申请
● 样书申请
● 教学服务
● 编读往来

目录

第一章　绪论 1
　第一节　心理健康与大学生 4
　　一、心理健康 4
　　二、大学生心理发展的特征 5
　　三、心理健康的状态等级及标准 8
　第二节　大学生心理健康的意义与影响因素 13
　　一、心理健康对大学生的意义 13
　　二、大学生心理健康的影响因素 16
第二章　大学生活的适应 21
　第一节　大学新生的心理适应 24
　　一、适应能力 24
　　二、新生综合征的表现 25
　　三、大学新生出现适应问题的原因 27
　第二节　大学生活解惑指南 28
　　一、增加对自己的了解 28
　　二、做好心理调适 29
　　三、参加实践活动 30
　　四、养成良好的生活习惯 30
　　五、熟悉校园环境 30
　第三节　大学生活新规划 30
　　一、客观认识和评价大学生活 31
　　二、确立奋斗目标 31
　　三、规划大学生活 32
第三章　大学生自我意识 39
　第一节　自我意识及其发展 41
　　一、自我意识概述 41
　　二、自我意识的作用 45
　　三、大学生自我意识发展的表现 46
　第二节　大学生常见的自我意识偏差 46
　　一、大学生自我意识发展所表现出的矛盾 47

二、大学生常见的自我意识问题 ······ 48
第三节　自我接纳与成长 ······ 53
一、认识自我的方式 ······ 53
二、悦纳自我 ······ 56
三、完善自我 ······ 59

第四章　大学生学习心理 ······ 63
第一节　大学生学习心理概述 ······ 65
一、学习心理的概念 ······ 65
二、大学学习的特点 ······ 66
三、学习的意义 ······ 67
第二节　大学生常见的学习心理问题 ······ 68
一、学习适应不良 ······ 69
二、考试焦虑 ······ 69
三、学习动机不当 ······ 69
四、学习拖延 ······ 70
五、学习倦怠 ······ 71
第三节　大学学习导航 ······ 71
一、树立终身学习的理念 ······ 71
二、激发学习动机 ······ 73
三、科学管理时间 ······ 77

第五章　大学生家庭关系 ······ 83
第一节　家庭与人生 ······ 85
一、家庭的含义 ······ 85
二、家庭对个体的塑造 ······ 85
三、家庭问题的应对方式 ······ 87
四、家庭的作用 ······ 88
第二节　常见的大学生家庭心理问题 ······ 88
一、与独立和依赖有关的家庭心理问题 ······ 88
二、由经济问题导致的家庭心理问题 ······ 89
三、由缺乏沟通导致的家庭心理问题 ······ 91
第三节　我爱我家 ······ 92
一、接纳原生家庭，与自己和解 ······ 92
二、讲好自己的人生故事 ······ 93

第六章　大学生人际关系 ······ 97
第一节　认识人际关系 ······ 99

一、大学生人际关系的概念和特点 …… 99
二、大学生人际关系的重要性 …… 100
第二节 了解人际沟通 …… 101
一、人际沟通原则 …… 101
二、沟通模式 …… 102
第三节 维护良好的人际关系 …… 103
一、常见的大学生人际交往问题 …… 103
二、大学生人际交往问题的主要表现 …… 106
三、大学生人际关系问题的解决方法 …… 106
四、维护人际关系的方法 …… 109

第七章 大学生恋爱心理 …… 117
第一节 什么是爱情 …… 119
一、爱情和恋爱心理 …… 119
二、爱情的构成要素 …… 119
三、爱情的类型 …… 120
四、爱情的特点 …… 121
五、爱情的产生 …… 122
第二节 爱情的经营 …… 124
一、常见的大学生恋爱心理问题 …… 124
二、大学生恋爱心理调适 …… 125
第三节 科学认识性 …… 128
一、性心理的概念和构成 …… 128
二、性心理的发展阶段 …… 129
三、大学生性心理的特点 …… 130
四、性心理问题的调适方法 …… 131

第八章 大学生情绪管理 …… 137
第一节 认识情绪 …… 139
一、情绪的概念 …… 140
二、情绪的分类 …… 140
三、情绪健康的标准 …… 141
四、大学生的情绪特点 …… 142
第二节 大学生常见情绪困扰及情绪管理策略 …… 144
一、大学生常见情绪困扰 …… 144
二、大学生情绪管理策略 …… 146
第三节 培养积极情绪 …… 150
一、真诚地生活，让自己“慢下来” …… 150

二、寻找生命的意义 150
三、品味并记录生活 150
四、表达感恩，感受善意 151
五、畅想未来，规划人生 151
六、发现优势，发挥优势 151
七、与他人在一起 151
八、享受大自然的美好 152

第九章　大学生压力与挫折应对 155
第一节　认识压力 157
一、压力的定义 157
二、压力的类型 158
三、遭受压力后个体的表现 159
四、压力的应对方式 160
第二节　科学减压 161
一、压力自测 161
二、压力源管理 162
三、脑力管理 162
四、心力管理 163
五、体力管理 164
六、有效利用社会支持 166
第三节　认识挫折 168
一、挫折的定义 168
二、挫折的类型 169
三、挫折的应对机制 170
第四节　积极应对挫折的方法 172
一、发现挫折的意义 172
二、提升心理抗逆力 173
三、发掘自身的积极品质 174

第十章　大学生网络心理 179
第一节　网络对大学生的影响 182
一、大学生网络心理特点 182
二、大学生网络心理问题诱因 183
第二节　常见的网络心理问题 184
一、网络与自我 184
二、网络与情绪 185
三、网络与人际交往 187

四、依赖和成瘾 …… 188
第三节　积极互联网心理品质的培养 …… 190
一、健全网络自我认知，提升自我控制能力 …… 192
二、建立良好的情感支持系统，掌握一定的情绪调节方法 …… 194
三、建立正确的网络使用观，遵循一定的网络行为准则 …… 195
四、积极求助，丰富大学生活 …… 196

第十一章　大学生心理危机 …… 199
第一节　大学生心理危机概述 …… 201
一、心理危机的概念 …… 201
二、大学生心理危机的特征 …… 202
三、大学生产生心理危机的原因 …… 203
四、心理危机的后果 …… 204
第二节　大学生心理危机的常见诱发因素、反应及大学生自杀问题 …… 205
一、大学生心理危机的常见诱发因素 …… 205
二、常见的大学生心理危机反应 …… 206
三、大学生自杀问题 …… 207
第三节　直面危机，创造契机 …… 210
一、容易产生心理危机的人群 …… 210
二、大学生如何应对心理危机 …… 211

第十二章　大学生职业生涯规划 …… 215
第一节　认识职业生涯规划 …… 217
一、生涯的含义 …… 217
二、职业生涯规划 …… 218
三、职业生涯规划的意义 …… 221
第二节　探索职业兴趣 …… 222
一、常见大学生择业心理误区 …… 222
二、性格与职业生涯规划 …… 224
三、职业兴趣 …… 225
四、职业价值观 …… 228
第三节　做好职业生涯规划 …… 229
一、职业生涯决策理论 …… 229
二、大学生职业生涯规划的常用方法 …… 230
三、制订近期和远期学习生活计划 …… 231

第十三章　大学生心理健康的维护 …… 247
第一节　大学生常见的精神障碍 …… 249

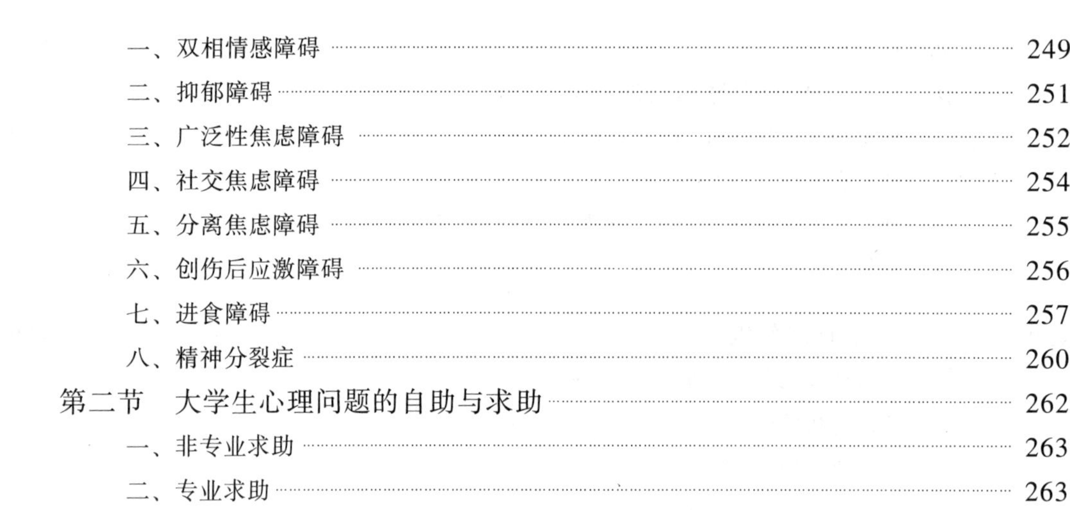

一、双相情感障碍 249
二、抑郁障碍 251
三、广泛性焦虑障碍 252
四、社交焦虑障碍 254
五、分离焦虑障碍 255
六、创伤后应激障碍 256
七、进食障碍 257
八、精神分裂症 260
第二节　大学生心理问题的自助与求助 262
一、非专业求助 263
二、专业求助 263

参考文献 267

第一章 绪论

知识目标

1．掌握心理健康的概念及标准；

2．了解大学生心理健康的意义及影响因素。

能力目标

1．积极关注心理健康，促进个性健全发展；

2．结合实际情况，对自身心理健康状况作出简单评估；

3．掌握心理调适的方法。

素质目标

1．培养热爱生活、珍视生命、自尊自信、理性平和、乐观向上的品质；

2．对心理健康问题持开放、理解的态度。

思政目标

扣好人生第一粒扣子，坚定理想信念，厚植爱国情怀，树立正确的世界观、人生观、价值观。

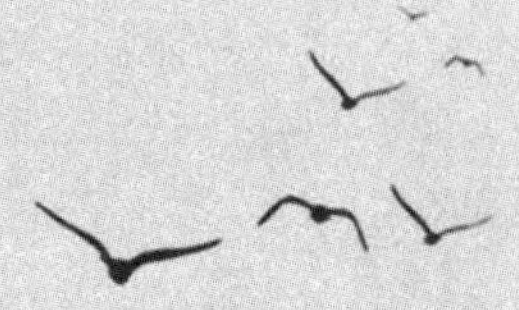

心理健康意味着拥有一种能力，可以积极地、创造性地、理智地、明智地、有目的地、满怀希望地以及无恐惧地生活在现在。

——瑞士心理学家 卡尔·荣格

案例导入

以下案例改编自四封网络咨询信件：

高中时我是个喜欢诗词歌赋的男生。上了大学之后，周围的男生要么打篮球，要么打游戏，我的行为和周围的人格格不入。还有些同学开玩笑，问我是不是同性恋，我都有点糊涂了。我只是爱好和他们不一样，长得比较瘦弱而已。我是不是应该重新发展一些爱好，或是放弃自己原有的爱好呢？

——大一新生　小明

我和男朋友从高中到现在已经谈了两三年恋爱了，周围的朋友都说我们是天造地设的一对。我们虽然相隔两地，但都在为未来奋斗着。没想到前两天他突然要跟我分手，说我们不合适。等我赶去他的学校，才知道他已经有了新的女朋友。我感觉自己像个傻子一样，我的世界都崩塌了。我开始质疑自己之前的付出，质疑我们的爱情。我不知道现在自己该怎么办……

——大二学生　小菲

转眼就到大三了，身边的同学似乎都对自己的未来有着明确的目标，要么考公或考研，要么留学深造，我却一直处于迷茫之中。父母希望我像他们一样在学校教书育人。他们希望我从硕士读到博士，进而入职高校。我感觉我的一辈子好像就在这一句话中过完了。其实我想去外面闯闯，我喜欢有新鲜感的生活，想过和他们不一样的生活。然而，我又感到很矛盾，选择父母铺好的路无疑是一个更稳妥的选择，而自己出去找工作很可能四处碰壁。我的能力能不能撑得起自己的梦想呢？我感觉自己站在十字路口。我该怎么办？

——大三学生　佳佳

作为一名即将毕业的大四学生，我现在正面临前所未有的挑战。在学业上，毕业论文和答辩带来的压力让我感到焦虑；在就业方面，找工作的不易和对未来的迷茫也让我倍感困扰。看着身边的同学一个个都有了着落，我却还在原地踏步，心里难免有些着急。同时，我也在反思自己这几年的大学生活。我是否充分利用了时间，是否学到了足够多的知识和技能？现实的压力和内心的挣扎交织在一起，让我倍感疲惫。

——大四学生　小雨

思考：1．在以上案例中，大学生们都面对着什么样的困惑呢？

2．这些困惑产生的原因有哪些呢？

3．面对这些困惑，他们应该如何去做呢？

大学生的心理健康教育越来越受到人们的关注。2023年，教育部等十七部门印发的《全面加强和改进新时代学生心理健康工作专项行动计划（2023—2025年）》提出：坚持健康第一的教育理念，切实把心理健康工作摆在更加突出位置，促进学生思想道德素质、科学文化素质和身心健康素质协调发展，培养担当民族复兴大任的时代新人。目前，我国大学生心理问题发生率呈上升态势，这一问题已经引起了国家和社会各界的高度重视。2022版“心理健康蓝皮书”《中国国民心理健康发展报告（2021～2022）》中的《2022年大学生心理健康状况调查报告》的结果显示：当代大学生心理健康状况总体良好，但大约21.48%的大学生存在轻度抑郁风险或重度抑郁风险，45.28%的大学生存在轻度、中度或重度焦虑风险；相较于其他年龄组，18～24岁的青年为抑郁高风险群体，抑郁风险检出率高达24.1%。

心理健康对大学生尤为重要。那么，你知道大学生心理健康的标准是什么吗？你认为大学生的心理状态有等级之分吗？你觉得大学生心理健康与哪些因素有关呢？

第一节 心理健康与大学生

一、心理健康

（一）心理健康的概念

古人云：“体壮曰健，心怡曰康。”由此可见，人们很早便认识到心理健康与身体健康对于人的全面健康具有同等重要的作用。

在1946年举办的第三届国际心理卫生大会上，人们曾为心理健康下过一个定义——心理健康是指在身体、智能以及情感上，在与他人的心理健康不相矛盾的范围内，将个人心境发展成最佳的状态。

世界心理卫生联合会将心理健康定义为：身体、智力、情绪十分协调；适应环境，能在人际关系中彼此谦让；有幸福感；能在工作中充分发挥自己的能力，过着有效率的生活。

从广义上讲，心理健康是指一种令人满意的、持续的心理状态。

从狭义上讲，心理健康的人人格完整、情绪稳定、自我感觉良好，并且有良好的自控能力；能自尊、自爱、自信且保持心理稳定，有自知之明；能维持正常的人际关系，在自身所处环境中有安全感；能制定符合实际的生活目标和事业目标，并不断进取。

我们在讨论心理健康时一定要认识到，心理健康并不是一种固定的状态，而是一个不断发展的过程；同时，心理健康的表现并不是能够愉快地接受任何事物，而是在面对问题和冲突时能更多地表现出积极的、适应的倾向。

（二）判断心理是否健康的基本原则

判断心理是否健康的基本原则包括以下三个方面。

1．心理活动与客观环境具有同一性

对于一个心理健康的人而言，心理活动的形式和内容都与客观环境具有同一性。如果心理活动与客观环境不具有同一性，人们就会出现心理失调、行为异常的情况。如果一位大学生对未来充满想象，这是一种正常现象；如果一位大学生整天想入非非，甚至产生幻觉，这便是心理异常的表现。

2．心理活动具有协调一致性

一个人的认知、情感、意志应当协调一致，能准确地反映客观现实。如果一个人的心理活动失去了这种协调和统一，这个人必然会出现异常心理。对令人愉快之事反应冷漠、对令人痛苦之事表现出欢快的反应就是一种心理异常的表现。

3．个性特征具有相对稳定性

一个人在长期的生活经历中所形成的个性特征应当具有相对稳定性，因为个性特征一般是不易改变的。如果在外部环境没有发生巨大变化的情况下，一个人的个性出现了明显的变化，其心理活动就可能存在异常。

上述衡量一个人心理是否健康的三项基本原则也是分析和判断一个人是否拥有良好的心理功能状态的重要依据。

二、大学生心理发展的特征

我国当代大学生大多处于青年期。青年期是个体生理发育和心理发育迅速走向成熟的重要阶段。大学生心理发展的特征主要表现为以下几个方面。

（一）阶段性特征

1．入学适应阶段

入学适应阶段是大学生在整个大学时期感到最困难的阶段，生活环境、生活条件、人际关系、学习方式的变化使新生感到陌生、难以适应，原有的心理结构和心理定势也发生了变化。大学生只有努力地适应新的环境，建立新的心理结构，才能实现心理平衡。

2．稳定发展阶段

稳定发展阶段既是大学生活走向平稳的阶段，也是大学时期最主要、时间最长的阶段。处于这一阶段的大学生已经基本适应了大学生活，新的心理平衡已经初步建立了起来；然而，大学生在这一阶段仍然会碰到许多新问题和新困难，这需要大学生不断作出抉择。处于这一阶段的大学生可能会得到许多锻炼的机会，可能会体验到因克服困难

而获得成功的喜悦，也可能会感到困惑、苦恼，甚至深陷其中难以解脱。从某种角度来说，这一阶段的大学生活为大学生提供了锻炼自我的机会。

3．就业准备阶段

就业准备阶段是大学生从学生生活向职业生活过渡的阶段。处于此阶段的大学生已接受了严格的专业训练，自主性较强，自我意识也有了很大的提高。处于这一阶段的大学生会对未来的生活道路产生种种设想，这些设想可能与现实情况不相符。因此，处于这一阶段的大学生的心理负担会增加，心理冲突会加剧。大学生应做好走向社会的心理准备，正确选择毕业的去向，完成毕业设计，处理好恋爱关系。这个阶段既是大学生提升自身职业技能、明确职业规划的关键阶段，又是大学生心理不断趋于成熟的阶段。

（二）一般性特征

1．注重对自我的评价和认知

大学生既是自我观察、自我评价的主体，又是自我观察、自我评价的客体。大学生经常将目光投向自己的内心世界，对过去从来没有注意到的“我”有新的认识，产生强烈的了解自己的愿望。大学生经常陷入自我沉思并频繁地内省，在观察和评价自己时，时而感到激动和喜悦，时而感到不安和焦虑。与此同时，大学生也十分在意他人对自己的评价。大学生可能会依据自我夸大后的信息去认识自己，并拒绝承认内心存在的某些真实观点和欲望。因此，不少大学生往往不能正确、客观地了解自己。大学生应当勇于面对自己，诚实地分析自己，善于在社会实践中、在与他人的对比中把自己作为认识的对象，并进行客观的自我评价和认识。

2．自我封闭和寻求理解的矛盾心理

在大学时代，大学生既渴望友情又追求孤独。一方面，由于自我意识的发展，大学生常常会对自己的内心世界进行细致而全面的探索，希望拥有一个完全属于自己的自由空间，这是处于青年期的群体最显著的心理特征之一。这种心理封闭与自我的确立有着一定的关系。另一方面，大学生又害怕孤独，希望自己能够拥有一个宣泄情感的对象，希望自己拥有一个可以相互理解的知己。处于各个阶段的大学生都存在着与他人建立亲密关系的需要。这种心理特征的双重性使大学生的情感生活具有一定的复杂性。

3．渴望独立和寻求依赖的矛盾心理

在进入大学以后，大学生的成人感迅速增强，其独立意识也迅速发展，但是他们无法完全独立地处理所遇到的一系列复杂的实际问题，无法实现经济上的独立。所以，大学生虽然有强烈的独立意识，但在实际生活中仍然需要依赖他人给予支持和帮助，这就使他们出现了一种矛盾心理，这种矛盾心理源于依赖性和独立性之间的

冲突。

4．理想与现实的冲突所造成的矛盾心理

大学生属于文化层次相对较高的社会群体，并富有理想。进入大学后，大学生会发现现实生活中的自我和想象中的自我存在较大的差距。很多大学生有美好的理想却不愿意付出实际行动，眼高手低，这必然会造成理想与现实之间的冲突。

5．自负和自卑的冲突所造成的矛盾心理

大学生拥有较强的优越感和自尊心。他们争强好胜、不甘落后，对自己的能力及未来充满自信。进入大学后，许多大学生会发现自己在很多方面存在不足，于是就开始怀疑自己、否定自己，从而产生自卑心理。自负和自卑之间的冲突常常困扰着大学生。

6．性生理与性心理的成熟程度的不一致所造成的矛盾心理

随着大学生性生理的不断成熟，其性心理也逐渐趋于成熟。处于青年期的大学生对异性充满好奇，渴望爱情，常常会谈恋爱。但是由于生活经验不足、情绪不稳定、缺乏正确的恋爱观等原因，许多大学生因单相思、失恋、与恋人发生矛盾等问题而感到苦恼，这是性心理的成熟程度低于性生理的成熟程度的客观表现。部分大学生缺乏性心理常识，常常因为性压抑、性幻想、性行为而感到羞怯、紧张、恐惧、自卑、自责，甚至产生罪恶感，从而造成一系列心理问题。

7．情绪冲突

情绪冲突是大学生心理冲突最主要的表现形式，上述几种矛盾心理都可表现为情绪冲突。从生理的角度看，处于青年期的大学生高级神经系统的兴奋活动与抑制活动尚不平衡，兴奋活动往往占据优势。从心理的角度看，进入大学后，大学生社会角色的变换会引起诸多的心理矛盾，而大学生的社会经验及认识水平还无法使其真正独立、正确地调节自身的行为，这就使他们独立支配自身行为的强烈要求与其行为所造成的不良结果相冲突，从而使其内心痛苦不安。从社会的角度看，当前社会的变革也对大学生的情绪有很大影响。在各种社会价值取向不断涌现的社会背景下，大学生可能会对自己以往的价值观产生怀疑，从而对人生感到迷茫。大学生的情绪是极为丰富而不稳定的，因而各种矛盾都可能表现为情绪冲突。

总之，大学时代是心理断乳的关键期。心理断乳意味着个人要离开父母和家庭的照护，切断与父母和家庭在心理上联系的“脐带”，摆脱对父母的依赖，成为独立的个体，建立自己独立的心理世界。在这一过程中，种种矛盾和冲突交织在一起，这是大学生应当认真对待的重要课题。如果相关问题处理不当，心理的矛盾与冲突不断加剧，大学生就可能产生心理问题。

三、心理健康的状态等级及标准

（一）心理健康的状态等级

大学生心理健康的状态一般可分为四个等级：健康状态、不良状态、心理问题、精神病性障碍。

1．健康状态

健康状态与非健康状态的区分标准一直是心理学界讨论的重要话题。我们可以从本人评价、他人评价和社会功能状况这三个方面评估一个人的心理是否处于健康状态。处于健康状态的人具有以下表现。

（1）本人不觉得痛苦。在一个时间段（如一周、一个月、一个季度或一年）内，个体体验到的快乐的感觉超过了痛苦的感觉。

（2）他人未察觉到异常。个体的心理活动与周围环境相协调，未出现心理活动与周围环境格格不入的现象。

（3）个体的社会功能良好。个体能胜任家庭角色和社会角色，能在一般社会环境中充分发挥自身能力，利用现有条件（或创造条件）实现自我价值。

2．不良状态

不良状态又称第三状态，是一种介于健康状态与疾病状态之间的状态。处于不良状态的个体会在受到内外环境的不良刺激后在心理、生理上发生异常变化，但尚未达到出现明显病理性反应的程度。不良状态与个人心理特征（如过于好胜、孤僻、敏感）、生活事件（如工作压力大、晋升失败、被上司批评、婚恋挫折）、身体不良状况（如长时间加班导致身体劳累、存在躯体疾病）等因素有关。

处于不良状态的个体的生理表现包括：人体各器官功能稳定性失调，尚未引起器质性损伤；个体睡眠质量不高，容易疲劳，身体乏力，食欲不振。此外，此类个体的生活质量低，缺乏人生目标和生活动力，常产生无意义感，在自卑与自负之间徘徊，懒散且喜欢退缩，恐惧失败。

此种状态的持续时间通常较短。个体的不良状况一般在一周以内能得到缓解。此种状态对个体社会功能方面的影响比较小。处于此种状态的个体一般能在日常工作、学习和生活中完成相应的任务，但是其体验到的痛苦感强于其体验到的愉快感，“很累”“没劲”“不高兴”“应付”是他们常说的词语。大部分处于此种状态的个体能通过自我调整（如休息、聊天、运动、旅游等方式）使自己的心理状态得到改善。

3．心理问题

心理问题是指由个人因素或外界因素造成的心理状态的某一方面（或某几个方面）发展的超前、停滞、延迟、退缩或偏离。有心理问题的个体的表现具有以下特点。

（1）不协调性。此类个体的心理活动的外在表现与其生理年龄不相称，或反应方式与常人不同。例如，成人心智不成熟（存在停滞、延迟、退缩的表现），儿童出现

成人行为，个体对外界刺激的反应方式出现异常，等等。

（2）针对性。此类个体往往对障碍对象（如敏感的事物及环境）有强烈的心理反应，而对非障碍对象有正常的心理反应。

心理问题对个体社会功能的影响较大，可能使个体不能像常人一样拥有正常的社会功能。例如，社交焦虑者不能正常参加社交活动，有尖锐物体恐惧症的个体不敢使用刀、剪刀，有性心理问题的个体难以与异性正常交往。

个体若出现心理问题应向心理咨询师求助。

4．精神病性障碍

精神病性障碍是指由个人因素或外界因素引起的，使个体出现强烈的心理反应并伴有明显的躯体不适感的一种精神障碍，是大脑功能失调的外在表现。有精神病性障碍的个体的表现具有以下特点。

（1）心理反应强烈。此类个体可出现思维判断上的失误，思维敏捷性下降，记忆力下降，头脑有黏滞感、空白感，自卑感及痛苦感强烈，缺乏精力，情绪低落，紧张焦虑，行为失常（如重复某个动作、动作减少），意志减退，等等。

（2）躯体不适感明显。此类个体容易出现中枢神经系统功能失调，中枢神经系统功能失调可引起人体各个系统功能失调。例如，影响消化系统可使个体出现食欲不振、腹部胀满、便秘或腹泻（或便秘、腹泻交替）等症状；影响心血管系统可使个体出现心慌、胸闷、头晕等症状；影响内分泌系统可使女性月经周期改变，使男性出现性功能障碍。

精神病性障碍对个体的社会功能损害较大。此类个体缺乏轻松、愉快的体验，痛苦感极为强烈。“哪里都不舒服”“活着不如死了好”是他们真实的内心体验。

出现此类问题的个体应向精神科医生求助。

（二）大学生心理健康的标准

大学生是一类特殊的社会群体。目前，在我国得到普遍认可的大学生心理健康标准包括以下几个方面。

1．智力水平正常

人的智力与观察力、注意力、记忆力、想象力、思维力、创造力及实践活动能力等能力有关。智力水平正常是人们正常生活所应具备的最基本的条件，也是衡量一个人的心理健康水平的核心标准。智力水平正常是大学生适应大学生活、适应周围环境变化的重要保证。衡量一位大学生智力水平的关键是看其是否能够正常、充分地发挥自己的各项能力，是否有强烈的求知欲，是否能够积极参与学习活动。智力水平正常且心理健康的大学生一般都拥有明确的学习目标，有较为浓厚的学习兴趣和较为强烈的求知欲望，乐于接受新事物和新挑战，能够克服学习中的困难，能在学习中获得满足感并感受到快乐。

2．有正确的自我意识

自我意识是指人对自己与周围世界关系的认识和体验，是人格的重要组成部分。有正确的自我意识的个体能正确地评价自己。拥有正确的自我评价是大学生心理健康的重要条件。心理健康的大学生能认识到自己存在的价值，了解自己的长处和短处，认同自己的能力，并在行为上与环境及他人积极互动；能够愉悦地接纳自己，对自己作出恰当、客观的评价，不对自己提出过高的期望和不切实际的要求；能切合实际地设定自己的人生目标，努力发展自身潜能；即使自己存在无法弥补的缺陷，也能接纳自我。

大学生应该摆正自己的位置，既不能因为自己在某些方面强于他人而自傲，也不能因为自己在某些方面弱于他人而自卑。心理健康的大学生应做到自我接纳、自尊、自强、自律、自爱、积极进取。

3．能合理控制情绪

情绪是人的一种主观体验，是对人的需要是否得到满足的反映。情绪稳定是情绪健康的重要标志。能否对自己的能力作出客观、正确的判断，能否正确评价客观事物，对一个人的情绪有很大的影响。例如，高估自己的能力，去做超出自己能力的事情，常常会使事情的结果不尽如人意，个体的精神会因此遭受打击；低估自己的能力或自我评价过低会使个体缺乏自信心，只看到事物消极的一面，产生不愉快的情绪，甚至抑郁。人的情绪就像波浪线，有高峰，也会有低谷，但是人的情绪在大多数时候都会维持在比较稳定、平和的状态。如果一个人的情绪总是处在高峰（比如狂喜或暴怒），或者总是处在低谷（比如沮丧或抑郁），那么这个人往往无法有效地应对生活中出现的各类问题，其身体健康也会受到一定的影响。

心理健康的大学生通常具有较强的情绪调节能力，愉快、乐观、满意等积极的情绪状态总是占据主导地位。虽然其也会有悲、忧、愁、怒等消极的情绪体验，但这些情绪通常不会持续太久。心理健康的大学生能适度地表达和控制自己的情绪，能做到喜不狂、忧不绝、胜不骄、败不馁，能谦而不卑、自尊自重；既不妄自尊大，也不退缩畏惧；不过分贪求自己无法得到的东西，对自己的生活状态感到满意；情绪稳定，乐观开朗，富有朝气，能克制情绪，也能合理宣泄情绪。

4．意志健全

意志健全是指一个人能自觉地确定活动目标，支配自己的行动，克服重重困难，以实现既定目标。意志健全的个体在自觉性、果断性、顽强性和自制力等方面都表现出较高的水平。

意志健全的大学生在参加多数活动的过程中都具有自觉性、目的性，能适时地作出决定并运用切实有效的方法解决问题。遇到挫折时，他们能够采取合理的行动，在行动中有效地控制情绪，不畏惧困难，不顽固、执拗。意志健全的大学生行动果断、坚决，有较强的抗挫折能力。此外，意志健全的大学生自主能力较强，不过分依赖他

人，面对挫折和困难时能够调整自己的心态，遇到问题时也能合理、积极地解决问题。

5．人际关系和谐

良好的人际关系是维护心理健康的重要条件。人际关系和谐的表现为：乐于与人交往，有良好的人脉关系，能够与他人建立深厚的友谊；在人际交往中保持独立且完整的人格，有自知之明，不卑不亢；能客观评价自己和他人，善于取人之长、补己之短，宽以待人；乐于助人，有正确的交往动机，既能在与挚友同聚时共享欢乐，也能在独处时享受孤独；能够处理人际关系中的各种问题，有较强的社会适应能力。

大学生在专注于学习专业知识的同时也不能脱离社会，要多与他人接触和交流，通过电视、广播、网络等媒介了解社会变革，丰富自己的精神生活。大学生要正确认识社会现状，及时调整自身行为，顺应社会的发展趋势，从而更好地适应环境和新的生活方式。

6．善于处理学习和生活之间的关系

心理健康的大学生能享受学习和休闲娱乐活动给自己带来的幸福感。他们能平衡好学习和生活之间的关系，懂得享受学习给自己带来的满足感和休闲娱乐活动给自己带来的放松感。不善于处理二者之间关系的大学生可能会感到困惑和恐惧，不能把精力与注意力放在学习上，从而降低了学习效率。

7．能适应环境

心理健康的大学生能够面对现实，敢于接受挑战，并愿意主动地适应环境并在必要时改造客观环境，而不是逃避现实。他们能对周围的事物和环境作出客观的评价，既有高于现实的理想，又不沉溺于不切实际的幻想；对自身能力有充分的信心，敢于接受学习和生活中的挑战。

8．人格完整

人格指的是个体比较稳定的心理特征的总和。人格完整，即一个人拥有健全、统一的人格，个人的思想、言语、行为协调一致。人格完整的人在气质、能力、性格、理想、信念、动机、兴趣、人生观等各方面具有统一性。他们有正确的自我意识，拥有积极进取的人生观，能够把自己的需要、目标和行动统一起来。

心理健康的大学生的人格能够通过其精神面貌完整地表现出来，其思考问题的方式是合理的，其在待人接物时能采取恰当、灵活的态度，不会因外界的刺激而产生偏激的情绪和行为反应。人格完整的大学生能够融入集体，正确评价自己和外界事物，听取他人的意见，不固执己见；能够控制自己的行为，做事不盲目、不冲动。

9．心理特征、行为特征与年龄相符

人的一生要经历多个阶段，处于不同阶段的个体都有其相应的心理模式和行为模式。心理健康的大学生应该具有与其年龄、角色相符合的心理特征和行为特征。一个人的心理特征和行为特征与其年龄不相符是心理不健康的表现。

微课学习 心理健康的标准

（三）正确理解大学生心理健康标准

心理健康标准是一种理想的衡量心理健康水平的尺度。可以肯定的是，并不存在心理绝对健康或心理永远健康的人，所以，在理解大学生心理健康标准时，我们应重视以下几个方面。

1．心理健康标准的整体性

衡量大学生心理健康状况不能仅以某一条标准作为衡量指标，应当将所有标准视为一个整体。比如，某一阶段的人际关系出现问题不能代表个体存在心理异常的表现，某一指标出现问题也不能代表个体心理不健康。

2．心理健康标准的理想性

大学生心理健康标准呈现的是大学生心理的最佳状态，这一标准为大学生指明了努力的方向，但这并不意味着大学生一定要达到标准所要求的理想状态。每个人都应该根据现有条件作出不同程度的努力，不断发挥自己的潜能。

大学生心理健康的基本标准是能够有效地学习、快乐地生活。如果大学生的不良心理状态影响到了自身的学习和生活，大学生就应该及时予以调整。

拓展阅读

国内学者戴吉和邓云龙在深入研究中国古代文化和中国古代心理学思想的基础上，提炼出了适用于中国人的心理健康标准——知己知彼、反应适当、真实和谐和悦纳进取。①

1．知己知彼。正确的认知是心理健康的基础。心理健康的人应当对自我、他人和环境有正确的认知。

2．反应适当。心理健康的人能够有意识地积累心理应对资源，拥有控制情绪和行为的能力，使反应有效、不过分，并使环境和角色相协调。

3．真实和谐。心理健康的人能够认识真实的自我，体验真实的情感，明白真实的需要，以面对和适应真实的世界。

4．悦纳进取。“悦纳”意味着愉快地接受事物的本来面目，“进取”是指在悦纳的基础上进行的积极改变和超越。

“知己知彼”“反应适当”“真实和谐”和“悦纳进取”是中国人耳熟能详的词语，但这些简单的词语蕴含着心理健康的原则。

① 戴吉，邓云龙．心理健康标准的中国文化因素探析 [J]. 求索，2013（4）：132-134.

第二节 大学生心理健康的意义与影响因素

近年来，党和国家对心理健康的重视程度不断加深。2012 年 10 月，第十一届全国人民代表大会常务委员会第二十九次会议审议通过了《中华人民共和国精神卫生法》。2022 年 10 月，习近平总书记在党的二十大报告中提出："重视心理健康和精神卫生。"从社会层面来看，重视心理健康和精神卫生有利于培育良好的道德风尚，促进经济社会协调发展，实现国家长治久安，促进个人的成长和发展。

一、心理健康对大学生的意义

（一）心理健康是大学生实现人生理想和成才目标的前提

大学生的心理健康与德、智、体、美、劳等方面的发展有着密切的关系。在大学生实现个体社会化的过程中，树立正确的人生观和崇高的理想是十分重要的，这也是心理健康的一个重要方面。人生观的形成与很多因素有关，如对社会的认识、价值观念、理想、意志、感情等。大学生只有正确地认识社会和自我，正确地评价人的价值和生活的意义，拥有远大的理想与百折不挠的信念和意志，才能正视现实，对周围事物形成客观的认识和清醒的判断，从而树立起正确的价值观和道德观。心理健康的大学生在学习和生活中积极向上，既有高于现实的理想，又有合乎实际的目标；他们眼界开阔、思维敏捷、积极开拓，能够朝气蓬勃地学习和生活，向人生理想和成才目标迈进。所以，大学生想要树立正确的人生观，就必须首先具备健康的心理。

思政启航

点亮山里女孩的梦想①

"要扛得住晒，狂风暴雨都不怕！"在云南丽江华坪女子高级中学的操场上，张桂梅正陪着新生一起军训。

"女高的精神嘛！"旁边的人接话。

"对！"看着女孩们训练的身影，张桂梅温柔地笑了。

张桂梅，云南丽江华坪女子高级中学党支部书记、校长，华坪县儿童福利院（华坪儿童之家）院长。1974 年，17 岁的张桂梅从黑龙江来到云南，一个偶然的机会让她走上了讲台，从此她扎根边疆教育事业，一干就是数十年。

① 李茂颖．点亮山里女孩的梦想 [N]．人民日报，2022-10-09（4）．(有删改)

2001 年，张桂梅兼任华坪县儿童福利院院长，白天上课，晚上照顾福利院的孩子。她成了学生和孩子们的“张妈妈”。

张桂梅所在的华坪县，以及周边的宁蒗彝族自治县、永胜县等地，山高谷深，不少地方曾是深度贫困地区，很多女孩早早辍学。于是，张桂梅决心筹办女子高中，点亮大山里女孩的求学梦想。历经数年努力，在党和政府以及社会各界帮助下，2008 年，全国第一所免费的女子高级中学在华坪建成。张桂梅不挑生源，她的心中只有一个信念：只要山里的女孩愿意读，女高就是她们的家。

建校十几年来，2000 多名女孩从这里走出大山、走进大学。

清晨，这所高中的学生五点半起床，张桂梅起得更早。她手持喇叭，唤醒学生开始新的一天。到了课间操时间，张桂梅守着做操的学生们。晚自习时，她又雷打不动地巡查课堂。深夜，她便等在宿舍楼，催促学生入睡。每到寒暑假，张桂梅挨家挨户做家访，足迹遍布高山峡谷。高考时，张桂梅十几年来坚持送考、陪考，从不缺席。“我们要把女高的学生培养成国家的人才！”张桂梅说。

全国优秀共产党员、“时代楷模”、“七一勋章”……面对荣誉，张桂梅初心不变。“让学生们远方有灯、脚下有路、眼前有光。”张桂梅如今病痛缠身，然而在面对学生时，她的每一句教导都充满力量。

“我既感到无上的光荣，又感到责任重大。重任在肩，唯有接续奋斗。”当选党的二十大代表后，张桂梅说：“我会一如既往地守护着孩子们，把她们送出大山，接受更好的教育，到外面的广阔天地磨炼意志，增长才干，做一个对国家和社会有用的人。”

（二）心理健康是大学生培养健康人格的基础

人格是一个人的素质的重要组成部分，是一个人的心理面貌的集中反映。心理健康的人在人与人的交往中能够保持心理的平衡，所想、所言、所做是有机统一的。大学生健康人格的培养过程就是心理健康水平不断提高的过程。

心理健康的大学生能够根据周围环境的变化随时调节自己的心理，避免适应不良、心理机能紊乱等情况出现。心理健康的大学生胸怀坦荡、言行一致、表里如一，其人格是统一的、完整的。心理不健康的大学生的行为和思想充满了矛盾和冲突，他们常常感到焦虑和困惑，很难适时调节自己的心理与行为。总而言之，对大学生而言，重视人格的培养既是提高心理健康水平的需要，也是适应社会发展的需要。

（三）心理健康是大学生智力发展的必备条件

心理健康不仅是大学生有效学习的基本条件，也是促进其学习的重要因素。

人的心理健康与生理健康是紧密联系的。一方面，生理健康对心理健康有重要影响，人的躯体疾病、生理缺陷都能够影响人的心理；另一方面，心理长期处于不健康状态，如过度焦虑、忧愁、烦恼、抑郁、不安和愤怒，会导致生理上的异常。大学生的学习和智力发展依赖于大脑的机能。如果一个人长期心理不健康，致使大脑机能发生紊乱，智力活动势必会受到影响，个体的智力发展也会受到阻碍。

心理健康有助于促进智力的发展。情绪、情感是伴随着人的智力活动产生的。积极的情绪、情感能提高人的智力水平，促进人的智力活动的有效开展。科学研究表明，在开展智力活动的过程中，如果伴随学习和思考的是愉快的心理体验，那么，这种积极的情绪就能促进人的智力活动的开展，促进智力的发展；反之，消极的情绪则会抑制人的智力活动，阻碍智力的发展。由此可见，克服消极情绪、保持积极的精神状态和良好的心境是发展智力、提高学习效率的重要条件。

心理感悟

大学四年应是这样度过

——给中国学生的第四封信（节选）[①]

今天，我回复了“开复学生网”开通以来的第1000个问题。关掉电脑后，始终有一封学生来信萦绕在我的脑海里，挥之不去：

> 开复老师：
>
> 就要毕业了。
>
> 回头看自己所谓的大学生活，我想哭，不是因为离别，而是因为什么都没学到。
>
> 我不知，简历该怎么写，若是以往我会让它空白。
>
> 最大的收获也许是……对什么都没有的忍耐和适应……

这封来信道出了不少大三、大四学生的心声。大学期间，有许多学生放任自己、虚度光阴，还有许多学生始终也找不到正确的学习方向。当他们被第一次补考通知唤醒时，当他们收到第一封来自应聘企业的婉拒信时，这些学生才惊讶地发现，自己的前途是那么渺茫，一切努力似乎都为时已晚……

…………

大学是人一生中最为关键的阶段。从入学的第一天起，你就应当对大学四年有一个正确的认识和规划。为了在学习中享受到最大的快乐，为了在毕业时找到自己最喜爱的工作，每一个刚进入大学校园的人都应当注重这七点：学习自修之道、重视基础知识、注重实践贯通、培养兴趣、积极主动、掌控时间、重视为人处事。只要做好了这七点，大学生临到毕业时的最大收获就绝不会是“对什么都没有的忍耐和适应”，而应当是“对什么都可以有的自信和渴望”。只要做好了这七点，你就能成为一个有潜力、有思想、有价值、有前途的快乐的毕业生。

---

① 李开复．大学四年应是这样度过：给中国学生的第四封信[J]．职业技术，2007（21）：25.（有删改）

二、大学生心理健康的影响因素

世界卫生组织曾提出“人人要健康，健康为人人”的号召。对于大学生而言，诸多因素都会影响其心理状态。近年来，心理健康问题威胁着当今大学生的身心健康。影响大学生心理健康的主要因素包括以下几个方面。

（一）生理因素

有研究表明，在精神疾病的发病因素中，遗传因素占据重要的地位，这说明遗传因素在心理发展方面起到的作用不容忽视。实际上，生理因素对心理发展的影响在孕期就已有所体现，孕妇的情绪及身体健康状况都会对孩子的心理健康产生很大的影响。此外，生长发育迟缓、营养不良的儿童常有说话晚、走路晚、运动不协调、环境适应能力差等表现，这类儿童长大后出现各种心理障碍的概率明显高于发育正常的儿童。同时，躯体疾病、生理机能障碍、大脑器质性病变等生理问题会直接影响个体的脑功能，并使个体出现心理障碍。

（二）心理因素

大学生的自我概念、应对方式、归因方式、人格特征、情绪体验是影响其心理健康状况的重要因素。

自我概念是指个体对自身存在的体验。自我概念不仅影响大学生现实的行为方式和对过去经验的解释，还影响其对未来的期望。大学生正处于自我探索的关键期，由于自身发展不成熟，其自我概念往往和实际情况有较大差异。实证研究表明，大学生的焦虑、自卑、抑郁等心理问题与其消极的自我概念显著相关。

应对方式是指个体在面对挫折和压力时所采用的认知方式和行为方式。从应对效果的角度来看，应对方式可以分为成熟型应对方式、不成熟型应对方式和混合型应对方式。实证研究表明，大学生的心理问题往往与其采用了不良的应对方式有关。

归因方式是指个体对他人或自己的行为过程所进行的因果解释和推论。大学生出现的自卑、抑郁等心理问题往往与他们在归因过程中出现的认知偏差和动机偏差有密切关系。

不同的人格特征会导致个体对相同的外界刺激采取不同的反应模式。研究表明，一些特殊的人格特征往往是导致个体出现某种心理疾病的原因。例如，有谨小慎微、追求完美、墨守成规等强迫性人格特征的个体很容易患强迫症；易受暗示、情绪多变、爱幻想、易激惹、以自我为中心的个体容易患癔症。

情绪体验指的是个体在受到外界刺激后所产生的情绪方面的感受。现代生理学、心理学的研究表明，情绪对人的心理健康具有直接的影响。

拓展阅读

积极心理学

积极心理学的创立是人类社会发展史中的一个新的里程碑。开创积极心理学的学者们认为，心理学应该研究积极的方面，关注人类积极的心理品质，强调人的积极价值与人文关怀。美国心理学家肯农·M.谢尔顿和劳拉·金认为，积极心理学是致力于研究人的发展潜力和美德等积极品质的一门科学。积极心理学是为了克服传统心理学过多地注重人的消极方面的局限性而兴起的。

在研究方法上，积极心理学借鉴了传统心理学的研究方法，并把这些研究方法和人本主义的现象学方法、经验分析法等有机地结合起来。

积极心理学的主要理念是：心理学家不应仅对缺陷和伤害进行研究，还应对美德和优秀品质进行研究；心理治疗不仅是对缺陷的修复和对伤害的弥补，还是对人们自身所拥有的潜能、美德的发掘；心理学不仅是关于疾病的科学，也是关于理解、教育、成长和娱乐的科学。积极心理学的研究主题是积极情绪、积极人格和积极环境。积极心理学主要关注的是怎样建立积极的社会、家庭和学校，从而使人的潜力得到充分发挥，并使人感受到幸福。

社会的发展要求心理学研究以提高人类的幸福感、促进社会的繁荣为目的，积极心理学的理念顺应了这一潮流。

（三）文化因素

文化因素是直接影响大学生心理健康的重要因素之一。文化是人类创造的精神文明成果，它不断地塑造着不同民族、地区的人们的性格、心理、行为方式、思维方式和价值观念。一个人心理的形成和变化与其所处的社会环境和文化背景关系密切。

中国的传统文化注重内省。儒家强调“吾日三省吾身”“见贤思齐焉，见不贤而内自省也”。孟子认为：“万物皆备于我矣。反身而诚，乐莫大焉。”韩愈也曾提到：“欲修其身者，先正其心；欲正其心者，先诚其意。”中国传统文化强调，人要通过“反求诸己”探究自我的深层心理，这对于处在纷繁复杂的时代，常感到空虚、失落、抑郁的当代大学生有着积极的意义。大学生们应当时刻保持清醒的头脑，通过自我反思认识真实的自我并积极地接纳自我。

除了传统文化之外，多元的当代文化也开阔了大学生的视野，丰富了他们的知识体系。但当代文化的多元性也是一把双刃剑，它给大学生的心理健康也带来了一些负面影响，这种负面影响具体表现为盲从、崇洋媚外、挥霍浪费、缺乏人情味等。近年来，随着网络时代的到来和新媒体技术的发展，青年亚文化和青年流行文化借助网络平台及新媒体技术得以广泛传播。这些文化对大学生的心理健康也有一定的影响。

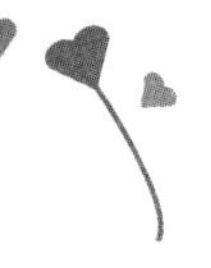

（四）家庭因素

家庭是社会的细胞，是一个人最早接触到的社会环境。孩子最初的教育是由家庭提供的，父母是孩子的第一任老师。孩子在怎样的环境中成长、接受什么样的教育，对孩子的心理发展具有直接影响。人们早年在家庭中形成的人格特征会影响其今后的心理发展。家庭中父母之间、亲子之间的交流及家庭氛围直接影响着每个家庭成员的心理。良好的教养方式能够使大学生形成积极的心态，增强他们应对负性生活事件的自信心，提高他们的心理健康水平。不良的教养方式不利于大学生心理健康的发展，容易使大学生产生心理问题。父母对子女的理解有利于子女避免不良情绪的干扰；反之，父母对子女的不理解容易使子女形成抑郁、焦虑等心理问题。此外，家庭在经济上的拮据容易使经济困难的大学生产生生活上的窘迫感、交往中的自卑感、对家人的愧疚感以及对现实的无奈感。

（五）社会因素

随着社会的发展及现代化程度的提高，人们的心理问题日益加剧，心理疾病的发病率随之上升，这是大多数国家在现代化进程中难以避免的问题。社会因素主要与政治、经济、文化等因素有关，这些因素对大学生的生存和发展起着决定性作用。因此，社会因素对大学生的心理健康具有重要影响。社会的多元化使人们强烈地感受到生存环境的不断变化。社会价值的多元化对大学生造成冲击，从而使部分大学生出现适应困难的情况。在择业的过程中，社会向大学生们提出了更高的要求。为了在激烈的竞争中脱颖而出，大学生们忙于学习、考证、参加各种实践活动，这使其压力陡增。高校是大学生长期生活、学习的主要场所，若其教育方法得当，便能持续为社会输送德才兼备、身心健康的人才。

微课学习 生态系统对心理健康的影响

拓展阅读

全国大学生心理健康日

为了增强大学生对自我心理健康的重视，2004年，教育部、共青团中央及全国学联办公室联合倡议，将每年的5月25日正式确立为全国大学生心理健康日。这一日期的选定寓意深远，“5·25”的谐音是“我爱我”，设立全国大学生心理健康日旨在倡导大学生学会关爱自己，因为自我关爱是向外界传递爱与温暖的前提。

“5·25”这一简单而富有深意的日期不仅便于大学生记忆，更激发了大学生主动关注自身心理健康的热情。随着时间的推移，越来越多的高校在全国大学

生心理健康日举办丰富多彩的心理健康教育活动，有的高校甚至举办了专属于大学生的“心理健康节”，并以此为契机，全面提升大学生的心理素质与自我关爱能力。

2024年5月，教育部印发《关于开展首个全国学生心理健康宣传教育月活动的通知》，决定在2024年5月以“全社会都行动起来，共促学生心理健康”为主题，开展首个宣传教育月活动，旨在通过形式多样的宣传教育活动，营造关心学生心理健康教育的良好社会氛围。

本章小结

1．心理健康的人人格完整、情绪稳定、自我感觉良好，并且有良好的自控能力；能自尊、自爱、自信且保持心理稳定，有自知之明；能维持正常的人际关系，在自身所处环境中有安全感；能制定符合实际的生活目标和事业目标，并不断进取。

2．判断心理是否健康的基本原则：（1）心理活动与客观环境具有同一性；（2）心理过程具有协调一致性；（3）个性特征具有相对稳定性。

3．影响大学生心理健康的主要因素包括生理因素、心理因素、文化因素、家庭因素、社会因素。

团体训练

幸福大体验

活动目的：寻找日常生活中的幸福瞬间，并思考自己的幸福感从何而来。

活动内容：请每位同学列出三件让自己感到幸福的事，并进行排序，然后与同学分享自己的感受。

思考与练习

1．大学生在大学阶段应如何维护自己的心理健康？

2．互联网的发展对大学生的心理健康有哪些影响？

心理测验

广泛性焦虑测试

本问卷共有7个条目，请按照你最近两周的真实情况在相应的选项下打钩。

表述	完全不会	好几天	超过一周	几乎每天
1．感到紧张、焦虑或急切				
2．不能够停止或控制担忧				

续表

表述	完全不会	好几天	超过一周	几乎每天
3. 对各种各样的事情感到担忧				
4. 很难放松下来				
5. 因不安而无法静坐				
6. 变得容易烦恼或急躁				
7. 感到似乎将有可怕的事情发生并因此而害怕				

评分规则：

选择“完全不会”得0分，选择“好几天”得1分，选择“超过一周”得2分，选择“几乎每天”得3分。

总分为0～4分：无焦虑症状。

总分为5～9分：轻度焦虑。

总分为10～14分：中度焦虑。

总分为15～21分：重度焦虑。

注：如果测评结果显示焦虑程度较高，建议向专业心理卫生机构寻求帮助。

第二章　大学生活的适应

知识目标

1. 了解大学生活的特点；
2. 了解适应大学生活的过程中可能面临的问题。

能力目标

1. 掌握应对适应问题的策略；
2. 能够合理规划自己的大学生活。

素质目标

1. 对大学生活持积极态度；
2. 增强对新环境的适应能力。

思政目标

1. 树立远大的人生理想；
2. 培养责任意识和担当精神。

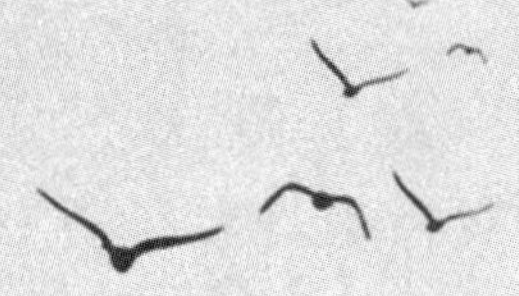

既然不能驾驭外界，我就驾驭自己；如果外界不适应我，那么我就去适应它们。

——法国思想家、作家　蒙田

案例导入

张某是一名 19 岁的大一女生。父母离异后，她跟随母亲生活。目前母亲在外地打工，家中经济状况较差。

以下是张某的自述：

从小父母、老师对我要求较为严格。在高中时，因为成绩比较好，我一直是同学和老师关注的对象。我对大学生活充满了期望，觉得大学能够为我提供更好的展示自己的平台。可是自从进入大学以来，我感觉身边的同学都很优秀，自己也不再是大家关注的对象，我的心里有了很大的落差感。

首先，我的学习状态不理想。我最初的梦想是读外语专业，但是高考分数不够，没能如愿，无奈选择了和外语完全不相关的理科专业。其实我对所学专业没有太大的兴趣。大学的专业课程较难，课业压力较大，高等数学、大学物理等课程让我学起来很吃力，这使我的情绪比较低落，我的自信心逐渐受到打击。我的身边有很多优秀的同学，我感觉自己的各方面条件都比不过别人。其次，我来自农村，还来自单亲家庭，这使我感到自卑，不愿与周围的同学过多讲述自己的家庭情况。我也很想有一个完整、温馨的家庭。我既希望自己能够有更多的锻炼的机会，又因为害怕犯错而不敢争取表现的机会。此外，我的家庭经济状况不好，我也担心自己不能顺利完成学业，给家里增加负担。自入学以来，我的情绪一直比较低落。

想象中的大学生活和现实存在较大差距，这让我感到焦虑。我晚上经常失眠，一躺到床上脑子就不停地想一些事情。我在学习上虽然很努力，但上课时注意力不易集中，常常走神，这导致我学习效率下降。

初入大学，来自生活、学习、人际交往等多方面的压力可能会让同学们感到难以应对，并产生各种情绪问题和心理问题。

思考：1．张某有哪些适应方面的问题？
2．张某为什么会出现这些问题？
3．张某应该怎么做？

进入大学阶段后，同学们不仅要面对学习环境、生活方式的变化，还会经历心理状态、价值观念的变化。面对全新的校园环境、复杂的人际关系、自主性很强的学习模式，许多同学会感到迷茫、焦虑甚至挫败。这些适应问题不仅会影响大学生的学业发展，还会影响大学生的身心健康和长远发展。

第一节 大学新生的心理适应

一、适应能力

著名心理学家朱智贤认为，“适应”一词源于生物学，用来表示那些能增加有机体生存机会的身体上和行为上的改变。一般来说，适应通常是指有机体为了满足自己的需求，在面对外部环境变化时调整自身行为的过程，它是一种动态、交互、有弹性的反应。

我们可以将适应分为三种类型。一是生物学意义上的适应，即生理适应，如个体对声、光的适应；二是心理上的适应，这是一种个体在一定条件下借助心理防御机制来减轻压力、恢复平衡的自我调节过程；三是对社会和生活环境的适应，个体需要为了生存而使自己的行为符合社会要求，从而使自己获得更好的发展。

“适应”一词如今被广泛地用于形容人类的心理适应。心理适应是指外部环境发生变化时，个体通过自我调节作出能动反应，使自己的心理活动和行为方式更加符合环境变化的要求和自身发展的要求。一个人能否尽快地适应新环境，能否应对复杂、重大或危急的特殊情况，与其心理适应能力的强弱有关。

微课学习 适应障碍

拓展阅读

适应是一种动态过程，个体可以通过多种方式进行自我调节，以适应环境的变化。这包括认知、情感和行为层面的调整。

认知适应：个体可以调整对环境的认识和理解，以更好地适应新的环境。这可能需要个体重新对信息进行解释，形成新的信念或调整原有的认知框架。

情感适应：面对变化，个体可能经历情感上的波动。进行适应性的情感调整时，个体需要接受新的情境，调整情感反应，通过寻找积极情感来缓解压力。

行为适应：在某些情况下，个体需要调整自身的行为和应对策略，以更好地适应新的要求。这要求个体学习新的技能，采用更有效的解决问题的方法，或改变与他人互动的方式。

适应是一个灵活的过程，因为环境总是在不断变化。个体的适应能力可能受到许多因素的影响，如个体的心理弹性、社会支持水平、个体的问题解决能力和面对挑战的态度。

二、新生综合征的表现

大学新生是一个特殊的群体。进入大学以后，大学新生需要面对众多的变化，这些变化会给他们带来一定的心理不适和压力。很多大学新生会在入学后出现新生综合征。新生综合征主要表现为两个方面。生理方面的表现包括肠胃不适、失眠多梦等。心理方面的表现包括抑郁、焦虑、紧张、胆怯、自卑等。具体来讲，有新生综合征的大学新生在学习适应、人际适应、环境适应、网络适应等方面会存在一定的问题。

（一）学习适应

有新生综合征的大学新生在学习适应方面会遇到诸多问题。在大学阶段，课程内容的深度和广度都会有所增加，这会使大学新生在理解、掌握知识时感到吃力。同时，大学阶段教师的教学方式更加多样化，这要求大学新生具备更强的独立思考能力、团队合作能力和表达能力。大学新生在进入大学后需要逐渐适应新的学习环境、学习方式和学术要求。大学新生需要完成从高中到大学的转变，面对许多新的学习挑战，同时也需要适应更加开放、自主和具有探索性的学习模式。

案例学习

小王的蜕变之路

小王是一名来自农村的大一新生，他一直对大学生活充满憧憬和期待。然而，在踏进陌生的大学校园后，他意识到大学的学习生活对他来说充满了挑战。

在初入大学的时候，小王需要面对学科的广泛性所带来的挑战。在开学初期，许多课程的学习让他感到非常吃力，尤其是数学和计算机课程。他的成绩不尽如人意，有时候他甚至认为自己不适合学习目前的专业。除此之外，小王还要适应学习方式的转变。大学的学习对学生的自主学习能力和独立思考能力要求较高，这让小王感到有些茫然，不知道如何学习。在高中，他习惯了老师单向输入式的教学方法和默写式的记忆方法，而大学课程的学习更加灵活，课堂形式和教师教学方法的改变让小王感到有些不适应。

但是小王并没有轻易放弃，他主动向老师请教，参加了课后辅导，利用课余时间自主学习。虽然进步缓慢，但小王坚信只要努力就一定能够掌握这些学科知识。同时，小王积极主动地探索新的学习方法，与同学交流学习经验，参加各类讲座。

小王通过自己的努力适应了大学阶段的学习。他不再畏惧新的学科知识，不再惧怕学习方式的改变，也不再害怕在课堂上与他人交流。他的成绩开始稳步提升，这使小王喜欢上了学习，他对于自己未来的学习和职业规划也有了更明确的目标。

学习适应是大学生活中常见的挑战，但只要积极主动地适应和改变，同学们就能够逐渐克服困难，实现蜕变。同学们只要拥有坚定的信心并持续努力，就一定能在学习的道路上不断成长。

（二）人际适应

进入大学后，大学新生需要适应新的环境和陌生的社交圈。他们离开了熟悉的家人和朋友，来到了一个全新的环境。这种变化可能让他们感到不适应和孤独，不知道如何建立新的人际关系。在入学阶段，大学新生的社交圈还未完全建立起来，他们会产生较强的孤独感并出现社交焦虑。个性差异也是导致人际适应困难的一个重要因素。大学生的性格各异，有些人天生较为内向、羞涩，在参加社交活动时会感到焦虑和紧张。适应新的环境、找到志同道合的朋友需要一定的时间，在这个过程中，大学新生可能会遇到一些困难，比如找不到合适自己的朋友，或者在人际交往中遇到冲突和矛盾。

案例学习

拾光友谊——李晨的人际适应

在李晨踏入大学校园的那一刻，他的内心充满了激动和期待，但同时也夹杂着一丝不安和紧张。来自小城的他第一次来到这座陌生的大城市，面对着熙熙攘攘的人群和全新的校园生活，他有些不知所措。

身处陌生环境的他望着高高的教学楼，感觉自己仿佛置身于一个完全陌生的世界。他不知道该如何结交新朋友，也不知道该如何与陌生人交流。他的内心感到有些孤独。

在新生入学的第一天，学校举办了迎新晚会。李晨来到会场，看到许多由学长、学姐组织的各种社团。他渴望能够像他们一样拥有属于自己的社交圈和朋友，但是当社团招新的环节开始时，他却不敢迈出那一步。他害怕去面对陌生的社团成员，害怕自己无法融入他们的圈子。最终，李晨选择默默地离开。他感到失落和沮丧，觉得自己或许永远都无法融入这个新环境，也无法找到属于自己的归属感。

日复一日，李晨开始感到越来越孤独。他看着周围的同学结交了新朋友，而自己还是一个人。他尝试着和同学们交流，但总是很难找到共同的话题，也不知道如何主动加入他们的圈子。在课堂上，他也不敢主动发言，怕自己表现不好被别人笑话。

渐渐地，他把自己封闭在一个小小的圈子里，每天都默默地坐在教室的角落里，不与人交流。然而，当一切似乎陷入僵局时，他遇到了一位热心的同学——张亮。张亮是个开朗活泼的人，总是笑嘻嘻的，经常能吸引周围人的目光，成为焦点。虽然张亮与李晨之前并不认识，他却主动走向了李晨，用温暖的笑容打破了彼此之间的陌生感。

张亮热情地与李晨交流，分享了自己在大学的生活经历。他还主动邀请李晨一起参加社团活动，以便让李晨更好地融入大学生活。李晨一开始还有些犹豫，但是张亮的热情和真诚让他感受到了友善和包容。

在张亮的帮助下，李晨逐渐打开了自己封闭的内心，开始敞开心扉，与其他人交流。他发现，张亮所在的社团氛围非常好，每个人都乐于帮助新人，这让他感受到了温暖和归属感。他开始积极参与社团的各项活动。虽然一开始他有些害怕，但

是通过大家的帮助，他也逐渐敢于展示自己的才艺了。

在社团成员的帮助下，李晨也逐渐适应了大学生活。他参加了许多校园活动，结交了很多的朋友。他与朋友们一起分享快乐，度过了一段难忘的大学时光。

（三）环境适应

大学新生在进入大学之后，首先要面对的是生活环境的巨大变化。从熟悉的家乡来到陌生的城市，环境的变化会使部分大学新生出现新生综合征。气候的差异，饮食习惯的不同……环境的变化会给大学新生带来躯体上的不适感。同时，对校园的不熟悉、作息时间的变化和生活习惯的改变，让部分大学新生在刚入校时手忙脚乱、无所适从。有些大学新生对“宿舍—教室—食堂”这种三点一线的生活感到失望和厌烦。尽快地从过去熟悉的旧环境中走出来并适应新环境是大学新生要面临的一大挑战。

（四）网络适应

在互联网技术飞速发展的今天，网络社交也对大学生的学习和生活产生了很大的影响。虽然网络社交为大学生提供了便捷的交流渠道，但过度依赖网络社交可能导致大学生的现实社交能力下降。网络社交平台可能存在虚假信息，很多大学生难以判断信息的真实性，并因此上当受骗。一些大学生沉迷于网络，从而导致时间管理能力下降，正常的学习生活受到了影响。

三、大学新生出现适应问题的原因

（一）外部原因

大学新生所面临的各种环境，如生活环境、学习环境、人际环境等，都与其之前所处的环境大为不同。环境转变是大学新生产生适应问题的重要原因。

此外，家庭环境及家庭教养方式也会对大学生的适应能力产生重要影响。研究发现，父母关系良好有利于子女心理适应能力的发展。还有研究发现，在权威型、民主型和放任型这三种基本教养方式中，权威型和放任型的教养方式容易导致子女出现更多的适应问题。

（二）内部原因

大学新生出现适应问题的内部原因主要是指个体主观方面的原因，其主要与认知因素和个性因素有关。

1. 认知因素

认知是指人们对周围事物的看法或观点。美国心理学家贝克指出，适应不良与个

体的认知有关，个体对待事物的态度常常左右着个体的行为，消极的态度必然导致消极的行为。认知上的偏差会使人们的适应能力大大降低，阻碍自我潜能的发挥。有的大学生在进入大学之前对大学生活抱有太多的憧憬和太高的期待，真正进入大学后，他们才发现理想和现实差距较大，这容易使他们产生较大的心理落差。大学生如果不能及时进行自我调节，就可能出现一系列心理问题。

2．个性因素

个性是一个人独有的特征，具有相对稳定性。个体的适应能力与其个性特征有着密切的关系。有些人的性格乐观、外向、活泼，在面对问题的时候容易往积极的方面想，会采取恰当的方法宽慰自己，因此，即使他们遇到难题，难题也容易被化解。而有的人比较容易忧郁，看待问题比较消极，小的问题也可能对其心理造成比较大的冲击。这类大学新生在入学阶段容易产生更多的适应问题，而且他们也需要更长的时间适应大学生活。

微课学习　大一综合征

第二节　大学生活解惑指南

开启大学生活意味着人生走入了一个新的阶段。如何尽快融入大学生活，开始自己丰富多彩的校园生活，是每一个大学新生都要面对的问题。大学新生如果在适应大学生活的过程中遇到了一些问题，可以通过以下方法加以解决。

一、增加对自己的了解

正确的自我认知能够帮助个体发展和成长。大学新生应当清楚地认识自己的优势和劣势，了解自己的兴趣和潜力，从而更好地对自己的学业和职业发展进行规划，发挥优势，克服劣势，使个人潜能得到充分发挥。此外，正确的自我认知还有助于增强大学新生的自信心和自尊心，让他们对自己有清楚的认识，了解自己的价值和能力，从而更好地面对挑战和困难。能够正确认识自我的个体往往具有较强的抗压能力和自我管理能力，能更加理性地看待自己的情绪和行为，更好地控制和管理自己。

拓展阅读

大学新生适应期的四个阶段

第一阶段为兴奋期。这时同学们还沉浸在考上大学所带来的喜悦中。对大学校园的向往和对未来学习生活的憧憬会让同学们感到激动和兴奋。

第二阶段为消沉期。随着对周围环境的熟悉，孤独和困惑代替了兴奋。同学们开始在学习生活中遇到各种困难和问题，并因此感到空虚、茫然和失落。

第三阶段为调整期。通过反思和自我调节，同学们会开始重新思考自己的奋斗目标和未来的发展方向，重新冷静、理性地明确个人定位。

第四阶段为稳定期。随着对环境的熟悉、学习的深入，同学们能够逐步适应新的环境，确定自己的奋斗目标，找准自己的位置，让学习和生活走向有序。

二、做好心理调适

心理问题的产生是个体认知和外部环境共同作用的结果，其中内在因素是主导因素。大学新生可以通过心理调适更好地适应大学生活。具体的措施包括以下几个方面。

（一）不苛求自己，顺其自然

人应该有抱负，但如果理想不切实际，与自己的能力不匹配，人们就会因为失败而怀疑自我，甚至因此而抑郁。一个人如果做事总是要求十全十美，总是苛求自己，最终会使自己心力交瘁。因此，大学新生在适应大学生活的过程中应当保持平常心，敢于直面各阶段的得失与成败，坦然接受在适应过程中遇到的各种困难、问题，并认识到出现这些困难、问题是正常现象。

（二）客观看待他人的优缺点，正确认识自己

每个人都有自己的优点和缺点。大学生要善于接纳他人。无论是比自己优秀的还是不如自己的，大学生都可以从他人的身上学到很多东西，借此提高、完善自己。大学新生在适应阶段要正确地认识自己，不应只看到自己的不足、缺点，而忽视了自己的长处和优点，或只看到自己的长处、优点，而忽视了自己的不足和缺点。

（三）懂得合理宣泄情绪

每个人都会产生负性情绪，合理宣泄情绪是调节情绪的有效方法。大学生在宣泄情绪时要注意以下几点。一是要把握宣泄情绪的时机，当负性情绪产生且两周后仍不能缓解时，个体就要及时采用合理的方式宣泄情绪。二是要注意宣泄情绪的适度性，其程度应该与负性情绪的程度相匹配。三是要注意宣泄情绪的方式和场合，宣泄情绪的方式和场合不当可能会给本人或社会带来不良后果，这些不良后果的出现会加剧原有的负性

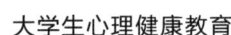

情绪或引发新的负性情绪。

（四）学会与人沟通

把所有的不快埋藏在心里只会让自己郁郁寡欢。如果把内心的烦恼告诉自己的家人、师长或好友，自己的心理压力便会减轻，自己也会感到心情舒畅。

三、参加实践活动

为了更好地适应环境、提高个人能力，大学新生需要主动参加学校组织的各种实践活动，并在实践活动中体验生活、感悟人生，从而了解社会、知晓他人、展现自我、赢得认同、体验成功、获得自信。

四、养成良好的生活习惯

大学新生应学会打理日常生活，养成良好的生活习惯。大学新生要按时起床、适量运动，学会自己整理床铺、收拾房间，学会自己洗衣服和床单、被套等，学会照顾好自己。大学新生要学会管理自己的生活费，要思考生活中的哪些开支是必要的，哪些开支是不必要的，哪些开支是可有可无的。大学新生要尽可能避免不必要的消费，应根据自己的经济状况制订消费计划，尽量减少可有可无的开支。到了月末，生活费若有剩余，大学新生应将其储存起来，以备不时之需。此外，大学新生要防止不良生活习惯的形成，如吸烟、酗酒、沉溺于网络游戏等。

五、熟悉校园环境

大学新生入校后要到校园的各处熟悉情况。例如，了解教室的分布、图书馆的位置，了解校园内外的超市、辅导员的办公室在什么地方，了解食堂的开饭时间以及其他与大学生活密切相关的信息。这样一来，大学新生就能在入学后快速适应大学生活。直接向高年级的学长和学姐请教是一个较为快捷的熟悉和了解校园生活的方法。一般来说，大多数高年级的同学都比较愿意把自己的经验传授给大学新生，以帮助他们尽快适应校园生活、少走弯路。

第三节 大学生活新规划

大学生应该怎样度过大学生活？每一个大学生在刚入学时都会思考这个问题。大学生活是人生中的一段宝贵的、精彩纷呈的经历。在这一时期，大学生需要迎接很多具有挑战性的任务，这就需要大学生正确认识大学生活，确立奋斗目标，并合理规划

自己的大学生活。

一、客观认识和评价大学生活

许多大学新生把大学生活理想化、完美化，但现实中的大学生活总免不了有不尽如人意的地方。大学新生应该转变认知，以理性的态度客观地认识大学生活，不应把大学想象成梦幻天堂。大学新生应接受现实的不完美，并努力利用已有的资源和环境充实和提高自己，让自己的各项能力在大学阶段不断得到提高。

二、确立奋斗目标

许多大学新生在入学后无事可做，并有意放纵自己，没有理想和奋斗目标，并因此出现了一些心理问题。因此，大学新生要在入学后尽快认清自己的角色，树立明确的奋斗目标。大学新生可以经常问自己：我为什么上大学？我在今后应该成为一个什么样的人？我有哪些优势和不足？……大学新生可根据自己的专业特点和特长树立短期目标和长期目标，消除迷茫感。例如，在大学毕业之前，自己要考取哪些证书，自己的英语要达到几级水平。

拓展阅读

大学期间应该做的事

1．在新学期给自己设定一个目标。明确自己的优势和劣势，设定合理的目标。

2．多尝试，找到适合自己的高效学习方法。

3．学好英语。一口流利的英语将成为你找工作的利器。

4．练一手好字。一手好字会令人刮目相看。

5．保持良好的学业成绩。好成绩会成为简历上的亮点。

6．不要挂科。挂科会令你错失许多机会，包括求学和求职方面的机会。

7．不要逃课。有的课逃了一次你就会一直跟不上。

8．不要怕提问。不懂就向老师或同学请教。

9．学习时将手机调成飞行模式。你如果抵抗不了手机带来的诱惑，就在学习时远离它。

10．多读书。读书读得多了，思维会得到提高。

11．做读书笔记。做读书笔记能使阅读更加高效。

12．诚信考试。不要在考试中作弊，不要抱有侥幸心理。

13．多听讲座。你可以通过听讲座汲取他人的经验，了解更广阔的世界。

14．尊重老师。不要在课堂上睡觉或随意交谈。

15．尽早考虑好要不要修双学位或者转专业。你如果真的不喜欢自己的专业，就要尽早做好其他准备。

16．根据对未来的规划考取相应的资格证书。资格证书对以后的求职会有所帮助。

17．和室友好好相处。室友可能是大学四年中和你相处时间最长的人，大家要互相尊重。

18．学会分享。小到零食和家乡特产，大到生活的烦恼与喜悦，都可以和身边的人分享。

三、规划大学生活

一般来说，大学生在规划大学生活时应做到以下几点。

（一）设定总目标

目标的设定能够对个人的行动产生激励作用。大学生在设定总目标时要注意目标设定的阶段性和统一性。每学期、每学年都应当有具体的目标。大学生应对每学期的目标进行动态的修正和补充，注重目标的合理性，避免设定过高的、不切实际的目标。

思政启航

用责任担当书写闪光青春[①]

2023年3月，中宣部、教育部联合发布2022年“最美大学生”先进事迹。在被表彰的10名大学生中，有的矢志科研、勇攀高峰，用实际行动交出闪亮的青春答卷；有的心怀大我、执行国际维和任务，生动讲好中国故事；有的顽强拼搏、为国争光，在奥运赛场展示青春风采……他们将小我融入大我，用奋斗擦亮青春底色，让青春在全面建设社会主义现代化国家的火热实践中绽放绚丽之花。

心怀“强国有我”的使命担当，中国科学技术大学博士生邓宇皓矢志科研，在“九章”和“九章二号”光量子计算原型机研制中作出突出贡献；信守“护一方平安”的誓言，贵州警察学院本科生王金磊面对严重交通事故，毅然冒险进入车辆破拆，成功营救被困人员；秉承“精益求精”的信念，上海应用技术大学本科生陆亦炜勤学苦练，获世界技能大赛花艺项目冠军……“最美大学生”们以各不相同的青春故事，书写了同样绚丽的青春答卷。他们身上涌动的蓬勃朝气、青春力量成为“奋斗的青春最美丽”的生动写照。

有责任有担当，青春才会闪光。强国建设、民族复兴的新征程呼唤迎难而上、挺身而出的担当精神。从“最美大学生”的事迹中，我们不难发现，他们有着共同的特质：不惧风雨、勇挑重担、担当有为。无论是立志科研报国，创造北极高纬度浮冰区光学监测设备最长自主观测纪录；还是奔赴黎巴嫩维和战

① 丁雅诵．用责任担当书写闪光青春[N]．人民日报，2023-04-21（5）．（有删改）

场，执行扫雷任务；或是退伍后运用专业知识创办新媒体账号，传播军旅文化、致力国防教育……使命感、责任感，是他们冲锋在前、矢志奋斗的力量源泉；爱国心、报国志，是他们拼出精彩青春的深沉动力。情有所归，方能心有所系、身有所往。从浇灌出靓丽青春之花的“最美大学生”，到各行各业拼搏奋斗的新时代青年，他们在祖国最需要的地方激扬青春力量，在危难关键时刻彰显青年担当，用实际行动回答着青春应该在哪里用力、对谁用情、如何用心，让我们看到青春中国最美的模样。

一个时代的精神风貌，总是在青年身上得到最生动的体现。今天，新时代中国青年满怀“可以平视这个世界”的自信，正以前所未有的深度和广度认识世界、融入世界。在国际舞台上收获多项荣誉的中央音乐学院硕士研究生曾韵，是一位完全接受本土培养的青年古典音乐演奏家，用一支圆号向世界展示了中国自信；清华大学博士生刘迪波在北京冬奥会期间担任志愿者，向外国友人生动讲述中国故事，被授予奥林匹克徽章……“最美大学生”身上展现的朝气与活力，折射的正是这个伟大时代昂扬向上、自信自强的精神风貌。青年向上，时代向前。伟大时代为青年成长成才提供了丰富滋养和广阔空间，广大青年努力拼搏、奋勇争先，为时代发展进步注入了强大青春动力。中国青年与伟大时代的“双向奔赴”，必将进一步汇聚起推动时代前行的磅礴力量。

“人生万事须自为，跬步江山即寥廓。”新时代的青年生逢盛世，肩负重任，正在书写更多精彩的青春故事。广大青年应以“最美大学生”为榜样，怀抱梦想、脚踏实地、敢想敢为、善作善成，将个人奋斗的小目标融入党和国家事业的大蓝图，让蓬勃青春与家国情怀同频共振，在新时代新征程唱响更加精彩的青春之歌。

（二）进行自我评估

自我评估的内容包括个人的性格、兴趣、特长、技能、情商、智商等。大学生可利用 SWOT 分析法进行自我评估。SWOT 分析法又称态势分析法。SWOT 分析法是一种通过分析组织、个人内部的优势与劣势以及外部环境的机会与威胁，来制定未来发展策略的简便工具。其中，S 代表优势（Strength），W 代表劣势（Weakness），O 代表机会（Opportunity），T 代表威胁（Threat）。

大学生在采用 SWOT 分析法进行自我评估时，要先罗列出优势、劣势、机会、威胁等各项要素，然后利用自己的内部优势和外部环境所提供的机会，克服自己的劣势，化解外部环境中的各类危机。

（三）制订计划

制订合理的计划有利于目标的达成。计划包括具体的行动步骤、行动内容、时间、方法等。大学生可以年为单位制订年度计划，再将年度计划分解为学期计划，并将学期计划进一步分解为月计划、周计划和日计划。

（四）调整与修正

计划并不是一成不变的，随着实践经验的积累，个人的规划和决策可能会发生改变。大学生应根据实际情况对计划进行调整和修正，使计划具有灵活性和动态性。

拓展阅读

大学新生如何规划自己的大学生活？

面对全新的学习环境、生活方式和社交圈，刚刚踏入大学的新生可能会感到迷茫，迫切地需要有人来指点迷津。“九层之台，起于累土。”只有打好坚实的根基，树立清晰的目标，大学时光才不会被虚度。

明确目标，提前规划

与备战高考的中学生相比，大学新生拥有更多自主选择的机会。同学们如果从大一就开始确定目标，并提前进行规划，那么会更容易赢得先机。

有研究发现，拥有明确目标并能长期坚持的人能够在循序渐进的过程中稳步提升自己的各项能力并更容易取得成功。

在大学的起始阶段，大学新生拥有众多选择和无限的可能性，但同学们需要认识到，在这个决定性的阶段，拥有清晰的目标将会是取得成功的关键。当同学们明确了目标，就像是为自己的航行绘制了一张路线图，同学们就能够更加坚定地朝着目标前进。

掌握两种能力，拥抱不确定的未来

大学中的很多场景都需要大学生拥有良好的沟通能力。在大学期间，同学们将结交新朋友，参加丰富多彩的活动。沟通能力将成为同学们融入大学生活、取得学术成就的关键要素之一。

锻炼沟通能力有三个重点。

一是积极参与课堂讨论，多与老师交流，在与同学和老师的互动中逐步提升自己的沟通能力。

二是理性地表达情感，而不是情绪化地表达情感。正如古人所云：“极怒时莫与人书，极喜时莫与人物。”当一个人的情绪不稳定时，他说出来的话常常容易伤人。积极表达情感和需求有助于提升沟通技能，促进团队合作。能够理性表达情感的人更容易结交到志同道合的朋友。

三是学会倾听。无论是在小组讨论中还是在社团活动中，同学们都要尊重他人的观点，积极倾听他人的想法，具备同理心，从而更好地与他人交流。倾听与沟通同等重要，善于倾听是优秀的沟通者的必备技能。

除了提高自身的沟通能力外，同学们还要锻炼自己的领导能力。帮助同学解决问题，积极参与社团活动，协调寝室内的事务，这些都有助于提高同学们的团队合作能力和领导能力。

领导力并不是指挥他人干活的能力，而是带领团队齐心协力做一件事情的能力。同学们应当不断提升自己的领导能力，为班级、为学校、为社会作出贡献，让更多人受益。

例如，同学们可以在大学期间做一名优秀的寝室长。寝室是校园里最小的组织机构。将寝室的各项事务协调好也有助于锻炼同学们的各项能力。

学会用英语学习

在高中阶段，很多同学习惯于通过死记硬背的方式学习英语。但是，一旦进入大学，同学们如果仍然延续着过去的学习方式，就可能在英语的学习上遇到瓶颈期。

从大学的第一个学期开始，同学们就要改变英语学习的传统思维方式，要学会使用英语，这才是大学期间学习英语的正确方法。同学们应该注重阅读，通过大量阅读来提高自己的英语水平。

拒绝拖延

现如今，碎片化的信息不断地分散同学们的注意力，让同学们更容易出现拖延的问题。这种拖延不仅会影响同学们的学业，还会影响同学们的个人成长和目标的实现。因此，同学们要提高自己的自律意识，培养好的生活习惯和学习习惯。

本章小结

1．心理适应是指外部环境发生变化时，个体通过自我调节作出能动反应，使自己的心理活动和行为方式更加符合环境变化的要求和自身发展的要求。

2．新生综合征主要表现为两个方面。生理方面的表现包括肠胃不适、失眠多梦等。心理方面的表现包括抑郁、焦虑、紧张、胆怯、自卑等。有新生综合征的大学新生在学习适应、人际适应、环境适应、网络适应等方面会存在一定的问题。

3．大学生活的规划主要包括设定总目标、进行自我评估、制订计划、调整与修正这几个步骤。

团体训练

校园采访

活动目的：通过随机采访本校高年级同学，加深自己对学校环境、学业规划、社团活动等方面的了解。

活动过程：请同学们在采访后将采访内容进行总结和整理，在课堂上以小组的形式进行分享。

思考与练习

1．大学新生无法适应大学生活的表现有哪些？

2．你在适应大学生活的过程中遇到了哪些问题？你是如何应对这些问题的？

心理测验

大学生心理适应能力测试

心理适应能力是指一个人在心理上进行自我调节、自我平衡，以适应社会生活和社会环境的能力。完成下面的测试能帮助你对自己的心理适应能力进行自我评估。请认真阅读以下表述，并根据自己的实际情况选择“是”“不确定”“不是”这三个选项中的一个，然后画“√”。

表述	选项		
	是	不确定	不是
1．我最怕转学或转班级，每到一个新环境，我总要适应很长一段时间			
2．来到一个新的地方后，我能很快与他人拉近关系			
3．在陌生人面前，我常感到无话可说，甚至感到尴尬			
4．我最喜欢学习新知识或新学科，这能带给我一种新鲜感，并调动我的积极性			
5．来到一个新地方时，第一天我总是睡不好；在家里，只要换一张床，我就会失眠			
6．不管生活环境发生多大变化，我都能很快适应			
7．越是到人多的地方，我越感到紧张			
8．在正式比赛或考试时，我的成绩不会比平时练习时差			
9．我最怕在班上发言，当全班同学都看着我，我会感到非常紧张			
10．即使有同学对我有看法，我也能与他正常交往			
11．有老师在场的时候，我总感到有些不自在			
12．和同学、家人相处时，我很少固执己见，并且乐于采纳他人的意见			
13．与他人争论时，我常常激动得说不出话，事后才想起该怎样反驳对方			

续表

表述	选项		
	是	不确定	不是
14. 我对生活条件的要求不高，即使生活条件艰苦，我也能生活得很愉快			
15. 有时自己明明已经把课文背得滚瓜烂熟了，可是在课堂上背诵的时候，我还是会出差错			
16. 在决定成败的关键时刻，我虽然很紧张，但总能很快地使自己镇定下来			
17. 对于那些我不喜欢的东西，不管怎么学我也学不会			
18. 在嘈杂的环境里，我仍能集中精力学习，并且效率较高			
19. 我不喜欢陌生人来家里做客，只要有陌生人来家里，我就有意回避			
20. 我很喜欢参加社交活动，我认为参加社交活动是结交朋友的好机会			

评分规则：

单数题目（如 1、3、5、7 等）选择“是”得 -2 分，选择“不确定”得 0 分，选择“不是”得 2 分。

双数题目（如 2、4、6、8 等）选择“是”得 2 分，选择“不确定”得 0 分，选择“不是”得 -2 分。

各题得分相加后的分数即为总分。

总分为 35 ～ 40 分：心理适应能力很强，能很快适应新的学习环境、生活环境；与人交往轻松大方，给人印象极好；无论进入什么样的环境，都能自如应对。

总分为 29 ～ 34 分：心理适应能力良好，能较好地适应周围环境的变化，态度积极，乐于与他人交往，处事能力和心理调适能力较强。

总分为 17 ～ 28 分：心理适应能力一般，在进入一个新的环境后，经过一段时间的努力，基本上能适应所处的环境。

总分为 6 ～ 16 分：心理适应能力较差，对学习环境、生活环境的依赖性较强；一旦遇到困难，容易怨天尤人、情绪消沉。

总分为 5 分以下：心理适应能力很差，在来到新环境后，即使经过长时间的努力，也不一定能够适应；常常因与周围环境格格不入而感到十分苦恼；在与他人交往的过程中总是显得拘谨、羞怯、手足无措。

提醒与建议：

如果你在这个测试中得分较高，说明你的心理适应能力较强；如果你的得分较低，你也不必忧心忡忡，因为一个人的心理适应能力是随着年龄的增长、知识的丰富而不断提升的，相信你一定能通过努力使自己的心理适应能力得到提升。

第三章　大学生自我意识

知识目标

1. 掌握自我意识的概念及类型；
2. 了解大学生自我意识发展的表现；
3. 了解大学生常见的自我意识问题。

能力目标

1. 能全面地认识自我、了解自我、探索自我；
2. 提升自我认知能力、自我调节能力，提高自我同一性。

素质目标

1. 塑造健全的自我意识，形成客观的、全面的自我意识，保持阳光的心态，积极地面对生活；
2. 增强自尊心和自信心。

思政目标

1. 培养不懈奋斗、百折不挠的意志品质；
2. 学会正确、辩证地看待自己，强化自身的社会责任意识。

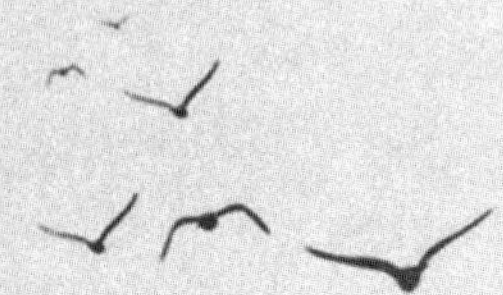

知人者智，自知者明。胜人者有力，自胜者强。知足者富，强行者有志。不失其所者久，死而不亡者寿。

——《道德经》

案例导入

我是一名身高160厘米、体重54公斤的大一女孩。我觉得自己挺胖的，总希望自己能瘦一点儿，所以经常尝试各种减肥方法。我尝试过运动、节食等方法，每次坚持不了几天就放弃了。进入大学后，我总喜欢和周围的同学作比较，别人拥有的东西我也想有。同寝室的同学每天都很忙碌，有去图书馆的，有参加各种社团活动的，而我总是形单影只。我觉得自己很孤独，感觉舍友都不喜欢我。我有时很自卑，有时候又觉得自己很优秀。我常常无法认真、专注地学习，这导致我的期末成绩不是很理想。我经常在想："我到底是一个什么样的人？"我与朋友在一起时也能侃侃而谈，但有时又感觉不知道如何与他人相处，我因此感到很苦恼。

思考： 1．这名同学遇到了什么问题？

2．她为什么会在自我认识的过程中产生矛盾呢？

3．我们应当如何更全面地认识自己？

德国哲学家莱布尼茨曾说："世界上没有完全相同的两片树叶。"每个人都要用一生来回答"我是谁"和"我是怎样的人"这两个问题。我们应当认识到，自我意识对一个人个性的形成起着至关重要的作用。

第一节　自我意识及其发展

一、自我意识概述

（一）自我意识的概念

自我意识是个体对自己的整体认识和评价。自我意识通常表现为个体对自己的身心状态的察觉、认识和体验。自我意识包含两个部分：一个是"主我"，即主观的我，主我是自我活动的觉察者；另一个是"客我"，即客观的我，客我是被觉察的对象。例如："我觉得我是一个性格开朗的人。"这句话中的第一个"我"就是主我，第二个"我"就是客我。自我意识的发展过程也是个体不断社会化的过程和个性特征形成的过程。自我意识是人的个性结构的重要组成部分。从某种意义上说，自我意识是个性结构中的自我调节系统。

（二）自我意识的类型

1. 从形式上划分

自我意识不是一个孤立的心理机能，而是一个多层次、多维度的心理系统。从形式上划分，自我意识可分为自我认知、自我体验和自我调控。

（1）自我认知

自我认知是自我意识中与认知有关的部分，是指个体对自己的思想、愿望、行为和个性特点的感知、观察和分析。“我是谁”“我是个什么样的人”等问题就与自我认知有关。例如，“我是一个内向的人”“我是一个学习能力很强的人”就是个体的自我认知。自我认知是自我体验和自我调控的前提。

（2）自我体验

自我体验是自我意识中与情感有关的部分，是建立在自我认知基础上的对自己所持的态度。“我能否接纳自己”“我对自己是否满意”等问题就与自我体验有关。拥有积极的自我体验的个体能够自我肯定，并对自己信心十足；拥有消极的自我体验的个体通常自我否定，并感到自卑。

（3）自我调控

自我调控是自我意识中与意志有关的部分，是指个体对自身行为与心理活动的调节。“我如何改变自己”“我如何成为理想中的自己”等问题就与自我调控有关。

2. 从内容上划分

从内容上划分，自我意识可分为生理自我、心理自我和社会自我。

（1）生理自我

自我意识最原始的形态是生理自我。生理自我是个体对自己的外貌、体质、体能等方面的认识，它可以使个体认识到自己的存在。

（2）心理自我

心理自我是个体对自己的心理状态、人格特征、心理过程、动机及行为表现等方面的认知与体验。人们可以通过察觉心理自我来了解自己的内心世界，从而明确自身的价值和追求。

（3）社会自我

社会自我是个体对自己在社会关系、人际关系中所扮演的角色的认识，包括个体对自己在客观环境及各种社会关系中的地位、责任、力量和所拥有的权利、需要履行的义务的认识。随着个体自我意识的发展，个体的社会角色愈发凸显，社会自我开始在自我意识中占据重要位置，与社会角色相关的责任感、义务感、角色感也会不断增强。

实际上，个体常从生理自我、心理自我和社会自我的角度进行自我认知、自我体验和自我调控，如表 3-1 所示。

表 3-1 生理自我、心理自我、社会自我与自我认知、自我体验、自我调控的对应关系

自我意识的类型（从内容上划分）	自我意识的类型（从形式上划分）		
	自我认知	自我体验	自我调控
生理自我	认知对象包括自己的外貌、穿着、体质、性别等	帅气、漂亮、有吸引力、迷人、普通等	重视自己的外表，以提升个人魅力等
心理自我	认知对象包括自己的智力、性格、气质、兴趣、能力等	有能力、聪明、优雅、敏感、迟钝、感情丰富等	注意行为规范，重视智力与能力的发展等
社会自我	认知对象包括自己的地位、声望、角色、权利、义务、责任、力量等	自尊、自信、自爱、自豪、自恋等	追求名利与地位，与他人竞争，希望获得他人的好感等

3．从自我观念上划分

从自我观念的角度划分，自我意识又可以分为现实自我、投射自我和理想自我。

（1）现实自我

现实自我是个体在现实生活中获得的自我感受。在现实生活中，人们会按照自己的标准对自己目前的身心状况和社会关系产生某些看法。

（2）投射自我

投射自我体现的是个体想象中的他人对自己的看法，如想象中自己在他人心目中的形象或想象中他人对自己的评价。人们会通过感知投射自我产生自我效能感。

（3）理想自我

理想自我体现的是个体从自己的立场出发对将来的自己的希望。理想自我是个体对想象中的自我的认识，是个体想要拥有的形象。理想自我与现实自我不一定是一致的。

心理训练

活动一：自画像

各位同学，让我们开启一场自我探索之旅。你可以画出任何能代表自己的事物（如植物、动物），并用文字表达该自画像的内涵。

活动二：他画像

（1）请在下方表格中用文字描述他人眼中的自己。

父亲眼中的我	母亲眼中的我	亲戚眼中的我
同学眼中的我	朋友眼中的我	老师眼中的我

（2）仔细观察这几个“我”是否具有一致性。思考哪些人眼中的“我”是高度一致的，哪些人眼中的“我”具有差异性。

（3）你最关注谁的看法？为什么？

（三）人格结构

弗洛伊德将人格结构分为三个方面，即本我、自我和超我。

本我遵循快乐原则，不愿受到外界的约束和干扰。

自我遵循现实原则，受外界的规范和制约。自我会根据外部环境协调与本我或超我之间的关系。

超我遵循道德原则，重视社会价值和道德规范，会抑制本能并作出利他行为。

如果一名学生在考试前出现了作弊的想法，其本我、自我和超我会持有不同的态度，如表 3-2 所示。

表 3-2　有作弊想法的考生的本我、自我、超我所持的态度和最终结果

人格结构	态度	结果
本我	我要作弊，这样我才可以过关	本我胜利：该生作弊并受到处罚
自我	考试很难，我要尽可能通过考试，但我最好不作弊	自我胜利：该生会在现有的情况下尽可能抓紧时间复习，能学多少算多少
超我	作弊不道德，我绝对不能作弊	超我胜利：该生因自己出现作弊的想法而感到自责和内疚，并尽全力复习考试内容

心理感悟

伤痕实验

心理学家为进行一项实验而招募了一批志愿者，并告知志愿者实验目的是观察普通人群对身体有缺陷（尤其是面部有伤痕）的陌生人会作出何种反应。志愿者被分别安排在独立的、没有镜子的房间，一流的化妆师在每个志愿者的左脸上画出了一道非常逼真的伤痕。化完妆后，化妆师会拿出一面小镜子，让志愿者看到化妆效果后立即拿走镜子。心理学家还告知志愿者，为了使伤痕的效果更逼真，化妆师还要在所画伤痕上定妆。实际上，化妆师偷偷擦掉了画在志愿者脸上的伤痕。

对此并不知情的志愿者们被分别带到各大医院的候诊室，心理学家要求他们观察他人对其“面部伤痕”有什么样的反应。结果，志愿者们普遍反馈，自己发现周围的人总是盯着他们的脸看，对待他们不友善，他们认为自己的内心受到了伤害。而事实上，所有志愿者脸上的伤痕早已不存在，他们此时的脸与平常无异！

志愿者们的内心感受反映了他们的自我认知。个体如何看待自己会极大地影响个体对外界的感知。志愿者们在不知情的情况下被“制造”出伤痕，并因此感受到他人的不友好和歧视。实际上，一个内心自卑的人更容易从外界获得消极反馈。

以积极的心态看待自己会促使他人以更积极的方式对待自己；反之，消极的心态则可能使个体获得更多的负面反馈。在与人交往的过程中，我们要学会辩证、理性地看待外界的评价，树立积极向上的人生观和价值观。

微课学习　自我体像

二、自我意识的作用

大学生自我意识的发展状况既是以往心理发展状况和健康状况的反映，也是大学生人格发展状况的集中体现。自我意识的作用主要表现为以下几个方面。

（一）目标导向作用

能正确认识自我的个体往往能够确立较为合理的理想中的自我形象，从而明确将来的奋斗目标。自我意识对个人的认知、情感、意志、行为会产生很大的影响，它是个体实现自我发展的动力。

能够正确认识自己的人往往拥有积极的心理定位。这类个体的表现包括：接纳自我，喜欢和尊重自己；有安全感和自我认同感；清楚个人的能力；独立自主、自律；对自己的行为负责；对自己有恰当的期望；有表达自己想法的勇气；对自己取得的成绩感到自豪。

无法正确认识自己的人往往拥有消极的心理定位。这类个体的表现包括：否定自己，讨厌且不尊重自己；没有安全感，怀疑自己；不清楚自己的能力；依赖他人；情绪化；逃避责任；对自己没有恰当的期望；羞怯，不敢表达自己的观点；害怕成功。

（二）自我控制作用

自我意识在个性结构中处于核心地位。它决定着个体对现实的看法，对人们的心理活动和行为方式都起着制约作用。

首先，拥有自我意识是人们认识外部环境和客观事物的条件。其次，拥有自我意识是一个人具备自觉性、自控力的前提，积极的自我意识能够对自我教育起到推动作用。一个人只有意识到自己的长处和短处，才能发扬优点、克服缺点，并进行自我教育。最后，形成自我意识是提升自我的途径，它使人们不断地进行自我监督、自我完善。自我意识影响着个体的道德判断和个性的形成，尤其是个性倾向性的形成。形成平衡、协调而统一的自我意识有助于大学生提高自己的心理健康水平和心理素质。

（三）内省作用

由于主客观条件的制约，人们常会在实现理想自我的过程中遇到各种障碍，致使人们产生不同程度的挫折感。这时，自我意识就会促使人们对自己的认识、情感、意志、行为等进行反省，找到受挫的主客观原因，并重新调整认识，形成新的理想自我，使其与现实自我相统一。内省就是个体在成长过程中所进行的自我反省。个体要想使自己的才能得到充分的发挥，并实现自我价值，就需要形成积极的自我意识，随

时对自己的认识、情感、意志和行为进行反省。

三、大学生自我意识发展的表现

大学生的自我意识在大学阶段得到了迅速发展，这使大学生的自我认知、自我体验、自我调控逐步协调一致。大学生自我意识发展的表现包括自我意识的分化、自我意识的矛盾和自我意识的统一。

（一）自我意识的分化

在青年期，自我意识的发展是从自我意识的分化开始的。个体原来的那个完整的“我”被打破了，两个“我”出现了。这两个“我”是主我和客我，它们分别扮演着观察者和被观察者的角色。伴随着主我和客我的分化，理想我和现实我也开始分化。自我意识分化是自我意识开始走向成熟的标志。自我意识的明显分化使大学生主动地关注自己的内心世界和行为，并产生新的认识和体验；同时，由此引起的激动、不安、焦虑、喜悦会越发强烈。这会使大学生陷入自我沉思，并希望拥有属于自己的空间，渴望被理解、被关怀。

（二）自我意识的矛盾

自我意识的分化具有双重影响。一方面，它使大学生开始意识到自己不曾注意到的自己的另一面；另一方面，它也使主我与客我、理想我与现实我之间的矛盾不断产生并日益加剧。自我意识的矛盾表现为自我不能统一、自我形象不能确立、自我概念不能形成。个体会因此产生明显的内心冲突和强烈的不安，并感到痛苦。他们对自我的评价常常是矛盾的，对自我的态度常常是变化的，对自我的控制常常是不果断的。

（三）自我意识的统一

自我意识的分化和矛盾所带来的痛苦不断促使大学生寻求各种方法，以实现自我意识的统一。自我意识的统一有助于提高自我同一性的发展水平。自我同一性主要是指主我与客我的统一、理想我与现实我的统一，也表现为自我认知、自我体验、自我调控的和谐统一。

第二节 大学生常见的自我意识偏差

自我意识的形成对于青年人人格的形成、心理的发展起着重要的作用。青年初期最重要的心理过程是自我意识和稳固的自我形象的形成过程，青年初期最有价值的心理成果就是个体发现了自己的内心世界。大学生的自我意识的统一对其一生都具有特别重要的意义。因此，大学生应当正确看待自我意识发展所表现出的矛盾和自我意识问题。

一、大学生自我意识发展所表现出的矛盾

（一）主我与客我的矛盾

作为同龄人中能够接受高等教育的人，大学生往往对自己有较高的评价，并且社会对大学生期望甚高。而对于很多大学生来说，主我与客我往往存在很大的差距，这种差距会给大学生带来一定的痛苦。

（二）理想我与现实我的矛盾

理想我与现实我之间的矛盾主要源于理想我与现实我之间的差距。大学生有理想、有抱负、有成功欲，对自己的未来充满了信心。然而，他们较少接触社会，还不能很好地把理想与现实有机地结合起来。现实与理想之间的差距会给他们带来很大的痛苦。实际上，这种差距也会成为激发大学生奋发进取的动力。但是，如果理想我与现实我迟迟不能统一，大学生就会出现一系列的心理问题。

（三）理智与冲动的对抗

大学生情绪的显著特点是波动大、易冲动、情绪不易控制。随着身心的发展和认知水平的提高，大学生会逐渐走向成熟。然而，在遇到实际问题时，大学生往往既想满足自己情绪、情感方面的需求，又想满足社会和他人提出的要求。当遇到重大打击时，很多大学生尽管能够尽可能理性地看待困境，却在情感上难以接受事实。因此，大学生应培养客观看待问题、理智分析问题的思维方式，学会控制自己的情绪，避免因极端情绪而产生冲动行为。

（四）自负与自卑的对抗

自信是一种健康的心理，是一个人拥有健全的自我意识与成熟人格的标志。但是，大学生的自我意识还处于发展阶段，其心理尚未完全成熟，这就导致大学生对自己的认知还不够全面。因此，大学生在认识自己时常会出现认知偏差。自负是一种过度的自信。自负的人缺乏自知之明，喜欢把自己的意志强加给他人。自卑是一种自我否定的表现。自卑的人对自己缺乏信心，常对自己感到不满并否定自己。自卑的人总是看到自己的不足和问题，遇事会胆怯、逃避、退缩，缺乏主见。

自负与自卑关系紧密。极度自负的人往往也是极度自卑的人。与其他群体相比，大学生的自尊心与自信心较强，他们渴望成功、不甘落后。一些大学生在取得小的成就时容易骄傲自大、唯我独尊、以自我为中心。然而，当他们遭遇失败和挫折时，便开始怀疑自己的能力，进而自我否定、自我怀疑甚至自暴自弃，并陷入强烈的自卑中。

（五）独立意识与依赖心理的冲突

大学生生理与心理的不断成熟使他们渴望独立，并以独立个体的身份去面对生活、学习中遇到的问题。但由于社会阅历和经验不足，当应激事件出现时，他们无法独立应对，此时他们希望与自己关系亲密的人能够帮助自己。大学生在心理上已经趋于独立，但是他们在经济、思想等方面尚未真正独立，这使得他们在迫切希望摆脱约束、追求独立的同时，不能真正脱离家长、老师的支持和帮助，从而造成了独立意识与依赖心理之间的冲突。当然，任何成熟的独立个体都需要他人的帮助，广泛的社会支持是保证个体心理健康的不可或缺的条件。在遇到问题时，大学生应当积极面对，在寻求他人帮助的同时不过分依赖他人，否则自己的判断能力与决断能力将无法得到提升。

（六）渴望交往与自我闭锁的冲突

大学生需要友谊，渴望被理解，并希望获得归属感。他们有强烈的交往需要，希望和朋友探讨人生，分享苦与乐。然而，大学生同时又存在自我闭锁的心理。他们有时会把自己的心深藏起来，在与人交往时常心存戒备，总是有意无意地与他人保持一定的距离。正是这种矛盾心理使很多大学生感到孤独。

大学生自我意识发展所表现出的矛盾是大学生心理发展过程中的正常反应，是大学生自我意识迅速走向成熟而未完全成熟的表现。自我意识的矛盾会使大学生在心理上出现某些适应问题，并感到焦虑、痛苦和不安。这种矛盾也可能影响大学生的心理发展和心理健康。但这都是大学生走向成熟所必经的一步，是个体逐步获得内在力量的必要过程。

二、大学生常见的自我意识问题

（一）过度自卑

1. 自卑情结

自卑情结由奥地利心理学家阿德勒提出。它与优越情结相对，由个体沉重的自卑感转变而来。个体的自卑情结体现了其潜意识中所具有的与软弱无能、无价值感有关的复杂心理倾向。有自卑情结的个体常常认为自己无法一个人面对和解决问题，并存在己不如人的自卑观念。自卑既可以成为驱使个人追求卓越的力量，也可以成为阻碍个人成长的绊脚石。

2. 过度自卑的表现

自卑感是一种因对自己不满、否定自我而产生的情感。自卑感的产生往往与个人的自尊心受到打击有关。过度自卑的人无法客观认识自己，往往只看到自己的缺点而忽略了自己的优点；他们总是否定、抱怨、指责自己，看不到自己的价值，或夸大自己的不足；他们认为自己的各个方面都不如他人，因而缺乏自信心。严重自卑的个体还可能由自我否定发展为自我厌恶。

微课学习 自尊

案例学习

小王是一名大一新生，在进入大学后，小王发现自己与周围的同学存在很大的差距，自己的穿着、口音、家庭背景都与其他同学不同。同学们在聊新鲜的话题时，小王也无法参与。小王在与同学们交往时也小心翼翼，不敢拒绝他人的要求。当看到室友说悄悄话时，他不禁会想："他们是不是在说我的坏话？"小王每次上课都一个人坐在角落，在课堂上害怕与老师对视，不敢回答老师提出的问题。这样的生活让小王感到非常自卑。小王曾试图融入同学们的圈子，但总是受挫，这让他感到更加孤独和失落。他开始怀疑自己的能力和价值。在自卑心理的影响下，他无法集中精力学习，学习成绩开始下滑。同时，他也失去了对未来的信心，不知道未来自己该何去何从。

自卑心理会影响到个人的学习、生活和人际关系。正确认识自己的长处和短处、能够坦然地接纳自己是心理健康的表现。悦纳自己的人才能相信自己，并根据自己的能力去做想做的事情。一个人只有真正地克服了自卑心理，才能充分发挥潜能并实现自我价值。事实上，一些自尊心很强的人常感到极度自卑。自尊心、自卑感过强都会影响大学生的心理发展。

（二）习得性无助

习得性无助是指由反复的失败或惩罚造成的无助心理。习得性无助的个体常对现实感到无望和无可奈何。习得性无助的个体的心理状态包括以下几种。

1．缺乏成就动机

成就动机是指个体所具备的在从事有意义的活动的过程中获得满意结果的内在心理动力。成就动机高的个体能够投入地做某件事并精益求精，在逆境中拥有战胜困难的勇气和决心。习得性无助的学生缺乏成就动机，他们往往不能为自己确立恰当的目标，并在学习时漫不经心。他们对失败的恐惧远远大于对成功的期望。因此，他们不期待自己能够获得成功。

2．自我概念水平低

自我概念是指个体对自己的生理、心理等方面的特征的自我认知和自我评价。自我概念能够为个体提供自我认同感，帮助个体调节自己的行为，因此它对个体的发展具有重要意义。习得性无助的学生的自我概念水平低于一般学生。他们学习态度消极，对学习毫无兴趣；与同伴相处时大多自卑而多疑，认为自己不受欢迎，因而与同

伴日渐疏远。

3．消极定势

习得性无助的学生往往拥有失败的学习经历或生活经历，常得到老师和同学的消极评价，这使其逐渐形成了固化的思维模式和认知态度。他们认定自己永远是一个失败者，无论怎样努力也无济于事。他们还往往固执己见，不愿吸纳他人的意见和建议，并以消极的方式重复不变地对待学习和生活中存在的问题。

4．自我效能感低

自我效能感是指个体在作出某个行为之前对自我能力的判断或感受。习得性无助的学生自我效能感低，对自己的学习能力持怀疑和不确定的态度，因而他们倾向于设定较低的学习目标，以避免获得失败的体验。在遇到挫折时，他们往往没有自信心，不加努力便会放弃。由于怀疑自己的能力，他们经常有强烈的焦虑感，其身心健康也会因此受到影响。

（三）过度自我接受

自我接受是指自己认可自己、肯定自己的价值，能客观评价自己的长处和短处，能坦然接受自己的不足之处，不会过分地苛求自己。自我接受是心理健康的表现。在实际生活中，一些人过度地自我接受。他们会高估自己，用放大镜看自己的长处，甚至把缺点也视为长处；他们还会用放大镜看他人的短处，忽视他人的长处。他们常常有“我好，你不好”“我行，你不行”的看法。过度自我接受的个体容易盲目乐观、自以为是，不易妥善处理人际关系；而且过度自我接受的个体往往会给自己提出过高的要求，承担无法完成的任务。

案例学习

小李是一名大三学生，学习成绩优异，他因此深受同学和老师的喜爱。然而，小李渐渐地在他人的表扬声中迷失了自我。在学术研究中，他常常只停留在表面，这使得他在学术研究方面始终没有太大的突破。

在与同学、老师交流时，他始终认为自己的想法是对的，他人的想法是错的；在课堂讨论中，他经常唯我独尊，难以接受其他人的观点。这使得他在团队中经常与他人产生冲突，影响了团队的协作。当遇到挫折时，小李往往归咎于外部因素，而不进行自我反思。

我们需要对自信和自负进行区分。小李自我感觉良好、骄傲自大、缺乏自知之明，不愿意采纳师长、同龄人的意见。这种自负心理很容易使其遭遇失败，并因此一蹶不振。自负会对他的学业、人际关系和未来的职业发展产生负面影响。大学生应当克服自负心理。同时，大学生在面对理想我和现实我之间的差距时，应当对自己充满信心，并付出努力。

（四）以自我为中心

大学阶段是自我意识发展最快的阶段。大学生强烈关注自我，倾向于从自我的角度去认识、评价客观世界，容易出现以自我为中心的倾向。当这种倾向与某些不健康的思想、意识（如个人主义、自私自利）和心理特征（过度地自我接受）同时出现时，个体就会出现心理问题。以自我为中心主要表现为以下三个方面。

1．很少关心他人，与他人关系疏远

以自我为中心的人时时都从自己的利益出发，很少考虑他人的感受和需要。实际上，人际交往应当遵循互惠互利的原则。如果一个人只关注自己的需求，而忽视了对方的感受，人际关系往往难以长久维持下去。

2．固执己见，唯我独尊

以自我为中心的人在人群中总是认为他人都应该认同自己的看法，而且这种人在明知他人的观点是正确的情况下也不愿意改变自己的态度或接受他人的观点，因此，他们很难与他人正常交往。

3．自尊心和嫉妒心过强

以自我为中心的人自尊心极强，难以接受自己的自尊心受到伤害，总是极力地维护自己。因此，他们无法接受他人比自己优秀，看见他人取得成绩就心生嫉妒，看见他人遭受失败则幸灾乐祸，不愿向他人分享任何有益的信息。

心理训练

学会倾听

三个同学为一组，进行倾听练习。

A 同学：选择一件令你感触颇深的事（如“最近让我最快乐的事”“最近一周让我最不痛快的事”“让我最感动的事”等），向你的伙伴诉说，时长为五分钟。

B 同学：当你的伙伴讲话时，你可以试着东张西望、打岔、皱眉或玩手机，以表示你没有认真倾听对方讲话。

C 同学：当你的伙伴讲话时，通过注视对方、身体微微向前倾斜、微笑点头、应答或表示赞同等方式表现出你对对方的话感兴趣。

问题：

1．在你的两位伙伴中，你最想对谁诉说，为什么？（提问 A 同学）

2．当 B 同学打断你说话时，你有什么感觉？（提问 A 同学）

3．当你没有认真听对方说话的时候，A 同学有什么反应？（提问 B 同学）

4．在现实的学习和生活中，你会像刚刚那样对待他人吗？（提问 B 同学）

5．你认为好的倾听者应该怎么做？（提问 C 同学）

总结：

倾听不仅仅是一种技能，更是一种尊重和理解他人的表现。我们如果学会了倾听，就可以更好地理解他人的需求和感受，从而与他人建立良好的人际关系。

对于以自我为中心的人来说，认真倾听他人讲话可能是一个挑战，因为他们更习惯于关注自己的想法和感受。实际上，他们可以通过倾听逐渐认识到他人的长处，学会从他人的角度看待问题，从而更好地包容和理解他人。

（五）过度追求完美

不能客观地认识和评价自我的表现之一是对自己过于苛刻并追求完美。尽管人人皆有爱美之心，但过分追求完美容易使自己出现适应障碍。

过度追求完美的表现包括：对自己有过高的要求，期望自己完美无缺，不考虑自己的实际情况。例如，目前不少大学生因追求容貌上的完美而去整容。完美主义者不能容忍自己不完美的表现，过分看重自己不完美的地方，甚至把人人都会出现的问题视为自己不完美的表现。他们总对自己不满意，并因此使自己的情绪和自信心受到了影响。他们对自己十分苛刻，只接受理想中完美的自己，而不肯接受现实中普通、平凡或有缺点的自己，这会使其对自己的认识更加局限。

案例学习

小杨是一名大学生，她追求完美，对自己的要求非常严格。在她的世界里，没有做到最好就相当于失败。她对自己的成绩、日常表现和穿着都有极高的要求。

在学习上，小杨总是刻苦努力、追求高分。如果成绩没有达到自己的预期，她就会十分难过。她不仅要求自己成绩优秀，还希望自己在课外活动方面有十分优异的表现。

在生活上，小杨对自己的形象也有很高的要求。她追求时尚，希望自己能成为他人眼中的焦点。如果她的穿着或妆容没有达到自己的要求，她就会感到不安和失落。

小杨对完美的追求也延伸到了她的人际交往中。她希望自己能与所有人建立良好的关系，无论是同学、老师还是家人。如果有人对她不满意或者批评了她，她就会感到非常沮丧。

这种完美主义给她带来了很大的压力和困扰。她经常感到焦虑，并变得敏感、多疑，这使得她的人际交往出现了一些问题。在老师的建议下，她开始寻求心理咨询师的帮助。在心理咨询中，小杨认识到自己存在的一些错误的想法。例如，每个人都要追求完美，自己要把每件事情都做到最好。于是，小杨开始试着接受自己的不完美和失败，客观地看待他人的评价。

第三节　自我接纳与成长

一、认识自我的方式

人对自己的认识是不断变化、发展的。人们可以向他人展示自己不为人所知的一面，并通过他人的反馈加深对自己的了解，从而更全面、更客观地认识自我。认识自我的方式主要有以下几种。

（一）比较法——从我与他人的关系中认识自我

他人是反映自我的镜子，与他人交往是个体获得自我认识的重要来源。正确认识自我的人能从各种人际关系中获取宝贵的经验，消除自己的认知盲区。

借助比较法认识自我是一种通过将自己与他人进行比较来评估自身能力和价值的方法。

为了更好地认识自我，个体应当在比较的过程中做到以下几点。

1．对比自己与他人的能力

个体可以通过比较自己和他人在学习、工作、社交等方面的表现来评估自己的能力。了解自己的优点和缺点有助于个体更好地认识自我。

2．根据社会标准评价自己

个体可以依据社会标准来评估自己的能力和价值。例如，个体可以通过了解社会对人的知识、技能、品德等方面的要求来认识自我。

3．关注他人的评价

了解他人对自己的评价也是认识自我的重要途径之一。个体可以通过听取他人的评价，特别是那些与自己交往密切的人的评价，来了解自己的优点和缺点。

4．反思自己的行为

反思自己的行为和决策有助于个体了解自己的优点和缺点。个体可以尝试分析自己在某些特定情境下的表现，从而提升自己在处理问题、应对挑战等方面的能力，并更好地认识自我。

5．接受多元化的比较对象

个体不要只将自己与类似的人进行比较，也要尝试与其他有不同背景、不同经历的人进行比较。这样做有助于个体更全面地了解自己的能力和价值。

总之，用比较法认识自我时，个体需要多角度、多方位地评价自己。

拓展阅读

乔哈里窗

自知是一个人自我意识发展的基础。关于自我意识，美国心理学家约瑟夫·勒夫特和哈里·英厄姆提出了“乔哈里窗”这一理论。该理论将人的内心世界划分为四个区域。

一是公开区，即自己知道、他人也知道的信息区域。例如，个人的姓名、年龄、职业等基本信息。这个区域的信息是共享的。开放这一区域有助于增进人际关系。

二是隐藏区，即自己知道而他人不知道的信息区域。这个区域包含了个人的私密想法、感受和一些不愿公开的秘密。在沟通中适度地开放这一区域有助于提高沟通的效率。

三是盲点区，即他人知道而自己不知道的信息区域。之所以会出现这一区域，是因为他人对自己的观察和理解超出了自己的认知范围。

四是未知区，即自己和他人都不知道的信息区域。

（二）经验法——从我与事的关系中认识自我

从我与事的关系中认识自我，即从做事的经验中了解自己。对于一些人来说，成功和失败所带来的经验和教训是他们走向成功的重要阶梯，这些人了解自己并善于学习，因而可以避免重蹈覆辙。而对于一些比较脆弱的人而言，失败的经历使其更容易失败，因为他们不能从失败中汲取教训并改变策略，而是在受挫后形成害怕失败的心理；他们不敢面对现实，不敢应对挑战，因此失去许多良机。而对于那些自负的人来说，成功反而可能成为其失败之源。因此，大学生要善于从成功和失败的经历中汲取经验，并对经验进行客观的分析。

个体应当在运用经验法的过程中做到以下几点。

1．自我观察

个体应当关注自己的行为与情感，了解自己的兴趣爱好。个体可以通过写日记的方式记录自己日常生活中的所见所感，加深对自己的了解。

2．理性分析他人评价

个体在与他人交流时，要认真听取他人的评价，了解自己的优点与缺点。同时，个体也要对他人的评价进行理性的分析，不能全盘接受。个体要找出合理的、可信度高的评价，并结合自己的实际情况进行分析。

3．自我评价

个体应当根据自己的情况，通过多个维度对自己进行评价，如学习能力、沟通能力、领导能力等。个体可以为不同的能力设定不同的评价标准，再对自己进行评价，

以了解自己的优势与劣势。完成自我评价后，个体应根据自我评价的结果适时调整自我评价的标准，以便更准确地认识自我。

（三）反省法——从我与自己的关系中认识自我

在认识自我时，个体应当了解自己眼中的我、他人眼中的我和自己理想中的我。

首先，个体要了解自己眼中的我。自己眼中的我，即个人实际观察到的客观的我，观察的角度包括身体、容貌、性别、职业、性格和能力等。

其次，个体要了解他人眼中的我。与他人交往时，个体可以从他人对自己的态度、情感反应中觉察自我。不同的人对自己的看法和评价可能有所不同，个体可以通过多数人对自己的态度和情感反应了解自我。

最后，个体要了解自己理想中的我。个体应当了解理想中的自己具备哪些特征，思考自己为什么希望具备这些特征。

个体应当在运用反省法的过程中做到以下几点。

1．进行总结和分析

个体应当对自己眼中的我、他人眼中的我和自己理想中的我进行总结，分析是否有被自己或他人忽略的优点或被自己或他人过度放大的优点，从而加深对自己的了解。

2．分析优点与缺点

个体应当在总结的基础上客观分析自己的优点与缺点，了解自己的长处和短处，并做到取长补短、扬长避短。

3．制订计划

个体应当针对自己的不足之处，制订有助于完善自我的计划，在认识自我的基础上做更好的自己。

心理训练

说说我自己

活动步骤

步骤一：用“我是一个……的人”的句式来描述自己，写出20句。写下的句子应与本人实际情况相符，并且能够反映本人的风格或特点。避免出现“我是一个女人/男人”这样的句子。

（1）我是一个______________________________的人。

（2）我是一个______________________________的人。

（3）我是一个______________________________的人。

（4）我是一个______________________________的人。

(5) 我是一个________________________________的人。
(6) 我是一个________________________________的人。
(7) 我是一个________________________________的人。
(8) 我是一个________________________________的人。
(9) 我是一个________________________________的人。
(10) 我是一个________________________________的人。
(11) 我是一个________________________________的人。
(12) 我是一个________________________________的人。
(13) 我是一个________________________________的人。
(14) 我是一个________________________________的人。
(15) 我是一个________________________________的人。
(16) 我是一个________________________________的人。
(17) 我是一个________________________________的人。
(18) 我是一个________________________________的人。
(19) 我是一个________________________________的人。
(20) 我是一个________________________________的人。

步骤二：根据以下类别对写好的20个句子进行分类。

(1) 生理特征（如年龄、身高、肤色、体型、健康程度等）。

(2) 性格特征（如乐观、开朗、内向、多愁善感等）。

(3) 才智特征（如聪慧、迟钝、灵活等）。

(4) 社会关系特征（如乐于助人、广交好友、不善交际等）。

(5) 其他。

注意：分类有助于同学们了解自己。如果某一类句子比较多，说明你对自己这一方面的了解和关注比较多；反之，则说明你对自己这一方面的了解和关注较少。

步骤三：评估你对自己的描述是积极的还是消极的。

用“+”或“−”对你写下的每一个句子进行标注。“+”表示这句话表达了你对自己的肯定，“−”则表示这句话表达了你对自己的否定。请在评估完成后数一数是正面评价更多还是负面评价更多。

如果正面评价的数量大于负面评价的数量，则说明你能较好地接纳自己。如果负面评价的数量超过一半，则表明你不能很好地接纳自己；这时你需要进行内省，思考自己是否低估了自己的能力和价值，并分析问题出现的原因。

二、悦纳自我

悦纳自我是指个体对现实自我持肯定和认同的态度。心理学研究表明，肯定自

己、认同自己的人比否定自己、怀疑自己的人更容易建立起自尊和自信。可见，积极地悦纳自我是心理健康的重要表现，是个体完善自我的前提，是个体发展健全自我的途径。

大学生如果想要悦纳自我，就需要做到以下几点。

（一）克服自卑

1．看到自己的优点，积极评价自己

自卑的人习惯用放大镜看自己的缺点和他人的优点，夸大自己的失败和他人的成功，忽略自己的成功和他人的失败。所以，一个人如果想要克服自卑，就要改变认识自己的方式，认识到自己的优点，全面、客观、辩证地看待自己和他人。

2．进行积极的自我暗示，学会肯定自我

我们可以通过进行积极的自我暗示、自我鼓励消除自卑。人的自我评价实际上就是一种自我暗示，它与人的行为有很密切的关系。消极的自我暗示会导致消极的行为，而积极的自我暗示会带来积极的行动。进行积极的自我暗示不等于盲目自信，它只对那些个人可以做到但没有信心去做的事情起作用。

3．尝试主动与他人沟通和交往

我们可以从自己的小圈子里跳出来，在与人交往的过程中倾诉自己的烦恼与困惑，通过他人给予的反馈调整自我评价，学习他人的长处，不断取长补短，从而减少自卑感。

（二）消除自负

1．勇于接受批评

自负者的主要问题是不愿意改变自己的态度或接受他人的观点。接受批评并不意味着我们要完全服从于他人。我们应当学会接受他人正确的观点，通过接受他人的批评改变固执己见、唯我独尊的行为方式。我们要学会与他人平等相处，不能在观念上无理地要求他人认同自己的看法。

2．全面地认识自我

我们应当既能看到自己的优点和长处，又能看到自己的缺点和不足，不可“一叶障目，不见泰山”，抓住一点不放。我们不能孤立地去评价自我。每个人都有自己的闪光点，也有不如他人的地方。在与他人比较时，我们不能总拿自己的长处与他人的不足之处进行比较，把他人看得一无是处，也不能过于贬低自己，忽视自己的优点和长处。

3．以发展的眼光看待一生

我们既要看到自己的过去，也要看到自己的现在和未来。辉煌的过去并不意味着永恒的成功，它无法取代现在和未来。未来充满了无限的可能性，我们应当以过去的成功为基石，不断学习和成长，积极应对当前的挑战，把握当下的机遇。

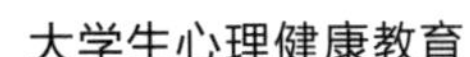

（三）肯定自我

1．承认自己的独特性

世界上没有完全相同的两片树叶，也没有完全相同的两个人。虽然一些人在某些方面具有相似性，但是每个人都是不可替代的。我们不应总与他人比较，也不应用他人的标准来衡量自己。我们要相信“天生我材必有用”，在找到内心的安全感的基础上实现自己的价值。

2．正确看待自己的缺点和不足

每个人都是独特的，但这并不意味着每个人都是完美的。一个有智慧的人不仅能接纳自己的优点，同时也有能力接纳自己的不足。对于可以改正的缺点，如不良的生活习惯，我们应学会勇敢地承认它们的存在并积极地去改正；而对于那些无法改正的缺点，我们要坦然地承认和接受它们，并尝试借助其他方面的优势来进行弥补。实际上，承认和接纳自己的不足也是自信的表现。

3．不要一味地与他人攀比

我们如果希望处处高人一等，必然会变得心胸狭隘，整日被嫉妒心困扰。因此，我们不必为自己在某些方面强于他人而沾沾自喜，也不必为自己在某些方面不如他人而灰心丧气。我们要知道，自己是一个独特的个体，自己的目标是努力挖掘自己的潜能，做最好的自己。

心理训练

做好心理保健操

学会喜欢自己、与自己友好相处是悦纳自我的途径之一。

1．如何喜欢自己

（1）每天找到让自己开心的三件事。

（2）每天在自己做的事中找出三件值得夸奖的事。

（3）每天对自己说：“我喜欢我的……”至少要罗列三个。

2．行动比想法更有效

（1）每天至少主动做两件能使自己快乐的事，可以小到给自己买零食。

（2）每天至少留出半个小时的独处时间，你可以在这段时间做任何你喜欢的事，也可以什么都不做。

（3）把自己一直想做但因为种种原因而没有做的事情（如爬山、逛书店、买衣服、看望朋友等）罗列出来，制订一个切实可行的计划，然后以周为单位一件件地完成它们。

同学们可以尝试坚持一个月，然后写下自己的感受和发现。

三、完善自我

每个人都应当塑造一个开放的自我。无论有多少外在条件的限制，我们只要不封闭自己，在任何情况下都保持自我的开放性，就能不断超越自身的局限性，从而实现自我价值。

人存在于社会中，个体需要在社会中实现自我价值。我们应当将社会进步和自我的发展紧密结合起来，把自己的人生追求同国家的发展进步紧密结合起来，把国家的发展大势作为自己人生的坐标系。

思政启航

王家超——从沉默男孩到独臂铁人

有这样一个男孩，他在5岁时失去了一只手臂，但他并没有消沉。十二年后，他华丽转身，蜕变为泳池里奋勇向前的“飞鱼”。2015年，成为小伙子的他开始进军铁人三项赛场。在2021年东京残奥会上，他成为中国第一位参加残奥会铁人三项比赛的运动员。

王家超曾获得2008年北京残奥会男子200米个人混合泳亚军、2012年伦敦残奥会4×100米混合泳接力冠军、2021年东京残奥会铁人三项男子PTS4级比赛第四名……从游泳池的“飞鱼”到铁人三项赛场上的“铁人”，王家超将“精神寓于运动”的理念深植心中。他在赛场上顽强拼搏、奋勇争先，传递着自己不屈的精神。

王家超曾在一次视频连线中铿锵有力地说：“我希望以自己的人生经历来告诉更多的青少年，只要你不放弃，这个世界上就没有什么能够打败你。”王家超被称为“铁人”，不仅是因为王家超在铁人三项比赛中取得了优异的成绩，还因为他拥有钢铁一般的意志和永不言弃的生活态度。

本章小结

1．自我意识是个体对自己的整体认识和评价。

2．自我同一性主要是指主我与客我的统一、理想我与现实我的统一，也表现为自我认知、自我体验、自我调控的和谐统一。

3．大学生常见的自我意识问题包括过度自卑、习得性无助、过度自我接受、以自我为中心和过度追求完美。

4．悦纳自我是指个体对现实自我持肯定和认同的态度。肯定自己、认同自己的人比否定自己、怀疑自己的人更容易建立起自尊和自信。

思考与练习

1．结合自己的实际情况，谈谈自己在成长的过程中遇到了哪些与自我意识有关的问题。

2．分析自己的优点和缺点，并谈谈这些优点和缺点给自己带来了哪些方面的影响。

心理测验

（一）根据自己的实际情况回答下列问题

你能自我悦纳吗？

题目	是	否
1．在朋友和家人眼里，你是否显得过于敏感？		
2．你是否喜欢与他人争论不休？		
3．你是否对人或事总是持批评态度？		
4．你是否能容忍他人有不同的观点？		
5．你是否容易发火？		
6．你是否容易原谅他人？		
7．你是否经常嫉妒他人？		
8．你是否能认真听他人讲话？		
9．你是否感到很难接受他人的恭维？		

评分规则：

第 1、2、3、5、7、9 题选择“是”，各计 1 分；选择“否”则不计分。第 4、6、8 题选择“否”，各计 1 分；选择“是”则不计分。将各题得分相加，得出总分。

如果总分在 5 分以上，说明你有自我否定的倾向。

（二）根据自己的实际情况回答下列问题

你有自知之明吗？

题目	是	否
1．你会每天照 3 次以上的镜子吗？		
2．你一点也不在乎他人对你的看法吗？		
3．你是否觉得你并不了解自己？		
4．你会留意自己的心情变化吗？		
5．你常把自己与他人进行比较吗？		
6．你常常在晚上反思自己一天的行为吗？		
7．做错事后你常常不明白当时自己为什么要那样做吗？		

续表

题目	是	否
8．你比较注意自己的外表吗？		
9．你做事情的随意性强吗？		
10．在作出一个决定时，你清楚这样做的理由吗？		
11．你总是努力揣测他人的想法，并按他人的要求与暗示行事吗？		
12．你总是穿着得体吗？		
13．你知道自己是脾气好的人还是脾气差的人吗？		
14．你知道自己的能力比他人强还是比他人弱吗？		
15．你知道自己将成为什么样的人吗？		
16．你总担心自己能否给他人留下好印象吗？		
17．在遭遇一次挫折后，你总是对自己的行为进行反思吗？		
18．你了解自己在哪方面比他人优秀吗？		
19．你知道自己为什么会产生某种情绪吗？		
20．你能在考试前预测出自己能否顺利通过考试吗？		
21．你会在做某件事的过程中发现自己没能力完成这件事吗？		
22．当你遇到不高兴的事时，你是否会设法让自己从低落的情绪中走出来？		
23．你能在考试成绩公布前预测出自己的考试成绩吗？		
24．在大多数情况下，你了解自己的行为动机吗？		
25．你觉得你应该给他人留下好印象吗？		
26．你知道身边的大多数人对你的评价吗？		
27．你知道自己与班上的哪些同学谈得来吗？		
28．你知道自己的长处吗？		
29．你知道自己的短处吗？		
30．你认为你了解自己吗？		

评分规则：

第 4、5、6、8、10、12、13、14、15、17、18、19、20、22、23、24、25、26、27、28、29、30 题答“是”计 0 分，答“否”计 1 分。其余各题答“是”计 1 分，答“否”计 0 分。将各题得分相加，得出总分。

总分为 0 ~ 9 分：你有自知之明，对自己的优点和缺点有较为清楚的认识。

总分为 10 ~ 20 分：你对自己的了解不够全面。你已经注意到了自己的感受，但为了更好地了解自我，你还需要掌握一些认识自己的方法。

总分为 21 ~ 30 分：你不了解自己。你需要借助一些有效的方法加深对自己的认识。

第四章　大学生学习心理

知识目标

1．掌握大学生学习心理的概念、大学学习的特点与意义；

2．了解大学生常见的学习心理问题及其具体表现；

3．掌握解决大学生常见的学习心理问题的方法。

能力目标

1．形成终身学习的观念，掌握激发学习动机的策略；

2．学会正确看待学习心理问题，使自己拥有良好的学习心理；

3．掌握时间管理策略，学会科学管理时间。

素质目标

1．培养积极主动的学习态度，了解学习的意义与价值；

2．提升适应能力与创新能力，能够运用不同的学习方法与时间管理策略。

思政目标

树立正确的学习价值观，将终身学习的理念内化于心、外化于行。

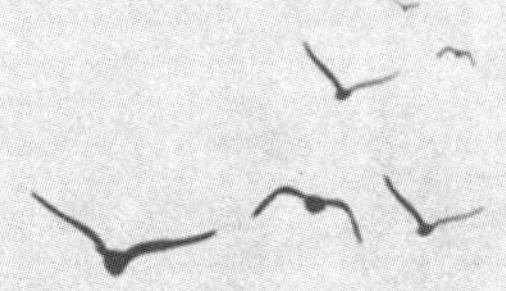

问渠那得清如许？为有源头活水来。

——宋代理学家 朱熹《观书有感（其一）》

案例导入

大一新生小智从小学习成绩优异，是老师、同学和家人眼中的学霸，他以优异的成绩考入名校。小智在高中养成了规律的作息习惯，现在仍然坚持每天早晨六点起床、晚上十一点睡觉，每天听从老师的安排，课前预习、按时上课，在课堂上认真听讲，课后及时完成作业。此外，他还常常去图书馆学习。

自律的小智依照高中的学习方法认真地学习，然而，他却发现平日里学习态度不及自己的舍友领会新知识的能力比自己强很多，舍友的期末成绩也比自己高。小智为此感到失落和困惑。小智觉得虽然在大学里自己可自由支配的时间变多了，但是经常在完成了老师布置的课后作业之后不知道自己还需要做些什么。他也不了解在大学阶段除了需要学习专业知识，还需要学习哪些内容。他常常思考：为什么自己明明已经按照高中的学习方法认真学习了，学习成绩却不理想呢？

脑袋里满是疑问的小智对自己感到不满、失望，以前的自信荡然无存。他不知道自己的问题出在哪里。舍友看到小智闷闷不乐，建议他到学校心理中心接受心理咨询。

思考：1．与中学阶段的学习相比，大学阶段的学习有什么样的特点？
2．案例中的小智遇到了什么问题？
3．大学生在大学阶段应该如何学习？

大学阶段的学习与高中阶段的学习存在很大的差异，这种差异主要体现在学习目标、学习内容和学习方法上。大学教师的教学方法也有别于高中教师的教学方法。

在这样的背景下，同学们如果仍然采用高中阶段的学习方法学习大学阶段的知识，显然会事倍功半、倍感挫败。同学们只有了解了大学阶段的学习特征，有针对性地调整自己的学习方法，才能起到事半功倍的效果。

第一节　大学生学习心理概述

一、学习心理的概念

学习心理是指学生在学习的过程中由于受到各种因素的影响而产生的一系列心理

变化。学习心理是教育心理学的重要研究对象。学习心理学立足于学生的学习本质，注重对人的学习过程、思维方式、行为方式、生理机制、学习类型、认知方式、信息加工方式、学习策略、学习技巧进行研究。了解和运用学习心理学的理论和方法有助于解决学生的学习和行为问题，使学生科学地学习。

大学生学习心理是指大学生在学习过程中因受到各种因素的影响或刺激而形成的各种心理反应。它直接关系到大学生的学习效果、个人成长及未来发展。

拓展阅读

大学生学习投入水平与心理健康有关吗？

随着积极心理学的兴起，在学习心理的研究领域，人们不再只是关注学习压力、学习焦虑、学习倦怠、学习困难，而是将更多的目光聚焦于学习幸福感、学习投入等方面。学习投入是指学生在学习、理解知识和掌握技能等方面付出的努力。研究表明，学习投入对学生的学业成就、心理幸福感和心理健康有正向的影响；一般来说，大学生学习投入水平越高，心理健康状况就越好。

二、大学学习的特点

与高中阶段的学习相比，大学阶段的学习发生了很大的变化。大学阶段的学习具有以下特点。

（一）自主性

大学阶段的学习具有高度的自主性。高中阶段的学习更多是被动学习，而到了大学，学习内容、学习时间、学习途径、学习方式可由大学生自主选择，被动学习转变为主动学习。有研究表明，主动学习的个体的学习内容留存率高于被动学习的个体。

（二）专业性

大学阶段属于专业教育阶段，大学生从入学开始就有了一定的职业方向，因此，大学的学习内容是围绕某个专业方向展开的。每个专业都有自己的培养目标、课程设置和教学安排。在大学阶段，学习的专业性强并不意味着学习内容是单一的，学好专业课需要同学们广泛涉猎相关学科领域，思考知识之间的联系。

（三）多样性

大学的学习形式、评价方式具有多样性。在大学阶段，虽然上课还是主要的获取知识的方式，但大学生可以依靠多种渠道获得知识。同时，大学的实践性教学活动也很丰富。实际上，自主学习、与同学讨论、听学术讲座、参加社团活动、参加社会实

践活动都是获取知识、提升能力的重要途径。在大学阶段，学业成绩已经不是评价个人能力的唯一标准。沟通能力、领导能力、创新能力是很难通过考试评估出来的，这些能力对个人的成长、成才非常重要。

（四）探索性

大学阶段的学习具有很强的探索性。大学生需要在学习专业知识的同时主动探索和思考，培养自己的科学研究能力和创新能力。

拓展阅读

流体能力和晶体能力

曾有学者根据能力在人一生中的发展趋势以及能力对先天禀赋、社会文化因素的依赖关系，将能力分为流体能力和晶体能力。

流体能力指的是一个人在信息加工和解决问题的过程中所表现出来的能力，如对关系的认识能力、类比能力、演绎推理能力、形成抽象概念的能力等。它与个人的文化素养和知识水平关系不大，主要与个人的禀赋有关。流体能力的发展水平与年龄有密切关系。一般来说，人的流体能力的发展水平在 20 岁以后达到顶峰；从 30 岁开始，人的流体能力的发展水平将随年龄的增长而降低。此外，心理学家也发现，流体能力属于人类的基本能力。人们在编制适用于不同人群的智力测试题目时，通常将流体能力作为测试的主要对象。

晶体能力是指获得语言、数学等知识的能力，它与后天的学习有密切的关系。晶体能力在人的一生中的各个阶段都一直在发展，但到了 25 岁以后，其发展速度逐渐趋于平缓。

了解流体能力和晶体能力能够使我们对个体能力发展的多维性有更好的理解。不同的能力具有不同的发展速度，它们走向成熟和衰退的时期也是不同的。

三、学习的意义

宋代理学家朱熹有云："问渠那得清如许？为有源头活水来。"历经高考、进入大学后的你是否思考过这些问题：努力学习的意义到底是什么？学习对于你的生命意味着什么？大学阶段的学习对你来说有何意义？你今天的学习与你未来的生活又有什么样的联系？

大学阶段的学习对自身的提升、发展和完善有着重要的作用和价值。对大学生而言，学习的本质意义是实现自我超越，学习的主要目的是塑造自己的价值观、世界观和人生观。

学习是一个持续不断地丰富自我、提升自我、实现自我价值的过程。通过学习，同学们不仅能够获取新的知识和技能、拓宽视野，增强解决问题的能力，还能够培养自己的批判性思维和创新能力。学习能够使同学们更好地理解世界，适应不断变化的环境，并在面对挑战时作出明智的决策。总而言之，学习是个人成长和发展的重要途径。

思政启航

周恩来学生时代的中国梦

梁启超在《少年中国说》一文中提到："少年智则国智，少年富则国富；少年强则国强，少年独立则国独立。"周恩来在少年求学时期将实现"中华之崛起"视为自己的求学目标，这为他在探索和践行中国梦的人生道路上提供了方向上的指引。

"为中华之崛起而读书"这一激励中华儿女的励志名言，是1911年14岁的周恩来在回答老师提问时说出的。1898年3月5日，周恩来出生在江苏淮安。1910年，他来到东北，先是在铁岭上小学，后又转到沈阳东关模范学校。1911年的一天，正在上课的魏校长问同学们为什么要读书。同学们纷纷回答：为父母报仇，为做大学问家，为知书明礼，为让妈妈、妹妹过上好日子，为光宗耀祖，为挣钱发财……轮到周恩来发言时，他说："为中华之崛起！"魏校长听到一惊，又问了一次。周恩来又加重语气说："为中华之崛起而读书！"周恩来的回答让魏校长大为赞赏。

从小学时立志"为中华之崛起"而读书，到在南开学校毕业时与同学们互赠"愿相会于中华腾飞世界时"的留言，到从日本留学后回国参加五四运动，再到在欧洲勤工俭学后回国投身革命……周恩来一直在为中华之崛起而奋斗。

当前，我们的国家正处于实现中华民族伟大复兴中国梦的关键时期，亟需大批栋梁之材。正所谓："致天下之治者在人才。"当代大学生肩负着重要的历史使命和社会责任。因此，大学生应当充分发扬周恩来在学生时代的学习精神，将个人发展与国家的命运紧密联系在一起，热爱学习、勤于学习、善于学习，为实现中华民族伟大复兴而努力奋斗。

第二节　大学生常见的学习心理问题

对于大学生而言，学习心理问题是较为常见的心理问题。我们时常能听到这样的表述：

上大学后我好像反而不会学习了。

考前记得清清楚楚，一进考场脑袋却空空如也。

我也不知道学什么才能对未来的发展有帮助。

我既学不进去，也玩不尽兴，还睡不踏实，心情也不好。

我看见别人勤奋就焦躁不安，自己行动时却总是"明天再说"。

不逃课和不谈恋爱的大学生活是不完美的。

选修课必逃，必修课选逃。

…………

这些表述充分体现出部分大学生在面对大学阶段的学习时出现了适应不良、焦虑、学习目标不明确、学习动力不足、学习拖延、学习倦怠等问题。每一种问题的产生均有其自身的原因。大学生需要找到其中的原因，只要对症下药、有的放矢，学习心理问题就能迎刃而解。

一、学习适应不良

学习适应不良是指个体在学习过程中遇到了学习方面的困难，从而在认知、情感和意志方面出现一系列行为变化。这些变化具体表现为学习成绩的下滑、学习兴趣的减退、身心健康发展水平下降、学习状态不稳定。学习适应不良会阻碍大学生的正常学习和成长。

大学阶段的学习不同于高中，二者在学习环境、学习目标、学习内容、教学模式、考核方式等方面均存在不同程度的差异。大学阶段的学习科目增多，学习周期变短，考核方式更加多样化。有的大学生对学习的认知仍然停留在高中阶段，认为学习主要指的是课程学习，没有意识到课程学习只是大学阶段众多学习方式中的一种。有的大学生认为学习的主要目标是通过考试，没有意识到考试只是检验学习成效的一种方式。有的大学生认为学习要跟着老师的节奏，没有意识到大学生在大学阶段要摆脱对老师的依赖，要尝试做自己的老师，学会独立学习。部分大学生没有根据大学阶段的学习特征积极地作出调整，从而出现情绪不佳、缺乏学习动力等表现。

二、考试焦虑

考试焦虑是指个体因担心考试失败或渴望获得更高的分数而产生的一种忧虑、紧张的心理状态。当面对重要考试时，大学生出现考试焦虑是正常现象。适度的焦虑有助于增强学习动机和大脑的兴奋度。然而，过度焦虑会使人产生不良的生理反应，如面色苍白、手脚出汗、身体发抖、心慌气短、判断力下降等，这些生理反应会使人感到不适，分散人的注意力，从而无法正常地学习。有严重考试焦虑的大学生在考前会出现过分担忧、恐惧、失眠、腹泻等表现；在临考时会呼吸急促、频繁上卫生间、大脑一片空白；在考场上会出现视动障碍，导致其看不清题目、看错题目、手不听使唤。大学生如果长期存在考试焦虑问题，不但学习会受到影响，还会出现退缩、害羞、过分胆小等表现。考试焦虑加剧还会引发一系列心理问题。

三、学习动机不当

“为什么要学习？”“为谁学习？”“学习的目的是什么？”这些问题都与学习动机有关。

学习动机是指促进个体学习的内部动力。学习动机能够激励个体开展学习活动、维持学习活动，并朝着某个目标努力。然而，并不是学习动机越强，学习效率就越高。美国心理学家耶克斯和多德森的研究表明，动机水平与工作效率之间的关系呈现倒 U 形曲线的形态。耶克斯 - 多德森定律指出，个体的工作效率与其动机水平有关。在动机水平较低时，工作效率也往往较低。随着动机水平的提高，个体的工作效率也会随之提高。然而，当动机水平过高时，个体的工作效率会开始下降，因为压力和焦虑可能影响个体的注意力和认知能力。这个定律也能很好地说明学习动机水平和学习效率之间的关系，如图 4-1 所示。

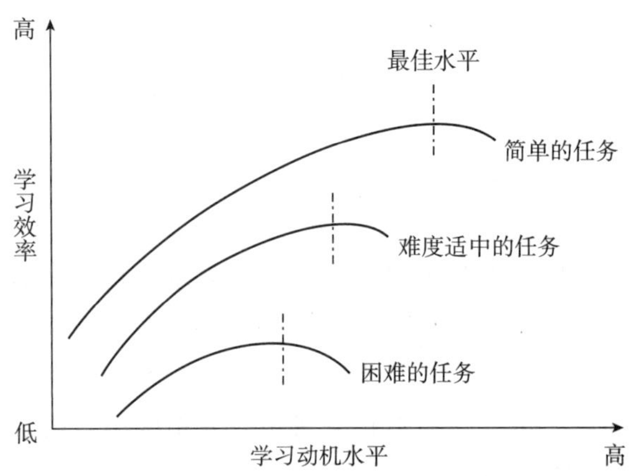

图 4-1　学习动机水平和学习效率之间的关系

学习动机不当主要包括学习动机不足和学习动机过强两方面，二者都会影响个体的学习效率。

学习动机不足的主要表现为：

① 没有明确的学习目标和学习计划，做一天和尚撞一天钟；

② 为了学习而学习，甚至厌倦学习、逃避学习；

③ 注意力涣散，学习时易受各种因素的干扰；

④ 无法通过学习获得成就感，没有压力和紧迫感，也没有求知欲。

学习动机过强的主要表现为：

① 成就动机过强，急于取得成绩；

② 经常给自己设定高难度的目标，让自己长期处于高度紧张、高负荷运转的状态；

③ 奖惩动机过强，很看重奖惩；

④ 擅长考试，考试得分较高，却学得很呆板；

⑤ 过于勤奋，每天学习时间过长，身体状态和心理状态不佳，从而导致学习效率下降。

四、学习拖延

“明天再说”“再躺一会儿”“改天开始背单词”“下次一定好好学”“再等

等”……这些想法都与学习拖延有关。

学习拖延是指个体在面对具有较大挑战性的学习任务时，明知完成学习任务对自己有益，却还是选择拖延或拒绝完成学习任务的行为。学习拖延通常会使个体的学习水平和学习能力下降。学习拖延往往伴随着焦虑不安、抑郁、失落等消极情绪。

五、学习倦怠

学习倦怠是指个体因长时间学习而身心疲劳、注意力分散、学习效率下降并难以维持学习的现象。学习压力过大或缺乏学习兴趣都会使个体对学习感到厌倦。学习倦怠会使大学生缺乏积极主动的学习态度，学习效率下降。

拓展阅读

瓦伦达效应

瓦伦达是一位世界知名的表演者，他的绝技是在空中走钢索。在一次重要的演出中，瓦伦达发挥失常，从高空坠落身亡，这使很多人感到意外。事后，瓦伦达的太太对记者说：“每次走钢丝时，他都很轻松，只专注于脚下，不想其他的事；而这一次，他却在上场前不断强调这场演出的重要性，提醒自己不能失败，结果他却失败了。”

心理学家把这种“成功愿望越强烈越容易失败”的现象称为“瓦伦达效应”。

其实，瓦伦达效应在生活中随处可见。很多平时成绩优秀的学生在高考中落榜，一些准备充分的演讲者在正式演讲时会发挥失常。

瓦伦达效应给学习者最大的启示就是：在面对一些对个人有重要意义的学习挑战时，不要过分地看重这个挑战，而应该以一种相对轻松的心态去迎接它。

我们可以用在本章中学到的耶克斯-多德森定律去阐释瓦伦达效应的产生原因。当动机水平超过顶峰时，工作效率会随着动机水平的增加而不断下降，因为过高的动机水平会使个体处于过度焦虑和紧张的心理状态，个体的正常心理活动也会受到影响。由此可见，人们只有在完成复杂和困难的任务时保持适当的动机水平，才能使工作效率达到最佳水平。

第三节　大学学习导航

一、树立终身学习的理念

1994年，首届世界终身学习会议在罗马举行。会议提出，终身学习是21世纪的生存概念。人们在会议上指出：终身学习通过一个不断支持的过程来发挥人类的潜能，它激励并使人们有权利去获得他们终身所需要的全部知识、价值、技能与理解，并在任何任务、情况和环境中都有信心、有创造性且愉快地应用它们。终身学习者的学习往往是有意义的学习，其学习场所也不限于家庭和学校。

（一）终身学习的价值

在我国加速推进教育现代化的进程中，终身学习已从教育理念上升为国家战略，并成为教育改革与发展乃至社会建设领域的重要指导思想之一。党的二十大报告中强调："建设全民终身学习的学习型社会、学习型大国。"如何构建服务全民终身学习的教育体系，形成全民学习、终身学习的学习型社会，促进人的全面发展，是关系到中华民族能否持续发展、能否实现民族复兴大业的战略问题。联合国教科文组织终身学习研究所发布的名为 *Embracing a culture of lifelong learning: Contribution to the futures of education initiative*（《拥抱终身学习文化：对教育未来倡议的贡献》）的报告对终身学习的价值进行了阐述。相关学者认为：

第一，当人类不得不面对来自自然、社会等各方面的具有不确定性的挑战时，终身学习成为应对挑战的关键。终身学习可以提高人们应对变化和谋划未来的能力。

第二，终身学习可以培养人们的思维能力和感知力，使人们能够清楚地分辨真理与谬误，不被假消息蒙蔽和欺骗。

第三，终身学习有助于提高人们的就业能力，帮助人们更好地面对未知的就业市场。

第四，终身学习有助于构建终身学习型社会，进而使得人人都成为积极主动的学习者，并将学习贯穿于生命的始终。

（二）培养终身学习的习惯

有一句话这样讲："现在的你由十年前的你决定，十年后的你由现在的你决定。种一棵树最好的时间是十年前，其次是现在。想到了，就去行动。"大学生如果想培养终身学习的习惯，就要从当下做起，坚持每天按计划学习，日积月累才能获得进步。下面是一些培养终身学习习惯的技巧。

1．培养阅读的习惯

阅读能够拓宽视野，使人们收获新知并得到不同的生命感悟。大学生可以在阅读时将自己的情感与思考融入其中，让自己对世界有更深入的了解，提高独立思考的能力。用多长时间阅读一本书并不重要，但我们要确保自己有一本正在阅读的书。我们可以随身携带这本书，这样我们就可以在有时间的时候阅读它。我们如果能每天抽出半个小时的时间进行阅读，或许用一两周的时间就可以读完一本书。

2．列出学习愿望清单

我们都有想要学习的东西，所以，列一个学习愿望清单是一个不错的选择。我们可以学习一门新的语言，学习一种技能，或者阅读一部名著。列学习愿望清单可以帮

助我们明确自己的学习目标和愿望，从而激发内在的学习动力。

3．保持开放的心态

“孤举者难起，众行者易趋。”个人的进步离不开他人的帮助。我们要有开放的心态，和不同年龄段的人交流，与各行各业的人交流，博采众长，取长补短。我们要珍惜每一次与他人交谈的机会，借助他人的智慧拓宽自己的视野、打开自己的思路。

拓展阅读

提取练习

提取练习是一种为提高记忆效率而要求学习者在没有任何线索或提示的情况下主动回忆信息的学习方法。它强调从记忆中提取信息的过程，而不是简单地重复阅读或学习。反复提取信息有助于强化记忆，使信息在大脑中存储更长的时间。

同学们可以通过以下方法进行提取练习。

自我检测：选择要学习的主题或内容，回忆和提取相关的信息，借助闪卡、思维导图等形式进行练习。

主动回忆：回忆时尽量不查阅资料，尽可能多地回忆出相关信息，然后再查阅资料，进行验证和补充。

间隔练习：将学习内容分为多个部分，在不同的时间点进行提取练习，而不是在一段时间内集中进行提取练习；这种间隔练习可以使记忆更持久。

练习形式多样化：采用不同的练习形式（如填空题、选择题等）有助于学习者在不同的情境下灵活运用所学知识。

反馈和修正：在完成提取练习后，应及时对自己的答案进行修正；在发现问题后，应重新回顾相关知识。

提取练习是一种非常有效的学习策略，可以帮助大学生更好地巩固和加强记忆。

二、激发学习动机

学习动机指的是使个体产生并维持学习行为，以满足学习需要的心理倾向。它是推动一个人持续学习的内在动力。学习动机可分为内部学习动机和外部学习动机。内部学习动机是指由个体的内在学习需要引发的学习动机，如兴趣、求知欲、好奇心；外部学习动机是指个体为获得外部奖励而产生的学习动机，如获得好成绩、得到父母的表扬等。

古语云：“知之者不如好之者，好之者不如乐之者。”激发自身的学习动机对大学生的学习具有十分重要的意义。

（一）学习动机的作用

1. 激励作用

当学生对某些知识或技能产生迫切的学习需要时，其学习内驱力就会被激发。学生会因此产生渴求知识的心理体验，并在行动上有所体现。

2. 定向作用

有学习动机的学生在学习的初始阶段就有较为明确的学习目标，学习动机会推动学生为达成目标而努力学习。

3. 维持作用

学习动机能够使学生保持认真的学习态度，持续努力，并坚持完成学习任务，直到达成学习目标。

（二）影响学习动机的因素

影响学习动机的因素包括外部因素和内部因素。

1. 外部因素

（1）任务的风险性和模糊性

任务的风险性和模糊性会影响学生的学习动机。风险性和模糊性强的任务容易使学生感到困惑或失去学习兴趣。因此，适当降低任务的风险性和模糊性有利于激发学生的学习动机。

（2）教师行为

教师的行为会影响学生的学习动机。一方面，教师可以给予学生适当的表扬、积极的评价，从而激发和维持学生的学习动机。另一方面，教师可以通过表达自己对学生的期望来影响学生的学习动机。美国心理学家罗伯特·罗森塔尔及其合作者做过相关研究。研究表明，教师对学生能力的信念会影响其对学生的期望，而其对学生的期望又往往会影响学生的现实表现。

2. 内部因素

（1）兴趣

兴趣影响着人的行为。有学习兴趣的人可能会因为学习而废寝忘食。缺乏学习兴趣常常是学生学业出现问题的主要原因。缺乏学习兴趣的人往往难以集中注意力，对学习有抵触情绪；有学习兴趣的人在学习的过程中乐于面对挑战、不畏困难，能够享受学习的乐趣。

（2）自我效能感

自我效能感是指个体对自己是否有能力完成某一任务所进行的主观判断。自我效能感低的人在学习中遇到问题时，会过多地想到自己的不足，并习惯于夸大困难，存

在较强的畏难心理，出现消极的情绪反应和行为反应；而自我效能感高的人能够在学习中将注意力集中在具体问题上，思考如何实现学习目标，在遇到困难时展现出较强的心理韧性。

（3）归因

归因是指个体对自我行为的出现原因的分析。归因会影响学生的学习行为和学习动机。美国心理学家韦纳将人们对成功原因与失败原因的解释归纳为能力、努力、任务难度和运气四个方面。积极的归因方式包括：将成功归因于自身努力和能力；将失败归因于可控因素，比如学习方法不对、没有认真准备等。消极的归因方式包括：将成功归因于运气，将失败归因于自身能力不足等。

（三）激发学习动机的策略

1．做好规划

“凡事预则立，不预则废。”大学生应当对大学期间的生活和毕业后的人生提前进行规划。同学们可以设想理想的未来生活，分析自己现有的能力、兴趣和特长，从而深入地思考自己未来的职业生涯和人生发展目标。同学们可以确定一个大方向，再进一步制定小目标，明确在大学的各个阶段可以做哪些准备，从而最终一步步地实现自己的人生目标。同学们如果在规划大学生活的过程中感到迷茫，可以尝试向自己的专业课老师、班主任老师、辅导员老师寻求帮助，他们的建议也许能给同学们带来一些启发。

2．确立适当的学习目标

目标具有导向作用和激励作用。确立适当的学习目标有助于激发大学生的学习动机。在制定目标时，同学们可以遵循 SMART 原则（如图 4-2 所示）。

美国管理学家彼得·德鲁克提出，并不是有了工作才有目标，而是有了目标才能确定具体工作。SMART 原则可以帮助同学们更有效、科学、规范地制定目标、明确任务。

S 指的是 Specific（明确的）。目标要清晰、具体；目标制定者要用简练的、容易理解的语言说清楚要达成的目的，明确具体的产出物和交付标准，在描述目标和任务时多用量词和具体的数据。

M 指的是 Measurable（可衡量的）。目标应是明确的，不能是模棱两可的；目标制定完成后，目标制定者可以用数据指标或明确的方法对目标的完成情况进行评估，以验证目标的达成效果。

A 指的是 Attainable（可实现的）。目标应当是可实现的，具有可行性；目标制定者不可好高骛远，制定不切实际的目标或过于简单的目标。

R 指的是 Relevant（有相关性的）。目标应符合自己的规划，与自己的本职工作或任务相关联。

T 指的是 Time-bound（有时限的）。目标的完成时间必须有特定期限，因此，目标制定者应根据任务的轻重缓急明确目标的完成时间，并定期检查完成的进度。

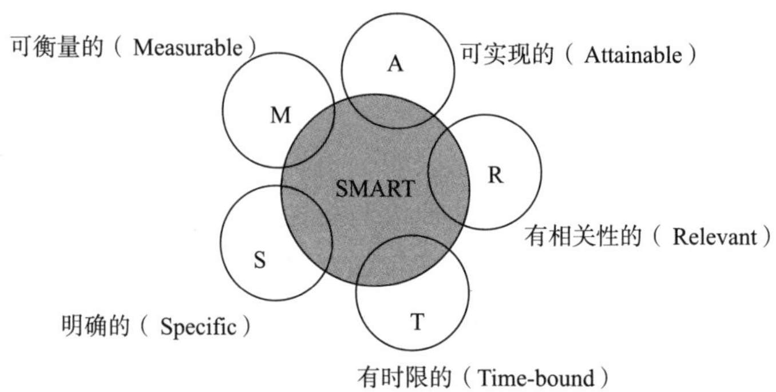

图 4-2　SMART 原则

心理训练

如何制定一个适当的目标？

1．准备好纸和笔，写下一个你想要实现的愿望，或写一件你准备开始做的事（比如坚持锻炼）。

2．请你尽可能具体地想象这个愿望实现时或这件事完成后的场景。请对这个美好的场景进行详细的描述（比如坚持锻炼后，自己能穿上自己喜欢的衣服）。

3．请把实现这个愿望或做这件事的过程中可能遇到的困难或障碍罗列出来（比如不能坚持锻炼的原因）。

4．请把这个愿望实现后或这件事完成后自己的收获罗列出来（比如坚持锻炼身体能使自己的身体更健康，自己会变得更加有气质、更加自信）。

5．请你评估成功的概率如何，并思考自己是否能达成这个目标。你可以通过对比困难和收获更清楚地了解自己取得成功的把握有多大，自己是否有坚定的达成这个目标的决心。

3．进行积极的自我对话

每个人在学习的过程中都难免会遇到挫折或困难，同学们可以进行积极的自我对话，从而调整自己的心态。例如，在考试成绩不如意时，同学们可以对自己说："这次成绩不理想可能是因为考的正好是我不会的知识点，接下来我做好查漏补缺就行了。"此外，同学们也要发现自己在学习方面的闪光点，如自学能力强、记忆力好、接受新知识的速度快等，以提高学业方面的自我效能感。

微课学习 智能化时代的学习

三、科学管理时间

时间管理是一项重要的技能。时间管理是指通过事先规划或运用一定的技巧、方法和工具实现对时间的灵活管理及有效运用，从而使个人或组织达成既定目标的过程。学会时间管理可以帮助大学生更有效地利用时间，提高学习效率，缓解压力。

（一）与时间管理问题有关的个性特征

从心理学的角度来看，有某些个性特征的个体更容易存在时间管理方面的问题。与时间管理问题有关的个性特征包括：

（1）拖延倾向。拖延是一种常见的行为。喜欢拖延的个体常对任务的优先级感到困惑，从而导致其无法有效地分配时间。

（2）注意力不集中。一个人如果容易分心或难以集中注意力，就很难在几个任务之间切换，并因此无法有效地管理时间。

（3）过于乐观。过于乐观的人可能会低估完成任务所需的时间，导致所制订的计划不切实际，并出现时间管理问题。

（4）缺乏计划性。缺乏计划性的个体无法有效地制订计划或执行计划，无法合理利用时间。

（5）自我控制力差。自我控制力差的个体更容易受到短期欲望的影响，并因此忽视了对长期目标的管理。

（6）焦虑。容易焦虑的人经常会感到压力较大，难以有效地规划和管理时间，因为情绪状态会影响其决策能力和执行能力。

（7）完美主义倾向。完美主义者可能会为了追求完美而在某项任务上花费过多时间，这会导致其没有充足的时间完成其他任务。

（8）依赖于紧迫感。一些人在紧迫感较强时更容易完成工作。这类人不善于提前规划，这导致其容易出现长期的时间管理问题。

值得注意的是，这些个性特征并不是一成不变的，它们可能在特定情境下展现出来。同时，个体往往兼具多种个性特征，因此每个人的情况都是有所不同的。

（二）时间管理策略

时间管理策略是学习策略的重要组成部分。掌握时间管理策略有助于大学生合理安排时间，有效利用学习资源。

在大学阶段，大学生可以自由支配的时间增加了。有的大学生热衷于参加各类实践活动，有的大学生专注于学习专业课程。大学生如果不能合理分配学习和参加实践活动的时间，很可能会本末倒置，影响自身的发展。对大学生来说，时间管理是一项重要的人生课题。

大学生可利用以下两种时间管理策略，以提高时间管理效率。

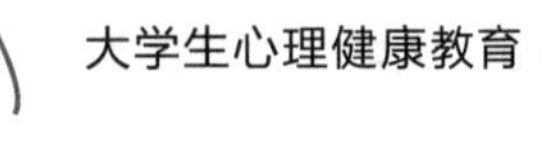

1．充分利用高效时段

每个人在一天中各时间段的学习效率是不同的。例如，有的人上午的学习效率高于下午，晚上的学习状态最差。也就是说，每个人都有属于自己的学习效率曲线。大学生要结合自身情况，了解自己的学习效率曲线，在高效时段完成重要的学习任务，在低效时段做其他不重要、不紧急的事情，从而提高学习效率。

2．提高时间利用率

时间管理专家阿列斯·伯雷说："一天的时间就像大旅行箱一样，只要知道装东西的方法，就可以装两倍之多的东西。开始不要把东西扔到箱子的正中间，而是不留缝隙地往四个角和箱子的边缘填充，最后再向旅行箱的中间填。"时间对每个人来说都是一样多的。大学生可以把零碎时间利用起来，从而提高时间的利用率。

心理感悟

生命中的"大石块"

一位时间管理专家站在一群学生面前说："我们来做个小实验。"他拿出一个广口玻璃瓶并将其放在桌子上。然后，他取出一堆拳头大小的石块，仔细地将它们一块块地放进瓶里，直到石块高出瓶口。他问道："瓶子满了吗？"所有学生回应道："满了。"时间管理专家反问："真的吗？"他伸手从桌子下面拿出一桶碎石子，倒了一些进去，并敲击玻璃瓶壁，使碎石子填满石块之间的间隙。"现在瓶子满了吗？"他第二次问道。这一次，学生有些明白了。"可能还没有。"一位学生回答道。"很好！"专家说。他伸手从桌子下面拿出一桶沙子，开始把沙子慢慢倒进玻璃瓶，沙子填满了石块和碎石子之间的所有间隙。他又一次问学生："瓶子满了吗？""没满！"学生们大声说。他再一次说："很好！"然后他拿出一壶水，把水倒进玻璃瓶中，直到水面与瓶口齐平。他抬头看看学生，问道："这个例子说明什么？"一位学生举手发言："它告诉我们，无论你的时间表多么紧凑，你如果足够努力，就可以做很多的事！"时间管理专家说："实际上，这个例子告诉我们，你如果不先放大石块，那就再也不能把它们放进瓶子里了。那么什么是你生命中的'大石块'呢？可能是与你的爱人共度时光，也可能是你的信仰、梦想。我们要先处理这些'大石块'，否则我们一辈子都没机会做那些事了。"

（三）时间管理方法

1．四象限工作法

在日常生活中，很多时候我们往往有机会去很好地计划和完成一件事，但常常又没有及时地去做。实际上，我们应把主要的精力重点放在重要但不紧急的事务上。我们可以把要做的事情按照紧急、不紧急、重要、不重要进行分类，运用四象限工作法（如图 4-3 所示）处理任务，这有利于我们对时间进行有效的管理。

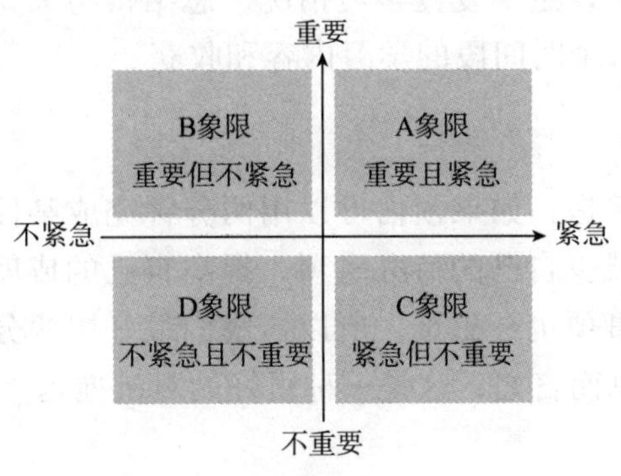

图 4-3　四象限工作法

在运用四象限工作法时，我们应当注意以下几方面。

（1）重要且紧急的事要集中精力马上去做。

（2）重要但不紧急的事要通盘考虑后去做。我们应当把大部分时间都花在重要但不紧急的事情上。

（3）紧急但不重要的事可以交给他人去做，自己负责跟踪进度。

（4）不紧急且不重要的事要安排在非核心时间。

2．六点工作制管理法

六点工作制管理法由美国效率专家艾维·利提出。美国伯利恒钢铁公司的总裁曾因为公司濒临破产而向艾维·利求助。艾维·利耐心地听完了总裁的话，最后请他拿出一张白纸，写下第二天他要做的全部事情。几分钟后，白纸上满满地记录了这位总裁要做的几十项工作。随后，艾维·利请他仔细考量，要求他按事情的重要程度，用“1”到“6”标出他认为最重要的六件事情。艾维·利告诉他，请他从明天开始先全力以赴地做好第一件事情，完成第一件事情后再全力以赴地去做下一件事情。这位总裁采纳了艾维·利的建议，并把这个方法推广到了整个公司。后来，他的公司扭亏为盈，生产效率大幅提升，员工士气高涨。

3．番茄工作法

番茄工作法是一种时间管理方法，旨在提高人们的工作效率和专注力。运用番茄工作法时，我们要先列出自己当天要做的事，计时二十五分钟（每二十五分钟是一个番茄钟），然后从第一件事开始做；每完成一个番茄钟，也就是每学习二十五分钟，我们就要让自己休息五分钟；连续完成四个番茄钟后，我们就要休息十五分钟。

在运用番茄工作法时，我们要注意以下三点。

（1）计时开始后要专注于手上的任务，集中精力并提升效率。我们可以在学习的时候把手机调成勿扰模式，避免手机消息的干扰。

（2）每完成一个番茄钟就要休息五分钟，以缓解集中精力所带来的紧张感。我们可以在完成一个番茄钟后喝口水，或找周围的同学聊聊天。

（3）每天写学习日志，定期复盘学习情况，总结得与失，持续改进学习方式。我们也可以利用软件记录每个时间段的学习内容和收获。

4．两分钟工作法

两分钟工作法的宗旨是：如果预估可以用两分钟完成某件事，那就别犹豫，马上去完成。这样做有助于减少自己的待办事项，提高自己的成就感。哪怕是时间管理的高手，看到积压的待办事项也会犯难。所以，我们最好用两分钟顺手解决容易解决的问题，千万不要拖延。总而言之，这是一种很好的对抗拖延、提升执行力的方法。

心理训练

时间馅饼

活动步骤：

1．拿出一张 A4 纸，在纸上画一个大圆圈，大圆圈代表一天的二十四小时。

2．根据一天的实际活动情况，借助饼图的形式画出各类活动所花费的时间。

3．根据自己的期望，借助饼图的形式将自己理想中的时间安排画出来。

4．将理想中的时间安排和实际的时间安排进行对照。

思考：

1．你对自己目前的时间安排满意吗？

2．你理想中的时间安排是什么样的？

3．为了使自己的时间安排更加接近自己理想中的时间安排，你会采取哪些行动？

微课学习 专注力

本章小结

1．学习心理是指学生在学习的过程中由于受到各种因素的影响而产生的一系列心理变化。

2．大学阶段的学习对自身的提升、发展和完善有着重要的作用和价值。对大学生而言，学习的本质意义是实现自我超越，学习的主要目的是塑造自己的价值观、世界观和人生观。

3．终身学习通过一个不断支持的过程来发挥人类的潜能，它激励并使人们有权利去获得他们终身所需要的全部知识、价值、技能与理解，并在任何任务、情况和环

境中都有信心、有创造性且愉快地应用它们。

4. 时间管理是一项重要的技能。时间管理是指通过事先规划或运用一定的技巧、方法和工具实现对时间的灵活管理及有效运用，从而使个人或组织达成既定目标的过程。学会时间管理可以帮助大学生更有效地利用时间，提高学习效率，缓解压力。

思考与练习

1. 大学阶段的学习有哪些特点？
2. 常见的大学生学习心理问题有哪些？
3. 大学生应如何激发学习动机？

心理测验

大学生学习倦怠水平测试

请仔细阅读下表中的每一个表述，并根据自己的实际情况在相应的位置上画“√”。

表述	选项				
	完全不符合	比较不符合	不确定	比较符合	完全符合
1. 我有自己的学习方法和计划，并能执行相应的计划	5	4	3	2	1
2. 我觉得所学的知识毫无用处	1	2	3	4	5
3. 掌握专业知识对我来说很容易	5	4	3	2	1
4. 每天早上，一想到要面对一天的学习，我就感到很疲惫	1	2	3	4	5
5. 我很难对学习保持长久的热情	1	2	3	4	5
6. 我能够在学习时冷静地处理自己情绪上的问题	5	4	3	2	1
7. 我会在学习一整天后感到筋疲力尽	1	2	3	4	5
8. 到目前为止，我对自己大学阶段的学习能力很有信心	5	4	3	2	1
9. 我对学习感到厌倦	1	2	3	4	5
10. 我很少在课后学习	1	2	3	4	5
11. 我能完成大学课程的学习	5	4	3	2	1
12. 我学习时经常打瞌睡	1	2	3	4	5
13. 我对我的专业很感兴趣	5	4	3	2	1
14. 我觉得我在学习上缺乏耐性	1	2	3	4	5
15. 对我来说，顺利毕业很容易	5	4	3	2	1
16. 我只会在考试前读书	1	2	3	4	5
17. 我想学习，但我觉得学习很枯燥	1	2	3	4	5

续表

表述	选项				
	完全不符合	比较不符合	不确定	比较符合	完全符合
18．学习时，我感到自己精力充沛	5	4	3	2	1
19．我很少安排自己的学习时间	1	2	3	4	5
20．考试总是让我厌烦	1	2	3	4	5

评分规则：

将所有题目的得分相加即可得到总分，总分越高，学习倦怠程度越高。

总分大于 75 分：重度学习倦怠。

总分为 50 ~ 75 分：轻度学习倦怠。

总分小于 50 分：无学习倦怠。

第五章　大学生家庭关系

知识目标

1．了解家庭的概念及家庭的功能；

2．了解常见的大学生家庭心理问题。

能力目标

1．了解原生家庭对个人的影响；

2．增强解决家庭问题的能力，掌握与家庭成员沟通的技巧。

素质目标

增强自身的家庭责任感，能科学、理性地看待原生家庭对自己的影响。

思政目标

认识到家庭心理健康对维护社会和谐稳定的重要意义。

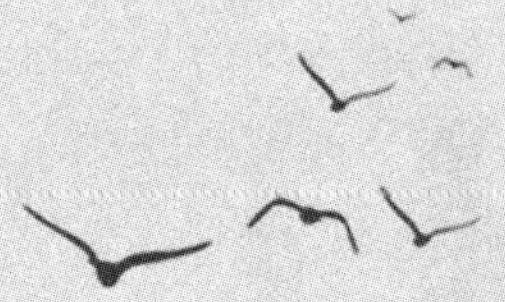

所谓治国必先齐其家者，其家不可教而能教人者，无之。故君子不出家而成教于国。

——《大学》

案例导入

“家”的絮语 ①

心灵的“家”乃是心灵得以休憩的地方。那个地方不需要格外多的财富，渴望的境界是“请勿打扰”。

是的，任何人的心灵都同样是需要休憩的。所以心灵有时不得不从人的“家”中出走，去寻找属于它的“家”……

建筑业使我们的躯壳有了安居之所，而我们的心灵自在寻找，在渴求……

思考：“家”与大学生的心理健康有什么关系？

第一节　家庭与人生

一、家庭的含义

每个人都来自各自的原生家庭，同时也处于一定的家庭关系当中。家庭既是人生的来处，又是每个人精神和情感的归属。家庭是个体成长的主要环境，家庭环境对个体的发展影响重大。有的人说家庭是“港湾”，也有人把家庭视为“羁绊”。但不可否认的是，每个人都希望自己的家庭生活幸福而美满。

究竟什么是家庭呢？家庭是由婚姻关系、血缘关系或收养关系形成的社会生活的基本单位。婚姻是家庭的起点，家庭是婚姻的结果。夫妻关系是所有家庭关系的基础，父母、子女等纵向亲属关系和兄弟姐妹等横向亲属关系由此产生。

家庭为个体的出生、成长与发展提供了最初的平台，在情感支持、日常照料、生产生活、道德教育、文化传承、性格塑造等方面发挥着重要的作用，是个体赖以生存的基本环境。同时，家庭是社会的基本细胞，其结构、功能、关系等均受社会发展和社会制度的影响和制约。在不同的社会背景下，家庭的表现形式有所不同。

二、家庭对个体的塑造

家庭是我们人生的起点，它建立在血缘关系的基础上。家庭环境深深地影响着我们的性格和人生道路，甚至在一定程度上决定了我们会成为什么样的人。

① 梁晓声. 家载一生[M]. 北京：中国民主法制出版社，2018：2.

（一）依恋的建立

依恋是一种人类的重要心理现象，对人的一生都有着重要的影响。它是依恋者与被依恋者在互动过程中形成的情感联结，是存在于个体与他人之间的特殊的、具有社会性的情感联系，是人们对那些给自己带来安全感和舒适感的人产生的情感倾向。在生命的早期，依恋一般表现为婴儿与主要抚养者（通常是母亲）之间的社会性联结。

伴随着个体的成长，个体开始与父亲和其他家庭成员建立更亲密的关系。依恋关系对个体的心理健康和人格的形成有重要的影响。心理学研究显示，依恋可以分为安全型依恋、回避型依恋和矛盾型依恋（如表 5-1 所示）。

表 5-1　各类依恋的特点

类型	特点
安全型依恋	安全型依恋是一种良好的、积极的依恋。这个类型的儿童会在母亲在场时敢于探索周围的环境，对陌生人的反应也比较积极。他们通常能在成年后独立生活，也能与他人建立良好的关系。他们信任自己的伴侣，有良好的亲密关系
回避型依恋	回避型依恋是一种消极的依恋。这个类型的儿童不依恋母亲，母亲在场或离开对他们没有明显的影响。他们对陌生人通常比较友善，但是常常忽视和回避人际关系。他们会在成年后排斥亲密关系，与自己的伴侣保持距离，并且不善于表达情感
矛盾型依恋	这个类型的儿童对母亲的态度是矛盾的。他们既想与母亲亲近，害怕母亲的离开，又害怕与母亲接触。长大后，他们容易对亲密关系感到不安和焦虑。他们有时会过分依赖伴侣，担心亲密关系是否稳定；有时会抱怨伴侣不够关心他们，或者过度干涉伴侣的生活

（二）父母的教养方式

家庭系统理论认为，父母的教养方式是家庭教育的重要组成部分，对子女的心理与行为有着重要的影响。父母在孩子成长的过程中扮演着重要的角色，他们的教养方式会对孩子的未来产生深远的影响。父母的教养方式一般可分为权威型教养方式、专制型教养方式、放任型教养方式、忽视型教养方式四类，各类教养方式的特点如表 5-2 所示。

表 5-2　各类教养方式的特点

类型	特点
权威型教养方式	采用这种教养方式的父母会给孩子制定合理的规则并提出合理的期望，同时也会听取孩子的想法和意见，尊重孩子的个性。采用这种教养方式有助于培养孩子的自信心、自律意识和责任感，让孩子在成长过程中身心健康
专制型教养方式	采用这种教养方式的父母会严格管束孩子的行为，强调服从和规则，不重视孩子的想法和感受。采用这种教养方式容易导致孩子在成长过程中失去自我，从而缺乏自信心和创造力
放任型教养方式	采用这种教养方式的父母对孩子没有明确的要求和期望，习惯于放纵孩子，不给予太多的指导和监督。采用这种教养方式容易导致孩子以自我为中心，缺乏自律意识和责任感，无法形成良好的学习习惯和生活习惯

续表

类型	特点
忽视型教养方式	采用这种教养方式的父母对孩子缺乏关注，很少参与孩子的活动，对孩子的需求不敏感。这类父母对孩子漠不关心，常常否定孩子，有时对孩子疏于照顾，甚至可能达到虐待的地步

心理学研究显示，采用权威型教养方式的父母教育出来的孩子比较自信、独立和乐观，他们更容易感受到快乐，也更容易获得成功；采用放任型教养方式和忽视型教养方式的父母教育出来的孩子通常具有不成熟、容易冲动、依赖性强的特点；而采用专制型教养方式的父母教育出来的孩子更容易焦虑、缺乏安全感。

三、家庭问题的应对方式

对于大学生而言，常见的家庭问题包括：大学生对父母过分依赖、大学生存在叛逆心理、大学生与父母存在沟通问题、父母将焦虑转嫁给大学生、大学生遭受父母的情感忽视等。那大学生应该如何应对这些问题呢？

1．先改变自己

当同学们与父母发生冲突并感到痛苦时，同学们可能想到的是先让父母作出改变。然而，需要注意的是，每个人都想按照自己的意愿来生活。在与父母出现矛盾时，同学们应当站在父母的立场上，理解父母的感受，反思自己的行为是否也有不当之处。同学们如果发现自己的确存在某些问题，可以先试着改变自己。

2．保持适当的距离，亲密而不依赖

过分依赖父母会打破与父母之间的边界感，导致家庭关系失衡，影响家庭成员之间的沟通和互动。与父母保持适当的距离有助于培养同学们独立思考、解决问题的能力。

3．避免情绪化

同学们如果想发脾气，可以试着做点其他的事情，转移自己的注意力。这样做有助于避免激化矛盾。

4．接纳父母的不完美

虽然父母并不完美，但他们在努力爱自己的子女。父母也是会犯错的普通人。同学们应当体谅父母、理解父母。

5．学会与家人沟通

同学们应当学会多理解、多感受父母的情绪，并在此基础上关注自己的需求，合理地表达自己的情绪，用正确的沟通方式与家人沟通。

四、家庭的作用

有研究表明，在当前社会快速发展的大背景下，家庭所起到的各类积极作用可以有效缓解大学生的心理压力，进而降低其抑郁水平。家庭的支持作用在个人的支持系统中占据着十分重要的位置。一般来说，稳定的家庭能够为个人提供以下支持。

1．物质支持

求学往往消耗个人大量的时间和精力。在求学过程中，家庭是物质条件的主要来源，能够给予个人直接的物质支持。与家庭成员保持沟通、相互理解并达成共识，是个人获得物质支持的有效途径。

2．情感支持

家人给予的关心、支持和鼓励能够为一个人带来源源不断的动力。家人的理解和鼓励能够增强大学生的自信心，缓解其压力，使其尽可能避免出现各类心理问题。

3．信息支持

在实现个人发展的过程中，有效的信息往往能起到关键作用。“当局者迷，旁观者清。”很多大学生在面对选择的时候容易产生认知方面的偏差。大学生容易通过网络、书籍、影视作品等得到一些片面的信息，这些片面的信息不利于大学生作出理性的选择。父母往往拥有自己的社会网络和丰富的人生经历，能够为子女提供更加客观的信息。

微课学习 家庭系统

第二节 常见的大学生家庭心理问题

一、与独立和依赖有关的家庭心理问题

当前，不少大学生在独立性方面表现出一些比较矛盾的特征。一方面，他们在心理上有比较强的独立倾向，追求个性独立与自我表达，不愿意被父母、老师管束；另一方面，他们的独立能力比较弱，在经济上依赖父母，生活自理能力较差。

高考结束后，子女已经长大成人，需要决定自己的人生道路，为自己的选择负责并承担后果。对于那些对子女过分依赖的父母来说，接受子女要离开自己的事实并不是一件容易的事情，他们可能认为自己不再被孩子需要或者孩子脱离掌控。在很多时

候，不是孩子无法离开父母，而是父母不愿意面对孩子的离开。因此，各个家庭成员都需要经历一个适应的过程。孩子要试着以成年人的身份面对父母，具有一定的独立性；同时，父母也要鼓励孩子走向独立，接纳并尊重孩子的选择，重新构建新的家庭互动模式。

一部分大学生具有较强的依赖性，习惯于让父母包办一切。面对纷繁复杂的社会现实，他们不主动思考自己的未来和适合自己的发展路径，一味地听从父母或亲朋好友的安排，最终丧失了自己人生的主动权。

总而言之，大学生如果无法适应这一过程，就容易出现与独立和依赖有关的家庭心理问题。这会导致大学生无法很好地适应大学生活，从而出现情绪问题和行为问题。

心理感悟

一次离别就是一次成长①

在我看来，成长就是不断地分离与告别——

与母亲的乳房，与长辈的怀抱，与童年的恣意，与少年的伙伴，与熟悉的校园，与习惯的故土，与舒适的自我，与流逝的往昔……

时光不会凝固，成长也不会停滞，而与之相伴的聚散、悲欢、冷暖、得失，终将化作片片落叶，在我们前行的道路上，不断地堆积、凋零、消融。我们就像挽不住时光一样，挽不住珍贵的过往。我们也像免不了生老病死一样，免不了人生的伤痛与缺憾。

然而，我们正是在这样的伤痛中，迎来了一个个收获的季节。枯叶凋谢，新枝萌发，树干越来越强壮。经过岁月的风雨洗礼，那棵稚嫩的幼苗，终将长成一棵葱茏大树。

一次别离，就是一次成长。而一次成长，就是一次蜕变。

因此，痛，是成长的代谢物。接受痛，习惯痛，不怕痛，并且，还要在克服痛里，体会到成长的酸爽与力量。

二、由经济问题导致的家庭心理问题

经济问题其实是一个很容易被忽略的大学生心理问题的诱因。在上大学之前，同学们处于未成年人阶段，既没有稳定的经济来源，也没有独立管理个人财务的经验。在进入大学之后，同学们就需要面对各种类型的经济问题了。

一些父母担心子女在外求学时无法管理个人财务，便在经济上进行不合理的限制。这样的做法不仅体现了父母对孩子的不信任，同时也剥夺了子女锻炼自我的机会。因此，大学生需要主动与父母协商，确定合理的生活预算，与父母商讨支付生活

① 盛琼，盛罗兰. 成长是一生的功课[M]. 北京：华夏出版社，2018：87-88.（有删改）

费用的方式和时间。同时，大学生要管理好自己的生活费用，养成良好的消费习惯。

大学生存在经济状况上的差异是在所难免的。朝夕相处的生活使同学们很容易了解到各自的家境。经济状况上的差异会对大学生的认知和心理产生微妙的影响，这使大学生很容易出现攀比心理。

家境较殷实的同学可能会将以往的消费习惯带到大学，炫耀、铺张浪费等行为会导致其人际关系紧张；而家庭困难的同学则容易产生自卑心理，有的同学甚至因此而封闭自我。这类问题不但会影响大学生的学业和身心健康，还会影响未来的工作和生活。

大学生应当树立正确的经济观念。虽然同学之间在家境方面存在一定的差异，但是在大学求学本身就是对自己最好的投资。同学们应当将注意力放在自身的成长上，努力学习知识和技能，提升个人的综合能力，通过奋斗改善家庭的经济水平。

有的同学善于利用课余时间勤工俭学。同学们可以通过勤工俭学积累社会实践经验，并获得一定的报酬。但同学们切不可急功近利，盲目地打工赚钱，并因此而荒废了学业。这样做就得不偿失了。

拓展阅读

大学生应当如何做好财务管理？

1．合理规划预算

无论生活费是高还是低，同学们都要制订一个合理的财务管理计划。同学们要先明确预算，了解自己的收入和支出。同学们可以将每个月的开支列出来，包括学费、生活费、娱乐费等，并设定合理的预算金额。

2．养成储蓄的习惯

同学们可以将每个月的一部分收入作为储蓄。储蓄是财务管理的重要环节，养成储蓄的习惯可以帮助同学们应对未来的意外支出或大额支出。

3．理性消费，懂得“节流”

同学们要树立理性的消费观念，不盲目追求潮流和名牌，衣食住行要力求简朴。对于非必要开支，同学们要善于精打细算，比较不同产品或服务的价格和质量，并选择最适合自己的。

4．适度“开源”

在不影响学业的前提下，同学们可以尝试通过做一些兼职获得一定的收入，以减轻家庭负担，提高生活质量。例如，寻找学校的学生工作岗位，或者社会上的一些正规的兼职工作。同学们不仅可以通过做兼职获得经济补助，还能获得一定的实践经验。但同学们要量力而行，切勿本末倒置，因为做兼职而荒废了学业。另外，在努力学习的基础上申请奖学金也是值得倡导的“开源”的途径。

5．学习财务管理知识

同学们要学习基本的财务管理知识，了解金融知识和金融工具的使用方法，懂得投资理财的基本常识，科学地管理自己的财务。

6．保持警惕，防范诈骗

同学们要提高自我防范意识，保护好自己的个人信息和财务安全，不随意泄露个人信息，避免登录不安全的网络支付平台。

三、由缺乏沟通导致的家庭心理问题

不少大学生因为与家庭成员缺少沟通而出现心理问题。有的同学可能在成长过程中受到了较多的来自父母的管束，于是在就业和择业问题上产生强烈的逆反心理，对父母的一切建议和安排都采取不理性的排斥态度，不愿与父母进行耐心的沟通。实际上，大学生与父母的沟通是一个持续、双向的过程。大学生应当多与父母交流，向父母诉说自己对学习、生活和未来的想法与规划，并倾听父母的想法和建议。父母可以通过交流更加了解大学生的成长状况和实际需求。如果双方在沟通中遇到了问题，大学生要理解父母的立场和期望，用平和的语气表达自己的观点，避免使用带有攻击性或指责性的语言。总而言之，良好的沟通有助于大学生和父母建立起和谐的亲子关系。

拓展阅读

超八成受访应届毕业生表示求职观念与父母存在分歧①

2024年，中国青年报社社会调查中心联合问卷网对1334名应届毕业生进行了一项调查。调查结果显示，83.1%的受访应届毕业生在求职观念上与父母存在分歧。罗翰是广东一所高校的应届毕业生，他与父母在工作地的选择上还没达成一致。罗翰觉得，年轻时在外闯荡既能锻炼自己，又能见世面，但他的父母觉得，在老家工作不仅熟悉环境，还能与家人相互照应。数据显示，83.1%的受访应届毕业生在求职观念上与父母存在分歧，其中15.3%的受访应届毕业生直言分歧很大。具体来看，56.4%的受访应届毕业生指出父母更偏向稳定性强的工作，51.9%的受访应届毕业生表示父母认为工作的“体面性”很重要，49.1%的受访应届毕业生坦言父母更青睐传统行业和岗位，35.5%的受访应届毕业生表示父母对创业、自由职业接受度偏低，28.2%的受访应届毕业生表示父母期望孩子的工作地能尽量离家近。

当在就业观念上与长辈出现分歧时，大家如何应对？62.5%的受访应届毕业生会与长辈相互尊重、积极沟通，32.8%的受访应届毕业生选择避而不谈、不断周旋，还有6.7%的受访应届毕业生直言不知道该如何处理。

---

① 杜园春．超八成受访应届毕业生表示求职观念与父母存在分歧[N]．中国青年报，2024-05-16（4）．（有删改）

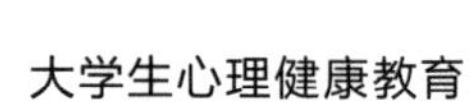

第三节 我爱我家

美国家庭治疗大师萨尔瓦多•米纽庆认为，一个理想的家庭其实就是一个有修复能力的家庭，没有任何一个家庭是没有冲突、没有问题的，只要这个家庭具备了修复冲突、解决问题的能力，那它就是一个足够好的家庭。在构建良性家庭关系的过程中，大学生应当从以下几个方面作出努力。

一、接纳原生家庭，与自己和解

近年来，有关原生家庭的议题引起了人们广泛的讨论，很多人倾向于把自己面对的各种人生困境都归因于原生家庭问题。这样做虽然可以起到一定的抚慰自我的作用，为内心积累的委屈找到一个出口，但是从长远来看，这样做并不利于我们接纳自己、面向未来。作为一个成年人，我们是自己人生的第一责任人，不应该放弃改变自己的权利。

（一）改变自身观念

家庭只是人生的来处，而人生的道路是我们用自己的双脚去丈量的，人生的故事也是我们用自己的双手去书写的。我们如何理解、评价并看待自己的原生家庭，才是决定其影响的关键因素。如果我们不断放大原生家庭的相关问题，这些问题便会不断影响我们。原生家庭虽然影响和塑造了我们的过去，却并不能决定我们的现在和未来。

（二）理解父母、尊重父母

个人的习惯、性格、观念与其过去的经历有关，也与其生活背景息息相关。很多时候，父母对子女有很高的期待，而子女对父母也有很高的期待。

一代人有一代人的使命和责任。我们只有承认客观存在的代际差异，理解彼此人生的局限性，才有可能迈向更幸福的人生。

《道德经》有云：“知人者智，自知者明。”我们只有以诚恳的态度接纳人生的来处，才能更好地认识自己、理解自己，让自己轻装上阵，更加积极地面对未来的人生。

父母对于我们的重要性是无可替代的，他们是我们人生道路上的引路人，也是我们的第一任老师。他们用自己的言行举止影响着我们价值观、道德观和人生观的形成，教会了我们如何做人，如何面对困难与挫折，如何拥有善良、勇敢、坚韧等品质。父母的陪伴也是我们最宝贵的财富，他们让我们在爱中茁壮成长。

可以说，父母是孩子生命中最重要的人，他们的教育对孩子的一生有着深远的影响。对孩子而言，父母的作用主要体现在以下几个方面。

（1）情感支持。父母给予孩子爱与关怀，让孩子感受到安全和温暖。

（2）教育引导。父母是孩子的第一任老师，是向孩子传授知识、传递价值观的重要主体。

（3）性格塑造。父母的教养方式会影响孩子的性格。

（4）社会适应。父母的教育能帮助孩子学会与人相处，适应社会环境。

（5）身份认同。孩子通过父母的语言和行为来认识自己。

（6）心理发展。父母的教养方式和父母的关系对孩子的心理健康起着关键作用。

二、讲好自己的人生故事

在世界各国的历史故事和文艺作品中，英雄的成长之路往往会经历以下几个阶段。

（1）第一阶段：受到召唤，开始冒险之旅。

（2）第二阶段：得到启示，领悟了某种道理。

（3）第三阶段：陷入困境，勇敢面对挑战并与命运搏斗。

（4）第四阶段：赢得胜利，收获成长，重新回归生活。

英雄的成长之路其实从某种角度反映了每个人的人生历程。

对于大学生来说，离家求学是大学生开始独自面对这个世界的重要阶段。大学生应当勇敢踏上自己的“英雄之旅”，去体验这段旅程，在其中收获成长，享受属于自己的精彩人生。在这段旅程中，大学生会遇到各种机遇和挑战。每一次的尝试，无论是成功还是失败，都会给大学生带来宝贵的经验，都会使大学生变得更加成熟、自信和坚强。

心理感悟

你不知道的历史，仍然在影响你①

个人史在我们身上留下的最主要的痕迹，是我们用什么样的方式看待自己、与他人相处。有的人总是苛责自己，遇到事情总担心自己做不好，失败了就容易觉得全都是自己的错。那么，这很可能是因为他曾经长期处于管教严格的家庭环境中。有的人在人际交往中战战兢兢，常常担心一不小心别人就会生气。这说明在他的成长环境中，父母的情绪有可能非常不稳定，这使他学会了时刻警惕。

过去的事会在我们身上留下隐隐的痕迹。值得注意的是，生活像水流一样变化，而很多人却凭借过往的经验来面对今天。你已经走出了原先小小的家庭环境，遇到了各种各样的人，但是历史有时会束缚你的眼光，总让你以为会看到与过去一样的东西。你想成长吗？为了成长，你需要随着生活的变化而变化，意识到历史在你身上留下的痕迹，但又不完全听从它的声音。

① 陈祉妍．你不知道的历史，仍然在影响你[J]．青年文摘，2022（24）：55．（有删改）

微课学习 家校医社协同育人促进心理健康

本章小结

1．家庭是由婚姻关系、血缘关系或收养关系形成的社会生活的基本单位。婚姻是家庭的起点，家庭是婚姻的结果。夫妻关系是所有家庭关系的基础，父母、子女等纵向亲属关系和兄弟姐妹等横向亲属关系由此产生。

2．父母的教养方式包括权威型教养方式、专制型教养方式、放任型教养方式、忽视型教养方式。

3．常见的大学生家庭心理问题包括与独立和依赖有关的家庭心理问题、由经济问题导致的家庭心理问题、由缺乏沟通导致的家庭心理问题。

思考与练习

1．什么是家庭？家庭会对个体产生哪些影响？

2．父母的教养方式的重要性体现在哪些方面？

3．家庭的发展与个人的发展存在什么样的关系？

心理测验

家庭亲密度和适应性测试

下表中共有30个关于家庭关系和活动的表述，请你根据你所在的家庭目前的实际情况，在右侧的选项中选择一个你认为适当的选项，并在所选的答案上画“√”。

表述	你所在的家庭目前的实际情况				
1. 在有难处的时候，我的家庭成员都会尽最大的努力支持对方	不是	偶尔	有时	经常	总是
2. 在我的家庭中，每个成员都可以随意发表自己的意见	不是	偶尔	有时	经常	总是
3. 我的家庭成员比较愿意与朋友商讨个人问题，而不太愿意与家人商讨个人问题	不是	偶尔	有时	经常	总是
4. 需要作出重大决策时，每个家庭成员都会参与其中	不是	偶尔	有时	经常	总是
5. 家庭成员会一起活动	不是	偶尔	有时	经常	总是
6. 晚辈可以对长辈的教导提出自己的意见	不是	偶尔	有时	经常	总是
7. 在家里，有事大家一起做	不是	偶尔	有时	经常	总是
8. 家庭成员一起讨论问题，并因为问题得到解决而感到满意	不是	偶尔	有时	经常	总是
9. 家庭成员与朋友的关系比家庭成员之间的关系更密切	不是	偶尔	有时	经常	总是

续表

表述	你所在的家庭目前的实际情况				
10. 家庭成员轮流分担家务	不是	偶尔	有时	经常	总是
11. 家庭成员熟悉彼此的朋友	不是	偶尔	有时	经常	总是
12. 家庭状况出现变化时，生活规律和家规会发生相应的改变	不是	偶尔	有时	经常	总是
13. 家庭成员在作决策前喜欢与家人一起商量	不是	偶尔	有时	经常	总是
14. 当家庭内部出现矛盾时，家庭成员相互谦让并懂得妥协	不是	偶尔	有时	经常	总是
15. 家庭成员共同参加娱乐活动	不是	偶尔	有时	经常	总是
16. 在解决问题的过程中，孩子们的建议能够被接受	不是	偶尔	有时	经常	总是
17. 家庭成员之间的关系非常密切	不是	偶尔	有时	经常	总是
18. 家庭教育是恰当的	不是	偶尔	有时	经常	总是
19. 在家里，每个家庭成员都习惯单独活动	不是	偶尔	有时	经常	总是
20. 家庭成员喜欢用新方法去解决问题	不是	偶尔	有时	经常	总是
21. 家庭成员能根据共同的决定去做某件事	不是	偶尔	有时	经常	总是
22. 在家里，每个家庭成员都有自己要履行的义务	不是	偶尔	有时	经常	总是
23. 家庭成员喜欢一起度过业余时间	不是	偶尔	有时	经常	总是
24. 有的家庭成员希望改变生活规律和家规，但生活规律和家规难以改变	不是	偶尔	有时	经常	总是
25. 家庭成员能够主动和家里的其他人说自己的心里话	不是	偶尔	有时	经常	总是
26. 在家里，家庭成员可以随便提出自己的要求	不是	偶尔	有时	经常	总是
27. 每个家庭成员的朋友都会受到极为热情的接待	不是	偶尔	有时	经常	总是
28. 出现家庭矛盾时，家庭成员会把自己的想法藏在心里	不是	偶尔	有时	经常	总是
29. 家庭成员更愿意分开做事，而不太愿意一起做事	不是	偶尔	有时	经常	总是
30. 家庭成员有共同的兴趣和爱好	不是	偶尔	有时	经常	总是

评分规则：

亲密度得分和适应性得分的计算方法如下。

选择“不是”计 1 分，选择“偶尔”计 2 分，选择“有时”计 3 分，选择“经常”计 4 分，选择“总是”计 5 分。

亲密度得分 =36+T1+T5+T7+T11+T13+T15+T17+T21+T23+T25+T27+T30-T3-T9-T19-T29

适应性得分 =12+T2+T4+T6+T8+T10+T12+T14+T16+T18+T20+T22+T26-T24-T28

其中，“TX”表示第 X 题的得分。例如，T1 指第一道题目的得分。

结果分析：

1．亲密度得分结果分析

亲密度得分小于 56 分：家庭成员之间的关系属于松散关系；

亲密度得分为 56 ～ 63 分：家庭成员之间的关系属于自由关系；

亲密度得分为 64 ～ 72 分：家庭成员之间的关系属于亲密关系；

亲密度得分大于 72 分：家庭成员之间的关系属于缠结关系[①]。

2．适应性得分结果分析

适应性得分小于 45 分：家庭成员之间的关系较为僵硬；

适应性得分为 45 ～ 50 分：家庭成员之间的关系较有规律；

适应性得分为 51 ～ 57 分：家庭成员之间的关系较为灵活；

适应性得分大于 57 分：家庭成员之间的关系没有规律。

亲密度得分和适应性得分过高或过低都表明家庭成员之间的关系存在一定的问题，亲密度得分和适应性得分处于中间阶段表明家庭成员之间的关系较好。

① 缠结关系指家庭成员之间过度紧密或界限模糊的关系。

第六章　大学生人际关系

知识目标

1．了解人际交往的基本概念、特点和重要性，以及人际交往对个人成长、心理健康和学业发展等方面的影响；

2．了解大学生活中常见的人际交往问题，掌握维系人际关系的方法和技巧。

能力目标

1．提高人际交往能力，学会在人际交往中准确地表达自己的想法和情感；

2．将人际交往理论和技巧应用到实际场景中，提高实践操作能力，并在实践中不断反思和改进自己的交往方式。

素质目标

1．培养积极向上的人际交往观，认识到良好的人际关系对大学生活的积极意义，增强主动交往的意愿；

2．树立尊重他人、理解他人的价值观，在人际交往中包容他人，减少误解和冲突；

3．提升在人际交往方面的自信心，在人际交往时保持乐观、积极的态度。

思政目标

1．培养并践行社会主义核心价值观；

2．增强集体意识，认识到个人与集体的紧密联系。

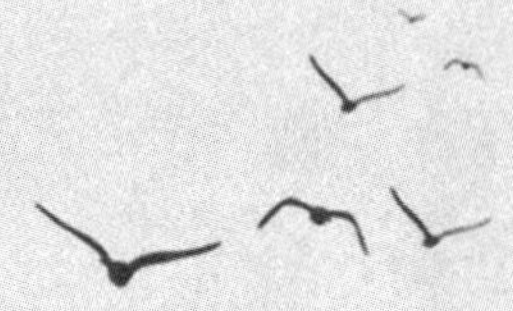

己所不欲，勿施于人。

——《论语》

案例导入

小兰是某高校的一名大三学生。最近她的人际关系出现了一些问题，导致其精神状态也受到了影响，最终她决定向学校的心理中心求助。

以下是小兰的自述：

我从小就不太合群，朋友极少，从读大学到现在已经过了两年了，我一直在换寝室。因为不合群、与同学交流少，老师和同学都认为我没有团队精神，我因此而十分苦恼。同学们觉得跟我在一起很压抑，不怎么跟我说话。除了电脑外，我对什么都不太感兴趣。我喜欢与电脑有关的一切，尤其是上网打游戏。在大学阶段，没有什么能让我高兴起来的事。我没有年轻人应有的朝气和活力，我都快忘了应该怎样笑了……我最近反应有点慢，记忆力也下降了。

对于小兰的这种情况，心理咨询师认为，小兰的人际关系问题部分是由自卑导致的。过于自卑的人出现人际交往问题的可能性较大。这类人总是想着大家是否能接受自己，所以做事情的时候总是放不开手脚，跟人说话的时候也总是客客气气的，让大家产生一种距离感。

思考：1．小兰在人际交往方面存在哪些问题？

2．大学生应当如何维系人际关系？

第一节　认识人际关系

一、大学生人际关系的概念和特点

（一）大学生人际关系的概念

广义的大学生人际关系是指大学生和所有与其相关个体之间的互动和联系。狭义的大学生人际关系是指大学生在校期间和所有与其相关个体之间的互动和联系，其中最主要的是师生关系和同学关系。

（二）大学生人际关系的特点

青年期是个体建立亲密关系的重要时期，处于这一阶段的大学生的人际关系通常呈现出以下特点。

1．交往愿望强烈

大学生正处于个体发展、身心成长的关键期。离开温暖的港湾、来到陌生环境求学会使大学生的孤独感骤增。他们希望快速融入大学生活，因此会产生强烈的人际交往需求。

2．交往范围扩大

大学生普遍思想开放，大多愿意突破现有的交际圈，不断扩大自己的交往范围，尝试进入各式各样的交际环境。其交往对象不再局限于班内、校内的同学，并且异性交往变得寻常，其与社会各阶层人士的交往频率会不断增加。

3．交往方式虚拟化

随着互联网的迅速发展，线上交流让大家充分体验到了情感交流的便捷性、随意性，这也使线上社交逐渐成为大学生进行人际交往的重要方式之一。

4．情感淡漠

在自媒体时代的背景下，网络的开放性使部分大学生的人际交往需求得到了满足。但是长期利用互联网进行沟通和交流会影响大学生的线下社交能力。一些大学生在实际社交活动中存在情感淡漠的表现。

5．交往动机复杂化

随着社会的发展和变化，大学生在交友时会在考虑情感需求的基础上注重自身利益和个人发展，情感交往与功利性交往并重的趋势愈发明显。有的大学生希望通过交往获取一定的资源，有的大学生则希望通过交往锻炼自己的社交能力。

6．交往行为偏激

不少大学生在人际交往中以自我为中心，不愿意站在他人的立场看待问题，这导致其在人际交往中出现偏激的交往行为。

二、大学生人际关系的重要性

（一）满足基本需要，维护心理健康

从社会心理学的角度来看，人际关系的产生源于个体的需要。马斯洛需求层次理论指出，人有五种基本需求，它们分别是生理需求、安全需求、归属需求、尊重需求和自我实现（如图 6-1 所示）。这些需求的实现依赖于人际关系所起到的媒介作用。

心理学家认为，心理健康的标准应当包括：智力正常、情绪稳定、意志健全、行为协调、人际关系和谐、反应适度、心理特点符合年龄水平。由此可见，人际交往状况是衡量一个人心理健康水平的重要指标。建立良好的人际关系有助于个体的心理健康。

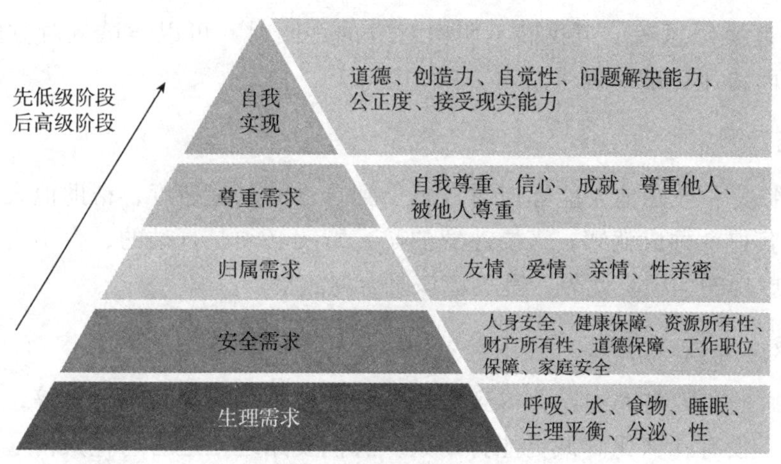

图 6-1　马斯洛需求层次理论

（二）促进个体成长，完善自我认知

个体在出生后便开始迈入社会化进程。处于青年期的大学生往往对自己及自己与世界的关系有了新的认识。大学时期是大学生自我意识迅速发展的阶段，其自我意识不断趋于完善，但尚未成熟。因此，大学生需要在人际交往的过程中，通过他人对自己的态度和评价进行自我认知。

（三）扩大交往范围，提高交际能力

在现代社会，分工越来越精细，这大大提高了各领域工作的专业化程度，团队的作用也变得越来越重要。不论一个人的能力有多强，若其总是孤军奋战，其个人能力也难以得到充分发挥。因此，大学生需要通过人际交往扩大交往范围，并不断提高交际能力。

第二节　了解人际沟通

一、人际沟通原则

1．尊重原则

被尊重是人的本质需要，人们渴望被肯定并受到称赞。尊重自己和他人是人际沟通的首要原则。在人际沟通中，我们要做到不卑不亢，从内心认可自己、尊重自己。我们只有真正做到尊重自己，才能发自内心地去尊重他人，并赢得他人对自己的尊重。

2．理解原则

沟通不仅是人们传递信息的方式，也是人们理解信息的途径。理解他人的最佳

方式之一就是换位思考。当我们不明白对方的意图时，可以尝试从对方的角度去思考问题，从而快速、准确地了解对方的想法。

3．赞美原则

适当地赞美和鼓励他人能够使对方感受到自己的友好态度，帮助他人发现自身的价值，从而获得一种成就感。需要注意的是，赞美必须是真诚的，言不由衷的夸奖只会给人留下虚伪的印象；此外，赞美应该是合时宜的。

4．真诚原则

抱着真诚的态度与人沟通会得到意想不到的效果。有的人不善言辞，但能够用真诚打动人心。没有什么比真诚更能打动人。我们要用坦诚之心与他人沟通，让他人感受到自己的真诚。

5．宽容原则

我们应当在人际沟通中尊重人与人之间的差异性，不把自己的价值观和判断标准强加于人。我们希望他人可以接纳我们的独特之处，同样地，他人也会抱有这样的期待。

拓展阅读

人际交往法则

1．你希望他人如何对待你，就如何去对待他人

你如果希望他人对你友善，那就要主动对他人友善；你如果希望他人对你真诚，那就真诚待人。他人如何对待我们，首先取决于我们如何对待他人。

2．不要对他人抱有过高的期待

我们也许会遇到这样的情况：我们对某个人热情有加，但换来的是他的麻木和冷淡；我们真诚地对某个人好，对方却不领情，甚至讨厌自己。为什么会这样呢？有时候，我们给予对方的并不是对方真正想要的。因此，在人际交往中，我们不要对他人抱有过高的期待。

3．多为他人考虑

我们要尝试站在他人的角度，理解他人的感受、需求和处境，想想自己如果处于他们的位置会如何思考和行动。这样做有助于我们更好地理解他人。在与人交往时，我们应当关注他人的情绪变化，及时给予安慰、鼓励或支持。

二、沟通模式

常见的沟通模式可分为讨好型、指责型、超理智型、打岔型和表里一致型。

1．讨好型

这种沟通模式通常会出现在不安全感较强的个体的人际交往中，以迎合他人、不断让步为主要特点。采用这种沟通模式的个体会为了得到他人的认可与接纳而忽视自己的感受和需求。他们经常会说“好的”“没问题”“我会改进”等，在讨好他人的同时牺牲自己的利益。

2．指责型

这种沟通模式以斥责、责备为主要沟通方式。采用这种沟通模式的个体往往会忽略他人的需要，习惯于指责他人的错误，认为自己被对方不公正地对待。这类个体有时会表现得非常暴躁，甚至无法控制自己的情绪。“都是你的错”“你到底怎么搞的”是他们的口头语。

3．超理智型

采用这种沟通模式的个体能够理性地分析问题，在沟通中强调客观事实和逻辑分析，避免表露个人情感和主观感受。采用这种沟通模式虽然有助于确保沟通的客观性和准确性，但也可能导致人际关系的疏远。

4．打岔型

采用这种沟通模式的个体习惯于用开玩笑或转移话题的沟通方式来缓和紧张的气氛。他们通常很难在人际交往中坦率地表达自己的想法，抓不着对话重点，习惯于插嘴和干扰他人说话，不直接回答问题。大多数采用这种沟通模式的个体认为自己可以通过避免直接回答问题减少矛盾和冲突。

5．表里一致型

信息可分为语言信息和非语言信息。某个说话的人在传达语言信息时，也会通过表情、神态、动作等传达非语言信息。采用这种沟通模式的个体的语言信息与非语言信息具有一致性。这类个体不仅尊重自己的真实感受和需求，也能尊重他人的立场和情感。

他们往往能够清晰地表达自己的观点、感受和需求，同时也愿意倾听和理解他人的反馈。他们不会使用攻击性或防御性的语言，而会以一种平和、理性的方式来进行交流。采用这种沟通模式有助于建立信任、增进彼此之间的理解。

第三节　维护良好的人际关系

一、常见的大学生人际交往问题

（一）宿舍内部的人际关系问题

宿舍内部的人际关系是大学阶段最基本的人际关系。宿舍为大学生提供了一个比较自由、轻松的交际场合。宿舍成员往往来自全国各地，文化背景、生活习惯和个性各不相同，这些差异会为大学生的人际交往带来阻碍，宿舍成员难免会产生摩擦。常见的宿舍内部的人际关系问题包括以下几个方面。

1．宿舍成员关系不和谐

在一些情况下，宿舍成员之间的关系不融洽，大家互不沟通、意见不统一，无法相互包容和理解。在一些情况下，存在矛盾的宿舍成员会处于相互对立的状态，各方都不愿直面问题，任由宿舍内部的人际关系持续恶化。这些宿舍成员认为，大学毕业后大家各奔东西，人际关系的恶化不会影响自己将来的工作和生活。

2．小群体化

部分宿舍成员会出现抱团的现象。这些宿舍成员能够与小群体的内部成员和谐相处，但与小群体以外的其他宿舍成员交流得很少。

拓展阅读

人际关系的地缘性特点

地缘关系建立在居住地邻近的基础之上，是一种以空间和地理关系为纽带的人际关系，如同乡关系、同事关系、同学关系、邻里关系。在人类生产、生活空间相对有限的情况下，地缘关系的重要性愈发凸显。

生活在相近地区的人们往往更容易拥有共同的兴趣，因为这些人生活在相似的环境中，拥有相同的生活背景或文化传统。这有助于促进人们的交流和合作，形成紧密的社会网络。此外，地缘关系还常常与亲情、友情等情感交织在一起，使得人们之间的交往更加频繁和深入。

微课学习 宿舍人际交往之非暴力沟通

（二）同学之间的关系问题

在大学阶段，获得同学帮助、关心、支持的人比被同学排斥的人的情绪更稳定，在学习上更能发挥自身的潜力，但同学间的摩擦也是不可避免的。同学之间的关系问题通常与嫉妒、自卑、自负、多疑等问题有关。

在大学期间，同学之间的关系问题可能涉及多个方面，这些问题往往与家庭背景、性格、生活习惯、学术竞争、社交压力等因素有关。同学之间的关系问题可能表现为言语上的争执、行为上的冲突、情感上的疏远等，相关问题可能对个体的学习、

生活和心理健康产生不良影响。因此，同学们要建立良好的沟通机制，尊重彼此的差异，学会倾听和理解他人的观点，以积极、理性的态度面对和解决关系问题，共同营造一个和谐、包容的学习环境。

拓展阅读

社交恐惧

进入大学后，大部分同学的社会支持系统出现了向外部发展的趋势。同学们如果未能适应这一转变，仍然依赖家庭给予的支持，没有意识到同学、朋友之间相互支持的重要性，未能构建起新的社会支持系统，就容易出现社交焦虑乃至社交恐惧。

出现社交恐惧的原因主要来自三个方面。

1．性格内向，无法接纳自己

有社交恐惧的大学生往往性格比较内向，自尊心较强，敏感多疑，追求完美，不能很好地接纳自身的缺点和不完美，遇到问题时习惯于将问题归结到自己身上。例如，他人嘲笑自己时，这类同学会认为是自己的无能引来了他人的嘲笑，而不是他人有道德品质问题。

2．不能正确认识自己

有社交恐惧的大学生不能客观地认识自己的优点和缺点，不能正确认识人际交往的目的和意义，如认为人际交往的目的是互相利用。

3．不了解人际交往技巧

有社交恐惧的大学生往往不了解人际交往技巧。例如，不善于倾听，不善于赞美，不能准确把握话题尺度，不善于塑造自己的社交形象。一旦他们出现人际交往问题，他们的自信心就会受到很大的打击；他们会因此更加恐惧人际交往，甚至出现回避交往的情况。

（三）亲子关系问题

亲子关系深刻影响着大学生的人格发展状况和人际问题处理能力。有研究显示，亲子关系越和谐，个体的反社会倾向越不明显，同伴问题越少。良好的亲子关系有利于大学生的心理健康和社会适应，不良的亲子关系可能导致大学生出现心理健康问题和社会适应问题。

不良的亲子关系往往与以下三个问题有关。

1．家庭教养方式有问题

家庭教养方式会直接影响大学生的人际关系。不良的家庭教养方式可能使大学生缺乏社交能力和情感表达能力。在家庭中，如果父母没有为子女提供足够的社交机会，或者过度保护和控制子女，子女就可能无法在成长过程中学会如何与他人有效沟

通和交往。这会使其在人际交往中感到焦虑，难以建立和维护良好的人际关系。

2．亲子间缺乏沟通

亲子间缺乏有效沟通既不利于亲子关系的维护，也不利于大学生人际交往能力的形成。如果亲子间缺乏沟通，子女就可能无法学会如何表达自己的情感、处理自己的情感问题。这种情感上的缺陷可能使其在人际交往中难以与他人建立深厚的情感联系，或者在遇到人际交往问题时感到困惑和无助。

3．父母关系不融洽

父母关系不融洽可能导致大学生在日常生活中感到不安和焦虑，进而影响他们与他人建立和维护关系的能力。大学生可能会因为家庭内部的不和谐而缺乏安全感，这种不安全感会使他们在与他人交往时显得过于敏感。他们可能难以信任他人，对人际关系持怀疑态度，从而无法建立稳定、亲密的人际关系。同时，他们也可能因为害怕被拒绝或害怕被伤害而避免与他人深入交流。

二、大学生人际交往问题的主要表现

1．不敢交往

部分大学生由于性格内向或感到自卑而害怕与人交往。还有部分大学生因为曾经在人际交往中受到伤害而不愿意信任他人，害怕与他人交往。实际上，不少大学生是渴望与他人正常交往的，但由于某些原因，他们无法踏出第一步。

2．不愿交往

部分大学生不重视人际交往，因为过度看重学习或担心在人际交往中受到伤害而不愿为人际交往付出时间和精力。

3．不善交往

部分大学生缺乏必要的人际交往知识和技能。在人际交往中，他们不懂得采用恰当的方式提出批评和建议。在集体活动中，他们可能更多地选择独处，避免与他人深入交流。此外，他们在表达自己的观点和感受时也可能显得犹豫和拘谨，难以清晰地表达自己的想法。这不仅会影响他们的社交生活，还可能对他们的学业和职业发展产生一定的影响。

三、大学生人际关系问题的解决方法

（一）宿舍内部人际关系问题的解决方法

1．制定宿舍公约，共同遵守约定

每个宿舍应结合各自的特点，制定出符合宿舍成员需求的、可操作性强的公约。

只有大家共同遵守公约，才能营造和谐的宿舍环境。

2．尊重个体差异，学会宽容和接纳

平等互惠、相互理解、相互尊重、诚实守信是维护宿舍内部人际关系的关键。喜欢晚上听歌的同学不妨戴上耳机；喜欢运动的同学应在运动后及时洗澡，更换有汗味的衣物，以免影响他人。同学们在坚持自己的生活习惯时，应当尽量不影响到他人。家庭条件较好的同学不应在其他同学面前表现自己的优越感。家庭贫困的同学也不应为取悦他人而贬低自己。

3．主动沟通交流，及时化解矛盾

很多宿舍内部的矛盾和冲突源于宿舍成员之间缺乏沟通。放下面子和戒备心、和宿舍成员面对面地沟通有助于澄清误会，增进彼此之间的感情。周末的时候，大家可以找时间聊聊天、谈谈心，通过有效的沟通消除之前对对方的误解。这样做有助于改善宿舍内部的人际关系，对营造和谐的宿舍氛围有重要意义。

4．提高自身修养，培养良好个性

大学阶段是大学生养成良好个性的重要时期，也是大学生提高自身修养的关键时期。在与宿舍成员相处时，同学们要敢于承认自己的缺点，学会尊重他人，对他人多些理解与宽容，以诚待人，培养宽容、自信、诚实的良好品质；要学会欣赏和接纳他人，善于发现每一个人的优点，大胆地赞美他人；要接受每一个人的缺点，学会包容他人、善待他人，特别是与自己朝夕相处的宿舍成员。

5．积极参与活动，善于向他人倾诉

在宿舍内部开展集体活动是增进宿舍成员之间感情的有效方式。经常组织集体活动可以培养宿舍成员间的默契，增强宿舍内部的凝聚力，在增进友谊的同时给大学生活带来更多的欢乐。同时，积极参与学校组织的宿舍文化活动有助于提高宿舍成员的集体荣誉感，使宿舍成员在团结协作中深入了解彼此，感受宿舍带来的归属感。此外，大学生也可以跟家人倾诉，积极与家人诉说自己遇到的人际关系问题。

拓展阅读

乐群性

在卡特尔人格特质理论中，乐群性是衡量一个人的性格是内向还是外向的重要参考标准，可以在很大程度上反映一个人的个性特征。乐群性得分高的人的主要表现为：待人和善，能主动融入集体，合作能力与环境适应能力较强，交往范围较广。而乐群性得分低的人的主要表现为：性格内向，个性孤僻，喜欢独处，难以融入集体，环境适应能力较差。

（二）同学之间的关系问题的解决方法

1．采取正确的人际交往态度

大学生在进行人际交往时要清楚地认识到，人际交往的目的是获得心理上的满足，顺利度过大学生活，积累与人打交道的经验，为将来的职业发展打下良好的基础。大学生要摆正自己在人际交往中的位置，摒弃对人际交往的消极态度，自觉地调整消极的心态；在与人交往的过程中客观地认识自我，采取正确的人际交往态度。

2．保持良好的心态

大学生如果想要处理好与同学之间的人际关系，就需要保持良好的心态。在与同学交往的过程中，大学生要保持平常心，不卑不亢，正确看待人际关系；不能自我贬低，要充分地尊重和信任自己，学会正确、全面、客观地了解他人。同学之间要平等互助、相互尊重、真诚待人。

3．掌握交往技巧

人际交往的首要技巧是学会倾听。在谈话的过程中，大学生要礼貌待人，与其他同学平等交流，注重自己的言谈举止，避免出现夸张或多余的肢体语言。语言表达应力求清楚、准确、简练、生动。

4．加强交际训练

加强交际训练有助于同学们克服自卑、羞怯的心理。大学生可以多给自己一些时间，让自己有机会通过实践提高自身的交际能力。古人云：熟能生巧。反复多次的训练可以提高大学生的信心和交际水平，缓解紧张情绪。在沟通交流前，大学生可以反复练习讲话时的姿势和语调，从而使自己自然、自如地与他人交流。

心理感悟

清康熙年间，安徽桐城人张英中了进士，成了文华殿大学士。张英的老宅与一吴姓人家紧邻。有一年，两家修界墙，吴家欲扩张地界，张英的家人便给张英写信，意在让张英出面制止。谁知，张英在回信中写了一首诗：

观家书一封只缘墙事聊有所寄

千里修书只为墙，
让他三尺又何妨？
长城万里今犹在，
不见当年秦始皇。

家人看到回信后便撤让三尺。吴家被张家的宽容所感动，亦退让三尺。“六尺巷”由此得名。

（三）亲子关系问题的解决方法

1．学会自我调整

大学生身心发展尚未完全成熟，但有较强的自我意识。在遇到亲子关系问题时，大学生要提高自我教育意识，学会调整自己的心理状态，改变能改变的，接受不能改变的。大学生应尝试站在父母的角度，理解他们的担忧与期望，并认识到与父母产生观念上的差异或冲突是比较正常的现象。

2．懂得理解父母

积极的亲子关系的主要特征是双方相互体谅、相互理解。子女对父母的理解是促进亲子关系良性发展的重要基础与条件。父母向子女无条件地给予自己全部的爱，子女也应该懂得爱父母，尊重并理解父母，懂得感恩父母。子女应当理解父母的不易，承担一定的家庭责任，站在父母的角度来思考问题。在发生问题时，父母和子女应互相理解，为彼此着想，积极化解矛盾，促进亲子关系的良性发展。

3．重视沟通

主动与父母沟通，向父母表达自己的想法，倾听父母的意见，有助于改善亲子关系。大学生可以通过与父母进行有效、及时的沟通，让父母了解自己在成长过程中遇到的困难和问题。

四、维护人际关系的方法

（一）真诚赞美

适时、恰当地赞美他人能够帮助我们维护人际关系。在沟通中真诚地赞美他人能够有效增进彼此之间的关系。在人际交往中，有一个“5+1 定律”，即我们不经意地批评某人一次所造成的对关系的破坏，是用五次表扬都难以修复的。这提示我们要多赞美、肯定他人，少批评、指责他人。美国学者布吉林提出了人际交往的“3A 法则”——接受（Accept）对方、欣赏（Appreciate）对方、赞美（Admire）对方。值得注意的是，有效的赞美必须建立在尊重事实的基础上，是发自内心的真诚表达，并且最好能够包含具体的细节。

（二）学会拒绝

在日常人际交往中，难免会遇到需要表达拒绝的情况。如何在不影响关系的前提下合理表达拒绝？这是对个人人际交往能力的一种考验。当有同学邀请你共同参加某项比赛，而你恰好有了其他安排时，你该如何拒绝呢？这时你可以尝试借助以下方法。

首先，你应当向对方表达感谢，如“谢谢你邀请我一起参加比赛……”。然后，你应当表达你对对方的理解，如“你的团队现在还差一个队友，你一定很着急”。接下来，你需要说明拒绝的理由，如“很抱歉，我最近要准备一个非常重要的考试，时间比较紧张”。最后，你可以给出可行的建议，如“我听说××还在寻找队友，你可以去问问她”。

（三）学会倾听

倾听是一门艺术，也是一项技能。倾听绝非简单地用耳朵听。倾听者需要认真捕捉对方在谈话过程中传递的全部语言信息和非语言信息，耐心地听对方把话说完，不要断章取义或擅自解读对方的意图；同时，倾听者应目光专注、态度积极，使对方有继续交谈的意愿。

想要做一名合格的倾听者，我们可以从以下几个方面入手。第一，在倾听过程中及时给予反馈，以明确自己是否明白了对方所说的内容，比如“你的意思是……吗？不知道我的理解是否准确”；第二，多听少说，给对方充分表达的时间；第三，全面了解信息，切忌因过度关注某一方面的内容而忽略了其他信息。

（四）增强人际吸引力

在人际交往中，我们要善于利用心理效应，以增强人际吸引力。例如，充分运用首因效应，给对方留下良好的第一印象，为后续的人际交往打下良好的基础。

（五）完善自我

在人际交往中，性格开朗、乐观向上、真诚善良、乐于助人的人往往都是非常受欢迎的，而自私自利、虚伪、贪婪、缺乏诚信的人往往是不受欢迎的。因此，完善自我有助于人际关系的维护。

拓展阅读

人际交往中常见的心理效应

1. 首因效应

初次见面时，我们的表情、体态、仪表、谈吐等会给对方留下第一印象。

在现实生活中，第一印象常常左右着我们日后对他人的看法。首因效应容易让人们产生认知偏差，我们应谨慎看待对他人的第一印象，不能因为第一印象的好坏而忽略了其他方面。当然，在开展社交活动时，我们可以利用首因效应展现自己的优势，给他人留下好印象。

2. 近因效应

近因效应是指在交往过程中，我们对他人最近、最新的感受会取代以往对他人的印象，成为当下自己对他人的主要感受。近因效应在熟人之间的交往中会发挥较大的作用，因此，我们平时应当注意给人留下良好的印象。

3. 晕轮效应

晕轮效应是指我们在评价他人的时候，常常喜欢从某一个特征出发。晕轮效应常使人根据某些片面的印象来评价他人。

4. 刻板效应

我们在评价他人时，经常将其视为某一类人中的一员，认为其具有这类人所具有的共同特性。这种思考方式简化了我们的认知过程，使我们对人和事的判断不够客观。

5. 定势效应

人们在认知活动中常常会用已有的知识、经验来看待人或事。在人际交往中，定势效应常使人们固化了对他人的认识。

6. 投射效应

投射效应是指个体将自己所具有的特性、情感、意志等，不自觉地投射到他人身上的一种心理现象。受投射效应的影响，个体往往认为他人有和自己相同的想法或感受。这种心理现象容易使个体误解他人或对他人产生偏见，从而影响人际关系的和谐与沟通的有效性。

7. 从众效应

从众效应是指在群体的影响下，个体会改变自己的观点和行为，与群体的观点和行为保持一致。例如，当人们看到一家店门口有很多人在排队时，可能会在并不清楚产品优缺点的情况下加入购买的队伍。

8. 聚光灯效应

聚光灯效应是指个体在公众场合或社交环境中过分关注自己的言行举止，并错误地认为他人的注意力都集中在自己身上，就像自己站在舞台中央，被聚光灯照射一样。这种心理现象通常会导致个体产生过度的自我意识和焦虑感，担心自己的表现会被他人评价或嘲笑，从而影响个人的社交体验。

微课学习 人际沟通小游戏

本章小结

1．广义的大学生人际关系是指大学生和所有与其相关个体之间的互动和联系。狭义的大学生人际关系是指大学生在校期间和所有与其相关个体之间的互动和联系，其中最主要的是师生关系和同学关系。

2．大学生人际关系的特点包括交往愿望强烈、交往范围扩大、交往方式虚拟化、情感淡漠、交往动机复杂化、交往行为偏激。

3．人际沟通原则包括尊重原则、理解原则、赞美原则、真诚原则、宽容原则。

4．维护人际关系的方法包括真诚赞美、学会拒绝、学会倾听、增强人际吸引力、完善自我。

团体训练

你比我猜

活动规则	各小组成员分别排成纵队，每组的第一个成员抽一张纸条，前一个成员依次用肢体语言向后一个成员传递纸上内容，直至传到最后一个成员。由最后一个成员描述纸上的内容。答对的小组获胜。若多个小组回答正确，完成速度快的小组获胜。
交流与讨论	1．小组的最后一个成员接收到的信息是什么？ 2．小组的第一个成员要传达的信息是什么？ 3．非言语沟通和言语沟通有什么区别？

我说你画

活动规则	（一）第一轮活动 1．步骤一 请一名手中持有画着几何图形的纸条的同学到讲台一侧，背对所有人，将手中的几何图形描述出来。例如，先画一个三角形，正方形在三角形的正下方。其他同学依据他所描述的内容画出图形。 要求：在持有纸条的同学描述的过程中，画图者不能发问，描述者不能传达任何非语言信息。整个过程需要计时。 2．步骤二 画完之后请大家回答以下问题： （1）有多少人正确地画出了图形？用了多长时间？请画出正确图形的同学分享成功的经验和体会。 （2）有多少人未正确画出图形？遇到困难的原因是什么？ （二）第二轮活动 1．步骤一 请一名手中持有画着几何图形的纸条的同学到讲台一侧，面向所有人，将手中的几何图形描述出来，其他同学依据他所描述的内容画出图形。 要求：在持有纸条的同学描述的过程中，画图者可以提问，描述者可以使用手势等非语言信息来进行辅助。整个过程需要计时。 2．步骤二 画完之后请大家回答以下问题： （1）有多少人正确地画出了图形？用了多长时间？请与上一轮的情况进行对比。 （2）有多少人未正确画出图形？遇到困难的原因是什么？
交流与讨论	1．两种沟通方式有何区别？ 2．采用哪种沟通方式更有助于准确地传递信息？ 3．如何在沟通中扮演好倾听者和表达者的角色？

续表

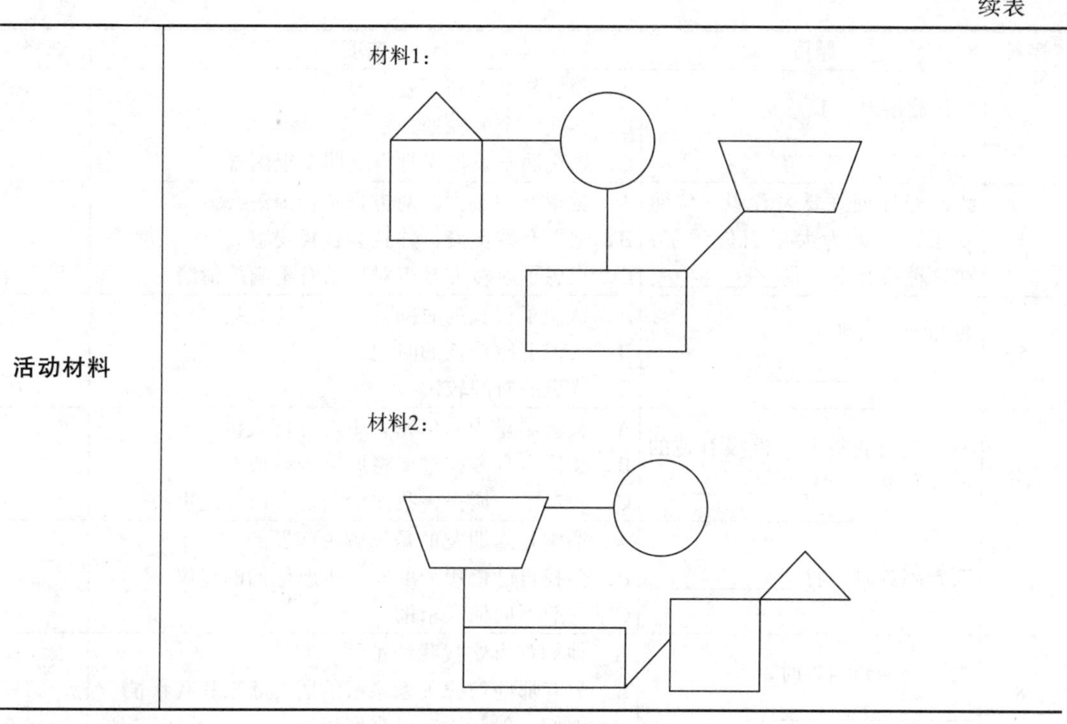

思考与练习

1．你是如何看待大学生宿舍内部的小团体的？你认为大学生应当如何应对宿舍小群体化？

2．请分析自身当前存在的人际关系方面的问题，并尝试提出应对策略。

心理测验

大学生人际关系测试

请仔细阅读下列题目，并根据自己的真实想法作出选择。

序号	题目	选项	选择
1	在人际关系方面，我的信条是____________	A．大多数人是友善的，是可以作为朋友的 B．人群中有一半的人是狡诈的，有一半的人是善良的，我将选择与善良的人做朋友 C．大多数人是狡诈、虚伪的，是不可以作为朋友的	
2	最近我新交了一批朋友，这是因为____________	A．我需要他们 B．他们喜欢我 C．和他们在一起很有意思	

续表

序号	题目	选项	选择
3	外出旅游时，我总是__________	A．很容易交上新朋友 B．喜欢一个人独处 C．想交朋友，但又觉得交朋友很困难	
4	我已经计划好要去看望一位朋友了，但因为太累而失约了；在这种情况下，我__________	A．觉得问题不大，对方肯定会谅解我 B．觉得有些不安，并且会自我安慰 C．很想了解对方是否对自己有不满的情绪	
5	我和大多数朋友__________	A．认识了很长的时间 B．认识了比较长的时间 C．认识的时间较短	
6	一位朋友告诉我一件极有趣的个人私事，__________	A．我会尽量为其保密，不对任何人讲 B．我根本没考虑过要将此事告诉他人 C．朋友刚一离去，我便会与他人议论此事	
7	遇到困难时，我__________	A．通常是靠朋友的帮助解决问题的 B．会找自己信赖的朋友，听取他们的建议 C．一般不向他人求助	
8	当朋友遇到困难时，__________	A．他们都喜欢找我帮忙 B．只有那些与我关系亲密的朋友才来找我帮忙 C．他们一般都不愿意来麻烦我	
9	我结交朋友的主要途径是__________	A．经熟人介绍 B．通过社交场合 C．他人主动联系自己	
10	选择朋友时我最看重的是__________	A．对方的才华 B．对方值得信赖 C．对方对我感兴趣	
11	我给人们留下的印象是__________	A．经常会引人发笑 B．经常能启发人们思考问题 C．和我相处时他人会感到很轻松	
12	在晚会上，如果有人提议让我表演，我会__________	A．婉言谢绝 B．欣然接受 C．直截了当地拒绝	
13	在与朋友相处时，我会__________	A．真诚地当面赞扬他的优点 B．真诚地给他提意见 C．既不奉承，也不批评	
14	我所结交的朋友__________	A．是那些与我的利益密切相关的人 B．通常能和任何人相处融洽 C．有时愿意和与自己有相同爱好的人相处	
15	如果朋友和我开玩笑，我会__________	A．和大家一起笑 B．很生气并有所表示 C．有时高兴，有时生气，依自己当时的情绪和情况而定	

续表

序号	题目	选项	选择
16	当他人依赖我的时候，我＿＿＿＿＿＿＿＿	A．感到无所谓 B．感到很高兴 C．感到有些担忧	

评分规则：

根据你所选的答案，找出相应的分数。

① 第 2、7 题：选 A 得 1 分，选 B 得 2 分，选 C 得 3 分。

② 第 4、14 题：选 A 得 1 分，选 B 得 3 分，选 C 得 2 分。

③ 第 11 题：选 A 得 2 分，选 B 得 1 分，选 C 得 3 分。

④ 第 6、9、12、16 题：选 A 得 2 分，选 B 得 3 分，选 C 得 1 分。

⑤ 第 13、15 题：选 A 得 3 分，选 B 得 1 分，选 C 得 2 分。

⑥ 第 1、3、5、8、10 题：选 A 得 3 分，选 B 得 2 分，选 C 得 1 分。

将所有题的得分相加，即可得到总分。

总分为 38 ~ 48 分：你的人际关系是很融洽的，你在生活中是很受欢迎的。

总分为 28 ~ 37 分：你的人际关系不太稳定，在改善人际关系方面，你还需要付出一定的努力。

总分为 16 ~ 27 分：你的人际关系存在一定的问题，你的交际圈很小，你有必要扩大自己的交往范围。

第七章　大学生恋爱心理

知识目标

1. 了解爱情的概念和构成要素；
2. 了解爱情的类型与特点；
3. 了解有关性心理的基本理论。

能力目标

1. 掌握建立和维护恋爱关系的技巧；
2. 拥有爱与被爱的能力，客观对待失恋；
3. 树立正确的性观念，掌握性知识。

素质目标

1. 培养健康向上的恋爱观，坚守情感原则和底线；
2. 培养健全的人格，了解如何与异性正常交往。

思政目标

1. 遵守伦理规范，提升道德素养；
2. 从辩证、积极的角度看待恋爱和失恋。

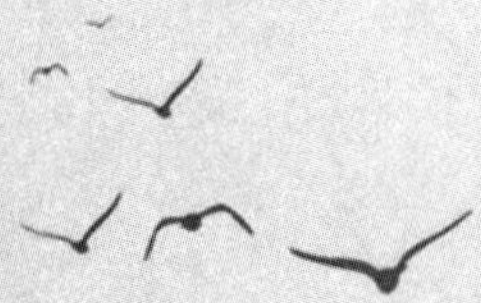

爱情是在两个不同的身体里住着同一个灵魂。

——古希腊思想家　亚里士多德

案例导入

小美今年 19 岁，是某校的大二学生。她从小就成绩优异。由于父母在小美上中学时离异，所以她从小便跟随母亲生活。大一时，母亲再婚，继父带着一位比小美小几岁的男孩。放假回家的小美总要辅导弟弟学习。大二下学期，小美开始与同班同学小帅恋爱。过去，小美的生活似乎一直被父母的争吵、母亲的抱怨充斥着，小美觉得从未有人像男友小帅一样关心自己。所以，即使小帅总是向自己借钱，小美也从不犹豫，虽然她的生活费也并不多。

小美和小帅已经交往半年多了，小帅觉得他们早就应该搬出宿舍同居了。可小美是个相对保守的女孩，她并非无法接受恋爱中的男女发生性关系，只是觉得时间还太早，自己还没有做好这方面的准备，可小帅却不愿意再等了。现在，小美不知道自己应该找何种理由拒绝小帅，而且小帅还说小美如果不答应自己的要求，就是不爱自己，如果再不答应就分手。小美感到十分苦恼。

思考：1．小美应该怎么做呢？

2．如何培养正确的恋爱观？

3．恋爱与性有着什么样的关系？

第一节　什么是爱情

一、爱情和恋爱心理

爱情是人类的基本情感之一，具有极为复杂的特征。关于爱情，每个人都有自己的理解。美国心理学家弗洛姆在《爱的艺术》一书中把人类的爱分为兄弟之爱、异性之爱、父母之爱、神明之爱和自我之爱，其中提到的异性之爱就是爱情。

恋爱心理一般是指个体在生理和心理发展到一定阶段的基础上，在特定的社会环境中出现的与恋爱相关的心理现象的总和。每个大学生都对爱情有着自己的看法。拥有健康的恋爱心理有助于大学生的自我提升和成长。

二、爱情的构成要素

美国心理学家斯滕伯格认为，爱情由亲密、激情、承诺构成。

（一）亲密

亲密指的是两个人彼此依附、亲近的感觉。它体现在双方对彼此的信任、理解、支持和关怀上。亲密感源于一种无私的、愿为满足对方牺牲自我的精神。在亲密关系中，人们渴望获得幸福，并给对方留下美好的记忆。

（二）激情

在爱情中，激情通常与浪漫、性吸引力有关。激情是爱情的驱动力。激情可以是积极的，也可以是消极的。能够正确认识爱情的人能控制自己消极的激情。对爱情而言，激情是最不稳定和最不可控的要素。人们能够很容易地在亲密关系中体验到激情，但激情也很容易消退。

（三）承诺

承诺是维系亲密关系的关键要素。没有承诺，爱情就难以持久。承诺是双方在对彼此的关系进行冷静审视和理性分析后作出的一种保证。在爱情中，承诺意味着双方愿意为彼此付出努力，共同面对生活中的挑战和困难。它体现了对伴侣的忠诚和责任心，是维系亲密关系的重要纽带。

三、爱情的类型

斯滕伯格根据爱情的三种构成要素的不同组合情况，将爱情分为了以下七种类型。

（一）喜欢式爱情

在这种爱情中，亲密是主导因素。这种爱情缺乏激情和承诺。双方能够信任、了解、支持和关心彼此，但这种爱情缺少强烈的性吸引力和长期的承诺。

（二）迷恋式爱情

在这种爱情中，激情是主导因素。这种爱情缺乏亲密和承诺。双方具备强烈的性吸引力，但缺乏深厚的感情基础和长期维系关系的决心。这种爱情通常出现在刚刚坠入情网的恋人之间。

（三）空洞式爱情

在这种爱情中，承诺是主导因素。这种爱情缺乏亲密和激情。双方虽然有维系关系的决心，但缺乏深厚的感情基础和性吸引力。这种爱情可能出现在长期的婚姻关系中。双方可能失去了当初的激情，但仍出于责任维系着彼此之间的关系。

（四）浪漫式爱情

在这种爱情中，亲密和激情是主导因素。双方之间存在一定的感情基础和强烈的性吸引力，但随着时间的推移，亲密和激情可能会消失。这种爱情通常出现在恋爱初期。

（五）伴侣式爱情

在这种爱情中，亲密和承诺是主导因素。这种爱情缺乏激情。双方存在深厚的感情和维系关系的决心，但缺乏强烈的性吸引力。这种爱情常出现在长期稳定的亲密关系中。双方往往已经建立了深厚的感情基础和信任，虽然缺乏激情，但仍然能够相互扶持和理解，共同面对生活中的挑战和困难。

（六）愚蠢式爱情

在这种爱情中，激情和承诺是主导因素。这种爱情缺乏亲密。双方具备强烈的性吸引力和维系关系的决心，但缺乏深厚的感情基础。由于缺乏深厚的感情基础，这种感情很难长期维系下去。

（七）完美爱情

在这种爱情中，亲密、激情和承诺是主导因素。这是一种理想的爱情。双方具备深厚的感情基础、强烈的性吸引力和坚定的维系关系的决心。这种爱情是非常稳定、持久的。双方往往能够相互扶持、理解和包容，共同面对生活中的挑战和困难。

四、爱情的特点

（一）排他性

在爱情关系中，个体通常倾向于在心理或生理上与特定的伴侣建立深厚的联系。这种联系是独特的，往往容不下其他人的介入。爱情的排他性源于人类情感的本能需求和深层次的心理机制，它不仅确保了伴侣间感情的专一性，也有利于确保关系的稳定性。在爱情中，人们渴望得到对方的全部关注和爱，而这种渴望使人们自然而然地将其他人排除在外。爱情的排他性体现了爱情关系的独特性和不可替代性。

（二）冲动性

处于爱情关系中的个体常常受到强烈情感和欲望的驱使，这些情感和欲望可能迅速且不可预测地涌现。当个体被某人深深吸引时，他们会采取行动，甚至可能在未经思考的情况下作出决定。爱情的冲动性也源于人类对情感的渴望。当遇到心仪的对象时，人们会迫切地想要与其建立联系，并表达自己的情感。

（三）直觉性

在爱情关系中，人们往往会借助自身的感知能力来理解对方。处于爱情关系中的个体通常是很敏感的，他们能够敏锐地捕捉到对方情绪、态度的微妙变化。爱情的直

觉性源于个体对伴侣的深入了解和情感共鸣，双方有时能够在不进行明确沟通的情况下理解对方的需求。

（四）隐秘性

爱情往往涉及个体内心深处的情感和私密体验。这些情感和体验往往难以用言语表达，在某些情况下，个体可能也无法完全清晰地感知自己的情感。许多与爱情有关的微妙的情感是只有恋人双方才能够体会和理解的。人们更愿意与自己的伴侣分享有关爱情的各种感受和经历，而不愿意将其透露给其他人。

拓展阅读

中国传统的爱情观

1．强调爱情的含蓄和内敛

受到儒家文化的影响，中国人不常用直接的语言来表达爱意，而更倾向于通过含蓄和委婉的方式表达情感。在古代文学作品和艺术作品中，人们往往通过隐喻、象征等手法来抒发内心的情感。此外，社会习俗和集体文化也塑造了中国人含蓄、内敛的爱情观。在集体主义文化的背景下，个体的情感表达往往受到社会规范的影响。人们更倾向于在亲密关系中保持一定的距离感，以避免因为情感表达过于直接而使双方感到尴尬。

2．强调爱情的忠贞不渝

在古代，中国人认为只有建立在忠诚和信任的基础上的爱情才能持久、稳固。忠贞不渝的爱情观与中国人的道德观念紧密相连。在中国传统道德中，忠诚和守信被视为美德。这种道德观念也渗透到爱情关系中，使中国人向往忠贞不渝的爱情。

五、爱情的产生

爱情的产生过程是十分复杂的，它涉及以下多个方面的因素。

（一）外貌的吸引力

在与他人接触的初始阶段，外貌往往能够给人们带来最为直观的感受。在社交活动中，外貌常常会成为评价一个人的重要标准。人类社会的实践活动具有相似性，人们对美的追求和欣赏都是相通的。然而，出众的外貌虽然能够使人产生好感，但其并不是决定两人能否成为恋人的唯一因素或决定性因素。随着交往的不断深入，外貌的吸引力会逐渐减弱，个人的才华和性格会逐渐占据重要地位。在恋爱关系的早期阶段，外貌的吸引力可能会让人们产生晕轮效应。这会使人们在评价一个人时，因为其出众的外貌而忽略了这个人其他方面的不足，从而将对方想象得过于完美。这种认知方式是不够理性、客观的。

（二）距离的远近

正所谓“近水楼台先得月”。心理学研究表明，人们更容易与地理位置相近的人产生感情联系。这是因为相近的地理位置为人们提供了更多的接触机会，使得人们有更多的机会相互了解，从而增进感情。长期的接触能够使人产生熟悉感，这种熟悉感会使人们产生依赖的心理。在心理学中，有一种效应被称为曝光效应，即如果一个人或物不断出现在自己眼前，人们对其的喜爱程度会逐渐加深。

（三）相似性

心理学研究表明，人们有“爱以类聚”的心理倾向。这意味着人们在寻找伴侣时，更倾向于寻找那些与自己有相似特质的人。这种相似性可以体现在兴趣爱好、价值观、生活习惯等多个方面。共同的兴趣爱好有助于双方建立联系、增进沟通。具有相似性的个体往往在双方相处的过程中感到舒适和自在。

（四）接纳能力

好的伴侣并不一定能够完美契合，双方需要在相处的过程中不断磨合和调整。在这个过程中，接纳与包容的重要性不容忽视。每个人都有自己的棱角和个性，这会使人们在相处的过程中产生摩擦和冲突。如果双方能够相互理解、相互接纳，并愿意为了对方作出一定的改变和妥协，那么冲突就能得到化解。

接纳与包容不仅体现在对对方个性的理解和尊重上，还体现在对对方缺点的包容和接纳上。没有人是完美的，每个人都有自己的不足之处。只要双方能够正视这些不足，并愿意努力地改正自己的缺点，那么爱情就能够更加稳固和长久。

心理训练

恋爱树

一、准备阶段

5～8人为一组，确保每组都有足够的空间进行活动。每个人准备一支彩笔和一张A4纸。

二、绘制“恋爱树”

请同学们在A4纸上画出一棵大树，大树应包括树根、树枝、树叶、果实等元素。请同学们标注这些不同的元素在恋爱中分别代表什么。

三、分享与讨论

1．完成绘制后，组内成员轮流展示自己的“恋爱树”，并解释各个元素所代表的含义。

2．在分享的过程中，请同学们讨论彼此绘制的“恋爱树”的异同点。

3．请同学们说说恋爱中的大学生应当具备哪些能力。

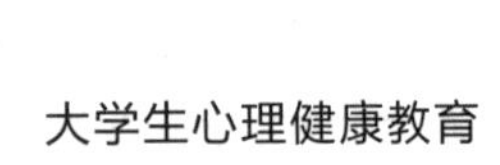

第二节 爱情的经营

在爱情的旅途中，大学生常常会遇到各种困扰。对于大学生而言，想要使恋爱关系健康而稳定，就要了解大学生会出现哪些常见的恋爱心理问题，并积极应对这些问题。

一、常见的大学生恋爱心理问题

常见的大学生恋爱心理问题包括以下几种。

（一）单相思或爱情错觉造成的心理问题

单相思是指一方倾心于另一方却得不到回应的单向情感。单相思有时会使大学生陷入痛苦。爱情错觉是指在异性间的正常交往中，一方错误地认为对方对自己有好感，从而误认为爱情已至，这同样会给大学生带来困扰。这两种情况都可能导致大学生产生不良情绪，若处理不当，其今后的恋爱和婚姻生活也会受到影响。

（二）失恋造成的心理问题

失恋往往会让大学生对自己的价值产生怀疑，并出现抑郁、焦虑、沮丧等消极情绪，甚至出现一些极端的行为。他们可能会认为自己失恋是因为自己不够优秀、不够吸引人或者不够懂得经营感情。这种自我否定的想法会进一步削弱他们的自信心和自尊心，使他们陷入悲观情绪中。如果这些消极表现持续很长时间，大学生的日常生活和学习会受到严重影响。在面对失恋时，大学生需要学会接受现实，积极调整心态，在必要时寻求专业人士的帮助。

（三）恋爱受挫造成的心理问题

很多自我意识较强、内心情感丰富的大学生会因为在恋爱中受挫而出现心理问题。当恋爱中的双方出现矛盾时，他们容易产生挫败感与失落感。若这些负性情绪长期积累并得不到释放，他们可能会出现极端行为。因此，大学生需要增强受挫能力，学会有效沟通。

（四）恋爱与学业之间的矛盾造成的心理问题

这是大学生在恋爱过程中需要面对的一个重要问题。随着社会竞争的日益激烈，很多大学生会选择考研、考公等。繁重的学业与爱情之间的冲突常常让大学生感到困扰。如何平衡学业与爱情是需要大学生认真思考的问题。大学生需要在完成学业的同时，给予伴侣足够的关注与陪伴；同时，大学生也要与伴侣协商，寻找平衡点，使恋爱关系健康而稳定。

二、大学生恋爱心理调适

（一）树立正确的恋爱观

恋爱观是人生观和价值观的一种表现形式，是指个体对爱情所持的基本观点和态度。一般来说，大学生的恋爱观会受到多方面的影响。当代大学生应当树立正确的恋爱观，认识到爱不仅是一种权利，更是一种责任。大学生要学会爱自己、爱他人。

（二）拥有正确的恋爱动机

目前，大学生的恋爱动机呈现出多元化的趋势。拥有正确的恋爱动机是恋爱关系和谐而稳定的先决条件。大学生应当寻找志同道合的伴侣，而不是通过恋爱来满足性、金钱和权力方面的需求。总而言之，拥有正确的恋爱动机才能获得真正的爱情。

（三）培养爱的能力

每个人都有爱的能力，这种能力对人一生的发展有着重要的意义。一个人只有具备了爱的能力，才会真正地爱他人、爱自己，才能真正体验到爱给人带来的快乐和幸福。心理学家弗洛姆认为：爱是人的一种主动的能力，一种使人和他人相联合的能力；爱使人克服了孤独和分离的感觉，但他允许他成为他自己，允许他保持他的完整性。

处于恋爱关系中的大学生应当具备以下能力。

1．表达爱的能力

表达爱需要勇气和信心，也需要一定的技巧。对大学生而言，用恰当的方式和语言向对方表达爱是一种重要的能力。

2．接受爱的能力

当自己喜欢的人选择了自己并来到自己身边时，大学生应当学会勇敢地接受对方的爱。懂得接受爱的人能够向他人敞开心扉，理解并珍惜他人给予自己的爱。

3．拒绝爱的能力

大学生应当具备拒绝爱的能力。在爱情面前，大学生应清晰地认识到自己的需求和期望，不被外界的压力或诱惑所左右。当遇到自己不喜欢的人或不适合自己的人时，大学生应勇敢地表达自己的立场和态度。

4．鉴别爱的能力

在恋爱初期，情感的热烈与冲动往往容易让人失去理性。处于恋爱关系中的大学生应当冷静地分析对方的行为与态度，判断这份感情是否建立在尊重、理解、信任与共同成长的基础之上。

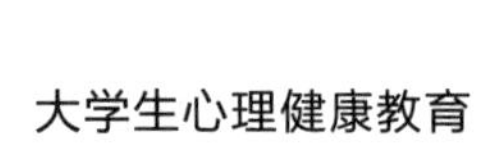

5．积极应对恋爱挫折的能力

恋爱之路并非总是一帆风顺，大学生应当积极应对恋爱中的一系列挫折。处于恋爱关系中的大学生应懂得调整自己的情绪，通过自我对话、向朋友倾诉等正确的方式排解自己的不良情绪，顺利度过情感的低谷期。

（四）学会自我调节

1．进行积极的自我暗示

对于处于恋爱关系中的大学生而言，学会给自己积极的心理暗示是一项重要的能力。当出现摩擦与争执时，如果同学们总是倾向于责备自己，认为自身存在诸多不足，这种心态往往会加剧内心的压抑感。同学们如果想要缓解这种负性情绪，就要学会进行积极的自我暗示。例如，同学们可以告诉自己："幸亏现在发现了问题，可以积极寻求解决方案，这样未来我们的相处会更加融洽，自己也会在这个过程中不断成长。"

2．采用情绪调整策略

（1）回避和接近策略

回避和接近策略又称情境选择策略，是一种个体通过选择有利情境、回避不利情境来调节情绪的方法。在面对冲突、愤怒、恐惧等负性情绪时，这种策略十分有效。

（2）控制和修正策略

控制和修正策略是一种积极的情绪调整策略，它要求个体通过改变情境中的负性情绪事件来控制情绪。

（3）注意转换策略

在采用注意转换策略时，个体可以将注意力从当前的情绪中转移出来，专注于与情绪无关的事物，也可以长时间地专注于情境的某一方面。

（4）认知重评策略

认知重评策略是一种通过改变对情绪事件的理解和评价来调节情绪的方法。当采用认知重评策略时，个体应当以积极的态度来看待那些使自己出现消极情绪的事件，从而产生积极的情感。

（5）情感转换策略

情绪转换策略是指个体在面对负性情绪时灵活地调整自己的情感表达方式和行为反应，将消极的情绪状态转化为积极的情绪状态。在采用这种策略时，个体需要具备较强的情绪调节能力和自我控制能力，迅速识别并应对自己的情绪变化，从而避免情绪波动对心理和行为产生负面影响。

3. 采用行为调整策略

（1）参加体育运动

参加体育运动不仅能够强健体魄，还能提高人的抗压能力。在参加体育运动的过

程中，个体能够获得成就感和快乐，这些积极的情绪有助于促进恋爱关系的发展。同时，良好的抗压能力能够帮助处于恋爱关系中的大学生更好地处理恋爱中的冲突和矛盾。羽毛球、乒乓球、篮球等需要集中注意力的运动都是不错的选择。

（2）参加社团活动

大学生可以通过参与社团活动学习新技能，并在获得新技能的过程中获得成就感，进而增强自信心，提高自身处理恋爱关系的能力。此外，参加社团活动还有助于个体拓宽社交范围，并获得更多的社会支持。

（3）设定合理的奋斗目标

设定合理的奋斗目标有助于大学生在学业、生活和恋爱之间找到平衡点。很多大学生会因为处理恋爱关系而忽视了学业。设定合理的奋斗目标可以帮助大学生更好地规划时间，确保其在追求个人成长的同时，给予伴侣足够的重视和关注。

拓展阅读

男性和女性在恋爱心理方面存在的差异

男性和女性在恋爱心理方面存在着显著的差异，这些差异往往会成为引发矛盾的根源。深入了解这些差异有助于我们更全面地了解对方，进而促进恋爱关系的健康发展。

心理学研究表明，当爱情来临时，男性往往比女性更快地进入恋爱状态。一项针对 500 名青年男性和 450 名青年女性的测验显示，超过 25% 的男性会在四天内对某位女性产生强烈的爱意，仅有 15% 的女性会出现这样的情况。

在追求爱情的过程中，男性通常表现得更为大胆、主动，富有进攻性，有时甚至显得过于鲁莽；相比之下，女性则显得更为谨慎，甚至有时会表现出与内心真实想法相反的行为。在对待爱情的态度上，男性往往更加冲动，而女性更加注重现实。女性对婚姻、未来和经济问题更为关注。

在恋爱过程中，男性表达爱意的方式更加直接，而女性更倾向于通过适度的方式表达自己的感情，过于热烈的爱情反而会让她们产生顾虑。此外，女性在坠入爱河前往往比男性考虑得更多，但在坠入爱河后，女性却更容易相信对方。男性在选择礼物时更注重实用性，而女性更看重礼物背后的心意。

随着恋爱关系的不断深入，男性和女性在恋爱关系中的地位也会发生转变。在追求阶段，男性往往会十分重视女性，女性在恋爱关系中会处于主导地位；但恋爱关系发展到一定阶段后，男性可能会在恋爱关系中占据主导地位。在性方面，男性更容易产生性冲动并提出性要求；而女性则通常处于被动地位，并表现出对性要求的抗拒。

心理训练

解忧百宝箱

1．5～8人为一个小组，每个小组抽一张恋爱受挫情景卡，每人准备一张A4纸和一支笔。

2．根据情景卡上的内容，写下若自己是卡片中故事的主人公，自己会采用什么样的方式进行自我调节。写好后在组内进行讨论。

3．每个小组派一名代表发言，其他小组若有不同意见可以补充，有疑问的话也可以提问。

微课学习 性别角色

第三节 科学认识性

一、性心理的概念和构成

性心理是指人类伴随性特征、性欲、性行为而出现的心理活动。性心理主要由性认知、性情感和性意志力构成，它们共同决定着个体性心理的活动状态。

（一）性认知

性认知作为性心理的基础，涵盖了性意识、性知识和性经验三个方面。性意识是性心理的起点，涉及性别意识和性欲意识。个体性意识的发展经历了性别认同、性欲觉醒等阶段。性知识是指个体通过不同途径获得的与性相关的知识。个体对性知识的掌握程度会直接影响其性心理的健康水平，性知识的匮乏会阻碍个体性心理的形成与发展。性经验是指个体通过性活动获得的体验。

（二）性情感

性情感是指个体在性活动中形成的情绪体验。性情感可以是积极的，也可以是消极的。积极的性情感能够增强个体与伴侣之间的情感联系，促进双方的理解和信任，对个体产生正面的影响；消极的性情感会导致个体对性活动产生回避或抵触心理，影响性关系的稳定性与个体的自我价值感和人际关系，导致个体出现孤独感、抑郁情绪或社交障碍。

（三）性意志力

性意志力是指个体在性活动中所表现出的自觉控制和支配自己行为的能力。拥有性意志力是性心理成熟的重要标志之一。性意志力强的个体往往拥有较强的性自制力，能够抵抗性诱惑。性意志力较弱的人可能将一般人不易察觉的或忽视的性现象视为强烈的性刺激，出现难以抗拒的性兴奋，并无法控制自己，这会对个体的身心健康产生不利影响。

二、性心理的发展阶段

在有关性心理的理论中，弗洛伊德提出的理论很具有代表性。弗洛伊德认为，性本能冲动是一切心理活动的内驱力。当这种力量积累到一定程度时，个体会因为机体的紧张而寻求释放能量的途径。弗洛伊德指出，个体性心理的发展包括五个阶段，它们分别是口腔期、肛门期、性器期、潜伏期和生殖期。

（一）口腔期

口腔期主要出现于出生到 1.5 岁左右，是个体性心理发展的最初阶段。处于口腔期的个体会通过吮吸、咀嚼、吞咽等口腔活动获得满足感和快感。在这一阶段获得了满足感的个体在长大后能够形成良好的性格。如果这一阶段的需求没有得到满足，个体会在长大后形成不良性格，如过于悲观、过度依赖他人等。

（二）肛门期

肛门期主要出现于 1.5 ～ 3 岁。在这一阶段，个体会因为自己能掌控排便而感到自豪。个体在这一阶段并不觉得粪便肮脏。为了培养幼儿良好的卫生习惯，大多数父母会训练其大小便并制定相关规则。如果父母的要求与幼儿的控制能力相匹配，幼儿就会在长大后形成良好的习惯；如果父母的要求太过严苛，幼儿就会在长大后出现不良行为。

（三）性器期

性器期主要出现于 3 ～ 6 岁。在这个阶段，儿童开始对性别有了较为清晰的认识，能够理解男性和女性在生理上的差异，并意识到自己是男孩或女孩。他们通常会发展出恋母情结或恋父情结。

（四）潜伏期

潜伏期主要出现于 6 ～ 12 岁。处于这一阶段的个体往往更认可与其同性别的父母，并开始出现明显的男性化或女性化行为。在这一时期，个体开始与家庭以外的世界进行接触，并形成自己的社会关系。在这个阶段，个体的性欲进入休眠状态，个体

开始将注意力转向学习、游戏和社会交往。处于这一阶段的个体会因为自己做成了某件事情而感到自豪。

（五）生殖期

生殖期是指从青少年期到成年期这一阶段。随着生理发育的成熟，个体的兴趣重新转向异性。个体开始寻找合适的伴侣，并希望与其产生亲密关系。生殖期是个体人格发展的重要阶段。处于生殖期的个体会建立家庭、养育子女，其进取心和责任感会不断增强。

三、大学生性心理的特点

处于青年期的大学生的性心理具有一定的显著特征。由于大学生的受教育程度及所处的环境均有一定的特殊性，其性心理也具有特殊性。一般而言，大学生的性心理具有如下特点。

（一）关注生理发展

随着年龄的增长，大学生对自身的生理发展的关注度会显著提升。他们开始更加细致地审视自己的性生理功能和性特征，如生殖器官的发育、第二性征的显现等。同时，大学生也格外关注自己的外貌和身形，认为这些外在特征在吸引异性方面至关重要。大学生可能不自觉地与他人进行比较，以评估自己在异性眼中的吸引力。大学生如果发现自己的生理发展不尽如人意，比如身材不够理想、性功能存在问题等，就可能产生焦虑情绪。一些大学生会担心自己无法吸引异性，或者在恋爱和性关系中表现不佳，这些担忧和困扰会对他们的自信心、自尊心和社交能力产生负面影响。

（二）男生和女生性心理差异明显

对于处于青年期的大学生而言，男生和女生的性心理差异明显。男生和女生在性认知、性需求和性观念上可能有所不同。男生在两性关系上往往表现得更为主动，在异性面前，其感情是外露且热烈的。女生则往往表现得含蓄和深沉。女生性成熟的时间早于男生，女生性意识的产生时间也早于男生。在与异性交往的过程中，女生更注重内心的情感体验。

（三）性心理存在矛盾性

大学生的性心理存在矛盾性。大学生的生理和心理都在经历着显著的变化。一方面，随着身体的成熟，大学生对性的兴趣和需求日益增强，渴望与异性产生亲密关系。另一方面，受到社会文化背景、家庭教育等多种因素的影响，大学生在性观念和性行为上又常常受到束缚和限制。他们可能对自己的性欲望感到困惑和不安，担心自己的性行为不符合社会期望和道德规范，害怕受到他人的非议。

四、性心理问题的调适方法

科学地认识性对大学生的个人成长和心理健康有着重要的意义。一般而言，大学生性心理问题的调适方法包括以下几种。

（一）学习科学的性知识

大学生应当对性有科学的认识。首先，大学生可以参加学校开设的性教育课程，系统地学习性科学知识。其次，大学生可以利用互联网进行学习。目前，有很多权威的科普网站、公众号等提供了丰富的性健康教育资源，大学生可以根据自己的兴趣和需求进行学习。最后，大学生可以阅读一些专业的性教育书籍，从而树立正确的性观念。

（二）树立正确的性观念

大学生要树立正确的性观念。同学们可以从以下几个方面着手。

1．培养健康的性道德情感

在性观念的形成过程中，情感因素起着重要的作用。大学生应培养积极的性道德情感。在性关系中，双方应相互尊重，不侵犯对方的权益，理解对方的感受和需求。大学生应增强自身的责任感，对自己的行为负责，在性关系中积极承担自己的责任。

2．树立正确的道德观念

大学生应当增强性道德意志，在面对性诱惑和性冲动时保持理智。大学生应通过科学、合理的方式锻炼自己的意志力。例如，在面对性冲动时，大学生可以通过转移注意力、进行深呼吸等方法调整自己的情绪和状态。大学生还应拥有正确的道德观念，不受外界不良信息的影响和干扰。

3．树立正确的性价值观

大学生应树立正确的性价值观，将性视为一种自然、健康、美好的事物，而不将其视为低俗、淫秽或罪恶的代名词。大学生应当认识到，性行为是一种基于相互尊重、理解和信任的亲密行为。大学生应学会在恋爱中保持理性，不以随意的态度对待性。同时，大学生也应当尊重对方的意愿，并保护好自己，拒绝任何形式的性侵犯或性骚扰。

（三）积极寻求心理咨询

有性心理问题的大学生应当积极寻求心理咨询。大学生可以通过心理咨询更加深入地了解自己的性心理状况，认识到自己的需求和困扰所在。性心理问题往往伴随着强烈的情感困扰，如焦虑、抑郁、自卑等。心理咨询师可以为大学生提供一个安全、私密的倾诉环境，让大学生有机会释放内心的压力和痛苦。性心理问题如果得不到及时、有效的解决，可能进一步发展为心理疾病。

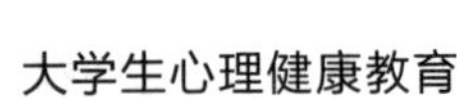

（四）培养健康的兴趣爱好

培养健康的兴趣爱好对于大学生性心理的调适具有重要意义。培养健康的兴趣爱好可以帮助大学生转移注意力，减少对性心理问题的过度关注。大学生可以多参与自己感兴趣的活动，多做一些对个人发展有益的事，从而减轻心理压力。此外，培养和发展健康的兴趣爱好有助于大学生提升自我价值感和自信心。其所带来的积极的心理体验有助于大学生更好地面对性心理问题，减少负性情绪，培养积极的心态和乐观精神。

微课学习 双性化

本章小结

1．恋爱心理一般是指个体在生理和心理发展到一定阶段的基础上，在特定的社会环境中表现出的与恋爱相关的心理现象的总和。

2．斯滕伯格根据爱情的三种构成要素的不同组合情况，将爱情分为了七种类型。它们分别是喜欢式爱情、迷恋式爱情、空洞式爱情、浪漫式爱情、伴侣式爱情、愚蠢式爱情和完美爱情。

3．性心理是指人类伴随性特征、性欲、性行为而出现的心理活动。性心理主要由性认知、性情感和性意志力构成，它们共同决定着个体性心理的活动状态。

4．个体性心理的发展包括五个阶段，它们分别是口腔期、肛门期、性器期、潜伏期、生殖期。

思考与练习

1. 常见的大学生恋爱心理问题有哪些？
2. 大学生性心理问题的调适方法包括哪些？
3. 大学生的性心理具有哪些特点？

心理测验

大学生恋爱观测试

本测试共包含18道题目，请在思考并弄清楚题意后选择符合自己内心真实想法的选项，每题只选一个答案。

题号	题目	选项	选择
1	在你的想象中，爱情________	A．具有令人神往的浪漫色彩 B．能满足自己的欲望 C．使人振奋、向上 D．是模糊的	
2	对于期望中的与恋人结识的方式，你________	A．希望两个人在工作和学习中逐渐产生爱情 B．希望两个人从小青梅竹马 C．希望与对方一见钟情 D．没有特定的想法	
3	（男生作答）你对未来妻子的主要要求是________	A．人们都称赞她的美貌 B．善于处理家庭事务 C．能听从自己的意见 D．能在多方面帮助自己	
4	（女生作答）你对未来丈夫的主要要求是________	A．有钱或有地位 B．为人正直、有事业心 C．没有不良嗜好、能关心自己 D．英俊、有风度	
5	你认为完美的伴侣应当________	A．门当户对 B．郎才女貌 C．心心相印 D．情投意合	
6	你认为巩固爱情最好的途径是____________	A．满足对方的物质需求 B．和对方说甜言蜜语 C．对对方言听计从 D．不断提升自我	
7	在下列关于爱情的表述中，你最喜欢的一句是____________	A．生命诚可贵，爱情价更高 B．爱情能够让双方共同进步 C．有福同享，有难同当 D．为了爱，我什么都愿意做	
8	在兴趣爱好方面，你认为____________	A．自己和伴侣的兴趣爱好应当完全一致 B．两个人的兴趣爱好可以不一致，但双方应当互相理解 C．伴侣应当为了自己培养和自己相同的爱好 D．双方应互不干涉	
9	下列说法中，你认为正确的是____________	A．应当尽可能避免在恋爱中与对方发生争执 B．如果和对方出现矛盾，只能自认倒霉 C．如果和对方出现矛盾，要想办法分手 D．应当把恋爱中出现的矛盾视作对爱情的考验	
10	下列说法中，你认为正确的是____________	A．另一半存在什么样的缺点对我来说无所谓 B．另一半不应当有缺点，否则自己会嫌弃对方 C．另一半的缺点会让自己的内心感到十分痛苦 D．如果发现另一半有缺点，应当帮助对方改正	

续表

题号	题目	选项	选择
11	下列说法中，你最认同的是＿＿＿＿＿＿	A．自己之所以希望建立家庭，是因为这样就能和自己的爱人天天在一起 B．家庭是自己的人生归宿 C．自己之所以希望建立家庭，是因为有了家庭，才能享天伦之乐 D．拥有家庭能激励自己追求更好的生活	
12	如果你有一位异性朋友，你会＿＿＿＿＿＿	A．告诉自己的另一半，在对方同意的基础上与异性朋友正常交往 B．告诉自己的另一半，但不允许其干涉自己与异性朋友交往 C．不告诉自己的另一半 D．根据另一半的接纳程度来决定是否告诉对方	
13	如果有一位异性比自己的恋人条件更好，且对自己有好感，你会＿＿＿＿＿＿	A．讨好对方，并想办法接近对方 B．和对方正常交往，并向对方说明自己的实际情况 C．对对方态度冷淡 D．任由双方的关系发展	
14	如果你迟迟找不到理想中的恋人，你会＿＿＿＿＿＿	A．反省自己的择偶标准是否出现了问题 B．一如既往地做自己 C．对爱情心灰意冷，甚至感到绝望 D．随便找一个人作为自己的伴侣	
15	当你所爱的人不爱你时，你会＿＿＿＿＿＿	A．选择潇洒地放手 B．报复对方，损害对方的名誉 C．千方百计地缠住对方 D．恳请对方接纳自己	
16	如果你的恋人不爱你了，你会＿＿＿＿＿＿	A．报复对方 B．将对方的缺点告诉他人 C．无奈接受 D．吸取教训	
17	如果你发现你的恋人另有所爱，你会＿＿＿＿＿＿	A．想办法更好地对待对方，请对方不要和自己分手 B．想办法破坏他们的关系 C．主动和恋人沟通 D．主动和恋人分手	
18	你认为理想中的婚礼＿＿＿＿＿＿	A．能给自己留下美好的回忆 B．必须是有排场的，不能被他人嘲笑 C．应当是热闹非凡、被他人羡慕的 D．只有双方和双方的父母参与	

评分规则：

第 1 题：选 A 得 2 分，选 B 得 1 分，选 C 得 3 分，选 D 得 0 分。
第 2 题：选 A 得 3 分，选 B 得 2 分，选 C 得 1 分，选 D 得 1 分。
第 3 题：选 A 得 1 分，选 B 得 2 分，选 C 得 1 分，选 D 得 3 分。
第 4 题：选 A 得 0 分，选 B 得 3 分，选 C 得 2 分，选 D 得 1 分。
第 5 题：选 A 得 1 分，选 B 得 1 分，选 C 得 3 分，选 D 得 2 分。
第 6 题：选 A 得 1 分，选 B 得 0 分，选 C 得 2 分，选 D 得 3 分。
第 7 题：选 A 得 2 分，选 B 得 3 分，选 C 得 2 分，选 D 得 1 分。
第 8 题：选 A 得 1 分，选 B 得 3 分，选 C 得 1 分，选 D 得 2 分。
第 9 题：选 A 得 1 分，选 B 得 2 分，选 C 得 0 分，选 D 得 3 分。
第 10 题：选 A 得 1 分，选 B 得 0 分，选 C 得 2 分，选 D 得 3 分。
第 11 题：选 A 得 2 分，选 B 得 1 分，选 C 得 1 分，选 D 得 3 分。
第 12 题：选 A 得 3 分，选 B 得 2 分，选 C 得 1 分，选 D 得 1 分。
第 13 题：选 A 得 0 分，选 B 得 3 分，选 C 得 2 分，选 D 得 1 分。
第 14 题：选 A 得 3 分，选 B 得 1 分，选 C 得 0 分，选 D 得 1 分。
第 15 题：选 A 得 3 分，选 B 得 0 分，选 C 得 1 分，选 D 得 1 分。
第 16 题：选 A 得 0 分，选 B 得 1 分，选 C 得 2 分，选 D 得 3 分。
第 17 题：选 A 得 1 分，选 B 得 0 分，选 C 得 3 分，选 D 得 2 分。
第 18 题：选 A 得 3 分，选 B 得 0 分，选 C 得 2 分，选 D 得 1 分。

将所有题目的得分相加，即可得到总分。

总分大于 46 分：有正确的恋爱观。

总分为 42 ~ 46 分：有较为正确的恋爱观。

总分小于 42 分：恋爱观需要调整。

第八章 大学生情绪管理

知识目标

1．了解情绪的概念、情绪的分类以及情绪健康的标准；

2．了解大学生常见的情绪困扰。

能力目标

1．培养对自身及他人情绪的察觉能力；

2．学会有效管理情绪的策略，掌握培养积极情绪的途径。

素质目标

培养积极乐观的人生态度和同理心。

思政目标

树立理性、平和的心态，在情绪管理中能够考虑他人的感受，为构建和谐社会贡献力量。

假如生活欺骗了你，
不要悲伤，不要心急！
忧郁的日子里需要镇静：
相信吧，快乐的日子将会来临。

——俄国诗人　普希金

案例导入

从小，我就比较敏感、内向，总是很在意别人的眼光和看法。上大学后，我依旧把学习成绩看得很重，我认为取得好成绩是证明自己的唯一途径。在一次重要的专业考试中，我由于过度紧张而发挥失常，导致成绩很不理想。这一结果让我陷入了极度的沮丧和自我怀疑之中，我情绪非常低落，甚至对后续的学习失去了信心。

所幸室友们发现了我的聊天，主动和我聊天，倾听我的心事并给予我理解和支持。室友们鼓励我将这次考试失利视为一段宝贵的经历并从中吸取教训，而不要将其视为失败的终点，同时建议我寻求专业心理老师的帮助。我鼓起勇气预约了心理咨询。咨询师陪我耐心地分析了考试失利的原因，并提供了一些应对压力和调整情绪的方法，帮助我制订了合理的学习计划，鼓励我逐步提升自己的学习能力。在之后的日子里，我积极调整自己的心态，每天都会进行适量的运动，如跑步、打羽毛球，通过运动来释放压力和不良情绪。每当感到焦虑时，我会选择听一些舒缓的音乐，让自己的心情平静下来。此外，我还养成了写日记的习惯，将自己的情绪和想法记录下来，以便更好地了解自己的内心状态。经过一段时间的努力，我慢慢走出了情绪的低谷，重新找回了学习的热情和信心，也明白了情绪管理的重要性，学会了以积极的心态面对挫折和困难。

因为这件事，我发现室友们是非常可爱友善的，我们逐渐成为亲密的朋友，我也在大学里收获了宝贵的友谊。

思考： 1．大学生情绪健康的标准有哪些？

2．大学生普遍面临哪些情绪困扰？

3．大学生可以通过哪些策略来排解不良情绪？培养积极情绪的方法有哪些？

第一节　认识情绪

在日常生活中，我们参加考试时会感到紧张，与他人争执时会觉得愤怒，欣赏喜剧时会感到开心，这些都是我们与生俱来的情绪反应。拥有健康、积极的情绪是正常生活和学习的基础，大学生需要了解自己的情绪，并掌握调节不良情绪的方法。

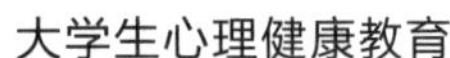

一、情绪的概念

想象这样一幅画面：一波波海浪拍打着海岸，冲击着岸边的岩石，时间一分一秒地走过，海岸线不断地延伸，浪花渐渐地隐藏在风中……情绪就犹如大海一样，有时候埋得很深，可能察觉不到任何变化；有时候变得很快，一瞬间吞没所有。个体所做的事情似乎都和当下的情绪密切联系，有些事情做得看似没有缘由，内心却总是有个话音不断地推动着个体向某个方向前进，这就是情绪的力量。

情绪是一种复杂的心理和生理状态，涉及一系列主观认知经验，是人对客观事物的态度体验及相应的行为反应。情绪以个体的愿望和需求为中介，是心理活动的一种表现形式。对于“情绪”的确切含义，心理学家和哲学家已经辩论了一百多年，给情绪下了二十多种定义。尽管这些定义各不相同，但都聚焦于以下三点：

（1）情绪涉及身体的变化；

（2）情绪涉及有意识的体验；

（3）情绪包含了认知的成分。

情绪构成理论认为，在情绪发生的时候，以下五个基本元素必须在短时间内协调、同步地进行。

（1）认知评估：注意到外界发生的事件（或人物），认知系统自动评估这件事的感情色彩，从而触发接下来的情绪反应。例如，看到心爱的宠物死亡，主人的认知系统把这件事评估为对自身有重要意义的负面事件。

（2）身体反应：情绪的生理构成，身体自动反应使个体适应外界的突发状况。例如，意识到死亡无法挽回，宠物的主人神经系统觉醒度降低，全身乏力，心跳频率变慢。

（3）感受：人们体验到的主观感情。例如，在宠物死亡后，宠物主人的身体和心理产生一系列反应，主观意识察觉到这些变化，把这些反应统称为“悲伤”。

（4）表达：面部和声音变化表现出的这个人的情绪，这是为了向周围的人传达情绪主体对所发生事件的看法和其行动意向。例如，看到宠物死亡，宠物主人紧皱眉头，嘴角向下，开始哭泣。对情绪的表达既有人类共通的成分，也有各地独有的成分。

（5）行动的倾向：情绪促使人产生的动机。例如，人在悲伤的时候希望找人倾诉，愤怒的时候可能会做一些平时不会做的事。

二、情绪的分类

人类的基本情绪包括愤怒、厌恶、恐惧、快乐、悲伤和惊奇，这六种情绪都有着各自的表现形式。情绪就像“神奇果”，它可以使人精神焕发、干劲倍增，也可以使人无精打采、萎靡不振；它可以使人头脑清醒、冷静处理各种事务，也可以使人暴躁焦虑、在冲动中作出蠢事；它可以使人安详从容、坦然自若，也可以使人紧张慌乱、惴惴不安……

情绪其实是一个“信使”，本身无好坏之分，每种情绪都有其存在的意义与价值。

它们会向我们传递一些潜在发生的重要信息，告诉我们当下有哪些信息值得注意，需要采取什么行为来获得希望的结果。一般地，根据情绪对人们造成的不同影响或导致的不同结果，心理学家将对人的行为起促进作用、能给人带来愉悦感受的情绪称为积极情绪，将对人的行为具有负面作用、可能引发个体不适或压力的情绪称为消极情绪。

（一）积极情绪

积极情绪是与接近行为相伴随产生的情绪，是当事情进展顺利时产生的好的感受，包括快乐、感兴趣、满足和爱等。积极情绪有三个重要的适应功能：支持应对、缓解压力、恢复因压力而消耗的能量。

（二）消极情绪

消极情绪是与回避行为相伴随产生的情绪，往往由负性生活事件引发，如痛苦、悲伤、愤怒、恐惧等。适度的消极情绪是有益的，过于强烈和持久的消极情绪则对人的健康和社会适应能力有害。

心理学相关研究表明，积极情绪与消极情绪之间最佳配比的临界点是 3∶1。这提示我们，管理情绪并非要消灭情绪，而是要疏导情绪。良好的情绪管理要接纳并允许消极情绪的存在，当我们体验到的积极情绪是消极情绪的三倍以上的时候，才能最大程度地提升幸福感，拥有战胜困难的勇气，更加积极地面对生活。

三、情绪健康的标准

稳定、健康的情绪是个体成长发展过程中的重要因素，也是大学生心理健康需要关注的方面。美国密歇根大学心理学家南迪·内森的一项研究发现，一般情况下，人的一生平均有 30% 的时间处于情绪不佳的状态。哈佛大学针对 1600 名心脏病患者的调查发现，他们中经常处于焦虑、抑郁状态的人和脾气暴躁者的比例比普通人多三倍。可见，情绪与我们的身心健康息息相关。衡量情绪是否健康的标准主要有以下几个。

（一）情出有因

情出有因是指情绪、情感的产生与发展由一定的原因引起。例如，欢乐的情绪由可喜的事件引起，悲哀的情绪由不幸的事件引起，沮丧的情绪由挫折引起等。无缘无故的喜、怒、哀、乐，莫名其妙的悲伤、恐惧，就不是情绪健康的表现。

（二）表现恰当

表现恰当是指一定的刺激引起一定的情绪反应，反应与刺激相互吻合。例如，因成功而喜悦，因失败而痛苦，该高兴就高兴，该悲伤就悲伤。如果失去亲人还哈哈大笑，或者遇到挫折反而高兴，受到尊敬反而愤怒，则是情绪不健康的表现。

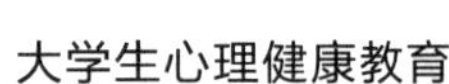

（三）反应适度

反应适度是指情绪表现的持续时间和强烈程度比较适当，不会无休无止、没完没了，也不会过分强烈或过于冷漠。一般而言，刺激强度越大，情绪反应就会越强烈；反之则情绪反应越弱。如果微弱的刺激引起强烈的情绪反应，则是情绪不健康的表现。

（四）情绪稳定

情绪稳定是指个体的中枢神经系统活动处于相对平衡的状态，反映了中枢神经系统活动的协调。一般来说，情绪反应开始时比较强烈，随着时间的推移，反应会逐渐减弱。如果反应时强时弱、变化莫测，经常处于不稳定的状态，则是情绪不健康的表现。

（五）心情愉快

心情愉快是指以愉快的心境为主，积极情绪多于消极情绪。如果一个人经常情绪低落，愁眉苦脸，心情郁闷，则是情绪不健康的表现。

（六）能自我控制

健康的情绪是受自我调节和控制的。情绪健康的人，应是情绪的主人，可把消极的情绪转化为积极的情绪，也可把亢奋转化为冷静。

四、大学生的情绪特点

告别了高中单调枯燥的学习生活，接触到更为广阔的天地，新的环境和人际关系使大学生有了更加丰富且强烈的情绪体验。大学生的文化水平、生理发展特点、社会角色等因素使其情绪有着不同于其他年龄阶段的特点。

（一）丰富性与复杂性

大学生情绪的丰富性来源于他们对物质世界和精神世界需求的多样性。大学生的生理日渐成熟，又处于埃里克森的人格发展阶段理论中“自我同一性”和“亲密对孤独”的阶段，生活环境比高中阶段更丰富，自我意识也不断增强，对自身的性格、能力素质、道德文化等方面有了更深入的认识，同时对自身的知识积累、社会交往和发展等提出了更高的要求。他们时常会面临人际交往、职业规划、恋爱情感等问题。这些使得大学生在情感体验上呈现出丰富多彩的特征。与此同时，大学生丰富的情感呈现出外显和封闭、理智和冲动等矛盾性的特征。他们可能时而喜怒哀乐溢于言表，时而采用文饰、反向的办法来掩饰内心的真情实感，情绪呈现出复杂性的特征。

（二）波动性与两极性

大学生的情绪活动有一个突出的特征：对某些事物的情绪体验特别迅速、强烈。他们的心理发展正处于从不成熟向成熟过渡的时期，内心往往会产生各种矛盾或冲

突，如独立与依赖、自尊与自卑等，这些矛盾和冲突常会打破他们的心理平衡状态，引起情绪的波动起伏。与此同时，大学生的情绪来得快，平息得也快。由于他们阅历尚浅，生活经验不足，缺少经受挫折的生活体验，因此他们很容易感动、振奋、情感爆发，而一旦受挫，则会无比烦恼、苦闷，甚至绝望，还容易产生破坏性的行为。

这种情绪上的两极性，也和大学生的认知发展和社会化程度有关。大学生虽然已经成年，但他们缺乏社会生活经验，成长经历主要围绕着学校，以学习为主，人际关系主要是同学关系和师生关系，相对单纯。因此，他们在认知和社会化程度方面还有待继续发展。不少大学生在认知方面依然存在非黑即白的思维方式。比如，一次面试没有过，就认为自己糟透了。这种两极化的思维必然导致两极化的情绪反应。

（三）外显性与内隐性

大学生对外界刺激比较敏感、反应迅速，喜、怒、哀、惧常形于色。比起成年人，他们较为外露和直接；但比起中小学生，由于自制力逐渐增强，以及思维的独立性和自尊心的发展，他们情绪的外在表现和内心体验并不总是一致的，他们开始学会文饰、隐藏或抑制自己的真实情感，表现出内隐、含蓄的特点。另外，随着大学生社会化的逐渐完成与心理逐渐成熟，他们逐渐能够根据特有条件、规范或目标来表达自己的情绪，使得自己的外在表现与内在感受呈现出不一致性。

（四）冲动性与理智性

处于青年时期的大学生自尊心强且十分敏感，再加上性生理的成熟导致其性激素分泌旺盛，下丘脑的兴奋性也有所提高，当遇到自己无法接受和处理的紧急或者突发事件时，这些特征会表现得更为明显，因此，他们容易莽撞行事。心理学家常用"急风暴雨"来比喻这种冲动性的情绪特征。这种冲动性的情绪在群体中往往会变得更激烈。同时，由于自我意识的发展与成熟，大学生的理智感也随之增强。因此，他们具有一定的自我控制情绪情感的能力，能够对强烈的情绪情感反应进行调适，也表现出一定的理智性。

（五）阶段性

大学四年，不同年级的大学生面临的主要任务不同，他们的主要情绪也会在各个年级有阶段性区别。比如，大一新生入校，会对大学校园和大学生活感到陌生，充满好奇和美好想象，同时，也有部分学生因背井离乡，对父母和家乡充满思念之情。在这种环境的变化下，大一学生会产生兴奋、失落的交替情绪，部分学生会出现适应困难。经过一年的学习、生活适应期，大二学生基本适应了大学的学习生活，他们会在大学生活的各个方面得到相应的历练，情绪情感发展日益成熟，整个情绪状态较为平稳。到了大三或大四的时候，因存在找工作、考研或出国等多种人生选择，不少大学生会出现迷茫和焦虑的情绪。可见，大学生的情绪情感发展呈现明显的阶段性特征。

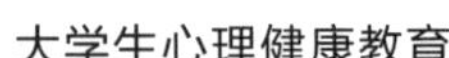

心理训练

情绪猜猜猜

1．教师课前准备好5张写着不同情绪的卡片。

2．上课时，请10名学生到讲台上，两两结组。每组中一人根据教师发的卡片，用肢体语言和表情向队友表达该情绪，另一人根据队友的表演，说出是什么情绪。其他学生也同步进行分析和判断，最终表演者公布答案。

3．所有学生分享活动感受。

4．教师总结：

（1）情绪是可以识别和表达的，但是，准确表达和识别复杂的情绪并不容易。

（2）在人际交往中，准确、恰当地表达自己的情绪，以及允许自己和别人表达情绪十分重要。

（3）保持积极情绪，合理调节、疏导消极情绪，有利于大学生身心健康发展。

第二节 大学生常见情绪困扰及情绪管理策略

说到不良情绪，很多人感触颇深。为了帮助同学们加深对自己心理健康状态的认识，下面将介绍大学生常见情绪困扰及情绪管理策略。

一、大学生常见情绪困扰

（一）抑郁

抑郁是指当人们无力应对外部压力时产生的一种过度忧愁和伤感的情绪反应。当人们遇到挫折时，产生抑郁情绪是正常的情绪反应，但是，若抑郁情绪长期得不到调节，不断加强和持续就会发展成抑郁障碍。

抑郁情绪是大学生群体中一种比较普遍的不良情绪表现。较轻的抑郁情绪仅表现为对以前感兴趣的事物缺少兴趣，不愿和人来往，但外观上对人的态度变化不明显。严重的抑郁情绪则会使个体出现苦闷、悲伤、面带愁容、行动减少等症状。大学生有抑郁情绪时，生理上通常会出现疲惫感、食欲减退、体重下降、记忆力差、失眠、多梦等情况；在情绪上通常表现为忧愁、伤感、心情压抑和苦闷；在认知上通常表现出自我评价过低、逃避校园的各种活动、对事物的兴趣减退；在学习上通常表现出缺少信心及主动性、成绩下降等。大学生的抑郁情绪反应一般都有明显的诱发因素，如失恋、考试失利、与他人发生矛盾冲突等，这些均可能引发大学生的

抑郁情绪反应。

（二）焦虑

焦虑是指当人们面对可能引发某种挫折、危险或心理冲突的事物或情境时产生的一种紧张不安并带有恐惧性的情绪体验。当处于心理压力状态或受到刺激时，人们一般都会出现焦虑情绪。焦虑情绪可能突然产生，也可能缓慢产生。当产生焦虑情绪时，个体一般会有说不出的紧张、不安等不适感。适度的焦虑可使个体进入紧张激动的状态，使其注意力、思考力、反应能力和适应能力得到增强，活动效率得到提高，具有积极意义。过度焦虑则是一种负性情绪，主要表现为经常紧张不安、忧心忡忡、焦急烦躁、情绪易激动、注意力难集中、记忆力下降等。

大学生过度焦虑的原因是多方面的，例如，因生活环境改变引起的适应焦虑，参加重要考试之前出现的考试焦虑，因身体出现不良状况引起的健康焦虑，因求职择业所产生的就业焦虑等。过度焦虑会影响大学生的正常学习和生活，对身心健康无益，严重者可能会发展成焦虑障碍。所以，大学生要学会自我心理调适，防止焦虑情绪的长期困扰，尤其要设法消除过度焦虑。

（三）愤怒

愤怒是指当愿望不能实现或正常行动受到挫折时产生的一种紧张、不愉快的情绪。愤怒情绪是人类的基本情绪之一，被看作一种原始的情绪，它在动物身上是与求生、争夺食物和配偶等行为相联系的。

大学生正处于青少年阶段，年轻气盛、容易发怒是大学生常见的消极情绪。大学生产生愤怒情绪往往与遇到和愿望相违背的事情，屡次受到挫折等有关。有的大学生因一句不顺耳的话、一件不顺心的事就激动得暴跳如雷，或出口伤人，或拳脚相加，盛怒过后，却后悔不迭。愤怒对个体的身心健康有明显的不良影响。当人愤怒时，会心跳加速、心律失常，严重时可导致心脏停搏甚至猝死，由愤怒导致心悸、失眠、高血压、胃溃疡甚至心脏病的也不在少数。此外，愤怒很可能使人丧失理智、思维阻塞，从而产生损物、伤人，甚至犯罪等不理智行为。

（四）嫉妒

嫉妒是指当个体在与他人进行比较时，发现自己在意的方面“不如他人”而产生的一种复合情绪，通常有悲哀、羞愧、愤怒、怨恨、猜疑等一系列消极情绪体验。嫉妒往往带有指向性和发泄性。嫉妒往往是当个体将自己与周围和自己差不多的人进行比较时，由于别人优于或超过自己而产生的一种扭曲的心态和行为。大学生年纪相仿，资历相似，各方面的条件大多相似，因此比较容易产生嫉妒情绪。

嫉妒情绪不仅会使个体自己痛苦，还有害于他人。首先，嫉妒心强的人容易发生身心疾病，进而加剧消极的身心体验，产生如忧愁、悲观、怀疑、痛苦和自卑等消极情绪。这些消极情绪若不断累积，便会形成恶性循环，严重损害个体的身心健康。其

次，嫉妒心强的人看到他人取得成绩时往往会心情不舒畅，想方设法攻击、贬低他人以提高自己，这样做会耗费自己的时间和精力，无法专心读书学习，从而耽误学业。再次，当嫉妒情绪发展到极端时，仅仅采取口头上轻度的攻击已不能消除嫉妒者心中的怨恨，他们还可能会不择手段使对方受到一定的直接伤害，以求得自己的心理平衡，情节严重的可能会导致犯罪。最后，嫉妒心强的人往往通过发泄自己的不满情绪来达到心理平衡，这必然会影响其人际关系，导致产生人际交往心理障碍，限制交往范围，压抑交往热情，甚至反友为敌。

（五）孤独

孤独是指当个体的交往动机、合群需求未得到满足时产生的一种内心情绪体验。孤独情绪与我们平常所讲的孤寂、孤单等不同，它往往伴随有忧虑和愁苦。有孤独情绪的个体常有凄凉无助、举目无亲、形单影只的感觉。大学生的孤独情绪往往源于意识到自己失去了与其他人或团体打成一片、融为一体的能力，认识到各种可能的有利机会已丧失殆尽，或认识到自己无法酬报或接受他人的帮助，从而感到内心空虚或精神无助。

大学生正处于生命力最旺盛的阶段，这也是其人生中一个重要的转折阶段，他们的独立性和个性不断增强，开始自主作出更多的决定。这种转变可能会带来许多新的可能和机会，但也可能带来风险，在新的环境中他们就可能产生孤独情绪。严重的孤独情绪对身心健康不利。诸多研究发现，孤独与全因死亡率的增加，以及抑郁症、自杀风险、某些代谢疾病、心血管疾病的发病率提高均有关联。

二、大学生情绪管理策略

情绪管理是指个体对情绪进行控制和调节，即通过一定的策略，使情绪在生理活动、主观体验和表情行为等方面发生一定变化，以建立和维护良好的情绪状态。有效的情绪管理是对强烈感受和过高生理唤醒情绪的削弱、掩盖过程，也是对较低强度情绪的维持和增强过程。有效的情绪管理能使个体在大部分时间内保持良好心境，是健康的“护航者”，是智力活动的“激发器”，是良好人际关系的“润滑剂”，是良好性格的“塑造者”。

情绪管理有很多方法和技巧，这里我们重点介绍认知调节法和行为调节法。

（一）认知调节法

人的情绪变化是由认知评价引起的，虽然在情绪状态下产生的生理、心理变化和行为有时是个体无法控制的，但个体的认知评价是可以改变的，所以个体可以通过调整认知来管理情绪。

20 世纪 50 年代美国心理学家埃利斯创建了“情绪 ABC 理论”。该理论认为，人们的情绪及行为反应与人们对事物的想法、看法有关，在这些想法和看法背后，有着

人们对一类事物的共同看法，这就是信念。合理的信念会引起人们对事物适当的、适度的情绪反应；而不合理的信念则相反，会导致不适当的情绪和行为反应。当人们坚持某些不合理的信念、长期处于不良的情绪状态时，最终可能产生情绪障碍。埃利斯通过临床观察，总结出日常生活中常见的带来情绪困扰的十一类不合理信念，分别为：

（1）一个人应该被周围人喜欢和称赞，尤其是生活中的重要他人；

（2）一个人必须能力十足，各方面都有成就，这样才有价值；

（3）那些邪恶可憎的人都应该受到责骂和惩罚；

（4）遇到不如意的事情是很可怕的，也是很悲惨的；

（5）个人不幸福、不快乐是外在因素导致的，个人无法控制；

（6）我们必须非常关心危险、可怕的事情，而且必须时时刻刻警惕，以防它们再次发生；

（7）面对困难和责任很辛苦，倒不如逃避，这样更省事；

（8）一个人应该依靠他人，而且需要找一个比自己强的人来依靠；

（9）过去的经历决定了现在，而现在是永远无法改变的；

（10）我们应该关心每个人的问题，也要为他人的问题感到悲伤难过；

（11）人生中的每个问题都有一个正确而完美的答案，一旦得不到答案，就会很痛苦。

其实，完整的认知调节法由六个部分组成，它们分别是：

A：Activating Events，指发生的事件；

B：Beliefs，指人们对事件所持的观念或信念；

C：Emotional and Behavioral Consequences，指观念或信念所引起的情绪及行为后果；

D：Disputing Irrational Beliefs，指劝导干预；

E：Effect，指治疗或咨询效果；

F：New Feeling，指治疗或咨询后的新感觉。

人们为什么会产生消极的、不愉快的情绪体验呢？我们常常认为"罪魁祸首"是外界的负性事件，但埃利斯认为事件本身并非引起情绪反应或行为后果的直接因素，而人们对事件的不合理信念才是真正的原因。因此，要改善人们的不良情绪及行为，就要对非理性信念进行劝导和干预，并代之以理性的信念。等到劝导干预产生效果，人们就会产生积极的情绪及行为，心理困扰会消除或减弱，进而就会产生愉悦、充实的情感体验。

大学生不良情绪的产生，往往是由于遭遇负性情绪影响或遭遇超出自身资源负担的生活事件，以及对新情境的认知评价存在偏差。因此，要想有效管理不良情绪，根源上要调整自己的认知。

第一，找出使自己产生异常的紧张情绪的诱发事件，如当众讲话、参加考试等。

第二，分析挖掘自己对诱发事件的解释、评价和看法，即由诱发事件引起的信念，从理性的角度审视这些信念，并且分析这些信念与所产生的紧张情绪之间的关系，从而认识到异常的紧张情绪之所以发生，是由于自身存在不合理的信念。这种失之偏颇的思维方式，个体应当承担起责任，并进行必要的调整。

第三，扩展自己的思维角度，与自身不合理信念进行辩论，动摇并最终放弃不合理信念，学会用合理的思维方式代替不合理的思维方式。个体可以通过与他人讨论或实际验证的方法来帮助自己转变思维方式。

第四，随着不合理信念的消除，异常的紧张情绪开始减少或消除，同时产生更为合理的、积极的情绪和行为方式。行为所带来的积极效果，又促使个体巩固合理的信念，深刻体会积极情绪所带来的轻松愉快感。最后，个体通过情绪与行为的成功转变，从根本上建立起合理的思维方式，不再受异常紧张情绪的困扰。

处于成年早期的大学生，很多时候太过于关注外界的评价和眼光，总是担心自己这里或者那里做得不够好。大学生应学会自我接纳、善待自己、安抚自己，这样才能更好地处理消极情绪。大学生应记住：每一个时刻的自己都是最好的自己，不必对过去的自己苛责，也不必为未来的自己焦虑，最重要的是关注当下。

（二）行为调节法

常用的行为调节法主要有以下几种。

1．用语言正确表达情绪

用语言把自己内心的感受说出来，不仅有助于与他人沟通，同时也会促进个体理解和悦纳自己。同时，表达情绪可以缓解压力，有利于身心健康。

个体在用语言表达情绪时，需注意以下几点：

首先，要根据个体自身的气质、性格等选择合适的情绪表达的方式与强度。

其次，须考虑时间因素，不分时间、地点肆意表达自己的情绪是不成熟的表现。有时我们要及时表达情绪体验，有时则需要延时表达情绪体验。一般来说，对于高兴、钦佩等积极情绪，应及时表达；而对于愤怒、仇恨、烦躁、厌恶等消极情绪则要延时表达。

再次，须考虑情境因素，表达要看场合，要注意别人在特定场合下看到某种情绪表现后的内心感受情况。

最后，情绪表达不能出格，要分轻重缓急。具体而言，情绪反应的程度一般与引起该情绪反应的刺激情境相符合，即大刺激大反应，小刺激小反应；同时，情绪反应持续的时间一般与反应的强度相适应。

2．用积极行动转移不良情绪

当产生不良情绪时，个体可以把注意力从引起不良情绪反应的刺激情境转移到其他事物上，或去从事其他活动。根据转移的方向，用行动转移不良情绪可以分为两类：一是消极的转移，即情绪不佳时，转而去吸烟、酗酒、赌博、自暴自弃等，这是大学生应该避免的情绪转移方向；二是积极的转移，即把时间、精力从引发消极情绪体验的事件转向有利于个体获得幸福及未来发展的事件，如勤奋学习、外出旅游、进行体

育运动、听音乐等。积极的转移一方面中止了不良刺激源的作用，可有效防止不良情绪的泛化、蔓延；另一方面，通过参与新的活动，特别是个体感兴趣的活动，个体的积极情绪体验可以得到增进。这是大学生调节情绪时应该努力的方向。

3．用放松训练调适不良情绪

放松训练通常是指在一个安静的环境中，个体按一定的要求去完成特定的动作程序，通过反复练习，学会有意识地控制自身的心理、生理活动，从而降低机体的唤醒水平，达到缓解不良情绪的效果。大学生可以通过学习一些放松训练技巧来加强自我保健。常用的放松训练技巧有呼吸放松、想象放松、肌肉放松等。

4．用幽默缓和不良情绪

英籍美国社会心理学家麦独孤认为，幽默是人的本能，是一种心理防御机制。所以，培养幽默感对于缓解紧张情绪，增加生活的愉快体验具有重要意义。每个人都会不可避免地经历喜、怒、哀、乐等生活体验，若在困难或尴尬的境地能以幽默化解，就会使自己免于不良情绪的状态，把紧张的情绪变得轻松，使窘迫感在笑语中消散。学会幽默可以减轻心理上的挫败感，使自己以新的角度看待生活，对抗沮丧、失意，培养健康向上的积极情绪。

5．积极寻求社会支持

积极寻求社会支持主要有倾诉和寻求专业心理辅导两种方式。

（1）倾诉

当个体处于不良情绪状态时，烦恼闷在心里，只会令自己抑郁苦闷，有损于身体健康。个体如果把内心的烦恼向他人倾诉，得到劝告和抚慰，则有助于宣泄负能量，满足心灵慰藉的需要。心理学家研究表明，倾诉有助于个体保持健康的心态。把负面感受说出来，可以减弱个体产生恐惧、惊慌等强烈情感时大脑组织的反应，还能激活控制情绪冲动的大脑区域，有助于减轻悲伤和愤怒。

（2）寻求专业心理辅导

有时人们在产生不良情绪时更需要专业人员（如心理咨询师）的帮助和支持。专业人员能够引导个体以合理的和无偏见的方式梳理情绪，防止长期的不良情绪给身心造成伤害。当个体感受到自我调节不良情绪存在困难时，不妨尝试向学校心理健康咨询中心寻求专业帮助。

微课学习 反刍思维

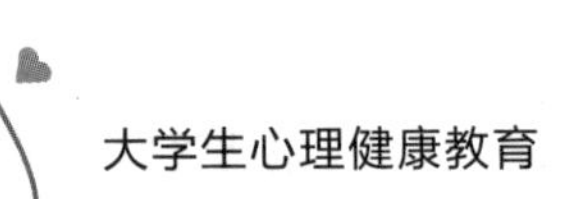

第三节 培养积极情绪

现代脑科学理论认为，大脑物质组织的生物化学变化是个体产生行为、情绪和认知方面变化的物质基础；反过来，个体精神的变化也可以导致大脑的物质组织发生变化，即外界心理刺激可以改变大脑的物质组织。这一结论意味着，如果个体总能给予自己积极的心理刺激，大脑的物质组织就会朝好的方向发展。所以，人的积极情绪体验能力与其他心理能力一样，是可以在遗传素质的基础上，通过后天环境、教育的影响形成并不断提升的。

那么，如何培养积极情绪呢？我们可以从以下几个方面去努力。

一、真诚地生活，让自己“慢下来”

当代生活的节奏不断加快，很多人不断地关注外界，却忽略了自己的内心。随着时间的推移，这种情况会逐渐麻痹人们的心。为了培养积极情绪，我们需要让自己“慢下来”，带着一种真诚的态度用心去看、去听和去感受身边的人和事。慢是一种生活方式，就像午后的暖阳，悠然而散漫；慢也是一种人生态度，就像山涧的溪水，静静流淌；慢还是一种内在的心境，就像湖水如明镜，倒映彩云，波澜不惊。未来长长的路我们慢慢地走，这种减慢的速度会让我们由衷地、深切地感受积极情绪。

二、寻找生命的意义

培养积极情绪的关键不在于个体喊什么口号，而在于个体的思维方式和实际行动。个体的思维方式决定了个体会从当前的生活和境况中找到怎样的意义；个体的积极行动能够让个体坚持去做真正想做的、有意义的事情，并从中体验到成就感、自豪感、幸福感和满足感。人们需要去做自己想做的、有意义的事情，这些事能充分滋养人的心灵，激起人们内心深处的渴望和热情，让人们真正感受到生命的意义。

三、品味并记录生活

品味生活需要人们放慢脚步，并有意识地去关注生活中的点滴。这就像用心准备一顿美餐，从感受新鲜蔬菜和调料的香气，到沉醉于调配佐料所带来的成就感。当人们完全沉浸在与朋友或家人一起分享自己杰作的喜悦中时，能品味更多的美好。但是请记住，品味不是分析。培养积极情绪要有轻微的心理碰触，要去接受并欣赏生活带给我们的感觉。

相关研究表明，书写对增进幸福感、健康和情绪调节有非常大的好处。记录每天

的愉快事件有助于提高个体对愉悦情绪的敏感性，促使个体形成积极的信息偏好。当对未来的某件事情产生担忧时，我们也可以有意识地将自己的注意力拉回到积极的事件上，久而久之，积极情绪体验和主观幸福感就会有所提升。

四、表达感恩，感受善意

感恩是一种深层的、发自内心的生活态度。当个体用语言或行动表达感恩时，不仅可提高自己的积极情绪，也可提高对方的积极情绪。感恩会让个体联想到生活的积极体验和愉快经历，并且会使个体认识到生活的那些幸事不是理所当然发生的，而是源自身边人的善意。在这一过程中，个体不仅赞赏了别人的友善，也巩固了彼此之间的关系。

感恩是洒在人们身上的一缕缕阳光，我们要感恩遇见的每一个人，感恩每一个美好时刻，要以感恩的心态来面对生活中的一切幸福和苦难，享受真实的生活。

五、畅想未来，规划人生

畅想未来也是一种培养积极情绪的有效方法。个体可为自己构想美好的未来并将之具象化，这个过程能够使个体对每天的行动如何与自己未来的理想相匹配有更加深入的了解，可以帮助个体在日常生活中发现更多美好，更加积极行动。

六、发现优势，发挥优势

每个人都有自己的优势与短板。个体要多表扬自己、肯定自己，努力发掘自己的优势。积极心理学理论认为，所有人都有品格优势，只是有强弱之别。美好的品格优势有很多，如创造力、领导力、洞察力、好奇心、正直、坚韧、勇敢、友爱、善良、宽容、审慎等。人的天性中就蕴含着这些美好的品格优势，有些只是在后天环境的影响下逐渐被隐藏起来了。我们要做的是去发现、发挥自己的优势，而不是一味地分析自己的毛病、挑剔自己的缺点。如鸭子擅长游泳，雏鹰展翅翱翔，只要认清自己，找对位置，每个人都能发挥自己的优势、天赋，都能创造价值，从而提升积极情绪。所以，我们不妨从兴趣爱好入手，去探索如星空般灿烂的人生。

七、与他人在一起

与他人在一起，有助于人们获得更多的积极情绪。所以，建议多与他人建立联系，培养对他人的关爱之心，以及温和的性情与同情心。可以预见的是，当你与他人共处时，你的笑容会更加灿烂，心情会更加愉悦，从而能享受到更多的积极情绪。不仅如此，这样的互动还能帮助个体建立更加和谐的人际关系。

八、享受大自然的美好

心理学相关实验证明，在好天气里，有超过20分钟户外活动的人，表现出积极情绪增长的趋势。然而，对于几乎没有户外活动的人来说，天气和积极情绪基本无关。户外活动可以让个体看得更远，可以拓展个体的思维，让个体对更多的事物产生良好的感受。当个体沉浸在大自然中时，个体往往会不由自主地被大自然的魅力所吸引。大自然的广阔无垠会让个体的注意力得以延伸，进而激发个体产生更多的积极情绪。

微课学习 心流体验

拓展阅读

坚持练习八段锦可以改善大学生负性情绪①

近年来，大学生的焦虑、抑郁状况愈发受到社会关注。严重的负性情绪若长期持续，会使大学生出现情绪障碍、睡眠障碍乃至更为严重心理问题。负性情绪越发成为大学生群体必须面对并及时干预的问题，而运动干预是应对负性情绪的常见方式。

八段锦作为我国传统引导术，简单易学且注重身心同治，对各类人群都具有良好的锻炼效果，值得在大学生中推广。目前，许多高校将八段锦纳入体育课程或社团活动，提供专业的指导教师和场地，方便学生学习和练习，使得参与八段锦锻炼的大学生人数日益增多。

从生理角度看，练习八段锦能够促进人体的血液循环，让身体各器官得到更充足的氧气和营养，能有效增强身体素质，有效缓解因久坐、低头看电子设备等带来的身体不适。同时，练习八段锦可以促使大脑分泌内啡肽，从而有效缓解紧张、焦虑等情绪。可以说，练习八段锦就像在紧张的学习之余获得了一种天然的"放松剂"。

从心理层面来讲，八段锦的动作舒缓、节奏平稳，练习时需要集中注意力去完成每一个动作，有助于大学生暂时从学业压力、社交烦恼等诸多情绪问题中抽离出来。而且，练习八段锦通常采用集体练习的方式，有助于减少大学生的孤独感，增强他们的归属感。

本章小结

1．情绪是一种复杂的心理和生理状态，涉及一系列主观认知经验，是人对客观事物

① 魏来，闵容，张佳玮，等．八段锦锻炼调节大学生抑郁和睡眠的实验研究[J]．当代体育科技，2024，14（17）：4-106，111.

的态度体验及相应的行为反应。

2．人类的基本情绪包括愤怒、厌恶、恐惧、快乐、悲伤和惊奇。

3．根据情绪对人们所造成的不同影响或导致的不同结果，可以将情绪分为积极情绪和消极情绪。

4．大学生正处于人生发展的关键时期，面临繁重的学业、复杂的人际关系、纷扰而充满诱惑的社会环境，需要培养对自身情绪的把控和调适能力，不断提升情绪管理素质，这对大学生的身心健康、成长成才有着重要的意义。

5．大学生可以通过认知调节、行为调节等策略进行情绪管理，并通过多种方式有意识地培养积极情绪。

思考与练习

1．消极情绪对人们有积极作用吗？

2．你认为大学生应该怎样管理自己的情绪？

心理测验

情绪稳定性测试

填答注意事项：本测试共有15个题目，请仔细阅读每一个题目，弄清题意，并根据自己的实际情况在相应的选项（“是”或“否”）中打“√”。

题目	选项	
	是	否
1．尽管发生了不愉快的事情，我仍能毫不在乎地思考别的事情		
2．在与人交往时，我经常能保持坦诚的态度		
3．我习惯把担心的事情写在纸上并进行整理		
4．在做事情时，我往往会制订有可能实现的具体目标		
5．失败时我会仔细分析原因，但不会愁眉不展，整天闷闷不乐		
6．我有悠闲自娱的爱好		
7．我常常倾听他人的意见		
8．我做事有计划、积极主动，遇到挫折也不气馁		
9．当无路可走时，我会尝试改变生活方式或节奏，以适应生活		
10．在学业上，尽管他人比自己强，但我仍能保持“我走我的路”的信条		
11．对自己的进步，哪怕只是一点点，我都会很高兴		
12．我会一点一滴地积聚有益的东西		
13．我很少感情用事		
14．尽管想做某一件事，但当估量不可能实现时，我也会打消念头		
15．我能理智、周密地思考问题和判断问题，不拘泥于细枝末节		

评分规则：

每题选择“是”计 1 分，选择“否”计 0 分。

将 15 个题目的得分相加，算出总分。

总分为 0 ~ 6 分：情绪不是很稳定，经常患得患失，常常拘泥于一些小事情；无论做什么事都过分认真，总是忙忙碌碌、耗费心力；难以作出重大的决策，过于谨慎反而使自己感觉迟钝。

总分为 7 ~ 9 分：情绪稳定性一般。

总分为 10 ~ 15 分：情绪很稳定，擅长处理事务，不拘泥于小节，在各种困难面前毫不动摇。

第九章　大学生压力与挫折应对

知识目标

1．了解大学生常见的压力来源，了解遭受压力后个体的表现；
2．认识挫折的普遍性，了解面对挫折时常见的应对机制；
3．学习并掌握有效的压力管理技巧和应对挫折的方法。

能力目标

1．根据相关活动和问卷，初步评估自己的压力状态；
2．学会对生活中的压力和挫折进行正确的归因；
3．能够运用所学知识提高自我调节能力，有效应对压力和挫折。

素质目标

1．以正确的人生态度对待压力与挫折，用辩证的思维看待压力和挫折；
2．培养心理抗逆力，面对压力与挫折能快速恢复和适应；
3．通过实践和成功经验，增强自我效能感。

思政目标

1．树立正确的人生观，增强应对压力和挫折的心理韧性，培养坚强的意志品质，助力成长成才；
2．学会自我激励，培养感恩的心态，以积极的态度面对挑战，即使在逆境中也能保持积极向上，看到困难背后的可能性和希望。

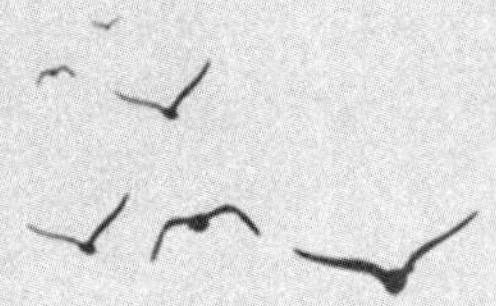

流水在碰到抵触的地方，才把它的活力解放。

——德国思想家、作家　歌德

案例导入

案例一：小蕾是一名大一学生，她来自一个偏远的小城镇，带着对大学生活的憧憬和对新环境的好奇开始了自己的大学生活。家人对小蕾寄予厚望，希望她能够在学业上取得优异成绩，为家族争光。然而，大学课程的难度和深度都超出了小蕾的预期，她感到有些吃力，尤其是在高等数学、英语等课程上。同时，在宿舍里，小蕾发现自己在与来自大城市的同学交流时，经常感到不自信，担心自己无法融入她们。此外，学习、生活中的各种开销也让小蕾感到了一定的经济压力。

案例二：小立今年大三，专业是金融学，随着学业的深入和就业市场的竞争加剧，她感到压力越来越大。小立不仅要应对繁重的课程学习，还要准备各种专业证书考试，同时还要参加实习实践活动，以增强自己的就业竞争力。小立对自己的期望是能够顺利毕业并找到一份高薪工作。在快节奏的学习生活之下，小立的情绪时常发生波动，睡眠质量下降，学习效率也受到了影响。

思考：1. 小蕾和小立各自的压力源是什么？
2. 大学生在大学不同阶段面临的压力有哪些共性和差异性？

《2020中国大学生健康调查报告》显示，86%的大学生表示在过去一年中出现过健康困扰，77%的大学生表示在过去一年中有过睡眠困扰，近九成大学生表示近一年内有过心理困扰；大学生的心理困扰来自学业压力、人际关系、性格、就业规划、恋爱、家庭关系等方面，其中，学业成绩是最主要的压力来源；91%的大学生表示会主动采取行动，尝试通过各种方式解压，转移注意力和“吐槽”成为重要舒压渠道。

面对压力与挫折时大学生的应对能力至关重要，这不仅关系到他们的心理健康和学业成就，还直接影响他们适应社会、解决问题的能力以及个人综合素质的提升。良好的应对策略能够帮助大学生将压力转化为动力，从挫折中吸取教训，培养坚韧的意志和创新的思维，为未来的职业生涯和人生发展奠定坚实基础。

第一节　认识压力

一、压力的定义

“压力”一词源于物理学领域，原指物体所承受的与其表面垂直的作用力，后来

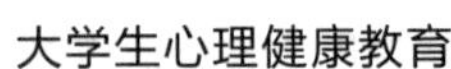

这一概念逐渐发展到了心理学领域。在心理学领域，压力也称“应激”或“紧张”，是个体在内外环境的作用下，因客观要求与主体应对能力的不平衡而产生的一种适应环境的紧张状态。

大学生的压力主要包括学业压力、情感压力、人际交往压力、就业压力等。过度的压力会让大学生精神变得紧张，心理变得脆弱、敏感，不利于大学生身心健康成长。

二、压力的类型

（一）按对个体的影响分类

根据对个体的影响，可将压力分为正性压力、中性压力和负性压力。

1．正性压力

正性压力是指对个体身心有益的压力，产生于个体被激发和鼓舞的情景中。当正性压力持续增加时，正性压力会逐渐转化为负性压力，个体的工作绩效或健康状况会随之下降。

2．中性压力

中性压力可以被视为日常生活中的普通事件，它们可能只是短暂地引起个体的注意，但并不会引发强烈的情绪反应，也不会导致显著的生理或心理变化或长期的心理影响。比如，看到一则关于遥远的城市发生火灾的新闻，或是听说某些社会事件等。

3．负性压力

负性压力是指对个体身心有害的压力，经常被简称为“压力”，比如个体险些发生交通事故、工作遇到困难、人际关系紧张、遇事不顺时产生的压力。负性压力又可以分为两类：急性负性压力和慢性负性压力。前者来势汹汹但迅速消退；后者出现的时候不甚强烈，但对个体的影响旷日持久。

（二）按严重程度分类

根据影响的严重程度，可将压力分为轻度压力、中度压力、重度压力和破坏性压力四种。

1．轻度压力

轻度压力的压力源不大，刺激比较轻，因此，轻度压力缓解难度较小，对个体动力的影响也比较小，基本上不会引起心理困惑。轻度压力一般无须关注，也无须进行特别的调控。

2．中度压力

中度压力介于轻度压力和重度压力之间，压力源适中，个体要经过努力和采取一

定的措施才能缓解。中度压力对个体的动力推动作用最大，容易使个体产生焦虑情绪，也可能使个体产生轻微的抑郁。中度压力在可自行调节范围内，当个体按照制订的计划和措施实施时，随着压力减小，个体的心理困惑也将逐步减轻。

3．重度压力

重度压力的压力源较大，会使个体产生严重的心理冲突，导致的焦虑和抑郁状态持续的时间比较长，在短时间内很难减弱。这种状态会使大多数个体产生逆反心理，从而放弃当前的努力，使得压力所致的心理问题长期得不到解决。

4．破坏性压力

破坏性压力又称极端压力，包括战争、地震、空难，以及遭受攻击或绑架等事件给个体带来的压力。破坏性压力可能会导致个体出现创伤后压力失调、灾难症候群、创伤后压力综合征等。破坏性压力不仅会影响个体的身体状况，容易使个体患生理疾病，而且会引发个体在心理、社会、行为等各个方面的变化，从而导致个体出现心理障碍。

（三）按压力性质分类

根据压力的性质，可将压力分为单一性压力和叠加性压力。

1．单一性压力

单一性压力是指某一时间段内，由单一压力源给个体带来的压力，且压力强度不足以使个体崩溃。这类压力产生的结果往往是正面的，大多有利于个体提高抗压能力。

2．叠加性压力

叠加性压力是指多重压力源给个体带来的压力。根据产生的时间，叠加性压力具体又分为两种：一是同时性叠加压力，是指同一时间段内若干同时发生的压力事件给个体带来的压力；二是继时性叠加压力，是指两个以上相继发生的压力事件（前者的压力效应尚未消除，后继的压力又已发生）给个体带来的压力。

三、遭受压力后个体的表现

遭受压力后，个体一般会在生理、认知、情绪和行为方面作出一定的反应。

（一）生理反应

适度的压力是有利的，可以驱动机体适应环境，提高机体的警觉水平，动员机体内部的潜能，以应对各种变化的情境和事件的挑战。但是，如果压力持续时间过长或应激状态过于强烈，需要个体作出较大的努力才能适应，或者超出了个体所能承受的范围，就会扰乱个体的生理功能平衡，损害个体的身心健康，严重的还会导致身体及精神疾病。

个体遭受压力后，机体内部的自我调节机制将会最大限度地调动机体的潜在能量，以有效地应对外界环境的变化。遭受压力后个体的生理反应主要有以下几种。

（1）神经内分泌反应：压力激活了身体的应激反应系统，特别是下丘脑－垂体－肾上腺轴（HPA 轴），导致皮质醇等激素的释放，以应对压力。

（2）呼吸加快：为了提供更多的氧气，呼吸可能会变得急促。

（3）心率和血压升高：为了应对紧急情况，心脏跳动加快，血压升高，以确保氧气和养分能快速输送到关键器官。

（4）肌肉紧张：肌肉可能会变得紧张或僵硬，这是身体准备采取行动的自然反应。

（5）消化系统变化：压力可能影响消化系统的功能，导致胃痛、消化不良或食欲变化。

（6）睡眠模式改变：压力可能导致失眠或睡眠质量下降，影响身体各个部分的修复。

这些生理反应是身体为了适应和应对压力而进行的自然调节。如果压力持续存在，这些反应可能会对身体造成长期的负面影响。

（二）认知反应

压力会导致个体的注意力、专注度、动力、积极性和适应能力发生改变。适度的压力能促进个体的注意力、警觉性和内在动力的提高，使个体将注意力集中在当前任务上，减少外界干扰，不断调整自己的状态，思维活跃性增强，记忆力增强，更好地应对压力情境，迎接威胁与挑战（正性反应）。过大的压力则会使个体的注意力、工作能力和逻辑思考能力下降，使个体自我评价降低，自主感知和自信心降低或丧失，记忆力下降，产生消极情绪反应（负性反应）。

（三）情绪反应

压力往往伴有持续的紧张情绪。当压力在个体可承受范围内时，紧张情绪可以激发出个体一定程度的兴奋和满足感，激励和促进个体更加专注和努力，积极应对压力。而当压力过大时，个体则容易出现烦躁、易激惹、感觉生活无趣、丧失信心或自暴自弃、精力减退等状况。

（四）行为反应

遭受压力后，个体的行为变化会因个体差异和压力程度而有所不同，根据适应与否，个体可能会出现生产力提高或降低的状况。适度的压力有助于个体提高工作效率和工作质量，积极探索新知识和新技能，积极与人沟通，获取支持和帮助。过度的压力则可能使个体出现行为慌乱、身体协调能力和灵活性下降、动作刻板、运动性不安等行为反应，甚至影响个体正常的学习、工作和生活。

四、压力的应对方式

心理学界一般倾向于把压力的应对方式分为问题取向、情绪取向、逃避三类。

（一）问题取向

当事人的应对策略着眼于解决问题，即通过直接的行为或致力于解决问题的行为来改变压力源。常见的表现有寻求解决问题的办法、向他人求助、逃跑（使自己脱离危险）、预先应对（避免未来的压力）等。问题取向应对方式所关注的是所要解决的问题和产生压力的事件，这种方式在应对可控压力源产生的影响上通常有效。

（二）情绪取向

当事人采取的应对策略主要是尝试缓解抑郁、焦虑等消极情绪，而非处理引起压力的问题情境。常见的具体方法有放松、寻求他人的情绪支持、抒写有关自己内心深处情感的文字、合理化认知、抱怨等。这种方式在应对由不可控的压力源产生的压力时比较有效。

（三）逃避

逃避即个体在面对压力时，放弃任何努力，选择回避。个体可能通过幻想、否认、自我分心等方式减少压力对自己的影响，或采取酗酒、暴食等方式进行逃避。例如，有的学生多门功课不及格，于是放弃了解决问题的努力，而是采取上网、酗酒等方式逃避问题。逃避这种方式虽然会暂时延缓压力对个体带来的影响，但最终会导致个体的情况更加糟糕。

第二节　科学减压

科学的减压步骤包括压力自测、压力源管理、脑力管理、心力管理、体力管理和有效利用社会支持。

一、压力自测

压力自测是一个重要的自我评估和自我管理过程，可以帮助个体对自己的压力状态有更清晰和准确的了解，并探索有效的应对策略。测试结果可以为个体提供一个自我了解和自我帮助的基础，是有效进行压力管理的起点。

个体可以采用专业的压力量表，通过一系列的标准化问题，评估自身在不同维度上的压力感，也可以采用更为轻松和具有互动性特征的评估方式（如压力光谱图）。其他压力自测的小活动包括绘画、写作、角色扮演等，这些活动可以帮助个体以非语言的方式表达压力，促进情感的释放和自我探索。

心理训练

用压力光谱图进行压力自测

压力光谱图是一种评估个体压力水平的工具，它通过一个连续的数值范围来表示压力的大小。

活动目的：了解自己以及他人的压力状况，交流分享压力对自己学习、生活的影响。

参加人数：10～30人。

活动所需时间：大约20分钟。

活动程序：

(1) 邀请两位志愿者分别代表压力水平的两端——“0”(无压力) 和“10”(极大压力)，并相隔约5米站立。数字“0”到“10”之间即代表压力的连续“光谱”。

(2) 请参与活动的学生评估自己的压力大小，并站到“光谱”的相应位置。同样压力程度的学生可站成一列。

(3) 请学生观察活动现场状况，了解自己的压力状况以及其他人的压力状况。

(4) 组织学生围坐在一起就以下话题进行交流和分享。

话题一：你的压力状况 (0～10的某一水平) 是怎样的？为什么这样评估？

话题二：这种压力状况对你的学习和生活有哪些影响？

话题三：了解了自己的压力状况，也了解了其他人的压力状况，大家有什么感想？

压力具有普遍性，当面对比较重要的事件时，每个人都会出现不同程度的紧张，这是很自然的事情。面对压力，我们每个人都不“孤单”。

二、压力源管理

面对压力，个体首先要明白想要解决的问题究竟是什么，是压力源还是压力反应。如果是压力源，最常见且实用的管理方法是记录压力事件，然后进行压力分析。

记录压力事件的过程对于理解生活中产生短期压力的原因很有帮助。完成记录工作后，要评估记录下来的不同压力事件，找出最频繁的压力事件以及使个体最不愉快的压力事件。然后，列出可以改善相关情况的方法，如调整既有的生活安排，尝试拿掉部分压力源，在日常琐事上作出一些改变，创造轻松时刻，安排休息时间，等等。

三、脑力管理

认知调节对压力管理特别重要。典型的不合理认知包括：

(1) 糟糕至极，即如果某件不好的事情发生，其结果必然是非常可怕的、灾难性的。

(2) 绝对化，即从自己的意愿出发，认为某件事一定会发生或一定不会发生，强调“应该”“必须”。

（3）过分概括化，即依据某个具体事件、某一言行对整体进行评价，采用一种以偏概全的思维方式。

在进行压力管理时，个体可以尝试重新评估自己对压力事件的信念和看法，比如尝试问自己以下问题：

“这件事带来的最坏结果是什么？真的有那么可怕吗？”

“如果事情没有按照我预期的那样发展，是否也是好事呢？”

“我真的没有办法应对吗？真的没有人可以帮我吗？”

另外，个体也可以花一些时间去辨识并整理压力源对自己的意义。个体应明白：没有哪一件事的成败能决定自己是一名成功者或失败者，没有哪一件事能被确保是完美的。

四、心力管理

前文我们介绍过，有些压力可以给个体带来积极作用，但是当压力长期积压，特别是不良压力长期积压，会导致个体内心出现压抑情绪，长期持续下去不仅会对个体的心理健康造成损害，还会对个体的生理产生不良影响，个体可以采取宣泄和转移的方法进行心力管理。

（一）宣泄

宣泄是指将内心积压的负性情绪释放出来，具体方法有喊叫、哭泣、写日记等。

1．喊叫

选择适当的场合，深深地吸上一口气，向着远方，用尽全力大声喊叫，释放内心压抑的能量。这里的喊叫不是发火，它可以帮助个体释放心中的负面情绪。

2．哭泣

哭泣能帮助个体改善不良情绪。美国南佛罗里达大学的一项研究发现：哭泣可以使近九成的个体情绪得到明显改善，哭泣有自我安慰和提升情绪的作用。此外，哭泣可以使个体的精神得到放松。

3．写日记

个体把自己的压抑、烦恼写入日记，是一种有效的发泄方式。一方面，写日记可以使个体的思绪冷静下来，使个体在与自己的对话中获得安慰和支持；另一方面，写日记有利于个体理清思路，以更加理性的方式审视自己。

（二）转移

转移是指个体将注意力和精力转向压力事件以外的其他事件。当个体处于压力状态时，可能受限于生理反应和环境，思维也会受到限制，往往导致对压力事件过度关注。转移的目的不是让个体刻意地去做某件事（实际上个体的关注点还在压力事件上），而是引导个体以不同的状态和心情参与和投入其他事件中。

心理训练

抽身技术

抽身技术就是心力管理中转移的技术，具体包括以下几种。

（1）放慢

正如字面意思那样，放慢你做事情的动作：如果你在走路，降低步频；如果你在说话，在语句里插入较长的停顿。单纯通过放慢动作就可以开始调整对压力的感受。

（2）暗示

对自己说一些暗示性的词语。当你感到压力激活水平提高并开始掌控自己的大脑时，可以对自己说“抽身”“放慢”或“我仍然有自控力”等，来提示自己压力还在可控范围之内。

（3）呼吸

进行规律的深呼吸，当血液获得更多氧气后，压力反应会得到缓解。深呼吸能激活“理性脑”，当你有意识地进行深呼吸时，你会变得专注。当你专注时，你的自控力仍然存在。

（4）观看

“看”这一简单的动作有助于个体立足当下。个体可以通过选择自然界的美景或艺术作品聚精会神地观看，使自己不再单一关注压力。

（5）数数

通过数数、关注数字之间的间隔，个体的“理性脑”会被激活，这有助于个体不围绕令人失控的压力打转。

（6）清扫

想象有一块黑板，上面写着可怕的文字：“你不够优秀”“你一定考不好”，然后你擦掉了这些想法，黑板变得一片空白。清扫就是主动作出选择，清空头脑。

五、体力管理

（一）加强运动

参与常规的有氧运动（如游泳、散步、跳舞）是降低身体压力反应的有效策略。运动能够给人带来旺盛的精力，同时也能使人释放内心所积压的能量，减轻应对压力时产生的消极情绪（如抑郁、焦虑等）。经常运动的人更倾向于在运动中解除身体的紧张状态，使机体得到放松。运动后身体会分泌更多的 5- 羟色胺和内啡肽，运动后，

人往往睡得更香、感觉更好。

（二）科学饮食

充足的营养可以为个体提供面对压力事件时所需的能量，使个体保持精力旺盛。建议把一些缓慢释放能量的碳水化合物（如全谷物、薯类）加入每天的饮食清单中。此外，建议结合自身情况适量增补能有效转化为能量的营养素，如B族维生素、维生素C、钙、镁、锌等。

（三）规律睡眠

良好的睡眠可以使个体的身心获得休息。当个体感到神经紧绷时，安心睡一觉有助于个体再次精力充沛（长期低质量睡眠并不能达到理想的休息效果）。

（四）健康的娱乐

健康的娱乐是指具有放松性质的娱乐（如和好友一起划舟、去公园呼吸新鲜空气、看电影、听音乐等），而不是放纵式的疯狂玩耍。优美悦耳的音乐可以提高大脑皮层的兴奋性，改善人的情绪，激发人的情感，振奋人的精神。看一场感兴趣的电影也可以起到转移注意力、放松心情的作用。

（五）放松训练

个体可以有意识地做一些放松训练，有效帮助自己应对压力情境。例如，尝试进行渐进性放松训练，在训练过程中学习收紧和放松身体每个肌肉群的方法；也可以进行其他放松训练，如冥想、瑜伽、深度呼吸训练等。

心理训练

松弛疗法

每个人体内都存在自我放松的内在能力，大量研究结果表明，个体可以通过有意识地运用意志，使思想产生放松反应。深度放松可以暂时减慢新陈代谢以及与之相关的所有的生理变化。

（1）呼吸技术

①6秒钟平静反应法

第一步，深深地吐一口气，然后深深地吸气；第二步，屏住呼吸坚持2～3秒钟；第三步，缓慢地、完全地将气呼出，在呼气时，使下巴和双肩渐渐放松下来，充分体验从颈部、肩部、胳膊直到手指的放松感。这种方法对矫正呼吸过浅、缓解颈部和肩部紧张有很好的效果。

② 放慢呼吸以镇静

第一步，选择一个舒适的坐姿或躺姿，张开双手，两腿不交叉；第二步，将身

体完全贴合在地板（床）或沙发（椅子）上，使身体完全放松；第三步，缓缓闭上眼睛；第四步，将注意力集中在你的鼻子上，感受空气从鼻子进入，沿着呼吸道下行直至肺部，感受空气在体内的流动；第五步，当空气被排出时，告诉自己随着空气的排出，体内存在的紧张、疼痛和疾病也一同被带走。持续训练 1 ～ 5 分钟。

（2）冥想技术

冥想技术是一种心理训练实践，通过将注意力集中在特定的对象、思想或活动上来训练意识并达到身心放松及平静的状态。冥想的要素包括：寂静的场所、舒适的姿势、接纳的态度。

（3）想象技术

想象某个宁静的环境。引导想象是一项用心达到放松的技术。将注意力集中在想象上，你会感到与压力相关的紧张远离了你的身体。

微课学习 正念冥想

六、有效利用社会支持

社会支持作为一种缓解压力的资源，通常发挥着极其重要的作用。个体在面对压力的时候，身体在释放压力激素的同时，也会释放少量催产素。催产素被称作“爱的荷尔蒙”，在压力管理方面，它具有两方面作用：一是可以微调个体的社交本能，增强个体的同理心，让承受压力的个体更倾向于与他人接近而非独自面对；二是具有一定的消炎功能，可以降低人体内肾上腺酮等压力激素的水平，使血管在面对压力时维持放松状态，降低血压，使心脏更加强健。令人振奋的是，有研究者发现，承受压力的个体一旦成功与他人建立爱的联结，催产素所带来的种种生理益处就会得到进一步加强。简单地说，就是当个体面对压力的时候，仅仅选择向他人倾诉，就可以让身体自行减压，并且，分享的内容质量越高，个体与被分享者的关系越亲密，减压的效果就越好。

缓冲器模型（如图 9-1 所示）也表明社会支持在出现应激事件或压力增大时可以起到缓冲的作用，有助于维持个体的心理健康。在这个缓冲过程中，社会支持主要有两个作用，一是个体用从社会支持中获得的影响来评价应激事件或压力，不高估应激事件或压力的严重性，减缓应激事件或压力对个体的冲击力；二是个体用从社会支持中获得的资源找出应对策略，减少压力体验的不良影响。

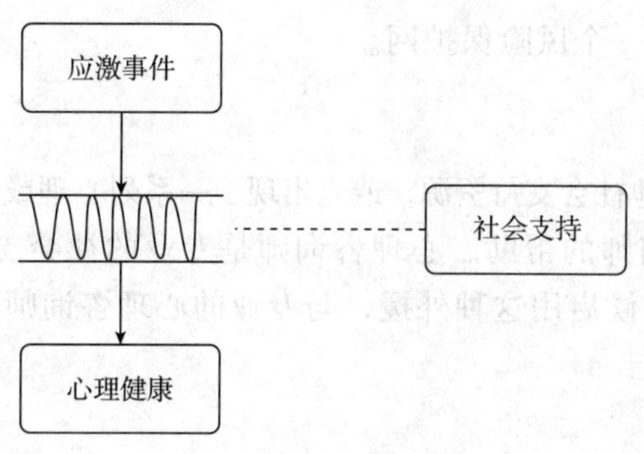

图 9-1　缓冲器模型

因此，为了更好地应对压力，个体需要积极地构建、维持、运用社会支持系统。一个完备的社会支持系统里一般有亲人、伴侣、朋友、同学、同事、邻里、老师以及由陌生人组成的各种社会组织等。一般来说，社会支持系统越健全，个体在面对压力时可获得的潜在可利用资源和外部支持就越多。当然，并不是所有人都能用好社会支持系统。例如，有的人可以在社会支持系统中活得如鱼得水，成功时有人锦上添花，受挫时能感受到雪中送炭的温情；而有些人虽然也拥有客观存在的关系网络，人际关系质量却比较糟糕，陷入困境的时候常常孤立无援。所以，个体要有构建、维持并运用社会支持系统的意识，要明白社会支持系统对自己的重要性，愿意在上边花时间和精力，具体而言，应注意以下五个方面。

1．主动付出

“欲取必先予”，个体要增强交往的主动性，要有主动付出的意识。在社会公共生活领域，不论是面对自己的亲人，还是面对陌生人，都要将心比心、推己及人，减少以自我为中心的意念，约束自己的行为，尊重他人的意愿，乐于助人。

2．用资源取向的眼光看待他人

资源取向是指多看到别人的优点、闪光点、积极面。善于发现他人的优势体现了个体对他人价值体系的认同，是个体具有包容能力、自省能力的体现。常常能看到他人的优点，不轻看任何人，是和谐人际关系的基础。

3．互相支持，相互帮助

个体要学会真诚地向他人开放自己，要学会分享，不仅在快乐的时候与人分享自己的喜悦，在遇到困难、自己独自解决不了问题时，也要积极向他人求助。当然，平时个体也要乐于接受别人的分享，在别人有困难需要援手时要做到不吝啬，尽力给予他人支持。这样社会支持系统就能慢慢建立并稳固持久。

4．积极参加一些社会活动

当目前的人际网络不足以给到个体很好的社会支持时，个体可以通过参加一些感兴趣的社交活动，寻找一些志同道合的朋友。有意识地打造一个属于自己的社会支持

系统，就是给自己打造一个风险保护网。

5．寻求专业支持

如果暂时不具备其他社会支持资源，或是出现了一系列心理或躯体症状自己无法解决，建议个体寻求心理咨询师的帮助。心理咨询师是专业的社会支持力量，是一种资源，个体应懂得在必要的时候启用这种外援，与专业的心理咨询师沟通可能会有不一样的收获。

第三节 认识挫折

一、挫折的定义

挫折有广义和狭义之分。广义的挫折是指一切能够引起人们精神紧张、造成疲劳和心理反应的刺激性生活事件。狭义的挫折是指个体在从事有目的的活动的过程中遇到了障碍或干扰，导致个体的目标无法实现、需求未能得到满足从而引发的情绪状态。当个体遇到挫折时一般会出现三种反应：调整行为、克服挫折、被挫折打败（当无法克服挫折时）。在第三种行为反应下个体就会产生挫折感。挫折感实质上是当事者对干扰、阻碍性刺激的一种主观感受。个体产生挫折感时往往会表现出焦虑、固执、自卑、对抗、退缩等。

挫折通常包括三方面的要素：挫折情境、挫折认知、挫折反应。

（1）挫折情境，即阻碍个体行为的情境，比如考试失利、宿舍矛盾、个人物品被盗、失恋等。

（2）挫折认知，即个体对挫折情境的认知、态度和评价。比如，有的人认为失败乃成功之母，有的人却认为做事情失败了就说明自己是一个无能的人，以后做什么事都不会成功。

（3）挫折反应，即个体在挫折情境下所产生的负性情绪（如烦恼、困惑、焦虑、愤怒等）交织的心理感受，即挫折感。

在以上三个要素中，挫折认知是核心部分，挫折反应的性质及程度主要取决于个体对挫折情境的认知。一般来说，挫折情境越严重，挫折反应就越强烈；反之，挫折反应就越轻微。但是，只有当挫折情境被感知时，个体才会产生挫折反应。如果出现了挫折情境，而个体没有意识到，或者虽然意识到了但并不认为很严重，那么也不会产生挫折反应，或者只会产生轻微的挫折反应。

二、挫折的类型

（一）按现实性分类

根据是否真实存在，可将挫折分为现实挫折和想象挫折。

1．现实挫折

现实挫折是指个体已经遭受的挫折。当遇到现实挫折时，个体首先要正视它，不回避、不退缩；然后对挫折进行分析，积极寻求现实资源、心理资源和社会支持，采取相应的应对措施。如此，现实挫折往往就能得到有效处理。

2．想象挫折

想象挫折是指个体想象的未来可能会出现的挫折。想象挫折如果适度，则具有积极意义；想象挫折若过度，则会对个体的身心产生消极影响。

（二）按内容分类

根据内容，可将挫折分为学习性挫折、交往性挫折、情感性挫折、自尊性挫折和情境性挫折。

1．学习性挫折

学习性挫折是指个体在学习过程中遇到的挫折，如因没有学习兴趣、学习方法不对、身体不适等因素导致学习成绩不理想。

2．交往性挫折

交往性挫折是指个体在处理人际关系时遇到的挫折，如遭受室友孤立，同学排斥、讥讽等。

3．情感性挫折

情感性挫折是指个体在恋爱或其他情感中遇到的挫折，如失恋。失恋通常会导致个体产生挫折感，使其心理失去平衡，出现异常行为甚至极端行为。

4．自尊性挫折

自尊性挫折是指个体在自我尊重需求方面遇到的挫折，如在公众场合出糗或被嘲笑。

5．情境性挫折

情境性挫折是指因特定的时空限制而造成的挫折，如因外出打工赚钱而无法与家人团聚所产生的孤寂感。

三、挫折的应对机制

在面对挫折时，个体的自我意识都有一种摆脱困境、减轻不安、稳定情绪、重新达到心理平衡的倾向，我们把这种反应称为心理自我防御机制。每个人在处理挫折和紧张情绪时都会自觉或不自觉地运用心理自我防御机制。不同个体所使用的心理自我防御机制也有差异，有些心理自我防御机制是积极的，有些则是消极的。心理学领域将对挫折的应对方式分为积极应对和回避应对两种。

（一）积极应对

积极应对是指不失常态的、有控制的、以摆脱挫折情境为目标的、富有理智的应对行为。这些行为的共同点就是“不屈不挠”，主要有升华、补偿、认同三种形式。

1．升华

升华是指暂时放弃受各种因素制约而无法实现的目标或不能为社会所接受的行为目标，用另外一种更高尚的、富有创建性和社会价值的目标取而代之，从而减轻挫折带来的精神痛苦，即通常所说的“化悲痛为力量”。例如，一些大学生在人际交往中受挫，于是潜心阅读各种书籍，努力提升个人的道德修养和学识水平，最终脱颖而出，赢得同学们的赞赏。

2．补偿

当个体因主客观条件的限制而无法达成既定目标时，设法以新的目标代替原来的目标，以后来获得成功的体验去抵偿之前失败的痛苦，使自己重新获得失去的自信与尊严，这就是补偿。当既定目标需要付出的代价过大或几乎无法实现时，个体及时修改或降低目标是一种明智的做法。例如，某大学生恋爱失败了，便积极投身社团活动，用在社团活动中取得的成就感来抵消失恋的痛苦。

3．认同

认同是指个体通过无意识地模仿他人（权威者或个体敬仰的对象）的态度或行为来达到对对方的一种认同，从而缓解现实挫折给个体带来的焦虑的过程。因为认同是个体在向好的方面去做补偿，所以属于积极的心理调整方式。例如，一些大学生常将历史名人、科学家、企业家、文学作品中自己欣赏的人物、自己欣赏的老师或同学作为自己效仿的对象，进行积极的自我暗示和自我激励，以引导自己在某些方面不懈努力，向目标迈近。

（二）回避应对

回避应对是指失常的、失控的、没有目标导向的，甚至可能会对自己、他人或社会造成一定危害的情绪性应对行为，如否认、固执、退化、攻击性行为、逃避、轻生等。

1．否认

否认是指个体通过在潜意识里拒绝承认现实来进行自我保护。比如，某人不愿接受亲人离世的事实，每天仍然强颜欢笑。

2．固执

若个体一而再、再而三地遭受同样的挫折，往往会慢慢失去信心，失去随机应变的能力，形成刻板的反应方式，固执、盲目地重复同样无效的行为。固执行为不同于意志力，在这种应对方式中，个体往往不能客观、正确地分析失败的原因，反而采用刻板的方式盲目地重复着某种无效行为，是一种极不明智的应对形式。

3．退化

退化是指个体遇到挫折时，表现出与自己的年龄、身份不相符的幼稚行为，或盲目轻信他人、跟从他人等。采用这种应对方式的个体往往对自己缺乏信心，看不到自己的力量，像孩子一样依赖他人。例如，个别大学生在竞选班干部失利时，感到委屈，无法进行理智的分析和判断，用不吃饭、不上课，每天躺在宿舍里睡大觉的方式发泄心中的苦闷。

4．攻击性行为

攻击性行为是指个体遇到挫折时，在情绪与行动上产生一种对有关人或物的攻击性的抵触反应，以消除来自挫折的痛苦。攻击又分为直接攻击和转向攻击。直接攻击是指个体在遇到挫折时，把愤怒的情绪直接发泄到使之遭遇挫的人或物上。转向攻击是指个体在遇到挫折时，把愤怒的情绪发泄到与受挫事件无关的人或物上。

5．逃避

逃避是指个体在遇到挫折时，因不敢面对挫折情境，而选择逃避到相对安全的环境中的行为。逃避有三种具体表现：一是逃避到另一种现实中去，如学习不好就玩游戏并沉溺其中；二是逃向幻想世界，如逃向网络虚拟世界或想象中；三是逃向躯体化障碍，如少数大学生由于害怕考试，在考试前夕或考试当天产生躯体反应（如呕吐、腹泻、冒汗、发热等），使得自己无法继续考试。这是个体借助于某种生理机能的疾病来逃避困难、阻碍的表现，它的产生往往是无意识的，与假病不同。

6．轻生

轻生是个体遭遇挫折以后表现出的一种极为消极的行为反应。例如，某人遭受突如其来的重大打击，在得不到外力帮助的情况下，作出自暴自弃、轻生厌世、自杀自残的行为，想以此来消除内心的痛苦。

第四节 积极应对挫折的方法

积极应对挫折的方法包括发现挫折的意义、提升心理抗逆力和发掘自身的积极品质。

一、发现挫折的意义

历史上，很多优秀的人物都是从挫折和创伤中走出来的。音乐巨匠贝多芬在挫折中创造出《命运交响曲》，美国著名女作家海伦凯勒在挫折中创造出了诸多触动人们心灵的作品，我国作家曹雪芹在挫折中创造出了《红楼梦》这本传世不朽的经典……王阳明说道："人须在事上磨，方立得住。"

挫折理论认为，个体在遭受挫折之后，是否会产生挫折心理及挫折情绪反应主要取决于个体对挫折的评价和理解，即对挫折的认知。面对同样的挫折，不同个体会有不同的挫折心理和挫折情绪反应，这主要与个体的挫折认知有着十分密切的关系。老子在《道德经》中讲"祸兮，福之所倚；福兮，祸之所伏"，我国古代有"塞翁失马，焉知非福"的故事。这都说明了同一个道理，即要辩证地看待生活中的成功与失败，二者有时可以相互转化。所以，面对挫折的正确态度就是既不怨天尤人，也不自欺欺人，积极、乐观和理智。

苦难成就辉煌，困难磨砺青春。一百多年来，中国青年在中国共产党的领导下，经受住了生与死、苦与乐、得与失的各种考验，从来没有被困难压垮。能吃苦，成为支撑一代代青年茁壮成长的宝贵精神财富。温室大棚养不出参天大树，风雪磨砺方能成就松柏挺立。战胜困难、解决难题的过程，是真正长本事的过程，只有真正长了本事，才能担当重任、作出更大的成绩。

心理感悟

蝴蝶的蜕变

一天，一只茧上裂开了一个小口，有一个人正好路过，他观察到一只蝴蝶正艰难地将身体从那个小口中一点点地往外挣扎……几个小时过去了，看起来这只蝴蝶似乎没有任何进展，这个人决定帮助一下蝴蝶。他拿来一把剪刀，小心翼翼地将茧剪开，于是蝴蝶很容易地就从茧中出来了，但是它的身体很萎缩、很小，翅膀紧紧贴着身体……这个人接着观察，期待着蝴蝶翅膀慢慢打开、伸展，然后展翅飞翔，但是，这一精彩时刻始终没有出现。原来，蝴蝶从茧上的小口挣扎而出是自然规律，它需要通过这一挤压过程将体液从身体一直挤压到翅膀，这样才能破茧而出并展翅飞翔。

我们人类一生中同样需要奋斗乃至挣扎，假如生命中没有磨难，我们就会很脆

弱，不可能像现在这样强健，我们也许永远活不出精彩的人生。

启示：每个人的成长都需要一些压力。心理学相关研究表明，早年的心理压力是促进个体成长和发展的必要条件。经受过生活压力的青少年在以后的生活和工作中更容易适应环境，更容易取得成功；反之，早年生活条件太好，没经历过挫折和压力的青少年，则犹如温室里成长的花朵，经不起生活的风吹雨打，当需要自己独立面对压力时往往就会无所适从。

二、提升心理抗逆力

面对生活中大大小小的挫折情境，为什么有些人能够逆流而上，有些人却被压垮？有些人能超常发挥，有些人却无能为力？这与个体的逆商（Adversity Quotient，AQ）有关。逆商是指个体抵御逆境和战胜逆境的能力，也称心理抗逆力，体现了个体在逆境中利用各种资源克服困难，达到良好适应的潜能。逆商不是天生的，也不是一成不变的，个体可以通过一些方法提高自己的逆商。

美国心理学家保罗·史托兹在《逆商》一书中介绍了LEAD工具，该工具可以帮助个体有意识地构建一种新的思维模式，改变思维习惯，提高心理抗逆力，具体方法如下。

1．倾听自己的挫折反应（Listen）

第一步，要培养对挫折的“嗅觉”，有意识地注意生活中大大小小的挫折，在它们出现的时候把它们识别出来。例如，我们遇到电脑死机而数据没保存，这就是一个挫折事件，我们要在脑海里敲响警钟，让自己清楚地意识到挫折来临。第二步，分析自己的反应是低逆商反应（天啊！完蛋了！）还是高逆商反应（应该会有解决办法的，从这件事中我能学到什么？）。认可自己的积极反应，这样的心理强化过程可以巩固自己做得好的地方，增强我们应对挫折的信心。

2．探究自己对结果的担当（Explore）

我应该对结果的哪些部分担责？我不应该对哪些部分担责？对结果担责，就是负责解决问题和采取行动，而不是过度自责和推卸责任。在上面的例子中，电脑死机，处理不了文件，若我们对结果——硬盘驱动器损坏造成的影响高度负责，就会采取行动解决电脑死机的问题。

3．分析证据（Analyze）

有什么证据表明我无法掌控？有什么证据表明挫折一定会影响我生活的其他方面？有什么证据表明挫折必然会持续过长时间？答案往往都是“没有”。在上面的例子中，仅有的事实就硬盘驱动器坏了，导致电脑死机，其他的事情都是自己想象出来的，并还没有发生。我们仅要掌控且能够掌控的是已知发生的部分，而且没有证据表

明其他不好的事情会接踵而至。我们需要把假设和事实区分开。

4．做点事情（Do）

LEAD 工具的前三个步骤可以帮助个体调整好心态和情绪，积极、理智地思考，关注问题本身并最终采取有意义的行动。一般可以通过以下几个问题来列出行动清单：

（1）我还需要什么信息？我该如何获取这些信息？

（2）我可以通过做哪些事来对形势拥有更多的掌控力？

（3）我可以通过做哪些事来控制挫折的影响范围？

（4）我可以通过做哪些事来控制当前挫折的持续时间？

（5）我首先应该做哪些事？

（6）我该什么时候做这件事？

接着将自己对于上述问题的所思所想写下来。比如，在上面的例子中，要思考：是哪些数据丢失了？上次备份是什么时候？目前可能的解决措施有哪些？按步骤列出对上述问题的所思所想，越详细越好，然后采取行动。采取行动本身就能增强个体对整件事情的掌控感。

在实践中，个体需要捕捉那些自己进步的瞬间，哪怕是很小的进步，也可以给自己带来成就感。这样的心理强化过程能够激励个体不断前进。山是一步一步爬的，不积跬步无以至千里，哪怕没能到千里，跬步本身就足够有意义。

微课学习 心理韧性

三、发掘自身的积极品质

发掘自身的积极品质就是能够清晰地了解自己的长处和优势。个体可以思考一下“我是一个什么样的人”“我有哪些与众不同的地方”“我有哪些积极的心理品质”等，培养“我有”的意识。当个体产生“我有好奇心”“我有热情”“我有感恩”的信念时，对自我认识的清晰度就会提高，就容易产生积极的情绪。一旦遇到挫折，个体就会有勇气去面对，能够想办法去努力解决问题。

拓展阅读

24 项积极心理品质

积极心理学之父、美国心理学家马丁·塞利格曼提出人类的积极心理品质由六种核心美德组成：智慧与知识、勇气、爱与人性、正义、节制、灵性与超越，并进一步从六种美德中细分出了以下积极心理品质。

（1）创造力：喜欢用非传统的方式考虑问题和做事。

（2）好奇心：爱提问，对各种事情都很感兴趣，对事情的来龙去脉感到好奇。

（3）开放的思想：能够客观并理性地过滤信息，不会很草率地下结论。

（4）热爱学习：每当有机会学习新东西时都会积极参加，学到了一些新东西时会很开心。

（5）洞察力：即使在困难的情况下，也可以作出正确的判断，知道什么事情是重要的。

（6）真实：诚实、正直，不会为了摆脱麻烦而说谎。

（7）勇敢：只要是正确的事，即使不受欢迎，也有勇气去做。

（8）坚持：十分有耐心，一旦制订锻炼或学习计划就会坚决执行。

（9）热情：善于与各种类型的人相处，总是感到精力充沛，总是很活跃。

（10）友善：对人友善、仁慈，会尽最大的努力去帮助他人。

（11）爱：常常有被爱的感觉，很珍惜与别人亲密的关系。

（12）社会智能：有很好的社交技巧，能够很容易地识别自己和他人心情的变化与气氛的转变。

（13）公平：不会让自己的偏见影响任何决定，会给任何人同样的机会。

（14）领导力：善于组织集体活动并且确保它们成功。

（15）团队精神：有凝聚力，尊敬领导，做分内的事但绝不会愚昧而自动地去顺从。

（16）宽恕：会给别人第二次机会，会宽容他人，不会报复。

（17）谦逊：低调，不张扬，不装腔作势。

（18）谨慎：细心，有远见，会控制自己暂时的冲动而为长远的目标不懈努力。

（19）自律：能够控制自己的冲动和需求，知道什么是对和错并能依此而行事。

（20）审美：会欣赏每个领域和情境中的美。

（21）感恩：欣赏他人的优点和良好品德，不会把好事当成理所当然，珍惜并感恩生命。

（22）希望：对未来持有积极的观点，会积极地为未来作计划，同时又愉快地生活在现实环境中。

（23）幽默：会为别人带来欢笑。

（24）信仰：相信所有的事情都有原因，有信仰，觉得生命是有目的的。

本章小结

1.“压力”一词源于物理学领域，原指物体所承受的与其表面垂直的作用力，后来这一概念逐渐发展到了心理学领域。在心理学领域，压力也称“应激”或“紧张”，是个体在内外环境的作用下，因客观要求与主体应对能力的不平衡而产生的一种适应环境的紧张状态。

2．科学的减压步骤包括压力自测、压力源管理、脑力管理、心力管理、体力管理和有效利用社会支持。

3．挫折有广义和狭义之分，狭义的挫折是指个体在从事有目的的活动的过程中遇到了障碍或干扰，导致个体的目标无法实现、需求未能得到满足从而引发的情绪状态。挫折通常包括三方面的要素：挫折情境、挫折认知、挫折反应，其中，挫折认知是核心部分，挫折反应的性质及程度主要取决于个体对挫折情境的认知。

4．积极应对挫折的方法包括发现挫折的意义、提升心理抗逆力和发掘自身的积极品质。

思考与练习

1．记录下压力事件有助于更好地了解自己当前所面临的压力，正确地分析压力源有助于更好地调节自己的状态。中等程度的压力水平有助于提高个体的工作、学习效率。请用下表记录下你的压力事件并评一评你的压力指数（压力指数分为 0 ～ 5 六个级别，0 为最低，5 为最高）。

压力事件列表

事件	关系到谁	我的反应	我的感受	需要改善的方面	压力指数（0 ～ 5）

2．观察将胡萝卜、鸡蛋、咖啡豆同时放在热水中煮 20 分钟分别会有什么变化，并思考这三种不同的物品的变化对于个体应对挫折有哪些启示。

心理测验

大学生压力情况测试

在大学生活中，大学生要面对许多事情或情境，它们可能会给个体带来不同程度的压力。根据你最近的体会，评估下表中所列项目给你带来的压力，在相应的选项下打“√”。答案无对错好坏之分，请按自己的真实情况填写。

大学生压力量表

项目	没有压力	轻度压力	中度压力	重度压力
1. 渴望真（爱）情却得不到				
2. 与同学关系紧张				

续表

项目	没有压力	轻度压力	中度压力	重度压力
3. 外形不佳				
4. 身体不好				
5. 同学间的相互攀比				
6. 居住条件差				
7. 遭受冷遇				
8. 社会上的各种诱惑				
9. 晚上宿舍太吵				
10. 没有人追求或找不到男 / 女朋友				
11. 没有人说知心话				
12. 没有学到多少真本领				
13. 独立生活的能力差				
14. 应付各种应酬有困难				
15. 家庭经济条件差				
16. 对有些科目，不管怎么努力学习，成绩都不理想				
17. 学习成绩总体不理想				
18. 讨论问题时常反应不过来				
19. 考试压力				
20. 同学之间的竞争				
21. 学习效率低				
22. 每学期末考试成绩排名				
23. 完成课业有困难				
24. 有些课程作业太多				
25. 各种测验繁多				
26. 累计两门以上功课考试不及格				
27. 一门功课考试不及格				
28. 当众出丑				
29. 被人当众指责				

评分规则：

“没有压力”计 0 分，“轻度压力”计 1 分，“中度压力”计 2 分，“重度压力”计 3 分。总分最高为 87 分，得分越高表示压力越大。其中，高于 40 分，压力为中等偏上程度；低于 40 分，压力为中等偏下程度。

第十章　大学生网络心理

知识目标

1．了解大学生网络心理特点及常见的网络心理问题；

2．了解大学生网络心理问题的诱因，掌握健康上网的各种方法。

能力目标

在网络使用过程中提升自我认知和控制能力，以及信息筛选和辨别能力。

素质目标

培养良好的网络使用习惯，以及独立判断网络信息真伪的能力，增强现实中的社交和沟通能力，建立健康的人际关系，养成积极的生活态度，减少对网络的依赖。

思政目标

树立正确的网络价值观，增强网络安全意识，积极参与网络安全维护，通过网络平台传播正能量，参与网络文明建设。

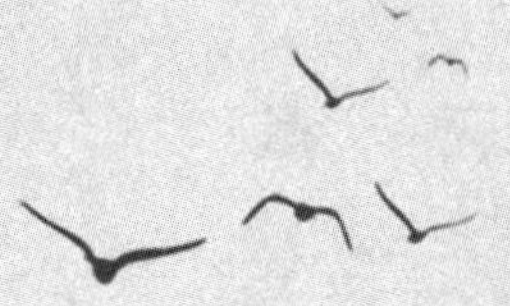

表里内外，粗精隐显，无不慎之，方谓之“诚其意”。

——南宋理学家 朱熹

案例导入

小李是一名大学生，他的生活被手机牢牢地控制着。从清晨到深夜，他的视线从未离开过那个小小的屏幕，他不断地浏览微信、微博、抖音等社交媒体，沉迷于各种手机游戏，热衷于观看各种短视频和直播。他如此全神贯注于手机，时常忘记了时间的流逝。他在课堂上玩手机，无视老师的讲解，错过重要的知识点；在食堂吃饭时玩手机，忘记了食物的味道；在图书馆看书时玩手机，破坏了学习的氛围，浪费了宝贵的时间；在宿舍休息时玩手机，忘记了睡眠的宝贵，忘记了舍友的存在……

渐渐地，小李的学习效率越来越低，并且他常常忽略与身边的人交流和沟通。同时，由于过度依赖手机，当手机没在手边或者手机电量不足时，他会感到非常焦虑和不安。

渐渐地，小李的成绩开始下滑，情绪变得不稳定，他越来越烦躁和焦虑，极易与同学发生矛盾，同时他的睡眠时间越来越少，身体素质直线下降，有时他甚至感到生活失去了意义……

思考：1. 网络对我们的生活有哪些影响？

2. 过度使用网络可能会带来哪些不良后果？

3. 我们应该如何缓解过度使用网络带来的负面影响？

随着人类社会对信息共享和信息传递的需求日益增强，互联网的发展已经融入我们生活的各个角落。在人类活动与网络的交互发展下，我们对客观世界的认识也随着网络在生活、学习、工作领域的不断渗透而发生了变化。

大学生正处于身心发展的关键时期，容易受到周围环境的影响。然而，网上各种有意无意的虚假信息、人身攻击、电脑病毒的传播等，严重影响了大学生的心理健康。同时，在算法技术的发展下，个体获取的信息质量难以得到保证，人们一不小心便会沦为“算法囚徒”。

构建健康、和谐的网络空间，保障大学生身心健康发展，是新时代推动国家治理现代化的重要内容，是建设教育强国的必然要求，也是建设社会主义现代化强国、实现中华民族伟大复兴的强大保障。

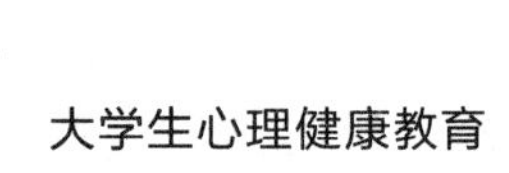

第一节 网络对大学生的影响

一、大学生网络心理特点

大学生主要具有以下五个网络心理特点。

（一）求知与猎奇

网络具有即时性与高速性的特点，可以为大学生提供大量的信息，不仅丰富了大学生求知的途径、缩短了求知的时间，还大大降低了大学生求知的成本，满足了大学生求知的心理需求。但与此同时，有些大学生常常上网浏览诸如名人轶事、明星隐私等现实生活中难以获得的信息，甚至一些色情暴力内容，来满足自己的好奇心，寻求刺激，这催生了大学生猎奇的心理特征。

（二）现实孤独

网络的开放性与交互性为感到孤单的大学生搭建了交流与表达情感的平台。通过网络，大学生可以随时随地与人交流，很大程度地缓解了他们的孤独感，满足了他们排解孤独的心理需求。但部分大学生顾此失彼，网络上的朋友交多了，现实生活中的朋友则因为疏于交往而断了联系，一旦他们离开网络回到现实中，会变得更加孤单，这种孤独感使他们逃离现实沉溺网络世界的想法变得更加强烈。

（三）认知偏差

大学生具有无限的、自发的积极探索外界的心理倾向。这种积极的心理倾向是他们认知发展的重要驱动力。但由于缺乏足够的社会阅历和人生经验，大学生在网络环境中容易受到不良信息（如虚假新闻、误导性的广告、带有偏见的观点等）的干扰。这些不良信息可能会误导大学生，使他们产生错误的认知，进而产生认知偏差。

（四）自我偏差

网络具有很强的隐匿性，原本不善表达、性格内向的人在网络中可能变得热情奔放、能言善辩；原本相貌平平的人在网络中可能会“妆扮”得美若天仙、英俊潇洒；原本成绩平平的人可能会假扮成学霸。有些人喜欢利用网络重拾自信，但部分人可能会因此沉迷网络，或者分不清现实的自我与虚拟的自我，导致身份冲突或身份迷失。

（五）网络沉迷

大学阶段是世界观、人生观、价值观进一步形成的时期，大学生认知的发展和自我意识日趋成熟。但其自控力和辨别力却比较有限，尤其在网络环境中他们缺乏熟人眼光的监督，容易受错误信息的诱导，自律意识下降，放任心理膨胀，导致网络行为失范；同时，容易被游戏、社交软件等虚拟世界所吸引，过度沉迷其中，对现实世界逐渐失去兴趣。

二、大学生网络心理问题诱因

大学生产生网络心理问题主要有以下四个方面的诱因。

（一）网络普及率提高

随着科技的不断发展，网络的普及率越来越高，每个大学生都有机会接触到网络。网络世界的无限性和开放性给大学生带来了很多便利和乐趣，但同时也给他们带来了很多负面影响。如网络游戏和社交媒体的普及让大学生面临着更多的诱惑和压力，过度沉迷于虚拟世界可能会导致他们与现实脱节。

（二）网络信息泛滥

网络信息泛滥是当前一个非常严重的问题。大学生在网络上经常会遇到一些不良信息，如虚假信息，色情、暴力信息等，这些信息可能会对他们的心理造成很大的冲击。此外，大量的网络信息也对大学生的信息识别和筛选能力提出了挑战。

（三）网络社交的虚拟性

网络社交的虚拟性让大学生可以自由地表达自己的想法和情感，同时也让他们容易产生孤独感和焦虑感。很多大学生因为过度依赖网络社交而忽略了现实生活中的人际交往，从而产生了人际关系问题和心理问题。

（四）现实压力源

摆脱了高中阶段繁重学业任务的大学生面临着诸如学习、兴趣发展、恋爱交友、择业就业等一系列问题。部分大学生在现实生活中遇到困难、挫折，或得不到他人肯定、无法体验到成功时，可能会选择逃避现实，将注意力转移到网络世界中，试图在网络世界中找回自信。例如，在人际交往中，每个大学生都希望被他人关心和接纳，渴望融入集体，如果这种归属感无法得到满足，他们可能会通过网络社交等形式宣泄自己的感受，进而长时间沉溺于网络，在其中寻找满足感。再如，有些大学生在学习上遇到困难或挫折，便通过网络游戏解压，因为很多网络游戏可以让人在短时间内体验到成功和乐趣。

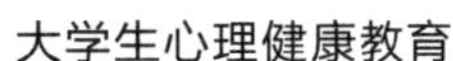

微课学习 欲罢不能的互联网

第二节 常见的网络心理问题

科技的飞速发展为我们带来了一个与现实世界截然不同的网络空间。这个虚拟的世界与人类的心理活动紧密相连，不断改变着我们对客观世界的认知。网络独有的特性为我们带来了积极的影响。例如，通过搜索引擎，我们可以轻松获取各种学习资料；通过社交媒体，我们可以与世界各地的人进行交流，拓展人际关系；通过新闻网站，我们可以及时了解国内外大事，提高自己的综合素质。对于身心尚未完全发育成熟且面临诸多压力的大学生来说，网络心理健康是一个不容忽视的问题，网络信息的纷繁复杂和良莠不齐很容易导致大学生产生各种心理问题。

一、网络与自我

（一）自我认知失调

由于网络世界的隐蔽性和匿名性，每个人都可以在网络上自由地创建和拥有新的角色。例如，在某一在线兴趣小组中，以资深音乐爱好者的身份分享小众音乐知识；在游戏论坛中，以顶级游戏玩家的姿态畅谈游戏攻略。通过在不同的网页与窗口之间自由切换，同一时刻个体可以在多元的虚拟世界中扮演不同角色，催生出多个“虚拟自我”。

大学生频繁地在现实与虚拟两个截然不同的世界中来回穿梭，在虚拟自我与现实自我的边界上徘徊不定，往往难以实现现实自我与虚拟自我之间的顺利转化。这就引发了“真实自我”与多个“虚拟自我”之间的激烈冲突，导致自我内在的一致性遭到破坏。这种自我认知失调会对大学生的行为产生诸多影响。他们可能在行为决策时出现犹豫不决、自我怀疑的情况，无法像过去那样坚定地依据一贯的自我认知来行动，在面对学业、社交以及职业规划等重要事务时，容易陷入迷茫与困惑之中。

（二）过度自我呈现

自我呈现是指个体在社会互动中，通过言语、行为、外貌等方式向他人展示自己的形象和身份的过程。现实生活中的自我呈现往往被限定在一定的范围内，受到时间、空间等因素的约束，个体在追求完美呈现的同时还要考虑各种现实因素。虚拟的

网络世界则不同，网络的匿名性使个体能够突破现实身份的限制，选择性地展示自己的某些特质，甚至创造全新的身份形象，以满足不同的心理需求。

大学阶段是个体自我认同形成的关键时期，大学生渴望在网络中展现理想中的自己，常常通过他人的认可来确认自己的价值和身份。然而，一旦自我呈现行为过度，个体对虚拟自我的认同就会偏高，对现实自我会产生较大的影响。

过度自我呈现通常表现为：个体对虚拟现实开始过度关注和依赖，在与他人交流互动中借助各种技术手段和符号营造利己的“理想我”，同时频繁地在虚拟现实平台发布“自我粉饰”后的动态（与实际并不相符），为了获得他人的关注甚至不惜采取极端化的自我呈现。

此外，每一次精美的网络展示（图片、文案、声像）背后，反映的是个体对他人期待的迎合。在这个过程中，个体真实的情感和想法可能被掩盖，逐渐失去对自身真实需求和内在特质的清晰认知。例如，有些大学生为了在社交平台上呈现出积极、快乐的形象，即使内心感到沮丧或焦虑，也会强颜欢笑，发布看似充满活力的内容，长此以往，其内心的负性情绪无法得到释放，可能使内心的压力越积越多。

（三）虚拟代替真实

网络创造的虚拟空间让人们可以随心所欲地扮演自己好奇的、希望的、感兴趣的角色，这给个体的自我存在带来了新的形式——虚拟自我。传统意义中的自我是一个复杂的概念，它会随着环境的变化而发生改变。在虚拟世界，个体可以根据自己的喜好在不同领域塑造多元的自我：艺术家、美食家、旅行家……有人甚至将自己完全改变成另外一种形象，并且以“重生”的新身份与他人进行交流互动，从而在网络世界中建构出新的“自我”。

在互联网时代，虚拟自我是人的重要组成部分，但很多人却使之成为异己的对抗性力量，分裂为自我的对立面。很多个体在现实生活中能够保持理性的自我，但在网络空间中却易受裹挟，从而表现出“盲动主义”。还有的个体置身信息洪流，产生自身认知能力和知识水平大幅提升的幻觉，或是因网络生活的便捷而出现“无所不能”的错觉。长期脱离现实生活，沉浸在网络活动中不能自拔，容易使个体，尤其是自我意识处于发展与整合阶段的大学生产生“我就是游戏中的‘我’”“现实的我远不及虚拟的‘我’”“我要成为网络中的‘我’”等想法。久而久之，个体可能会变得厌弃现实自我，逃离真实生活，认为虚拟世界中的“我”才是真实的。

二、网络与情绪

（一）信息焦虑

信息焦虑是指个体在面对海量信息时感到的压力、不适和焦虑。信息焦虑一方面表现为个体对信息收集过程的过度关注，害怕错过任何一条可能有价值的信息；另一

方面表现为对信息质量（信息的真实性和可靠性）的担忧。

网络世界是一个信息的海洋，信息以爆炸式的速度增长和传播。人们每天都会接触到海量的信息，从新闻资讯、学术研究到各种娱乐八卦。在这个信息洪流中，有些大学生常常担心错过某些重要的信息，从而产生信息焦虑。因此，有些大学生会更频繁地刷新网页、查看消息，试图抓住所有可能有价值的信息。但由于网络信息的多样性和不确定性，大学生在筛选和甄别信息的过程中更容易感受到信息过载带来的冲击与力不从心，也更难以作出理性的决策。

值得注意的是，当个体在网络社会比较中感到落后时，他们会更加渴望通过获取信息来弥补差距，从而陷入信息焦虑的漩涡。而信息焦虑又会强化网络社会比较带来的负性情绪。这种恶性循环便会使网络焦虑不断累积，最终可能对个体的心理健康和生活质量产生严重的影响。

（二）网络孤独

孤独感是一种复杂的情感，受到多种因素的影响。在有些文化背景下，孤独感可能被视为正常的甚至个人成长的机会；在有些文化背景下，孤独感可能被视为是需要解决的问题。幼年时的孤独感被认为是个体以后生活健康状况较低的预测指标。网络孤独是指个体过度依赖网络虚拟交往，对真实生活中的他人和社会产生情感疏离和淡化，逐渐对丰富多彩的现实世界失去参与感和感受力，变得孤僻、冷漠、自我封闭。

有些大学生花费大量时间与网络上的朋友聊天、互动，参加各种线上社交活动。然而，与面对面交流相比，网络交流缺少了肢体语言、眼神交流、语气语调等丰富的情感表达元素，在情感传递上存在一定的局限性，这会使得个体在网络社交中难以获得真正满足情感需求的体验，从而产生孤独感。例如，在一些线上游戏社区或社交群组中，人们虽然看似与很多人建立了联系，但当他们放下手机或电脑，回到现实生活时，却发现身边缺乏真正可以倾诉、依靠的朋友。长此以往，这种虚拟社交与现实社交的失衡会让人们感到内心孤独，即使身处人群之中，也仿佛与他人隔了一层无形的屏障。

网络交往的平等性、隐匿性等特点，有助于个体在网络中快速找到朋友，获得线下社交中所不能实现的满足感和成就感。于是，个体可能更加关注人机对话，依赖人机交往，看似忙碌的同时，也在把自己与真实的社会关系割裂开来，用上网取代了社会活动和人际交往，与周围的人和社会渐行渐远，造成网上“众多知己”与网下“孤单一人”的两极化状态，最终让自己陷入一种自我封闭的孤独状态。

（三）网络使用与抑郁

抑郁是一种易发的情感障碍，而且对个体的影响非常大。过度的网络交往和不良的网络使用行为，会减少个体线下活动时间，可能是导致个体抑郁的重要因素之一。

过度依赖网络的个体会体验到更多来自现实世界的学习、同伴和家庭的相关事件的压力。而这些事件带来的压力会增加个体对抑郁情绪的感知。研究表明，网络成瘾

与抑郁显著相关。

三、网络与人际交往

（一）网络关系成瘾

网络关系成瘾是指个体过度使用线上聊天工具、网络论坛等，沉迷于建立、维持和发展网络上的人际关系，从而忽视了现实人际关系，导致心理、社会功能受到损害。网络关系成瘾的个体使用网络平台进行线上社交的意念往往强烈，在网络上耗费了大量时间和精力，个体的这些行为对其学习、日常生活和现实人际关系将产生严重负面影响。

当个体的期望和需求在网络社交过程中得到满足时，个体会产生愉快的体验，但这种积极的情绪容易使个体的行为不受控制，导致个体更加频繁地选择使用网络社交媒体，最终导致网络关系成瘾。

（二）线上社交焦虑

线上社交焦虑是指个体在网络社交活动过程中产生的一种过度紧张、不安和担忧的情绪。这种焦虑情绪主要聚焦于线上社交情境，如在社交平台发布内容、参与群组讨论、与网友互动交流等过程中出现。

匿名、便利、有充足的时间来调整发言，这些优点使社交网络成为高社交焦虑者的避风港。但随着线上和线下交往的界限趋于模糊，在一些特殊的社交情境中，这些优点反而成了缺点，催生出了线上社交焦虑。例如，你发了一条朋友圈，过去了半小时，尽管你每隔两分钟查看一次，点赞或者回复依然是 0，你不断查看自己的文案和每一张配图，琢磨到底是哪里出了问题，逐渐变得焦躁不安……线上沟通带来高效和便捷的同时，也让不少人对秒回信息、获得关注和认同有了更高的期待。当期待落空时，有些个体就会产生自我否定与焦虑，如个体可能会想“是不是我的朋友圈没意思，所以没有人给我点赞”。这种线上社交焦虑和线下社交焦虑的本质是一样的，即由于内心的不自信或者对自己社交价值的不确定，个体的注意力容易偏向他人的评价，甚至可能会因评论区的负面评价对自己作出全面否定，即使只有少数几个人提出不同意见，个体可能也会因此而感到焦虑。

（三）现实社交困境

现实社交困境是指个体过多地进行网络社交，使现实中的自己处于一种相对封闭的状态，在现实生活中不由自主地感到焦虑、紧张、害怕，以致在现实交往中常常表现得语无伦次、面红耳赤、手足无措。随着网络的普及和网络社交的不断发展，越来越多的个体宁愿选择“宅”在网络的“虚拟社会”里，也不愿走出去与现实生活中的亲朋好友进行面对面的沟通和交流。

线上线下“两极化”社交状态主要可分为两类：一类是线上思维活跃、侃侃而谈，线下语无伦次、沉默寡言；另一类是线上线下都不言不语、自我封闭，沉醉于自我世界中。这两类个体都因长期生活在虚拟的网络社交中，在现实人际交往中变得越来越敏感，总是处于焦虑状态，从而对现实人际交往产生恐惧感。因此，他们极力回避参加同学聚会，不敢与不熟悉的人交谈，逃避他人注视的眼光，害怕在公开场合讲话，害怕成为别人关注的中心，等等。

（四）情感关系困扰

在大学阶段，个体的情感需求达到一个高峰。这一时期，个体普遍对爱情抱有理想化的期待和憧憬。他们热切期望在这一关键的人生阶段寻找到真挚的爱情。网络交友平台的便捷性和广泛性为大学生提供了更多与异性互动的机会，这使得大学生在面对网络中看似合适的异性时，往往容易迅速投入情感，期望在虚拟环境中实现自己的爱情理想。

在网络亲密关系形成的初期，双方主要通过文字、语音和视频等进行交流。在此过程中，个体可能会基于有限的信息构建起对方的理想化形象。然而，当双方决定从线上互动转向线下见面时，现实中对方的外貌、性格和生活习惯等可能与自己想象的对方的形象存在差异，这种理想与现实的差异可能导致个体的期望落空，对恋爱关系感到失望，甚至从此产生回避心理。

此外，网络上色情内容的广泛传播对大学生的价值观构成了挑战。频繁接触色情信息可能导致大学生对性和情感关系的认知产生偏差，将性与爱情、亲密关系简单等同或曲解，从而导致价值观的混乱。同时，这种状况还可能引发大学生内心的道德冲突，一旦心理防线崩溃，便容易产生自责和内疚等负性情绪。这不仅影响他们的心理健康，也可能妨碍他们将来正常情感的发展。

四、依赖和成瘾

（一）手机依赖

手机依赖是指个体由于过度使用手机，造成身心受损以及社会交往弱化的情况。进入大学后，与高中阶段相比个体拥有更多的自主时间。随着学习压力的相对减轻，个体容易在刚进入大学时放松对自己的要求，在缺乏明确的学习目标和兴趣爱好的情况下，可提供社交、游戏、娱乐视频、购物等多种功能的智能手机，能够充分满足个体多样化的需求，从而导致个体产生手机依赖。

现阶段，手机依赖以短视频沉迷较为常见。短视频沉迷是一种个体因观看短视频，导致明显的行为失控或注意力障碍，并进一步造成人际、学习或工作适应困难的行为。短视频具有个性化算法推荐、内容简短且丰富、交互成本低等诸多特征，给处于快节奏生活中的人们增加了信息娱乐的可及性，可激活用户的愉悦感，缓解用户的

负性情绪，满足用户在短时间内获取大量信息的需求，并导致用户通过不断增加使用频率和时长来强化这种行为，最终可能导致问题性手机使用行为的发生。

无节制地使用手机往往会对个体的心理和行为产生消极影响，造成无法预料的后果。有学者指出，手机依赖会使个体产生不正常的心理依赖，导致个体一旦不能及时使用手机，就可能出现心理问题，如心情烦躁、情绪失控等，甚至出现睡眠问题。长时间使用手机除了对个体心理造成危害，导致个体出现逃避、人际交往能力下降等情况之外，还会对个体的生理造成明显的影响，主要表现为手脚发麻、头晕、心悸、出汗。手机依赖者由于长期低头使用手机，还可能会出现不同程度的触屏指、颈椎疼痛等躯体功能障碍。

（二）网络成瘾

网络成瘾是指在无成瘾物质的作用下，个体出现对互联网使用的失控行为，表现为因过度使用网络导致明显的学业、职业和社会功能的损伤。网络使用持续时间是诊断网络成瘾的重要标准，一般情况下，相关行为须至少持续 12 个月才能确诊为网络成瘾。网络成瘾可分为五类：网络游戏成瘾、网络色情成瘾、网络关系成瘾、网络信息成瘾、网络购物成瘾。对于大学生来说，目前存在的网络成瘾主要是网络关系（聊天）成瘾和网络游戏成瘾，其中网络游戏成瘾最严重，涉及人数也最多。

根据第 54 次《中国互联网络发展状况统计报告》和《2024 年中国游戏产业报告》数据，2024 年，我国网络游戏用户规模达 6.74 亿人，占网民人数的 61.29%。游戏越来越成为大家热爱的娱乐活动。各种类型的网游、手游层出不穷，满足了大众的各类精神需求。网络游戏中炫酷的音效和动效使得玩家可以获得及时反馈。游戏开发者通过一些类似于操作性条件反射的设定，使得玩家保持并强化玩游戏的行为，从而刺激消费、获得收益。但是，在游戏的场景中，用户与游戏公司存在巨大的信息不对称。游戏公司取得了大量关于用户的信息，包括在线时间、使用偏好等，而用户无法获得这些信息，更无法知道这些信息是如何被以个性化的方式“操纵”他们的行为的。然而，长时间无节制、失控地沉迷于网络游戏必将对个体的身心健康产生危害，网络游戏成瘾的问题日益凸显。

以网络游戏成瘾为代表的网络成瘾行为的产生是心理与环境交互作用的结果。网络成瘾的原因较为复杂，这里主要介绍以下四点。

第一，个体缺乏自我控制能力。一些大学生未能形成完整稳定的世界观、人生观和价值观，对新鲜事物好奇与探究的欲望十分强烈。少数人经受不住其他玩家的蛊惑和宣传，在猎奇心理的驱使下，往往因为自制力薄弱而深陷其中。

第二，个体的沟通和社交能力较弱。孤独感和网络游戏使用的增加呈正相关。自卑造成孤独，导致个体在现实生活中难以与他人建立良好的人际关系。有的人因为内心压抑，觉得通过玩游戏可以得到宣泄和释放，于是在虚拟世界中寻求满足感。

第三，个体存在焦虑、抑郁等心理问题。负性情绪能够激活个体的网络使用行为，频繁的网络使用会加强人体对网络的依赖，个体以期形成一套线上支持系统，来

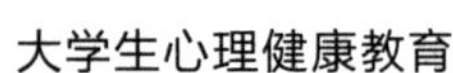

抵消焦虑、抑郁等负性情绪，满足自身的需求。

第四，不稳定人格是网络成瘾的本质原因，那些情绪稳定性差、不能严于律己、缺乏自信、沮丧悲观、挫折承受力低的个体更容易对网络产生依赖，形成网络成瘾。

微课学习 虚拟世界的沉浸感受对心理的影响

第三节 积极互联网心理品质的培养

健康上网行为是指大学生从外控到内控形成有节制的上网行为，从而获得对学习、生活和身心发展有益的结果。

按照控制的内外方向和个体寻求有益影响的现实与虚拟倾向，我们可以归纳出上网行为结构的两个维度。第一个维度为“控制性”维度，正向是受内部控制的行为特征，命名为“内控源”；负向为受外部控制的行为特征，命名为“外控源”。第二个维度为“获得性”维度，正向代表利用资源，拓展知识，获得对学习、生活、身心发展有益的结果，命名为“现实性”；负向代表“虚拟获得”，如代偿满足、追求虚拟生活，命名为“虚拟性”。由以上两个维度构成的二维空间把人们的健康上网行为分在四个象限（“四分型”），即健康型、成长型、满足型和边缘型（如图 10-1 所示），每个类型有其显著的特征。

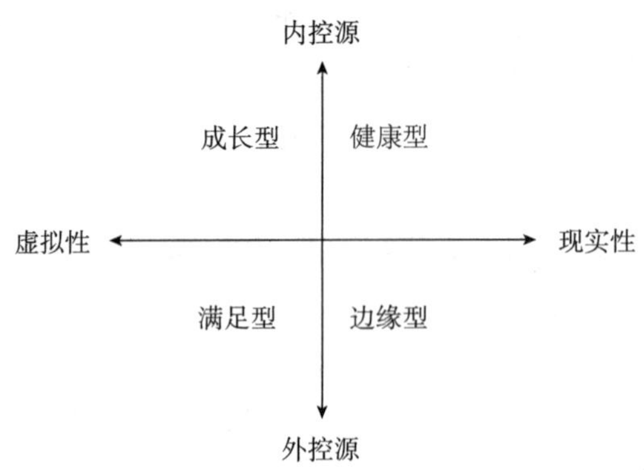

图 10-1　健康上网行为的四个象限

（1）健康型：这个区域的上网行为体现了个体能够主动控制、自我要求、积极寻求和利用网络资源。也就是说，在这个区域，人们的上网行为是受到内在动力和积极性驱动的，人们会努力追求自己想要的东西。

（2）成长型：在这个区域，人们会通过上网寻求发展并努力获得有益的结果，同时也会受到外界的影响。这意味着人们的上网行为受到内在动力和积极性的驱动，但是也会受到外部环境的影响。

（3）满足型：在这个区域，人们上网时会控制和约束自己，可以运用互联网代偿和满足自己的需求，因为自我控制良好，所以心情愉快。但是需要注意的是，虽然不会带来不良影响，但是上网行为指向虚拟现实，有可能是一种自我安慰或自我欺骗的方式。

（4）边缘型：在这个区域，人们的上网行为受外界影响较大，人们抵制不良吸引的控制力较弱。虽然这样的上网行为不会产生不良结果，但它可能是一种消极应对方式，无法真正地解决问题。

影响个体健康上网行为的外部因素主要是家庭、同伴、学校、社会等。影响个体健康上网行为的内部心理因素主要有自制力（这个最重要）、态度（包括对互联网的态度、对健康上网行为的态度以及道德态度）、目标、愉快体验、乐群开朗的性格和自信心。

拓展阅读

学生甲："昨晚我又通宵玩游戏了，今天上课的时候完全没精神，感觉这样下去我的成绩要受影响。"

学生乙："我本来打算只玩一会儿游戏放松一下，但不知不觉中就玩了好几个小时，现在感觉浪费了宝贵的学习时间。"

学生丙："我发现自己越来越依赖网络，现在连基本的社交都在网上进行，感觉在现实生活中越来越孤独。"

学生丁："我在上网找资料时，总是被各种在线课程的评论和讨论分散注意力，结果学习效率大大降低。"

学生戊："我本来想通过上网来放松一下，但最后只是看了一堆无聊的视频，感觉更累了。"

学生己："我上网是为了找资料，但总是被各种无关的链接和广告分散注意力，最后却没找到多少有用的信息。"

大学生健康上网行为包含以下八个方面：

（1）抵制不良信息：不登录黄色、暴力等违法网站，拒绝浏览不良网页及信息等；

（2）不沉迷于网络，尤其是不沉迷于网络游戏，对网络不迷恋、不依赖、不成瘾；

（3）上网行为不影响正常学习、生活，不带来消极影响；

（4）控制时间：能自行控制上网的时间；

（5）健康时间：为自己设定一个健康上网的时间段，自觉控制自己；

（6）放松身心：全身心地调节自己，利用互联网来调整节奏或者获得适宜的健康资讯；

（7）辅助学习：上网大部分是为了帮助学习、拓展知识等；

（8）长期的积极影响：长期来看，上网行为能给学习、生活和身心带来积极的影响，有益于个人的发展。

一般来说，符合以上八项中的五项就是健康上网行为。

一、健全网络自我认知，提升自我控制能力

（一）健全网络自我认知

大学生健全网络自我认知主要包括全面认识自我、正确评价自我、积极整合自我三个方面。

1．全面认识自我

大学生全面认识自我，不仅要对自己的外貌、性格、能力等有全面、准确的认识，也要承认自己的优势，正视自己的不足，在此基础上接受自我，悦纳自我，敢于在网络人际交往中展现真实的自我，既不过分夸大自己的优势，也不自惭形秽，对自己有真实、全面、客观的认识，提高自我接纳度。

2．正确评价自我

影响自我评价的因素主要包括自身的气质类型、认知能力、情绪状态等。

气质类型是一类人身上共有的或者相似的典型气质特征，不同气质类型的个体具有明显的差异性，如胆汁质的人精力旺盛，情感发生迅速且强烈，他们大都热情、直爽，脾气暴躁。

认知能力是个体对自我的心理和行为状态认知的能力。认知能力的高低直接影响个体自我评价的准确性。认知能力高的人，自我评价往往更加准确、全面。

情绪状态反映了个体当下的情绪和情感体验，将直接影响个体对待事物的看法和态度。当人的情绪状态积极向上时，往往会作出正向的自我评价。

因此，大学生在进行自我评价时，要考虑自身的气质类型和性格特征，要不断积累社会经验，在积极、稳定的情绪状态下进行自我评价，充分认识自身的发展变化过程，既不以偏概全，也不对自身作出绝对的、片面的评价。同时，要认识到错误的自我评价带来的危害。若自我评价出现了偏差，将会影响个体对自己、对他人、对社会的认知和态度，影响个体与他人、社会的交往行为和交往方式，甚至阻碍个体的自我发展和社会化进程。

3．积极整合自我

积极整合自我，即正确认识现实社会中的“我”（现实我）和网络中虚拟的“我”（理想我），实现自我的完整和统一。

在网络世界中，大学生可以戴上“面具”，在与他人的互动中建构自己的特质和身份，可以扮演自己心中的“理想我”，可以在网络世界中过着另一种生活。但事实上，网络世界的“理想我”同样来源于现实生活，如果处理不好“理想我”与“现实我”之间的关系，任由“理想我”肆意发展，必将反受其害。

积极整合自我，首先，要减少对网络的依赖，既包括对信息获取的过度依赖，也包括对通过扮演理想中的角色满足自我需求和实现自我目标的依赖。网络为人们的生活提供了极大的便利，使得信息获取更加迅捷、容易。但网络是一把“双刃剑”，一些大学生在极大限度地突破时间和空间界限分享知识和信息的同时，也在不经意间形成了对信息获取的过度依赖。在心理学的众多效应中，“替代效应”可以恰当解释这一现象：两条或者多条路径可以得到相似或者相同的结果，人们往往倾向于那条更加省时省力的路径，如果阅读、向他人请教、上网检索同样可以查到一条信息，无疑绝大多数人会选择上网检索。大学生不应过分依赖他人拼凑而来的信息，要建立自己的信息渠道，多看多读，拓展自己的视野，对获取到的信息、生活中的细节，要多进行思考，注重将所学应用于实践。

其次，要着眼于现实世界中的目标和愿望，基于现实生活和个人理想设定愿望清单，依据愿望清单和现实条件设定短期目标，并在短期目标的指引下制订切实可行的计划，在不断努力提升、完成阶段性目标、调整方向和小目标的实践中逐步发展自我。

最后，要防止角色冲突和角色混乱导致的“现实我”和“理想我”的混淆和冲突，“理想我”不应源于幻想、源于臆造，“现实我”和“理想我”更不能相割裂甚至相冲突。大学生要学会悦纳现实角色和虚拟角色，弥合现实角色与虚拟角色之间的价值裂痕，解决现实生活中获取的认知与网络世界中获取的认知间的冲突。

（二）提升自我控制能力

美国著名健康心理学家凯利·麦格尼格尔在《自控力》一书中提出了以下自控力训练策略。

第一，要明确认识自己，通过训练提高自控力。“我要做”和“我不要”是自控的两种表现，但它们并不是意志力的全部，意志力中还存在第三种力量，那就是“我想要”的力量：牢记自己真正想要的是什么，在关键时刻能够明确自己的目标。认识自己是意志力的第一法则。知道自己真正要做的是什么，意识到自己为何会作出决定，不受外界诱惑的干扰，才能更好地控制自己。个体可以通过训练来增强意志力，具体有两个方法：一是冥想，二是记录自己的行为并加以分析。冥想，即安静地坐好，闭上眼睛，感受自己的呼吸，吸气时在脑海中默念“吸”，呼气时在脑海中默念“呼”。当发现自己走神时，须重新将注意力集中到呼吸上，在心里多默念几遍“呼”和“吸”。这样的训练能帮助个体提高自控力和专注度。这个练习可在早上起床后或晚上睡觉前进行，须坚持做一段时间才能有效果。

第二，要增强自控力的生理基础。当我们面对诱惑时，大脑会释放多巴胺神经递质，让我们本能地无法拒绝诱惑，变得冲动。这时候我们往往需要三思而后行，明确自己的目标，让自己慢下来，抑制冲动。（1）在使用网络时要关注网络的工具属性，以实现某种目标或满足某种需求为导向来使用网络，如通过社交媒体学习新知识、获取信息或解决问题等，减少对网络的情感依赖。（2）每天进行几分钟的慢呼吸、深呼吸训练，逐步提高对自我身体的感知和控制能力。（3）坚持运动并保证充足的睡眠。

第三，学会应对自控力疲劳现象。自控力和我们的肌肉一样也有极限，也会疲劳，我们生活中的琐事往往也会消耗自控的能量，大脑会因为使用而疲劳，导致血糖下降，情绪不稳。所以“一日之计在于晨”，重要的事情要放在开头去做。面对会疲劳的“自控力肌肉”，我们应该怎么做？首先，增强“我不要”的力量，不去做那些不该做的事，以免养成不好的习惯，哪怕是微小的坏习惯。其次，增强“我想要”的力量，每天做一点想做的事情，养成好的习惯。再次，增强自我监控能力，记录行为，量化自我。最后，挖掘“我想要”的力量，让自己恢复能量，例如，在做一件比较有挑战的事情之前，多想想如果挑战成功，会收获什么；如果挑战成功，还有谁会受益；如果现在愿意做更困难的事情，那么一段时间后，难度类似的事都将变得容易。

第四，不忘初心，牢记自己的最终目标。记住自己为什么拒绝诱惑，把当下的行为当作对今后每一天的承诺。

第五，将不喜欢做的、可能会被拖延的事情“多巴胺化”，即通过一点点的奖励激励自己去完成这些事情。我们要理解对自己而言真正的奖励是什么，这会促使我们作出明智的选择。当然，我们也不能抑制欲望，如果多巴胺停止分泌，我们会感觉沮丧，甚至抑郁会接踵而至。所以，要拥有良好的自控力，就要分清有意义的奖励和消耗我们精力的虚假奖励。我们要做的不是让多巴胺继续分泌，而是设法增加大脑中改善情绪的化学物质。有哪些方法可以增加这些化学物质呢？很简单，积极地运动，参加活动，听音乐，读书，和家人、朋友聊天，培养一个有创意的爱好，同时，要学会安慰自己、鼓励自己，有研究表明，自我同情也会提升我们的积极性和自控力。

二、建立良好的情感支持系统，掌握一定的情绪调节方法

现实情感源于现实生活中的实践和体验，个体往往在实践和体验中产生多种情绪和感受，最终形成比较稳定、复杂的情感；而虚拟情感更多源于网络中的文字和符号等信息，个体往往在短暂的情境中体验到相对单一的情绪和感受，个体发挥主观能动性的机会空间较小，产生的情绪和感受与现实生活的贴合度相对较低。与熟悉的人交往，所产生的情感的价值是真实可靠的，而对匿名、虚拟的“网友”传达而来的“情感”，则需要加以分析，辩证地看。因此大学生应降低对网络情感的依赖强度，增加现实生活情境中的人际互动，主动排解烦恼，缓解消极情感，寻求亲友帮助，积极参与健康的人际交往和集体活动，获取更多来自现实生活的情感支撑。

情绪调节是对自己的情绪进行控制和调整的一种主观努力，有效的情绪控制和调节会引起个体生理和心理上的积极反应。大学生的心理并未完全成熟，他们比较容易受到生活和学习中负面事件的影响，过多的消极情绪将会增加个体患心理疾病的风险，如可

能导致抑郁、焦虑等心理问题。大学生可以用以下三种方法进行自我情绪调节。

第一，可以在网络中合理运用心理咨询中的自由谈话法，将自己内心的问题、苦闷、思想矛盾表达出来，发泄内心的悲观、失望、忧愁等消极情绪，在倾诉中了解自己内心的诉求和问题所在。

第二，可以转移注意力，暂时回避消极情绪。适当转移注意力有助于身心健康。具体方法有：通过适当回避改变关注点；做自己平时最感兴趣的事情；改变周遭的环境；从另一个角度看待问题；发现消极事件或因素中的积极意义；等等。

第三，可以通过运动或音乐进行情绪调节。人在情绪低落时，往往活动意愿偏低。事实证明，有效的身体运动可以明显改善情绪状态，剧烈运动对于人精神状态的影响更加明显。通过运动，人们可以将郁结于心的消极情绪宣泄出来。听音乐也是人们缓解压力、调节情绪的常见方法之一。舒缓的音乐可以使人放松身心，激昂的音乐可以令人精神振奋。

三、建立正确的网络使用观，遵循一定的网络行为准则

网络对于个体心理发展的影响具有两面性：一方面，长时间使用网络将导致个体出现诸多身心健康问题，严重的还会导致网络成瘾；另一方面，网络训练了个体的大脑多任务处理能力，适量的网络使用行为（如网络游戏）还可以提高个体某方面的认知能力。

大学生建立正确的网络使用观，须做到以下三点。

第一，学习并掌握相应的网络知识，并在此基础上形成对网络的理性认知，要对当前的网络环境有比较清醒的了解。大学生要具备基本的网络媒介素养，知道在网上要做什么、为何做以及怎么做，树立清晰的网络法律意识、安全意识和底线意识。

第二，提升网络评价能力。网络评价是个体运用网络知识对自身网络行为进行的一种评价和判断，这是一个内省的过程。在这种不断自我评价和自我纠偏的内省过程中，大学生可逐步明是非、知对错、辨真假，实现网络认知的内化和稳固。

第三，树立正确的网络信念。网络信念发挥着类似于道德的约束作用，它指导着个体按照内在的价值标准去评价他人，并自觉调整和规范自身的网络行为。

要实现健康上网，大学生应遵循以下三个行为准则。

第一，享受权利和遵守规则并举。大学生在使用网络的过程中，保障自身正当权利的同时也不应损害他人的权益，追求权利不是毫无约束的恣意妄为。

第二，要加强自我约束和控制。大学生在上网时要加强自律，头脑中要时刻绷紧法律这根弦，不去触碰法律的红线，不做不健康信息的传播者。要利用网络不断完善和充实自己，培养和锻炼理性的判断和思考能力，不轻信谣言，也不盲目跟风，应有理、有度地使用网络。

第三，培养健康的上网习惯。大学生出于情绪表达的需要、知识技能获取的需要等上网时，若具体行为出现功利性、虚构性、逃避性倾向，要及时调整。上网的目的

不应是逃避现实、过度消遣、试探法律和道德的底线，大学生应以端正的态度看待网络，以积极正向的动机使用网络，不断培养健康的上网习惯。

拓展阅读

《新时代青少年网络文明公约》[①]

强国使命心头记，时代新人笃于行。
向上向善共营造，上网用网要文明。
善恶美丑知明辨，诚信友好永传承。
传播中国好故事，抒写青春爱国情。
个人信息防泄露，谣言蜚语莫轻听。
适度上网防沉迷，饭圈乱象请绕行。
远离污秽不炫富，谨防诈骗常提醒。
与人为善拒网暴，守好底线不欺凌。
线上新知勤学习，数字素养常提升。
网络安全靠你我，共筑清朗好环境。

四、积极求助，丰富大学生活

积极求助，即在遇到问题时积极寻求社会支持。社会支持指的是人与人之间的帮助、关心和肯定。例如，自己不能走出网络误区的成瘾者，可积极向老师、同学、家人或专业人士求助，借助他们的关心和专业辅导，通过有效措施释放心理压力。

大学生也可以主动转移对网络的关注，在现实生活中寻找替代，如参与形式多样的社团活动，培养自身兴趣爱好，积极参加社会活动等。这不仅有助于发挥自身的潜能和特长，增强自信，有助于降低对网络的依赖，培养多方面的兴趣爱好，还有助于培养团队合作精神，使个体更好地融入集体，扩大现实生活的交际面，丰富大学生活。

本章小结

1．大学生网络心理问题诱因：（1）网络普及率提高；（2）网络信息泛滥；（3）网络社交的虚拟性；（4）现实压力源。

2．网络成瘾的类型：网络游戏成瘾、网络色情成瘾、网络关系成瘾、网络信息成瘾、网络购物成瘾。

3．健全网络自我认知，须做到：（1）全面认识自我；（2）正确评价自我；（3）积极整合自我。

① 2023年中国网络文明大会发布《新时代青少年网络文明公约》[EB/OL].（2023-07-18）[2024-10-15].http://fj.people.com.cn/n2/2023/0718/c181466-40498306.html.

4．通过增加现实生活情境中的人际互动，主动排解烦恼，缓解消极情感，寻求亲友帮助，积极参与健康的人际交往和集体活动，能够获取来自现实生活的情感支撑。

5．建立正确的网络使用观，须做到：(1) 学习并掌握相应的网络知识，并在此基础上形成对网络的理性认知，要对当前的网络环境有比较清醒的了解；(2) 提升网络评价能力；(3) 树立正确的网络信念。

思考与练习

1．大学生常见的网络心理问题有哪些？

2．网络成瘾的原因有哪些？

3．如何培养大学生健康的网络心理？

心理测验

请填写下面这个《问题性社交网站使用量表》。该量表共有 8 个问题，请测试者在 5 个选项中选择最符合自身情况的选项。

问题性社交网站使用量表

问题	完全不符合	比较不符合	不确定	比较符合	完全符合
1．社交网站的使用使我无法专心学习					
2．每天一早醒来，我最先想到的事就是登录社交网站					
3．社交网站使用过多让我难以入睡					
4．使用社交网站干扰了我的线下社交活动					
5．我的亲朋好友认为我的社交网站使用时间过长					
6．无法正常使用社交网站时我会感到焦虑不安					
7．情绪低落时，我觉得登录社交网站会使自己好受些					
8．我曾试图减少社交网站使用的时间，但最终未成功					

评分规则：

该量表采用 5 点计分法，“完全不符合”得 1 分，“比较不符合”得 2 分，“不确定”得 3 分，“比较符合”得 4 分，“完全符合”得 5 分，得分越高表明对社交媒体的依赖程度可能越高。

第十一章　大学生心理危机

知识目标

1. 了解心理危机的概念和大学生心理危机的特征；
2. 了解大学生产生心理危机的原因以及心理危机的后果；
3. 当他人或自己遭遇心理危机时知道怎样应对。

能力目标

1. 学会识别心理危机；

2. 学会运用所学知识和技能恰当应对心理危机，提升实际操作能力和应变能力。

素质目标

1. 增强对心理危机的重视，培养积极关注自己和他人心理健康状况的意识和责任感。
2. 消除对心理危机当事人的误解和偏见，学会尊重、理解和包容心理危机当事人；
3. 在学习和实践过程中，培养面对心理压力和潜在危机时的积极心态和坚韧品质，不断提高心理调适能力。

思政目标

1. 树立正确的价值观，珍惜生命、尊重生命，正确领悟生命的意义，培养互助友爱、团结协作的价值观念；
2. 增强心理韧性，提升道德素养，学会转危为安，培养在困难面前不退缩、勇于担当的精神。

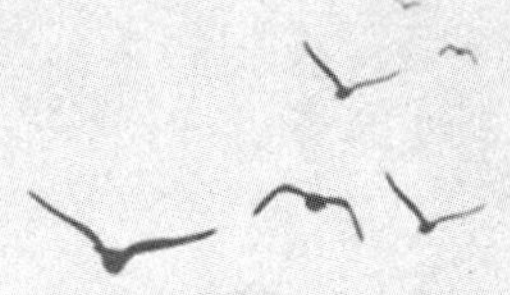

生命对于每个人，都是上苍只有一次的馈赠。

——中国当代作家、内科主治医师 毕淑敏

案例导入

小 H 是某高校大二的一名学生。她家境优渥，性格活泼开朗，十分健谈。小 H 的学习成绩在整个年级中排名中上，每次考试通过，父母都会奖励她名牌鞋包。平时她经常请室友喝奶茶或者带零食分给大家吃。

但近期室友发现小 H 有些不对劲。一向开朗的她经常躲在被子里哭，眼睛红肿，唉声叹气，室友问原因她也不愿多说；一向爱学习的她连续翘课，在同学提醒之后仍然不以为意；一整天只吃一顿饭，甚至一顿也不吃，明显消瘦很多。

寝室长把她近期的情况反映给了辅导员，在辅导员的建议下室友陪同小 H 来到了学校心理中心。经过心理咨询和情绪疏导，小 H 说出了实情：近期她家里出现重大债务危机，父母为此十分焦虑和奔波。不知实情的小 H 却因为一件小事和父亲大吵了一架，说了很多过分的话。结果就在爆发矛盾的三天之后，小 H 接到父亲突然猝死的消息，母亲沉溺于伤痛难以自拔。小 H 不能接受这个现实，更不能原谅自己对父亲说的那些过分的话，面对庞大的负债以及母亲传递的压力，她既伤心又无力，甚至萌生了自杀的念头。

经过三次心理咨询，小 H 的情况有所好转，她慢慢接受了父亲离世的事实。学校与其母亲进行了沟通，提供了相应支持和实际建议，小 H 一家人逐渐振作起来，开始规划接下来的生活。

思考： 1．心理危机的表现有哪些？

2．个体为什么会出现心理危机？

3．如果出现心理危机，该如何应对？

第一节　大学生心理危机概述

一、心理危机的概念

心理危机是指当个体面临突然或重大生活逆境（如亲人死亡、婚姻破裂或天灾人祸等）时，因个体的资源和应对机制无法解决所出现的状况而导致个体产生的一系列心理失衡状态。

心理危机标志着个体正在经历生命中的剧变和动荡，它会暂时干扰或破坏个体习以为常的生活模式，使个体产生高度紧张、焦虑，以及挫折感和迷茫感。心理危机导致的情绪失衡将会进一步影响个体的行为。

二、大学生心理危机的特征

（一）高发性

美国心理学家霍尔将青少年期视为人生中的“疾风骤雨”期，大学生跨越埃里克森人格发展阶段理论的青春期的晚期与成年早期两个阶段。一方面，大学生享有较多的社会关爱，部分大学生具有较强的自我优越感、较高的自我认同度；另一方面，大学生社会经验不足、心理发展不够成熟，对复杂事物的辨识、处理尚有难度。当现实与理想相背离时，他们更容易心理失衡，出现焦虑、抑郁等，产生心理危机。因此，高发性是大学生心理危机的一个显著特征。

（二）隐蔽性

美国心理学家卡普兰的心理危机理论将心理危机的形成和演变过程分为警觉、功能恶化、求助和危机四个阶段。其中，第一、第二和第四阶段的发展主要集中于个体的心理与身体，具有一定的隐蔽性，较难被外界察觉。有些大学生在心理危机发展到第三阶段时常采用酗酒、网络倾诉和刺激性娱乐等极具迷惑性的行为方式，导致真实情况也不容易被外界所辨识。另外，部分大学生会在心理测评、课程学习、心理健康教育主题活动中刻意回避、隐瞒自己的真实心理状态和问题，致使其心理危机更具隐蔽性，更难被心理教师、辅导员和同学等识别。

（三）易察性

虽然大学生的心理危机具有一定的隐蔽性，但我们也不必过于悲观。大学生生活在大学校园当中，高校心理危机筛查、预防和应对机制日趋科学和完善，全方位、多角度识别和家校联动提升了危机识别和化解效率。此外，大学生的学习、生活相对有序和单一，他们大部分时间是在教室、宿舍、食堂、运动场等场所，接触的对象主要是同学、老师，同时受到学校各种纪律的约束，如有异常现象，最终也比较容易被同学、老师发现。

（四）危险性

大学生心理危机常常并非以直接爆发的方式呈现，而是潜藏于个体内心，最初可能始于并不起眼的小事，但日积月累，等到情绪喷发、失去理智，常常是出人意料、突如其来的。当危机发展到求助阶段时，实际上对当事人已经产生或正在继续产生较为明显和严重的影响与伤害，甚至会诱发自伤、伤人、自杀、杀人等极端事件。

三、大学生产生心理危机的原因

（一）主观因素

青年时期是人一生中心理发展变化最激烈的时期，处在这一特定阶段的大学生往往心理发展不成熟、情绪不稳定、心理冲突时有发生。导致大学生产生心理危机的主观因素主要有以下几个。

1．学习方法的不适应

相较于中学时期，大学阶段的学习更偏重于自主性学习。许多大学生一时不知从何学起，难免会产生困惑、迷茫和无所适从的感觉。也有一些大学生把中学时期类似于“考上大学就轻松了”这样的鼓励式话语带入现实，出现学习目标不明、学习动机不强、学习能力下滑、学习效果下降等情况，致使他们逐渐地迷失了人生的方向和自我。

2．价值观冲突

个体的价值观主要会受到家庭、学校、社会的影响。大学生会在已经形成的价值观念的基础上，根据自我需要，不断地过滤外在的价值观念，并将自己认同的部分和自己的已有价值观进行整合，使其成为自己价值观的一部分。当外界的事物与其原有的价值观念不一致时，他们就会产生强烈的内心冲突。

3．人格特征

人格特征在很大程度上决定了个体对危机事件的反应程度。对心理危机而言，自卑、偏执、依赖性、焦虑性人格特征是易感性人格特质。性格外向的人更容易向他人倾诉，因此，他们更容易获得支持和帮助。

（二）客观因素

导致大学生产生心理危机的客观因素主要有以下几个。

1．家庭因素

个体对客观现实的认识往往是从家庭开始的。家长的言行举止、教育方式等会对个体的认知结构、性格特点等产生重大的影响，如存在家族精神疾病史、家庭关系不和睦、父母离异、丧亲等情况的个体更容易产生抑郁、自卑等心理问题，而这些心理问题也是导致大学生产生心理危机的易感性因素。

2．社会环境因素

（1）社会文化因素

如果处于多种价值观冲突的社会文化环境中。一部分大学生由于缺乏自主判断力，盲目追求新异文化，则很容易使自身陷入紧张、压抑、混乱、空虚的状态，而长时间的心理失调必然会导致一定程度的心理危机。

（2）大众传媒

在当前互联网高速发展的全媒体语境下，大众传媒的信息量巨大且良莠不齐，极易辐射到校园，部分大学生求知欲强但辨别能力不够，容易滋生消极情绪并产生种种不健康行为。

3．人际关系

人际关系是大学生群体学习、生活，以及情绪情感的直接影响因素之一，良好的人际关系会使人心情愉快，可促进学习、提高生活满意度和主观幸福感。如果个体长期处在人际疏远、关系冷淡、远离社交的人际关系中，便容易出现心理紧张和沮丧感，从而产生心理危机。

四、心理危机的后果

由心理危机事件引发的失衡状态不会一直持续下去。一般认为，心理危机持续的时间大约为一周，在这一周中，由于处理危机的手段不同、个体的人格特质不同，以及所获得的支持不同，心理危机的后果往往也不相同。

心理危机的后果一般有以下三种。

第一种，当事人顺利渡过危机。此种后果有两种情形，第一种情形是当事人通过自身努力并结合外界帮助，问题得以解决，从而防止了危机的进一步发展，当事人逐渐恢复到危机前的心理平衡状态。这是较理想的后果，也是比较常见的后果。第二种情形是当事人在危机过后产生积极的变化，学会了新的应对技巧，心理适应能力得到提高，变得比以前更成熟和坚强，抵抗危机的能力提高，总体的心理素质超出危机前的水平，通过危机获得了一次成长。这是心理危机的最佳后果。

第二种，当事人虽然看似渡过了危机，但只是暂时将不良的情绪压抑到潜意识当中，并没有真正解决问题，同时在心理上留下一块“疤痕”，在以后的生活中，危机的不良后果还会不时地表现出来，若之后遇到同样的危机事件，当事人可能出现新的不适应状况。

第三种，当事人未能渡过危机。此种情况下，心理危机未能得到有效的应对与干预，进一步发展，当事人难以自拔，甚至陷入绝望之中，当事人还有可能从此变得孤独、多疑、自责、适应不良，甚至可能采取更加极端的行为。

拓展阅读

危机干预与保密原则

保密原则要求危机干预工作者要对求助者的个人资料保密，不得泄露任何有关求助者的个人资料。但在某些特殊情况下，危机干预工作者可以突破保密原则。法律原则请参见《中华人民共和国精神卫生法》及其他相关法律条文。伦理标准适用

于某一专业团队，违反伦理标准可能会受到专业团体伦理委员会的处罚。

例如，《中国心理学会临床与咨询心理学工作伦理守则（第二版）》规定：

心理师有责任保护寻求专业服务者的隐私权，同时明确认识到隐私权在内容和范围上受国家法律和专业伦理规范的保护和约束。

3.1　专业服务开始时，心理师有责任向寻求专业服务者说明工作的保密原则及其应用的限度、保密例外情况并签署知情同意书。

3.2　心理师应清楚地了解保密原则的应用有其限度，下列情况为保密原则的例外。(1) 心理师发现寻求专业服务者有伤害自身或他人的严重危险；(2) 不具备完全民事行为能力的未成年人等受到性侵犯或虐待；(3) 法律规定需要披露的其他情况。

3.3　遇到 3.2（1）和（2）的情况，心理师有责任向寻求专业服务者的合法监护人、可确认的潜在受害者或相关部门预警；遇到 3.2（3）的情况，心理师有义务遵守法律法规，并按照最低限度原则披露有关信息，但须要求法庭及相关人员出示合法的正式文书，并要求他们注意专业服务相关信息的披露范围。

3.4　心理师应按照法律法规和专业伦理规范在严格保密的前提下创建、使用、保存、传递和处理专业工作相关信息（如个案记录、测验资料、信件、录音、录像等）。心理师可告知寻求专业服务者个案记录的保存方式，相关人员（例如同事、督导、个案管理者、信息技术员）有无权限接触这些记录等。

3.5　心理师因专业工作需要在案例讨论或教学、科研、写作中采用心理咨询或治疗案例，应隐去可能辨认出寻求专业服务者的相关信息。

3.6　心理师在教学培训、科普宣传中，应避免使用完整案例，如果有可辨识身份的个人信息（如姓名、家庭背景、特殊成长或创伤经历、体貌特征等），须采取必要措施保护当事人隐私。

3.7　如果由团队为寻求专业服务者服务，应在团队内部确立保密原则，只有确保寻求专业服务者隐私受到保护时才能讨论其相关信息。

第二节　大学生心理危机的常见诱发因素、反应及大学生自杀问题

一、大学生心理危机的常见诱发因素

大学生心理危机的常见诱发因素主要有以下几个。

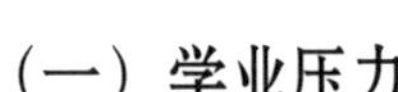

（一）学业压力

大学生几乎都面临着学业上的压力，包括课业负担、考试压力、绩点和学分要求等。这些压力可能导致大学生出现焦虑、紧张、自卑、敏感等情绪情感问题，甚至出现学习困难、畏难退缩，进一步影响其学习动力和学业成绩。

（二）情感困扰

大学阶段是情感变化和感情发展的重要阶段。大学生可能面临恋爱问题、友谊问题、家庭关系问题等情感困扰。这些情感困扰可能导致大学生出现情绪不稳定、孤独、失眠等心理问题。

（三）人际关系问题

大学生需要适应新的社交环境，建立和维护各种人际关系。在与同学、老师、室友以及其他人相处的过程中，他们可能会产生紧张、担忧等社交压力。人际关系问题可能导致大学生产生孤立感、社交焦虑和自卑感等负性情绪。

（四）就业问题

大学生在面对未来就业和职业发展问题时常常感到困惑和有压力。在临近毕业阶段，他们需要作出重要的职业选择，需要考虑实际状况和个人兴趣，容易产生就业焦虑、不安全感和自我怀疑。

（五）自我认同困惑

大学生在成长过程中会经历身份角色的转变和自我发展的探索。他们面临着对个人价值观、身份认同和自我意义的探索。在这个过程中，大学生可能产生自我认同困惑和迷茫感，从而进一步产生焦虑、抑郁等。

（六）独立压力

离开熟悉的家庭环境，来到大学校园后，大学生需要独自面对生活的各个方面，包括独立管理时间、生活费用、个人事务等。这样的独立压力可能会给部分大学生带来额外的心理负担和困扰。

以上这些可能诱发心理危机的因素常见于大学生群体，但并不是每个大学生都会经历全部困扰。每个人的情况都是独特的，学校、家庭和社会应该共同关注大学生的心理健康状况，为他们提供心理咨询和支持服务，增强他们的心理韧性和适应能力，帮助他们恰当应对心理危机。

二、常见的大学生心理危机反应

大学生在遭遇危机事件时，心理平衡状态被打破，在生理、认知、情绪和行为方面会出现一系列反应。认识这些危机反应，有助于我们了解自己和他人，从而更快、更准确地判断和识别危机。

（一）生理方面

大学生在遭遇危机事件后，睡眠和饮食都可能出现明显不同于以往的严重紊乱。常见的表现有：入睡困难、做噩梦、早醒、神经衰弱、食欲缺乏或暴饮暴食、短期内体重大幅度增加或减少等。此外，有些个体还可能出现心跳和呼吸频率改变、头痛、胸闷、恶心、出汗、腹泻等症状，这些往往是紧张、焦虑等负性情绪躯体化的表现。

（二）认知方面

大学生在遭遇危机事件后，可能会丧失或部分丧失与其年龄相符的基本问题解决能力和判断分析能力，出现健忘、否认、注意力不集中、失去信心、强迫性思考、安全感缺失、过度自责等情况。典型特征概括起来就是意识狭窄，看不到也无法运用解决问题的资源，当事人常常认为危机超出了自己的解决能力，从而丧失希望，深感无助甚至绝望。

（三）情绪方面

大学生出现心理危机时经常伴随情绪失衡的情况，通常表现为沮丧、紧张、恐惧、怀疑、悲伤、无助、易怒、绝望或者麻木。这时候当事人如果能获得外界的帮助，充分表达内心感受，接纳自己，那么他们有可能恢复对自我和现实的控制感。

（四）行为方面

大学生在遭遇危机事件后，其反常行为可能会增多，如哭泣、逃避、回避社交、滥用酒精或药物、坐立不安、过度警戒等。面对危机，人们往往采取具有回避或战斗特点的行为来应对，但这些行为往往都是极端且无效的。对于身处危机阶段的个体，往往最有帮助的行为是参加一些积极的、具体的活动，同时得到专业工作者的评估和帮助，以防个体作出极端行为。

微课学习　心理危机的辨别

三、大学生自杀问题

（一）大学生自杀的原因

大学生自杀的原因一般有外部因素和内部因素两个方面。

1．外部因素

（1）家庭因素

不正确的教养方式对孩子的成长往往会起到消极作用，如专制型的教养方式往往导致孩子懦弱、消极；溺爱型的教养方式往往导致孩子任性、过度依赖他人。此外，家庭成员之间不和睦的关系、父母的过高期望、单亲家庭、生活过于拮据以及家族有自杀史等都会给孩子的心理带来不同程度的负面影响。

（2）学校因素

在大学校园内，老师和同学构成了大学生重要的社会支持系统。一个不具备互相关爱、和谐包容、互惠互助等特点的校园环境，往往会导致大学生群体出现人际交往不畅的情况。这样的环境不利于大学生的心理健康和全面发展。

（3）社会因素

随着时代的发展，社会竞争日益激烈，生活节奏逐渐加快，同时，受制于市场经济发展情况、整体经济形势等客观因素，大学生群体就业创业的压力越来越大，面临的挑战也日益增多。

网络虚拟世界对大学生的成长也有巨大影响。网络不仅能满足大学生了解和探索外部世界、舒缓压力、宣泄情绪、追求娱乐和时尚、猎奇等多方面需求，而且能为大学生寻求角色转换、自我实现和满足自尊提供巨大的空间。但部分大学生可能出现对网络操作失控的情况，甚至会随着上网乐趣的增加和不良信息的诱惑难以自拔，一些自制力差的大学生还可能会误入歧途，产生心理危机，并诱发自杀意念。

2．内部因素

（1）遗传因素

英国布里斯托尔大学医学院于 1997 年发现了“自杀基因”。研究从自杀未遂者的血样中发现其大脑中的 5- 羟色胺含量不足。5- 羟色胺与行为有关，若大脑内的 5- 羟色胺浓度降低，则个体的自制能力下降，容易引起沮丧和抑郁，进而导致偏激行为。由于 5- 羟色胺是由某种基因直接产生的，因此，研究者认为个体自杀与遗传因素有关。在现实生活中也存在这样一些现象，有些自杀者的家人也曾经有过自杀行为。

（2）心理因素

从心理角度分析，引发大学生自杀行为的主要因素有以下几个。

① 抑郁状态。抑郁状态，即个体对学习、工作、生活丧失兴趣，出现反应迟钝、无精打采、回避社交、人际淡漠等情况，有时还伴随着睡眠障碍、食欲减退等躯体不适反应。近些年来，更不易被觉察的“微笑抑郁症”逐渐被大众知晓，这也是抑郁状态的一种特殊表现形式。

② 悲观。理想和现实的矛盾是青年人的主要心理矛盾之一，“理想的我”与“现实的我”往往是存在差距的，如果不能树立合适的目标，正确地看待这种差距，而以悲观的情绪来面对生活中的挫折和失败，则很容易对人生失去信心，以至产生绝望，走上自杀的道路。

③ 自卑。自卑是指因生理上的伤残、疾病或智力水平低及其他因素，在自我认识方面所产生的消极态度。自卑主要表现为个体在能力、自身价值等方面低估、轻视自己，并且认为自己得不到别人的尊重和喜欢，因而终日忧虑不安、抑郁沮丧乃至自暴自弃。一般来说，大多数个体或多或少有过这种消极情绪，但如果能重新客观评价自我，积极进行自我调节并付出努力，就能减轻和消除自卑感。个体如果长时间沉溺于强烈的自卑之中不能自拔，心理就容易失去平衡，在外界刺激的诱发下也极易产生自杀意念。

④ 过分冲动、愤怒或悲伤。每个人都会冲动、愤怒或悲伤，如冲动、愤怒或悲伤得不到有效抑制，就会产生破坏性，甚至可能导致个体产生自杀的念头。常见的引起大学生冲动的因素主要有恋爱失败、人际关系障碍和学习成绩不佳等。过于爱面子的人或完美型人格的人也容易出现急性情绪障碍，甚至一时冲动产生自杀意念或实施自杀行为。

⑤ 挫折承受能力差。大学生生活阅历尚浅，在遇到挫折时容易出现一些错误认知：一是认为挫折不应发生在自己身上，缺乏对挫折的正确认识和心理准备，一旦遭遇挫折就会出现不良的行为表现；二是以某方面的挫折来否定整个自我，如因某一次考试成绩差便认为自己的能力差，没前途，从而自暴自弃；三是容易把某一次挫折的后果想象得过于严重，如有的大学生因偶尔生一次病，便害怕影响学习，害怕考试不及格，进而担忧自己会被要求退学。

⑥ 各类精神障碍。各类精神障碍（如精神分裂症、抑郁障碍等）都可能导致大学生自杀。当前，部分大学生对精神卫生知识和心理疾病治疗认知不足，一旦出现问题，不能及早发现，尽早干预，从而延误病情，最终导致悲剧的发生。

（3）认知因素

① 社会责任感减弱。少数大学生缺乏对自己、他人以及集体和社会的责任心，整体的道德价值感偏低，较容易逃避现实、回避问题，消极对待人生，生命意识淡漠，把生死之事长挂嘴边，不顾及他人感受。

② 疲惫感和绝望感出现。有些个体把生命的价值和意义与物质财富的多少进行捆绑，于是容易将生命、生活等感知为艰辛的、痛苦的，从而出现身心疲惫、空虚和绝望的感觉。

③ 孤独感和虚幻感困扰。网络的高频次使用和过度依赖，把人与人丰富的情感分割得支离破碎，增强了现实生活的孤独感和虚幻感。同时，网络内容的丰富和复杂也容易让大学生失去明确的目标，从而产生孤独感和虚幻感，甚至引发自杀。

④ 压力感和恐惧感加剧。适当的压力是人们前进的动力。但是，压力若过度或长期积累，就极有可能引起个体心理严重失衡，造成焦虑和恐惧，甚至导致个体产生自杀意念，试图通过自杀来解脱。

⑤ 亲情、友情、爱情淡漠。我们处于激烈竞争的社会，不良的竞争容易削弱人与人之间的情感纽带，造成亲情淡薄、友情冷漠、爱情变质、人际关系疏离。这些情况容易使人丧失爱与被爱的情感和能力。个别大学生由于感觉不到爱，缺乏对自己、他

人和社会的责任感，因而产生自杀意念。

⑥ 人生观和价值观错乱。有的大学生片面地认为生命是自己的，自己可以决定自己生命的状态，认为自杀也只是一种个人行为，而且是某种掌握自己命运的方式。因而有些人抱着“我的生命我做主”的态度选择自杀。社会责任意识的淡薄使他们在选择个人生死的时候异常草率和自私。

⑦ 不懂得死亡的意义。大多数自杀者并不懂得死亡的真正意义，有人甚至将自杀作为一种获益方式。其实，死亡的真正意义在于提醒生的有限性，进而激励人们珍惜生活和创造人生价值。

（二）大学生自杀行为的识别

一般来说，自杀的念头形成以后，个体在心理上要经历一个矛盾冲突的过程，并会有一系列的心理和行为表现。这是想自杀的个体在向他人发出求救信号的阶段，如果相关信号能够被及时发现，个体就有可能得到积极的帮助，从而避免悲剧的发生。大学生自杀前可能会有以下一些行为，了解这些有助于及时察觉并识别相关行为，避免悲剧发生。

（1）通过上网或其他渠道关注、了解与自杀有关的信息；

（2）谈论与自杀有关的话题，或是在日记、绘画作品中作出自杀的暗示；

（3）情绪明显反常，或出现焦虑不安、无故哭泣的情况；

（4）出现抑郁、食欲缺乏、失眠等情况；

（5）回避与人接触或过分注意他人；

（6）麻木不仁，缺乏热情；

（7）行为反常，如无故送东西、送礼物给同学或亲人，或无来由地向人道歉等；

（8）到药店购买或网购自杀工具；

（9）制订自杀计划并到特殊的地方（如楼顶、湖边等）徘徊。

第三节 直面危机，创造契机

一、容易产生心理危机的人群

（一）情绪情感方面出现异常的人

情绪情感方面出现异常主要是指近期情绪波动较大或情绪出现明显异常。例如，近期特别暴躁、易怒、焦虑、恐惧、紧张等，或近期情绪突然从高亢转为低落、从激动变为平静，并且在睡眠、饮食、身体健康方面出现相应的变化。

（二）心理或行为方面出现异常的人

（1）因严重网络成瘾行为而影响正常学习及生活的学生；

（2）性格内向并伴有经济困难，同时心理或行为出现异常的学生；

（3）有严重心理疾病且心理或行为出现异常的学生；

（4）在交谈过程中表现出语无伦次或答非所问的学生；

（5）有暴力倾向或暴力行为的学生，或者过于冲动、自我控制能力较差的学生；

（6）人际关系失调后在心理或行为方面出现异常的学生；

（7）其他心理或行为异常的学生。

（三）学习、考试方面出现问题的人

（1）因学习压力大、学业焦虑等而导致心理或行为出现异常的学生；

（2）在考试期间及考试前后承受过大压力（如考前害怕考试不及格，考试期间非常焦虑、对考试结果过于担忧，考试结束后多门课程不及格）的学生；

（3）转学、休学或近期遭受与学习、考试有关处分的学生。

（四）近期受重大生活事件影响的人

（1）家庭发生重大变故或被确诊患重大疾病的学生；

（2）遭受性侵害等恶性事件的学生；

（3）身体患有严重生理疾病，且治疗周期长、治疗过程痛苦的学生；

（4）由于身边的同学出现危机状况而受到影响，从而产生恐惧、担心、焦虑的学生，如自杀者的室友、好友。

二、大学生如何应对心理危机

（一）他人遭遇心理危机

当身边有人遭遇心理危机时，大学生能做的最基础的帮助就是陪伴，但要注意语言和行为的把握，要控制自己的反应，更要注意自己的反应对当事人的影响。

一方面，要充分理解当事人的心情和遭遇，听他（她）倾诉，不评判、不说教，还可以陪他（她）一起哭（宣泄认同）、一起骂（表达愤怒）；另一方面，宣泄过后，可以尝试引导当事人看到事情积极的一面，并从行动上引导当事人作出积极改变，例如，同当事人一起运动（特别是跑步、爬山和球类运动），一起吃饭聚餐，一起学习或参加有助于身心健康的其他活动。

当然，大学生并非专业的心理工作者，如果在自己的帮助下当事人的心理危机并没有得到改善，或当事人出现明显的生理或心理异常反应，则需要及时寻求更专业的帮助。例如，陪同当事人前往学校心理中心接受专业帮助。若当事人出现伤害自己或他人的倾向、行为，则应保持高度警觉，在第一时间把情况报告给辅导员和心理

老师，必要时陪同其就医。

（二）自己遭遇心理危机

作为一名大学生，若自己遭遇心理危机，又该如何应对呢？

1．接纳自我，正视困境

大学生应认识到，成长过程中，挫折和低谷在所难免。在大学阶段，这些困境可能来自学习压力过大、情感困扰、人际关系问题、职业选择困难、自我认同困惑、焦虑和抑郁等。遇到问题时，不要抱怨命运，要知道不只是你，大多数人都有过类似的经历，成长从来不是一帆风顺的，我们要做的是在逆境中“一路生花”。

在逆境中，人们会感受到生理和心理的痛苦，这很正常。接纳自己，大学生告别了机械学习，正在探索自主学习的新模式，探索就难免会出错；接纳自己，大学生缺乏社会经验，也暂时做不到完美的待人处事，别着急，办法总比困难多；接纳自己，大学生正在培养爱与被爱的能力，寻找舒适、恰当的情感表达方式，保持真诚，不要过于计较得失；接纳自己，职业生涯中努力与运气并存，好事多磨，大学生应勇敢一点，过程贵于结果。如果困难不能打倒你，那终将会成就你，拥有平常心，你会收获更多的轻松和惬意。

2．强化支持系统

生命来之不易，生命本身就是一种责任。大学生要努力学习科学文化知识，自觉承担责任。当遭遇挫折，灰心丧气，感觉坚持不下去的时候，多想想父母的养育、朋友的陪伴，以及他们的关心和担心，不冲动行事。

3．合理宣泄

大学生不要把痛苦、压力长期地积压在心中，因为当各种负性情绪越积越多时，不伤己则伤人。要建立有益于健康的发泄渠道，遇到伤心事，或放声悲歌，或撰写日记，或痛哭一场，或畅快运动，这些方式都有助于释放负性情绪，产生正能量，从而调节机体平衡。

心理训练

学会给 ××× 写信

当我们身边发生了让我们一时无法接受的事情时，我们可以通过给自己或他人写信的方式来合理宣泄。在信中，一要充分表达自己最真实、最完整的感受（不要刻意回避或者美化修饰），二要讲讲这件事的发生对自己有什么好处和坏处。这样做有助于我们捋清思路、宣泄情绪，并找到良好的调整方法。

信中的内容可以包括：

①客观陈述事件，发生了什么……
②我的真实感受是……
③这件事给我带来的好处是……
④这件事给我带来的坏处是……
⑤我期待的结果是……
⑥我需要如何做才能最大限度地实现所期待的结果……（注意要有可行性）

4．及时求助

我们每个人在面对学习、人际关系、生涯规划、情绪管理等问题时都有可能产生心理困扰，就如人的身体会生病一样。我们身体不舒服时需要医生的帮助，这是很正常的现象，出现心理困扰时同样如此。大学生年纪尚小，很多情况光靠自己是没办法有效处理的，这个时候一定不要逞能，也不要羞于启齿，要主动寻求别人的帮助，有效地利用身边的资源，这也是一种对自己和他人负责的表现。

例如，当遇到心理困扰且自我调节效果不佳时，大学生可以把心中的困扰告诉信任的同学、朋友或师长，或到学校心理中心寻求专业帮助。特别需要注意的是，当遇到紧急情况或出现一些危险、极端的想法时，要第一时间告知自己的辅导员或联系自己的亲人，切记不要被情绪掌控，冲动行事。

5．建立积极的生活方式

饮食和睡眠看似平常，却和我们的心理健康息息相关。老话说“身体是革命的本钱”，一个人吃得饱、睡得好，就有了基本的能量保证，日常生活和学习就有了基础保障。当代大学生应养成良好的饮食习惯，要按时吃早餐，减少夜宵，不挑食，多吃优质蛋白和蔬菜水果，以清淡饮食为主，平衡膳食营养；同时，要早睡早起，养成规律的睡眠习惯。此外，规律的运动习惯也必不可少，运动能使人体分泌内啡肽和多巴胺，可有效调节抑郁、焦虑等负性情绪。

微课学习　心理危机的保护性因素

本章小结

1．心理危机是指当个体面临突然或重大生活逆境（如亲人死亡、婚姻破裂或天灾人祸等）时，因个体的资源和应对机制无法解决所出现的状况而导致个体产生的一系列心理失衡状态。

2．大学生心理危机具有高发性、隐蔽性、易察性、危险性的特征。

3．大学生心理危机的常见诱发因素有学业压力、情感困扰、人际关系问题、就业问题、自我认同困惑、独立压力。

4．当遭遇心理危机时，大学生应主动进行调整：接纳自我，正视困境；强化支持系统；合理宣泄；及时求助；建立积极的生活方式。

思考与练习

1．怎样识别一个人是否有自杀意念？

2．当大学生自己遭遇心理危机时，应当如何应对？

第十二章　大学生职业生涯规划

知识目标

1．了解自己的兴趣、价值观、性格特点和能力；
2．学习制定个人职业目标和规划职业生涯；
3．了解职业生涯的持续发展和终身学习的重要性。

能力目标

1．能够借助各种工具和方法进行自我评估，并且能够明晰自己的优势、劣势、兴趣和价值观；
2．能够制订实现职业目标的详细行动计划；
3．能够有效地搜集行业信息和招聘信息。

素质目标

1．培养自我认知能力，以便更好地进行职业生涯规划；
2．培养创新思维，以便辩证地、创造性地进行职业生涯规划。

思政目标

1．在进行职业生涯规划时培养务实的态度和创新的思维方式；
2．培养责任意识和集体主义精神，在进行职业生涯规划时能够将个人发展与国家发展相结合。

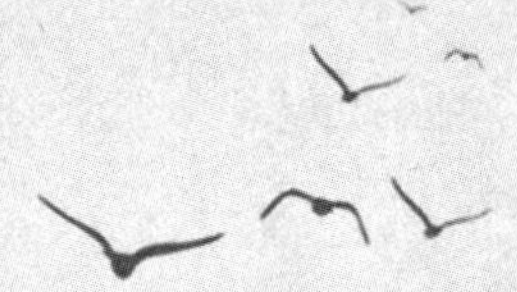

路是脚踏出来的，历史是人写出来的。人的每一步行动都在书写自己的历史。

——著名抗日英雄和爱国将领　吉鸿昌

案例导入

小莉的“独白”

曾经的我，怀着对大学生活的美好憧憬，高考前埋头苦读，最终取得不错的高考成绩，但在填报高考志愿时却一头雾水……看到有个专业招生人数非常多就选了它，这个专业就是工商管理。

进入大学后，我按部就班地过完了四年大学生活。大学期间我的英语四、六级考试都取得了不错的成绩，拿过奖学金，没想过当老师，但也考了教师资格证。然而，毕业前夕我深感迷茫，那段时间我真的不知道自己应该去做什么工作，潜意识里觉得自己好像喜欢市场类的工作，但没有任何销售经验的我觉得自己很难找到市场类的工作。

毕业后的五年内，我换了六家公司，我从事过的工作有机械类公司的市场助理、互联网公司的客服助理、航空公司的客服、外贸公司的采购助理、外企的行政兼人事、会计事务所的人事助理。但这时的我比起刚毕业时更迷茫和无措了。难道我只能做个“百搭小助理”吗？这不是我想要的人生啊！未来我又该何去何从……

思考： 1．自己为什么要上大学？为什么要学当前这个专业？
2．毕业后自己想从事什么职业？觉得自己适合什么职业？
3．自己的人生奋斗目标是什么？

近年来，高校毕业生人数屡创新高，就业焦虑已经成为大学毕业生较为严重的心理健康问题之一。因此，预防和干预大学生就业焦虑十分必要，而科学有效的职业生涯规划有助于大学生缓解就业焦虑，更好地面对当今社会择业和就业的挑战。

大学期间，你是否思考过以下问题：

（1）你的大学生活有目标吗？你有自己热爱的事情吗？

（2）你的职业兴趣是什么？你未来想要从事什么职业？

（3）为了实现自己的职业梦想，你做了哪些规划？

第一节　认识职业生涯规划

一、生涯的含义

美国心理学家、职业规划与生涯教育领域著名学者舒伯首次提出了“生涯”的概

念。他把生涯看作一个持续渐进的过程，从童年时代开始伴随人的一生，是一个人一生中从事的工作、担任的职务以及扮演的角色的总和。舒伯还提出了生活广度和生活空间的生涯发展观，概括了个体一生的职业成长过程。

（一）生活广度

舒伯从人的终身发展的角度出发，指出人们在童年时期职业意识就开始萌芽，随着家庭、年龄、阅历和教育等因素的变化，人们的职业意识会发生变化。他按照人类年龄增长把职业发展分为五个阶段：成长阶段、探索阶段、确立阶段、维持阶段和衰退阶段。他认为每一阶段都有特定的发展目标和任务，前一阶段任务的完成情况会影响后一阶段的目标与发展。

（1）成长阶段（出生—14 岁）：发展自我概念，尝试以多种方式认识事物，探索自己的需要，通过与外部世界不断接触，成长为自己的样子。

（2）探索阶段（15—24 岁）：通过专业学习、课外活动、实习实践、工作体验等，对自我能力及职业环境有了进一步的认识，但还需通过亲身体验和不断尝试来明确自己的职业兴趣，这时选择工作有较大的不稳定性。

（3）确立阶段（25—44 岁）：经过上一阶段的探索，个体基本能确定在整个生涯中属于自己的“位置”，并在 31—40 岁开始考虑如何保住这个“位置”，沿着这个定位努力向上发展。

（4）维持阶段（45—64 岁）：个体继续维持在工作中已取得的成绩与地位，同时帮带新人进入探索和确立阶段，当然也会面对来自新人的挑战。

（5）衰退阶段（65 岁及以上）：由于生理及心理机能日渐衰退，个体不得不面对从积极参与现实到逐渐隐退，这一阶段个体往往寻求以不同的方式替代和满足需求。

（二）生活空间

舒伯认为，人在一生中扮演着六种主要的角色，依次是子女、学生、休闲者、公民、工作者、持家者。各种角色之间相互影响、相互作用，一个角色的成功，会为其他角色打下良好的基础。但是，如果在某个角色上投入过多精力，没有平衡好各角色之间的关系，则会导致其他角色的不成功。

舒伯认为，人生的每一个阶段都有主要的角色和任务，并且每个人的角色和任务都是独特的。因此，个体可以对未来各阶段的发展进行合理调配，作出各种角色的计划和安排，做好自己的生涯设计师，从而在人生舞台上扮演好每一个阶段的角色。

二、职业生涯规划

职业生涯规划又称职业生涯设计，是指个体结合自身情况、当下机遇及阻碍因素，为自己确立职业方向，明晰职业目标，选择职业道路，制订实施计划、发展计划，为实现职业生涯目标而确定行动时间和行动方案的过程。

职业生涯规划主要包含以下几个步骤。

（一）自我评估

自我评估是进行职业生涯规划的第一步，是指个体通过各种信息确定自己的职业兴趣、价值观、个性和行为倾向，从而认识自我、了解自我的过程。个体只有正确地认识和了解自我，才有可能对自己的未来职业发展作出正确的分析和选择，也才有可能确定适合自己发展的职业生涯路线。

（二）环境分析

不同的社会环境与组织环境具有不同特点，因此，个体在进行职业生涯规划时，要对所处环境（包括社会环境、行业发展状况和企业组织状况等）进行客观分析。个体只有对环境进行充分的了解与分析，才能在复杂的环境中避害趋利，才能作出具有实际意义的生涯规划。

（三）职业认知

个体进行职业生涯规划，首先要对相关职业有一个基本了解。例如，该职业包括的工作内容有哪些，该职业对学历、证书或者工作经验有什么要求等。其次，要了解该职业所对应的行业发展前景、晋升机制及要求等。最后，要对自身专业、资历等是否与该职业相符进行评估，如果不符合，要分析差距在哪里，是否有缩小差距的办法；若找不到缩小差距的办法，就说明该职业不适合自己，应调整方向，结合自身优劣势进行新的职业定位。

拓展阅读

中国目前的职业分类

《中华人民共和国职业分类大典（2022 年版）》将我国职业划分为以下八个大类。

1. 党的机关、国家机关、群众团体和社会组织、企事业单位负责人：包括中国共产党机关负责人，国家机关负责人，民主党派和工商联负责人，人民团体和群众团体、社会组织及其他成员组织负责人，基层群众自治组织负责人，企事业单位负责人。

2. 专业技术人员：包括科学研究人员，工程技术人员，农业技术人员，飞机和船舶技术人员，卫生专业技术人员，经济和金融专业人员，监察、法律、社会和宗教专业人员，教学人员，文学艺术、体育专业人员，新闻出版、文化专业人员，其他专业技术人员。

3. 办事人员和有关人员：包括行政办事及辅助人员、安全和消防及辅助人员、法律事务及辅助人员、其他办事人员和有关人员。

4. 社会生产服务和生活服务人员：包括批发与零售服务人员，交通运输、仓储物流和邮政业服务人员，住宿和餐饮服务人员，信息传输、软件和信息技术服务人员，金融服务人员，房地产服务人员，租赁和商务服务人员，技术辅助服务人员，水利、环境和公共设施管理服务人员，居民服务人员，电力、燃气及水供应服务人员，修理及制作服务人员，文化和教育服务人员，健康、体育和休闲服务人员，其他社会生产服务和生活服务人员。

5. 农、林、牧、渔业生产及辅助人员：包括农业生产人员，林业生产人员，畜牧业生产人员，渔业生产人员，农、林、牧、渔业生产辅助人员，其他农、林、牧、渔业生产及辅助人员。

6. 生产制造及有关人员：包括农副产品加工人员，食品、饮料生产加工人员，烟草及其制品加工人员，纺织、针织、印染人员，纺织品、服装和皮革、毛皮制品加工制作人员，木材加工、家具与木制品制作人员，纸及纸制品生产加工人员，印刷和记录媒介复制人员，文教、工美、体育和娱乐用品制造人员，石油加工和炼焦、煤化工生产人员，化学原料和化学制品制造人员，医药制造人员，化学纤维制造人员，橡胶和塑料制品制造人员，非金属矿物制品制造人员，采矿人员，金属冶炼和压延加工人员，机械制造基础加工人员，金属制品制造人员，通用设备制造人员，专用设备制造人员，汽车制造人员，铁路、船舶、航空设备制造人员，电气机械和器材制造人员，计算机、通信和其他电子设备制造人员，仪器仪表制造人员，再生资源综合利用人员，电力、热力、气体、水生产和输配人员，建筑施工人员，运输设备和通用工程机械操作人员及有关人员，生产辅助人员，其他生产制造及有关人员。

7. 军队人员：包括军官（警官）、军士（警士）、义务兵、文职人员。

8. 不便分类的其他从业人员。

微课学习 职业

（四）确立职业目标

职业目标又分短期目标、中期目标和长期目标。长期目标一般是个体职业生涯规划的顶点，是个体经过长期艰苦努力、不懈奋斗才有可能实现的目标。中期目标和短期目标一般比较具体，对个体的影响也比较直接，它们应是长期目标的阶段性组成部分。

确立职业目标应注意以下两点：

（1）所确立的目标应能激发个体的潜力；

（2）所确立的目标应具体、清晰、可衡量、可实现。

（五）制订具体实施方案

在确定了职业目标后，就需要制订具体的实施方案了，它是个体为达到职业目标应采取的措施。例如，大学生为达到职业目标，在知识方面，计划通过掌握哪些知识来完善自己的知识结构；在能力方面，计划掌握哪些技能，以提高自己的能力。实施方案确定后，还要有具体的行动计划，以定期检查方案实施情况。

（六）职业生涯规划的评估和调整

个体在发展过程中，由于自身及外部环境的变化，往往需要不断对职业生涯规划进行调整。大学生要时刻关注自己和客观环境的变化，在一段时间的学习、生活后，要有意识地对前段时间进行回顾，反思自己的职业生涯规划是否合理，检验自己的职业目标是否设定得过高或者过低，通过评估自己的职业生涯规划发现问题，并及时调整，如对目标的时限进行调整，对职业路线的设定以及目标本身进行修正，使之更符合客观情况。

三、职业生涯规划的意义

大学是个体进入社会前的一个重要过渡阶段。大学生需要明白：志向是前进的驱动力，而计划是前进的路线图。与其忧虑未来，不如计划未来。只有提前做好职业生涯规划，才能在未来绘制出精彩的人生蓝图。对大学生而言，职业生涯规划的意义主要体现在以下三个方面。

（一）有利于大学生进行自我认知

现在许多大学生往往并不能够全面地认识自己的兴趣，充分地挖掘自身的才能，也很少有人能对未来将从事的职业作出探索并清晰地认识行业现状。职业生涯规划有助于大学生有计划、有意识、有目标地去认识自己，并使用科学系统的方式评价自己，进而精准地进行自我定位与职业定位。

（二）有利于大学生适应社会发展

制定科学的职业生涯规划需要大学生积极主动地去了解社会，了解职业环境，站在未来发展的角度看待职业生涯，预见未来可能需要的知识储备和能力储备，进而在当下通过努力去充实自己，提升个人素质，以便更好地适应社会的发展，适应社会职业的变化。

（三）有利于大学生明确职业方向

一个人有目标，生活才不盲目；有追求，生活才有动力。探寻职业发展的目标和方向不是一蹴而就的，需要大学生积极规划，勇于尝试，不断修正。职业生涯规划有助于大学生尽早地对自己的职业发展进行定位，明确职业方向，并有针对性地付诸实

践，朝着目标努力，追求职业理想。

第二节 探索职业兴趣

拓展阅读

新时代大学生就业心理现状[①]

2023年，一项针对大学生就业心理现状的实证调查结果显示，在当前严峻的就业形势下，大学生在就业心态方面呈现出诸多问题，具体如下：

（1）准备不足，就业心理不成熟

进入大学后，学生普遍缺乏职业生涯规划意识，多数人未意识到职业生涯规划的重要性，也没有作出全面的职业生涯规划。同时，学生日常对就业政策和相关信息关注不够，到毕业季时才开始匆忙准备，临时抱佛脚。

（2）人职不匹配，就业观念落后

大学毕业生存在对自己的就业期待过高，对薪资水平、福利待遇的期望值远高于实际的问题。在就业地区选择上，大学毕业生存在明显的重东部地区、轻西部地区，向往城市就业、轻视农村就业的问题，此外，“故土难离”现象也比较普遍。

（3）认知不足，就业态度悲观

面对激烈的社会竞争，有些大学生不知所措，在应聘不断失败后出现自卑和胆怯心理，失去积极面对挑战和困难的勇气及信心，应聘后产生了一种悲观的就业心态。

（4）恐惧抵触，就业选择焦虑

某些冷门专业无用人单位问津，这让部分学生对就业充满焦虑和恐惧；还有部分就业岗位出现“重男轻女”的现象，这让一些大学生求职者出现失望退缩的状况。

一、常见大学生择业心理误区

在面对风云变幻的就业竞争及各种纷繁复杂的信息时，大学生难免会出现种种心理误区，甚至会感到不知所措、无所适从，进而产生就业心理问题。常见大学生择业心理误区主要有以下几个。

① 姜雷，朱海璐，周惠玉．新时代大学生就业心理现状及对策研究[J]．科教导刊，2023（15）：152-154．

（一）就业目标个性化

当代大学生成长于国际化、信息化时代，更具广阔的全球视野，同时更具个人主义倾向，在职业目标制定和职业选择方面往往侧重个体价值，追求自我价值和个人利益最大化。这种倾向既不利于个人才能的发挥，也不利于人力资源的合理配置。

（二）就业认知不清晰

大学生存在一定的就业认知不清晰的情况。部分大学生职业方向不明确，对个体的兴趣爱好、能力素质、专业所长等缺乏应有的认知，导致在进行职业选择时容易出现焦虑、迷茫等心理问题。基于专业限制、工作经验不足、个体素质欠缺等因素，加之工资高、福利好、环境优等就业期望，使得大学生就业难与企业缺人才的矛盾突出。

（三）职业评价不科学

不少大学生以工资收入、福利待遇、社会声望、职业稳定等作为职业评价标准，这使得他们很容易根据自己的喜好、偏见、误解作出简单化、定性化、感性化的职业评价和职业判断，而综合考虑职业发展方向、社会价值等的职业评价理念在大学生中相对欠缺。

（四）攀比心理

由于对现实利益的高追求，在求职过程中，有些大学生存在攀比心理，容易出现“追高比低”的现象。持这种心理的大学生往往通过与身边同学比较来定位自己的择业标准，而不考虑自身的条件、特点、就业中的机遇因素等。

（五）从众心理

部分大学生缺乏主见，缺乏择业主动性，缺乏对现实就业市场和政策的充分了解，缺乏对就业信息的主动收集与分析判断，择业时存在从众心理，一味追求所谓的热门单位、热门职业，而忽视自己的客观条件和真实需求，在选择职业时随大流，以致出现“有工作没人做，有人没有工作做”的结构性失衡状况。

（六）依赖心理

择业依赖心理是指在择业过程中缺乏独立意识和自主承担责任的意识，一方面希望找到称心的工作，另一方面又不想跑腿、费力，于是寄希望于学校、家长甚至就业主管部门的心理。这主要是个体没有养成独立思考的习惯、独立决策能力不强、缺乏进取精神造成的。

思政启航

树立正确的就业观[①]

就业观是人生理想在职业选择上的具体体现，是一个人对职业目标的追求和向往。高校毕业生等青年要树立正确的就业观，找到自己的职业定位和方向，这样才能更好发挥个人价值、实现人生理想。

对高校毕业生等青年而言，积极的就业观是顺利求职的催化剂和加速器，可以放大就业政策效应，增强措施效果，让自己更快找到合适的工作。应该看到，不同的职业岗位，客观上确实存在着种种差异；就业者在专业特长、兴趣爱好等方面也存在差别。

对高校毕业生等青年而言，树立正确的就业观，关键是要找到我之所长与社会所需的结合点，保持平实之心，客观看待个人条件和社会需求，从实际出发选择职业和工作岗位。着眼长远，脚踏实地，在实践中一步步成长起来，增强学习能力和职业转换能力，才能在就业创业时掌握更多主动。比如，很多在世界技能大赛上获奖的青年，一开始只是车间普通的技术工人，后来通过不断钻研成长为某个领域顶尖的技能专家；有的技能人才通过自身努力，成为名牌大学的实践教学指导老师。这些都说明，树立积极的就业观，从更长远视角看待当下就业和职业发展，才能让自己的职业生涯走得更稳，才能让自己拥有更多可能性。

青春的样子，本就是有理想、敢担当、能吃苦、肯奋斗的样子。树立积极的就业观，在乡村振兴、绿色发展、社会服务、卫国戍边等各领域、各方面工作中争当排头兵和生力军，一样能实现青春的价值，还能为一生的奋斗奠定基石。

越是志存高远，越需要脚踏实地。树立正确的就业观，找到施展才干的一方舞台，莘莘学子定能克服各种困难和挑战，让青春在全面建设社会主义现代化国家的火热实践中绽放绚丽之花。

二、性格与职业生涯规划

你会怎么形容你自己？别人又会用什么词汇来形容你呢？“不拘小节”“一丝不苟”“大大咧咧”还是“谦虚谨慎”？这些形容词通常和个体的性格有关。不同的职业对个体的性格有不同要求。例如，教师职业需要从业者富有爱心、耐心、责任心等；医生职业需要从业者具有严谨、精益求精、负责任、关怀等性格特征；销售职业需要从业者能言善道等。因此，性格也会影响个体对职业的选择。

个体可以通过“卡特尔 16 种人格因素测验”“艾森克人格测验”“大五人格测验”等科学的心理学量表来了解自己，探索自身的性格适合从事哪些职业。

① 王继威.树立正确的就业观（人民时评）[N]. 人民日报，2023-7-10（5）.（有修改）

拓展阅读

卡特尔 16 种人格因素测验（16PF）与职业生涯规划

卡特尔 16 种人格因素测验（16PF）是一种广泛使用的心理测量工具，它主要用于评估个体在 16 种基本性格特质上的表现。该测验主要具有以下几个重要作用。

1. 帮助个体全面了解自己的人格特点：该测验可以帮助个体全面了解自己的人格特质，从而在职业选择和发展中发挥自己的优势。

2. 帮助个体进行职业定位和规划：个体通过了解自己的人格特点，可以科学合理地进行职业定位，规划学业和职业生涯。例如，如果测试结果显示个体具有较高的聪慧性和独立性，那么个体可能更适合从事研究性或创造性工作；外向性高的人可能适合从事需要与人互动的职业。

3. 帮助企业进行人力资源管理：在企业的人力资源管理领域，该测验可用于人才选拔和评估，帮助企业了解应聘者的性格特点，从而更好地进行岗位匹配。

4. 帮助个体了解自己的心理健康状况和适应能力：该测验不仅能评估个体的人格特点和能力水平，还能检测个体的心理健康状况、创造力及适应新环境的能力，这对于个体调整生活状态、进行职业生涯规划具有指导意义。

同时，大学生还可以借助丰富的网络信息来分析自己的性格适合什么职业。例如，学职平台（全国大学生学业与职业发展平台）是由教育部学生服务与素质发展中心建设，依托教育大数据，搭建的学生、高校和企业三位一体平台。平台长期与高校、企业合作，在行业专家及高校教师指导下，提供专业的职业测评和真实的专业、职业信息，为学生选择专业、择业、就业，高校人才培养、选拔、就业指导，以及企业人才储备、招聘提供全面、专业的服务。

该平台包括专业洞察、职业测评、职业探索、职业人物、职业微视频、就业指导课六大模块。其中，在职业测评模块，该平台联合北京大学、北京师范大学、南京师范大学心理和职业生涯规划领域教授、专家，根据专业理论和本土化特点编制了一系列测评工具，用户可以借助有关测评结果了解自己对什么职业感兴趣，哪种职业更适合自己，自己的能力是否能够胜任理想的工作等。

三、职业兴趣

职业兴趣是使人们能忘我地投入工作的一种强大的精神力量，它可以让人们对所从事的职业充满热情，在工作中深入钻研、创造性地思考，从而提高工作效率，充分发掘个人潜能。有研究发现，如果一个人从事的是自己感兴趣的工作，那么他能发挥自身 80%~90% 的才能，而且可以长时间保持高效的工作却感受不到疲劳；相反，如果一个人对所从事的工作没有兴趣，那么他只能发挥自身 20%~30% 的才能。

美国著名心理学教授、职业指导专家霍兰德自 20 世纪 70 年代以来提出了一系列

的研究假设。他认为：

①职业选择是人格的一种表现，某一类型的职业通常会吸引具有相同人格特质的人，这种人格特质反映在职业上就是职业兴趣；

②大多数人的职业兴趣可以归纳为六种类型：实用型（Realistic Type，简称R）、研究型（Investigative Type，简称 I）、艺术型（Artistic Type，简称 A）、社会型（Social Type，简称 S）、企业型（Enterprising Type，简称 E）和事务型（Conventional Type，简称 C）；

③个体的职业兴趣往往是多方面的，很少只集中在某一种类型上，大家可能或多或少地具备所有六种兴趣，只是偏好程度不同而已。

霍兰德职业兴趣六种类型具体介绍如表 12-1 所示。

表 12-1　霍兰德职业兴趣六种类型

类型	喜欢的活动	重视	能力要求及专长	典型职业
实用型（R）	喜欢用手、工具、机器制造或修理东西，愿意从事操作性的工作和体力活动，喜欢户外活动或操作机器，不喜欢在办公室工作	具体实际的事务	手工或使用机械对工具、机器等进行操作的能力，动手能力强	园艺师、木匠、汽车修理工、工程师、军官、足球教练员等
研究型（I）	喜欢收集和处理信息、探索和理解事物，以及分析和解释资料，倾向于独立工作，具有较强的分析概括能力和抽象思考能力	知识、学习、成就、独立	分析研究问题、运用复杂和抽象的思维方式解决问题的能力，思维缜密，能运用智慧独立地工作	生物学家、数学家、物理学家及实验室工作人员、心理学家等
艺术型（A）	喜欢自我表达，喜欢文学、音乐、艺术表演等具有创造性、变化性的工作，重视作品的原创性和创意	自由、美、自我表达、有创意的想法	创造力，对情感的表现能力，开放	作家、音乐家、画家、导演、摄影师等
社会型（S）	喜欢与人合作，关心他人的幸福，愿意帮助他人成长或解决困难，愿意为他人提供服务	公正、理解、平等、理想、服务社会与他人	人际交往能力，帮助他人，对他人表现出精神上的关爱，愿意担负社会责任	教师、社会工作者、心理咨询师、护士等
企业型（E）	喜欢领导和支配别人，以及通过领导、劝说他人或推销自己的观念、产品而达到个人或组织的目标，希望成就一番事业	经济和社会地位上的成功、冒险精神、忠诚、责任	说服或支配他人的能力，敢于承担风险，目标导向	律师、政治家、零售商、市场部经理、电视制片人、销售等
事务型（C）	喜欢固定的、有秩序的工作或活动，希望确切地知道工作的要求和标准，愿意在一个大的机构中处于从属地位，喜欢对文字、数据进行细致有序的系统处理以达到特定的标准	准确、有条理、节制、盈利	文书技巧，听取并遵从指示的能力，能够按时完成工作并达到严格的标准，有组织，有计划	会计、文字编辑、银行出纳、办公室职员、税务员、法庭速记员

注：表中的类型名称是由英文翻译过来的，“实用”“事务”等是霍兰德用来描述某种人格特质的形容词，与其中文日常用语中的含义并不完全相同。同时，表中对每种类型的描述并不能完全符合某个人的情况，而是一种理想的、典型的情况。

霍兰德职业兴趣类型六角模型如图 12-1 所示。

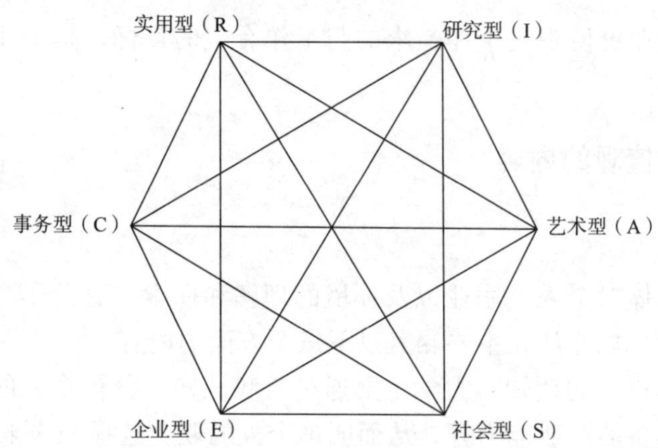

图 12-1　霍兰德职业兴趣类型六角模型

适配性是霍兰德职业兴趣类型理论的核心问题。他认为个体的人格类型与职业的适配性存在以下四种基本情况。

1．相邻关系

在霍兰德职业兴趣类型六角模型中，相邻的两种类型之间共同点较多，适配性较高。例如，实用型（R）与研究型（I），或者艺术型（A）与社会型（S），它们两两之间有更多的相似性，因此，在职业选择上可以有更多的灵活性。

2．相隔关系

图中相隔一定距离的类型之间共同点较少，适配性相对较低。例如，实用型（R）与艺术型（A），或者研究型（I）与事务型（C），它们两两之间在职业兴趣和人格特点上的差异较大，适配性不如相邻关系。

3．相对关系

图中处于对角位置的类型之间即为相对关系。相对关系的人格类型共同点最少。例如，实用型（R）与社会型（S），或者研究型（I）与企业型（E），它们两两之间的职业兴趣和人格特点差异最大，适配性最低。

4．和谐关系

当个体的职业兴趣与工作环境相匹配时，这种情况被称为“和谐”。在这状况下，个体在与其人格类型相一致的环境中工作，容易获得乐趣和内在满足，最有可能充分发挥自身的才能。

以上这四种适配性情况可以帮助我们理解个体在职业选择和职业发展中可能面临的不同适配程度，从而作出更合适的职业规划和决策。

四、职业价值观

舒伯认为，职业价值观是个体追求的与工作有关的目标，是个体价值观在职业上的反映。

（一）职业价值观的内容

1．职业认知

职业认知是个体对个人、职业以及环境的理解和探索，有助于个体辨别和评估与自己相匹配的职业。职业认知主要涵盖以下三个方面的内容。

第一，对个体自身的认知。大学生要通过自我认知，分析个人的性格、气质、兴趣、理想以及所具备的职业能力等，从而明确个人的职业选择和未来的发展方向。

第二，对职业属性的认知。个体从事某种职业，不仅可以满足其生存发展需要，也可以体现其价值、实现其理想。社会分工的不断细化形成了各种各样的职业，不同职业所要求的能力各有不同。职业并没有高低贵贱之分，每一种职业都是平等的。

第三，对职业环境的认知。大学生在选择职业前，应该对自身所处的社会环境、行业环境、组织环境和未来可能的岗位环境有充分的了解，这就是所谓的职业环境认知。

2．职业理想

职业理想是指个体对于未来将从事职业的期望，是个体奋斗的目标。大学生正处于职业价值观形成的关键时期，因而要设定合理的职业理想。大学生的职业理想应符合自身实际以及社会需要，应能促使大学生选择与自身专业相适配的职业。不合理的职业理想容易导致大学生产生悲观情绪，脱离正确的职业选择轨道，更甚者会造成教育资源的浪费。职业理想不仅受到个人因素的影响，还受到社会发展的影响。大学生应立足于社会需求，将个人理想与社会需求联系起来，充分发挥个人的能力，在具体职业实践中不断提升和完善自己，最终实现个人的职业理想。

3．职业选择

职业选择是指个体根据自己的能力和职业意愿为自己选择职业的过程。职业选择作为一种具体的行为，受到职业认知、职业理想的支配。在作出职业选择前，大学生需要对各种职业进行合理评价。职业评价既影响个体短期内的职业选择，也影响个体长期的工作态度。职业没有高低贵贱之分，只是在劳动强度、工作环境等方面存在差别，任何职业对社会都有一定的价值。职业选择受多种因素影响，也会随着个体的观念、能力和社会发展需要的变化而不断变化。因此，必要的时候个体需要及时调整自己的职业选择，以达到所选职业与自身综合素质最匹配的效果。

（二）常见的职业价值观

职业价值观影响个体的职业选择、工作态度、工作满意度和职业发展。常见的职

业价值观有：

（1）成就：追求工作中的成就和成功，希望得到认可和奖励。

（2）工作与生活平衡：重视个人生活与工作的平衡，追求高质量的生活。

（3）安全与稳定：追求职业的稳定性和安全感，希望有稳定的收入和工作环境。

（4）贡献与服务：希望通过工作为社会或他人作出贡献，追求工作的社会价值。

（5）创新与创造力：追求工作中的创新和创造性，希望能在工作中不断探索和尝试新事物。

（6）自主与自由：追求工作中的自主性和自由度，希望自己有更多的控制权和决策权。

（7）团队合作：重视团队合作，喜欢在团队中工作，追求团队的和谐与协作。

（8）知识与技能发展：追求个人知识和技能的提升，希望在工作中不断学习和成长。

（9）道德与诚信：在工作中坚持道德和诚信原则，追求职业的道德标准。

（10）影响力与领导力：追求在工作中的影响力和领导力，希望引导和激励他人。

了解自己的职业价值观有助于个体作出更符合自己期望的职业选择，获得满意和成功的职业生涯。

第三节　做好职业生涯规划

一、职业生涯决策理论

职业生涯决策理论是帮助个体在职业选择和职业发展过程中作出合理决策的理论体系，比较有代表性的理论主要有以下三种。

（一）帕森斯的特质因素论

帕森斯的特质因素论又称帕森斯的人职匹配理论。被誉为“职业辅导之父”的美国职业指导领域奠基人帕森斯认为，个体在选择职业的过程中往往涉及三个主要的因素：一是对自我爱好和能力的认识，二是对工作性质和环境的了解，三是前面二者之间的协调与匹配。

帕森斯认为，个体在作出职业选择之前，首先要先评估自身的能力，因为个体选择职业的关键，就在于个体的能力和特质与特定职业的要求是否相配；其次，要进行职业调查，帕森斯强调提前对工作进行分析；最后，要考察个体和职业的相互匹配度。帕森斯认为只有这样，个体才能适应工作，并且才能使个体和社会同时获益。

（二）职业锚理论

美国著名职业指导专家埃德加·施恩于1978年提出了职业锚的概念。职业锚是指

当个体不得不作出职业选择的时候，他无论如何都不会放弃的职业中至关重要的东西或价值观。职业锚实际上反映了个体自我认知中的动机、需要、才干、能力和态度的相互作用与整合。职业锚的八种类型分别为：自主／独立型、创业／创造型、挑战型、技术／职能型、生活型、服务型、管理型、安全／稳定型。每种类型都有自身的特点和适用范围。

（三）职业生决策的 PIC 模型

职业生涯决策的 PIC 模型是由以色列职业心理学家盖蒂提出的，其理论基础是方面排除理论。盖蒂等人认为职业生涯决策过程的本质是找到与个体的偏好和能力最兼容的可选职业的过程。在多数情况下，个体广泛尝试所有潜在的职业方案是不现实的。盖蒂等人将职业生涯决策过程划分为以下具有不同目标、过程和结果的三个主要阶段。

（1）排除（Prescreening）阶段：根据个体的偏好，排除掉那些与个体偏好不相符的职业选择方案，从而得到少量的、可操作的“可能方案”。

（2）深度探索（In-depth Exploration）阶段：通过对“可能方案”的深度探索，产生一些适合的职业，确定一些既有希望又适合个体的职业。

（3）选择（Choice of the Most Suitable Alternative）阶段：在评估和对比所有适合的职业的基础上，选择最适合的职业。

PIC 模型反映的是一个动态的、灵活的决策过程。个体在决策过程的所有阶段都有积极作用，同时，个体也可以随时从不同阶段进入决策过程，它可以解释个体决策的动态发展和变化。

二、大学生职业生涯规划的常用方法

（一）提问分析法

提问分析法是许多职业咨询机构和心理学专家在提供职业咨询和职业规划服务时常常采用的一种方法，就是提出五个问题，被服务者需要按顺序进行深入思考并回答。大学生在进行职业生涯规划时也可采用此方法。五个问题分别如下：

（1）我是谁？

个体通过自我评估、他人评价和心理测量等手段进行自我认识和评价，并按照重要性排序，因素包括自己的年龄、性别、性格、气质类型、兴趣、专业、家庭情况、能力等。

（2）我想干什么？

个体可将自己喜欢做的事一一列出来。

（3）我能干什么？

个体可把自己目前能做的和通过潜能开发将来能够做的事逐一写下来。

（4）环境支持或允许我干什么？

环境支持在客观方面包括经济发展、人事政策、企业制度、职业空间等，环境支持在主观方面包括同事关系、领导态度、亲朋关系等，两方面的因素应该综合起来看。

（5）我最终的职业目标是什么？

个体最终可选择不利条件最少且最适宜自己发展的职业目标。

个体回答完这五个问题，也就初步完成了自己的职业生涯规划。

（二）SWOT 分析法

SWOT 分析法是通过分析组织、个体内部的优势与劣势，以及外部环境中的机会与威胁来制定未来发展策略的一个简便的工具，经常被用于企业战略制定和竞争对手分析等领域。大学生在进行职业生涯规划时也可采用此方法。

大学生用 SWOT 分析法进行职业生涯规划时，须对个体的内部优势、劣势，以及外部机会和威胁进行分析（如图 12-2 所示）。

内部优势： （1）我擅长什么？ （2）我该如何利用和发挥我的长处？	内部劣势： （1）我不擅长什么？ （2）我该如何改变劣势，缩小差距？
外部机会： （1）外界的变化给我带来了哪些有利的条件？ （2）我该如何抓住机遇？	外部威胁： （1）外界的变化给我带来了哪些挑战？ （2）我该如何迎接挑战？

图 12-2　大学生职业生涯规划的 SWOT 分析矩阵

三、制订近期和远期学习生活计划

大学生在做完职业生涯规划之后，可以设计一张近期学习生活计划表（如表 12-2 所示）和一张远期学习生活计划表（如表 12-3 所示）。接下来，要对照计划表中的内容，有步骤地安排自己每一天的学习和生活，在模块化的设计中，向着自己的职业生涯目标不断地前进。

表 12-2　近期学习生活计划表

近一周的学习生活计划	近一个月的学习生活计划	达到的效果

表 12-3　远期学习生活计划表

计划类型	具体行动计划
1．需要坚持和发扬的优点	
2．需要继续加强的能力技能	

续表

计划类型	具体行动计划
3．需要学习的知识和获得的技能	
4．需要获得的职业资格证书或实践经历	
5．需要经常关注的领域和内容	
6．需要作出的改变	

表 12-2 和表 12-3 是个提纲式计划表示例，大家还需要根据自身的实际情况设计适合自己的更详细的计划表（如日计划表），每完成一个计划就在相应条目旁打"✓"，没有完成的计划要增加到后期的计划中，并提醒自己争取按时完成。这样，每天都过得很踏实，每天都有收获，终将离自己目标越来越近。

微课学习 就业力

案例学习

小 C 的职业生涯规划书

小 C 作为一名汉语言文学专业的大三女生，她的职业目标是成为一名语文教师。为此，她做了以下职业生涯规划。

1．自我分析与定位

（1）兴趣与热情：热爱教师职业，善于交流、分享，喜欢与人打交道。

（2）个人优势：专业基础扎实，成绩优异，大学期间担任班干部，曾获"校级三好学生"，工作认真负责。

（3）不足之处：性格较为内向，在公众场合容易紧张、害羞，不善于表现自己。

2．短期目标

（1）取得相应的证书：考取教师资格证、普通话等级证书等。

（2）完成教育实习：争取大三、大四的时候在学校或教育机构进行教育实习，积累教学经验。

（3）提升教学技能：积极参加学校组织的教学技能比赛，努力提高课堂管理、教学设计等能力。

3．中长期目标

（1）积累教学经验：通过教学实践积累教学经验，提升教学效果。

（2）专业发展：考虑攻读教育学或其他相关领域的硕士学位，提升专业水平。

(3) 提升教学技能：掌握现代教学方法，如项目式教学、翻转课堂等，能将其应用在教学实践中。

4. 职业机会探索

关注教师招聘相关信息，准备参加教师招聘考试。

5. 具体行动计划

(1) 时间规划：大三参加普通话等级考试和英语六级考试，争取拿到比较好的成绩；大三的暑假及大四上学期完成教育实习等；大四下学期开始投递简历，参加招聘考试。

(2) 资源利用：利用好学校就业指导中心、网络社群等资源。

6. 反馈与调整

(1) 定期评估：每学期期末定期评估职业发展情况，根据反馈进行调整。

(2) 持续学习：保持对教育领域新趋势的敏感性，不断学习新知识。

本章小结

1. 职业生涯规划是指个体结合自身情况、当下机遇及阻碍因素，为自己确立职业方向，明晰职业目标，选择职业道路，制订实施计划、发展计划，为实现职业生涯目标而确定行动时间和行动方案的过程。

2. 职业生涯规划是一个动态的过程，做好职业生涯规划有利于大学生进行自我认知、适应社会发展和明确职业方向。

3. 常见大学生择业心理误区有：就业目标个性化、就业认知不清晰、职业评价不科学、攀比心理、从众心理与依赖心理。

4. 大学生想要做好职业生涯规划，需要明白自己想要做什么（兴趣），自己适合做什么（性格和价值观）、自己能做什么（技能）。

5. 霍兰德职业兴趣类型理论归纳了六种职业兴趣类型，分别为实用型、研究型、艺术型、社会型、企业型和事务型。

6. 职业价值观是个体追求的与工作有关的目标，是个体价值观在职业上的反映。

7. 大学生职业生涯规划的常用方法主要有提问分析法和 SWOT 分析法等。

心理训练

1. 家庭成员职业分布与我的职业选择

活动目标：通过对家庭成员的职业进行分类、梳理，认清对自己职业生涯的期望和发展的设想。

活动时间：30 分钟。

活动所需材料：中性笔、彩笔。

活动内容：先完成以下内容填写，并思考家族对自己职业生涯的期望，然后结合自己所填写的内容，在班级分享自己的职业规划。

家庭成员职业分布与我的职业选择

请在下面这个家族职业树的空格里填写家人或亲戚的职业，并为不同的职业涂上不同的颜色。

你家族中从事最多的职业领域是____________________。

（技术、管理、服务、研究）

家人的职业集中在____________________。

家人希望你从事的职业是____________________。

你会考虑的职业是____________________。

你绝对不会考虑的职业是____________________。

你感兴趣的职业是____________________。

你看中的职业是____________________。

你能获得的职业可能是____________________。

2．生涯十字路口

活动目标：让成员更加了解自己面对的职业生涯选择情况，探索个人因素对职业生涯发展的影响。

活动时间：30 分钟。

活动所需材料：中性笔。

活动内容：下面列出了很多可能影响你未来职业生涯选择的因素，请仔细思考后，用 1~5 中某个数字来表示其重要程度（将数字写在后面的括号里）：1 表示一点都不重要，5 表示非常重要。填写完后，与同学分享交流影响你职业生涯规划最重要的因素是什么。

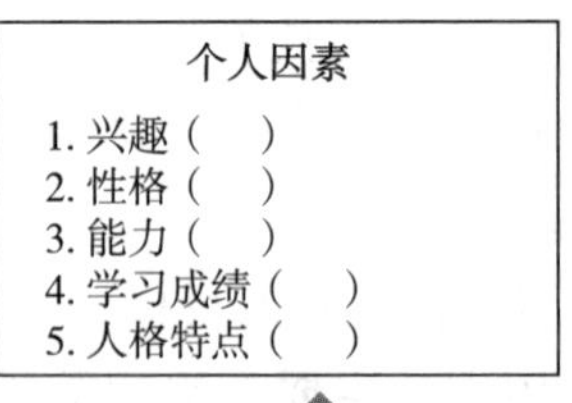

个人因素
1. 兴趣（ ）
2. 性格（ ）
3. 能力（ ）
4. 学习成绩（ ）
5. 人格特点（ ）

家庭因素
1. 父母期望（ ）
2. 其他家人的意见（ ）
3. 家庭经济状况（ ）
4. 离家远近（ ）

环境因素
1. 老师的意见（ ）
2. 同学、朋友的选择（ ）
3. 取业性质（ ）
4. 未来的出路和发展（ ）

职业因素
1. 福利待遇（ ）
2. 个人发展（ ）
3. 工作氛围（ ）

思考与练习

1．关于职业价值观，请思考以下问题：

（1）我最重视的五种职业价值观是什么？

（2）这五种职业价值观是我一直都重视的吗？如果曾经有所改变，是在什么时候发生变化的？

（3）哪些职业价值观是我父母认为重要而我却认为不那么重要的？哪些职业价值观是我和父母都认为很重要的？

（4）职业价值观对我的生活、学习有什么影响？

（5）我理想的职业与我的职业价值观之间有什么关系？

2．选择一个自己心仪的职业，并根据实际情况（自身情况和外界环境）完成职业生涯规划 SWTO 分析。

3．请为自己设计一份求职简历。

心理测验

完成下面的《自我职业选择测验量表》，并探索自己的职业兴趣。

自我职业选择测验量表

本测验量表将帮助你发现和确定自己的职业兴趣和能力特长，从而更好地作出求职择业的决策。本测验共包括以下七个部分。

第一部分　你心目中的理想职业（或专业）

请你把自己最想干的五种工作或最想读的五种专业，按顺序写下来。

1．______________________________

2．______________________________

3．______________________________

4．______________________________

5．______________________________

第二部分　你所感兴趣的活动

下面从六个方面列举了若干种活动，若是你喜欢的活动，请在“喜欢”下打“√”（计 1 分），否则请在“不喜欢”下打“√”（不计分）。请按顺序回答全部问题。

实用型（R）活动

活动	喜欢	不喜欢
1．安装电器		
2．修理汽车		
3．安装机械物品		
4．用木头做物品		

续表

活动	喜欢	不喜欢
5．学习一门技术教育课程（如工艺雕刻等）		
6．学习一门机械绘图课程		
7．学习一门木料加工课程		
8．学习一门机械自动化课程		
9．与杰出的机械师或技术工人一起工作		
10．户外工作		
11. 操作制作某种产品的设备		
得分		

研究型（I）活动

活动	喜欢	不喜欢
1．读科技类图书或杂志		
2．在研究室或者图书馆工作		
3．参与一项科学研究项目		
4．研究科学理论		
5．研究化学药剂		
6．利用数学原理解决实际问题		
7．学习物理课程		
8．学习化学课程		
9．学习数学课程		
10．学习生物课程		
11. 研究复杂的学术或科技问题		
得分		

艺术型（A）活动

活动	喜欢	不喜欢
1．制图或绘画		
2．设计家具、衣服或者海报		
3．在乐队或交响乐团中表演		
4．练习一种乐器		
5．制作工艺品		
6．学习一门艺术课程		
7．谱曲或者编曲		
8．与艺术家、作曲家或者雕刻家一起工作		

续表

活动	喜欢	不喜欢
9．撰写小说或剧本		
10．为其他人表演（舞蹈、唱歌等）		
11. 阅读艺术、文学或者音乐类文章		
得分		

社会型（S）活动

活动	喜欢	不喜欢
1．会见重要的教育家或者治疗专家		
2．阅读介绍社会性问题的文章或者书籍		
3．为慈善团体工作		
4．帮助别人解决私人问题		
5．研究青少年犯罪问题		
6．阅读心理学文章或书籍		
7．参与一门社会关系课程		
8．在一所高中教书		
9．指导精神障碍患者的活动		
10．为成年人提供某种教育服务		
11. 当一名志愿者		
得分		

企业型（E）活动

活动	喜欢	不喜欢
1．了解商业成功策略方面知识		
2．运作属于自己的服务机构或组织商业活动		
3．参加销售会议		
4．参加有关管理和领导能力的课程培训		
5．在某一组织中当管理人员		
6．监督其他人的工作		
7．会见重要的行政官员或者领导者		
8．领导某一组织完成某些目标		
9．参加政务性活动		
10．当一个组织或者企业的顾问		
11. 阅读商业类杂志或文章		
得分		

事务型(C)活动

活动	喜欢	不喜欢
1. 填写收入所得税表格		
2. 对某类数据进行各种数学运算		
3. 操作办公设备		
4. 建立一个档案保存系统		
5. 学习一门会计课程		
6. 学习一门商业数学课程		
7. 对货品供求做详细记录		
8. 检查货品文案记录是否存在错误或者缺失		
9. 更新记录或者文档		
10. 在办公室做常规性工作		
11. 记录开销明细		
得分		

第三部分　你所具备的能力

下面从六个方面列举了若干种能力，若是你所具备的能力，请在“是”下面打“√”（计1分），否则请在“否”下面打“√”（不计分）。请按顺序回答全部问题。

实用型(R)能力

能力	是	否
1. 会使用锯子等木料加工工具		
2. 会画比例图		
3. 会给小汽车加油或者更换轮胎		
4. 会操作钻孔机、磨具、缝纫机等工具		
5. 会修理家具或者其他木制品		
6. 会进行简单的电器改装		
7. 会修理家里简单的电器		
8. 能完成简单的家具组装		
9. 会简单的管道修理		
10. 会自己制作木制品		
11. 会自行装饰自己的房子		
得分		

研究型（I）能力

能力	是	否
1．能够利用代数知识去解决数学问题		
2．会做科学实验或者调查		
3．懂得放射性元素的半衰期		
4．会使用对数表		
5．能够使用电脑进行科学问题研究		
6．能够描述血液中白细胞的功能		
7．能够解释简单的化学方程式		
8．理解为什么人造卫星不会掉落到地面上		
9．能够撰写科学报告		
10．理解宇宙“大爆炸”理论		
11. 理解 DNA 在基因中的作用		
得分		

艺术型（A）能力

能力	是	否
1．会演奏一种乐器		
2．能够参与二声部或者四声部的合唱		
3．可以进行乐器独奏演出		
4．能够在戏剧中扮演角色		
5．可以对文章进行口译		
6．会画油画或者水彩画		
7．能够作曲或者编曲		
8．会设计衣服、海报或者家具		
9．能够写出不错的故事或者诗歌		
10．会撰写演讲稿		
11. 能拍摄出非常吸引人的照片		
得分		

社会型（S型）能力

能力	是	否
1．可以轻松地和不同类型的人交谈		
2．擅长为他人进行讲解		
3．可以为社区活动做组织工作		
4．身边人愿意倾听自己的烦恼或困惑		
5．可以轻松地教儿童学习一件事情		

续表

能力	是	否
6．可以轻松地教成人学习一件事情		
7．擅长帮助沮丧或者遇到困难的人		
8．对社会关系有深入的理解		
9．擅长教导他人		
10．擅长让他人感觉轻松		
11. 和他人一起工作比一个人做事或思考更愉快		
得分		

企业型（E）能力

能力	是	否
1．知道怎样成为一名成功的领导者		
2．能够轻松地做一场演讲		
3．能够管理好一场销售活动		
4．可以组织好其他人的工作		
5．是一个有抱负、果断的人		
6．善于让大家按照自己的思路做事情		
7．是一个很好的推销人员		
8．是一个很好的辩论者		
9．具有很强的说服别人的能力		
10．具有很强的规划能力		
11. 具有一定的领导能力		
得分		

事务型（C）能力

能力	是	否
1．能够整理好文档和其他的一些文件		
2．能有条不紊地处理烦琐的事务		
3．会使用自动记账系统		
4．可以在短时间内做很多文字工作		
5．能够使用相关设备有效收集信息和资料		
6．可以对借入和借出进行记账		
7．可以轻松列出详细的支付或者销售记录清单		
8．会利用电脑进行必要的办公操作		
9．会撰写商业信函		
10．能够做一些常规的办公室事务		

续表

能力	是	否
11. 能够细心且有条理地处理问题		
得分		

第四部分　你喜欢的职业

下面从六个方面列举了多种职业，若是你喜欢的职业，请在“是”下面打“√”（计 1 分），否则请在“否”下面打“√”（不计分）。请按顺序回答全部问题。

实用型（R）职业

职业	是	否
1．飞机机械工		
2．汽车机械工		
3．木匠		
4．卡车司机		
5．勘测员		
6．建筑监理师		
7．无线电机械工		
8．铁路机车工程师		
9．电工		
10. 农夫		
11. 直升机飞行员		
12. 电子技术人员		
13. 焊工		
得分		

研究型（I）职业

职业	喜欢	不喜欢
1．气象学家		
2．生物学家		
3．天文学家		
4．医学实验室技术人员		
5．人类学家		
6．化学家		
7．药理学研究者		
8．科技文献编辑		
9．地理学家		

续表

活动	喜欢	不喜欢
10．植物学家		
11. 物理学家		
11. 社会学研究者		
13. 环境分析专家		
得分		

艺术型（A）职业

职业	喜欢	不喜欢
1．诗人		
2．音乐家		
3．小说家		
4．演员		
5．自由撰稿人		
6．音乐制作人		
7．记者		
8．书法家		
9．歌手		
10．作曲家		
11. 雕刻家		
12. 剧作家		
13 漫画家		
得分		

社会型（S）职业

职业	是	否
1．职业顾问		
2．社会学家		
3．中学教师		
4．药物滥用咨询者		
5．青少年犯罪专家		
6．言语障碍矫正专家		
7．心理咨询师		
8．婚姻顾问		
9．社会科学教师		
10．私人顾问		

续表

职业	是	否
11. 青年野外生活指导者		
12. 社会工作者		
13. 康复顾问		
得分		

企业型（E）职业

职业	是	否
1．采购员		
2．广告经理		
3．制造商代表		
4．商务总监		
5．节目主持人		
6．机场主管		
7．售货员		
8．房地产销售人员		
9．百货公司经理		
10．销售经理		
11. 公共关系执行官		
12. 电视台经理		
13. 小型企业管理者		
得分		

事务型（C）职业

职业	喜欢	不喜欢
1．预决算人员		
2．注册会计师		
3．信用调查员		
4．银行柜员		
5．税务专家		
6．库存管理员		
7．程序员		
8．金融分析家		
9. 成本估算人员		

续表

活动	喜欢	不喜欢
10. 薪酬管理人员		
11. 银行审查人员		
12. 记账人员		
13. 审计人员		
得分		

第五部分　能力类型简评

下面两张表是你在六个职业类型能力方面的自我评定表。你可以先与同龄人比较，然后对自己的能力作出评估。请在表中适当的数字上画圈。数字越大，表示你在这方面的能力越强。注意，请勿全部选同样的数字，因为人的每项能力不可能完全一样。

表 A

实用型（R）	研究型（I）	艺术型（A）	社会型（S）	企业型（E）	事务型（C）
机械操作能力	科学研究能力	艺术创作能力	解释表达能力	商业洽谈能力	事务执行能力
7	7	7	7	7	7
6	6	6	6	6	6
5	5	5	5	5	5
4	4	4	4	4	4
3	3	3	3	3	3
2	2	2	2	2	2
1	1	1	1	1	1

表 B

实用型（R）	研究型（I）	艺术型（A）	社会型（S）	企业型（E）	事务型（C）
手工技能	数学技能	音乐技能	交际技能	管理技能	办公技能
7	7	7	7	7	7
6	6	6	6	6	6
5	5	5	5	5	5
4	4	4	4	4	4
3	3	3	3	3	3
2	2	2	2	2	2
1	1	1	1	1	1

第六部分　统计和确定你的职业倾向

请将第二部分至第五部分的全部测验分数填入下表，并纵向累加求出总分。

第二部分至第五部分得分统计

测试	实用型（R）	研究型（I）	艺术型（A）	社会型（S）	企业型（E）	事务型（C）
第二部分						
第三部分						
第四部分						
第五部分表 A						
第五部分表 B						
总分						

请将上表中的六种职业倾向按总分从大到小的顺序依次写在下方：

________型、________型、________型、________型、________型、________型

第七部分　你所看重的东西——职业价值观

这一部分列出了人们在选择职业时通常会考虑的九种因素，请你根据自身情况将相应的选项填入下面的横线上。

人们在选择职业时通常会考虑的九种因素：

1．工资高、福利好

2．工作环境（物质方面）舒适

3．人际关系良好

4．工作稳定、有保障

5．能提供较好的受教育机会

6．有较高的社会地位

7．工作不太紧张、外部压力少

8．能充分发挥自己的能力、特长

9．社会需要与社会贡献大

最重要：________次重要：________

最不重要：________次不重要：________

测验完毕。

请将你测验得分居第一位的职业类型找出来，对照下表，判断一下自己适合的职业类型。

不同性格类型及特点对应的职业类型

性格类型	特点	职业类型
实用型（R）	顺从、坦率、谦虚、自然、实际、害羞、有礼、稳健、节俭等。行为表现：爱劳动，有机械操作能力，喜欢与机械、动物、植物等有关的工作，是勤奋的技术家	对人际交往能力要求不高的技术性工作，例如，劳工、机械员、工程师、电工等

续表

性格类型	特点	职业类型
研究型（I）	谨慎、好奇、独立、聪明、内向、有条理、谦逊、精明、理性、保守等。行为表现：有数理能力和科学研究精神，喜欢观察、学习、思考、分析和解决问题，是重视客观现实的科学家	要求具备思考能力和创造性，对社交能力要求不高的工作，例如，从事生物、医学、化学、物理、地质、天文等研究的科学家或工程师等
艺术型（A）	喜欢想象、冲动、独立、直觉感强、无秩序、情绪化、理想化、不顺从、有创意、富有表情、不重实际等。行为表现：具有想象力和创造力，喜欢从事美感的创作，是表现美的艺术家	艺术性的、直觉独创性的工作，例如，作家、音乐家、画家、设计师、演员、舞蹈家、诗人等
社会型（S）	喜欢合作、友善、慷慨、爱助人、仁慈、负责、善于社交、善解人意、善于说服他人、理想主义、富有洞察力等。行为表现：喜欢与人接触，擅长以教学或协助的方式增强他人的自尊心、幸福感，是温暖的助人者	与人打交道的、要求具备高水平沟通技能的工作，例如，教师、心理师、辅导人员等
企业型（E）	喜欢冒险、有野心、独断、冲动、乐观、自信、追求享受、精力充沛、善于社交等。行为表现：有领导和说服他人的能力，喜欢以影响力、说服力与人群互动，追求政治或经济上的成就，是自信的领导者	需要具备较强的领导力、说服力才能胜任的工作，例如，企业经理、政治家、法学家、推销员等
事务型（C）	顺从、谨慎、保守、自我压抑、规律、坚毅、实际、稳重、有效率、缺乏想象力等。行为表现：有较强的文书和计算能力，喜欢处理文书或数据，注重细节，能按指示完成琐碎的工作，是谨慎的事务家	对观察、执行能力要求较高，需要细心，耐心才能做好的工作，例如，银行工作人员、税务人员、秘书、数据处理人员等

第十三章　大学生心理健康的维护

知识目标

1. 了解常见的精神障碍类型和其症状表现，以及其常用治疗方法和预防措施；
2. 掌握心理求助的方法，学会正确看待心理疾病。

能力目标

1. 能够识别自己及他人可能存在的心理问题，并能够运用相关的心理学知识进行初步判断；
2. 掌握心理疏导的基本技巧，能够有效地向同学或身边的人提供帮助与支持。

素质目标

1. 培养积极的心理保健意识，增强心理健康素养，努力维护健康的心理状态；
2. 培养健康的心态，增强应对生活挑战的心理韧性，培养正确的生活态度和价值观。

思政目标

1. 能够关爱他人、尊重差异，增强同理心和社会责任感；
2. 培养良好的团队合作精神和集体责任感，力争成为高心理素质人才。

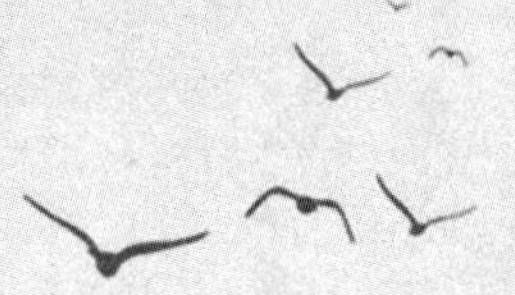

种树者必培其根，种德者必养其心。

——明代思想家、军事家、教育家　王阳明

案例导入

严某，大一新生，原本性格开朗，高考失利后变得少言寡语，像是突然变了一个人。军训期间他请假，军训汇演当天迟到。入学考试快结束了，他才赶到教室，问其原因，回答含糊不清、语无伦次。在日常生活中，严某与寝室同学争论时语言比较激烈，有时情绪异常激动。他曾几次和辅导员报告同学们在背后说他坏话。他怀疑有人合谋要害他，还怀疑有人用无线电波控制他的思想，担心那人伤害他，总想抓到那人。同时，他还出现焦急、恐惧的状况。有一次与同学外出，他跟同学说有人叫他回去，然后他转身就往回走。他后来甚至报警说用无线电波控制他的那个人逼迫他杀人。

思考：1．案例中的严某怎么了？

2．你知道精神障碍的早期症状有哪些吗？

3．如果你或亲人被确诊患有精神障碍，你会怎么办？

精神障碍已经给患者造成了严重的疾病负担，是 1990 年和 2019 年全球人群伤残负担的第二位原因[①]，是 2017 年中国人群伤残负担的第二位原因[②]。很多精神障碍具有慢性化、高复发和高致残等特点，而且一些精神障碍的患病率近年来呈上升趋势，因此，预防精神障碍越来越重要。但是，很多精神障碍的病因至今不明，预防的着手点和方向在哪里？又该如何实施呢？

第一节　大学生常见的精神障碍

一、双相情感障碍

人的情绪不是一条直线。在生活顺心如意时，人们往往感到愉快、轻松，心情像鸟儿飞过的晴空；在遇到挫折时，人们则常感到心情低落、沉重、心情好像暗淡的阴天。正常的情绪波动是可控的，也不会影响日常生活。

① GBD 2019 Mental Disorders Collaborators. Global,regional, and national burden of 12 mental disorders in 204 countries and territories, 1990-2019: a systematic analysis for the Global Burden of Disease Study 2019[J]. Lancet Psychiatry,2022, 9(2):137-150.

② Zhou M, Wang H, Zeng X, et al. Mortality, morbidity, and risk factors in China and its provinces, 1990-2017: a systematic analysis forthe Global Burden of Disease Study 2017[J]. Lancet, 2019,394(10204):1145-1158.

但有些人的情绪就像过山车，超出了正常的波动范围，他们有时会没来由得愉快、兴奋，感到自己无所不能；有时又会没来由得心情低落、没精力，觉得自己一无是处。他们不能控制自己情绪的剧烈变化，情绪的剧烈变化也非常影响他们的学习与生活——他们可能患上了双相情感障碍。

双相情感障碍是一种既有躁狂发作又有抑郁发作的复发性较高的慢性精神障碍，是造成全世界青少年残疾的第四大主因。双相情感障碍的特征是情绪的剧烈变化和波动。患有双相情感障碍的人会经历两种极端的情绪状态：躁狂发作和抑郁发作（如表 13-1 所示）。

表 13-1　双相情感障碍的两种极端情绪状态

躁狂发作	抑郁发作
表现出异常兴奋、多动、冲动、轻信、注意力不集中；会作出冲动的行为，如花钱大手大脚、性冒险或其他危险行为，对自己的能力和状况有严重的高估，同时对危险和后果缺乏恰当的认识	感到极度悲伤、绝望、无助，可能出现睡眠问题、食欲改变、注意力减退以及自杀念头；会对生活失去兴趣，感到空虚和无价值

拓展阅读

如果患上双相障碍，该如何自救?

双相障碍是一种心理疾病，患病可能会让你觉得自己的生活失去控制。但还是有一些切实有效的方法能够帮助你改善和缓解自己的症状，提高生活质量。

（1）了解自己的情绪状态

① 监控自己的情绪：你可以使用手机 App 等工具来记录自己一段时间的情绪状态。

② 识别触发你情绪转变的导火索：如果你在熬夜之后感觉异常兴奋或者在面临最后期限时容易情绪低落，你可以通过识别这些固定模式来避免或者减少它们对你情绪的影响。

③ 了解你情绪转变时的征兆：躁狂或抑郁发作之前，往往会出现一些可观察到的变化，即情绪转变的征兆，如睡眠、食欲或行为的改变，尝试了解你的这些征兆。

（2）采取切实可行的步骤

① 制订常规生活计划：包括日常活动计划（如健康规律的饮食、充足的睡眠和定期的锻炼）、兴趣爱好和社交活动计划等，如果需要服药，最好在每天的同一时间服药，这样可以避免副作用，更好地帮助你的身体系统维持稳定。

② 学会处理压力事件。

③ 学会管理自己的财务。

④ 为危机的发生做好准备：当你感觉非常不好，或者躁狂 / 抑郁持续了很长时间，或者常规治疗失效的时候，你可能需要紧急支持，如选择住院治疗。

（3）利用社会支持网络

① 学会从最亲密的家人或朋友处获得帮助。

②加入同伴互助团体：同跟自己有相似经历的人建立联系是一种帮助你走出困境的有效方法，你可以跟他们分享自己的情绪、感受、想法等，也可以借鉴他们好的做法。

二、抑郁障碍

（一）抑郁障碍：谁偷走了我的快乐

抑郁障碍是一种复发率和致残率较高的精神障碍，以情绪显著而持久的低落为基本临床表现。患者的症状主要表现为抑郁心境、快感缺失和动力减退，甚至有时悲观厌世，还可能有自杀企图和行为。抑郁障碍正逐步成为全球范围内威胁人类健康的第二类杀手疾病，仅次于癌症。

抑郁障碍还有许多并发症，如睡眠问题、食欲下降、性功能减退、体重减轻、难以名状或无法解释的各种慢性疼痛（如头痛、腹痛、骨盆疼痛）、胃肠道功能紊乱等。

（二）抑郁障碍的三大信号

患抑郁障碍主要会有以下三大信号：

“三低”：情绪低落、兴趣降低、精力下降。

“三无”：无用（过去失败）、无助（现在无能）、无望（将来无望）。

“三自”：自责、自罪、自杀。

（三）患上抑郁障碍怎么办？

1．及时就医

如果抑郁症状持续，且严重影响正常生活，应及时就诊。如果确需用药，应遵医嘱用药，且不能擅自停药。

2．规律锻炼

运动既有助于个体保持身体健康，还能促使个体释放大量让人快乐的激素，如内咖肽、多巴胺，这在一定程度上有助于缓解抑郁症状。

3．调整饮食

多吃富含维生素 B、Omega-3 脂肪酸和叶酸的食物（如鱼类、坚果和绿叶蔬菜），有助于改善个体的身体状况和情绪状态。

4．培养和发展兴趣爱好

培养和发展一些兴趣爱好（如绘画、音乐、阅读等），可在一定程度上转移个体的注意力，并调节个体的情绪状态。

5．调整睡眠习惯

保持规律作息，以及创造舒适的睡眠环境对改善抑郁症状有一定帮助。

6．增加与他人的交流

积极的社交关系可以给个体带来温暖和支持，同时能减轻个体的孤独感和抑郁情绪。

拓展阅读

在日常生活中，“抑郁”或“抑郁的”这两个词往往用于表达某人某个时间不快乐或悲伤。例如，当人们因为他们的运动队输了比赛而感到难过时，可能会说“我抑郁了”。作为对比，抑郁障碍是一种重性的心理疾病，会对一个人的安全和健康产生深刻而复杂的影响。抑郁障碍通常会导致个体感到悲伤、空虚，或易激惹。抑郁障碍患者可能难以好好睡觉，难以正常地思考问题或难以执行曾经很正常的日常功能。[①]

抑郁障碍不同于正常的忧伤和悲哀。爱人的死亡、失业，或一段关系的结束等可能令人非常痛苦，难以接受，但对大多数人而言，这些事并不会触发抑郁障碍。抑郁障碍可能会令个体感到无望、无价值或内疚，这种状况可能会持续数周、数月，甚至数年。但是，通过治疗，大多数抑郁障碍患者的症状会得到控制或减轻。

三、广泛性焦虑障碍

（一）广泛性焦虑障碍患者的典型症状表现

广泛性焦虑障碍是焦虑障碍的常见亚型，又称慢性焦虑障碍，其特征是个体存在过度且持续的担忧，并且担忧无明确指向，这种状况至少持续 6 个月以上。常见主诉还包括：神经紧张、出汗、心悸、失眠、头晕等。

诊断一个人是否患广泛性焦虑障碍，关键要看其是否在最近 6 个月的多数时间里，为 2 个以上生活中的压力事件（如收支、人际关系、健康状况、在校表现等）感到焦虑和担心。如果个体患有广泛性焦虑障碍，其典型表现为：总有各种担心，并在上面耗费大量时间，当个体试图控制这种担心时，却总是力不从心。广泛性焦虑障碍的典型症状及表现如表 13-2 所示。

① 美国精神医学学会. 理解DSM-5精神障碍[M]. 夏雅俐，张道龙，译. 北京：北京大学出版社，2016：53.

表 13-2　广泛性焦虑障碍的典型症状及表现

典型症状	表现
精神性焦虑	精神上的过度担心是焦虑症状的核心，表现为对未来可能发生的、难以预料的某种危险或不幸事件经常担心，终日心烦意乱、忧心忡忡、坐卧不安，且这种焦虑、烦恼的程度与现实不符
警觉性增强	① 对外界刺激敏感，易于出现惊跳反应； ② 难以入睡，睡中易惊醒，情绪易激怒； ③ 注意力难以集中，做事情易受干扰； ④ 有人可能会感受到肌肉、血管的跳动
躯体性焦虑	① 运动性不安表现为搓手顿足、不能静坐、不停地来回走动，无目的的小动作增多； ② 肌肉紧张表现为主观上的一组或多组肌肉出现不舒服的紧张感，严重时会有肌肉酸痛感，多见于胸部、颈部及肩背部肌肉； ③ 紧张性头痛也很常见，有的患者可能会出现肢体震颤，甚至语音发颤
自主神经功能紊乱	① 心动过速、胸闷气短、头晕头痛； ② 皮肤潮红、出汗或苍白； ③ 口干、胃部不适、恶心、腹痛、便秘或腹泻、尿频； ④ 有的患者可能会出现早泄、勃起障碍、月经不调、性欲减退等症状

（二）广泛性焦虑障碍的相关治疗

1．心理治疗

治疗广泛性焦虑障碍的常用心理疗法主要有以下几个。

（1）认知行为疗法

该疗法通过帮助患者识别和改变负面的思维模式、信念和行为习惯，来减轻其焦虑症状。常用的技术包括认知重构、放松训练、行为实验等。

（2）接纳与承诺疗法

该疗法强调接纳焦虑情绪，同时帮助患者将注意力转移到有价值的行动和目标上，以减少其对焦虑的过度关注或逃避。

（3）正念疗法

该疗法通过引导患者专注于当下的体验，培养对自身情绪和思维的觉察，来达到缓解焦虑、提高心理韧性的效果。

（4）人际治疗

该疗法关注人际关系对情绪的影响，主要通过帮助患者改善人际关系来缓解患者的焦虑症状。

2．药物治疗

治疗广泛性焦虑障碍常用的药物主要有苯二氮䓬类药物（如地西泮、劳拉西泮、阿普唑仑等，这些药物具有抗焦虑、镇静催眠等作用，能较快缓解焦虑症状，但长期使用可能产生一定的依赖性）和抗抑郁药（如帕罗西汀、舍曲林、氟西汀等，这些药物不仅可以改善焦虑，对抑郁等共病情况也有较好的疗效，且无明显成瘾性）。

需要注意的是，药物的使用应在专业医生的评估和指导下进行，医生会根据患者的具体情况开具合适的药物及剂量，并密切观察药物的不良反应和治疗效果。

有研究表明，药物治疗和心理治疗相结合对广泛性焦虑障碍具有良好疗效。

四、社交焦虑障碍

你是否曾经有过这样的体验：

①身处热闹的派对，感觉自己像一只小透明，内心充满了不安和恐惧；

②担心自己无法融入大家，害怕被人评价，甚至害怕自己会被忽视或嘲笑；

③有时，仅仅想象自己处于社交场合中，也可能引发强烈的恐惧。

社交焦虑障碍也称社交恐怖症，是一种常见的心理障碍。它表现为在社交场合或与人交往时，个体感到强烈的不安、紧张和恐惧，这种恐惧可能源于对评价、目光、笑话或对话的担忧。国内外最新流行病学研究指出，国内社交焦虑的终身患病率为0.6%，年患病率为0.4%。美国的数据相对较高，年患病率可达8%，终身患病率为13%。该障碍起病年龄相对较早，中位数是13岁。[①]

当患上社交焦虑障碍时，应该怎么办？

当患上社交焦虑时，个体需要寻求积极的治疗。治疗社交焦虑障碍，需要心理治疗和药物治疗相结合。

心理治疗方法主要有认知行为疗法、暴露疗法和放松训练等。这些方法可以帮助患者学会如何改变不健康的思维模式，面对恐惧，并逐渐适应社交场合。

药物治疗则侧重于缓解症状。在专业医生的指导下，患者可以逐步减少对药物的依赖。

拓展阅读

大家往往对社交焦虑障碍存在以下五个误解：

第一：害羞、内向就说明患有社交焦虑障碍。

内向是一种常见的个性特征，害羞可能是个体的一种长期行为表现，而社交焦虑障碍是一种疾病。

第二：害怕上台就说明患有社交焦虑障碍。

很多人在准备不充分的时候上台都会存在担心和顾虑，但是人们上台之后紧张感往往不会持续存在，这种情况并不算是社交焦虑障碍。

第三：社交能力差就说明有社交焦虑障碍。

不想、不会与人社交不等于不敢与人社交。

---

① 施慎逊，张宁，司天梅，等.《中国焦虑障碍防治指南》第二版解读[J]. 中华精神科杂志，2024，57（6）：327-336.

第四：社交焦虑障碍患者普遍情商低。

社交焦虑障碍是一种常见的焦虑障碍，表现为在社交场合中感到极度的紧张和不安，担心被评价或害怕尴尬。它是一种心理状况，与个体在社交场合中的焦虑感有关，并不是简单的情商低。

情商（情绪智力）是指一个人识别、理解自己和他人的情绪，以及利用这些信息来指导思考和行为的能力。情商包括多个方面，如自我意识、自我管理、社会意识和关系管理等。

社交焦虑障碍患者可能在情商的某些方面存在一定的问题，但这并不意味着他们整体情商低。实际上，很多社交焦虑障碍患者可能在其他方面具有较高的情商，比如他们可能对他人的情绪变化非常敏感，能够很好地理解和同情他人。

第五：害怕与所有人交往才说明有社交焦虑障碍。

几乎所有人（包括社交焦虑障碍患者）都有社交舒适区，一般人们与直系亲属以及亲密的朋友在一起会比较轻松，与不熟的人在一起会不自在，这是一种正常的生理现象。

五、分离焦虑障碍

（一）什么是分离焦虑障碍？

分离焦虑障碍是指个体离开熟悉的环境或与依恋对象分离时存在与自身年龄不相符的、过度的、损害行为能力的害怕或焦虑。

分离焦虑障碍主要有以下表现：

（1）与人或宠物分离时异常痛苦；

（2）过分担心另一个人如果离开，自己就会受到伤害；

（3）对孤独的恐惧加剧；

（4）当知道自己很快就会和另一个人分开时出现身体症状；

（5）对独处过度担忧；

（6）需要随时知道配偶或所爱的人在哪里。

以上这些症状在成人中可能持续 6 个月或更长时间。这些症状会给他们带来严重的困扰，影响他们的社交、工作或学习。

（二）合理应对分离焦虑障碍

1. 增强自我认知和心理调适能力

了解自己的情感需求和恐惧来源是应对分离焦虑障碍的关键。在面对分离时，个体要学会采取积极的方式和自我调适技巧来应对焦虑和不安的情绪。

2. 建立健康的亲密关系

建立健康的亲密关系有助于减轻分离焦虑障碍的症状。个体要努力与他人建立平等、尊重、信任的关系，避免过分依赖他人；学会表达自己的感受和需求，以便与他人建立更加深入的联系；同时，也要注意与他人保持适度的距离，给彼此一定的空间，因为过于亲密的关系可能导致个体对分离产生更大的恐惧和不安。

3. 寻求专业治疗

必要时，患者可寻求专业治疗。分离焦虑障碍的专业治疗方法包括心理治疗和药物治疗等。心理治疗是最常用的方法，药物治疗是常用的辅助治疗方法。需要注意的是，药物治疗需要在精神科医生的指导下进行，并需要注意药物的副作用和依赖性。

六、创伤后应激障碍

（一）看不见的伤口——创伤后应激障碍

痛苦往往伴随着创伤，大多数经历创伤性体验的个体会自然地从最初的症状中恢复过来。然而，经历过创伤的个体患上创伤后应激障碍也并不罕见。那么什么是创伤后应激障碍呢?

创伤后应激障碍是指个体经历、目睹或遭遇一个或多个涉及自身或他人的死亡，或受到死亡的威胁，或严重的伤害，或躯体完整性受到威胁后，所导致的个体延迟出现和持续存在的一类精神障碍。

（二）创伤后应激障碍的四大典型症状

创伤后应激障碍患者主要会表现出以下四大典型症状。

（1）反复出现创伤性体验（闪回），创伤性情境不由自主地涌现：对创伤事件的细节记忆特别深刻。

（2）持续性回避与创伤性事件有关的刺激，表现为患者非常抵触与创伤经历有关的地点、人物和情境，刻意回避类似的情景，或不能回忆与创伤有关的事情，若提起与创伤经历有关的细节，部分患者甚至会出现选择性遗忘症状。

（3）警觉性增强：主要表现为患者反应过度、警觉性异常强、情绪不稳定、易激惹、容易出现惊恐心理，常伴有注意力不集中及过度焦虑。

（4）遇到与创伤事件相关、相似的情境时会出现明显的植物性神经功能紊乱症状和强烈的内心痛苦体验。此外，有些患者还多伴有焦虑和抑郁情绪，比如有些患者会乱吃精神类药物，有些患者又想自救，又不信任别人。

案例学习

小航是一名大三学生。近期，小航在回家的路上目睹了一场车祸——一辆汽车撞到了一辆电动自行车，电动自行车车主被撞飞且血流不止，场面非常恐怖血腥。从那以后，他的脑中便无法抹去车祸画面，他睡觉时经常梦到车祸场景，然后被吓醒。上学走在那条路上他也会不由自主地害怕，因此，小航每次回家只能绕路。

晚上做噩梦睡不好，白天没有精神，导致小航在学习时注意力很难集中。小航随后把这一情况上报了辅导员，辅导员带他到某医院心理科寻求帮助。

详细了解小航的情况后，医生用心理测评量表对小航的情况进行了评估，初步诊断小航患上了创伤后应激障碍。随后，医生给他开具了一些药物，并为他提供了相关心理治疗。一段时间后，小航的状态有了明显的好转。

（三）治疗创伤后应激障碍常用的心理疗法

1．认知行为疗法

患创伤后应激障碍的个体的思维方式一般都存在问题，认知疗法可以帮助患者扭转错误的执念，帮患者认识到人不会总是遭受这样的危险。

2．暴露疗法

此疗法通过引导患者反复重述创伤性事件的过程，直到不再对回忆产生恐惧为止，来教会患者正视并控制恐惧。

3．系统脱敏疗法

此疗法先引导患者回忆较为轻微的创伤性经历，同时引导患者运用肌肉、肢体和呼吸的渐进放松法调节情绪、身体和心理上对创伤性记忆的反应，然后引导患者逐步回忆越来越重的创伤性经历，并使用放松术调节身体和心理上的反应。

七、进食障碍

（一）神经性厌食

案例学习

大二女生小元交了一个男朋友。有一天，她穿了一条裙子，男朋友调侃说：你这手臂有点粗呀，都快赶上我的了。那天约会小元感到十分尴尬，于是她下定决心要减肥。可这一减，小元却上瘾了。

小元被她的父母带到精神科医生的办公室进行评估。她坚持说自己没有健康问题。然而，她的父母说，在过去5个月里，她一直只吃蔬菜和少量的鸡肉，拒绝增

加食物摄入量，并且体重直线下降。检查结果显示，小元的身体质量指数（BMI=体重/身高，其中，体重的单位为千克，身高的单位为米）是16.3（体重47千克，身高1.7米）；坐着时血压为100/78 mmHg，站立3分钟后血压降至78/60 mmHg；静息心率是46次/分钟；皮肤很干燥，头发比较稀疏；牙釉质被广泛侵蚀。最后医生确诊小元患上了神经性厌食。

1. 什么是神经性厌食？

神经性厌食是一种有意节制饮食，导致体重明显低于正常标准的进食障碍。神经性厌食常见于青少年和女性。其核心心理特征是患者对体型和体重存在错误认知。

神经性厌食患者的常见表现有：

（1）有意节食，导致体重明显低于正常指标；

（2）对体重变化过度担心，常采取过度运动、抠吐、滥用泻药等不正确的方式减重；

（3）有体像障碍，即使骨瘦如柴，仍认为自己太胖；

（4）伴有营养不良、贫血、月经周期停止、皮肤干燥、低体温、低代谢等身体症状；

（5）伴有抑郁、焦虑、易激惹等心理症状，部分存在自杀观念。

2. 神经性厌食患者的护理

一般只有当患者出现严重并发症、体重严重偏低（BMI<14）或出现伤害自己的行为时，才需要住院治疗，大多数患者一般还是采取门诊治疗。所以神经性厌食患者的日常照护就显得十分重要。

（1）心理支持

神经性厌食患者的行为往往是不由自主的。患者通常争强好胜、追求完美，并且普遍伴有抑郁、焦虑。

如果患者出现谈论死亡或自杀、不愿意和朋友或亲人交流的情况，或出现高风险行为，需要引起警惕和重视。正确做法：首先，要了解神经性厌食这个疾病。其次，采用解释、劝导、安慰、鼓励等方法，多和患者沟通，尽量满足患者的合理要求，同时给予患者心理支持。最后，要引导患者建立正确的审美观、价值观，使其恢复处理困难的信心。

（2）饮食护理

由于长期控制饮食，患者的胃肠道功能减弱，因此，患者应在专业医生的指导下少量多餐、循序渐进。否则，患者可能因出现上腹饱胀感而停止进食，甚至可能会因体重增长过快而产生恐慌，出现病情反复的情况。

（3）制定增重小目标

建议患者定期测量体重，体重增加不宜过快，每周体重增加以1千克左右有宜。鼓励患者记录营养日记，内容包括每日进食的时间、地点、食物名称、自我感觉以及体重增加情况等。

根据营养日记的记录，帮助患者调整饮食搭配，如选择更合适、营养更丰富的食物。每餐进食后，密切观察患者有无自行呕吐或诱吐行为，如发现此类行为，应及时劝导和阻止。

（4）皮肤护理

由于营养不良，因此患者的皮肤往往比较干燥，可适量使用润肤乳以保护和滋润皮肤。对于虚弱无力、长期卧床的神经性厌食患者，皮肤护理尤为重要。部分患者严重时可能出现下肢水肿的情况，因此所穿鞋袜不宜过紧。

（二）神经性贪食

案例学习

> “我一边吃一边哭，怎么也停不下来。胃是空的，心也是空的，胃满了，心还是空的，永远也吃不饱，感觉自己吃的是毒药，不是美食。耳边总是听到有人对我说：你少吃点呗！”——这是某大学大一女生小晨的哭诉。
>
> 大家一定会好奇，怎么就控制不住自己吃呢？难道不是吃不下就自动停下来了吗？
>
> 小晨不是不想停下来，是孤独、抑郁、空虚、缺乏亲密关系，抑或是挫折感、失控感、压力和缺乏饱食感而让她无法停下来，因为暴食能够缓解这些痛苦。只有在腹痛或罪恶感给她带来极度痛苦时她才会停下来，接着是过度运动、禁食、抠吐或者滥用泻药等，以防止体重增加。这就是神经性贪食的表现，属于进食障碍的一种。一些神经性贪食患者还会有偷窃食物、自伤、物质滥用特别是酒精和兴奋剂滥用等冲动行为。

1．什么是神经性贪食？

神经性贪食是指个体反复暴饮暴食（即大量进食而失去控制），并出现代偿行为，比如抠吐，禁食，过度运动，滥用泻药、减肥药、利尿剂等，以预防自己体重增加。神经性贪食患者往往对自身身体形象不满，低自尊，身体长期处于亚健康状态。

神经性贪食患者的症状主要有：

（1）对食物有种不可抗拒的欲望，并会难以克制地发作性暴食。

（2）担心自己发胖，常常采用催吐、滥用泻药、间断性禁食等方法。

（3）对肥胖非常恐惧，并且有多次神经性贪食的既往史。

2．患神经性贪食后怎么办？

患神经性贪食后，可以试试以下方法。

（1）做饮食规划，越正常越好

每天花 10 分钟写下第二天计划吃的食物和进食时间（如果两餐间隔时间超过 6 小时，可以有个小加餐），所列的食物不需要受任何限制。

（2）记录饮食，就算暴食了，也如实写下来

每次进食后，记录下自己吃了什么、对应的时间，还有当时的心情。这样有助于找出每次引发暴食的原因，比如在学校 / 工作中发生了让自己心情低落 / 暴躁的事情。如果某一顿暴食了，下一顿也不要“放弃”吃东西，尽量继续按照计划进行，可以照顾身体的感受而适当减少分量。

可以在同一个本子里记录，方便对比计划和现实。如果完成目标，那就增加了成就感；如果没有达到目标，就督促自己继续加油。

（3）做点别的事情来分散注意力

暴食之后，个体会经受很多负面情绪的打击，这时候万万不可坐在原地，让这些情绪吞噬自己。因为它们越强烈，个体就越可能开启新一轮的暴食或补偿行为。如果脑海里有太多压抑的想法，就让它们待在那里，可以通过做些和食物无关的事情来转移注意力。等过了足够的时间，心情会平缓下来，个体也会从中彻底抽离出来。

这里需要强调的是，和其他心理疾病和身体疾病一样，暴食和厌食也是一种疾病。千万不要因为羞愧就不去积极寻求帮助。

拓展阅读

给进食障碍患者的健康建议

（1）寻求专业帮助：如果你或你认识的人受到进食障碍困扰，首要步骤是寻求专业人员的帮助，他们可以提供专业的诊断和治疗建议。

（2）接受心理治疗：心理治疗是治疗进食障碍的关键。认知行为疗法等方法可以帮助患者理解和改变不健康的进食观念和习惯。

（3）医学监测：进食障碍可能对身体健康造成严重影响，如营养不良、电解质紊乱等。因此，要定期接受医学监测，以确保身体健康状况良好。

（4）建立健康的生活方式：与专业人士合作，制订适合自己的健康饮食和运动计划，避免极端的饮食习惯。保持规律的进食和睡眠时间有助于维持身心健康。

（5）寻求支持：与家人、朋友等分享自己的困扰，遇到问题寻求他们的理解和支持。有人陪伴和鼓励会让个体感到更加坚强和自信。

（6）避免触发因素：尽量避免触发进食障碍的因素，如触发情绪、社交压力等。掌握一些有效调节情绪的技巧，这有助于个体更好地处理生活中的挑战。

记住，治疗进食障碍是一个长期的过程，需要耐心和坚持。重要的是要接纳自己，并寻求专业的支持和帮助，并坚持健康的生活方式。

八、精神分裂症

案例学习

张某，男，读大一，平常衣着较整洁，精神状态尚可，语言流畅，学习成绩较

好，无躯体疾病。

某日，张某在辅导员办公室门外徘徊，辅导员发现后将张某叫进办公室，问其情况，张某较为紧张，辅导员便询问张某发生了什么。经过一段时间的交流后，张某向辅导员求助说隔壁外系同学常某要殴打自己。张某还说他经常感觉能听到楼上、楼下的同学在议论自己，走到校园里也经常有人议论自己，他甚至感觉通过瞬间的眼神交流，对方就能知道自己的想法。张某感到自己压力很大，这些状况对他的学习有很大影响，他希望老师帮助自己。

辅导员了解情况后进行了调查，发现隔壁系并不存在张某所说的这位常某。

（一）什么是精神分裂症？

精神分裂症是一种常见的精神障碍，其主要症状为个体出现幻觉和失去现实感。幻觉指的是个体感受到现实世界中不存在的事物或情境，比如听到有人说话但实际上并没有人说话，或看见不存在的人或物品。失去现实感则是指个体与现实世界的联系受到干扰，感觉自己或周围的环境不真实或不可信。精神分裂症是一种复杂、异质性行为和认知综合征，对患者本人、家属和社会都有较大影响。

当你的朋友说出一些天马行空的想法，比如憧憬自己中了彩票大奖，你可能会说："你得妄想症了吧？"但是，从医学角度来说，妄想并不是指这种可爱的幻想，而是一种思维障碍，是病理性的歪曲的信念，是在病态的推理和判断基础上形成的。

妄想是精神分裂的主要症状之一。妄想的内容往往缺乏客观现实根据，与现实不符，但患者却坚信不疑。妄想的内容多与患者本人的经历、文化程度有关系。妄想的类型及表现如表 13-3 所示。

表 13-3　妄想的类型及表现

妄想类型	表现
关系妄想	个体认为实际与自己无关的事情与自己有关系
被害妄想	个体坚信周围有人或者一个组织在监视、跟踪自己，在找机会杀害自己。甚至某些个体会认为自己吃的食物和饮用的水会被人下毒，严重者会出现绝食、自残、伤人的情况
特殊意义妄想	个体认为周围人的言行、日常的举动不仅与自己有关，而且有一种特殊的含义。比如，个体回家后见妻子逗小孩玩，边滚动煮熟的鸡蛋边说"滚蛋，滚蛋"，就会内心不悦，但妻子并不知晓这一切。妻子随后又将一个削好皮的梨分给个体一半，个体当即勃然大怒，说："想和我离婚，没有那么容易！"
物理影响妄想	个体认为自己的思维、情感、意志、行为、活动受到外界某种力量的支配、控制、操纵，个体不能自主
夸大妄想	个体认为自己拥有很多财富，或很高的地位，或很强的能力，但实际并非如此
自罪妄想	又称罪恶妄想，即个体毫无根据地认为自己犯了严重错误或罪行，甚至觉得自己罪大恶极、死有余辜，应该受到惩罚，以至于想通过拒食或者劳动改造来赎罪

续表

妄想类型	表现
疑病妄想	个体毫无根据地坚信自己患了某种严重的躯体疾病或不治之症，因而到处求医，即使一系列医学检查都说明个体并未得病，也不能纠正其歪曲的信念
嫉妒妄想	个体坚信配偶对自己不忠，有外遇。因此，个体跟踪监视配偶的日常活动，甚至检查配偶的衣物等，想方设法寻找所谓的证据
钟情妄想	个体无端认为某异性钟爱自己，例如，个体遇到某女子向自己微笑，他便认为该女子一定是爱慕自己。此外，有些个体认为自己正在被某人暗恋着，或者自己正在和某人恋爱。但实际上可能两人之间没有丝毫联系
内心被揭露感	个体认为自己内心的想法或者自己及家人之间的隐私，未经自己口头或文字表达，别人就知道了

思维（言语）紊乱也是精神分裂症的主要症状之一。思维（言语）紊乱主要表现为思维散漫、离题，语词杂拌、逻辑混乱，严重时言语支离破碎，难以理解。

（二）精神分裂症的护理

护理精神分裂症患者时主要应注意以下事项。

（1）在医生的指导下，督促患者按时服药，若发现病情复发，应将患者及时送往医院治疗。

（2）创造良好的家庭和校园氛围，充分尊重患者，既不将就，也不过分指责，鼓励患者尽量像正常人一样生活、处理事务，帮助他们树立自信心。

（3）安排好患者的日常生活，引导患者养成良好的生活习惯，督促他们搞好个人卫生、适当进行体育锻炼。

（4）留意患者的生活自理及社会适应能力，根据患者的实际情况，可以让患者适当参与家庭及集体活动。

（5）当患者处于妄想中时，虽能够分辨，但不纠正，注意倾听。

（6）避免在患者面前小声耳语，或躲闪他们的眼神，或流露蔑视、紧张或恐惧的情绪。

微课学习 心理正常与异常

第二节 大学生心理问题的自助与求助

心理求助，一般是指个体积极主动向别人寻求帮助的行为，通常是通过与其他人

进行交流来获得包括理解、建议、信息、治疗方法以及支持在内的帮助，以此来应对自己遇到的问题和不愉快的经历。心理求助对象包括两类人群：一类是非专业人员，如家人和朋友；另一类是专业心理工作人员，如学校的心理学教师、心理咨询师及精神科医生等。

一、非专业求助

非专业求助是指个体在遭遇心理困惑时，向身边的非专业人员，如家人、同学、朋友等寻求帮助的过程。

非专业求助的对象主要有同伴团体和其他社会支持系统。

（一）同伴团体

同伴团体亦称“同辈团体”，指的是与个体具有相同或相近的价值观、兴趣，处于相同或相近年龄和发展水平的人。由于年龄相近、价值观类似，个体将心理困惑向同伴倾诉，往往能收获比较可行的意见、建议，或者能获得安慰。

（二）其他社会支持系统

社会支持是指个体获得的来自自身之外的支持的总和。这种支持包括物质上的支持和精神上的支持。精神上的支持主要包括他人的关心和理解等。

对于大学生来说，社会支持来源主要集中在家人、朋友、亲戚、同学、恋人五个方面。因此，主动寻求除同伴团体外其他社会支持系统对自己心理健康的关注及帮助也是大学生心理调适的一个重要途径。随时与父母及其他家人保持联系，是大学生给自己的社会支持系统添加的润滑剂。在面临困境和感到气馁的时候，大学生往往也能从自己的其他社会支持系统获得一定的精神支持。

二、专业求助

专业求助是指大学生在遇到心理困惑或出现心理问题时向专业的心理工作者（如学校的心理学教师、心理咨询师及精神科医生等）求助，获得他们的专业帮助，以走出困惑，恰当应对心理危机。

（一）心理健康教育

1．心理健康课

由于国家对大学生心理健康状况的关心和重视，现今基本上每所大学都开设有心理健康课程。心理健康课是一门大众普识性的课程，与专业心理学课程相比更基础，而且更通俗易懂，同时更贴近大学生的生活实际。但其针对性有所不足，它的作用主要在于让大学生学会怎样维护自己的心理健康，如果出现心理问题，能初步识别属

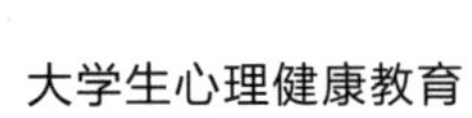

于哪方面的问题。

2. 心理知识专题讲座

心理知识专题讲座主要由学校或学院聘请心理学专家，就某一个或某方面的心理学知识进行专题讲解。此类讲座一般针对性较强，如果大学生存在相应的心理困惑，可以通过参加此类讲座学习相关知识以及获得专业的建议。

（二）心理辅导

心理辅导是一种专业的帮助过程，旨在帮助个体识别和解决心理问题，改善情绪状态，增强自我认识，提高应对生活挑战的能力。心理辅导可以由专业的心理咨询师、临床心理学家、社会工作者或其他心理健康专业人士提供。

大学生心理辅导是高校为大学生提供的一种专业服务，旨在帮助大学生应对学业压力、社会环境变化、个人情感问题等，以促进大学生的个人成长和心理健康。大学生心理辅导是一个多方面、多层次的工作，涉及教育、咨询、评估和预防等多个方面。

（三）心理咨询

1. 什么是心理咨询

心理咨询是心理咨询师协助求助者解决心理问题的过程。在此过程中，求助者在心理咨询师的支持和帮助下，通过共同讨论找出引起心理问题的原因，分析问题的症结，进而寻找摆脱困境、解决问题的条件和对策，最终恢复心理平衡，提高对环境的适应能力，增进身心健康。心理咨询只是一个协助的过程，心理咨询师并不能替求助者解决他们的心理问题，他们只是帮助求助者分析原因、寻找解决办法并提高解决问题的能力，具体怎么解决还要靠求助者自己。

2. 学校心理咨询

大学生是高校心理咨询工作的主要服务对象，高校设立的心理咨询中心也是大学生获得专业帮助的主要场所。

若大学生意识到自己存在心理问题，经过一段时间的自我调整无果，就可以到学校的心理咨询中心寻求专业帮助。具体步骤一般如下：

（1）提前打电话到学校心理咨询中心进行预约，向接线员大致陈述自己的情况，以及想要解决的问题，约定好咨询的时间和地点。

（2）按时到达地点，配合心理咨询师做好评估和诊断。

（3）和心理咨询师约定下一次的咨询时间和地点，并在回去后完成心理咨询师布置的任务。

（4）经过一次或几次咨询后进行效果评估，决定继续咨询或结束咨询。

（5）结束咨询关系。

3．社会公益心理咨询服务

大学生也可以向社会公益心理咨询平台寻求心理咨询服务。2024 年 12 月 25 日，国家卫生健康委召开新闻发布会，介绍心理健康和精神卫生工作有关情况。国家卫生健康委工作人员介绍已将“12356”作为全国统一心理援助热线号码，明确要求到 2025 年 5 月 1 日前，各地现有心理健康援助热线都要与“12356”连接，全国将实现一个号码接通心理援助热线的功能。公众拨打此号码被接通后，将获得专业心理工作人员提供的公益服务。

微课学习　心理救援

本章小结

1．双相情感障碍是一种既有躁狂发作又有抑郁发作的复发性较高的慢性精神障碍。

2．抑郁障碍是一种复发率和致残率较高的精神障碍，以情绪显著而持久的低落为基本临床表现，患者的症状主要表现为抑郁心境、快感缺失和动力减退，甚至有时悲观厌世，还可能有自杀企图和行为。

3．广泛性焦虑障碍是焦虑障碍的常见亚型，又称慢性焦虑障碍，其特征是个体存在过度且持续的担忧，并且担忧无明确指向，这种状况至少持续 6 个月以上。

4．精神分裂症是一种常见的精神障碍，其主要症状为个体出现幻觉和失去现实感。

5．心理求助，一般是指个体积极主动向别人寻求帮助的行为，通常是通过与其他人进行交流来获得包括理解、建议、信息、治疗方法以及支持在内的帮助，以此来应对自己遇到的问题和不愉快的经历。

思考与练习

1．抑郁障碍有哪些信号？患抑郁障碍后应如何应对？

2．人们对社交焦虑障碍有哪些误解？需要如何应对？

3．精神分裂症有哪些典型症状表现？护理精神分裂症患者时应注意什么？

心理测验

简明精神障碍评定量表（自述部分）

该量表主要用于评定个体最近 1 周内的精神障碍症状及现场交谈情况，评分分为 7 级，根据症状强度、频度、持续时间和影响有关功能的程度，选择最适合的答案（1= 无症状，2= 很轻，3= 轻度，4= 中度，5= 偏重，6= 重度，7= 极重），在相应的

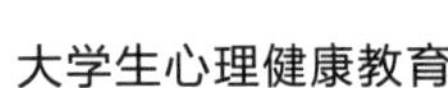

数字上打“√”。

简明精神障碍评定量表（自述部分）

题目	选项						
	无症状	很轻	轻度	中度	偏重	重度	极重
1．关心躯体健康：对自身健康状况过分关心	1	2	3	4	5	6	7
2．焦虑：存在对当前及未来情况的过分担心、恐惧或关注	1	2	3	4	5	6	7
3．概念紊乱：联想散漫、零乱	1	2	3	4	5	6	7
4．罪恶观念：存在对以往言行的过分关心、内疚和悔恨	1	2	3	4	5	6	7
5．夸大：过分自负，确信自己具有不寻常的能力和权力等	1	2	3	4	5	6	7
6．心境抑郁：心境不佳、悲伤、沮丧或情绪低落	1	2	3	4	5	6	7
7．敌对性：存在对他人的仇恨、敌对和蔑视	1	2	3	4	5	6	7
8．猜疑：认为有人正在或曾经恶意地对待自己	1	2	3	4	5	6	7
9．幻觉：出现没有相应外界刺激的感知	1	2	3	4	5	6	7
10．不寻常思维内容：存在荒谬古怪的思维	1	2	3	4	5	6	7
11．定向障碍：分辨不清人物、地点或时间	1	2	3	4	5	6	7

评分规则：

各题所选的数字即代表该题的得分，把11个题目的得分相加，若总分超过21分，建议及时去专业机构寻求专业评估。

参考文献

[1] 傅小兰，张侃．中国国民心理健康发展报告（2021 ~ 2022）[M]. 北京：社会科学文献出版社，2023.

[2] 朱智贤．心理学大词典 [M]. 北京：北京师范大学出版社，1991.

[3] 俞国良．大学生心理健康学习指导 [M]. 北京：北京师范大学出版社，2023.

[4] 车文博．心理咨询大百科全书 [M]. 杭州：浙江科学技术出版社，2001.

[5] 唐甜，王雨，巩芳颖，等．家庭教养方式与中国青少年积极发展的关系：系列元分析 [J]. 心理科学进展，2024，32（8）：1302-1319.

[6] 刘欢，李于凡．大学新生学习适应、社交适应、情绪适应间的动态联系：一项追踪研究 [J]. 心理发展与教育，2024，40（2）：270-278.

[7] 侯晴晴，郭明宇，王玲晓，等．学校资源与早期青少年心理社会适应的关系：一项潜在转变分析 [J]. 心理学报，2022，54（8）：917-930.

[8] 熊茗伶，王泉泉，熊昱可，等．感知到父母施加的学业压力对不同性别青少年心理适应的影响：自我韧性的保护作用 [J]. 心理发展与教育，2024，40（4）：542-550.

[9] 孙睿，李英华，田知旗，等．留守与非留守农村户籍大学生心理健康水平、社会性创伤、社会适应能力比较及其关系 [J]. 中国健康心理学杂志，2023，31（9）：1326-1331.

[10] 魏超波．如何教孩子时间管理 [J]. 大众心理学，2023（9）：30-31.

[11] 孙玉静，王明亮，尹斐，等．父母教养方式对大学生心理危机的影响：感知校园氛围与自尊的链式中介作用 [J]. 中国健康心理学杂志，2024，32（7）：1076-1082.

[12] 柳焱，周芝萍．家庭环境对大学生心理健康的影响及对策研究 [J]. 职业教育，2024，23（16）：72-74.

[13] 高媛媛，季海菊．新时代大学生心理危机特征、成因及干预 [J]. 北京教育（德育），2023（3）：83-88.

[14] 江光荣，李丹阳，任志洪，等．中国国民心理健康素养的现状与特点 [J]. 心理学报，2021，53（2）：182-201.

[15] 黄潇潇，靳娟娟，俞国良．我国教师群体心理健康问题的特点、影响因素与发展趋势 [J]. 中国人民大学教育学刊，2024（3）：168-180.

万卷楼
国学经典
修订版

汲取先贤智慧
铺就成功阶梯
万卷楼

万卷楼

万卷楼国学经典

修订版

世说新语

〔南朝宋〕刘义庆 著

许强 编译

宁稼雨 修订

北方联合出版传媒（集团）股份有限公司

万卷出版有限责任公司

2023年·沈阳

图书在版编目（CIP）数据

世说新语 /（南朝宋）刘义庆著；许强编译；宁稼雨修订. 一 沈阳：万卷出版有限责任公司，2023. 5
（万卷楼国学经典：修订版）
ISBN 978-7-5470-6225-8

Ⅰ. ①世… Ⅱ. ①刘…②许…③宁… Ⅲ. ①笔记小说—中国—南朝时代 Ⅳ. ① I242. 1

中国国家版本馆 CIP 数据核字（2023）第 042325 号

出 品 人：王维良
出版发行：北方联合出版传媒（集团）股份有限公司
万卷出版有限责任公司
（地址：沈阳市和平区十一纬路 29 号　邮编：110003）
印 刷 者：辽宁新华印务有限公司
经 销 者：全国新华书店
幅面尺寸：170mm × 240mm
字　　数：560 千字
印　　张：22
出版时间：2023 年 5 月第 1 版
印刷时间：2023 年 5 月第 1 次印刷
责任编辑：张洋洋
装帧设计：徐春迎
责任校对：张　莹
ISBN 978-7-5470-6225-8
定　　价：58.00 元
联系电话：024-23284090
邮购热线：024-23284050

出版说明

“读万卷书，行万里路”这是中国古人“修身”的两条基本途径。晋代著名史学家陈寿给自己的书斋命名为“万卷楼”，此后，历代以“万卷楼”命名的书斋，由宋至清有数十家：宋代有方略、石待旦等；元代有陈杰、汪惟正等；明代有项笃寿、杨仪、范钦等；清代有孙承泽、黄彭年等。可见，“读万卷书”的理想在中国传统知识分子中是何等的根深蒂固。

读“万卷书”不仅是古人的理想，当我们懂得了读书的意义，都会自然而然地产生强烈的“博览群书”的愿望。然而，人类历史悠久，书籍浩如汪洋大海，时代发展到今天，科技与经济的发展更使得人类的精神领域空前丰富，获取信息与知识的途径不断增加。“万卷书”早已不再是一个象征性的概念，如何从这“万卷”之中，找到最值得细细品读的作品，已经成为人们必须解决的问题。

爱因斯坦曾说过：“在阅读的书中找出可以把自己引到深处的东西，把其他一切统统抛掉。”这正是在阐述读书时选择的重要性。而他所说的把我们“引到深处的东西”无疑就是我们所需要深度阅读的作品，也就是我们常说的经典作品。

卡尔维诺对经典作出的定义之一是：经典就是我们正在重读的。的确，在对经典作品反反复复的品味中，人们思想得到了升华，从浅薄走向思考，最后走到通达。我们都曾有这样的感触，面对海量的书籍和信息，一方面，人们在向着功利性浅阅读大张其道，另一方面，我们的精神深处又在不断地呼唤能够滋养自己内心的深度阅读。因此，经典的价值不仅没有因为浅阅读时代的到来而有所损失，反而更显示出其珍贵来。

在惜字如金的中国传统典籍当中，从来不乏这种需要反复品味的经典。从先秦诸子到历代的经史子集，这些经典为一代代的中国人提供了取之不尽的精神滋养，为中华文化的传承和发展建立了基础。我们把这种包蕴中国文化的学问称为国学。国学的范围非常广泛，它包含了文学、历史、哲学、艺术、语言、音韵等在内的一系列内容。

包罗万象的国学经典为我们提供了广泛的教育。阅读国学经典，也就是在与我们的“先圣先贤”对话和交流，一步步地揳进我们的历史和传统。这个过程可以让我们领会先贤的旨趣，把握他们的神髓，形成恢宏的历史意识，可以让我们通晓文义、熟习经史、通彻学问，让我们成为博学之士。另一方面，国学经典所代表的传统学问，更是具有极为厚重的伦理色彩。阅读国学经典的过程，不仅是增进知识的过程，而且是一个熏陶气质、改善性情、提高涵养的过程，这个过程在潜移默化中培养着行谊谨厚、品行端方、敦品励行的谦谦君子。

当然，随着时代的发展，国学早已不再是人们追求事功的唯一法典，我们也不赞成对国学的功能无限夸大。但毫无疑问，阅读国学经典，必能促进我们对真、善、美的崇敬之心，唤起我们对伟大、深邃、美好事物的敏感和惊奇，同时也让我们了解到先贤们在探寻知识过程中思考的重大课题和运用的基本原则。这些作品体现着我们民族精神的精髓，如《周易》所阐述的“自强不息”的君子人格，《论语》所强调的“和而不同”的包容精神，《诗经》所培养的温柔敦厚的情感，《道德经》所闪耀的思辨智慧，等等，它们共同构筑了中华民族传统的精神范式。品读先贤留下的经典，恰如与他们进行一次次心灵的直接触碰，进而去审视我们自己的内心，见贤思齐，激浊扬清。

正是基于对国学经典的这种认识，我们精选了这套《万卷楼国学经典》系列丛书，以期引导步履匆匆的现代人走近国学经典、了解国学经典。在选编过程中，我们希望能够体现这样一些特点。

首先，我们希望这套丛书能够最具代表性。在选目中，我们注重于最经典、最根源的作品，在有限的时间内，把那些最具影响力，最应该知道的作品提交给读者。四书五经、先秦诸子、唐诗宋词等这些具有符号意义的作品无疑是最应该为我们所熟知的，因此，丛书所选的 30 种作品都是这些经典中的经典。

其次，我们希望能够做出好读的经典。在面对国学作品时，佶屈的文言和生僻的字词常让普通读者望而却步。所以，我们试图用简洁易懂的形式呈现经典，使读者可随时随地以自己的时间、自己的速度来进入阅读。因此，我们为原著精心添加了注音、注释和译文，使读者能够真正地“无障碍阅读”。同时，我们还邀请北京大学、南京大学、复旦大学等知名学府的古代文学方面专家对丛书进行了整体修订，对原文字句及标点进行核准，适当增删注释条目、校订注释内容，对白话翻译做进一步校订疏通，使图书内容臻于完善，整体品质得到了大幅度提升。作为一名读者，也许你会常常感慨，以前没有花更多的时间去读更多的经典，如今没有机会或能力来细读，但实际上，读经典什么时间开始都不算晚，“万卷楼”就是一个极好的途径。重读或是初读这些经典，一样可以塑造我们未来的生活。

第三，我们希望呈现一套富有美感的读物。对于经典而言，内容的意义永远排在第一位，但同时，我们也希望有精彩的形式与内容相匹配，因而，我们在编辑过程中选取了大量的古代优秀版画作为本书的插图，对图片的说明也做了精心设计。此外，图书的编排、版式等细节设计都凝聚了我们大量的思索。我们希望这套经典不只是精神的食粮，拥有文本意义上的价值，更能带来无限美感，成为诗意的渊薮。

“经典作品是这样一些书，我们越是道听途说，以为我们懂了，当我们实际读它们，我们就越是觉得它们独特、意想不到和新颖。”卡尔维诺经典的评论让人击节叹赏，我们也希望这套丛书能够彰显经典的价值，使读者在细细品读中真正融化经典，真正做到“开茅塞、除鄙见、得新知、增学问、广识见”。同时，经典又是可以被享受的。当我们走进经典之时，不能只作为被动的接受者，也可用个人自我的方式进入经典，做精神的逍遥之游，对经典作品进行贴近个体生命的诠释和阅读，在现实社会之中营造自由的人生意境和精神家园，获取一种诗意盎然的人生。

怎样阅读本书

原文： 根据权威版本，精心核校，确保准确性，对生僻字反复注音，使读者无障碍阅读。

注释： 准确、简明，极具启发性。

译文： 流畅、贴切，以现代白话完整展现原著全貌。

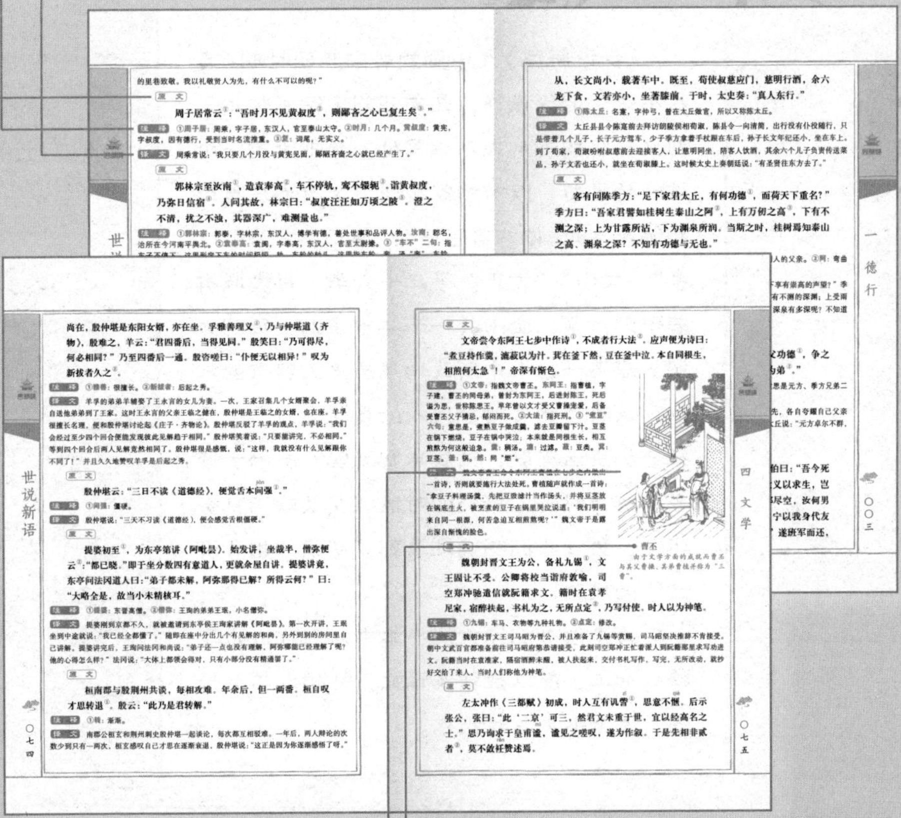

插图： 精选历代精品古版画，美妙传神，增强美感。

图注： 以图释义，扩展阅读，丰富全书知识含量。

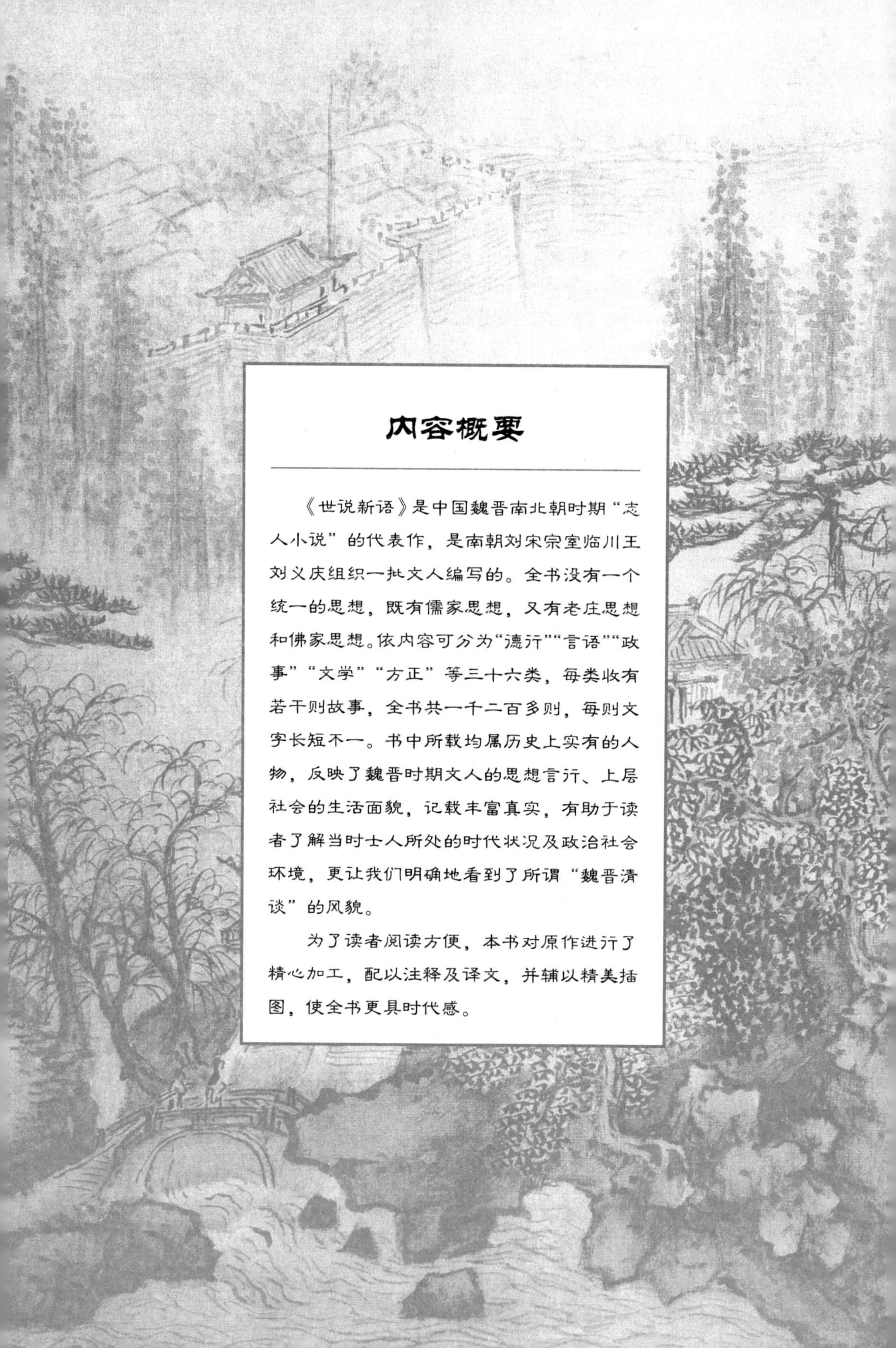

内容概要

《世说新语》是中国魏晋南北朝时期“志人小说”的代表作，是南朝刘宋宗室临川王刘义庆组织一批文人编写的。全书没有一个统一的思想，既有儒家思想，又有老庄思想和佛家思想。依内容可分为“德行”“言语”“政事”“文学”“方正”等三十六类，每类收有若干则故事，全书共一千二百多则，每则文字长短不一。书中所载均属历史上实有的人物，反映了魏晋时期文人的思想言行、上层社会的生活面貌，记载丰富真实，有助于读者了解当时士人所处的时代状况及政治社会环境，更让我们明确地看到了所谓“魏晋清谈”的风貌。

为了读者阅读方便，本书对原作进行了精心加工，配以注释及译文，并辅以精美插图，使全书更具时代感。

目录

一 德行 …… 〇〇一

二 言语 …… 〇一六

三 政事 …… 〇四七

四 文学 …… 〇五五

五 方正 …… 〇八五

六 雅量 …… 一〇七

七 识鉴 …… 一二〇

八 赏誉 …… 一三〇

九 品藻 …… 一六三

十 规箴 …… 一八四

十一 捷悟 …… 一九四

十二 夙惠 …… 一九七

十三 豪爽 …… 二〇〇

十四 容止 …… 二〇五

十五 自新 …… 二一四

十六 企羡 …… 二一六

十七　伤逝 …………………………………… 二一八
十八　栖隐 …………………………………… 二二四
十九　贤媛 …………………………………… 二三〇
二十　术解 …………………………………… 二四二
二十一　巧艺 ………………………………… 二四六
二十二　宠礼 ………………………………… 二五〇
二十三　任诞 ………………………………… 二五二
二十四　简傲 ………………………………… 二六七
二十五　排调 ………………………………… 二七三
二十六　轻诋 ………………………………… 二九二
二十七　假谲 ………………………………… 三〇一
二十八　黜免 ………………………………… 三〇七
二十九　俭啬 ………………………………… 三一一
三十　汰侈 …………………………………… 三一四
三十一　忿狷 ………………………………… 三一九
三十二　谗险 ………………………………… 三二二
三十三　尤悔 ………………………………… 三二四
三十四　纰漏 ………………………………… 三三〇
三十五　惑溺 ………………………………… 三三四
三十六　仇隙 ………………………………… 三三七

一 德行

题 解

本章主要反映两方面的内容：一是赞扬儒家的传统美德，二是反映了魏晋时期独有的道德观念。这些与传统礼教乖违的行为，表现出当时士人的品行心态及追求个性解放的精神。

原 文

陈仲举言为士则[①]，行为世范，登车揽辔[②]，有澄清天下之志。为豫章太守[③]，至，便问徐孺子所在[④]，欲先看之。主簿曰[⑤]：“群情欲府君先入廨[⑥]。”陈曰：“武王式商容之闾[⑦]，席不暇暖。吾之礼贤，有何不可？”

注 释 **①陈仲举：**陈蕃，字仲举，东汉人，官至太傅，因谋诛宦官未成，被害。**②登车揽辔：**古代受任的官员通常乘车赴职，登车揽辔表示初到职任。**揽辔：**拿过缰绳。**③豫章：**郡名，治所在今江西南昌。**太守：**郡长官，负责一郡行政事务。**④徐孺子：**徐稚，字孺子，终身隐居不仕。陈蕃在豫章时，不接待宾客，只为徐稚特设一榻，徐稚坐过走后，就挂起不用。**⑤主簿：**中央机构或地方官府属官，掌管文书簿籍。魏晋时期，为将帅重臣的幕僚长，地位甚重。**⑥府君：**对太守的尊称。**廨：**官署，官吏办公及居住的地方。**⑦武王：**指周武王姬发，率领天下诸侯伐纣灭商，建立周朝。**式：**通“轼”，车厢前部扶手的横木，这里表示扶着轼。古人乘车俯身扶轼表示敬意。**商容：**商代贤人，因直谏被纣王废黜。

● **式闾礼式**

魏文侯从段干木居住的里巷前经过，手扶车轼表示敬意。

译 文 陈蕃的言谈是读书人的榜样，行为是世人的典范，当他开始做官后，便有革新政治的志向。他担任豫章太守时，一到郡，便打听徐稚的住处，想要先去拜访他。主簿告诉他说：“大家都希望您先进入官署。”陈蕃说：“周武王得到天下后，连垫席都还没坐暖，就马上去商容居住过的里巷致敬。我以礼敬贤人为先，有什么不可以的呢？”

原　文

周子居常云[1]：“吾时月不见黄叔度[2]，则鄙吝之心已复生矣[3]。”

注　释　①**周子居**：周乘，字子居，东汉人，官至泰山太守。②**时月**：几个月。**黄叔度**：黄宪，字叔度，因有德行，受到当时名流推重。③**复**：词尾，无实义。

译　文　周乘常说：“我只要几个月没与黄宪见面，鄙陋吝啬之心就已经产生了。”

原　文

郭林宗至汝南[1]，造袁奉高[2]，车不停轨，鸾不辍轭[3]。诣黄叔度，乃弥日信宿[4]。人问其故，林宗曰：“叔度汪汪如万顷之陂[5]。澄之不清，扰之不浊，其器深广，难测量也。”

注　释　①**郭林宗**：郭泰，字林宗，东汉人，博学有德，善处世事和品评人物。**汝南**：郡名，治所在今河南平舆北。②**袁奉高**：袁阆，字奉高，东汉人，官至太尉掾。③**“车不”二句**：指车子不停下，这里形容下车的时间极短。轨，车轮的轴头，这里指车轮。鸾，通“銮”，车铃，装在轭首或车辕头的横木上，铃内有弹丸，车行则摇动作响。轭，架在拉车牲口脖子上的曲木。④**弥日**：连日。**信宿**：留宿两夜。⑤**陂**：池塘。

译　文　郭泰到汝南去拜访袁阆时，见面的时间很短。但他去造访黄宪时，却留宿了两夜。别人问他这是什么缘故，郭泰说：“黄宪的学识人品如万顷水塘那样宽大，无法澄清，也无法搅浑，他的度量又深又广，很难测量啊。”

原　文

李元礼风格秀整[1]，高自标持[2]，欲以天下名教是非为己任。后进之士，有升其堂者，皆以为登龙门。

注　释　①**李元礼**：李膺，字元礼，东汉时期名士。②**高自标持**：自视甚高。

译　文　李膺是一个风度出众、品性端庄的人，他自信而志向高远。他的目标是要在全国推行儒家学说，将普及大众儒家礼教当作自己的伟大使命。后辈有志青年都以受教于他而倍感荣耀。

原　文

李元礼尝叹荀淑、钟皓，曰：“荀君清识难尚[1]，钟君至德可师。”

注　释　①**尚**：超越。

译　文　李膺曾在人前称赞荀淑和钟皓两位饱学之士，说：“荀淑聪明过人，有着志存高远、高屋建瓴的气度，这一点人们难以轻易学到；钟皓修得一身德行，堪称典范，这一点可以影响他人，是可以学习的。”

原　文

陈太丘诣荀朗陵[1]，贫俭无仆役，乃使元方将车，季方持杖后

从，长文尚小，载著车中。既至，荀使叔慈应门，慈明行酒，余六龙下食，文若亦小，坐著膝前。于时，太史奏：“真人东行。”

注释 **①陈太丘：**名寔，字仲弓，曾在太丘做官，所以又称陈太丘。

译文 太丘县县令陈寔前去拜访朗陵侯相荀淑，陈县令一向清俭，出行没有仆役随行，只是带着几个儿子，长子元方驾车，少子季方拿着手杖跟在车后，孙子长文年纪还小，坐在车上。到了荀家，荀淑吩咐叔慈前去迎接客人，让慈明同坐，陪客人饮酒，其余六个儿子负责传送菜品，孙子文若也还小，就坐在荀淑膝上。于是太史上奏朝廷说：“有圣贤往东方去了。”

原文

客有问陈季方：“足下家君太丘，有何功德[1]，而荷天下重名？”季方曰：“吾家君譬如桂树生泰山之阿[2]，上有万仞之高[3]，下有不测之深；上为甘露所沾，下为渊泉所润。当斯之时，桂树焉知泰山之高、渊泉之深？不知有功德与无也。”

注释 **①家君：**对人尊称自己的父亲，这里在前面加上敬词尊称别人的父亲。**②阿：**弯曲的地方。**③仞：**长度单位，八尺（一说七尺）为一仞。

译文 有客人问陈季方：“令尊太丘有哪些功业与品德，而能在天下享有崇高的声望？”季方说：“我父亲就好比生长在泰山一角的桂树，其上有万丈高峰，其下有不测的深渊；上受雨露的沾浸，下受深泉的滋润。在这个时候，桂树哪能知道泰山有多高，深泉有多深呢？不知道这样是有功德还是没有功德！”

原文

陈元方子长文，有英才，与季方子孝先各论其父功德[1]，争之不能决。咨于太丘，太丘曰：“元方难为兄，季方难为弟[2]。”

注释 **①孝先：**陈忠，字孝先，陈谌的儿子。**②“元方”二句：**意思是元方、季方兄弟二人论排行有长幼之别，论功德则很难分出高下。

译文 陈元方的儿子长文，有出众的才能，和叔叔季方的儿子孝先，各自夸耀自己父亲的功业道德，彼此争执，仍无法得到一个答案，便去请教祖父太丘。太丘说：“元方卓尔不群，做哥哥很难啊；季方俊逸出众，做弟弟也很难啊。”

原文

荀巨伯远看友人疾[1]，值胡贼攻郡[2]，友人语巨伯曰：“吾今死矣，子可去[3]！”巨伯曰：“远来相视，子令吾去，败义以求生，岂荀巨伯所行邪？”贼既至，谓巨伯曰：“大军至，一郡尽空，汝何男子[4]，而敢独止？”巨伯曰：“友人有疾，不忍委之，宁以我身代友人命。”贼相谓曰：“我辈无义之人，而入有义之国！”遂班军而还，一郡并获全。

注释 **①荀巨伯：**东汉人，生平不详。**②胡：**古代对北方和西方各少数民族的泛称，东汉时常指匈奴、乌桓、鲜卑等。**贼：**对敌人的蔑称。**③子：**对对方的尊称。**④汝：**你，略带轻贱、狎昵意味。

译文 汉朝荀巨伯远道去探望生病的朋友，当时正好遇到外族敌寇攻打该郡，朋友对荀巨伯说："我都是要死的人了，你还是离开这里吧！"荀巨伯说："我从很远的地方来看你，你却叫我离开，败坏道德以求生存的做法，难道是我荀巨伯的作风吗？"敌寇到了，问荀巨伯："大军到来，整个郡城的人都跑光了，你是什么人，竟敢一个人留下来？"荀巨伯说："朋友有病，不忍心让他一个人留在这里，我情愿代他受死。"敌寇说："我们这些不讲道义的人，却侵入这有道义的国度！"于是撤军返回，整个郡城因而保全。

原文

华歆遇子弟甚整[1]，虽闲室之内，严若朝典；陈元方兄弟恣柔爱之道，而二门之里，两不失雍熙之轨焉。

注释 **①整：**严厉。

译文 华歆对待后辈非常严厉，即使在家里，礼仪也和在朝廷上一样庄敬严肃；可陈元方兄弟却非常宽厚仁爱。但是这两个家族中，均没有失掉和睦安乐的治家准则。

原文

管宁、华歆共园中锄菜[1]，见地有片金，管挥锄与瓦石不异，华捉而掷去之[2]。又尝同席读书，有乘轩冕过门者[3]，宁读如故，歆废书出看。宁割席分坐，曰[4]："子非吾友也！"

注释 **①管宁：**字幼安，三国时魏国人，曾避居辽东三十余年，不愿做官。**②捉：**拿着；握着。**③轩：**官员乘坐的车子。**冕：**官员的礼帽。这里"轩冕"连用，是复词偏义，偏指"轩"，"冕"字无义。**④坐：**同"座"，座位。

译文 管宁和华歆一起在园中锄草，看见地上有一片金子，管宁依然挥动锄头，和锄去瓦石没什么不同；华歆却把它捡起来，然后才丢掉。又有一次，两人同席读书，有人乘一辆豪华的车子从门前经过，管宁依旧读书，华歆却放下书本出去观看。于是管宁便割断座席、分开座位说："你不是我的朋友。"

原文

王朗每以识度推华歆[1]。歆蜡(zhà)日尝集子侄燕饮，王亦学之。有人向张华说此事，张曰："王之学华，皆是形骸之外，去之所以更远。"

注释 **①识度：**风度。

译文 王朗在见识和为人气度、胸怀方面很是崇拜华歆，以他为榜样。一次，华歆在蜡祭

当天把子侄晚辈聚到一起，举行家宴。王朗也学他的做法。有人向张华说到这事，张华说："王朗学华歆，只是学到了一些表面的东西，因此距离华歆越来越远。"

原　文

华歆、王朗俱乘船避难[1]，有一人欲依附，歆辄难之[2]。朗曰："幸尚宽，何为不可？"后贼追至，王欲舍所携人。歆曰："本所以疑[3]，正为此耳。既已纳其自托[4]，宁可以急相弃邪？"遂携拯如初。世以此定华、王之优劣。

注　释　①**难**：这里指汉魏之交的动乱。②**难**：认为……难。③**疑**：迟疑；犹豫不决。④**纳**：接受。

译　文　华歆和王朗一起乘船逃难，有一个人想搭他们的船，华歆马上就对这件事表示为难。王朗说："幸好船还很宽，有什么不可以呢？"后来贼兵追到了，王朗想抛弃所带的附客，华歆说："原先我之所以迟疑，正是为了预防这种情况，既然已接受他托身的请求，怎么可以因为情况危急而抛弃人家呢？"于是仍旧像当初那样搭救附客。世人就凭这件事判定华歆、王朗的优劣。

原　文

王祥事后母朱夫人甚谨。家有一李树，结子殊好[1]，母恒使守之。时风雨忽至，祥抱树而泣。祥尝在别床眠，母自往暗斫之。值祥私起，空斫得被。既还，知母憾之不已，因跪前请死。母于是感悟，爱之如己子。

注　释　①**好**：饱满，美好。

译　文　王祥有一个继母，他小心侍奉着。他家有一棵李树，果实吃起来特别好吃，继母嘱咐他要小心看管着它。有时风雨忽然来临，王祥都很担心地抱着树流泪。有一次，王祥在床上睡觉，继母悄悄走近想要暗害他。恰巧当时王祥起夜出去了，继母狠砍着被子，却没见王祥。王祥回来后，知道继母为这事遗憾不止，便跪在继母面前请求处死自己。继母因此受到感动而幡然醒悟，从此就当亲生儿子那样爱他。

原　文

晋文王称阮嗣宗至慎，每与之言，言皆玄远[1]，未尝臧否(zāng pǐ)人物。

注　释　①**玄远**：精妙。

译　文　晋文王司马昭称赞阮籍为人处世言谈很是谦虚谨慎，每次与他闲谈，他的言辞精妙，耐人寻味，从不评论他人长短。

原　文

王戎云："与嵇(jī)康居二十年，未尝见其喜愠(yùn)之色[1]。"

注释 **①喜愠：**高兴或愤怒。

译文 王戎说："和嵇康相处二十年，从未发现他有过喜、过怒的表现。"

原文

王戎、和峤(qiáo)同时遭大丧[1]，俱以孝称。王鸡骨支床，和哭泣备礼。武帝谓刘仲雄曰："卿数省王、和不？闻和哀苦过礼，使人忧之。"仲雄曰："和峤虽备礼，神气不损；王戎虽不备礼，而哀毁骨立。臣以和峤生孝，王戎死孝。陛下不应忧峤，而应忧戎。"

注释 **①大丧：**父母去世。

译文 王戎和和峤同时丧父，他们因为孝顺，获得赞扬。王戎面容憔悴，弱弱地依靠在床边，和峤难掩悲痛，以泪洗面，却对周围众人不忘礼仪。晋武帝问刘毅："你经常探望王戎、和峤吧？听说和峤过于悲痛，超出了礼法常规，真令人担忧。"刘毅说："和峤虽然礼仪周全，精神状态没有损伤；王戎虽然礼仪不周，可是伤心过度，伤了身体，骨瘦如柴。臣认为和峤是生孝，王戎是死孝。陛下不应为和峤担忧，而应该为王戎担忧。"

原文

梁王、赵王，国之近属，贵重当时。裴令公岁请二国租钱数百万，以恤中表之贫者[1]。或讥之曰："何以乞物行惠？"裴曰："损有余，补不足，天之道也。"

注释 **①恤：**救助。

译文 梁王司马肜和赵王司马伦都是皇亲国戚，尊贵至极。时任中书令的裴楷每年奏请两位王爷拨出数百万赋税钱来周济那些中表亲戚中贫穷的人。有人讥笑说："为什么向人讨钱来做好事？"裴楷说："让有钱人出些钱，救助那些需要帮助的人，是自然之理。"

原文

王戎云："太保居在正始中[1]，不在能言之流[2]。及与之言，理中清远，将无以德掩其言？"

注释 **①正始：**三国时魏帝曹芳的年号。**②流：**遵从某种倾向的人。

译文 王戎说："王祥太保是正始年代的人，他不归入擅长言谈一流中。但当与他接触，闲聊起来，你会发现，他的观点理念让人耳目一新，不由得洗耳恭听。他之所以给人不善言辞的印象，可能是因为他崇高的德行掩盖了他的善谈吧！"

原文

王安丰遭艰[1]，至性过人。裴令往吊之，曰："若使一恸果能伤人，濬冲必不免灭性之讥。"

注释 ①艰：父母过世。

译文 安丰侯王戎在服丧期间，哀痛神情异乎常人。中书令裴楷前去吊唁看到此景，说：“如果极度悲伤可以伤害人的身体健康，那么王戎一定免不了被认为是哀痛而忘记身体健康。”

原文

王戎父浑，有令名，官至凉州刺史。浑薨(hōng)，所历九郡义故[①]，怀其德惠，相率致赙(fù)数百万，戎悉不受。

注释 ①义故：随从和故吏。

译文 王戎的父亲王浑，德高望重，官职做到凉州刺史。王浑病死后，他在各州郡做官时的随从和旧部下，感念他的恩惠，相继捐赠数百万钱送给王戎做丧葬费，王戎得知，一一拒绝了。

原文

刘道真尝为徒[①]，扶风王骏以五百匹布赎之[②]，既而用为从事中郎。当时以为美事。

注释 ①徒：苦役犯。②赎：用财物来抵消罪过。

译文 刘宝曾经被判罚服劳役，扶风王司马骏用五百匹布来替他赎罪，不久又任用他做从事中郎。当时人们都认为这是值得称颂的事。

原文

王平子、胡毋彦国诸人，皆以任放为达，或有裸体者。乐广笑曰[①]：“名教中自有乐地，何为乃尔也？”

注释 ①乐广：字彦辅，曾任河南尹、尚书令，有很高的声望，说话得体，能宽恕人。

译文 王澄、胡毋辅之等人都以放荡不羁为豁达，甚至还有人赤身露体。乐广笑着说：“名教中自有令人快意的境地，为什么偏要这样做呢？”

原文

郗(xī)公值永嘉丧乱，在乡里，甚穷馁(něi)。乡人以公名德，传共饴(sì)之。公常携兄子迈及外生周翼二小儿往食[①]，乡人曰：“各自饥困，以君之贤，欲共济君耳，恐不能兼有所存。”公于是独往食，辄含饭著两颊边，还，吐与二儿。后并得存，同过江。郗公亡，翼为剡(shàn)县，解职归，席苫(shān)于公灵床头，心丧终三年。

注释 ①外生：指外甥。

译文 郗鉴在永嘉丧乱时，避居乡下，很穷困，甚至要挨饿。乡里人尊敬郗鉴的名望德行，就轮流给他做饭吃。郗鉴带着侄子郗迈和外甥周翼一起去吃饭。乡里人叹道：“大家都饥饿困乏，因为您的贤德，所以我们要共同帮助您，如果再加上两个孩子，恐怕就不能一同养活了。”从此郗鉴就一个人去吃饭，把饭含在两颊旁，回来后吐给俩孩子吃。两个孩子活了下来，一同南渡过江。郗鉴去世时，周翼任剡县令，他辞职回家，在郗鉴灵床前铺了草垫，为他守丧，一共三年。

原　文

顾荣在洛阳，尝应人请，觉行炙人有欲炙之色[1]，因辍己施焉，同坐嗤(chī)之。荣曰："岂有终日执之而不知其味者乎？"后遭乱渡江，每经危急，常有一人左右己，问其所以，乃受炙人也。

注　释　①**欲炙**：想吃肉。

译　文　顾荣在洛阳的时候，一次应邀赴宴，发现上菜的人有想吃烤肉的神情，就把自己那一份让给了他。同座的人都笑话顾荣，顾荣说："哪有成天端着烤肉而不知肉味这种道理呢？"后来遇上战乱过江避难，每逢遇到危急，常常有一个人在身边护卫自己。便问他为什么这样，原来就是得到烤肉的那个人。

原　文

祖光禄少孤贫，性至孝，常自为母炊爨(cuàn)作食。王平北闻其佳名，以两婢饷之，因取为中郎[1]。有人戏之者曰："奴价倍婢。"祖云："百里奚亦何必轻于五羖(gǔ)之皮邪！"

注　释　①**中郎**：近侍之官。

译　文　光禄大夫祖纳少年丧父，家境贫寒，但是他非常孝顺，经常给母亲做饭。平北将军王乂知道了他的事迹，很是感动，便赐给他两个婢女，又任用他做中郎。有人跟他开玩笑说："奴仆的身价比婢女多一倍。"祖纳说："百里奚又何尝比五张羊皮轻贱呢！"

原　文

周镇罢临川郡还都，未及上住，泊青溪渚[1]。王丞相往看之。时夏月，暴雨卒至，舫至狭小，而又大漏，殆无复坐处。王曰："胡威之清，何以过此！"即启用为吴兴郡。

注　释　①**青溪渚**：地名，邻近建康。

译　文　周镇从临川郡离任坐船回到京都复命，还来不及上岸，船停在青溪渚。丞相王导去看望他。当时正值夏天，突然下起暴雨来，船舱狭窄，而且雨漏得厉害，几乎没有可坐的地方。王导说："胡威的清廉，哪里能超过这种情况呢！"立刻起用他做吴兴郡太守。

原　文

邓攸始避难[1]，于道中弃己子，全弟子。既过江，取一妾，甚宠爱。历年后，讯其所由，妾具说是北人遭乱，忆父母姓名，乃攸之甥也。攸素有德业，言行无玷(diàn)，闻之哀恨终身，遂不复畜妾。

注　释　**①邓攸**：字伯道。弟弟早年去世，留下的儿子由邓攸抚养。逃难的路上，两个孩子都由他挑着，他觉得事难两全，就扔下自己的儿子，留下了弟弟的儿子。

译　文　当初邓攸躲避永嘉之乱，逃难江南，在半路上扔下了自己的儿子，保全了弟弟的儿子。过江以后，娶了一个妾，非常宠爱。一年以后，询问她的身世，她便详细诉说自己是北方人，遭逢战乱，逃难来的；回忆起父母的姓名，原来她竟是邓攸的外甥女。邓攸一向德行高洁，事业有成就，言谈举止都没有污点，听了这件事，伤心悔恨了一辈子，从此便不再娶妾。

原　文

王长豫为人谨顺，事亲尽色养之孝。丞相见长豫辄喜，见敬豫辄嗔。长豫与丞相语，恒以慎密为端[①]。丞相还台，及行，未尝不送至车后。恒与曹夫人并当箱箧(qiè)。长豫亡后，丞相还台，登车后，哭至台门；曹夫人作簏(lù)，封而不忍开。

注　释　**①端**：关键，重要。

译　文　王悦为人谨慎和顺，侍奉父母神色愉悦，恪尽孝道。丞相王导看见王悦就高兴，看见王恬就生气。王悦和王导谈话，总是以谨慎细密为本。王导要去尚书省，临走，王悦总是送他上车。王悦常常替母亲曹夫人收拾箱笼衣物。王悦死后，王导到尚书省去，上车后，一路哭到官署门口；曹夫人收拾箱笼，一直把王悦收拾过的封好，不忍心再打开。

原　文

桓常侍闻人道深公者，辄曰："此公既有宿名[①]，加先达知称，又与先人至交，不宜说之。"

注　释　**①宿名**：有名望。

译　文　散骑常侍桓彝听到有人在谈论竺法深，他说："此人一向很有名望，而且获得了前辈贤达的赏识、赞扬，又和先父是最好的朋友，不该谈论他。"

原　文

庾公乘马有的卢[①]，或语令卖去。庾云："卖之必有买者，即复害其主，宁可不安己而移于他人哉？昔孙叔敖杀两头蛇以为后人[②]，古之美谈。效之，不亦达乎？"

注　释　**①庾公**：庾亮，字元规，晋颍川鄢陵（今河南鄢陵西北）人，官至征西将军、荆州刺史，死后追赠太尉，谥号文康。**的卢**：也作"的颅"，一种白额的马，传说骑它的人会遭遇不幸。**②孙叔敖**：姓孙叔，名敖，春秋时楚国人，曾任楚国令尹，辅佐楚庄王称霸诸侯。据贾谊《新书》记载，孙叔敖小时候看见一条两头蛇，当时认为见到这种怪蛇的人一定会死去，他为了避免后人再见到，就把蛇杀死后埋掉。

译　文　庾亮的坐骑中有一匹的卢马，有人建议他把它卖了。庾亮说："我卖了就表示一定有人买它，也就是将害了它的新主人，怎么可以因为不利于自己而嫁祸别人呢？以前孙叔敖杀

了双头蛇，为的是怕后人见到而遭到灾难，这件事成了古代的美谈，我能效仿他，不也很通达吗？”

原　文

阮光禄在剡[1]，曾有好车，借者无不皆给。有人葬母，意欲借而不敢言，阮后闻之，叹曰：“吾有车，而使人不敢借，何以车为？”遂焚之。

注　释　**①阮光禄：**阮裕，曾经做过金紫光禄大夫，所以称他为阮光禄。

译　文　光禄大夫阮裕在剡县的时候，曾经有过一辆很好的车，不管谁向他借车，没有不答应的。有个人要葬母亲，心想借车，可是不敢开口。阮裕后来听说这件事，叹息说：“我有车，可是让别人不敢借，还要车子做什么呢？”就把车子烧了。

原　文

谢奕作剡令，有一老翁犯法，谢以醇酒罚之[1]，乃至过醉，而犹未已。太傅时年七、八岁，著青布裤，在兄膝边坐，谏曰：“阿兄！老翁可念[2]，何可作此。”奕于是改容曰：“阿奴欲放去邪[3]？”遂遣之。

注　释　**①令：**指县令，一县的行政长官。**醇酒：**含酒精度高的酒。**②太傅：**官名，这里指谢安。谢安，字安石，谢奕的弟弟，后任中书监、录尚书事，进位太保，死后赠太傅。**膝边：**膝上。**谏：**规劝。**念：**怜悯；同情。**③容：**面容；脸上的神色。**阿奴：**对幼小者的爱称。这里是哥哥称呼弟弟。

译　文　谢奕做剡县县令的时候，有一个老头儿犯了法，谢奕就拿醇酒罚他喝，以致醉得很厉害，却还不停罚。谢安当时只有七八岁，穿一条蓝布裤，在他哥哥膝边坐着，劝告说：“哥哥，老人家多么可怜，怎么可以做这种事！”谢奕脸色立刻缓和下来，说道：“你要把他放走吗？”于是就把那个老人打发走了。

原　文

谢太傅绝重褚公[1]，常称[2]：“褚季野虽不言，而四时之气亦备[3]。”

注　释　**①褚公：**褚裒，字季野，曾任兖州刺史，死后赠太傅。**②常：**通“尝”，曾经。**③气：**气象，指冷热、风雨、阴晴等现象。

译　文　太傅谢安非常敬重褚裒，曾经称颂说：“褚季野虽然嘴上不说，可是心里的喜怒哀乐就如同春夏秋冬，冷暖阴晴全都明白。”

原　文

刘尹在郡[1]，临终绵惙[2]，闻阁下祠神鼓舞[3]。正色曰：“莫得淫祀！”外请杀车中牛祭神。真长答曰：“丘之祷久矣，勿复为烦。”

注　释　**①刘尹**：刘惔，字真长，任丹阳尹，即京都所在地丹阳郡的行政长官，故称刘尹。**②绵惙**：气息微弱，指奄奄一息。**③阁**：供神佛的地方。

译　文　丹阳尹刘惔在任内，临终奄奄一息之时，听见供神佛的阁下正在击鼓、舞蹈，举行祭祀，就神色严肃地说："不得乱行祭祀！"属员请求杀掉驾车的牛来祭神，刘惔回答说："我早就祷告过了，不要再做烦扰人的事！"

原　文

谢公夫人教儿，问太傅："那得初不见君教儿？"答曰："我常自教儿[①]。"

注　释　**①我常自教儿**：指自己的为人处世，都是儿子所能看到、听到的，可以效法，是一种身教。

译　文　谢安的夫人教导儿子时，追问太傅谢安："怎么从来没有见您教导过儿子？"谢安回答说："我经常以自身言行教导儿子。"

原　文

晋简文为抚军时[①]，所坐床上，尘不听拂，见鼠行迹，视以为佳。有参军见鼠白日行，以手板批杀之，抚军意色不说[②]。门下起弹[③]，教曰："鼠被害尚不能忘怀，今复以鼠损人，无乃不可乎？"

注　释　**①晋简文**：晋简文帝司马昱，即位前封会稽王，任抚军将军，后又进位抚军大将军、丞相。**②参军**：官名，是将军幕府所设的官。**手板**：即"笏"，下属谒见上司时所拿的狭长板子，上面可以记事。魏晋以来习惯执手板。**批杀**：打死。**说**：通"悦"，高兴。**按**：大概因为不高兴，就有责备，所以下文才说"以鼠损人"。**③门下**：门客，贵族家里养的帮闲人。

译　文　晋简文帝司马昱还在任抚军将军的时候，他坐床上的灰尘不让擦去，见到老鼠在上面走过的脚印，认为很好看。有个参军看见老鼠白天走出来，就拿手板把老鼠打死，司马昱为这很不高兴。他的门客站起来批评那个参军，司马昱教诲门客说："老鼠给打死了尚且不能忘怀，现在为了一只老鼠去损伤人，恐怕不行吧？"

原　文

范宣年八岁[①]，后园挑菜[②]，误伤指，大啼。人问："痛邪？"答曰："非为痛，身体发肤[③]，不敢毁伤，是以啼耳。"宣洁行廉约，韩豫章遗绢百匹[④]，不受；减五十匹，复不受；如是减半，遂至一匹，既终不受。韩后与范同载，就车中裂二丈与范，云："人宁可使妇无裈(kūn)邪？"范笑而受之。

注　释　**①范宣**：字宣子，居住在豫章郡，后被召为太学博士、散骑郎，推辞不就。**②挑**：挑挖；挖出来。**③身体**：身，躯干。体，头和四肢。**④韩豫章**：韩伯，字康伯，历任豫章太守、丹阳尹、吏部尚书。

译　文　范宣八岁那年，有一次在后园挖菜，无意中伤了手指，就大哭起来。别人问道："很疼吗？"他回答说："不是为痛，身体发肤，不敢毁伤，因此才哭呢。"范宣品行高洁，为人清廉俭省。有一次，豫章太守韩伯送给他一百匹绢，他不肯收下；减到五十匹，还是不接受；这样一路减半，终于减至一匹，他到底还是不肯接受。后来韩伯邀范宣一起坐车，在车上撕了两丈绢给范宣，说："一个人难道可以让妻子没有裤子穿吗？"范宣才笑着把绢收下了。

原　文

王子敬病笃[1]，道家上章应首过，问子敬："由来有何异同得失[2]？"子敬云："不觉有余事，惟忆与郗家离婚。"

注　释　**①王子敬：**王献之，字子敬，是晋代大书法家王羲之的儿子。**②异同得失：**异同和得失是两个同义复词。异同，指异，即和平常不同的；得失，指失，即过失，过错。

译　文　王献之病重，请道家主持上表文祷告，本人应该坦白过错，道家问王献之一向有什么异常和过错。王献之说："想不起有别的事，只记得和郗家离过婚。"

原　文

殷仲堪既为荆州，值水俭[1]，食常五碗盘[2]，外无余肴，饭粒脱落盘席间[3]，辄拾以啖之[4]。虽欲率物[5]，亦缘其性真素[6]。每语子弟云："勿以我受任方州，云我豁平昔时意，今吾处之不易。贫者，士之常，焉得登枝而捐其本！尔曹其存之。"

注　释　**①水俭：**因水灾而歉收。**②五碗盘：**一种古代成套食器，由一个托盘和五个碗组成。**③脱落：**掉落。**④辄：**总要。**⑤虽：**虽然。**⑥真素：**生性朴素。

译　文　殷仲堪就任荆州刺史以后，正遇上水灾歉收，吃饭通常只用五碗盘，除外没有其他荤菜；饭粒掉在盘里或坐席上，马上捡起来吃了。这样做，虽然是想给大家做个好榜样，也是因为他的本性质朴。他常常告诫子侄们说："不要因为我担任一个州的长官，就认为我把平素的生活习惯抛弃了，现在我的这种习惯并没有变。贫穷是读书人的常态，怎么能做了官就丢掉做人的根本呢！你们要记住我的话！"

原　文

初，桓南郡[1]、杨广共说殷荆州，宜夺殷觊南蛮以自树[2]。觊亦即晓其旨，尝因行散[3]，率尔去下舍[4]，便不复还。内外无预知者，意色萧然，远同鬬生之无愠。时论以此多之。

注　释　**①桓南郡：**指桓玄。**②树：**树立；建立。**③因：**趁着。**行散：**魏晋士大夫喜欢服五石散，吃后要走路，以便散发，这叫行散。**④率尔：**轻率；随便。**下舍：**住宅。

译　文　当初，南郡公桓玄和杨广一起去劝说荆州刺史殷仲堪，认为他应该夺取殷觊主管的南蛮地区来建立自己的政权。殷觊也马上明白了他们的意图。一次趁着行散，随随便便地离开了家，便不再回来，里里外外没有人事先知道。他神态悠闲，和古时候的楚国令尹子文一样不因去职而有怨恨。当时的舆论界就因为这事赞扬他。

原　文

王仆射在江州[1]，为殷、桓所逐，奔窜豫章，存亡未测。王绥在都[2]，既忧戚在貌，居处饮食，每事有降。时人谓为试守孝子[3]。

注　释　**①王仆射：**王愉，字茂和，于公元398年出任江州刺史、都督江州及豫州之四郡军事。**②王绥：**字彦猷，王愉的儿子，在桓玄任太尉时，他任太尉右长史。**③试守孝子：**等于说见习孝子。官吏正式任命前，先主持其事以试其才能，称为试守。

译　文　仆射王愉任江州刺史时，被殷仲堪、桓玄起兵驱逐，逃亡到了豫章，生死未知。他的儿子王绥在京都，听到消息，便面容忧愁，起居饮食，每一事都有所降低。当时的人把他称为试守孝子。

原　文

桓南郡既破殷荆州，收殷将佐十许人[1]，咨议罗企生亦在焉。桓素待企生厚，将有所戮，先遣人语云："若谢我[2]，当释罪。"企生答曰："为殷荆州吏，今荆州奔亡，存亡未判，我何颜谢桓公！"既出市，桓又遣人问欲何言[3]。答曰："昔晋文王杀嵇康，而嵇绍为晋忠臣；从公乞一弟以养老母。"桓亦如言宥之。桓先曾以一羔裘与企生母胡；胡时在豫章，企生问至[4]，即日焚裘。

注　释　**①收：**收捕；逮捕。**②谢我：**向我谢罪。**③市：**刑场。**何言：**意思是"言何"，说什么。**④问：**消息。

译　文　南郡公桓玄打败荆州刺史殷仲堪以后，逮捕了殷仲堪的将佐十来人，咨议参军罗企生也在里面。桓玄向来待企生很好，当他打算杀掉一些人的时候，先派人去告诉企生说："如果向我认罪，一定免你一死。"企生回答说："我是殷仲堪的官吏，现在殷仲堪逃亡，生死不明，我有什么脸向您谢罪！"绑赴刑场以后，桓玄又差人问他还有什么话要说。企生答道："过去晋文王杀了嵇康，可是他儿子嵇绍却做了晋室的忠臣；因此我想请您留下我一个弟弟来奉养老母亲。"桓玄也就按他的要求饶恕了他弟弟。桓玄曾经送给罗企生母亲胡氏一领羔皮袍子；这时胡氏在豫章，当企生被害的消息传来时，她当天就把那领皮袍子烧了。

原　文

王恭从会稽还[1]，王大看之。见其坐六尺簟(diàn)[2]，因语恭："卿东来，故应有此物，可以一领及我。"恭无言。大去后，即举所坐者送之。既无馀席，便坐荐上[3]。后大闻之，甚惊，曰："吾本谓卿多，故求耳。"对曰："丈人不悉恭[4]，恭作人无长(zhàng)物。"

注　释　**①王恭：**字孝伯，历任中书令。**②簟：**竹席。**③荐：**草席。**④丈人：**古时晚辈对长辈的尊称。

译文 王恭从会稽回来后，王忱去看望他。看见他坐着一张六尺长的竹席上，便对王恭说："你从东边回来，自然会有这种东西，可以拿一张给我。"王恭没有说什么。王忱走后，王恭就拿起所坐的那张竹席送给王忱。他自己没有多余的竹席，就坐在草席子上。后来王忱听说这件事，很吃惊，对王恭说："我原来以为你有多余的，所以问你要呢。"王恭回答说："您不了解我，我为人处世，没有多余的东西。"

原文

吴郡陈遗，家至孝。母好食铛（chēng）底焦饭[1]，遗作郡主簿，恒装一囊，每煮食，辄贮录焦饭，归以遗母。后值孙恩贼出吴郡[2]，袁府君即日便征[3]。遗已聚敛得数斗焦饭，未展归家[4]，遂带以从军。战于沪渎，败，军人溃散，逃走山泽，皆多饥死，遗独以焦饭得活。时人以为纯孝之报也。

注释 ①**铛**：平底浅锅。②**孙恩**：东晋末，孙恩聚众数万，攻陷郡县。后来攻打临海郡时被打败，跳海死。③**袁府君**：即袁山松，任吴国内史（诸侯王封国内掌民政的长官，相当于太守）。④**未展**：未及。

译文 吴郡人陈遗，在家里非常孝顺。他母亲喜欢吃锅巴，陈遗在郡里做主簿的时候，总是收拾好一个口袋，每逢煮饭，就把锅巴储存起来，等到回家，就带给母亲。后来遇上孙恩贼兵侵入吴郡，内史袁山松马上要出兵征讨。这时陈遗已经积攒了几斗锅巴，来不及回家，便带着随军出征。双方在沪渎开战，袁山松打败了，军队溃散，都逃跑到山林沼泽地带，没有吃的，多数人饿死了，唯独陈遗靠锅巴活了下来。当时人们认为这是他淳厚的孝心的福泽。

原文

孔仆射为孝武侍中，豫蒙眷接[1]。烈宗山陵，孔时为太常，形素羸瘦，著重服，竟日涕泗流连[2]，见者以为真孝子。

注释 ①**眷接**：恩宠和接待。②**涕泗**：眼泪和鼻涕。

译文 仆射孔安国任晋孝武帝的侍中，幸运地得到孝武帝的恩宠和接待。孝武帝死，当时孔安国任太常，他的身体向来羸弱，身着重孝服，从早到晚都泪涕涟涟，看见他的人都认为他是真正的孝子。

原文

吴道助、附子兄弟，居在丹阳郡。后遭母童夫人艰，朝夕哭临及思至[1]，宾客吊省，号踊哀绝，路人为之落泪。韩康伯时为丹阳尹，母殷在郡，每闻二吴之哭，辄为凄恻。语康伯曰："汝若为选官，当好料理此人。"康伯亦甚相知。韩后果为吏部尚书。大吴不免哀制，小吴遂大贵达。

注　释　**①哭临**：哀悼死者的仪式。

译　文　吴坦之和吴隐之兄弟俩住在丹阳郡。后来，遇上母亲童夫人逝世，他们在早晚哭吊、思念深切和宾客过来凭吊时，都会大声号哭，悲痛欲绝，路人看到了都会感动落泪。当时韩伯任丹阳尹，其母殷氏住在郡府中，她每逢听到吴家兄弟的哭声时，就会替他们哀伤。她对韩伯说："你如果做了选官，应该妥善照顾这两兄弟。"韩伯也和他们结成知己。后来韩伯果然当了吏部尚书。这时大吴由于过度哀伤，已经死了，小吴最终十分显贵，飞黄腾达了。

二　言语

题　解

本章记载了魏晋士人的机智言辞。魏晋士人学识渊博，言语生动，加上受到清谈风气的影响，更使得他们的言谈显现出简约玄澹及清新俊逸的风格。

原　文

边文礼见袁奉高[1]，失次序[2]。奉高曰："昔尧聘许由[3]，面无怍色[4]，先生何为颠倒衣裳[5]？"文礼答曰："明府初临[6]，尧德未彰，是以贱民颠倒衣裳耳！"

注　释　**①边文礼**：边让，字文礼，东汉人，曾任九江太守。**袁奉高**：袁阆，字奉高，官至太尉掾。**②失次序**：指举止失措。次序，顺序；条理。**③尧**：传说中的远古帝王，先封于陶，后封于唐，号陶唐氏或唐尧，被古人视为贤明之君。**许由**：传说中尧时的隐士，隐于箕山，尧想让位给他，不肯接受；又请他担任九州长，他认为是玷污了自己的耳朵，跑到水边去洗耳。古人视之为清隐不仕的高节之士。**④怍**：羞愧；惭愧。**⑤颠倒衣裳**：语出《诗经·齐风·东方未明》："东方未明，颠倒衣裳。"古人衣与裳有别，衣是上衣，裳是下衣。这里的引用，意在嘲笑边文礼举止失措。**⑥明府**：高明的府君，是汉魏以来对郡太守的尊称。

译　文　边让去见袁阆时，举止失措。袁阆说："从前尧去拜访许由，许由脸上没有惭愧之色，先生为什么举止慌乱失措呢？"边让回答："太守您新到任，帝尧之德还没有表现出来，所以我才举止失态的。"

原　文

徐孺子年九岁[1]，尝月下戏。人语之曰："若令月中无物[2]，当极明邪？"徐曰："不然。譬如人眼中有瞳子，无此必不明。"

注　释　**①徐孺子**：徐稚，字孺子。**②若令**：假使；如果。

译　文　徐稚九岁的时候，曾在月光下玩耍，有人对他说："如果月亮中什么都没有，是不是会更亮呢？"徐稚回答："不是这样的。这就像人的眼中有瞳仁，没有它，眼睛一定不会明亮。"

原　文

孔文举年十岁，随父到洛[1]。时李元礼有盛名，为司隶校尉[2]，诣门者，皆俊才清称及中表亲戚乃通[3]。文举至门，谓吏曰："我是李府君亲[4]。"既通，前坐。元礼问曰："君与仆有何亲[5]？"对曰：

"昔先君仲尼与君先人伯阳有师资之尊[⑥]，是仆与君奕世为通好也。"元礼及宾客莫不奇之。太中大夫陈韪后至[⑦]，人以其语语之。韪曰："小时了了[⑧]，大未必佳！"文举曰："想君小时，必当了了。"韪大踧踖[⑨]。

注释 **①孔文举**：孔融，字文举，东汉人，孔子二十世孙，曾任北海相、少府、太中大夫，因触怒曹操被杀。**洛**：东汉京都洛阳，故城在今河南洛阳东洛水北岸，也是西晋的京都。**②李元礼**：李膺，字元礼，参见"德行"注。**司隶校尉**：官名，主管督察京师百官（太尉、司徒、司空除外）及所辖附近各郡。**③中表**：中表亲。父亲姐妹的儿女叫外表，母亲兄弟姐妹的儿女叫内表，互称中表。**④李府君**：李元礼曾任渔阳太守，所以称为李府君。**⑤仆**：对自己的谦称。**⑥先君**：先人，后辈称自己的祖先。**仲尼**：孔子，字仲尼。**伯阳**：老子，姓李，名耳，字伯阳。**师资之尊**：指礼敬对方为师的敬意。相传孔子曾经问礼于老子。**⑦太中大夫**：官名，主管议论政事。**⑧了了**：聪明伶俐。**⑨踧踖**：局促不安的样子。

译文 孔融十岁的时候，跟随父亲来到洛阳。当时李膺极有名望，担任司隶校尉。到他家拜访的人，只有才子名流和李家的近亲才能通报。孔融到了李家门口，对仆吏说："我是李先生的亲戚。"仆吏通报后，孔融晋见就座。李膺问道："你与我有什么亲戚关系？"孔融回答："我的先君仲尼（孔丘）和你的祖先伯阳（老子）有师生之谊，所以我与您是世代通家之好呀！"李膺和宾客们都因为他的回答而感到惊讶。太中大夫陈韪后到，有人把孔融刚才的答话告诉了他，陈韪不屑地说："小时候聪明，大了不见得好。"孔融答道："想必您小的时候，一定是很聪明！"陈韪顿时窘迫起来。

原文

孔文举有二子，大者六岁，小者五岁。昼日父眠，小者床头盗酒饮之，大儿谓曰："何以不拜[①]？"答曰："偷，那得行礼！"

注释 **①"何以"句**：酒是礼仪中必备的东西，所以大儿说饮酒前要行礼。下文小儿以为偷东西就不合乎礼，而拜是一种表敬意的礼节，所以不能拜。

译文 孔融有两个儿子，大的六岁，小的五岁。有一次孔融白天睡觉，小儿子就到床头偷酒喝，大儿子对他说："喝酒为什么不先行礼呢？"小的回答说："偷来的，哪能行礼呢！"

原文

孔融被收[①]，中外惶怖[②]。时融儿大者九岁，小者八岁。二儿故琢钉戏[③]，了无遽容[④]。融谓使者曰："冀罪止于身，二儿可得全不？"儿徐进曰："大人岂见覆巢之下[⑤]，复有完卵乎？"寻亦收至。

注释 **①收**：逮捕，指孔融被曹操逮捕。**②中外**：朝廷内外。**③故**：仍然。**琢钉戏**：一种儿童游戏，以掷钉琢地决胜负。**④了无**：全然没有。**⑤大人**：对父母或父母辈的尊称。

译文 孔融被捕，朝廷内外一片惶恐。当时孔融的大儿子九岁，小儿子八岁，父亲被捕时两人还在玩琢钉游戏，毫无惊恐之色。孔融对差役说："希望罪过只加在我的身上，两个孩子

能否保全性命？”儿子从容上前说道：“父亲您难道见过捣翻了的鸟巢下面还有完好的鸟蛋吗？”不久两个孩子也被抓了起来。

原 文

颍川太守髡陈仲弓。客有问元方：“府君何如？”元方曰：“高明之君也。”“足下家君何如？”曰：“忠臣孝子也。”客曰：“《易》称：‘二人同心，其利断金；同心之言，其臭如兰[1]。’何有高明之君，而刑忠臣孝子者乎？”元方曰：“足下言何其谬也！故不相答。”客曰：“足下但因伛为恭，而不能答。”元方曰：“昔高宗放孝子孝己，尹吉甫放孝子伯奇，董仲舒放孝子符起。唯此三君，高明之君；唯此三子，忠臣孝子。”客惭而退。

注 释　①**金**：金属。**臭**：气味。

译 文　颍川太守判处陈寔髡刑。旁边围观的人纷纷议论，有人问陈寔之子元方说：“你怎么评价太守这个人？”元方说：“太守大人是一位高尚而明智的人。”又问：“您父亲怎么样？”元方说：“他是一个对上做忠臣，对待双亲尽孝道的人。”这人又说：“《易经》上说：‘两人同心，其利断金；两人心思相同，它的气味如兰花一样芳香。’如此，怎么会有高尚明智者治罪于忠臣孝子的事呢？”元方说：“您的言论很是荒谬！因此我不想与你对话。”这人说：“您不过是借着屈身之势假作恭敬罢了，其实是不能回答。”元方说：“从前高宗放逐了孝子孝己，尹吉甫放逐了孝子伯奇，董仲舒放逐了孝子符起。此三人恰恰是高尚明智的人；此三受罚之人恰恰都是忠臣孝子。”客人无言以对，羞愧退去了。

原 文

荀慈明与汝南袁阆相见，问颍川人士，慈明先及诸兄。阆笑曰：“士但可因亲旧而已乎？”慈明曰：“足下相难，依据者何经？”阆曰：“方问国士[1]，而及诸兄，是以尤之耳。”慈明曰：“昔者祁奚内举不失其子，外举不失其雠，以为至公；公旦《文王》之诗，不论尧、舜之德而颂文、武者，亲亲之义也；《春秋》之义，内其国而外诸夏。且不爱其亲而爱他人者，不为悖德乎？”

● 周公旦

注释 ①**国士**：为国家谋划的才德之人。

译文 荀慈明和汝南郡袁阆见面时，袁阆问起颍川郡有哪些才德之士，慈明先提到自己的几位兄长。袁阆讥笑他说："才德之士只能靠亲朋故旧来扬名吗？"慈明说："您责备我，依据什么原则？"袁阆说："我刚才问国士，你却谈自己的诸位兄长，因此我才责问你呀！"慈明说："从前祁奚在推荐人才时，对内不忽略自己的儿子，对外不忽略自己的仇人，人们认为他是最公正无私的。周公旦作《文王》时，不去叙说远古帝王尧和舜的德政，却歌颂周文王、周武王，这是符合爱亲人这一大义的。《春秋》记事的原则是：把本国看成亲的，把诸侯国看成疏的。再说不爱自己的亲人而爱别人的人，岂不是违反了道德准则吗？"

原文

祢衡被魏武谪为鼓吏[①]，正月半试鼓[②]。衡扬枹为《渔阳掺挝》[③]，渊渊有金石声[④]，四座为之改容。孔融曰："祢衡罪同胥靡[⑤]，不能发明王之梦[⑥]。"魏武惭而赦之。

注释 ①**祢衡**：字正平，东汉人。孔融向曹操推荐他，但他恃才傲物，称疾不往。曹操怒而令他为击鼓的鼓吏，想羞辱他，他裸身立于曹操前，大骂曹操。后被送给刘表，刘表又送给黄祖，最终被黄祖所杀。②**月半试鼓**：《文士传》记载此事说："后至八月朝会，大阅试鼓节。"试，测试。③**枹**：鼓槌。**《渔阳掺挝》**：鼓曲名。曲名称渔阳，是借用了东汉彭宠在渔阳起兵反汉，最后兵败身死的故事；掺挝，敲击鼓的调子、节拍。这里祢衡击此鼓乐，意在讽刺曹操。④**渊渊**：形容鼓声深沉凝重。**金石声**：钟、磬类乐器发出的声音。⑤**胥靡**：服刑的囚犯。这里指傅说，商天子武丁把他从服劳役的囚徒中选拔出来担任相国。⑥**"不能"句**：意思指鼓曲感动不了魏王曹操。明王，英明的君王，指曹操。

译文 祢衡被魏武帝曹操贬谪为鼓吏，正遇八月中会集宾客要检验鼓的音色，祢衡扬起鼓槌演奏《渔阳掺挝》鼓曲，鼓声深沉，有金石之声，四座的人都为之动容。孔融说："祢衡之罪，和殷时服刑的犯人傅说相同，可是没能使贤明的君主从梦中惊醒过来。"魏武帝听后很惭愧，就赦免了祢衡。

原文

南郡庞士元闻司马德操在颍川[①]，故二千里候之。至，遇德操采桑，士元从车中谓曰："吾闻丈夫处世，当带金佩紫，焉有屈洪流之量，而执丝妇之事？"德操曰："子且下车。子适知邪径之速，不虑失道之迷。昔伯成耦耕，不慕诸侯之荣；原宪桑枢，不易有官之宅。何有坐则华屋，行则肥马，侍女数十，然后为奇？此乃许、父所以忼慨，夷、齐所以长叹。虽有窃秦之爵，千驷之富，不足贵也。"士元曰："仆生出边垂，寡见大义，若不一叩洪钟、伐雷鼓，则不识其音响也！"

注　释　①**庞士元**：庞统，东汉末襄阳人，年轻时曾去拜会司马德操，德操很赏识他，称他为凤雏。后事从刘备。**司马德操**：司马徽，字德操，曾向刘备推荐诸葛亮和庞统。

译　文　南郡庞统得到司马徽住在颍川的消息，专程走两千里路之遥去拜访他。风尘仆仆地赶到司马徽的住所，恰巧司马徽先生正在采桑叶，庞统见状未下车便对司马徽说："我听说大丈夫行走天地间，就应该做大官，办大事，哪有身存河川磅礴的能量，而屈尊去做蚕妇才做的事！"司马徽听罢，说："您下车来，咱们慢慢谈。您只知道走小路快，却不担心迷路。从前伯成宁愿回乡种田，也不羡慕做诸侯的荣耀；原宪宁愿住在茅舍，也不愿换住达官的府宅。为什么要住豪华宫室，出门必须肥马轻车，左右要有几十个婢妾侍候，才算是实现了理想呢？这也是隐士许由、巢父不以为然，清廉之士伯夷、叔齐嗤之以鼻之处。就算有吕不韦那样的官爵，齐景公那样富有，也是不以为然的。"庞统说："我出生在边远的小地方，很少见识真知灼见之道。如果不是亲自去撞钟、擂鼓，怎能知道它的音响。"

原　文

刘公幹以失敬罹罪。文帝问曰："卿何以不谨于文宪[1]？"桢答曰："臣诚庸短，亦由陛下纲目不疏。"

注　释　①**文宪**：法纪。

译　文　刘桢因对圣上失敬，遭到治罪判罚。魏文帝问他："刘大人缘何对法纪疏于谨慎呢？"刘桢回答说："臣本身才疏学浅，也有陛下法例严格之故。"

原　文

钟毓、钟会少有令誉[1]。年十三，魏文帝闻之，语其父钟繇曰[2]："可令二子来。"于是敕见[3]。毓面有汗，帝曰："卿面何以汗？"毓对曰："战战惶惶，汗出如浆。"复问会："卿何以不汗？"对曰："战战栗栗，汗不得出。"

注　释　①**钟毓**：字稚叔，三国时魏国人，十四岁即任散骑侍郎，历任侍中、廷尉、都督荆州军事。**钟会**：字士季，钟毓的弟弟，官至司徒，后因谋反被杀。②**钟繇**：字元常，入魏后任廷尉、太傅。③**敕**：皇帝的命令。

译　文　钟毓和钟会两兄弟，从小就有美好的声誉。钟毓十三岁的时候，魏文帝曹丕听到了他们的名声，便告诉他们的父亲钟繇说："可以叫你的两个儿子来见我。"于是令他们朝见文帝。朝见时，钟毓脸上冒有汗水，魏文帝就问："你脸上为什么出汗呢？"钟毓回答说："由于恐惧慌张，所以汗水像水浆一样冒出。"魏文帝又问钟会说："你为什么不出汗呢？"钟会回答说："由于恐惧颤抖，所以汗水一点儿也不敢出。"

原　文

钟毓兄弟小时，值父昼寝，因共偷服药酒。其父时觉，且托寐(mèi)以观之[1]。毓拜而后饮，会饮而不拜。既而问毓何以拜，毓曰："酒

以成礼，不敢不拜。”又问会何以不拜，会曰：“偷本非礼，所以不拜。”

注释 ①托寐：假睡。

译文 钟毓兄弟俩小时候，一次正碰上父亲白天睡觉，于是一块儿去偷药酒喝。他父亲当时已睡醒了，姑且装睡，来看他们怎么做。钟毓行过礼才喝，钟会只顾喝，不行礼。过了一会儿，他父亲起来问钟毓为什么行礼，钟毓说：“酒是完成礼仪用的，我不敢不行礼。”又问钟会为什么不行礼，钟会说：“偷酒喝本来就不合于礼，因此我不行礼。”

原文

魏明帝为外祖母筑馆于甄氏[1]。既成，自行视，谓左右曰：“馆当以何为名？”侍中缪袭曰：“陛下圣思齐于哲王，罔极过于曾、闵，此馆之兴，情钟舅氏，宜以渭阳为名。”

注释 ①魏明帝：即曹叡，魏文帝曹丕的儿子。

译文 魏明帝在甄家给外祖母修建了一所华丽的住宅。建成以后，亲自前去察看，并且问随从的人：“这所住宅应该起个什么名字呢？”侍中缪袭说：“陛下的思虑和贤明的君主一样周到，报恩的孝心超过了曾参、闵子骞。这处府第的兴建，感情专注于舅家，应该用渭阳来做它的名字。”

二 言语

原文

何平叔云：“服五石散，非唯治病[1]，亦觉神明开朗。”

注释 ①非唯：不只是。

译文 何晏说：“服食五石散，不只能治病，也觉得精神很清爽。”

原文

嵇中散语赵景真：“卿瞳子白黑分明，有白起之风，恨量小狭。”赵云：“尺表能审玑衡之度[1]，寸管能测往复之气。何必在大，但问识如何耳！”

注释 ①玑衡：北斗七星。

译文 中散大夫嵇康对赵景真说：“你的眼睛黑白分明，有白起那样的风度，遗憾的是眼睛狭小些。”赵景真说：“一尺长的表尺就能审定星斗的度数，几寸长的竹管就能测量出律吕与节令是否相合。何必在乎大不大呢，只问识见怎么样就是了。”

原文

司马景王东征，取上党李喜，以为从事中郎。因问喜曰：“昔先公辟君[1]，不就；今孤召君，何以来？”喜对曰：“先公以礼见待，故得以礼进退；明公以法见绳，喜畏法而至耳。”

注　释　①**先公：**称自己或他人的亡父。

译　文　景王司马师率军东征时，提拔上党郡的李喜担任从事中郎一职。李喜到任时，景王问李喜："早前先父曾经邀您任事，您都拒绝到任；而今您却应我之邀，来此上任，是何缘故？"李喜说："当年令尊大人以礼相待，我可以按自己意愿决定进退；现在明公用法令我，我是害怕犯法才来的呀。"

原　文

邓艾口吃，语称"艾艾"[1]。晋文王戏之曰："卿云'艾艾'，定是几艾？"对曰："'凤兮凤兮'，故是一凤。"

注　释　①**艾艾：**古代和别人说话时，多自称名。邓艾因为口吃，自称时就会连说"艾艾"。

译　文　邓艾说话结巴，自称时常重复说"艾艾"。晋文王司马昭和他开玩笑说："你说'艾艾'，到底是几个艾？"邓艾回答说："'凤兮凤兮'，依旧只是一只凤。"

原　文

嵇中散既被诛，向子期举郡计入洛。文王引进[1]，问曰："闻君有箕山之志[2]，何以在此？"对曰："巢、许狷介之士，不足多慕！"王大咨嗟。

注　释　①**引进：**推荐。②**箕山之志：**唐尧时隐士巢父、许由居于箕山之下，故称隐居不仕为箕山之志。

译　文　中散大夫嵇康被杀以后，向秀呈送郡国账簿到京都洛阳去，文王司马昭推荐了他，问他："听说您有意隐居不出，为什么到了京城？"向秀回答说："巢父、许由是孤高傲世的人，不值得称赞、羡慕。"文王司马昭听了，大为叹赏。

原　文

晋武帝始登阼，探策得"一"。王者世数[1]，系此多少。帝既不说，群臣失色，莫能有言者。侍中裴楷进曰："臣闻天得一以清，地得一以宁，侯王得一以为天下贞。"帝说，群臣叹服。

注　释　①**世数：**指帝位传承数目。

译　文　晋武帝登基之初，他请了占卜师算卦，结果得到了"一"。武帝意图推断帝位江山可以传玺多少代，就在于这个占卜的数字。看到"一"，以为凶兆，武帝很是不悦，群臣也面面相觑吓得脸色发白，没人敢出声。这时，侍中裴楷进言道："臣听说，天得一即清明，地得一便安宁，陛下得一便是坐拥天下。"武帝一听，高兴了，群臣都赞叹而且佩服裴楷。

原　文

满奋畏风[1]。在晋武帝坐，北窗作琉璃屏风，实密似疏，奋有难色。帝笑之。奋答曰："臣犹吴牛，见月而喘。"

注释 **①满奋：**字武秋，曾任冀州刺史、尚书令、司隶校尉。

译文 满奋怕风。在晋武帝身旁侍坐，北面的窗前设有琉璃屏风，虽然很严密，看起来却似稀疏透风，满奋面有难色。晋武帝笑话他，满奋回答说："臣就像吴地的牛，见到月亮也要喘息的。"

原文

诸葛靓在吴[①]，于朝堂大会[②]。孙皓问[③]："卿字仲思，为何所思？"对曰："在家思孝，事君思忠，朋友思信，如斯而已。"

注释 **①诸葛靓：**字仲思，三国时魏国人，父亲诸葛诞起兵反司马氏，派他到吴国当人质，吴任用为右将军、大司马。吴亡，先到洛阳，后逃匿不出。**②朝堂：**国君和大臣聚会议事的地方。**③孙皓：**字元宗，孙权的孙子，吴国末代君主，荒淫残暴，不理政事，公元280年降晋，吴国灭亡。

译文 诸葛靓在吴国时，有一次于朝堂大会上，孙皓问他："你的字是仲思，你思的是什么呢？"诸葛靓回答："在家思的是孝敬父母，侍奉君主思的是忠诚，交友思的是诚信，如此而已。"

原文

蔡洪赴洛，洛中人问曰："幕府初开[①]，群公辟命，求英奇于仄陋，采贤俊于岩穴。君吴、楚之士，亡国之余，有何异才而应斯举？"蔡答曰："夜光之珠，不必出于孟津之河；盈握之璧，不必采于昆仑之山。大禹生于东夷，文王生于西羌。圣贤所出，何必常处。昔武王伐纣，迁顽民于洛邑，得无诸君是其苗裔乎？"

注释 **①幕府：**将军的官署。

译文 蔡洪到达洛阳，洛阳的人问他："将军官府刚刚建立，一定缺少人才，将军要在民众中选拔有才华的人，也会寻访在山林隐逸的才德高深之士。先生来自南方之吴楚亡国之地，不知有何特殊才能，前来毛遂自荐一番？"蔡洪回答说："夜光珠不一定都出在孟津一带的河中，大块的璧玉，不一定都出自昆仑山。大禹出生在东夷，周文王出生在西羌，圣贤的出生地，为什么非要在指定的区域呢！从前周武王打败了殷纣，把殷代的顽民迁移到洛邑，莫非诸位先生就是那些人的后代吗？"

原文

诸名士共至洛水戏，还，乐令问王夷甫曰："今日戏乐乎？"王曰："裴仆射善谈名理，混混有雅致；张茂先论《史》《汉》，靡靡可听[①]；我与王安丰说延陵、子房，亦超超玄箸。"

注释 **①靡靡：**娓娓动听的样子。

译文 一些文人雅士相约到洛水边游玩，回来的时候，尚书令乐广问王衍，说："今天你们玩得高兴吗？"王衍说："裴仆射是一个健谈的人，谈古论今，滔滔不绝，意趣高雅；张华熟识《史记》《汉书》，引经据典，娓娓动听；我和王戎一起讨论了延陵季子、张良，透彻着实，

获益良多。”

原　文

王武子、孙子荆各言其土地、人物之美。王云：“其地坦而平，其水淡而清，其人廉且贞。”孙云：“其山嶵（zuì）巍以嵯峨（cuó é）[1]，其水泙渫（yā dié）而扬波，其人磊砢（lěi luǒ）而英多。”

注　释　**①嶵巍：**山险峻的样子。

译　文　王济和孙楚聊天，谈起家乡山川人美，都不吝溢美之词。王济说：“我的家乡是一望无际的平原，土地开阔而平坦，水淡风清，那里的人质朴有正义感。”孙楚说：“我的家乡有山有水，景色壮美，有险峻巍峨的高山，也有碧波荡漾的流水，家乡人才辈出，多是社会之名士。”

原　文

乐令女适大将军成都王颖，王兄长沙王执权于洛，遂构兵相图[1]。长沙王亲近小人，远外君子，凡在朝者，人怀危惧。乐令既允朝望，加有婚亲，群小谗于长沙。长沙尝问乐令，乐令神色自若，徐答曰：“岂以五男易一女。”由是释然，无复疑虑。

注　释　**①构兵：**交战。

译　文　尚书令乐广将爱女许配给大将军成都王司马颖。成都王兄长长沙王司马乂在京都洛阳掌管朝政，成都王司马颖图谋起兵取代他。长沙王司马乂平时多亲近小人阿谀逢迎之言，对贤臣的忠言很是反感；凡是当朝的官员，都感到不安和深深的疑虑。乐广在朝廷中有较高的威望，加上与成都王司马颖又有姻亲关系，一些小人就在长沙王司马乂旁边说他的坏话。长沙王司马乂对这件事很是不安，曾经严肃质问乐广，乐广神情自若，从容地回应说：“我难道会用五个儿子去换一个女儿？”长沙王司马乂瞬间放下心来，再无疑虑。

原　文

陆机诣王武子，武子前置数斛羊酪[1]，指以示陆曰：“卿江东何以敌此？”陆云：“有千里莼羹，但未下盐豉耳！”

注　释　**①酪：**乳酪。

译　文　陆机去拜访王济，正好王济跟前摆着几斛羊奶酪，他指着给陆机看，问道：“你们江南有什么名菜能和这个相比呢？”陆机说：“我们那里有千里湖出产的莼羹可以比美，只是还不必放盐豉呢！”

原　文

中朝有小儿[1]，父病，行乞药。主人问病，曰：“患疟也。”主人曰：“尊侯明德君子，何以病疟？”答曰：“来病君子，所以为疟耳。”

注释 ①**中朝**：西晋。

译文 西晋时，有个小孩儿，父亲病了，他外出求医讨药。主人问他病情，他说："是患疟疾。"主人问："令尊是位德行高洁的君子，为什么会患疟疾呢？"小孩儿回答说："正因为它来祸害君子，才是疟鬼呢！"

原文

崔正熊诣都郡，都郡将姓陈，问正熊："君去崔杼（zhù）几世[1]？"答曰："民去崔杼，如明府之去陈恒[2]。"

注释 ①**去**：距离。崔杼，春秋齐国大夫，弑庄公。②**陈恒**：春秋齐国大夫，弑简公。

译文 崔豹去拜访郡城太守，郡将姓陈，他问崔豹："您距离崔杼多少代？"崔豹回答说："小民距离崔杼的世代，正像府君距离陈恒那样。"

原文

元帝始过江，谓顾骠骑曰："寄人国土，心常怀惭。"荣跪对曰："臣闻王者以天下为家，是以耿、亳（bó）无定处，九鼎迁洛邑[1]。愿陛下勿以迁都为念。"

注释 ①**九鼎**：传说夏禹铸九鼎，是传国之宝，权力的象征。

译文 晋元帝初到江南，便对骠骑将军顾荣说："寄居于他人国土之上，心中常有愧疚的感觉。"顾荣跪着回答说："臣听说帝王把天下看成家，因此商代的君主或者迁都耿邑，或者迁都亳邑，没有固定的地方，周武王也把九鼎搬到洛邑。希望陛下不要惦念着迁都的事。"

原文

庾公造周伯仁，伯仁曰："君何所欣说而忽肥？"庾曰："君复何所忧惨而忽瘦？"伯仁曰："吾无所忧，直是清虚日来，滓秽日去耳[1]！"

注释 ①**滓秽**：污秽。

译文 庾亮去拜访周顗，周顗说："您喜悦些什么，怎么忽然胖起来了？"庾亮说："你又有什么忧伤的事，怎么消瘦得这么快？"周顗说："我没什么可以忧伤的事情，只是内心多了一些清淡玄远，而渣滓污秽渐渐少了的缘故吧。"

原文

过江诸人，每至美日，辄相邀新亭[1]，藉卉饮宴。周侯中坐而叹曰[2]："风景不殊，举目有山河之异！"皆相视流泪。唯王丞相愀然变色曰[3]："当共戮力王室，克复神州[4]，何至作楚囚相对泣[5]！"

注释 ①**新亭：**三国时吴国修筑，也叫劳劳亭，故址在今江苏省南京市南。②**周侯：**周颢，封武城侯。③**王丞相：**王导，字茂弘，晋琅琊临沂（今属山东）人。**愀然：**脸色变化的样子。④**神州：**本泛指中国，这里指黄河流域一带的中原地区。⑤**楚囚相对：**比喻在国破家亡时含悲泣苦，束手无策。楚囚，春秋时楚国人钟仪被晋国俘虏，晋人称他为楚囚。

译文 到江南来避难的一些人士，每逢天气晴朗的日子，总是互相邀请到新亭，坐在草地开筵饮酒。武城侯周颢在席间，喟然叹息说："江南风景跟中原没有两样，只是眼前的山河起了变化！"在座的人都相互对看，流下了眼泪。只有丞相王导神色严肃地说："大家正应当同心协力，报效朝廷，收复中原，哪至于像被俘在晋国的楚囚那样，一味地相对悲泣而不图振作呢？"

原文

卫洗(xiǎn)马初欲渡江，形神惨悴，语左右云："见此芒芒，不觉百端交集。苟未免有情，亦复谁能遣此[①]！"

注释 ①**遣：**消遣。

译文 太子老师卫玠来到长江边，形势所迫必须渡江，此时，他面容憔悴，神情凄惨，心事重重。他对随从说："看见这茫茫场景，百感交集。但凡心存感情，谁又能排遣得了这种种忧伤！"

原文

顾司空未知名，诣王丞相。丞相小极[①]，对之疲睡。顾思所以叩会之，因谓同坐曰："昔每闻元公道公协赞中宗，保全江表。体小不安，令人喘息。"丞相因觉，谓顾曰："此子圭璋特达，机警有锋。"

注释 ①**小极：**稍感困乏。

译文 司空顾和在未成名的时候，有一次前去拜访丞相王导。恰巧王导神情疲倦，似有困意，面对他时不时打着瞌睡。顾和正想着用何种办法能够利用这次机会向王导当面请教，而不虚此行。然后他同邻座的人说："过去常听到元公顾荣谈论王导辅佐中宗，保全了江南。现在王导贵体有恙，真的很让人不安，感到惋惜。"王导听到此话，变得精神起来，困意全无。对在座的人谈论顾和，说："这个人才德可贵，机敏过人，话锋醒人。"

原文

会稽贺生，体识清远[①]，言行以礼。不徒东南之美，实为海内之秀。

注释 ①**体识：**禀性见识。

译文 会稽郡的贺循，人品禀性优秀，才学见识尤佳，言谈举止得体，很是懂得礼法。他不仅是东南地区的杰出人物，才学在全国也是名列前茅的。

原文

刘琨虽隔阂寇戎，志存本朝。谓温峤（qiáo）曰：“班彪识刘氏之复兴，马援知汉光之可辅。今晋阼虽衰，天命未改[1]，吾欲立功于河北，使卿延誉于江南，子其行乎？”温曰：“峤虽不敏，才非昔人，明公以桓、文之姿，建匡立之功，岂敢辞命！”

注释 ①**“天命”句：**封建统治者认为皇帝是由上天的意志安排的，这叫天命。

译文 刘琨虽然被敌人阻隔在外，但一心念着朝廷。他对温峤说：“班彪远见卓识，认定刘氏王室可以复兴，马援有知人之明，识得汉光武帝可以辅佐。现在晋国国运虽然日渐衰弱，可是天命犹在。我想在此地建立功业，而且想派你去江南扬名，我想你不会拒绝吧？”温峤说：“我虽然不够聪敏，才能也不比前辈，明公想用齐桓温、晋文公那样的才智，建立兴国之功业，我怎么敢不受命呢！”

原文

温峤初为刘琨使来过江。于时，江左营建始尔，纲纪未举[1]。温新至，深有诸虑。既诣王丞相，陈主上幽越、社稷焚灭、山陵夷毁之酷，有《黍离》之痛。温忠慨深烈，言与泗（sì）俱，丞相亦与之对泣。叙情既毕，便深自陈结，丞相亦厚相酬纳。既出，欢然言曰：“江左自有管夷吾，此复何忧？”

注释 ①**未举：**未确立。

译文 温峤出任刘琨的使节刚到江南来。这时，江南的政权建立工作刚着手，法纪还没有制定，社会秩序不稳定。温峤初到，对这种种情况很是担忧。接着便去拜访丞相王导，诉说晋帝被囚禁流放、社稷宗庙被焚烧、先帝陵墓被毁坏的严重情况，表现出亡国的哀痛。温峤忠诚愤慨的感情深厚激烈，边说边哭，王导也随着他一起流泪。温峤叙述完实际情况以后，就真诚地诉说结交之意，王丞相也深情地接纳他的心愿。出来以后，温峤高兴地说：“江南自有管夷吾那样的人，这还担心什么呢？”

原文

王敦兄含为光禄勋，敦既逆谋，屯据南州，含委职奔姑孰。王丞相诣阙谢。司徒、丞相、扬州官僚问讯，仓卒（cù）不知何辞[1]。顾司空时为扬州别驾，援翰曰：“王光禄远避流言，明公蒙尘路次，群下不宁，不审尊体起居何如？”

注释 ①**仓卒：**匆忙。

译文 王敦兄长王含任光禄勋时，王敦谋反叛乱，率领大军驻扎在南州。王含抛弃官职投奔姑孰。慌乱中，丞相王导赶忙上朝请罪。朝堂之上，司徒、丞相、扬州府中的官员都纷纷前

来打听消息，慌乱间都没有准备好如何措辞。司空顾和时任扬州别驾，拿起笔，写道："王蕴远远地躲开了流言，明公每日风尘仆仆在路上，下属们心里都很不安，不知贵体饮食起居怎么样？"

原　文

郗太尉拜司空，语同坐曰："平生意不在多，值世故纷纭，遂至台鼎[1]。朱博翰音，实愧于怀。"

注　释　**①台鼎：** 指代三公或宰相的职位。

译　文　太尉郗鉴就任司空一职，他和同座的人说："我平生志向不高，遇上世事纷乱，便升到三公位。想起朱博徒有空名，内心实在有愧。"

原　文

高坐道人不作汉语[1]。或问此意，简文曰："以简应对之烦。"

注　释　**①道人：** 和尚。**不作汉语：** 不说汉话。

译　文　高坐和尚不说汉语。有人问起这是什么意思，晋简文帝说："因为要省去应酬的烦扰。"

原　文

周仆射雍容好仪形。诣王公，初下车，隐数人[1]，王公含笑看之。既坐，傲然啸咏。王公曰："卿欲希嵇、阮邪？"答曰："何敢近舍明公，远希嵇、阮？"

注　释　**①隐数人：** 由数人搀扶。

译　文　尚书仆射周顗举止温和从容，仪表堂堂。他去拜访王导，刚下车，就要几个人搀扶着，王导含笑看着他。周顗坐下以后，旁若无人地吹奏口哨。王导说："你想学习嵇康、阮籍吗？"周顗回答说："怎么敢舍去眼前的明公，去学习前代的嵇康、阮籍？"

原　文

庾公尝入佛图[1]，见卧佛，曰："此子疲于津梁[2]。"于时以为名言。

注　释　**①佛图：** 佛寺。**②津梁：** 桥梁。这句比喻为接引众生奔忙。佛教说要普度众生，登上超脱生死的境界——彼岸，这就好比过河一样。同时也说明，佛也会因奔忙而疲劳，这就与常人没有差别了。

译　文　有一次，庾亮前去佛寺敬香，看见卧佛，便说："这位先生为佛事接引众生奔劳睡着了。"当时人们把这句话看成是名言。

原　文

挚瞻曾作四郡太守、大将军户曹参军[1]，复出作内史。年始

二十九。尝别王敦，敦谓瞻曰："卿年未三十，已为万石，亦太蚤(dàn)。"瞻曰："方于将军，少为太蚤；比之甘罗，已为太老。"

注释 ①**挚瞻：**西晋末，在王敦的大将军幕府中任户曹参军，历任安丰、新蔡、西阳等郡太守，后与王敦言语不合，被贬为随国内史（王侯封国中的官职，与太守相当）。

译文 挚瞻仕途畅顺，做过四郡太守之职、大将军户曹参军，现在又被调去做内史，年仅二十九岁。临行前，他前去王敦处话别，王敦说："你今年不足三十岁，却已经做了五任二千石的官，也太早了吧。"挚瞻说："同将军相比，稍微早了一些；同甘罗相比，已经是太老了。"

原文

梁国杨氏子九岁，甚聪惠[①]。孔君平诣其父，父不在，乃呼儿出。为设果，果有杨梅。孔指以示儿曰："此是君家果。"儿应声答曰："未闻孔雀是夫子家禽[②]。"

注释 ①**聪惠：**聪明。②**夫子：**对对方的尊称。

译文 梁国有一户杨姓家庭，杨家有一个九岁的男孩，很是聪明。一次，孔君平去拜访他父亲，恰巧他父亲不在，便叫这位小儿接待客人，摆上果品。果品中有杨梅，孔君平指着杨梅给他看，说："这是你家的果子。"孩子应声回答说："没听说孔雀是夫子家的禽鸟。"

原文

孔廷尉以裘与从弟沈[①]，沈辞不受。廷尉曰："晏平仲之俭，祠其先人，豚肩不掩豆，犹狐裘数十年。卿复何辞此？"于是受而服之。

注释 ①**从弟：**堂弟。

译文 廷尉孔君平把一件皮衣送给堂弟孔沈，孔沈辞谢，不肯收。孔君平说："晏婴那么俭省，祭祀祖先的时候，所用猪肘盖不满盘子，可是还穿了几十年狐皮袍子。你又为什么不肯收下这件呢！"孔沈这才把皮衣收下穿上。

原文

佛图澄与诸石游，林公曰："澄以石虎为海鸥鸟[①]。"

注释 ①**海鸥鸟：**据《列子·黄帝篇》中说：海边有个人喜欢海鸥，天天到海上去跟海鸥玩，一天他父亲要他捉一只海鸥回来，结果他到海上，海鸥再也不飞下来了。这里引用这个故事，是说佛图澄内心纯净，不分物我。

译文 佛图澄和尚同石氏诸人有交往，支道林说："他把石虎当作海鸥鸟。"

原文

谢仁祖年八岁[①]，谢豫章将送客[②]，尔时语已神悟，自参上流[③]。诸人咸共叹之曰："年少[④]，一坐之颜回[⑤]。"仁祖曰："坐无尼父[⑥]，焉别颜回？"

注释 ①**谢仁祖**：谢尚，字仁祖，晋陈郡阳夏（今河南太康）人，官至尚书仆射、镇西将军。②**谢豫章**：谢鲲，字幼舆，谢尚的父亲，曾任豫章太守。**将**：带领。③**自参上流**：自己参与到上流人物之中。④**年少**：少年；年轻人。⑤**颜回**：字子渊，春秋时鲁国人，孔子最得意的学生，在孔门中以德行著称。⑥**尼父**：孔子，因为字仲尼，所以尊称为尼父。父，对男子的美称。

译文 谢尚八岁的时候，父亲谢鲲带着他送客。此时谢仁祖已经是聪明颖悟、跻身于上流的人才了。大家都在赞扬他，说道："少年是座席中的颜回呀。"谢尚答道："座上没有孔子，怎么能区别出颜回呢？"

原文

陶公疾笃[1]，都无献替之言，朝士以为恨。仁祖闻之，曰："时无竖刁，故不贻陶公话言。"时贤以为德音。

注释 ①**疾笃**：病重。

译文 陶侃病势沉重，可是有关朝廷利弊兴除、官吏进退等大事，没有一句建言，朝中官员都认为是憾事。谢尚听到这事，就说："现在没有像竖刁那样的人，所以陶侃不用留下建言。"当时人士认为这是有德者的话。

原文

竺法深在简文坐，刘尹问："道人何以游朱门？"答曰："君自见其朱门，贫道如游蓬户。"或云卞令[1]。

注释 ①**卞令**：卞壶，字望之，曾任尚书令。

译文 竺法深做了简文帝的座上客，丹阳尹刘惔问他："和尚为什么同官宦人家交往？"竺法深回答道："您自己看见那是官宦人家，我却以为同贫苦人家交往一样。"有人说，不是刘惔发问，而是卞壶。

原文

孙盛为庾公记室参军，从猎，将其二儿俱行。庾公不知，忽于猎场见齐庄，时年七八岁，庾谓曰："君亦复来邪？"应声答曰："所谓'无小无大，从公于迈'[1]。"

注释 ①**"无小"二句**：引自《诗经·鲁颂·泮水》，意指无论大小臣子，都跟着公出游。

译文 孙盛任庾亮的记室参军，一次随着庾亮去打猎，并且带着自己的两个儿子一起去。庾亮本不知道，忽然在猎场看见他的次子孙齐庄，当时这孩子只有七八岁，庾亮问他说："你也来了吗？"孙齐庄接口回答说："正如古诗所说的'无小无大，从公于迈'。"

原文

孙齐由、齐庄二人，小时诣庾公。公问齐由何字，答曰："字齐由。"公曰："欲何齐邪？"曰："齐许由。""齐庄何字？"答曰："字齐庄。"公曰："欲何齐？"曰："齐庄周[1]。"公曰："何不慕仲尼而

慕庄周？”对曰：“圣人生知，故难企慕。”庾公大喜小儿对。

注释 ①**庄周：** 庄子。

译文 孙齐由、孙齐庄兄弟两个人，小时候有一次去拜访庾亮。庾亮问齐由表字是什么，齐由回答说：“在下字齐由。”又问：“你心中仰慕的人是谁？”齐由说：“我一直仰慕许由先生。”庾亮接着又问起孙齐庄的表字是什么。孙齐庄回答说：“在下字齐庄。”问他：“你心中仰慕的人又是谁？”孙齐庄说：“我一直仰慕庄周先生。”庾亮问：“你为什么不仰慕孔子而仰慕庄周？”孙齐庄回答说：“圣人生来就知道一切，所以很难仰慕。”庾亮觉得孙齐庄的回答很有道理，非常满意。

原文

张玄之、顾敷是顾和中外孙，皆少而聪惠。和并知之，而常谓顾胜。亲重偏至，张颇不懕（yàn）。于时，张年九岁，顾年七岁。和与俱至寺中，见佛般泥洹像[1]，弟子有泣者，有不泣者。和以问二孙。玄谓：“被亲故泣，不被亲故不泣。”敷曰：“不然。当由忘情故不泣，不能忘情故泣。”

注释 ①**般泥洹：** 即涅槃，佛教用语，指修行的最高境界，生死两忘。

译文 张玄之和顾敷是顾和的外孙和孙子，两人小时候都很聪明，顾和对他们都很赏识，又常常说顾敷略胜一筹，就特别偏爱他，张玄之相当不满。这时候玄之九岁，顾敷七岁。一次顾和带他们一起到庙里去，看见卧佛像，旁边佛的弟子有的哭，有的不哭。顾和就问两个孙子为什么会这样。玄之解释说：“得到佛的宠爱，所以哭；没有得到宠爱，所以不哭。”顾敷说：“不对，应该是因为不动情，所以不哭，不能忘情，所以哭。”

原文

庾法畅造庾太尉[1]，握麈尾至佳。公曰：“此至佳，那得在？”法畅曰：“廉者不求，贪者不与，故得在耳。”

注释 ①**庾法畅：** 一名和尚。

译文 庾法畅去拜访太尉庾亮，手里拿的拂尘极好。庾亮问道：“这东西这么好，怎么还能留得住？”法畅说：“廉洁的人不会向我要，贪心的人我也不会给，所以能留下呀。”

原文

庾穉恭为荆州，以毛扇上武帝[1]，武帝疑是故物。侍中刘劭曰：“柏梁云构，工匠先居其下；管弦繁奏，钟、夔先听其音。穉恭上扇，以好不以新。”庾后闻之，曰：“此人宜在帝左右。”

注释 ①**武帝：** 晋武帝司马炎。

译文 庾穉恭任荆州刺史的时候，向晋武帝进献羽毛扇，武帝怀疑是用过的。侍中刘劭说：“柏梁台那样高大的楼台，是工匠先处在里面；管弦齐奏，也是知音的人和乐工们先审查它的

音。稚恭进献扇子，是因为它好，不是因为它新。”庾稚恭后来听说这件事，便说：“这个人适合在皇帝身边。”

原　文

何骠骑亡后，征褚公入。既至石头[①]，王长史、刘尹同诣褚。褚曰：“真长[②]，何以处我？”真长顾王曰：“此子能言。”褚因视王，王曰：“国自有周公。”

注　释　**①石头：**石头城。**②真长：**刘惔，字真长。

译　文　骠骑将军何充逝世后，征召褚裒入朝。褚裒到石头城后，左长史王濛和丹阳尹刘惔一起去拜访他。褚裒问道：“真长，朝廷怎么安置我呢？”刘惔看着王濛说：“这一位善于言谈。”褚裒于是望着王濛，王濛说：“朝中本来有周公。”

原　文

桓公北征，经金城，见前为琅邪时种柳，皆已十围[①]。慨然曰：“木犹如此，人何以堪！”攀枝执条，泫(xuàn)然流泪[②]。

注　释　**①“桓公”四句：**桓温。桓温在东晋太和四年(369)伐燕。**金城：**地名，南琅邪郡郡治。桓温在咸康七年（341）任琅邪国内史镇守金城，到伐燕时已过了近三十年。**围：**两手的拇指和食指合拢的圆周长为一围。柳树十围，就快要干枯了。将人比物，使人感到时光飞逝，已到暮年晚景，桓温抚今追昔，不免有此慨叹。**②泫然：**形容泪珠下滴。

译　文　桓温出师北伐，途经金城，恰巧看到他从前任琅邪内史时植下的柳树，现在都已经十围那么粗了。他站在树下发起感慨，长叹一声，说：“一棵树变化如此之大，可想而知，人怎能经得起时间的催促啊！”随即他从树上抓起一根树枝，扯下一个柳条儿，放在手里把玩着，不禁泪流不止。

原　文

简文作抚军时，尝与桓宣武俱入朝[①]，更相让在前[②]，宣武不得已而先之，因曰：“伯也执殳(shū)，为王前驱[③]。”简文曰：“所谓‘无小无大，从公于迈’。”

注　释　**①桓宣武：**桓温，初为驸马都尉，后任荆州刺史、征西大将军，官至大司马，谥宣武。**②更相：**互相。更，交替。**③“伯也”二句：**引自《诗经·卫风·伯兮》，大意是，我的丈夫手里拿着殳，为王打仗做先驱。桓温走在前面，所以引《诗经》“为王前驱”以示谦让。殳，一种有棱无刃的兵器。

译　文　晋简文帝任抚军将军时，有一次，他和桓温恰巧一同上朝，两人互相礼让对方先行。桓温实在躲不过不得已走前一步，他一面走一面说：“伯也执殳，为王前驱。”简文帝回答说：“这正所谓‘无小无大，从公于迈’。”

原　文

顾悦与简文同年，而发蚤白。简文曰：“卿何以先白？”对曰：“蒲

柳之姿，望秋而落；松柏之质，经霜弥茂[1]。”

注释 ①**弥茂**：更加茂盛。

译文 顾悦与简文帝是同岁，可是他头发早已白了。一次，简文帝打趣地问他：“为什么你的头发比我先白了？”顾悦回答说：“我是蒲柳，资质差，一到秋天就凋零了；您是松柏，质地坚实，经历过秋霜反而更加茂盛。”

原文

桓公入峡，绝壁天悬，腾波迅急。乃叹曰：“既为忠臣，不得为孝子，如何[1]？”

注释 ①**如何**：怎么办。

译文 桓温率兵进入三峡，看见陡峭的山崖好像悬挂在天上，翻腾的波涛迅猛飞奔。于是叹息道：“既然要做忠臣，就不能做孝子，有什么办法呢！”

原文

初，荧惑入太微，寻废海西。简文登阼，复入太微，帝恶之。时郗超为中书，在直。引超入曰：“天命修短[1]，故非所计。政当无复近日事不？”超曰：“大司马方将外固封疆，内镇社稷[2]，必无若此之虑。臣为陛下以百口保之。”帝因诵庾仲初诗曰：“志士痛朝危，忠臣哀主辱。”声甚凄厉。郗受假还东，帝曰：“致意尊公，家国之事，遂至于此。由是身不能以道匡卫，思患预防。愧叹之深，言何能喻！”因泣下流襟。

注释 ①**修短**：长短。②**镇**：安定。

译文 当初，火星进入太微区域，不久海西公被废。简文帝即位后，火星又进入太微，简文帝对这事很厌恶。这时郗超任中书侍郎，轮到值班。简文帝招呼他进里面，说道：“国家寿命的长短，本来就不是我所能考虑的，只是不会重复最近发生的事吧？”郗超说：“大司马桓温正要对外巩固边疆，对内安定国家，一定不会有这样的打算。臣用上百口家人的性命来给陛下担保。”简文帝于是朗诵庾阐的两句《从征诗》：“志士痛朝危，忠臣哀主辱。”声音非常凄厉。后来郗超请假回会稽看望父亲，简文帝对他说：“向令尊转达我的问候之意，王室和国家的事情，竟到了这个地步！因此我不能用正确的主张纠正失误，保卫国家，思虑灾难之将至，防患于未然。我的羞愧、感慨之深重，言语怎么能说得清啊！”说完便哭得泪满衣襟。

原文

简文在暗室中坐，召宣武，宣武至，问上何在。简文曰：“某在斯[1]。”世人以为能[2]。

注释 ①**某在斯**：引自《论语·卫灵公》。指的是一个盲人音乐师去见孔子，孔子给他指点、

介绍在座的人，说："某在斯，某在斯。"（某人在这里）某，原代替不明确指出的人，后来在对话中谦称自己也用"某"。简文帝引用这句话，巧妙地利用了这种词义的变化。**②能：**有才能。一说当作"能言"。

译文 一日，简文帝端坐在暗室中，派人召见桓温，桓温到达时，他询问皇上现在何处。简文帝说："某在斯。"当时人们认为他有才能。

原文

简文入华林园，顾谓左右曰："会心处，不必在远，翳(yì)然林水[1]，便自有濠、濮间想也，觉鸟兽禽鱼自来亲人。"

注释 **①翳然：**荫蔽。

译文 简文帝进华林园游玩，回头对随从说："令人心领神会的地方不一定在很远，林木蔽空，山水掩映，就自然会产生濠水、濮水上那样悠然自得的想法，觉得鸟兽禽鱼自己会来亲近人。"

原文

谢太傅语王右军曰[1]："中年伤于哀乐[2]，与亲友别，辄作数日恶。"王曰："年在桑榆[3]，自然至此，正赖丝竹陶写[4]。恒恐儿辈觉，损欣乐之趣[5]。"

注释 **①谢太傅：**谢安。**王右军：**王羲之，字逸少，晋琅琊临沂（今属山东）人，东晋著名书法家，曾任右军将军、会稽内史。**②中年：**指四十岁左右的年纪。**哀乐：**复词偏义，偏指"哀"，"乐"字无义。**③桑榆：**本指被落日余晖照射的桑树和榆树，转指夕阳、黄昏，这里用来指人的晚年。**④陶写：**陶冶宣泄。**⑤损：**减少。

译文 太傅谢安对右军将军王羲之说："人到中年，很容易感伤。我和亲友告别，就会难过好几天。"王羲之说："晚年光景，自然要这样，只好靠音乐来陶冶性情了，还总怕子侄们发觉这一点，伤害快乐情绪。"

原文

支道林常养数匹马。或言："道人畜马不韵。"支曰："贫道重其神骏[1]。"

注释 **①神骏：**良马的英姿。

译文 支道林和尚经常养着几匹马。有人说："和尚养马并不风雅。"支道林说："我是看重马的神采姿态。"

原文

刘尹与桓宣武共听讲《礼记》。桓云："时有入心处，便觉咫(zhǐ)尺玄门[1]。"刘曰："此未关至极，自是金华殿之语。"

注释 ①**玄门**：奥妙之处，高深之境。

译文 丹阳尹刘惔和桓温一起听讲《礼记》。桓温说："有时有所领悟，便觉得离高深境界不远了。"刘惔却说："这还没有涉及最精妙的境界，还只是金华殿上的老生常谈。"

原文

羊秉为抚军参军，少亡，有令誉，夏侯孝若为之叙，极相赞悼。羊权为黄门侍郎，侍简文坐。帝问曰："夏侯湛作《羊秉叙》[1]，绝可想。是卿何物？有后不？"权潸（shān）然对曰："亡伯令问夙彰，而无有继嗣；虽名播天听，然胤绝圣世。"帝嗟慨久之。

注释 ①**《羊秉叙》**：记述羊秉世系和生平事迹的文章。

译文 羊秉任抚军将军的参军，很年轻就死了，他很有名望。夏侯湛给他写了叙文，极力赞颂并哀悼他。羊权任黄门侍郎时，一次，陪侍简文帝，简文帝问他："夏侯湛写的《羊秉叙》，很令人怀念羊秉。不知他是你的什么人？有后代没有？"羊权流着泪回答说："亡伯声誉一向很好，可是没有后代；虽然陛下也听到了他的名声，可惜他却没有后嗣来领受圣世的隆恩。"简文帝听了，感叹了很久。

原文

王长史与刘真长别后相见，王谓刘曰："卿更长进。"答曰："此若天之自高耳[1]。"

注释 ①**"此若"句**：刘真长在这里以天自比，表现出好清谈者的狂诞。

译文 司徒左长史王濛和刘惔两人阔别多时，重又相见，王濛对刘惔说："你近来长进不少啊。"刘惔回应说："这就好像天那样，本来就是高的呀！"

原文

刘尹云："人想王荆产佳，此想长松下当有清风耳[1]。"

注释 ①**当**：应当。

译文 刘惔说："人们想象王荆产人才出众，其实这等于想象高大的松树下会有清风罢了。"

原文

王仲祖闻蛮语不解[1]，茫然曰："若使介葛卢来朝，故当不昧此语。"

注释 ①**蛮语**：在古代，少数民族语言被称为蛮语。

译文 王濛听见外族人说话，一点儿也不懂，他丧气地说："如果介葛卢来朝见，想必懂得这种话。"

原　文

刘真长为丹阳尹，许玄度出都，就刘宿。床帷新丽，饮食丰甘。许曰："若保全此处，殊胜东山[①]。"刘曰："卿若知吉凶由人，吾安得不保此？"王逸少在坐，曰："令巢、许遇稷、契(xiè)[③]当无此言。"二人并有愧色。

注　释　**①东山：**山名，谢安曾隐居于此。

译　文　刘惔任丹阳尹的时候，许询离开京都，便到他那里住宿。他设置的床帐簇新、华丽，饮食丰盛味美。许询说："如果保全住这个地方，比隐居东山强多了。"刘惔说："你如果能肯定祸福由人来决定，我怎么会不保全这里呢？"当时王羲之也在座，就说："如果巢父、许由遇见稷和契，一定不会说这样的话。"刘、许两人听了，都面有愧色。

世说新语

原　文

王右军与谢太傅共登冶城，谢悠然远想，有高世之志[①]。王谓谢曰："夏禹勤王，手足胼胝[②]；文王旰食，日不暇给。今四郊多垒[③]，宜人人自效；而虚谈废务，浮文妨要，恐非当今所宜。"谢答曰："秦任商鞅，二世而亡，岂清言致患邪？"

注　释　**①冶城：**原是吴国冶铸之地，晋孝武帝时在城中立寺，安帝时改为花园，筑起亭台楼阁。故址在今南京市。**悠然：**悠闲的样子。**高世：**超脱世俗。**②勤王：**为王事尽力。**胼胝：**趼子。尧命禹治水，禹在外九年，由于操劳，手脚都起了趼子。**③四郊：**这里指国都四郊，即都城郊外。**垒：**防护军营的墙壁或堡垒。

译　文　右军将军王羲之和太傅谢安一同登上冶城，谢安悠闲地举目远眺凝神遐想，有一种高世归隐的心思。王羲之对他说："夏禹日夜忙于国事，甚至手脚都长了趼子；周文王忙到忘记了吃饭，仍觉得时间短促。现在国家四方叛乱，多事之秋，每个人都应该为国尽一臂之力。眼下所有的空谈、荒废政务，浮辞妨害国事，都不应该做吧。"谢安回答说："秦国当年任用商鞅变法，可是秦朝只传两代就灭亡了，难道这是空谈造成的吗？"

原　文

谢太傅寒雪日内集，与儿女讲论文义。俄而雪骤，公欣然曰："白雪纷纷何所似？"兄子胡儿曰[①]："撒盐空中差可拟[②]。"兄女曰[③]："未若柳絮因风起。"公大笑乐。即公大兄无奕女[④]，左将军王凝之妻也[⑤]。

注　释　**①胡儿：**谢朗，字长度，小字胡儿，谢安次兄谢据的长子，官至东阳太守。**②差：**大略；差不多。**③兄女：**这里指谢韬元，字道韫，谢安长兄谢奕的女儿，聪慧而有才识，有诗文传世。**④无奕：**谢奕，字无奕。**⑤王凝之：**字叔平，王羲之第二子，曾任江州刺史、左军将军。

译 文 太傅谢安在一个寒冷的雪天里召集家人，跟晚辈们探讨文章义理，一会儿雪突然下大了，太傅兴致勃勃地问："大雪纷飞像什么？"哥哥的儿子谢朗说："大概像盐巴撒在空中吧。"哥哥的女儿谢道韫说："不如比作柳絮随风飘起。"太傅高兴地大笑。这个女子是太傅大哥谢无奕的女儿，左将军王凝之的妻子。

原 文

王中郎令伏玄度、习凿齿论青、楚人物，临成以示韩康伯[1]，康伯都无言。王曰："何故不言？"韩曰："无可无不可。"

注 释 **①临成：** 等到议论完毕。

译 文 北中郎将王坦之叫伏滔、习凿齿两人评论青州、荆州两地历代人物。等到评论完了，王坦之拿来给韩伯看，韩伯一句话也没说。王坦之问他："为什么不说话？"韩伯说："他们的评论无所谓对错。"

原 文

刘尹云："清风朗月，辄思玄度[1]。"

注 释 **①玄度：** 许询。

译 文 丹阳尹刘惔说："每逢风清月明，就不免思念许询。"

原 文

荀中郎在京口，登北固望海云[1]："虽未睹三山，便自使人有凌云意。若秦、汉之君，必当褰(qiān)裳濡(rú)足。"

注 释 **①北固：** 北固山，在京口东北，山上有北固亭，下临长江。

译 文 北中郎将荀羡在京口任职时，登上北固山远望东海说："虽然不曾望见三座仙山，已经让人有超尘出世的意想。如果像秦始皇和汉武帝那样，一定会提起衣裳下海去的。"

原 文

谢公云："贤圣去人，其间亦迩[1]。"子侄未之许。公叹曰："若郗超闻此语，必不至河汉。"

注 释 **①迩：** 近。

译 文 谢安说："圣人、贤人和普通人之间的距离也是很近的。"他的子侄不同意这种看法。谢安叹息说："如果郗超听见这话，一定不会忽视。"

原 文

支公好鹤，住剡(shàn)东岇(áng)山。有人遗(wèi)其双鹤，少时翅长欲飞，支意惜之，乃铩(shā)其翮(hé)[1]。鹤轩翥(zhù)不复能飞，乃反顾翅垂头，视之如有懊丧意。林曰："既有凌霄之姿，何肯为人作耳目近玩！"养令翮成，

置使飞去。

注释 ①铩：摧残。

译文 支道林喜欢养鹤，住在剡县东面的岇山上。有人送给他一对小鹤。不久，小鹤翅膀长成，将要飞了，支道林心里舍不得它们，就剪短了它们的翅膀。鹤高举翅膀却不能飞了，便回头看看翅膀，低垂着头，看去好像有懊丧的意思。支道林说："既然有直冲云霄的资质，又怎么肯给人做就近观赏的玩物呢！"于是喂养到翅膀再长起来，就放了它们，让它们飞走了。

原文

谢中郎经曲阿后湖，问左右："此是何水？"答曰："曲阿湖。"谢曰："故当渊注渟(tíng)著[1]，纳而不流。"

注释 ①渊注渟著：汇聚储存。

译文 中郎将谢万路过曲阿后湖时，问随行的人："这是什么湖？"随行的人回答说："曲阿湖。"谢万就说："那自然要聚积储存，只注入而不流出。"

原文

晋武帝每饷山涛[1]，恒少。谢太傅以问子弟，车骑答曰："当由欲者不多，而使与者忘少。"

注释 ①山涛：字巨源。

译文 晋武帝每次赏赐东西给山涛，总是很少。太傅谢安就这件事问子侄们是什么意思，谢玄回答说："这应是由于受赐的人要求不多，才使得赏赐的人不觉得少。"

原文

谢胡儿语庾道季："诸人莫当就卿谈，可坚城垒。"庾曰："若文度来，我以偏师待之；康伯来，济河焚舟[1]。"

注释 ①济河焚舟：语出《左传·文公三年》，原指过了黄河就烧掉渡船，表示必死的决心。

译文 谢朗告诉庾龢说："大家也许会到你这里来清谈，你应该加固城池堡垒，小心防备。"庾龢说："要是王坦之来，我用部分兵力就能对付他；如果韩伯来，我就决心跟他来个你死我活。"

原文

李弘度常叹不被遇。殷扬州知其家贫，问："君能屈志百里不[1]？"李答曰："《北门》之叹[2]，久已上闻；穷猿奔林，岂暇择木？"遂授剡县。

注释 ①屈志：降低心愿。②《北门》：《诗经·邶风》篇名，刺仕不得志。

译文 李充经常慨叹得不到赏识提拔的机会。扬州刺史殷浩知道他家境贫困，就问他："您能不能屈就，到一个小地方去？"李充回答说："像《北门》篇那样的慨叹，早就让您听到了；

我现在像无路可走的猿猴奔窜山林，哪里还顾得上去挑选该逃上哪棵树呢！”殷浩于是委任他做剡县县令。

原 文

王司州至吴兴印渚(zhǔ)中看[1]，叹曰：“非唯使人情开涤，亦觉日月清朗。”

注 释 ①**印渚**：地名，在吴兴郡于潜县。

译 文 王胡之到吴兴郡的印渚去观赏景致，赞叹地说：“不只是能让人心情开朗清净，也觉得日月更加明朗。”

原 文

谢万作豫州都督，新拜，当西之都邑，相送累日，谢疲顿。于是高侍中往，径就谢坐，因问：“卿今仗节方州，当疆理西蕃[1]，何以为政？”谢粗道其意。高便为谢道形势，作数百语。谢遂起坐。高去后，谢追曰：“阿酃(líng)故粗有才具。”谢因此得终坐。

注 释 ①**疆理**：治理。

译 文 谢万出任豫州都督，刚接到任命，要西行到任所去，亲友连日给他送行，谢万疲惫得支持不住。这时，侍中高崧去见他，径直在谢万身旁坐下，便问他：“你现在受命主管一州，就要去治理西部地区，打算怎样处理政事呢？”谢万大略地说出自己的想法。高崧就给他叙说当地地理人事情况，长篇大论。谢万终于起身坐着。高崧走后，谢万回想起来说：“阿酃确实是有点才能。”谢万也因此能始终奉陪不倦。

原 文

袁彦伯为谢安南司马，都下诸人送至濑乡。将别，既自凄惘(wǎng)[1]，叹曰：“江山辽落，居然有万里之势！”

注 释 ①**凄惘**：伤感。

译 文 袁宏出任安南将军谢奉的司马，京都的友人给他送行一直送到濑乡。快到分手的时候，他已经不胜伤感愁闷，慨叹说：“江山辽阔，竟然有万里的气势！”

原 文

孙绰赋《遂初》，筑室畎(quǎn)川，自言见止足之分(fèn)。斋前种一株松，恒自手壅治之[1]。高世远时亦邻居，语孙曰：“松树子非不楚楚可怜，但永无栋梁用耳！”孙曰：“枫柳虽合抱，亦何所施？”

注 释 ①**壅**：培土。

译 文 孙绰创作《遂初赋》来表明自己的志向，在畎川建一所房子住，自己说已经明白了安分守己是自己的本分。房前种着一棵松树，他经常亲手培土灌溉。高柔这时正跟他做邻居，

对他说："小松树不是不茂盛可爱，只是永远不能用做栋梁呀！"孙绰说："枫树、柳树虽然长得合抱那么粗，又能派什么用场呢？"

原文

桓征西治江陵城甚丽[1]，会宾僚出江津望之，云："若能目此城者，有赏。"顾长康时为客在坐[2]，目曰："遥望层城，丹楼如霞。"桓即赏以二婢。

注释 ①**治**：治理。②**顾长康**：顾恺之。

译文 征西大将军桓温修筑江陵城，非常壮丽，完工后，会集宾客僚属出汉江渡口来远远观赏城景。他说："谁如果能恰当品评这座城，有奖赏。"顾恺之当时是客人，正在座上，就评论道："遥望层城，丹楼如霞。"桓温当即赏给他两个婢女。

原文

王子敬语王孝伯曰："羊叔子自复佳耳[1]，然亦何与人事？故不如铜雀台上妓。"

注释 ①**自复佳**：本身固然很好。

译文 王献之对王恭说："羊祜这个人自然是不错的呀，可是又何尝有助于世事？所以比不上铜雀台上的歌姬舞女。"

原文

林公见东阳长山，曰："何其坦迤(yǐ)[1]！"

注释 ①**坦迤**：山势绵延曲折的样子。

译文 支道林和尚看见东阳郡的长山时说："怎么这么平缓又弯弯曲曲啊！"

原文

顾长康从会稽还，人问山川之美，顾云："千岩竞秀，万壑(hè)争流[1]，草木蒙笼其上，若云兴霞蔚。"

注释 ①**壑**：山沟。

译文 顾恺之从会稽回来，人们问他那边山川的秀丽情状，顾恺之形容说："那里千峰竞相比高，万壑争先奔流，茂密的草木笼罩其上，有如彩云涌动，霞光灿烂。"

原文

简文崩[1]，孝武年十余岁，立，至暝不临。左右启："依常应临。"帝曰："哀至则哭，何常之有？"

注释 ①**崩**：天子去世。

译文 简文帝逝世，孝武帝十多岁就登上帝位。服丧期间，一次，天黑了他也不哭丧。侍从向他启奏说："按惯例应该哭了。"孝武帝说："悲痛到来时，自然就会哭，有什么惯例不惯例的！"

原　文

孝武将讲《孝经》[1]，谢公兄弟与诸人私庭讲习[2]。车武子难苦问谢[3]，谓袁羊曰[4]："不问则德音有遗[5]，多问则重劳二谢。"袁曰："必无此嫌。"车曰："何以知尔？"袁曰："何尝见明镜疲于屡照，清流惮于惠风[6]？"

注　释　①**讲**：研习讨论。**《孝经》**：儒家经典之一，讲述孝道和孝治思想。②**谢公兄弟**：指谢安、谢石。**私庭**：私人宅邸。③**车武子**：车胤，字武子，官至吏部尚书。**难**：感到为难。**苦**：竭力地。④**袁羊**：袁乔，字彦叔，小字羊，曾任尚书郎、江夏相。按：这里的袁羊应是袁虎之误（虎是袁宏的小字），孝武讲经时袁羊已死。⑤**德音**：明哲而有卓识的言谈，这里敬称谢安兄弟的谈话。⑥**惠风**：和风。

译　文　孝武帝司马曜将要研讨《孝经》，谢安谢石兄弟和众人先在自己家学习。车胤不好意思苦苦地询问谢氏兄弟，就对袁乔说："不问呢，怕遗漏了真知卓识；问多了呢，又怕麻烦谢家兄弟。"袁乔说："不必有这种烦恼。"车胤说："怎么知道是这样呢？"袁乔说："你什么时候见过明亮的镜子因为屡屡照影而疲倦，清澈的流水会由于微风吹拂而感到害怕呢？"

二　言语

原　文

王子敬云："从山阴道上行，山川自相映发[1]，使人应接不暇。若秋冬之际，尤难为怀。"

注　释　①**自相映发**：交相辉映。

译　文　王献之说："从山阴道上走过时，一路上山光水色交相辉映，使人眼花缭乱，看不过来。如果是秋冬之交，更是让人难以忘怀。"

原　文

谢太傅问诸子侄："子弟亦何预人事[1]，而正欲使其佳[2]？"诸人莫有言者，车骑答曰[3]："譬如芝兰玉树，欲使其生于阶庭耳。"

注　释　①**预**：参与，干涉。②**正**：只。③**车骑**：车骑将军谢玄。

译　文　太傅谢安问众子侄："子侄们又何尝需要过问政事，为什么总想培养他们成为优秀子弟？"大家都不说话。车骑将军谢玄回答说："这就好比芝兰玉树，总想使它们生长在自家的庭院中啊！"

原　文

道壹道人好整饰音辞[1]，从都下还东山，经吴中[2]。已而会雪下，未甚寒。诸道人问在道所经。壹公曰："风霜固所不论[3]，乃先集其惨澹。郊邑正自飘瞥，林岫便已皓然。"

注　释　①**整饰**：整理修饰。②**经**：经过，通过。③**固**：固然，暂且不论。

译　文　道壹和尚喜欢修饰言辞。他从京都回东山时，经过吴中。随即遇到下雪，还不是很冷。回来后，和尚们问他途中见闻。道壹说："风霜固然不用说了，它却先凝聚起一片暗淡；郊野、村落还只是雪花飞掠，树林和山峰就已经白茫茫一片了。"

原　文

张天锡为凉州刺史，称制西隅[1]。既为苻坚所禽[2]，用为侍中。后于寿阳俱败，至都，为孝武所器。每入言论，无不竟日。颇有嫉己者，于坐问张："北方何物可贵？"张曰："桑椹甘香，鸱鸮革响。淳酪养性，人无嫉心。"

注　释　①**称制**：行使皇帝的权力。②**既**：已经，或译为"之后"。

译　文　张天锡任凉州刺史，在西部地区称王。被苻坚俘虏以后，任用为侍中。后来随苻坚攻晋，在寿阳县大败，便归顺晋朝，来到京都，得到晋孝武帝的器重。每次入朝谈论，没有不谈一整天的。有些妒忌他的人当众问他："北方什么东西可贵？"张天锡回答说："桑葚香甜，鸱鸮振翅作响；醇厚的乳酪怡情养性，人们没有妒忌之心。"

原　文

顾长康拜桓宣武墓[1]，作诗云："山崩溟海竭[2]，鱼鸟将何依。"人问之曰："卿凭重桓乃尔，哭之状其可见乎？"顾曰："鼻如广莫长风，眼如悬河决溜。"或曰："声如震雷破山，泪如倾河注海。"

注　释　①**顾长康**：就是晋代画家顾恺之。②**溟海**：大海。

译　文　顾恺之去拜谒桓温的陵墓，并且作诗说："山崩溟海竭，鱼鸟将何依。"有人问他说："你过去倚重桓温才会这样说，你痛哭桓温的情状大概可以描述描述吧？"顾恺之说："鼻息像旷野生风，眼泪像瀑布倾泻。"又一说是："哭声像疾雷震破山岳，眼泪像江河倾泻大海。"

原　文

毛伯成既负其才气，常称："宁为兰摧玉折[1]，不作萧敷艾荣[2]。"

注　释　①**兰**：兰草，一种香草。②**萧**：艾蒿。**敷**：花开。**荣**：草开花。

译　文　毛玄自负有才气，就常常声称："宁可做被摧残的香兰，被打碎的美玉，也不做开花的艾蒿。"

原　文

范宁作豫章，八日请佛有板[1]。众僧疑，或欲作答。有小沙弥在坐末曰[2]："世尊默然[3]，则为许可。"众从其义。

注　释　①**八日请佛**：当时风俗以为夏历四月八日是佛的生日，到这一天，请佛像供奉。**板**：写字用的木简。请佛时要上文书说明，写在板上，这就叫作板。晋时制度，板必须答复。②**沙弥**：

初出家的年轻和尚。③**世尊**：佛教徒对释迦牟尼佛的尊称。

译文 范宁做豫章太守的时候，到四月八日用文书向庙里请佛像，众和尚猜测是否要给一个答复。这时有个坐在末座上的小和尚说："世尊不说话，就是准许了。"大家都赞同他的意见。

原文

司马太傅斋中夜坐[1]，于时天月明净，都无纤翳[2]。太傅叹以为佳。谢景重在坐[3]，答曰："意谓乃不如微云点缀。"太傅因戏谢曰："卿居心不净，乃复强欲滓秽太清邪？"

注释 ①**司马太傅**：司马道子，晋简文帝的儿子，封会稽王，任太傅。②**纤翳**：微小的遮蔽，指云彩。③**谢景重**：谢重，字景重，在司马道子手下任骠骑长史。

译文 太傅司马道子夜里在书房闲坐，这时天空明朗，月光皎洁，一点儿云彩也没有，太傅赞叹不已，认为美极了。当时谢重也在座，回答说："私意以为倒不如有点微云点缀。"太傅便打趣谢重说："你自己心地不干净，还硬要老天也不干净吗？"

原文

王中郎甚爱张天锡，问之曰："卿观过江诸人经纬，江左轨辙，有何伟异[1]？后来之彦[2]，复何如中原？"张曰："研求幽邃[3]，自王、何以还；因时脩制[4]，荀、乐之风[5]。"王曰："卿知见有余，何故为苻坚所制？"答曰："阳消阴息[6]，故天步屯蹇；否剥成象，岂足多讥？"

注释 ①**经纬**：治理。**轨辙**：准则；法度。**伟异**：突出；特别。②**彦**：有才学的人。③**幽邃**：幽深，这里指玄学。④**脩制**：修订规章制度。⑤**荀**：指荀勖。⑥**阳、阴**：古代的哲学概念，是两个对立面。

译文 北中郎将王坦之很喜爱张天锡，问他："你看过江来的这些人治理江南的途径，有什么特别的地方？后起之秀，和中原人士相比又怎么样？"张天锡说："说到研讨深奥的玄学，自王弼、何晏以来是最好的了；说到根据时势修订规章制度，那就有荀勖和乐广的作风。"王坦之说："你很有远见卓识，为什么会被苻坚挟制呢？"张天锡回答说："阳衰阴盛，所以国运艰难；时运不好，难道这也值得大加讥笑吗？"

原文

谢景重女适王孝伯儿，二门公甚相爱美[1]。谢为太傅长史[2]，被弹；王即取作长史，带晋陵郡。太傅已构嫌孝伯[3]，不欲使其得谢，还取作咨议[4]。外示縶维，而实以乖间之。及孝伯败后，太傅绕东府城行散，僚属悉在南门要望候拜，时谓谢曰："王甯异谋，云是卿为其计。"谢曾无惧色，敛笏对曰："乐彦辅有言：'岂以五男易

一女？’”太傅善其对，因举酒劝之曰：“故自佳！故自佳！”

注释 ①**门公**：即家公，指父亲。②**太傅**：指司马道子。**长史**：官名，主管事务的长官，这里指任司马道子的骠骑长史。③**构嫌**：结怨。④**咨议**：官名，指王府的咨议参军。

译文 谢重的女儿嫁给王恭的儿子，两位亲家翁互相都很赞赏、敬重。谢重任太傅司马道子的长史，被人家检举了，王恭就把谢重请去做他的长史，并兼管晋陵郡。太傅跟王恭早有嫌隙，不想让他拉走谢重，又安排谢重做咨议；表面上显示自己要罗致人才，实际上是用这种做法来离间他们两人。等到王恭起兵失败以后，有一次，太傅绕着住宅的围墙行散，一班僚属都在南门迎候参拜。当时太傅对谢重说：“王恭谋反，听说是你给他出的主意。”谢重听后毫无惧色，从容地收拢笏板回答说：“乐广有句话：‘难道会用五个儿子去换一个女儿？’”太傅认为他回答得好，便举起杯来劝他酒，并且说：“这当然很好！这当然很好！”

原文

桓玄义兴还后[1]，见司马太傅，太傅已醉，坐上多客，问人云：“桓温来欲作贼，如何？”桓玄伏不得起[2]。谢景重时为长史，举板答曰：“故宣武公黜昏暗，登圣明，功超伊、霍[3]。纷纭之议，裁之圣鉴。”太傅曰：“我知！我知！”即举酒云：“桓义兴，劝卿酒。”桓出谢过。

注释 ①**桓玄**：是桓温的儿子，曾出任义兴郡太守，不久离职，还京都。②**伏**：趴下。③**伊、霍**：伊尹、霍光。

译文 桓玄从义兴郡回到京都后，去谒见太傅司马道子。这时太傅已经喝醉了，在座的还有很多客人，太傅就问大家说：“桓温晚年想造反，怎么回事？”桓玄拜伏在地不敢起来。谢重当时任长史，拿起手板来回答说：“已故的宣武公废黜昏庸的人，扶助圣明君主登上帝位，功勋超过伊尹、霍光。至于那些乱纷纷的议论，只有靠太傅英明的鉴识来裁决了。”太傅说：“我知道！我知道！”随即举起酒杯说：“桓义兴，敬你一杯！”桓玄离开座位向太傅谢罪。

原文

宣武移镇南州，制街衢平直。人谓王东亭曰[1]：“丞相初营建康，无所因承，而制置纡曲，方此为劣。”东亭曰：“此丞相乃所以为巧。江左地促，不如中国；若使阡陌条畅[2]，则一览而尽。故纡余委曲[3]，若不可测。”

注释 ①**王东亭**：王珣，字元琳，王导之孙。②**阡陌**：田间小路，这里指街道。南北方向的叫阡，东西方向的叫陌。**条畅**：又直又长，畅通无阻。③**纡余委曲**：曲折。

译文 桓温移镇南州，他规划修建的街道很平直。有人对东亭侯王珣说：“丞相当初筹划修筑建康城的街道时，没有现成图样可以仿效，所以修筑得弯弯曲曲，和这里相比就显得差些。”王珣说：“这正是丞相规划得巧妙的地方。江南地方狭窄，比不上中原。如果街道畅通无阻，就会一眼看到底；特意拐弯抹角，就给人一种幽深莫测的感觉。”

原　文

桓玄诣殷荆州，殷在妾房昼眠，左右辞不之通。桓后言及此事，殷云：“初不眠，纵有此，岂不以‘贤贤易色’也[1]。”

注　释　**①贤贤易色：**语出《论语·学而》。大意指尊重贤人，不重女色。

译　文　桓玄去拜访荆州刺史殷仲堪，殷正在侍妾的房里睡午觉，手下的人不给他通报。桓玄后来谈起这事，殷仲堪说：“我从来不睡午觉。如果有这样的事，岂不是把重贤之心变成重色了吗！”

原　文

桓玄问羊孚：“何以共重吴声？”羊曰：“当以其妖而浮[1]。”

注　释　**①妖：**娇美。**浮：**轻柔。

译　文　桓玄问羊孚：“为什么都爱听吴地歌曲？”羊孚说：“自然是因为它又婉转又轻柔。”

原　文

谢混问羊孚：“何以器举瑚琏[1]？”羊曰：“故当以为接神之器。”

注　释　**①瑚琏：**古代祭祀时盛粮食的器皿，是相当尊贵的。

译　文　谢混问羊孚：“为什么说到器皿就要举出瑚琏？”羊孚说：“自然是因为它是迎神的器皿。”

原　文

桓玄既篡位[1]，后御床微陷，群臣失色。侍中殷仲文进曰[2]：“当由圣德渊重，厚地所以不能载。”时人善之。

注　释　**①桓玄：**晋安帝元兴元年（402）下诏讨伐桓玄，桓玄就举兵东下建康，总理朝政，杀会稽王司马道子。第二年桓玄称帝，国号楚，并改元永始，废晋安帝为平固王。公元404年，刘裕等起兵讨伐桓玄，桓玄兵败被杀。**②殷仲文：**桓玄的姐夫，桓玄攻入京都后，殷便离开新安太守职，投奔桓玄，任咨议参军。桓玄将要篡位，派他总领诏命，以为侍中。

译　文　桓玄篡位以后，他坐的床稍微陷下去一点儿，大臣们大惊失色。侍中殷仲文上前说：“这是由于皇上德行深厚，以致大地承受不起。”当时的人很赞赏这句话。

原　文

桓玄既篡位，将改置直馆[1]，问左右：“虎贲中郎省[2]，应在何处？”有人答曰：“无省。”当时殊忤旨。问：“何以知无？”答曰：“潘岳《秋兴赋叙》曰：‘余兼虎贲中郎将，寓直散骑之省[3]。’”玄咨嗟称善。

注　释　**①直馆：**值班用的馆舍。**②省：**官署名。虎贲中郎省是虎贲中郎将的官署，虎贲中郎将是统领近卫军的将军。桓玄想恢复虎贲中郎将，不知是否应该当值，官署应置于何处，所

以发问。③**散骑**：官名，即散骑常侍，在皇帝左右规谏过失，以备顾问。按：当时没有将校省，故寄宿在散骑省。

译 文 桓玄篡位以后，想要另行设立值班官署，就问手下的人："虎贲中郎省应该设置在哪里？"有人回答说："没有这个省。"这个回答在当时特别违抗圣旨。桓玄问："你怎么知道没有？"那个人回答说："潘岳在《秋兴赋叙》里说过：'我兼任虎贲中郎将，寄宿在散骑省值班。'"桓玄赞赏他说得好。

原 文

谢灵运好戴曲柄笠[①]，孔隐士谓曰[②]："卿欲希心高远[③]，何不能遗曲盖之貌[④]？"谢答曰："将不畏影者[⑤]，未能忘怀。"

注 释 ①**谢灵运**：晋宋时人，曾任永嘉太守、临川内史，也曾在会稽隐居了一段时间；喜欢遨游山水，以写山水诗著名。②**孔隐士**：孔淳之，在上虞山隐居。③**希心**：仰慕；倾心。**高远**：指德行高尚、志趣远大。④**曲盖**：帝王、大官外出时的一种仪仗，盖如伞状，柄弯曲。⑤**将不**：恐怕，表示测度而意思偏于肯定。

译 文 谢灵运喜欢戴曲柄笠，隐士孔淳之对他说："你想仰慕德高志远的人，为什么不能抛开曲盖的形状？"谢灵运回答说："恐怕是怕影子的人还不能忘记影子吧！"

三　政事

题　解

本章记录当时居官任职者的政务事迹，反映出任职者的道德观念及思想。

原　文

陈仲弓为太丘长[1]，时吏有诈称母病求假。事觉，收之，令吏杀焉[2]。主簿请付狱，考众奸[3]。仲弓曰：“欺君不忠，病母不孝。不忠不孝，其罪莫大。考求众奸，岂复过此？”

注　释　**①陈仲弓：**陈寔，字仲弓。**②焉：**代词，相当于“之”。**③考：**拷问。

译　文　陈寔任太丘县令，当时有个官吏谎称母亲病重请假。后来事情被发觉，逮捕了这个人，陈寔下令杀掉他。主簿请求将罪犯交给狱吏，审查他是否还有其他罪行，陈寔说：“欺骗君主是不忠，诅咒母亲生病是不孝，不忠不孝，还有比这罪更大的吗？审查别的罪行，难道还能超过这件事吗？”

原　文

陈仲弓为太丘长，有劫贼杀财主[1]，主者捕之[2]。未至发所[3]，道闻民有在草不起子者[4]，回车往治之。主簿曰：“贼大，宜先按讨。”仲弓曰：“盗杀财主，何如骨肉相残？”

注　释　**①财主：**财物的主人。**②主者：**主管事情的人。**③发所：**案发地点。**④在草：**分娩。**起：**养育。

译　文　陈寔任太丘县令，有一个盗贼劫财杀人，主管官吏捕获了强盗。陈寔还没赶到案发现场，路上又听说有人生了孩子后遗弃的事，就赶忙掉转车头要去处理这件事。主簿说：“盗贼的事大，应该先追查处理。”陈寔说：“强盗杀物主，怎么能比得上骨肉相残呢？”

原　文

陈元方年十一时[1]，候袁公[2]。袁公问曰：“贤家君在太丘[3]，远近称之，何所履行？”元方曰：“老父在太丘，强者绥之以德，弱者抚之以仁，恣其所安，久而益敬。”袁公曰：“孤往者尝为邺令[4]，正行此事。不知卿家君法孤，孤法卿父？”元方曰：“周公、孔子，异世而出，周旋动静[5]，万里如一。周公不师孔子，孔子亦不师周公。”

注　释　①**陈元方**：陈纪，字元方，陈寔的儿子。②**袁公**：未详何人。③**贤家君**：对对方父亲的尊称。④**孤**：古代侯王对自己的谦称。**郵**：县名，治所在今河北临漳西南。⑤**周旋**：应酬；交往。**动静**：行止，这里指活跃社会和安定社会的做法。

译　文　陈元方十一岁时，去拜访袁公。袁公问他："令尊在太丘县为官时，远近的人都赞扬他，他都做了些什么事啊？"元方说："家父在太丘时，强者以德来安抚，弱者以仁来体恤，让他们安居乐业，时间长了，他们就越加尊敬他了。"袁公说："我以前曾任郵县县令，做的也是这些事。不知是令尊效法我，还是我效法令尊？"元方答道："周公和孔子，生在不同的年代，虽然相隔很远，为官和处世却是一样的。周公没有效法孔子，孔子也没有效法周公。"

原　文

贺太傅作吴郡，初不出门。吴中诸强族轻之，乃题府门云："会稽鸡，不能啼。"贺闻，故出行，至门反顾，索笔足之曰："不可啼，杀吴儿。"于是至诸屯邸，检校诸顾、陆役使官兵及藏逋(bū)亡，悉以事言上[①]，罪者甚众。陆抗时为江陵都督，故下请孙皓，然后得释。

注　释　①**言上**：上报朝廷。

译　文　太子太傅贺邵任吴郡太守，到任之初，一反常态，足不出户。吴郡的人，尤其乡绅士族都纷纷议论，以为他胆小怕事，更有甚者在官衙大门偷偷写上"会稽鸡，不能啼"六个字。贺邵知道此事，特意走到门口，看到上面的字，随即提笔在句下补上一句："不可啼，杀吴儿。"于是到各个士族府第，严厉查核顾姓、陆姓家丁及官差窝藏逃亡户口的情况，随后将事件调查及处理情况上报朝廷，获罪的人非常多。江陵都督陆抗，专程赶到建业求助孙皓，此事才得以了结。

原　文

山公以器重朝望，年逾七十，犹知管时任。贵胜年少若和、裴、王之徒，并共言咏。有署阁柱曰[①]："阁道东，有大牛，和峤鞅，裴楷鞦(qiū)，王济剔嬲(niǎo)不得休[②]。"或云潘尼作之。

注　释　①**署**：署名。②**剔嬲**：挑逗。

译　文　山涛德高望重，德行威望在朝廷中极高，虽然年过七十有余，仍然身负重任。这也招来攀附权贵的人的吹捧簇拥，如和峤、裴楷、王济等一拨人。风言风语者好事者在阁道的柱子刻字写着："阁道东边有大牛，和峤在牛前，裴楷在牛后，王济在中间挑逗纠缠不得休。"有人说这是潘尼干的。

原　文

贾充初定律令，与羊祜共咨太傅郑冲。冲曰："皋陶严明之旨，非仆暗懦所探。"羊曰："上意欲令小加弘润[①]。"冲乃粗下意。

注　释　①**弘润**：扩充润色。

译　文　贾充拟定新法令的草稿，约会羊祜一同去征求太傅郑冲的看法。郑冲知道他二位的意图，还未见草稿，便说："皋陶制定法令是很严肃公正的，不是我这种愚昧软弱的人所能擅自议论的。"羊祜说："圣意欲让大人加以润色，查漏补缺。"郑冲这才接过文稿概略地说出自己的意见。

原　文

山司徒前后领选，殆周遍百官[1]，举无失才。凡所题目[2]，皆如其言。唯用陆亮，是诏所用，与公意异。争之，不从。亮亦寻为贿败。

注　释　**①周遍：**遍及。**②题目：**评选。

译　文　司徒山涛曾经两次担任吏部官职，遍察数百官员，火眼金睛，看人评价准确率极高，可谓一个人才都不会从他面前漏掉；凡是他品评过的人物，都像他所说的那样。只有陆亮官职是皇帝钦定的，这一点与山涛的见解相左，他试图据理力争，皇帝并没有采信。不久陆亮也因为受贿而被撤职。

原　文

嵇康被诛后，山公举康子绍为秘书丞。绍咨公出处[1]，公曰："为君思之久矣。天地四时，犹有消息，而况人乎？"

注　释　**①出处：**出仕和退隐。

译　文　嵇康被杀以后，山涛向皇上举荐嵇康之子嵇绍任秘书丞。嵇绍得知消息，忙去拜见山涛求赐教是否出任秘书丞一职。山涛说："我替您考虑很久了。天地间一年四季，尚有交替变化的时候，何况是人呢！"

周文王

原　文

王安期为东海郡，小吏盗池中鱼，纲纪推之。王曰："文王之囿[1]，与众共之。池鱼复何足惜！"

注　释　**①囿：**养禽兽的园子。

译　文　王承在东海郡任职时，有一次，有个小吏偷抓了池塘中的鱼，有关方面要严格法办。王承说："周文王将自己的猎场与民众共同使用，池塘中的几条鱼又有什么值得吝惜的呢！"

原　文

王安期作东海郡，吏录一犯夜人来[1]。王问："何处来？"云："从

师家受书还，不觉日晚。”王曰：“鞭挞宁越以立威名，恐非致理之本。”使吏送令归家。

注　释　**①犯夜：**触犯夜行禁令。

译　文　王承在东海郡任职时，一次，差役抓了一个犯宵禁的人。王承审问他：“从哪里来的？”那个人回答说：“从老师家学完功课回来，没想到时间太晚了。”王承听后说：“处分一个像宁越那样的读书人来树立威名，恐怕不是获得政绩的好办法。”便派差役送他出去，让他回家了。

原　文

成帝在石头，任让在帝前戮侍中钟雅、右卫将军刘超。帝泣曰：“还我侍中。”让不奉诏，遂斩超、雅。事平之后[1]，陶公与让有旧，欲宥之。许柳儿思妣(bǐ)者至佳，诸公欲全之[2]。若全思妣，则不得不为陶全让，于是欲并宥之。事奏，帝曰：“让是杀我侍中者，不可宥！”诸公以少主不可违，并斩二人。

注　释　**①平：**平复。**②全：**保全。

译　文　晋成帝被迫迁至石头城，叛军任让围困晋成帝，欲在其面前斩杀他的心腹大臣侍中钟雅和右卫将军刘超。成帝痛心流涕说：“还我侍中！”任让不肯奉诏，命人即刻斩杀刘超和钟雅。这次叛乱平定后，大臣陶侃和任让是故交，他想搭救任让，争取皇上赦免他。叛军许柳有一子思妣，很有才德，大臣们也想保全他。可是要想保全思妣，就不得不为陶侃保全任让，于是只好将两人的事情一同上奏皇上，请求赦罪。成帝说：“任让是杀我侍中的人，不能赦罪！”大臣们不敢多话违抗君令，只好将两人斩杀。

原　文

王丞相拜扬州，宾客数百人并加沾接[1]，人人有说色。唯有临海一客姓任及数胡人为未洽。公因便还到过任边，云：“君出，临海便无复人。”任大喜说。因过胡人前，弹指云：“兰阇(shé)！兰阇[2]！”群胡同笑，四坐并欢。

注　释　**①沾接：**受到热情款待。**②兰阇：**古代印度称赞别人的话。

译　文　丞相王导即将上任扬州刺史，大宴宾客，数百宾客前来道贺，每个人都乐在其中。旁边只有临海郡一位任姓客人和几位少数民族僧人模样的客人似有不悦。王导观察到此景，随即转身来到任氏身边，对他说：“先生离开临海郡，临海可能就没有人才了吧。”任氏听了，甚是喜悦。王导又到这几个少数民族僧人面前，弹着手指说：“兰阇，兰阇！”他们都笑了，四周的人都很高兴。

原　文

陆太尉诣王丞相咨事[1]，过后辄翻异[2]。王公怪其如此，后以问陆。陆曰："公长民短[3]，临时不知所言，既后觉其不可耳。"

注　释　①**咨**：咨询。②**翻异**：改变主意。

译　文　陆太尉陆玩经常前去拜访王导丞相，商量很多事，渐渐地，王丞相发现陆太尉很多时候商量好的事情，过后常常改变主意。王导丞相很是不解。后来他和陆太尉聊起此事，陆太尉回答说："您上居尊位，在下身份卑屈，谈话间不知该说什么，过后觉得那样做不行，如此而已。"

原　文

丞相尝夏月至石头看庾公，庾公正料事。丞相云："暑可小简[1]。"庾公曰："公之遗事，天下亦未以为允。"

注　释　①**小简**：稍微简化。

译　文　一年夏天，丞相王导曾经到石头城探望庾亮。庾亮正在处理公事，王导说："天气热，可以稍为简略一些。"庾亮说："如果您留下些公事不办，天下人也未必认为妥当！"

原　文

丞相末年，略不复省事[1]，正封箓诺之[2]。自叹曰："人言我愦愦[3]，后人当思此愦愦。"

注　释　①**略**：全；几乎完全。②**封**：封事，一种密封的奏章。**箓**：簿籍文书。**诺**：指在文书上批字或签名表示许可。③**愦愦**：糊涂。

译　文　丞相王导晚年时，几乎不再处理政务，只是在文书上签字画押。自己感叹道："人们都说我糊涂，后人会怀念我这种糊涂的。"

原　文

陶公性检厉，勤于事。作荆州时，敕船官悉录锯木屑，不限多少，咸不解此意。后正会值积雪始晴，听事前除后犹湿[1]，于是悉用木屑覆之，都无所妨。官用竹，皆令录厚头，积之如山。后桓宣武伐蜀装船[2]，悉以作钉。又云：尝发所在竹篙，有一官长连根取之，仍当足，乃超两阶用之。

注　释　①**除**：台阶。②**装船**：组装战船。

译　文　陶侃禀性朴实节俭，工作勤恳。担任荆州刺史时，要求负责建造船只的官员把木屑全都收集起来，多少不限，大家都不明白这是什么用意。后来到正月初一贺年时，正碰上连日下雪刚刚转晴，正堂前的台阶雪后还是湿漉漉的，于是全用木屑铺上，就一点儿也不妨碍出入了。官府以往用的竹子，剩余的竹头都收集起来，堆积如山。后来桓温征伐后蜀，要组装战船，这些竹头就都用来做了钉子。又听说陶侃曾经征调过当地的竹篙，有一个主管官员把竹子连根

砍下，就用根部当作铁足，陶侃便把他连升两级来任用。

原　文

何骠骑作会稽，虞存弟謇(jiǎn)作郡主簿，以何见客劳损，欲白断常客[1]，使家人节量，择可通者。作白事成，以见存。存时为何上佐，正与謇共食，语云："白事甚好，待我食毕作教。"食竟，取笔题白事后云："若得门亭长如郭林宗者，当如所白。汝何处得此人？"謇于是止。

注　释　①**断常客**：谢绝一般的客人。

译　文　骠骑将军何充任会稽郡内史时，虞存的弟弟虞謇任郡主簿，他看到何充每日见客过多，疲于应付，劳累伤神，想给何充大人提建议，不再接见一般客人，让家人减少通报的数量，选择应当通报的通报。呈文写好，下人拿来给虞存看。虞存这时担任何充的上佐，正和虞謇一起吃饭，便对他说："这个建议很好，等我吃过饭再做批示。"吃过了饭，他拿起笔在呈文上签了意见说："如果能找到一个像郭泰那样的人做门亭长，这件事一定照呈文办。可是你到哪里去找这样的人！"虞謇见状，只好作罢。

原　文

王、刘与林公共看何骠骑[1]，骠骑看文书，不顾之。王谓何曰："我今故与林公来相看，望卿摆拨常务[2]，应对玄言[3]，那得方低头看此邪[4]？"何曰："我不看此，卿等何以得存？"诸人以为佳。

注　释　①**王、刘**：王濛、刘惔。王濛，字仲祖，曾任司徒左长史。刘惔，字真长，晋沛国相(今安徽濉溪西北)人。林公即支道林。②**摆拨**：丢开。③**共言**：共同谈论。④**方**：还；仍然。

译　文　王濛、刘惔和林公一起去看望骠骑将军何充，何充正在看文件，也不理他们。王濛对他说："我今天特意和林公来探望你，希望你能丢下日常的工作，和咱们一起谈论玄理，哪还能埋头看这些东西呢？"何充回答："我不看这个，你们这些人怎么能够活命呢？"大家都认为他说得非常好。

原　文

桓公在荆州，全欲以德被江、汉[1]，耻以威刑肃物。令史受杖，正从朱衣上过。桓式年少，从外来，云："向从阁下过，见令史受杖，上捎云根[2]，下拂地足。"意讥不著。桓公云："我犹患其重。"

注　释　①**被**：覆盖。②**捎**：轻擦。

译　文　桓温任荆州郡刺史的时候，遵从以仁德治理江汉地区，耻于动用严刑酷吏恫吓百姓。有一次，一位令史受到杖刑刑罚，木棒只从令史的朱衣上擦过。桓温的儿子桓式年岁尚轻，看到此状，从外面跑进来，对父亲说："我刚才从刑杖门前走过，看见令史在承受杖刑，木棒子举起来高拂云脚，落下时低擦地面。"意思是并没有碰到令史身上。桓温说："我还担心这也太重了呢。"

原　文

简文为相，事动经年，然后得过[1]。桓公甚患其迟，常加劝勉。太宗曰："一日万机，那得速？"

注　释　**①过：** 办完。

译　文　简文帝任丞相的时候，审阅一件政务奏折一般要一年的时间才能批复下来。桓温深感这样太慢了，经常会提醒他效率要加快。简文帝说："每日日理万机，哪里快得了呢！"

原　文

山遐去东阳[1]，王长史就简文索东阳，云："承藉猛政，故可以和静致治。"

注　释　**①去：** 离开。

译　文　山遐离任东阳郡太守，左长史王濛上奏到简文帝毛遂自荐想出任东阳郡太守一职，胸有成竹地说："凭借前任严厉法治的治理成果，我到任只要用宽仁的办法就可以达到社会安定的局面。"

原　文

殷浩始作扬州，刘尹行，日小欲晚[1]，便使左右取袱(fú)。人问其故，答曰："刺史严，不敢夜行。"

注　释　**①小欲：** 将要。

译　文　殷浩初次任扬州刺史的时候，一天丹阳尹刘惔到外地去，太阳将要下山，便叫随从拿出被褥，要住下。人家问他什么原因，他回答说："刺史严厉，我不敢夜间赶路。"

原　文

谢公时，兵厮逋亡[1]，多近窜南塘下诸舫中。或欲求一时搜索，谢公不许，云："若不容置此辈，何以为京都？"

注　释　**①厮：** 差役。

译　文　谢安辅政时，兵员差役时常逃亡，大多就近躲藏在南岸下的船里。有人请求谢安同时搜索所有船只，谢安并没有答应。他说："如果不能宽恕他们，又怎么治理好京都？"

原　文

王大为吏部郎，尝作选草[1]，临当奏，王僧弥来，聊出示之。僧弥得便以己意改易所选者近半，王大甚以为佳，更写即奏。

注　释　**①选草：** 拟举荐授官的人员的名单初稿。

译　文　王忱任吏部郎时，一次，他起草了一份举荐官员的名单，准备要上奏时，恰巧王僧弥来了，王忱就随手拿出来给他看，想听听他的看法。王僧弥按自己的意见改换了将近半数的

候选人名单，王忱看了之后觉得很合适，就重新起草一份，随即上奏。

原　文

王东亭与张冠军善[①]。王既作吴郡，人问小令曰[②]：“东亭作郡，风政何似[③]？”答曰：“不知治化何如，唯与张祖希情好日隆耳。”

注　释　**①王东亭**：王珣。**张冠军**：张玄，字祖希。**②小令**：指王珉，王珣的弟弟，曾任中书令。**③风政**：教化政绩。

译　文　东亭侯王珣和冠军将军张玄关系良好。王珣担任吴郡太守后，人们问王珣的弟弟王珉：“东亭担任郡太守，社会风气和政绩怎么样？”王珉回答：“不知治理教化得如何，只知道他和张祖希的交情一天比一天更深厚了。”

原　文

殷仲堪当之荆州[①]，王东亭问曰：“德以居全为称[②]，仁以不害物为名。方今宰牧华夏[③]，处杀戮之职，与本操将不乖乎[④]？”殷答曰：“皋(yáo)陶造刑辟之制[⑤]，不为不贤；孔丘居司寇之任[⑥]，未为不仁。”

注　释　**①殷仲堪**：晋陈郡长平（今河南西华东北）人，曾任都督荆、益、宁三州军事、荆州刺史，后与桓玄相攻伐，兵败被杀。**②居全**：这里指具备完美的德行。**称**：称号；名称。**③宰牧**：治理。**华夏**：本指我国中原地区，这里指东晋中部的荆襄一带。**④将不**：表示推测，意思偏向于肯定，相当于“莫非”“大概”。**⑤皋陶**：舜时的法官。**刑辟**：刑法。**⑥司寇**：春秋战国时掌管刑狱、纠察的官。孔子曾担任鲁国司寇。

译　文　殷仲堪要出任荆州刺史，东亭侯王珣问他：“品格完美称为德，不伤害他人叫作仁。如今你要掌管荆州，身处生杀予夺的高位，这和你原来的操守恐怕相违背吧！”殷仲堪回答：“皋陶制定法律制度，不能说不贤；孔丘担任司寇之职，也不能说是不仁。”

四 文学

题 解

本章记述了学术和文学两方面的内容，其中三分之二的篇幅和学术有关。学术部分主要反映魏晋士人的清谈内容，包括儒学、佛学及名理学。而文学部分占了三分之一，主要在探讨文学内容与形式的关系，显然魏晋人士已开始注重文学理论与批评。

原 文

郑玄在马融门下[①]，三年不得相见，高足弟子传授而已。尝算浑天不合[②]，诸弟子莫能解。或言玄能者，融召令算，一转便决，众咸骇服。及玄业成辞归，既而融有“礼乐皆东”之叹，恐玄擅名而心忌焉[③]。玄亦疑有追，乃坐桥下，在水上据屐[④]。融果转式逐之[⑤]，告左右曰：“玄在土下水上而据木，此必死矣。”遂罢追，玄竟以得免。

注 释 **①郑玄**：字康成，东汉高密（今属山东）人，著名经学家，遍注儒家经典，精通天文历算。**马融**：字季长，著名经学家，才高博洽，学生常有千人，曾任校书郎中、南郡太守。**②浑天**：古代解释天体的一种学说，认为天地关系如蛋壳包着蛋黄，天的形状浑圆如弹丸，南北两极固定在天的两端，日月星辰绕南北两极极轴而旋转。天文学家就根据这种观点去推算日月星辰的位置。**③擅名**：独享名望。**④屐**：木屐，木底有齿的鞋子。**⑤转式**：旋转栻盘进行推演卜算，是一种占卜的方法。式，通“栻”，用来占卜的器具，上圆下方，象征天地。

译 文 郑玄在马融门下求学，三年都没有见到马融，只是由马融的高才弟子传授学问而已。马融曾用浑天仪测算天体位置，计算得不准确，弟子们也弄不清楚。有人说郑玄可以解决这个难题，马融就找来郑玄，让他测算，郑玄一推算就得到了结果，大家都惊叹佩服。后来郑玄学成离去，马融发出了“礼乐都随着郑玄东去了”的慨叹。马融担忧郑玄名声超过自己，心里很嫉妒；郑玄也疑心他会前来追杀，就坐在桥下，脚上穿着木屐踏在水面。马融果然在转动栻盘占卜他的行踪，他对左右的人说：“郑玄现在土下水上，而且脚踩木头，可见得他一定是死了。”于是就停止追赶。郑玄竟然因此脱身。

原 文

郑玄欲注《春秋传》，尚未成时，行与服子慎遇[①]，宿客舍。先未相识，服在外车上与人说己注《传》意，玄听之良久，多与己同。

玄就车与语曰："吾久欲注，尚未了[2]。听君向言，多与我同，今当尽以所注与君。"遂为服氏注。

注　释 **①行**：出行。**②了**：完结。

译　文 郑玄打算注《春秋传》，还没有完成的时候，与服子虔不期而遇，他们住在同一家旅店，刚开始两人并不认识对方。服虔在旅店外边车上同别人讲自己注这本书的想法。郑玄从旁边听了很长时间，他认为服虔的见解很多都与自己的相同。于是就走到车前对服虔说："我一直都想注《春秋传》，现在还没有完成。刚才听您的话，很多都与我的相同。今天我应该将已经作的注全部送给你。"这就是服氏《春秋注》。

原　文

郑玄家奴婢皆读书。尝使一婢，不称旨，将挞之。方自陈说，玄怒，使人曳箸泥中[1]。须臾，复有一婢来，问曰："胡为乎泥中[2]？"答曰："薄言往诉，逢彼之怒[3]。"

注　释 **①曳**：拉。**②"胡为"句**：语出《诗经·邶风·式微》，意思是怎么会在泥水中。**③"薄言"二句**：语出《诗经·邶风·柏舟》，意思是赶过去诉说，他却大发怒火。

译　文 郑玄家的奴婢都读书。郑玄曾经使唤一个奴婢，不合他的心思，要打她，她还在辩解。郑玄十分生气，就让人把她拖到泥水里。一会儿，又有一个奴婢过来，用《诗经》中的一句问道："胡为乎泥中？"意思是"你怎么到了泥里？"那个婢女也用《诗经》中的话回答："薄言往诉，逢彼之怒。"意思是"我要申诉，正赶上他发怒"。

原　文

服虔既善《春秋》，将为注，欲参考同异。闻崔烈集门生讲传，遂匿姓名，为烈门人赁作食。每当至讲时，辄窃听户壁间。既知不能逾己，稍共诸生叙其短长[1]。烈闻，不测何人。然素闻虔名，意疑之。明蚤往，及未寤，便呼："子慎！子慎！"虔不觉惊应，遂相与友善[2]。

注　释 **①共**：介词，同，与。**②相与**：相互，彼此。

译　文 服虔因擅长研究《春秋》，因此准备作注，他想参考一些不同的观点。因听说崔烈召集门徒讲《春秋》，于是就隐姓埋名，让崔烈的门徒雇自己来煮饭。每当崔烈讲传时，他就站在墙外偷听。感到崔烈所讲无法超越自己，就与崔烈的学生稍微探讨了一下崔烈的得失。崔烈听说后，猜不出是谁，但是因对服虔早有耳闻，于是就怀疑是他。第二天早晨，服虔还在睡觉的时候，崔烈就前去大声叫喊："子慎！子慎！"服虔被惊醒，不觉中应了声。从此，两人成为挚友。

原　文

钟会撰"四本论"始毕[1]，甚欲使嵇公一见[2]。置怀中，既定，畏其难，怀不敢出，于户外遥掷，便回急走。

注　释　**①钟会**：字士季，颍川长社（今河南长葛东部）人。三国后期魏国名将，是太傅钟繇的小儿子。**"四本论"**：讨论才性同异的文章。"四本"指的是才性同、才性异、才性合、才性离。**②嵇公**：嵇康。

译　文　钟会刚写完"四本论"，很想让嵇康看看，于是把稿子抱在怀中，主意已经打定，又怕嵇康刁难，一直将书揣在怀里不敢拿出来。后来就在门外很远的地方，把书扔了进去，然后转身跑走。

原　文

何晏为吏部尚书，有位望[①]，时谈客盈坐[②]。王弼未弱冠[③]，往见之，晏闻弼名，因条向者胜理语弼曰[④]："此理仆以为极，可得复难不？"弼便作难，一坐人便以为屈。于是弼自为客主数番[⑤]，皆一坐所不及。

注　释　**①位望**：地位，声望。**②盈**：满。**③弱冠**：古代男子到二十岁行冠礼，因为还没有达到壮年，称"弱冠"。**④条**：分条列出。**向者**：以前。**胜理**：擅长、得意的玄理。**⑤自为客主**：自己既做客方，又做主方，指自问自答。**数番**：多次。

译　文　何晏任吏部尚书时，地位声望很高，平时来访的门客、宾客都很多。有一位后生王弼，年不过二十岁，慕名来访。何晏对王弼的名声有所耳闻，便将自己觉得那些精妙观点、看法有条理地端出来展示给王弼，说："这些道理我认为是谈得最透彻的了，你还有反驳的想法吗？"王弼毫不客气地提出反驳看法，满座的人都觉得何晏的看法不够精妙。看到此景，王弼更加自信，滔滔不绝地阐述着自己的观点看法，所谈观点见解在座客人都自愧不如。

原　文

何平叔注《老子》[①]，始成，诣王辅嗣[②]。见王注精奇，乃神伏，曰："若斯人，可与论天人之际矣[③]！"因以所注为《道德二论》。

注　释　**①何平叔**：何晏，字平叔。**《老子》**：又称为《道德经》，分为道经和德经两部分，相传为春秋时老聃所著。**②王辅嗣**：王弼，字辅嗣。**③天人之际**：天意和人事的关系。天人关系是古代哲学探讨的核心问题。

译　文　何晏注释《老子》刚刚完成，就去拜访王弼，看到王弼注释的《老子》更精湛非凡，就佩服得五体投地，说："这样的人，可以和他谈论天人之间的关系了。"于是就把自己的注释改为《道德二论》。

原　文

王辅嗣弱冠诣裴徽[①]，徽问曰："夫无者[②]，诚万物之所资[③]，圣人莫肯致言[④]，而老子申之无已，何邪？"弼曰："圣人体无[⑤]，无又不可以训，故言必及有；老、庄未免于有，恒训其所不足。"

注　释　**①裴徽**：字文季，三国时魏国人，善言玄理，官至冀州刺史。**②无**：道家术语，和"有"相对。**③资**：凭借。**④圣人**：具有极高智能和道德的人，这里指孔子。**⑤体**：本体，这里

的意思是“认为……是本体”。

译　文　王弼不满二十岁时去拜访裴徽，裴徽问他说：“无，确实是万物的根源，孔子没有对它发表意见，而老子却反复地论述它，这是为什么呢？”王弼说：“孔子体察到无，而无又是不可说的，所以言必谈有；老子、庄子不能超脱有，所以总是解释他们不足的无。”

原　文

傅嘏善言虚胜，荀粲谈尚玄远，每至共语，有争而不相喻。裴冀州释二家之义，通彼我之怀，常使两情皆得，彼此俱畅[1]。

注　释　①**畅**：畅快，舒畅。

译　文　傅嘏爱谈论一些无形的美妙境界，荀粲擅长解说深奥悠远的老庄道学。二人在一起时往往争论不休，彼此无法理解。裴徽解释双方的义理，往往能使彼此沟通，使双方融洽相处，心情都很畅快。

原　文

何晏注《老子》，未毕，见王弼自说注《老子》旨[1]，何意多所短[2]，不复得作声，但应诺诺[3]，遂不复注，因作《道德论》。

注　释　①**自说**：自己阐述。**旨**：宗旨，内涵。②**多所短**：有很多缺点。③**诺诺**：连声答应，表示同意。

译　文　何晏给《老子》做注解，还没完成时，一次听王弼谈起自己在给《老子》注解的感悟想法，相形之下，何晏自感很多见解不尽如人意，何晏不敢再开口，只是连声答应“是是”。于是不再做《老子》注解，便另写《道德论》。

● 老子

原　文

中朝时[1]，有怀道之流[2]，有诣王夷甫咨疑者。值王昨已语多，小极[3]，不复相酬答，乃谓客曰：“身今少恶，裴逸民亦近在此[4]，君可往问。”

注　释　①**中朝**：指西晋。②**怀道之流**：指推崇道家学说的一类人。③**小极**：稍微疲倦。④**裴逸民**：即裴頠，善谈名理。

译　文　西晋时，有很多研究道家学说的人，一天，有人来拜访王夷甫并请教疑难高见，恰巧当时王夷甫前一天已经与人谈论一整天，倍感疲乏，没有精力再见客应酬，便对来客说：“非

常抱歉，我今日身体不适，裴頠在我附近住，您可以去问他。”

原　文

裴成公作《崇有论》[1]，时人攻难之，莫能折[2]，唯王夷甫来，如小屈[3]。时人即以王理难裴，理还复申[4]。

注　释　①**裴成公**：裴逸民，死后的谥号是成，所以称裴成公。②**折**：折服。③**如小屈**：好像受到一点挫折。④**申**：阐述。

译　文　裴頠作《崇有论》，当时很多同道中人批驳他，不认同他的观点，可是没有谁能驳倒他。只有王夷甫来和他讨论交流，他才有认同感。后来，人们经常用王夷甫的理论来驳他，可是这时他的理论又显得头头是道了。

原　文

诸葛厷年少不肯学问，始与王夷甫谈，便已超诣[1]。王叹曰："卿天才卓出[2]，若复小加研寻，一无所愧[3]。"厷后看庄、老，更与王语，便足相抗衡。

注　释　①**超诣**：相当高的境界。②**卓出**：过人的，超出一般水平的。③**愧**：愧色。

译　文　诸葛厷年轻的时候总是不肯用功学习，但是一开始与王夷甫谈论义理，就已经达到了相当高的境界。王衍感叹道："你有过人的天赋，倘若能够稍微用功钻研，则无论面对什么人都会面无愧色。"以后诸葛厷阅读了《庄子》《老子》，然后再去和王衍谈论，就同他不相上下了。

原　文

卫玠总角时[1]，问乐令梦[2]，乐云："是想[3]。"卫曰："形神所不接而梦，岂是想邪？"乐云："因也。未尝梦乘车入鼠穴，捣齑啖铁杵，皆无想无因故也。"卫思因，经日不得，遂成病。乐闻，故命驾为剖析之，卫即小差。乐叹曰："此儿胸中当必无膏肓之疾。"

注　释　①**总角**：指童年。古人未成年时将头发梳成双髻，状如角，故称总角。②**乐令**：乐广。③**想**：思念，即因醒时心想。

译　文　卫玠在童年时问乐广"梦"是怎么回事，乐广说："是心有所想。"卫玠说："形体并未接触、神思也从未想过的东西却梦见了，难道这是心有所思吗？"乐广说道："那就是要有因由根据啊。你总该没有梦到过将车子驶进老鼠的洞穴，将捣菜的铁棍吃进肚子里吧。这都是因为你醒着的时候没有想过，于是也就没有形成梦的根据的缘故。"卫玠就去思考形成梦的"因由"，总也想不出来，并因此生病。乐广听说后，专门派人备好车马去为他分析解释，卫玠的病情顿时大有好转。乐广感叹道："这个孩子心中应该没有无法治愈的病。"

原　文

庾子嵩读庄子，开卷一尺便放去，曰："了不异人意[1]。"

注释 ①**人**：相当于“人家”，此处用作第一人称代词“我”。

译文 庾敳读《庄子》，刚展开一尺来长就又放下了，说道：“与我的想法完全相同。”

原文

客问乐令“旨不至”者，乐亦不复剖析文句，直以麈尾柄确几曰[①]：“至不？”客曰：“至。”乐因又举麈尾曰：“若至者，那得去[②]？”于是客乃悟服。乐辞约而旨达，皆此类。

注释 ①**确**：通“榷”，敲。②**那得**：怎么能。

译文 有客人去问乐广“指不至，至不绝”的论题，乐广并没有急着解释文句，只是用麈尾柄敲了敲几案，问道：“到了吗？”客人说：“到了。”于是乐广又举起麈尾，说道：“倘若是到了，又怎能离开呢？”于是客人就领悟了义理，表示信服。乐广这个人说得不多，但是意思却非常透彻，大都是这样的。

原文

初，注《庄子》者数十家，莫能究其旨要。向秀于旧注外为解义[①]，妙析奇致，大畅玄风。唯《秋水》《至乐》二篇未竟而秀卒[②]。秀子幼，义遂零落，然犹有别本。郭象者[③]，为人薄行，有俊才。见秀义不传于世，遂窃以为己注。乃自注《秋水》《至乐》二篇，又易《马蹄》一篇，其余众篇，或定点文句而已[④]。后秀义别本出，故今有向、郭二《庄》，其义一也。

注释 ①**向秀**：字子期，和嵇康等人相友爱，是“竹林七贤”之一。嵇康被害后，他开始出仕，曾任黄门侍郎、散骑常侍。②**秋水**：和下文“至乐”“马蹄”均为《庄子》一书中的篇名。③**郭象**：字子玄，晋人，曾任黄门侍郎、太傅主簿。④**定点**：修改。

译文 当初，注释《庄子》的有几十家，但没有谁能探求出它的意旨要领。向秀在前人旧注之外重新解释《庄子》，分析精确玄妙，使玄学之风更为兴盛，只是“秋水”“至乐”两篇的注释尚未完成，他就去世了。向秀的儿子这时还小，所以他的释义就此散落，但还有另外的抄本。郭象为人，品性低下，但是才华出众，他看到向秀的释义没有流传于世，就剽窃来作为自己的注解，另外又补注了《秋水》《至乐》两篇，改注《马蹄》一篇，其余诸篇，也只是改变一下文句而已。后来，向秀的其他抄本也刊出了，所以现今有向秀、郭象两种《庄子》注本，但内容基本上是一样的。

原文

阮宣子有令闻[①]。太尉王夷甫见而问曰：“老庄与圣教同异[②]？”对曰：“将无同？”太尉善其言，辟之为掾。世谓“三语掾”。卫玠嘲之曰：“一言可辟，何假于三？”宣子曰：“苟是天下人望，亦可

无言而辟，复何假一？”遂相与为友。

注释 ①**令闻**：美名。②**圣教**：圣人的教化，即儒学。

译文 阮修名望远播。有一次，太尉王夷甫见到他，问他：“老子、庄子和儒家学说有何异同？”阮修回答说：“差不多。”这个回答使太尉很满意，便调他来做下属。世人称他为“三语掾”。卫玠嘲讽他说：“只说一个字就可以调用，何必要用三个字！”阮修说：“如果是天下所仰望的人，也可以不说话就能调用，又何必要用一个字呢？”于是，两人就结为朋友。

原文

裴散骑娶王太尉女，婚后三日，诸婿大会，当时名士王、裴子弟悉集。郭子玄在坐，挑与裴谈。子玄才甚丰赡，始数交，未快。郭陈张甚盛，裴徐理前语[1]，理致甚微，四坐咨嗟称快。王亦以为奇，谓诸人曰：“君辈勿为尔，将受困寡人女婿。”

注释 ①**徐理**：从容地梳理。

译文 散骑郎裴遐娶太尉王夷甫的女儿为妻。婚后三天，王家邀请诸女婿聚会，当时的名士和王、裴两家子弟齐集王家。郭象也在座，他领头和裴遐闲谈。郭象才识很渊博，刚交锋几个回合，还觉得不痛快。郭象把玄理铺陈得很充分；裴遐却慢条斯理地梳理前面的议论、义理情趣，都很精微，满座的人都赞叹不已，表示痛快。王夷甫也以为新奇罕见，于是对大家说：“你们不要再辩论了，不然就要被我女婿困住了。”

原文

卫玠始度江，见王大将军。因夜坐，大将军命谢幼舆。玠见谢，甚说之，都不复顾王，遂达旦微言，王永夕不得豫。玠体素羸[1]，恒为母所禁。尔夕忽极，于此病笃，遂不起。

注释 ①**素羸**：一向孱弱。

译文 卫玠为躲避战乱渡江之初，去拜访大将军王敦。由于晚上席坐闲聊，大将军便邀来谢鲲一同坐坐。卫玠见到谢鲲，一见如故，非常喜欢他，便忘记了王敦的存在，两人聊天一直到第二天早晨，王敦整夜都插不上嘴。卫玠一向体质孱弱，常常被他母亲管束住，不宜长时间消耗体力。这一夜突感疲乏，从此一病不起，终于去世。

原文

旧云：王丞相过江左，止道“声无哀乐”、“养生”、“言尽意”三理而已[1]。然宛转关生，无所不入。

注释 ①**止道**：只说。

译文 过去有种说法，说：丞相王导到江南以后，也只是谈论声无哀乐、养生和言尽意这三方面的道理而已，可是这已间接关系到人的一生，是能渗透到事物各个方面的。

原　文

殷中军为庾公长史，下都，王丞相为之集，桓公、王长史、王蓝田、谢镇西并在。丞相自起解帐带麈尾，语殷曰："身今日当与君共谈析理。"既共清言，遂达三更。丞相与殷共相往反，其余诸贤，略无所关。既彼我相尽，丞相乃叹曰："向来语，乃竟未知理源所归，至于辞喻不相负，正始之音，正当尔耳[1]！"明旦，桓宣武语人曰："昨夜听殷、王清言，甚佳，仁祖亦不寂寞，我亦时复造心，顾看两王掾，辄翣如生母狗馨。"

注　释　①**正当尔耳**：正应当这样。

译　文　中军将军殷浩任庾亮属下的长史时，有一次进京，丞相王导想与其清谈，便把大家聚在一起，桓温、左长史王濛、蓝田侯王述、镇西将军谢尚都在座。丞相离座亲自去解下挂在帐带上的拂尘，对殷浩说："我今天要和您一起谈论、辨析玄理。"两人一起清谈完后，已到三更时分。丞相和殷浩相谈甚欢，其他贤达丝毫没有插嘴的机会。激烈辩论中间停歇时，丞相感叹地说："辩来辩去，我们居然还不知道玄理的本源何在。至于修辞和比喻不能互相违背，正始年间的清谈，正是这样的呀！"第二天早上，桓温告诉别人说："昨夜听殷、王两人清谈，非常美妙。谢尚也不感到寂寞，我也时时心有所得；回头看那两位王属官，就像没有驯熟的母狗一般羞涩发愣。"

原　文

殷中军见佛经[1]，云："理亦应阿堵上[2]。"

注　释　①**殷中军**：殷浩。②**阿堵**：当时的习语，指这，这个。

译　文　殷浩阅读了佛教经典，说道："玄理也应当在这个范围以内。"

原　文

谢安年少时，请阮光禄道《白马论》[1]。为论以示谢[2]，于时谢不即解阮语，重相咨尽[3]。阮乃叹曰："非但能言人不可得，正索解人亦不可得！"

注　释　①**阮光禄**：阮裕。**《白马论》**：战国时公孙龙著《白马论》，提出了"白马非马"的命题，认为"马"指形体，"白"指颜色，所以白马非马。②**为论**：写文章。③**咨尽**：询问以求穷尽。

译　文　谢安年少时，十分好学，有一次，他请光禄大夫阮裕讲解《白马论》，阮裕写了一篇讲解文给谢安看。当时谢安不能马上理解阮裕的话，就反复请教以求全都理解。阮裕于是叹息道："不但能够解释明白的人难得，就是能听明白的人也难得！"

原　文

褚季野语孙安国云："北人学问，渊综广博[1]。"孙答曰："南人

学问，清通简要[②]。”支道林闻之，曰：“圣贤固所忘言[③]，自中人以还[④]，北人看书如显处视月，南人学问如牖中窥日。”

注释 ①**渊综**：深厚渊博而且融会贯通。②**清通**：清新通达。③**忘言**：指默识其意，无须用言语来说明。④**以还**：以下。

译文 一次，褚裒与孙盛闲谈，说：“北方人做学问，深厚广博而且融会贯通。”孙盛接话回应说：“南方人做学问，清新通达而且简明扼要。”支道林听后，说：“对圣贤，自然不用说了，从一般读书人的角度来看，北方人读书，像是在敞亮处看月亮；南方人做学问，像是从窗户里看太阳。”

原文

刘真长与殷渊源谈，刘理如小屈[①]，殷曰：“恶[②]！卿不欲作[③]将善云梯仰攻？”

注释 ①**小屈**：稍微理亏，论据不足。②**恶**：哎；怎么。③**作**：振作。

译文 一次，刘惔和殷浩在闲谈时，就一事争论不休，刘惔自感论据不足，殷浩对他说：“怎么？难道你不想造一架好云梯来仰攻我？”

原文

殷中军云[①]：“康伯未得我牙后慧[②]。”

注释 ①**殷中军**：殷浩。②**牙后慧**：指言外的情趣。

译文 中军将军殷浩说：“韩康没有领悟我言外之意。”

原文

谢镇西少时[①]，闻殷浩能清言，故往造之[②]。殷未过有所通[③]，为谢标榜诸义[④]，作数百语，既有佳致[⑤]，兼辞条丰蔚[⑥]，甚足以动心骇听。谢注神倾意，不觉流汗交面。殷徐语左右：“取手巾与谢郎拭面。”

注释 ①**谢镇西**：谢尚。②**造**：拜访。③**过**：过分。**通**：阐述。④**标榜**：揭示。⑤**佳致**：风度美好，气韵优雅。⑥**丰蔚**：丰富壮阔。

译文 镇西将军谢尚年轻时，听说殷浩擅长清谈，所以专程前去拜访他。殷浩没有做过多阐述，只是给谢尚提示好些道理，但也说了很多话；举止谈吐，风雅有致，加以辞藻丰富多彩，很能动人心弦，使人震惊。谢尚细心聆听，听得入迷，不时有汗水滴落。殷浩看到此景吩咐人：“拿手巾来给谢郎擦擦脸。”

原文

宣武集诸名胜讲《易》[①]，日说一卦。简文欲听，闻此便还，曰：“义自当有难易，其以一卦为限邪？”

注释 ①名胜：名流。

译文 一次，桓温召集了几位饱学之人讲解《周易》，每天讲解一卦。简文帝打算前往，但听说是每日一卦，他便改了主意，说："卦的内容自然是有难有易，怎么能限定每天讲一卦呢？"

原文

有北来道人好才理[1]，与林公相遇于瓦官寺[2]，讲《小品》[3]。于时竺法深、孙兴公悉共听。此道人语，屡设疑难，林公辩答清析，辞气俱爽。此道人每辄摧屈。孙问深公："上人当是逆风家，向来何以都不言？"深公笑而不答。林公曰："白旃檀非不馥，焉能逆风？"深公得此义，夷然不屑。

注释 ①才理：才气和文思。②林公：支道林。③《小品》：指佛教经典《小品般若波罗蜜经》。

译文 有位从北方来的僧人，对经文理解很是精妙，恰巧与支道林和尚在瓦官寺相遇，两人相约一同研讨经文《小品》。当时竺法深和尚、孙绰等人都在旁坐。这位高僧在阐述观点时，多次设下疑难问题，但每次支道林的答辩都分析透彻，言辞逻辑都很清晰。这位高僧一再被驳倒。孙绰就问竺法深说："上人应该是顶风上的人，刚才为什么一句话也不说？"竺法深笑笑，没有回答。支道林接着说："白檀香并不是不香，但逆风怎能闻到香呢！"竺法深体会到这话的含义，神色坦然，不予理会。

原文

孙安国往殷中军许共论，往反精苦，客主无间。左右进食，冷而复暖者数四。彼我奋掷麈尾，悉脱落，满餐饭中，宾主遂至莫忘食。殷乃语孙曰："卿莫作强口马，我当穿卿鼻！"孙曰："卿不见决鼻牛[1]，人当穿卿颊！"

注释 ①决鼻牛：挣破鼻子的牛。

译文 一次，孙盛如约到中军将军殷浩处一起闲谈，两人观点交锋你来我往，十分激烈，宾主二人都无懈可击。伺候的人端上饭菜也顾不得吃，饭菜凉了又热，热了又凉，这样已经好几遍了。双方奋力甩动着拂尘，以致拂尘的毛全部脱落，饭菜上都落满了。宾主竟然到傍晚也没想起吃饭。殷浩便对孙盛说："你不要做硬嘴马，我就要穿你鼻子了！"孙盛接口说："你没见挣破鼻子的牛吗，当心人家会穿你的腮帮子！"

原文

《庄子》逍遥篇[1]，旧是难处[2]，诸名贤所可钻味，而不能拔理于郭、向之外[3]。支道林在白马寺中，将冯太常共语[4]，因及《逍遥》。支卓然标新理于二家之表[5]，立异义于众贤之外，皆是诸名贤寻味

之所不得。后遂用支理。

注释 ①**逍遥篇：**《逍遥游》，是《庄子》中的第一篇，论述了万物要无所依靠才能逍遥自得。②**旧：**一直以来。③**拔：**超出。④**共语：**一起讨论。⑤**卓然：**突出，显眼。

译文 《庄子·逍遥游》一篇，向来是个难点，很多名士贤达都在钻研、玩味，从中获得感悟。但是对它的义理的阐述却很少有人会超出郭象和向秀的水平。有一次，支道林在白马寺，和太常冯怀一起闲聊，谈到了《逍遥游》。支道林在郭、向两家的见解之外，另辟蹊径地阐述了自己的见解，在众贤达之外提出了特异的见解，这都是诸名流探求、玩味中没能得到的。后来解释《逍遥游》便采用支道林阐明的义理。

原文

殷中军尝至刘尹所清言[1]。良久，殷理小屈，游辞不已，刘亦不复答。殷去后，乃云："田舍儿强学人作尔馨语！"

注释 ①**清言：**清谈。

译文 一次，中军将军殷浩到丹阳尹刘惔处闲谈，针对一事辩论了很久，渐渐地殷浩的观点论据趋向下风，他没有了底气，便用些浮辞来应付，刘惔也不再答辩。殷浩走后，刘惔说："乡下人，硬要装博学之人来高谈阔论！"

四 文学

原文

殷中军虽思虑通长[1]，然于才性偏精[2]。忽言及《四本》，便若汤池铁城，无可攻之势。

注释 ①**通长：**完全，长远。②**才性：**才能和性情。

译文 中军将军殷浩考虑问题透彻深远，而对才能和本性的问题最为精到。尤其他对《四本论》的见解，就像灌满沸水的护城河和铁铸的城墙一般，精深到无人可以攻破的程度。

原文

支道林造《即色论》[1]，论成，示王中郎[2]，中郎都无言。支曰："默而识之乎？"王曰："既无文殊，谁能见赏？"

注释 ①**造：**创作。②**王中郎：**王坦之。

译文 支道林和尚写《即色论》，写好了，拿给北中郎将王坦之看。王坦之一句话也没说。支道林说："你是默记在心吧？"王坦之说："既然没有文殊菩萨在这里，谁能赏识我的用意呢！"

原文

王逸少作会稽，初至，支道林在焉。孙兴公谓王曰："支道林拔新领异[1]，胸怀所及乃自佳，卿欲见不？"王本自有一往隽气，殊自轻之。后孙与支共载往王许，王都领域，不与交言。须臾支退。后正值王当行，车已在门，支语王曰："君未可去，贫道与君小语。"

因论《庄子·逍遥游》。支作数千言，才藻新奇，花烂映发。王遂披襟解带，留连不能已。

注释 ①**拔新领异**：标新立异。

译文 王羲之出任会稽郡内史，刚到任，恰巧碰到支道林也在会稽。孙绰向王羲之介绍说："支道林高僧对很多事见解新颖，对问题有独到的领会，心里想到的东西都很奇特，你想见见他吗？"王羲之本来就有过人的气质，对支道林根本不放在眼里，后来孙绰和支道林如约一起坐车到了王羲之那里，王羲之是刻意矜持，不与他交谈。不一会儿支道林借故告辞了。而后有一次，恰巧碰上王羲之要外出，车子已经在门外等着，支道林对王羲之说："先生还不能走，我想和您稍做交谈一下。"王羲之答应了他的要求，于是两人就谈论到《庄子·逍遥游》。支道林一谈起来，滔滔不绝数千言，才气不凡，辞藻新奇，繁花似锦，灿烂多姿，交映成趣。此时王羲之听得入迷，渐渐把外套脱下，静静聆听，忘记了其他事。

原文

三乘佛家滞义[①]，支道林分判，使三乘炳然[②]。诸人在下坐听，皆云可通。支下坐，自共说，正当得两，入三便乱。今义弟子虽传，犹不尽得。

注释 ①**三乘**：佛教用语，指声闻乘、缘觉乘和菩萨乘，是三种浅深不同、得道解脱的修行途径，三种途径就好比所乘的三种车子，所以叫三乘。**滞义**：晦涩难解的含义。②**炳然**：显明的样子。

译文 佛教三乘的教义，晦涩难懂，支道林进行解剖分析，使三乘的含义清楚。大家在下面坐着听，都说能够通晓明白。支道林下了讲坛后，大家自己讨论，却只能解释到二乘，进入三乘就混乱了。现在的三乘教义，弟子们虽然能够得到传授，但仍没有彻底理解其义理。

原文

许掾年少时[①]，人以比王苟子，许大不平。时诸人士及支法师并在会稽西寺讲，王亦在焉。许意甚忿，便往西寺与王论理，共决优劣，苦相折挫，王遂大屈。许复执王理，王执许理，更相覆疏[②]，王复屈。许谓支法师曰："弟子向语何似？"支从容曰："君语佳则佳矣，何至相苦邪？岂是求理中之谈哉？"

注释 ①**许掾**：即许询，曾被召为司徒掾。②**覆疏**：反复申述。

译文 司徒掾许询年轻时，人们把他和王修相提并论，许询很不服气。当时许多名士和支道林法师在会稽西寺讲论，王修也在那里。许询心里很不平，便到西寺去和王修辩论玄理，要一决胜负。两人苦苦地互相反驳问难，结果王修被彻底驳倒。许询又转过来用王修的道理，王修用许询的道理，再度互相反复陈说，王修又被驳倒。许询就问支法师道："弟子刚才的谈论怎么样？"支道林从容地回答道："你的谈论好是好，但是何至于要使别人受辱呢？这哪里是探求道理的清谈呀？”

原 文

林道人诣谢公，东阳时始总角，新病起，体未堪劳[1]。与林公讲论，遂至相苦。母王夫人在壁后听之，再遣信令还，而太傅留之。王夫人因自出云：“新妇少遭家难[2]，一生所寄，唯在此儿。”因流涕抱儿以归。谢公语同坐曰：“家嫂辞情慷慨，致可传述，恨不使朝士见！”

注 释 **①堪劳：**经受劳累。**②家难：**这里指丧夫。

译 文 一次，支道林和尚前去拜访谢安。当时东阳郡太守谢朗还是刚刚总角的孩子，病刚好，身体还很虚弱，和支道林一起研讨、辩论玄理，两人辩论正酣，难分高下。他母亲王夫人在隔壁房中听到此事，很是担心，一再派人前来送口信要他回内室休息，可是每次都被太傅谢安留住。王夫人只好亲自出来，说：“我早年寡居，一辈子的寄托，就在这孩子身上。”于是流着泪把儿子抱回去了。谢安告诉同座的人说：“家嫂言辞情真意切，很值得传诵，可惜没能让朝官听见！”

原 文

支道林、许掾诸人共在会稽王斋头[1]，支为法师，许为都讲。支通一义，四坐莫不厌心。许送一难，众人莫不抃舞[2]。但共嗟咏二家之美，不辨其理之所在。

注 释 **①斋头：**书房。**②抃舞：**手舞足蹈。

译 文 支道林和司徒掾许询等人一同在会稽王的书房里讲解佛经，支道林为主讲法师，许询做协助。支道林每阐明一个义理，满座的人没有不满意的；许询每提出一个疑难，大家也无不高兴得手舞足蹈。大家只是一齐赞扬两家辞采的精妙，并不去辨别两家义理表现在什么地方。

原 文

谢车骑在安西艰中，林道人往就语，将夕乃退[1]。有人道上见者，问云：“公何处来？”答云：“今日与谢孝剧谈一出来。”

注 释 **①将夕：**快到傍晚的时候。

译 文 车骑将军谢玄还在服父丧期间，支道林和尚前去他家和他谈论义理，太阳快下山的时候才告辞出来。有人在路上碰见支道林，问道：“师父从哪里来呀？”支道林回答说：“今天和谢孝子畅谈了一番，刚从他家出来。”

原 文

支道林初从东出，住东安寺中。王长史宿构精理[1]，并撰其才藻，往与支语，不大当对。王叙致作数百语，自谓是名理奇藻。支

徐徐谓曰：“身与君别多年，君义言了不长进。”王大惭而退。

注释 ①**宿构**：事先构思。

译文 支道林刚从会稽来到建康时，住在东安寺里。左长史王濛想与他切磋一番，事先做了精心的准备，尤其针对义理主题观点论据可谓精妙，并且想好富有才情文采的语句，神情满满地拜访支道林和尚，清谈之初感觉和支道林的谈论不大相称。王濛作长篇论述，自以为讲的是至理名言，用的是奇丽辞藻。支道林听后，放慢语速地对他说：“我和你分别多年，看来你在义理、言辞两方面全都没有长进。”王濛非常惭愧地告辞走了。

原文

殷中军读《小品》，下二百签[①]，皆是精微，世之幽滞[②]。尝欲与支道林辩之，竟不得。今《小品》犹存。

注释 ①**签**：书签，标记。②**幽滞**：深奥晦涩。

译文 中军将军殷浩读佛经《小品》时，每到有疑问难解时就会加注标签，读下来可谓满篇二百余签，这些都是精深奥妙的地方，是当时隐晦难明的。殷浩曾经想和支道林辩明这些问题，并没有如愿。这本《小品》保存至今。

原文

佛经以为祛练神明[①]，则圣人可致。简文云：“不知便可登峰造极不？然陶练之功，尚不可诬。”

注释 ①**神明**：精神，智慧。

译文 佛经认为摆脱烦恼、净化神智，就可以成佛。简文帝说：“不知是否能够尽善尽美达到极点？不过，陶冶磨炼的功效还是不可否定。”

原文

于法开始与支公争名，后情渐归支[①]，意甚不忿，遂遁迹剡下。遣弟子出都，语使过会稽。于时支公正讲小品。开戒弟子：“道林讲，比汝至，当在某品中。”因示语攻难数十番，云：“旧此中不可复通。”弟子如言诣支公。正值讲，因谨述开意，往反多时，林公遂屈，厉声曰：“君何足复受人寄载！”

注释 ①**归支**：流向支道林。

译文 于法开和尚起初和支道林争名，渐渐地大家还是认为支道林的见解更胜一筹，他心里愤而不平，便到剡县隐居起来。有一次，于法开派弟子赶往京都办事，吩咐弟子经过会稽山阴县，可以去支道林那里听宣讲佛经《小品》。于法开告诉他的弟子说：“支道林开讲《小品》，等你到达时，一定已经在讲某品了。”他把整个过程给弟子做了示范，告诉弟子如何利用精心准备的数十个辩题与支道林攻诘辩难，并且说：“这些难点论题他不可能比我讲得更明白了。”弟子照他的嘱咐去拜访支道林。正好碰上支道林宣讲，便小心地陈述于法开的见解，两方来回辩论了很久，支道林败下阵来。于是厉声说：“何苦又托人辩论呢！”

原　文

殷中军问：“自然无心于禀受[①]，何以正善人少，恶人多？”诸人莫有言者。刘尹答曰：“譬如泻水着地[②]，正自纵横流漫，略无正方圆者。”一时绝叹，以为名通[③]。

注　释　①**自然**：天然，即道家认为生成万物的大自然。**禀受**：指人从大自然那里接受的品性资质。②**泻**：亦作“写”。③**名通**：精妙的解释。

译　文　中军将军殷浩问：“大自然并没有存心赋予人类不同的品行资质，为什么世上恰恰是好人少，坏人多？”众人没有谁能回答。丹阳尹刘惔回答说：“这好比把水倾泻于地，只是四处流淌漫延，并没有流成纯然是方形或圆形。”一时间大家都极为赞赏，认为是名言。

原　文

康僧渊初过江[①]，未有知者，恒周旋市肆[②]，乞索以自营[③]。忽往殷渊源许，值盛有宾客，殷使坐，粗与寒温[④]，遂及义理[⑤]，语言辞旨，曾无愧色，领略粗举[⑥]，一往参诣[⑦]，由是知之。

注　释　①**康僧渊**：晋时高僧，本是西域人，生于长安，晋成帝时过江南下。②**周旋**：盘桓；游逛。**市肆**：市场；集市。③**自营**：自己谋生。④**寒温**：寒暄。⑤**义理**：探讨经义名理的学问。⑥**领略**：领会。⑦**参诣**：达到高深的境界。

译　文　唐僧渊刚到江南时，没有人了解他，经常在集市上游逛，依靠乞讨来养活自己。一天，他突然前往殷浩那里，正遇上有许多宾客在座，殷浩让他坐下，和他稍稍寒暄几句，之后便谈到义理。唐僧渊的言谈意旨，简直毫无愧色，他将深刻领略的内容大略地阐释，却都直接进入高深的境界，于是大家开始对他有所了解。

原　文

殷、谢诸人共集。谢因问殷：“眼往属万形[①]，万形来入眼不？”

注　释　①**属**：观看。

译　文　殷浩、谢安等人聚会，谢安便问殷浩：“眼睛去观看万物，还是世间万物自己进入人的眼睛里的呢？”

原　文

人有问殷中军：“何以将得位而梦棺器[①]，将得财而梦矢秽[②]？”殷曰：“官本是臭腐，所以将得而梦棺尸；财本是粪土，所以将得而梦秽污。”时人以为名通。

注　释　①**位**：指官位、爵位。②**矢**：通“屎”。

译　文　有人问中军将军殷浩：“为什么要得到地位时会梦见棺材，要得到钱财时会梦见粪便呢？”殷浩答道：“官职原本就是腐臭的，所以要得到的时候就会梦见棺材尸体；财物原本就是粪土，所以要得到的时候就会梦见污秽的东西。”当时人们认为这是至理名言。

原　文

殷中军被废东阳[1]，始看佛经。初视《维摩诘》，疑“般若波罗密”太多。后见《小品》，恨此语少。

注　释　**①废：**罢免官职。

译　文　中军将军殷浩被免职，搬迁到东阳郡居住，这才有时间读佛经。开始看《维摩诘经》时，他认为讲修行道理有些话实属多余，不够精妙；后来看《小品》，他又觉得文中讲修行道理太少了，感到很遗憾。

原　文

支道林、殷渊源俱在相王许[1]。相王谓二人：“可试一交言。而才性殆是渊源崤（xiáo），函之固[2]，君其慎焉！”支初作，改辙远之，数四交，不觉入其玄中。相王抚肩笑曰：“此自是其胜场，安可争锋！”

注　释　**①许：**处所。**②固：**坚固。

译　文　一次，支道林与殷浩都在相王（简文帝时为相王）府中做客，相王对他们说道：“你们可以随便交流沟通。不过，才能和禀性关系问题是殷浩的精深之处，坚固堡垒，你可要谨慎啊！”支道林展开辩题时，刻意调整主题方向，巧妙绕过才能和禀性问题；可是论辩了几个回合，便不觉进入了殷浩的玄理之中。相王拍着支道林肩膀笑着说：“这本来是他的特长，你怎么可以和他争胜呢！”

原　文

谢公因子弟集聚，问：“《毛诗》何句最佳[1]？”遏称曰[2]：“昔我往矣，杨柳依依；今我来思，雨雪霏霏[3]。”公曰：“吁谟定命，远猷辰告[4]。”谓此句偏有雅人深致[5]。

注　释　**①《毛诗》：**即《诗经》，是西周初年到春秋中叶的一部诗歌总集。今传《诗经》是由汉代毛亨所注，所以又称《毛诗》。**②遏：**谢玄，小字遏。**③“昔我”四句：**语出《诗经·小雅·采薇》，意思是，回想当初出征的时候，杨柳依依随风摆荡；如今回到家乡，大雪纷纷满天飘扬。思，语末助词。雨雪，下雪。**④“吁谟”二句：**语出《诗经·大雅·抑》，意思是建国大计、长远国策一定要及时宣告。吁，大。谟，谋。猷，谋略。辰，按时。**⑤偏：**最；特别。

译　文　谢安趁子侄们聚会的时候问：“《毛诗》里哪句最好？”侄子谢玄说：“昔我往矣，杨柳依依；今我来思，雨雪霏霏。”谢公说：“吁谟定命，远猷辰告。”他认为这一句最有高雅人士的深远志趣。

原　文

张凭举孝廉出都[1]，负其才气，谓必参时彦。欲诣刘尹，乡里

及同举者共笑之。张遂诣刘，刘洗濯料事，处之下坐，唯通寒暑，神意不接。张欲自发无端。顷之，长史诸贤来清言，客主有不通处，张乃遥于末坐判之，言约旨远，足畅彼我之怀，一坐皆惊。真长延之上坐，清言弥日，因留宿至晓。张退，刘曰："卿且去，正当取卿共诣抚军。"张还船，同侣问何处宿，张笑而不答。须臾，真长遣传教觅张孝廉船[2]，同侣惋愕。即同载诣抚军。至门，刘前进谓抚军曰："下官今日为公得一太常博士妙选。"既前，抚军与之话言，咨嗟称善，曰："张凭勃窣为理窟。"即用为太常博士。

注释 ①**孝廉**：指很孝顺父母，品行端正的人，汉武帝时令郡国每年考察并推荐孝、廉各一人，魏晋沿用此制。②**传教**：主管宣布教令的郡吏。

译文 张凭被选拔为孝廉，到京都去，他仗着自己有才气，认为必定能够加入名流的行列。他想去拜访刘惔，他的同乡和一同被选拔的人都取笑他。张凭终于去拜访了刘惔，刘惔正在洗涤和处理琐事，就把他安排在下座，只是和他寒暄一下，神态心意都没有注意他。张凭想主动发表议论，又找不到来由。不久，左长史王濛等一批名流来清谈，主客间有不能沟通的地方，张凭便远远地在末座上给他们分析评断，言辞精练而含义深远，完全能够把双方的心意表达清楚，满座的人都非常惊奇。刘惔就请他坐到上座，和他清谈了一整天，于是留他住了一夜。张凭告辞的时候，刘惔说："你暂时回去，我将邀你一起去谒见抚军。"张凭回到船中，同伴们问他在哪里过夜，张凭笑着没有回答。不久，刘惔派郡吏来寻找张孝廉的船，同行的伙伴们都非常惊愕。刘惔当即和他一起坐车去谒见抚军。到了门口，刘惔先进去对抚军说道："下官今天为你找到一位太常博士的最佳人选。"张凭进见以后，抚军和他谈话，连声赞叹，不住叫好，说道："张凭才华横溢，饱学义理。"于是就任用他做太常博士。

原文

汰法师云[1]："六通、三明同归[2]，正异名耳[3]。"

注释 ①**汰法师**：竺法汰，晋代的高僧。②**六通、三明**：佛教用语，六通指天眼通、天耳通、身通、它心通、宿命通、漏尽通（漏：烦恼）；三明指知过去、现在、未来。**同归**：性质、指向相同。③**正**：只不过。**异名**：名称不同。

译文 法师竺法汰说："六通、三明同一性质，只是名称不同罢了。"

原文

支道林、许、谢盛德，共集王家，谢顾谓诸人："今日可谓彦会[1]。时既不可留，此集固亦难常。当共言咏，以写其怀。"许便问主人："有《庄子》不？"正得《渔父》一篇。谢看题，便各使四坐通。支道林先通，作七百许语，叙致精丽，才藻奇拔，众咸称善。于是四坐各言怀毕，谢问曰："卿等尽不？"皆曰："今日之言，少

不自竭。”谢后粗难，因自叙其意，作万余语，才峰秀逸，既自难干，加意气拟托，萧然自得[2]，四坐莫不厌心。支谓谢曰：“君一往奔诣，故复自佳耳。”

注释 ①**彦会**：贤士聚会。②**萧然自得**：潇洒自如。

译文 支道林、许询、谢安几位贤达共聚到王濛家。谢安看看今天到场的人，说：“今天可以说是贤士雅会。时光既然无法挽留，我们也很难经常这样地聚会，今天何不一起谈论吟咏，来抒发我们的情怀。”许询问主人有没有《庄子》这部书，主人只找到《渔父》一篇。谢安看了题目，便叫大家一个个讲解其义理。支道林当先阐述自己的看法见解，精彩美句洋洋洒洒七百句，说解义理精妙优美，赢得大家的一致赞美。接下来在座的人各自发表自己的见解与感悟。这时谢安问道：“还有要发表看法的吗？”大家都连连点头说：“今天的谈论，大家聊得毫无保留，很是畅快。”最后，谢安针对一些疑问，畅谈了自己的看法，洋洋万余言，才思敏锐高妙，特异超俗，这已经是难以企及了，加上情意有所比拟、寄托，潇洒自如，满座的人无不心悦诚服。支道林对谢安说：“你的解说总是围绕问题的核心，自然特别好啊！”

原文

殷中军、孙安国、王、谢能言诸贤，悉在会稽王许，殷与孙共论《易象妙于见形》。孙语道合，意气干云，一坐咸不安孙理[1]，而辞不能屈。会稽王慨然叹曰：“使真长来，故应有以制彼。”即迎真长，孙意己不如。真长既至，先令孙自叙本理。孙粗说己语，亦觉殊不及向。刘便作二百许语，辞难简切[2]，孙理遂屈。一坐同时拊掌而笑，称美良久。

注释 ①**不安**：不满意。②**简切**：简明直接。

译文 一次，中军将军殷浩、孙绰、王濛、谢尚等擅长清谈的贤达名士，聚齐在会稽王官邸。开始时，殷浩和孙绰两人便就《易象妙于见形论》一文辩论起来，孙绰把它和道家思想结合起来展开一番雄辩阐述，显得意气高昂。在座的人都觉得孙绰的观点欠妥，可是又不能驳倒他。会稽王很有感慨地感叹，说：“如果刘惔在，自然会有办法制服他。”随即派人去接刘惔，孙绰意识到自己辩不过刘惔。刘惔来后，先请孙绰谈谈自己最初的观点及论据。孙绰大致复述一下自己的观点，此时也觉得不如刚才所讲的那般稳固。刘惔听完他的叙述后，随即发表了自己的驳论，洋洋洒洒两百句，论述和质疑都很简明、贴切，孙绰的道理便被驳倒了。满座的人不约而同拍手大笑，赞美不已。

原文

僧意在瓦官寺中，王苟子来，与共语，便使其唱理[1]。意谓王曰：“圣人有情不？”王曰：“无。”重问曰：“圣人如柱邪？”王曰：“如筹算。虽无情，运之者有情。”僧意云：“谁运圣人邪？”苟子不得答而去。

注　释　①唱理：带头讲述玄理。

译　文　僧意住在瓦官寺，一次王修来拜访他，想和他一起谈玄理，王修让他先开个头。僧意问王修："佛有感情否？"王说："没有。"僧意又问道："那么佛像柱子一样吗？"王修说："像筹码，虽然没有感情，可是使用它的人有感情。"僧意又问："谁来使用佛呢？"王修回答不了就走了。

原　文

司马太傅问谢车骑："惠子其书五车，何以无一言入玄？"谢曰："故当是其妙处不传[1]。"

注　释　①妙处：精妙的地方，精髓所在。

译　文　一次，太傅司马越问车骑将军谢玄："惠子先生所著的书已经五车有余了，为何却不见有一句涉及玄言？"谢玄回答说："这当然是因为玄言的精妙之处难以言传。"

原　文

殷中军被废，徙东阳，大读佛经，皆精解，唯至"事数"处不解[1]。遇见一道人，问所签，便释然。

注　释　①事数：佛教用语，指听到和看到的一切事物。

译　文　中军将军殷浩被罢官后，迁居东阳，大读佛经，都能精通其义理，只有读到"事数"的地方理解不了，便用字条记上。后来碰见一个和尚，就把所记的问题拿来请教，便都解决了。

原　文

殷仲堪精核玄论[1]，人谓莫不研究。殷乃叹曰："使我解"四本"，谈不翅尔。"

注　释　①玄论：指老庄学说。

译　文　殷仲堪对老庄学说研究精湛，堪称专家，周围人都认为他没有不研究的东西。殷仲堪却很感叹，说："如果我能参透"四本论"，言谈就不只是现在这样了！"

原　文

殷荆州曾问远公："《易》以何为体？"答曰："《易》以感为体[1]。"殷曰："铜山西崩，灵钟东应，便是《易》耶？"远公笑而不答。

注　释　①体：本体。

译　文　一次，荆州刺史殷仲堪很有兴致地与惠远和尚谈论《周易》，说："《周易》用什么做本体？"惠远回答说："《周易》用感应做本体。"殷又问："西边的铜山崩塌了，东边的灵钟就有感应，这就是《周易》吗？"惠远笑着没有回答。

原　文

羊孚弟娶王永言女，及王家见婿，孚送弟俱往。时永言父东阳

尚在，殷仲堪是东阳女婿，亦在坐。孚雅善理义[1]，乃与仲堪道《齐物》，殷难之，羊云："君四番后，当得见同。"殷笑曰："乃可得尽，何必相同？"乃至四番后一通。殷咨嗟曰："仆便无以相异！"叹为新拔者久之[2]。

注释 ①**雅善**：很擅长。②**新拔者**：后起之秀。

译文 羊孚的弟弟羊辅娶了王永言的女儿为妻。一次，王家召集几个女婿聚会，羊孚亲自送他弟弟到了王家。这时王永言的父亲王临之健在，殷仲堪是王临之的女婿，也在座。羊孚很擅长名理，便和殷仲堪讨论起《庄子·齐物论》。殷仲堪反驳了羊孚的观点，羊孚说："我们会经过至少四个回合便能发现彼此见解趋于相同。"殷仲堪笑着说："只要能讲完，不必相同。"等到四个回合后两人见解竟然相同了。殷仲堪很是感慨，说："这样，我就没有什么见解跟你不同了！"并且久久地赞叹羊孚是后起之秀。

原文

殷仲堪云："三日不读《道德经》，便觉舌本间（jiàn）强[1]。"

注释 ①**间强**：僵硬。

译文 殷仲堪说："三天不习读《道德经》，便会感觉舌根僵硬。"

原文

提婆初至[1]，为东亭第讲《阿毗昙》。始发讲，坐裁半，僧弥便云[2]："都已晓。"即于坐分数四有意道人，更就余屋自讲。提婆讲竟，东亭问法冈道人曰："弟子都未解，阿弥那得已解？所得云何？"曰："大略全是，故当小未精核耳。"

注释 ①**提婆**：东晋高僧。②**僧弥**：王珣的弟弟王珉，小名僧弥。

译文 提婆刚到京都不久，就被邀请到东亭侯王珣家讲解《阿毗昙》。第一次开讲，王珉坐到中途就说："我已经全都懂了。"随即在座中分出几个有见解的和尚，另外到别的房间里自己讲解。提婆讲完后，王珣问法冈和尚说："弟子还一点也没有理解，阿弥哪能已经理解了呢？他的心得怎么样？"法冈说："大体上都领会得对，只有小部分没有精通罢了。"

原文

桓南郡与殷荆州共谈，每相攻难。年余后，但一两番。桓自叹才思转退[1]。殷云："此乃是君转解。"

注释 ①**转**：渐渐。

译文 南郡公桓玄和荆州刺史殷仲堪一起谈论，每次都互相驳难。一年后，两人辩论的次数少到只有一两次，桓玄感叹自己才思在逐渐衰退，殷仲堪说："这正是因为你逐渐感悟了呀。"

原　文

文帝尝令东阿王七步中作诗[1]，不成者行大法[2]。应声便为诗曰："煮豆持作羹，漉菽以为汁。萁在釜下然，豆在釜中泣。本自同根生，相煎何太急[3]！"帝深有惭色。

注释 **①文帝**：指魏文帝曹丕。**东阿王**：指曹植，字子建，曹丕的同母弟，曾封为东阿王，后晋封陈王，死后谥为思，世称陈思王。早年曾以文才受父曹操宠爱，后备受曹丕父子猜忌，郁闷而死。**②大法**：指死刑。**③"煮豆"六句**：意思是，煮熟豆子做成羹，滤去豆瓣留下汁。豆茎在锅下燃烧，豆子在锅中哭泣。本来就是同根生长，相互煎熬为何这般迫急。**羹**：稠汤。**漉**：过滤。**菽**：豆类。**萁**：豆茎。**釜**：锅。**然**：同"燃"。

译文 魏文帝曹丕命令东阿王曹植在七步之内作出一首诗，否则就要施行大法处死。曹植随声就作成一首诗："拿豆子料理汤羹，先把豆豉滤汁当作汤头，并将豆茎放在锅底生火，被烹煮的豆子在锅里哭泣说道：'我们明明来自同一根源，何苦急迫互相煎熬呢？'"魏文帝于是露出深深的惭愧的神色。

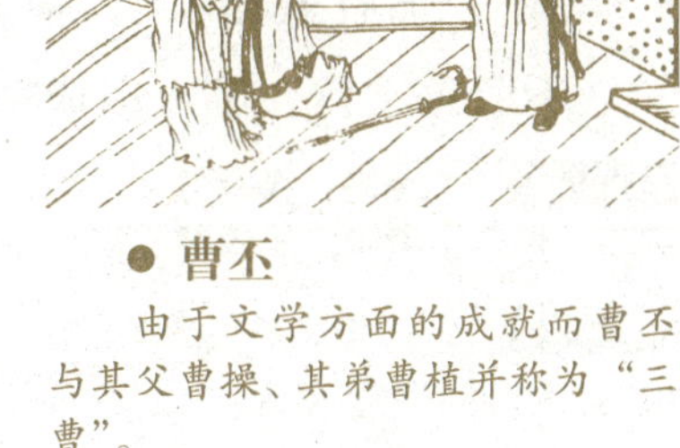

● 曹丕

由于文学方面的成就而曹丕与其父曹操、其弟曹植并称为"三曹"。

原　文

魏朝封晋文王为公，备礼九锡[1]，文王固让不受。公卿将校当诣府敦喻，司空郑冲驰遣信就阮籍求文。籍时在袁孝尼家，宿醉扶起，书札为之，无所点定[2]，乃写付使。时人以为神笔。

注释 **①九锡**：车马、衣物等九种礼物。**②点定**：修改。

译文 魏朝封晋文王司马昭为晋公，并且准备了九锡等赏赐，司马昭坚决推辞不肯接受。朝中文武百官都准备前往司马昭府第恭请接受，此刻司空郑冲正忙着派人到阮籍那里求写劝进文。阮籍当时在袁准家，隔宿酒醉未醒，被人扶起来，交付书札写作，写完，无所改动，就抄好交给了来人。当时人们称他为神笔。

原　文

左太冲作《三都赋》初成，时人互有讥訾（zī）[1]，思意不惬（qiè）。后示张公，张曰："此'二京'可三，然君文未重于世，宜以经高名之士。"思乃询求于皇甫谧（mì），谧见之嗟叹，遂为作叙。于是先相非贰者[2]，莫不敛衽（rèn）赞述焉。

注释 **①讥訾**：讥笑非难。**②非贰**：非议、不同意。

译文 左思的《三都赋》刚问世的时候，受到周围人各种讥笑嘲讽，左思心里很受打击。后来他把文章拿给张华看，张华说："这个作品可以和《两都》《二京》相媲美了。可是你的文章还没有受到大家的重视，可以把作品拿去找有名望的贤达推荐。"左思拿着作品去求教皇甫谧。皇甫谧看了这篇赋，很是赞赏，就给赋写了一篇序。于是先前嘲讽、怀疑这篇赋的人，又都怀着敬意赞扬它了。

原文

刘伶著《酒德颂》，意气所寄[1]。

注释 **①意气**：意志、情趣。

译文 刘伶写的《酒德颂》，是他意志和情趣的寄托。

原文

乐令善于清言，而不长于手笔[1]。将让河南尹[2]，请潘岳为表[3]。潘云："可作耳，要当得君意[4]。"乐为述己所以为让，标位二百许语[5]，潘直取错综[6]，便成名笔。时人咸云："若乐不假潘之文，潘不取乐之旨，则无以成斯矣。"

注释 **①手笔**：撰写散文。**②让**：辞让。**③表**：上奏皇帝的书。**④要当**：必须，但要。**⑤标位**：列举、揭示、阐明。**⑥错综**：交错安排，组织整理。

译文 乐广非常善于清谈玄理，却并不擅长写文章。他想辞让河南尹的官职，请求潘岳替他写一道表章。潘岳说："让我写可以，但是我必须得了解你的意思。"于是乐广就叙述了自己辞让的原因，大概写了二百多字。潘岳按照乐广的意思纵横组织，就写成了名篇，当时的人们纷纷说道："若乐广不借潘岳的文采，潘岳不按照乐广的意思，则无法写成这么好的文章了。"

原文

夏侯湛作《周诗》成，示潘安仁。安仁曰："此非徒温雅[1]，乃别见孝悌（tì）之性[2]。"潘因此遂作《家风诗》。

注释 **①温雅**：温煦高雅。**②性**：天性。

译文 夏侯湛写了一首《周诗》，很有雅兴地拿去给潘岳品评，潘岳说："这首诗不但写得温煦高雅，也能看得出诗人孝顺友爱的情操。"潘岳以此诗为灵感写了一首《家风诗》。

原文

孙子荆除妇服[1]，作诗以示王武子。王曰："未知文生于情，情生于文。览之凄然，增伉俪之重。"

注释 **①除妇服**：为妻子服丧期满，脱去丧服。

译文 孙楚为妻子服丧期满后，写了一首悼亡诗，拿给王济看。王济看后说："真不知是文由情生，还是情由文生！看了你的诗感到悲伤，也增加了我对夫妻情义的珍重。”

原　文

太叔广甚辩给，而挚仲治长于翰墨，俱为列卿。每至公坐，广谈，仲治不能对。退，著笔难广[1]，广又不能答。

注　释　**①著笔：**提笔写文章。

译　文　太叔广善用口才，挚虞却擅长写文章，两人都是朝中大臣。每次官府聚会，太叔广都会高谈阔论一番，而这时挚虞则往往闷不作声。针对一些观点挚虞返回家中会写成文章来反驳，对此，太叔广也不能对答。

原　文

江左殷太常父子并能言理，亦有辩讷之异。扬州口谈至剧[1]，太常辄云："汝更思吾论。"

注　释　**①扬州：**这里指殷浩。

译　文　东晋时候，有太常殷融和殷浩叔侄俩，他们都擅长谈玄理，但是他们两人也各有不同，有能言善辩和不善于言谈之别。扬州刺史殷浩能言善辩，语言表达能力超强，殷融则不善言辞，当他无法充分辩论自己的看法时，总会说："你再想想我的道理。"

原　文

庾子嵩作《意赋》成，从子文康见[1]，问曰："若有意邪，非赋之所尽[2]；若无意邪？复何所赋？"答曰："正在有意无意之间。"

注　释　**①文康：**庾亮，谥号文康。**②赋：**本是诗歌的表现方法之一，特点是铺叙直陈，汉魏六朝时发展成为一种韵文文体，仍然具有叙事成分多于抒情成分的特点。下文的"赋"字作动词用，指写赋。

译　文　庾敳完成了《意赋》，侄子庾亮看了，问道："如果有心意的话，不是一篇赋能表达得尽的；如果是没有心意的话，又何必写这篇赋呢？"庾敳回答："正是在有意无意之间。"

原　文

郭景纯诗云："林无静树，川无停流[1]。"阮孚云："泓峥萧瑟[2]，实不可言。每读此文，辄觉神超形越。"

注　释　**①林无静树，川无停流：**林中没有静止不动的树，河中没有静止不流的水。**②泓峥：**水深山高，比喻郭景纯诗境界高妙。**萧瑟：**形容风吹动林木的声音。

译　文　郭璞诗中写道："林无静树，川无停流。"阮孚评价说："这首诗描绘了水深山高，气象萧瑟的景象，真是妙不可言啊。每当读到它，就会有精神形体超凡脱俗的感觉。"

原　文

庾阐始作《扬都赋》，道温、庾云："温挺义之标，庾作民之望。

方响则金声，比德则玉亮。”庾公闻赋成，求看，兼赠贶之[1]。阐更改“望”为“俊”，以“亮”为“润”云。

注释 ①**赠贶**：赠送。

译文 庾阐当初写《扬都赋》，赋中称赞温峤和庾亮说：“温氏树立了道义的模范，庾氏成了人们仰慕的榜样。他们声音如铜钟般铿锵，品德如宝玉般剔透闪亮。”庾亮得知这篇赋已经写就完成时，急不可耐要求看看，同时希望可以送给自己。庾阐把文中“望”字改为“俊”字，改“亮”为“润”字。

原文

孙兴公作庾公诔[1]，袁羊曰[2]：“见此张缓[3]。”于时以为名赏。

注释 ①**诔**：哀悼死者的一种文体。②**袁羊**：袁乔，字彦叔，小字羊。③**张缓**：义同“张弛”，紧张和轻松，比喻处理政务能适当调节，有张有弛。

译文 孙绰写《庾亮诔》，袁乔说：“能从这里面看出有张有弛的节奏。”当时人们认为这是有名的鉴赏。

原文

庾仲初作《扬都赋》成，以呈庾亮。亮以亲族之怀，大为其名价云：“可三《二京》，四《三都》。”于此人人竞写，都下纸为之贵[1]。谢太傅云：“不得尔，此是屋下架屋耳，事事拟学，而不免俭狭[2]。”

注释 ①**都下**：京城，这里指东晋京都建康。②**俭狭**：贫乏，狭隘。

译文 庾阐写完《扬都赋》后，拿给庾亮看。庾亮因为同宗的关系，极力加以赞扬：“此赋可以和《二京赋》并列为‘三京’，可以和《三都赋》并列为四都。”于是人人竞相抄写，京城的纸张因此涨价。太傅谢安说：“不应该这样，这不过是高屋下架屋而已，写文章处处都模仿，就免不了内容贫乏而眼界狭窄。”

原文

习凿齿史才不常，宣武甚器之，未三十[1]，便用为荆州治中。凿齿谢笺亦云：“不遇明公，荆州老从事耳！”后至都见简文，返命，宣武问：“见相王何如？”答云：“一生不曾见此人。”从此忤旨，出为衡阳郡，性理遂错。于病中犹作《汉晋春秋》，品评卓逸。

注释 ①**未**：不到。

译文 习凿齿的史学才能卓著，桓温对其非常器重。不到三十岁，习凿齿就被升迁荆州治中。在他写给桓温的谢函中说：“如果不是遇到你，我还依然是荆州的一个老从事罢了。”后来，他在建康见到简文帝（司马昱）。回来复命时桓温问他：“你看见了相王，你觉得怎么样？”他答道：“我生来还没有见过这样的人。”从此便违背了桓温的旨意，被降职到衡阳做太守，也因此而精神错乱。病中撰写了《汉晋春秋》一书，书中对历史人物和历史事件的评价独到，见解卓越。

原　文

孙兴公云:《三都》、《二京》,五经鼓吹[①]。"

注　释　①鼓吹:乐队演奏,这里是指宣传。

译　文　孙绰说:"《三都赋》和《二京赋》都是五经的吹鼓手。"

原　文

谢太傅问主簿陆退:"张凭何以作母诔,而不作父诔?"退答曰:"故当是丈夫之德[①],表于事行;妇人之美,非诔不显。"

注　释　①丈夫:男子,男人。

译　文　谢安问主簿陆退:"张凭为何只为母亲写诔文而不给父亲写?"陆退答道:"大概是男人的德行,表现在其生平所做的事业上;而妇女的德行,没有诔文就显扬不出来。"

原　文

王敬仁年十三,作《贤人论》[①],长史送示真长,真长答云:"见敬仁所作论,便足参微言[②]。"

注　释　①王敬仁:王修,字敬仁,是王濛的儿子。②长史:官名,这里指王濛。参:参悟;领悟。微言:精微的言辞,这里指玄言。

译　文　王修十三岁时写了一篇《贤人论》,他父亲王濛送去给刘惔看,刘惔看后答复说:"看了王修所写的文章,他的水平足可以领悟玄言了。"

原　文

孙兴公云:"潘文烂若披锦,无处不善;陆文若排沙简金[①],往往见宝。"

注　释　①简:选取。

译　文　孙绰说:"潘岳的文章就好像是披着锦缎,文采斑斓,没有一处不是美的;陆机的文章就好比披沙淘金,总是可以发现瑰宝。"

原　文

简文称许掾云:"玄度五言诗,可谓妙绝时人[①]。"

注　释　①绝:独一无二;无人能比。

译　文　简文帝称赞许询说:"玄度的五言诗,真是精妙过人。"

原　文

孙兴公作《天台赋》成,以示范荣期[①],云:"卿试掷地,要作金石声[②]。"范曰:"恐子之金石,非宫商中声[③]!"然每至佳句,辄云:"应是我辈语。"

注　释　**①范荣期：** 范启，字荣期，官至黄门侍郎。**②金石声：** 金石类乐器撞击之声，比喻辞赋音韵之美。**③宫商：** 古代把音阶定为宫、商、角、徵、羽五级，叫作五音，五音配合而构成音乐。这里举宫商以代表五音。

译　文　孙绰作《天台赋》，拿给范启看，说："你扔到地上试试看，一定会发出金石一般的铿锵之声。"范启说："恐怕你的金石之声，并不是五音协和的声音。"但每当读到优美的文句，就赞叹道："的确是我们这些人才能说的话啊！"

原　文

桓公见谢安石作简文谥议，看竟，掷与坐上诸客曰："此是安石碎金[1]。"

注　释　**①碎金：** 比喻篇幅短小的美文。

译　文　桓温看到谢安作简文帝的死后的评论，看完后，扔给当时在座的众多客人，并说道："这可是谢安写的小美文啊。"

原　文

袁虎少贫，尝为人佣载运租。谢镇西经船行，其夜清风朗月，闻江渚(zhǔ)间估客船上有咏诗声，甚有情致；所咏五言，又其所未尝闻，叹美不能已。即遣委曲讯问[1]，乃是袁自咏其所作《咏史诗》。因此相要，大相赏得。

注　释　**①委曲：** 详尽。

译　文　袁宏年轻时家境贫寒，他当时以替人搬运粮食出卖苦力换些银钱贴补家用。有一天，镇西将军谢尚坐船出游，那一晚皓月当空，月朗星稀，忽听见江边船上有吟诗的声音，而且很有韵味；所吟诵的五言诗，又是自己过去未曾听过的，不禁赞叹不绝。忙着派人去找寻此人有何来头，后来知道原来是袁宏吟咏自作的《咏史诗》。于此便邀请袁宏相谈，对他大加赞赏，很是投缘。

原　文

孙兴公云："潘文浅而净[1]，陆文深而芜[2]。"

注　释　**①潘：** 指潘岳。**②陆：** 指陆机。**芜：** 芜杂。

译　文　孙绰说："潘岳的文章浅显纯净，陆机的文章虽然深刻，却很繁杂。"

原　文

裴郎作《语林》，始出[1]，大为远近所传。时流年少，无不传写，各有一通[2]。载王东亭作《经王公酒垆下赋》，甚有才情。

注　释　**①始出：** 一经问世。**②各有一通：** 人手一本。

译　文　裴荣撰写《语林》这本书，一经问世，便被远近人们争相传诵。当时的风流少年，

无不传抄，人手一本。书中载有王珣所作的《经王导酒垆下赋》，非常有才华。

原　文

谢万作《八贤论》，与孙兴公往反，小有利钝[1]。谢后出以示顾君齐，顾曰："我亦作，知卿当无所名[2]。"

注　释　①**"谢万"三句**：《八贤论》评述屈原、贾谊等古代八个贤人，认为隐居者较优，出仕者较劣。孙兴公反驳此论。利钝，这里指胜负。②**无所名**：名即命名，指无法给文章标出题目，在这里暗示不同意《八贤论》的观点。

译　文　谢万写了一部《八贤论》的作品，针对内容部分和孙绰争论起来，往返几个回合，稍有胜负。谢万又把文章拿给顾夷看，顾夷看后说："如果我也写这几个人，料你一定标不出题目来。"

原　文

桓宣武命袁彦伯作《北征赋》，既成，公与时贤共看，咸嗟叹之。时王珣在坐，云："恨少一句。得'写'字足韵[1]，当佳。"袁即于坐揽笔益云："感不绝于余心，溯流风而独写。"公谓王曰："当今不得不以此事推袁。"

注　释　①**足韵**：赋体是韵文，中间会换韵，往往是叙述完了一件事转叙另一件事时换韵。如果感到某一韵中所叙之事未尽，就加几句来补足，这叫足韵。

译　文　桓温要求袁宏写一篇《北征赋》，这篇文章写好后，很满意地拿给桓温，桓温和在座的贤士一起看了这篇文章，一致赞美写得好。当时王珣也在座，阅过之后说："遗憾的是少了一句。如果用'写'字足韵，就会更好。"袁宏马上拿笔增加了一句："感不绝于余心，溯流风而独写。"桓温对王珣说："从这件事看，当今不能不推重袁氏。"

原　文

孙兴公道："曹辅佐才如白地明光锦[1]，裁为负版绔[2]，非无文采，酷无裁制。"

注　释　①**曹辅佐**：曹毗，东晋谯国（今安徽亳县）人。善词赋，曾著《扬都赋》。官至光禄勋。②**负版绔**：服役者穿的裤子。负版：给官府背文书簿籍的人。绔：裤子。

译　文　孙绰评说曹毗的文才好比白底子的明光锦，裁做杂役者穿的裤子，并不是缺乏文采，而是没有裁剪制作的巧匠。

原　文

袁彦伯作《名士传》成[1]，见谢公，公笑曰："我尝与诸人道江北事[2]，特作狡（kuài）狯耳，彦伯遂以著书[3]。"

注　释　①**袁彦伯**：袁彦伯，原本作袁伯彦，误倒。袁彦伯把三国、西晋时代一些名人收入《名士传》。②**江北事**：指晋室南渡以前的事。南渡以前，国都在江北。③**狡狯**：游戏。

译　文　袁宏写了一部名为《名士传》的作品，得意之下拿去给谢安看，谢安看了作品，笑着说：“我当初与朋友们谈论过江北往事，那只是一种谈资而已，彦伯这么认真用心，居然写成一本书！”

原　文

王东亭到桓公吏，既伏阁下，桓令人窃取其白事[1]。东亭即于阁下另作，无复向一字。

注　释　①**白事：**报告，是文书的一种。

译　文　东亭侯王珣被调任桓温的属官，到达就任官署后，桓温有意刁难，实则探探他的水平，于是叫人偷偷拿走了他的报告。王珣找不到报告，立即在官署里重新写了一份，令人惊讶的是这份新报告无一字与旧报告重复。

原　文

桓宣武北征，袁虎时从，被责免官。会须露布文，唤袁倚马前令作[1]。手不辍笔，俄得七纸，殊可观。东亭在侧，极叹其才。袁虎云：“当令齿舌间得利。”

注　释　①**倚：**站；立。

译　文　桓温北伐，袁宏当时也随从出征，他因犯错而被罚免官。这时正好需要起草一份紧急檄文，于是就又把袁宏叫来，让他站在马前动笔。袁宏奋笔疾书，一会儿工夫就写满了七张纸，非常可观。王珣在旁对其才气极力称赞。袁宏说：“应当让我在你的言辞中得到些好处。”

原　文

袁宏始作东征赋[1]，都不道陶公。胡奴诱之狭室中[2]，临以白刃，曰：“先公勋业如是！君作《东征赋》，云何相忽略？”宏窘蹙无计，便答：“我大道公，何以云无？”有诵曰：“精金百炼，在割能断。功则治人，职思靖乱[3]。长沙之勋，为史所赞。”

注　释　①**东征赋：**赞颂江东英杰的赋，为世所重。②**胡奴：**陶范，陶侃之子，历任乌程令、光禄勋。③**功则治人，职思靖乱：**担任官职，文能治国，武能平乱。

译　文　袁宏开始写《东征赋》，完全不提陶侃。陶范就把他骗进一间小屋里，把雪亮的刀子对准袁宏说：“先父有那么大的功绩，而你在写《东征赋》时为何将其忽略过去了呢？”袁宏窘迫为难，无法可想，就说：“我在极力称赞陶侃，怎么说没有呢？”于是就朗诵道：“精金百炼，在割能断。功则治人，职思靖乱。长沙之勋，为史所赞。”

原　文

或问顾长康：“君《筝赋》何如嵇康《琴赋》[1]？”顾曰：“不赏者[2]，作后出相遗。深识者，亦以高奇见贵。”

注释 ①**何如**：与之相比怎样。②**赏**：赏识。

译文 有人问顾恺之道："你的《筝赋》同嵇康的《琴赋》相比怎样？"顾恺之答道："不能赏识的人将其看作是后出之作而将其遗弃，有见识的人则会因其高超精妙而推崇它。"

原文

殷仲文天才宏赡，而读书不甚广博，亮叹曰："若使殷仲文读书半袁豹[1]，才不减班固。"

注释 ①**若**：倘若、如果。

译文 殷仲文才华横溢，只是读书不多，傅亮叹息道："倘若殷仲文读的书能赶上袁豹的一半，则他的文才就不会在班固之下。"

原文

羊孚作《雪赞》云[1]："资清以化，乘气以霏。遇象能鲜，即洁成辉。"桓胤遂以书扇。

注释 ①**羊孚**：字子道，泰山南城（今山东费县西南）人，羊祜的后代。桓玄为太尉时，以羊孚为记室参军。

译文 羊孚写了一篇《雪赞》，其中说："资清以化，乘气以霏。遇象能鲜，即洁成辉。"桓胤便把这几句写在扇子上。

原文

王孝伯在京行散[1]，至其弟王睹户前，问："古诗中何句为最？"睹思未答。孝伯咏"'所遇无故物，焉得不速老？'此句为佳。"

注释 ①**行散**：魏晋士大夫喜服五石散，服后必须行走以发散药性，名曰行散或行药。

译文 王恭在京的时候，一次行散到他弟弟王爽门前，问"古诗里头哪一句最好？"王爽正考虑，还没有回答。王恭吟"'所遇无故物，焉得不速老！'说这句是最好的。"

原文

桓玄尝登江陵城南楼云[1]："我今欲为王孝伯作诔[2]。"因吟啸良久[3]，随而下笔。一坐之间[4]，诔以之成。

注释 ①**桓玄**：字敬道，大司马桓温的儿子。晋安帝时掌握朝政，逼迫晋帝禅位，建国号为楚。后来被南朝宋武帝刘裕讨灭。②**王孝伯**：王恭。晋孝帝死后，会稽王司马道子执政，王恭以讨伐王愉、司马尚之为名起兵反叛，兵至而败。他起兵时联合殷仲堪、桓玄等人。因此在他死后，桓玄要为他作诔文。③**吟啸**：吟咏。④**一坐**：坐一下，表示时间短暂。

译文 桓玄有一次登上江陵城城墙的南楼，说道："我现在想给王恭写一篇诔文。"于是长时间吟咏歌啸，接着就动笔。只坐一会儿的工夫，诔文便写成了。

原文

桓玄初并西夏[1]，领荆、江二州、二府、一国。于时始雪，五

处俱贺，五版并入[②]。玄在听事上[③]，版至，即答版后，皆粲(càn)然成章[④]，不相揉杂[⑤]。

注 释 ①**桓玄**：是桓温的儿子，才华出众，文笔优美。②**版**：书写用的木简，这里指贺信，即喜雪的贺信。③**听事**：厅堂。④**粲然**：鲜明华美的样子。⑤**揉杂**：混杂；混同。

译 文 桓玄刚管辖西部一带，兼任荆、江两州刺史，任两个府的长官，还袭封了一个侯国。这年初次下雪，五处官府都来祝贺，五封贺信一起送到。桓玄在官厅上，贺信一到，就在信后起草复信，每封信都下笔成章，文采斑斓，而且不相混同。

原 文

桓玄下都，羊孚时为兖州别驾，从京来诣门[①]，笺云："自顷世故睽离[②]，心事沦蕰(yùn)[③]。明公启晨光于积晦[④]，澄百流以一源。"桓见笺，驰唤前，云："子道，子道，来何迟！"即用为记室参军。孟昶为刘牢之主簿，诣门谢，见云："羊侯，羊侯，百口赖卿[⑤]！"

注 释 ①**京**：指京口。**诣门**：登门造访。②**世故**：世事；变乱。**睽离**：离散；阔别。③**沦蕰**：消沉郁结。④**积晦**：久暗，长夜，比喻当时的世道。⑤**百口赖卿**：全家人的性命依靠你来保护。百口，比喻人口众多。

译 文 桓玄东下京都，当时羊孚任兖州别驾，从京都来登门拜访，他给桓玄的求见拜帖说："自从不久前因为战乱分别，我也意志消沉，心情郁结，明公给漫漫长夜送来晨光，用一源澄清百流。"桓玄见到信，赶紧把他请上前来，对他说："子道，子道，你怎么来得这么晚啊！"立即任他做记室参军。当时孟昶在刘牢之手下任主簿，来登门向羊孚告辞，见面就说："羊侯，羊侯，我一家百口就托付你了。"

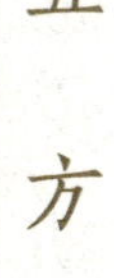

五　方正

题　解

本章讲解为人公正，不为外力屈服的道理，是我国知识分子的传统美德。这里记载了许多感人至深的故事，给后人以深深的激励。

原　文

陈太丘与友期行[①]，期日中。过中不至，太丘舍去，去后乃至。元方时年七岁[②]，门外戏。客问元方："尊君在不[③]？"答曰："待君久不至，已去。"友人便怒曰："非人哉！与人期行，相委而去。"元方曰："君与家君期日中。日中不至，则是无信；对子骂父，则是无礼。"友人惭，下车引之。元方入门不顾。

注　释　**①陈太丘**：陈寔，字仲弓。**②元方**：陈纪，字符方，陈寔的儿子。**③尊君**：尊称对话人的父亲。

译　文　陈寔和朋友相约出行，约定在中午时分，过了中午朋友却没有到，陈寔就先离开了。等他离开后，他的朋友才到。陈寔的儿子陈元方那时七岁，正在家门外玩耍。客人问他："你父亲在吗？"陈元方回答说："因为等了很久，您都没有来，已经先离开了。"客人便生气地说："真不是人啊！和别人约好一起出行，却抛弃别人先离去。"陈元方说："您与我父亲约定在中午见面，到了中午您却没有到，这就是没有信用；对着孩子骂他的父亲，这便是没有礼貌。"客人觉得惭愧，赶紧下车前来，想拉拉陈元方。陈元方连头也不回地走入家门，不再理他。

原　文

南阳宗世林[①]，魏武同时[②]，而甚薄其为人，不与之交。及魏武作司空，总朝政，从容问宗曰："可以交未？"答曰："松柏之志犹存。"世林既以忤旨见疏，位不配德。文帝兄弟每造其门[③]，皆独拜床下[④]。其见礼如此。

注　释　**①南阳**：郡名，治所在宛县（今河南南阳）。**宗世林**：宗承，字世林，以德行高尚受到世人敬重，官至直谏大夫。**②魏武**：指曹操。**③文帝兄弟**：指曹丕、曹植。曹丕，字子桓，曹操次子。曹植，字子建，为曹丕的弟弟。**④床**：这里指坐具，相当于现在的榻。

译　文　南阳宗承和魏武帝曹操是同时代的人，宗承很鄙夷曹操的为人，不愿和他来往。等曹操做了司空，总揽朝廷大权的时候，他不经意地对宗承说："现在我们可以结交为朋友了吗？"

● 曹操

宗承回答："我的松柏之志还在。"宗承因为违背曹操的旨意遭疏远，职位与其威望不相符。但曹丕兄弟每次到他这里拜访时，都还是行弟子礼，在榻下跪拜。他是受到如此的礼遇。

原 文

魏文帝受禅[1]，陈群有戚容[2]。帝问曰："朕应天受命，卿何以不乐？"群曰："臣与华歆服膺先朝，今虽欣圣化，犹义形于色。"

注 释 ①**禅**：禅让。②**戚容**：愁苦的神色。容：表情、神色。

译 文 魏文帝曹丕接受禅让称帝，陈群脸上流露出愁苦悲哀的神色。文帝问他："我顺应天命接受帝位，你有什么不高兴的？"陈群答道："我与华歆都曾忠心耿耿地服事汉朝，如今虽然欣逢陛下圣明的教化，可是不忘前朝的正义之情还是免不住会流露于外。"

原 文

郭淮作关中都督，甚得民情，亦屡有战庸[1]。淮妻，太尉王凌之妹，坐凌事，当并诛，使者征摄甚急。淮使戒装[2]，克日当发。州府文武及百姓劝淮举兵，淮不许。至期遣妻，百姓号泣追呼者数万人。行数十里，淮乃命左右追夫人还，于是文武奔驰，如徇身首之急。既至，淮与宣帝书曰："五子哀恋，思念其母。其母既亡，则无五子；五子若殒，亦复无淮。"宣帝乃表，特原淮妻[3]。

注 释 ①**战庸**：即战功。庸，即功劳。②**戒装**：准备行装。③**原**：赦免。

译 文 郭淮担任关中都督时，深得民心，也屡建战功。他的夫人是太尉王凌的妹子，由于王凌犯罪而受到牵连，应该一同被处死，朝廷使者加紧追捕。郭淮就让夫人准备行装，按限定的日期出发。州府官员和百姓纷纷劝导郭淮起兵反抗，可是郭淮不同意。到了规定的日子，便打发夫人动身上路。几万百姓哭号追随。数十里后，郭淮才命令左右随从去把夫人追回来。于是百官赶忙跑去，就像救自己的性命。夫人被追回后，郭淮向司马懿上书道："我的五个儿子苦苦地想念着他们的母亲，一旦他们的母亲死了，五个儿子也就完了；五个儿子完了，我也就不会存在了。"于是司马懿上表魏帝，将郭淮的夫人赦免了。

原 文

诸葛亮之次渭滨[1]，关中震动。魏明帝深惧晋宣王战[2]，乃遣

辛毗为军司马[3]。宣王既与亮对渭而陈[4]，亮设诱谲万方[5]，宣王果大忿，将欲应之以重兵。亮遣间谍觇之[6]，还曰："有一老夫，毅然仗黄钺，当军门立，军不得出。"亮曰："此必辛佐治也。"

注释 ①**次**：指临时驻扎。②**魏明帝**：曹叡。**晋宣王**：司马懿。魏咸熙元年晋国初建，追尊他为宣王；他的孙子司马炎建立晋朝，又追尊他为宣帝。③**辛毗**：字佐治，此时任行军司马，作战时负参谋之责。④**陈**：通"阵"，排列队阵。⑤**诱谲**：诱骗欺诈。⑥**觇**：侦察。

译文 诸葛亮率军驻扎在渭水南岸时，关中地区人心震动。魏明帝非常担心晋宣王司马懿出战，便派辛毗去担任军司马。司马懿和诸葛亮隔着渭水对阵，诸葛亮使用各种计谋来诱骗他出战，他果然中计，愤怒之下下令调派重兵准备进攻诸葛亮。诸葛亮派出侦察兵卒窥探他的行动，有探子来报说："有一员老将拿着金斧，坚定地面对军营门口站着，军队都出不来。"诸葛亮说："这一定是辛佐治啊。"

原文

夏侯玄既被桎梏[1]，时钟毓为廷尉，钟会先不与玄相知[2]，因便狎之。玄曰："虽复刑余之人，未敢闻命！"考掠初无一言[3]，临刑东市，颜色不异。

注释 ①**桎梏**：逮捕、抓获。②**相知**：交往。③**考掠**：刑讯。

译文 夏侯玄被逮捕后，当时正值钟毓担任掌管刑狱的廷尉，钟会此前同夏侯玄没有交往，这时便借此机会同夏侯玄亲近。夏侯玄说："我虽然是服刑的人，也不能按照你的意思做。"他受到刑讯，却始终没有说一句话。直到执行死刑时，都面不改色。

原文

夏侯泰初与广陵陈本善[1]。本与玄在本母前宴饮，本弟骞行还，径入至堂户。泰初因起曰："可得同，不可得而杂。"

注释 ①**善**：交好。

译文 夏侯玄和广陵郡人陈本是好朋友。一次，陈本和夏侯玄在陈母面前宴饮时，陈本的弟弟陈骞从外面回来，一直进入堂屋门口。夏侯玄站起身，说："同类的人可以在一起，不同类的人不能混杂在一起。"

原文

高贵乡公薨[1]，内外喧哗。司马文王问侍中陈泰曰[2]："何以静之？"泰云："唯杀贾充以谢天下。"文王曰："可复下此不？"对曰："但见其上，未见其下。"

注释 ①**高贵乡公**：曹髦，曹丕的孙子。②**司马文王**：司马昭，司马懿之子。

译文 高贵乡公被杀后，朝廷内外议论纷纷。司马昭问侍中陈泰道："怎么才能使这种局

面平静下来呢？”答道：“只有把贾充杀了来向天下人谢罪。”司马昭说：“找一个比贾充的地位低的人杀，怎么样？”陈泰说：“只有找比贾充地位高的，不可找比贾充地位低的。”

原　文

和峤为武帝所亲重，语峤曰：“东宫顷似更成进[1]，卿试往看。”还，问：“何如。”答云：“皇太子圣质如初[2]。”

注　释　**①成：** 通“诚”，确实，非常。“成进”即大有长进。**②皇太子：** 司马衷，以痴呆著称。**圣质如初：** 即毫无长进。

译　文　和峤受到晋武帝的亲近和器重，他对和峤说：“东宫太子近些日子好像比以前大有长进了，你可以去看一下。”看完返回后，武帝问：“怎么样啊？”答道：“皇太子的资质同以前没有两样。”

原　文

诸葛靓后入晋，除大司马[1]，召不起。以与晋室有仇，常背洛水而坐。与武帝有旧，帝欲见之而无由，乃请诸葛妃呼靓。既来，帝就太妃间相见。礼毕，酒酣，帝曰：“卿故复忆竹马之好不？”靓曰：“臣不能吞炭漆身[2]，今日复睹圣颜。”因涕泗百行。帝于是惭悔而出。

注　释　**①除：** 授任。**②吞炭漆身：**《史记·刺客列传》载，战国时，智伯的门客豫让为报知遇之恩，吞咽木炭，用漆涂身，毁容变音去刺杀杀害智伯的赵襄子，事败而死。诸葛靓以此典故来喻指为父报仇。

译　文　诸葛靓在吴灭亡后去了晋朝，被晋武帝任命为大司马，但是他不去就任。原因是他与晋王室有杀父之仇，他常背对洛水而坐。他同晋武帝有旧交情，武帝想见他却又想不出理由，于是就请叔母诸葛妃把诸葛靓叫来。诸葛靓来了以后，晋武帝就在叔母处同他见面。行过礼，酒喝得正畅快淋漓时，武帝说：“你还记得我们儿时的友谊吗？”诸葛靓说：“我没能像豫让那样吞炭漆身，为父报仇，现在又看到了皇上的尊颜。”说着泪流满面。武帝于是惭愧而又懊悔地出去了。

原　文

武帝语和峤曰：“我欲先痛骂王武子[1]，然后爵之。”峤曰：“武子俊爽，恐不可屈。”帝遂召武子苦责之，因曰：“知愧不？”武子曰：“‘尺布斗粟之谣’[2]，常为陛下耻之！它人能令疏亲，臣不能使亲亲，以此愧陛下[3]！”

注　释　**①王武子：** 王济，字武子。晋武帝曾命同母弟齐王司马攸回到封国，王济多次劝谏，并派自己妻子常山公主等求情，想把齐王留在京都，因而触怒武帝，被降职为国子祭酒。**②“尺布”句：** 喻指兄弟失和。据《史记·淮南衡山列传》记载，汉文帝的弟弟淮南厉王刘长因谋反罪被流放到蜀地，途中绝食而死。后来有民间歌谣唱道：“一尺布，尚可缝；一斗粟，尚可舂。兄弟二人，不能相容。”意思是一尺布能缝成衣服共穿，一斗粟可舂出米来共吃，而天下之大，

兄弟却不能兼容。王济引用这首民谣，意在讽刺晋武帝对待弟弟也像汉文帝对待弟弟一样不讲亲情。③**“它人”三句**：这是讽刺晋武帝的话，意思是他人能使疏远的人变得亲近，我却未能使亲近的人变得更亲近，所以对您有愧。

译文 晋武帝司马炎对和峤说：“我要先痛骂王济一顿，然后再封他爵位。”和峤说：“王济才智超群，是俊迈豪爽之人，恐怕不能使他屈服。”武帝于是召来王济，狠狠地斥责他，随后说：“你知道有愧吗？”王济说：“‘民间流传一尺布，尚可缝；一斗粟，尚可舂；兄弟二人，不能相容’这样的歌谣，我常常为皇上感到羞耻！别人能让疏远的人亲近，我却不能使亲近的人更亲近，因此我很愧对陛下。”

原文

杜预之荆州[①]，顿七里桥[②]，朝士悉祖[③]。预少贱，好豪侠，不为物所许。杨济既名氏雄俊[④]，不堪，不坐而去。须臾，和长舆来[⑤]，问：“杨右卫何在？”客曰：“向来，不坐而去。”长舆曰：“必大夏门下盘马[⑥]。”往大夏门[⑦]，果大阅骑。长舆抱内车[⑧]，共载归，坐如初。

注释 ①**杜预**：字元凯，曾都督荆州诸军事，镇守襄阳。**之**：到，往。②**顿**：停留。**七里桥**：在洛阳城东。③**祖**：古代饯行的仪式，在路上祭路神后，并设宴送行。④**杨济**：字文通，晋武帝司马炎的妻子武悼皇后的叔父，与杜预都是晋室的外戚。虽然杜预功名比他高，他却认为杜预是罪人之子，不愿与之同坐。⑤**和长舆**：和峤。⑥**盘马**：骑马。⑦**大夏门**：洛阳的一座城门楼。⑧**内**：通“纳”，放入。

译文 杜预赶去荆州赴任，途经七里桥，朝廷的官员得到消息，都前来为他饯行。杜预年轻时家境贫寒，却喜欢以豪侠自居，可周围人并没有赞许他。杨济出身名门，才学出众，看不惯这种场面，还没落座就悻悻而去。一会儿，和峤来了，问：“杨右卫在哪里？”有位客人说：“刚才来了，没坐一坐就走了。”和峤说：“一定是到大夏门骑马游乐去了。”便到大夏门去，果然是在那里观看声势浩大的兵马操练。和峤便搂住他拉到车上，一同坐车返回七里桥，像刚来时那样入座。

原文

杜预拜镇南将军，朝士悉至，皆在连榻坐[①]。时亦有裴叔则[②]。羊稚舒后至[③]，曰：“杜元凯乃复连榻坐客！”不坐便去。杜请裴追之，羊去数里住马，既而俱还杜许。

注释 ①**连榻**：榻分独榻和连榻，独榻仅坐一人，而连榻能坐数人。古代以坐独榻为尊，坐连榻则否。②**裴叔则**：裴楷。③**羊稚舒**：羊琇，字稚舒，也是晋室的外戚。

译文 杜预被任命为镇南将军时，朝中大小官员悉数前来道贺，大家都被安排坐在连榻上。当时在座的也有裴楷。羊琇来迟一步，说：“杜元凯竟然安排客人坐在连榻上！”没落座就走了。杜预请裴楷去追他回来，羊琇骑马走了几里路方才停下，随后和裴楷一同回到杜预家。

原　文

晋武帝时，荀勖为中书监，和峤为令。故事[1]，监、令由来共车。峤性雅正，常疾勖谄谀。后公车来，峤便登，正向前坐，不复容勖。勖方更觅车，然后得去。监、令各给车，自此始。

注　释　①**故事**：惯例。

译　文　晋武帝的时候，荀勖任中书监，和峤任中书令。按惯例，中书监和中书令应该同坐一辆车。和峤性格典雅正直，常常看不惯荀勖的谄媚奉承。后来，官府的车来了，和峤便先上车，在前边的正中间坐下，再也容不下荀勖了。荀勖只好另找车，才得去。自此，开始实行给中书监和中书令各派一辆公车。

原　文

山公大儿着短帢，车中倚。武帝欲见之，山公不敢辞[1]，问儿，儿不肯行。时论乃云胜山公。

注　释　①**辞**：推辞。

译　文　山涛的大儿子头戴便帽，倚坐在车中。晋武帝想见见他，山涛不敢推辞，问儿子，儿子又不肯去。当时社会舆论认为他要胜过其父山涛。

原　文

向雄为河内主簿[1]，有公事不及雄，而太守刘准横怒[2]，遂与杖遣之。雄后为黄门郎[3]，刘为侍中，初不交言。武帝闻之，敕雄复君臣之好[4]。雄不得已，诣刘，再拜曰："向受诏而来，而君臣之义绝，何如？"于是即去。武帝闻尚不和，乃怒问雄曰："我令卿复君臣之好，何以犹绝？"雄曰："古之君子[5]，进人以礼[6]，退人以礼。今之君子，进人若将加诸膝，退人若将坠诸渊。臣于刘河内不为戎首[7]，亦已幸甚，安复为君臣之好？"武帝从之。

注　释　①**向雄**：字茂伯，曾任御史中丞、侍中。**河内**：郡名，治所在今河南沁阳。②**刘准**：《晋书·向雄传》作"刘毅"，现据其字"君平"推论，当以"刘准"为是，宋本亦将"准"误为"淮"。刘准，字君平，曾任侍中、尚书仆射、司徒。③**黄门郎**：官名，即黄门侍郎，负责侍从皇帝，传达诏命。④**君臣**：指上下级，当时府王和属吏之间也称为君臣。⑤**君子**：这里指达官贵人。⑥**进**：指举荐，提拔。下文"退"则指撤职，降职。⑦**戎首**：指挑动事端的人。

译　文　向雄担任河内主簿，有件公事和向雄并无关联，太守刘准却迁怒于他，对他杖责并将其辞退。向雄后来做了黄门侍郎，刘准做了侍中，二人从来不说一句话。晋武帝司马炎听说后，命令向雄恢复和刘准的君臣情义。向雄不得已，就去刘准那里，行再拜礼后说："刚才受皇上之命到你这里，不过我们的君臣情义确实是断了，你看怎么办呢？"说完立刻就走了。晋武帝听说二人依旧不和，就怒斥向雄："我命令你恢复君臣情义，为什么你们还是互不往来呢？"

向雄说："古代的君子，按礼制选用人，按礼制罢免人；现在的君子，提拔谁就把谁抱到膝盖上，罢免谁就把谁推到深渊里。我对于刘太守，不当挑衅生事的人，就已经很庆幸了，怎么可能恢复君臣情义呢？"晋武帝只好随他去了。

原　文

齐王冏为大司马，辅政，嵇绍为侍中，诣冏咨事。冏设宰会[1]，召葛旟、董艾等共论时宜。旟等白冏："嵇侍中善于丝竹，公可令操之。"遂送乐器，绍推却不受，冏曰："今日共为欢，卿何却邪？"绍曰："公协辅皇室，令作事可法。绍虽官卑，职备常伯。操丝比竹盖乐官之事，不可以先王法服为伶人之业。今逼高命[2]，不敢苟辞，当释冠冕，袭私服，此绍之心也。"旟等不自得而退。

注　释　①**宰会**：官员集会。②**高命**：尊贵的命令。

译　文　齐王冏任大司马辅政。嵇绍担任侍中去齐王冏那里请求公事。司马冏正在举行官吏集会，召葛旟和董艾等人来共商国是。葛旟等人禀告司马冏说："嵇绍擅长乐器，可以让他弹奏一曲。"于是命人将乐器送上。嵇绍推辞而不肯演奏。司马冏说："今天大家在一起欢聚，你为何要推辞呢？"嵇绍答道："您辅佐皇室，要求僚属办事要符合法度。我虽然官位低，可也是侍中。演奏乐器是乐官的事情，我不能穿着先王制定的官服去做伶工才做的事情。如今因为是您的命令，我不敢随便推辞，但是那也得脱去官服，换上便服，再遵命演奏，这就是我个人的想法。"葛旟等人闻言，很难为情地退下去了。

原　文

卢志于众坐问陆士衡[1]："陆逊、陆抗，是君何物[2]？"答曰："如卿于卢毓、卢珽[3]。"士龙失色[4]。既出户，谓兄曰："何至如此，彼容不相知也[5]。"士衡正色曰："我父祖名播海内，宁有不知？鬼子敢尔[6]！"议者疑二陆优劣，谢公以此定之[7]。

注　释　①**卢志**：字子道，曾任卫尉卿、尚书郎。**陆士衡**：陆机，字士衡，西晋文学家。②**陆逊**：字伯言，三国时吴国人，陆机的祖父，曾任荆州牧，官至丞相。**陆抗**：字幼节，陆机的父亲，曾任镇军大将军，官至大司马、荆州牧。这里卢志对陆机的祖父和父亲直呼其名，触犯了陆机的家讳，因而陆机也直呼卢志祖父和父亲之名作为报复，下文陆云惊慌失色的原因也在于此。③**卢毓**：字子家，三国时魏国人，卢志的祖父，入魏后曾任黄门侍郎、吏部尚书。**卢珽**：字子笏，卢志的父亲，曾任泰山太守。④**士龙**：陆云，字士龙，陆机的弟弟，曾任清河内史、大将军右司马，世称"陆清河"。⑤**容**：或许。⑥**鬼子**：骂人的话。据《孔氏志怪》一书所记，卢志的先人和崔氏已死之女结婚而生卢温休，温休生卢植，卢植即卢志的曾祖。⑦**谢公**：谢安。

译　文　卢志在大庭广众之下问陆士衡："陆逊、陆抗是你什么人？"陆士衡回答："就像你和卢毓、卢珽的关系。"士龙听完惊慌得变了脸色。他从屋里出来后，就对哥哥说："你何必要这样做，他可能真的不了解我们的家世呢。"士衡严肃说道："我们的父亲和祖父名扬四海，他

难道会不知道，鬼孙子竟敢如此无礼！”当时评论的人难分陆氏兄弟的优劣，谢安以此来判定他们的高下。

原　文

羊忱性甚贞烈。赵王伦为相国，忱为太傅长史，乃版以参相国军事[1]。使者卒至，忱深惧豫祸，不暇被马，于是帖骑而避。使者追之，忱善射，矢左右发，使者不敢进，遂得免。

注　释　①**版**：因王封官用版，称为“版官”，此为授官之意。

译　文　羊忱性格特别刚烈忠直，赵王司马伦还在做相国时，羊忱任太傅长史。后来赵王召羊忱做参相国军事。使者突然赶到，羊忱担心因接受司马伦的封官而受牵连，遭祸患。因此他来不及套上马鞍，就急忙贴身于马背而逃。使者追赶他，因其擅长骑射，而左右开弓射向使者，使者因此不敢再追，羊忱方得以免任司马伦所授官职。

原　文

王太尉不与庾子嵩交[1]，庾卿之不置。王曰：“君不得为尔。”庾曰：“卿自君我，我自卿卿；我自用我法，卿自用卿法。”

注　释　①**交**：交往。

译　文　太尉王衍不与庾敳交往，而庾敳却总是用“卿”来称呼他。王衍就说：“君不能这样称呼我。”庾敳说：“您自用‘君’称呼我，我自用‘卿’称呼您；我用我的方式，卿用卿的方式。”

原　文

阮宣子伐社树[1]，有人止之，宣子曰：“社而为树，伐树则社亡；树而为社，伐树则社移矣。”

注　释　①**社树**：祭土地神的社坛中常立树木作为标志，称为社树。

译　文　阮修砍伐神社里的树，有人来制止他，阮修说：“神社如果因为树而存在，那砍伐了树，神社也就不存在了；树如果依托神社而存在，那砍了树，神社就可以搬到别处去了。”

原　文

阮宣子论鬼神有无者[1]。或以人死有鬼，宣子独以为无，曰：“今见鬼者云，着生时衣服，若人死有鬼，衣服复有鬼邪？”

注　释　①**者**：代词，这样的事。

译　文　阮修是这样论述鬼神是否存在的问题。有人认为，人死后有鬼，阮修却认为没有鬼，他说：“现在自称见到鬼的人，说鬼穿着活着时的衣服，如果人死后有鬼，衣服也有鬼吗？”

原　文

元皇帝既登阼[1]，以郑后之宠，欲舍明帝而立简文[2]。时议者咸

谓："舍长立少，既于理非伦[3]，且明帝以聪亮英断，益宜为储副[4]。"周、王诸公并苦争恳切，唯刁玄亮独欲奉少主，以阿帝旨[5]。元帝便欲施行，虑诸公不奉诏，于是先唤周侯、丞相入，然后欲出诏付刁。周、王既入，始至阶头，帝逆遣传诏，遏使就东厢。周侯未悟，即却略下阶。丞相披拨传诏，径至御床前，曰："不审陛下何以见臣？"帝默然无言，乃探怀中黄纸诏裂掷之。由此皇储始定。周侯方慨然愧叹曰："我常自言胜茂弘，今始知不如也！"

注释 **①元皇帝：**晋元帝司马睿，是东晋第一个皇帝，318年即皇帝位，并立司马绍为皇太子。318年纳郑氏为夫人，甚有宠，生简文帝司马昱。**登阼：**登基称帝。**②明帝：**东晋明帝司马绍，为元帝长子。**简文：**晋简文帝司马昱，为元帝少子。**③伦：**顺序。按：宗法制度下，立嗣要立嫡、立长，否则就不合伦理。**④储副：**太子。**⑤刁玄亮：**刁协，字玄亮，累迁尚书令。**少主：**指简文帝。**阿：**迎合。

译文 晋元帝登基后，很是喜欢郑后，便想废明帝司马绍而改立简文帝司马昱为太子。当时朝中大臣都认为，抛开长子而立幼子，不但不合立嗣的顺序，而且太子司马绍聪敏过人，为人诚实，做事英明果断，更适合做太子。周、王等诸位大臣都竭力争辩，言辞恳切，其中只有刁玄亮一人想尊奉少主来迎合元帝的心意。元帝谋划着如何实施自己的计划，但是他很担心诸大臣极力反对不接受命令，想到此，他先召唤武城侯周顗和丞相王导入朝，然后让刁玄亮去颁布诏书。周、王两人进来后，刚走上台阶，元帝已经事先派传诏官迎候他们，拦住他们去路，想要引导他们二位去东厢房。周顗还没看清事情缘由，随即退下台阶。王导推开传诏官闪开去路，快步走到元帝御座前，施礼后，说："臣不明白陛下为何召见臣？"元帝哑口无言，就从怀里摸出黄纸诏书来撕碎扔掉。从此太子才算确定了。周顗这才又感慨又惭愧地叹道："我常常自以为胜过王导，现在才知道比不上他啊！"

原文

王丞相初在江左，欲结援吴人[1]，请婚陆太尉[2]。对曰："培塿无松柏[3]，薰莸不同器[4]。玩虽不才，义不为乱伦之始[5]。"

注释 **①结援：**结交、攀附。**吴人：**吴地人士。东晋王朝，偏安江左，即在春秋时期的吴国旧地。**②陆太尉：**陆玩，吴郡人。晋元帝任其为丞相参军。**③培塿：**小土丘。**④薰：**香草。莸臭草。**⑤乱伦：**门不当，户不对。晋代门阀制度森严，陆玩是南方的士族豪门子弟，王导虽也出身名门，论功勋名望，都不如陆玩，所以陆玩不愿与王导联姻。

译文 丞相王导刚到江南时，他想结交、攀附当地一些有地位的人士。一次，他向太尉陆玩提出想结成儿女亲家。陆玩回应说："小土丘上长不了松柏那样的大树，香草和臭草不能同放在一个器物里。我虽然没有高深的才能，可是从道理上讲也不能带头破坏门当户对的事情。"

原文

诸葛恢大女适太尉庾亮儿[1]，次女适徐州刺史羊忱儿。亮子被苏峻害，改适江虨。恢儿娶邓攸女。于时谢尚书求其小女婚，恢乃云："羊、邓是世婚，江家我顾伊，庾家伊顾我，不能复与谢裒儿婚。"及恢亡，遂婚。于是王右军往谢家看新妇，犹有恢之遗法：威仪端详[2]，容服光整。王叹曰："我在遣女裁得尔耳！"

注 释 ①**适**：出嫁。②**端详**：端庄整洁。

译 文 诸葛恢的大女儿嫁给了太尉庾亮的儿子，二女儿嫁给了徐州刺史羊忱的儿子。庾亮的儿子被苏峻杀害后，诸葛恢的大女儿改嫁给江虨。诸葛恢的儿子娶了邓攸的女儿。这时，谢裒请求诸葛恢的小女儿做自己的儿媳。诸葛恢说："羊、邓两家世代通婚，江家是由我来照顾他，庾家则是由他们来顾念我，不能再与谢家结亲了。"直到诸葛恢去世后，谢的儿子才同诸葛恢的小女儿成了亲。当时王羲之去谢家看新娘子，认为新娘身上还保留有诸葛恢的风范：仪容安详，举止端庄；容光焕发，服饰整洁。王羲之赞叹道："我活着，嫁女儿时也不过如此而已。"

原 文

周叔治作晋陵太守，周侯、仲智往别，叔治以将别，涕泗不止。仲智恚之曰："斯人乃妇女[1]，与人别，唯啼泣！"便舍去。周侯独留，与饮酒言话，临别流涕，抚其背曰："奴好自爱[2]。"

注 释 ①**乃**：动词，如，像。②**奴**：同"阿奴"，尊对卑，或长对幼的爱称。

译 文 周谟做晋陵太守，周顗和周嵩前去送别。周谟因为兄弟三人将要分开而泪流不止。周嵩生气地说："你就像个妇女，与人离别时就只知道哭。"于是就丢下他走了。周顗单独留下来同他一起喝酒聊天。临别时还拍了拍周谟的背说："你自己多保重啊！"

原 文

周伯仁为吏部尚书，在省内夜疾危急，时刁玄亮为尚书令，营救备亲好之至，良久小损。明旦，报仲智，仲智狼狈来。始入户，刁下床对之大泣，说伯仁昨危急之状。仲智手批之，刁为辟易于户侧。既前，都不问病，直云[1]："君在中朝，与和长舆齐名，那与佞人刁协有情？"迳便出。

注 释 ①**直**：只，只是。

译 文 周顗任吏部尚书，在尚书省中，夜里突然急病发作。当时刁协任尚书令，全力救护，表现得非常亲密友好。很长时间后，病情才稍微有所好转。第二天早晨，通知周嵩，周嵩很狼狈地赶到，刚一进门，刁协就离开坐榻，哭着诉说昨夜周顗病情危急的情景。周嵩挥手就要打，刁协赶忙退避到门边。周嵩走到周顗跟前，丝毫不问病情，只是说："你中朝时同和峤齐名，现在怎么同谄媚的小人刁协有交情呢？"说完后就径直走了。

原　文

王含作庐江郡，贪浊狼藉[1]。王敦护其兄，故于众坐称："家兄在郡定佳，庐江人士咸称之！"时何充为敦主簿，在坐，正色曰："充即庐江人，所闻异于此！"敦默然。旁人为之反侧，充晏然，神意自若[2]。

注　释　**①贪浊**：贪赃枉法。**②自若**：泰然。

译　文　王含任庐江郡太守的时候，贪赃枉法，声名狼藉。弟弟王敦替他辩护，专门在大庭广众之下称颂道："我兄长在庐江郡一定有很好的业绩，庐江人都在称颂他。"当时何充担任王敦的主簿，也在座，他表情严肃地说："我就是庐江人，但是所听说的却跟你说的不一样。"王敦沉默不语。一旁的人都为何充感到不安，而何充却神情泰然。

原　文

顾孟著尝以酒劝周伯仁，伯仁不受。顾因移劝柱，而语柱曰："讵可便作栋梁自遇！"周得之欣然，遂为衿契[1]。

注　释　**①衿契**：意气相投的朋友。

译　文　有一次，顾显向周顗劝酒，周顗推辞不胜酒力。顾显转身向梁柱子劝酒，并且对梁柱子说："你把自己看成是栋梁了吗？"周顗听到这话满脸堆笑，两人成了意气相投的朋友。

原　文

明帝在西堂，会诸公饮酒[1]，未大醉，帝问："今名臣共集，何如尧、舜？"时周伯仁为仆射，因厉声曰："今虽同人主，复那得等于圣治！"帝大怒，还内，作手诏满一黄纸[2]，遂付廷尉令收，因欲杀之。后数日，诏出周，群臣往省之。周曰："近知当不死，罪不足至此。"

注　释　**①会**：聚集。**②黄纸**：诏书。

译　文　晋明帝在西堂聚集群臣饮酒。喝到半醉时，明帝问："今天名臣共聚一堂，同尧、舜时相比怎么样？"周顗任仆射，他厉声说道："现今尽管都是人主，然而这又怎么可以等同于尧舜的圣明之治呢？"明帝异常恼怒，回宫后便亲手写了满满一张诏书，交给廷尉，命他们逮捕周顗，准备将其杀掉。几天后，明帝又下诏将周顗释放，群臣前去看望他。周顗说："这几天我知道自己还不应当死，因为我的罪还不致如此。"

原　文

王大将军当下，时咸谓无缘尔。伯仁曰："今主非尧、舜，何能无过？且人臣安得称兵以向朝廷？处仲狼抗刚愎[1]，王平子何在[2]？"

注　释　**①狼抗**：高傲，自高自大。**②王平子**：王平子素有盛名，他勇力过人，为王敦所惧，

死于王手。

译文 大将军王敦即将率兵顺江而下，当时大家纷纷议论没有理由这么做。周顗说："当今的皇帝不是尧舜，怎么可能没有得失呢？况且做臣子的，怎么可以用兵攻打朝廷呢？王敦这个人狂妄自大，目中无人，王平子现在在哪里呢？"

原文

王敦既下，住船石头，欲有废明帝意。宾客盈坐，敦知帝聪明，欲以不孝废之。每言帝不孝之状，而皆云："温太真所说。温尝为东宫率[1]，后为吾司马，甚悉之。"须臾，温来，敦便奋其威容，问温曰："皇太子作人何似？"温曰："小人无以测君子。"敦声色并厉，欲以威力使从己，乃重问温："太子何以称佳？"温曰："钩深致远[2]，盖非浅识所测。然以礼侍亲，可称为孝。"

注释 ①**率**：官名。②**钩深致远**：指贤能聪明。

译文 王敦起兵东下，将船停泊在石头城，企图废黜明帝的太子名分。当时宾客满座，王敦自知太子聪明，便想用不孝的罪名来将其废掉。每当讲太子不孝的罪状时，王敦总是说："这是温峤说的。温峤曾担任东宫官职，后来又担任我的司马，对宫中的事情非常熟悉。"过了一会儿，温峤来了，王敦便板起面孔，问温峤说："皇太子做人怎么样？"温峤说："小人无法揣测君子。"王敦声色俱厉，想以威胁来强迫温峤听从自己，就再次问道："太子哪里好？"温峤答道："他聪明贤能、见多识广，不是浅薄之人所能揣测的。他完全遵从礼教来侍奉亲长，可以称得上是孝子。"

原文

王大将军既反，至石头，周伯仁往见之。谓周曰："卿何以相负？"对曰："公戎车犯正，下官忝率六军[1]，而王师不振，以此负公。"

注释 ①**忝**：谦辞，表示有愧，不敢承当。

译文 大将军王敦叛乱以后，率军到达石头城，周顗前去见他。王敦责问周顗："你为什么辜负我？"周伯仁回答说："大将军率军谋反，下官率领六军出战讨伐，可是军队不能奋勇杀敌，因此才辜负了大将军。"

原文

苏峻既至石头，百僚奔散，唯侍中钟雅独在帝侧。或谓钟曰："见可而进，知难而退，古之道也。君性亮直，必不容于寇雠，何不用随时之宜、而坐待其弊邪？"钟曰："国乱不能匡，君危不能济，而各逊遁以求免，吾惧董狐将执简而进矣[1]！"

注释 ①**董狐**：春秋时敢于冒死秉笔直书的良吏。

译　文　苏峻的叛军到达石头城，朝中官员纷纷落荒而逃，只有侍中钟雅一个人守着成帝。有人对钟雅说："看到可行的事情就前进，知道有困难就后退，这是自古以来的道理。你这么忠诚坦率的性格，肯定不被仇敌所容。为何不见机行事，反而在这里等着祸患的来临呢？"钟雅说："国家混乱而不去匡救，皇上危难而不去保护，反而各自逃跑以求免祸，我恐怕古代的良史官董狐即将拿着竹简来了。"

原　文

庾公临去[①]，顾语钟后事，深以相委。钟曰："栋折榱崩[②]，谁之责邪？"庾曰："今日之事，不容复言，卿当期克复之效耳[③]！"钟曰："想足下不愧荀林父耳[④]。"

注　释　①**庾公**：庾亮。下文"钟"指钟雅。**临去**：指苏峻之乱时百官奔散一事。②**栋折榱崩**：梁柱折断，房子崩塌，喻指国家倾危。榱，椽子。③**克复之效**：指击败叛军，收复京都。④**荀林父**：春秋时晋国大臣。据《左传》记载，宣公十二年，荀林父带兵击楚救郑，结果大败而归，但是晋侯采纳士贞子的劝谏，对他未加处罚。宣公十五年，荀林父果然在曲梁大败赤狄，灭了潞国。

译　文　庾亮离开时，回头叮嘱钟雅今后需要做的事情，将朝廷大事托付给他。钟雅说："国家遭难，这是谁的责任呢？"庾亮说："现在的事情，不容许再多说了，你应当期待光复后的欢乐啊。"钟雅说："想必你不会愧对荀林父吧。"

原　文

苏峻时，孔群在横塘为匡术所逼[①]。王丞相保存术[②]，因众坐戏语，令术劝酒，以释横塘之憾。群答曰："德非孔子，厄同匡人[③]。虽阳和布气[④]，鹰化为鸠[⑤]，至于识者，犹憎其眼。"

注　释　①**横塘**：地名，在建康淮水南，沿长江筑长堤，叫作横塘。按：苏峻起兵反叛时，匡术时为阜陵县令，与苏峻一起反。苏峻攻入建康后，逼迫晋成帝迁到石头城，令匡术守苑城（即成帝所居的宫城），后苏峻败死，匡术投降。②**保存**：保护并使之活下来。③**厄**：困苦；灾难。**匡**：地名。孔子到宋国去，经过匡地，匡简子派兵围攻他。当时孔子及弟子示之以礼义，最后匡人解围。④**阳和**：春日和暖之气。**布**：散布。⑤**鹰化为鸠**：节令的术语。古人分二十四节气，每一节气又分为三候，每一候记载着应时出现的物候现象。惊蛰的三候是桃始华、仓庚鸣、鹰化为鸠。鸠即布谷鸟。

译　文　苏峻起兵反叛时，孔群在横塘实力不及匡术，处在危险之中。叛乱平反后，丞相王导把匡术保全下来。有一次，王导趁着大家在一起谈笑时，让匡术给孔群喝一杯酒，来消除两人在横塘一事的不满。孔群回答说："我的德行虽不能和孔圣人相比，可是在困苦时却和孔子遇到同样的遭遇。现在虽然春气和暖，鹰变成了布谷鸟，可对于有识之士来说，还是厌恶它的眼睛。"

原　文

苏子高事平，王、庾诸公欲用孔廷尉为丹阳。乱离之后，百姓凋弊[①]。孔慨然曰："昔肃祖临崩，诸君亲临御床，并蒙眷识，共奉

遗诏。孔坦疏贱[2]，不在顾命之列。既有艰难，则以微臣为先，今犹俎上腐肉，任人脍截耳！”于是拂衣而去，诸公亦止。

注释 **①凋弊：**颠沛流离。**②疏贱：**位卑才疏。

译文 苏峻的叛乱平定后，王导和庾亮等大臣想任廷尉孔坦做丹阳尹。因战乱不断，百姓颠沛流离，生活困苦。孔坦感慨地说：“之前肃祖（司马绍）临终时，你们几个亲临御床边，共同受到眷顾和赏识，也一起接受了遗诏。我由于位卑才疏而不在顾命大臣之列。如今有了困难，却把我推到最前面。现在我就像是砧板上的烂肉，任人切割。”说罢拂袖而去，大臣们也只好作罢。

原文

孔车骑与中丞共行[1]，在御道逢匡术[2]，宾从甚盛，因往与车骑共语。中丞初不视，直云：“鹰化为鸠，众鸟犹恶其眼。”术大怒，便欲刃之。车骑下车抱术曰：“族弟发狂，卿为我宥之！”始得全首领。

注释 **①孔车骑：**孔愉，字敬康，累迁尚书左仆射，赠车骑将军。**中丞：**官名，这里指孔群。孔群，字敬林，为孔愉的堂弟，官至御史中丞。**②逢：**遇见、碰到。

译文 车骑将军孔愉和御史中丞孔群一起外出，在御道遇见匡术，跟从的宾客、侍从很多，匡术前去和孔愉谈话。孔群却不看他，只是说：“就算鹰化作了布谷鸟，众鸟还是厌恶它的眼睛。”匡术听后大怒，便想杀掉孔群。孔愉急忙下车抱住匡术说：“堂弟发疯了，看在我的面上饶了他吧！”孔群这才得以保住脑袋。

原文

梅颐尝有惠于陶公[1]。后为豫章太守，有事，王丞相遣收之。侃曰：“天子富于春秋[2]，万机自诸侯出[3]，王公既得录，陶公何为不可放！”乃遣人于江口夺之。颐见陶公，拜，陶公止之。颐曰：“梅仲真膝，明日岂可复屈邪！”

注释 **①梅颐：**字仲真，曾任豫章太守。按：梅颐弟弟梅陶曾任王敦手下的咨议参军，王敦听信谗言想杀陶侃，梅陶劝阻，陶侃得免。这里说梅颐有惠于陶侃，当是误记。**陶公：**陶侃。**②富于春秋：**婉词，指年轻。**③诸侯：**这里指高级官员。

译文 梅颐曾于陶侃有恩，后来梅颐担任豫章太守，因为犯事，丞相王导派人逮捕他。陶侃说：“天子年轻，国家的事情常由大臣做主，王导既然能够抓了梅颐，我怎么不能放了他呢！”于是派人在江口将他夺下。梅颐见到陶侃，屈身行跪拜礼，陶侃阻止他，梅颐说：“我梅颐正直的双膝，日后难道还会再跪下吗？”

原文

王丞相作女伎[1]，施设床席。蔡公先在坐[2]，不说而去[3]，王亦

不留。

注释 ①**女伎**：伎女。②**蔡公**：蔡谟，字道明，历任左光禄、录尚书事、扬州刺史等职。据《晋书·蔡谟传》载“谟性方雅”，故不喜王导所为。③**不说**：不高兴。说，通“悦”。

译文 丞相王导安排了歌伎舞娘，还安排了床榻坐席。蔡谟先已在座，看见这种做法很是反感，悻悻而去，王导也没有去挽留他。

原文

何次道、庾季坚二人并为元辅[1]。成帝初崩，于时嗣君未定。何欲立嗣子，庾及朝议以外寇方强，嗣子冲幼，乃立康帝。康帝登阼，会群臣，谓何曰："朕今所以承大业，为谁之议？"何答曰："陛下龙飞[2]，此是庾冰之功，非臣之力。于时用微臣之议，今不睹盛明之世。"帝有惭色。

注释 ①**元辅**：首辅，即宰相。②**龙飞**：比喻帝王登基。

译文 何充、庾冰二人同是成帝的宰相。成帝刚去世，当时还没有选定继承帝位的人选。何充想立皇太子，而庾冰和其他朝廷官员则认为目前外寇正是强大之时，皇太子年幼，因此立了康帝。康帝即位，会见群臣，他对何充说："我今天之所以能够登上帝位，是谁的提议呢？"何充答道："陛下能够继承帝位，都是庾冰的功劳，而非我的力量。当时要是按照我的意见，就看不到现在这种昌盛的时代了。"康帝听后，脸上流露出惭愧的表情。

原文

江仆射年少，王丞相呼与共棋[1]。王手尝不如两道许，而欲敌道戏，试以观之。江不即下。王曰："君何以不行？"江曰："恐不得尔。"傍有客曰[2]："此年少戏乃不恶。"王徐举首曰："此年少，非唯围棋见胜。"

注释 ①**共**：一起。②**傍**：旁边。

译文 江虨年少时，王导将其叫来一起下棋。王的棋艺原比江的差两段左右，却想与他对等下棋，试看他怎么样。江并没有马上下子。王说："你怎么不下呢？"江说道："恐怕不能这样吧？"旁边就有客人说道："这个年轻人的棋艺非常不错。"王缓缓地抬起头来说："这个年轻人，不只是围棋胜出。"

原文

孔君平疾笃[1]，庾司空为会稽，省之[2]，相问讯甚至，为之流涕。庾既下床，孔慨然曰："大丈夫将终，不问安国宁家之术，乃作儿女子相问！"庾闻，回谢之，请其话言。

注释 ①**疾笃**：病重。②**省**：探望。

译 文 孔坦病重，庾冰当时正任会稽内史，他去探望孔坦，问候其病情，情真意切，并因孔坦病重而难过地流泪。庾冰离开坐榻后，孔坦感慨地说道："大丈夫即将离开人世，不去问他治国安邦之道，却像个小儿女一样前来问候！"庾冰听到后，赶忙转身向他道歉，并请求孔坦说出临终教诲的话。

原 文

桓大司马诣刘尹，卧不起。桓弯弹弹刘枕，丸进碎床褥间。刘作色而起曰："使君如馨地[1]，宁可斗战求胜？"桓甚有恨容。

注 释 ①**如馨地**：如此，这样。

译 文 大司马桓温走访刘尹，刘躺在床上不起身。桓就用弹弓来射击刘的枕头，结果弹丸破碎，散落在了床褥上。刘变了脸色，起身说道："使君居然这样，难道这种情况也可以靠打仗来获胜吗？"桓听后，脸上流露出恼怒的神色。

原 文

后来年少，多有道深公者。深公谓曰："黄吻年少，勿为评论宿士[1]。昔尝与元明二帝、王庾二公周旋[2]。"

注 释 ①**宿士**：老成饱学之士。②**周旋**：交往。

译 文 后生少年们经常谈论深公（竺法深）。深公对他们说："你们这些黄口小儿，不要总是随便议论老成饱学之士。以前，我曾与元、明二帝（司马睿和司马绍）以及王导、庾亮两公交往。"

原 文

王中郎年少时[1]，江虨为仆射，领选[2]，欲拟之为尚书郎[3]。有语王者，王曰："自过江来，尚书郎正用第二人[4]，何得拟我！"江闻而止。

注 释 ①**王中郎**：王坦之，字文度。②**领选**：选，指选部，主管官吏任免、调动等事。③**尚书郎**：官名，主管文书起草等事务。④**第二人**：二流之人，家世贫寒的人。

译 文 中郎将王坦之年轻时，江虨任尚书左仆射，兼任吏部尚书职务，他考虑举荐王坦之任尚书郎。有人把这个消息告诉了王坦之，坦之很不以为然地说："自从过江以来，尚书郎只有二流的人才去担任，怎么能推荐我呢！"江虨听说后，就不推荐他了。

原 文

王述转尚书令[1]，事行便拜[2]。文度曰："故应让杜、许。"蓝田云："汝谓我堪此不？"文度曰："何为不堪，但克让自是美事，恐不可阙。"蓝田慨然曰："既云堪，何为复让？人言汝胜我，定不如我。"

注 释 ①**转**：升任。②**拜**：赴任。

译 文 王述升任尚书令，一接到诏命就忙去赴任。他的儿子王坦之说："本该谦让给杜、

许二人。”王述说：“你觉得我能胜任这个任务吗？”王坦之说：“当然能胜任了，不过谦让是美德，恐怕还是应该不要丢弃的。”王述感慨地说：“既然可以胜任，为何还要谦让？别人都说你比我强，看来到底还是不如我。”

原　文

孙兴公作《庾公诔》[1]，文多托寄之辞。既成[2]，示庾道恩，庾见，慨然送还之，曰：“先君与君，自不至于此。”

注　释　①**作**：撰写。②**既成**：完成。

译　文　孙绰为庾亮作诔，文中很多话都寄有深情厚谊。写成后，给庾亮的儿子庾羲看，庾羲看完后感慨地将其送还，并说道：“先父同您的关系原本不至于像您在文中写得那样交情深厚。”

原　文

王长史求东阳[1]，抚军不用[2]。后疾笃，临终，抚军哀叹曰：“吾将负仲祖！”于此命用之。长史曰：“人言会稽王痴，真痴。”

注　释　①**王长史**：王濛，字仲祖。②**抚军**：晋简文帝司马昱，即位前曾任抚军大将军，封会稽王。

译　文　左长史王濛请求任东阳郡太守一职，但抚军一直不肯委任他。后来王濛病危，临去世时，抚军哀叹说：“我在这件事上对不起仲祖。”于是下令委任他。王濛说：“人们说会稽王痴心，确实痴心。”

原　文

刘简作桓宣武别驾，后为东曹参军，颇以刚直见疏。尝听记[1]，简都无言。宣武问：“刘东曹何以不下意[2]？”答曰：“会不能用。”宣武亦无怪色。

注　释　①**听记**：公文。②**下意**：提出意见。

译　文　刘简担任桓温的别驾，后来又担任东曹参军，往往因为刚正率直而被疏远。有一次，刘简听桓温有关处理公文的意见，刘简一直都没有说话。桓温问：“刘东曹怎么不发表意见？”刘简答道：“终归是不会被采用的。”桓温对他也没有责怪之意。

原　文

刘真长、王仲祖共行，日旰未食[1]。有相识小人贻其餐[2]，肴案甚盛[3]，真长辞焉。仲祖曰：“聊以充虚，何苦辞？”真长曰：“小人都不可与作缘[4]。”

注　释　①**旰**：天色已晚。②**小人**：晋代注重门第，士族阶层把府中吏役、老百姓等地位低的人都看成小人。③**肴案**：菜肴。案，食盘。④**作缘**：打交道；交朋友。

译　文 刘惔、王濛一同外出，日沉西山时还没有晚膳的着落。这时有个认识他们的吏役送来饭食给他们，菜肴很丰盛，刘惔辞谢了。王濛说："暂且用来充饥，为何要推辞？"刘惔说："绝不能跟小人物交朋友。"

原　文

王修龄尝在东山[1]，甚贫乏。陶胡奴为乌程令[2]，送一船米遗之，却不肯取。直答语："王修龄若饥，自当就谢仁祖索食[3]，不须陶胡奴米。"

注　释 ①**东山：**山名，在会稽郡。②**陶胡奴：**陶范，小名胡奴，陶侃的儿子。③**谢仁祖：**谢尚。按：王、谢均为士族，陶氏出身寒门。王修龄拒绝赠米，当出于门第之见。

译　文 王胡之曾在东山隐居过一段时间，当时穷困潦倒。陶范当时任乌程县令，得知他的情况便运一船米送给他。王胡之婉言谢绝了，回话说："王胡之如果腹中饥渴，自会去谢尚那里找吃食，还没到向陶范等人要米的地步。"

原　文

阮光禄赴山陵，至都，不往殷、刘许[1]，过事便还。诸人相与追之。阮亦知时流必当逐己，乃遄疾而去，至方山不相及[2]。刘尹时为会稽，乃叹曰："我入，当泊安石渚下耳，不敢复近思旷傍。伊便能捉杖打人，不易。"

注　释 ①**许：**同"所"，表示住所。②**相及：**赶上他。相，表示动作偏向一方。

译　文 阮裕参加成帝（司马衍）的丧礼，到京都后没有到殷浩和刘惔的处所，事情结束后就往回返。众人都一起去追赶他。阮裕也早就猜到这些当地名流会追赶自己，就急忙离开。这些人追到方山，还是没有追上。刘惔当时正谋求出任会稽太守，他叹息道："我要是到会稽去，就只能将船停泊在谢安的处所旁，而不敢靠近阮裕。不然他会举起木棒打人，肯定的。"

原　文

王、刘与桓公共至覆舟山看[1]。酒酣后，刘牵脚加桓公颈[2]，桓公甚不堪，举手拨去。既还，王长史语刘曰："伊讵可以形色加人不？"

注　释 ①**看：**游览。②**颈：**脖子。

译　文 王濛、刘惔和桓温一同到覆舟山游览，喝够了酒后，刘惔抬起脚架在桓温的脖子上，桓温实在受不了了，就用手将刘惔的脚拨开。回来后，王濛对刘惔说道："他难道可以给人凶横的脸色看吗？"

原　文

桓公问桓子野："谢安石料万石必败[1]，何以不谏？"子野答曰："故当出于难犯耳。"桓作色曰："万石挠弱凡才[2]，有何严颜难犯！"

注释 **①万石：**谢万，字万石，谢安之弟。谢万曾任豫州刺史，在晋穆帝升平三年，受命北伐燕国。**②凡才：**平庸的人。

译文 桓温问桓伊："谢安已经估计到万石一定要失败，为什么不劝他改正错误？"桓伊回答说："自然是由于很难触犯呀。"桓温生气地说："谢万是个软弱的庸才，还有什么威严不敢触犯！"

原文

罗君章曾在人家[①]，主人令与坐上客共语。答曰："相识已多[②]，不烦复尔。"

注释 **①罗君章：**罗含，字君章，晋人，官至廷尉、长沙相。**②多：**这里的意思是时间久。

译文 罗含曾在别人家做客，主人让他和客人们一起聊聊，他回答说："大家都相识已久，不必麻烦再这样做了。"

原文

韩康伯病，拄杖前庭消摇[①]。见诸谢皆富贵，轰隐交路[②]，叹曰："此复何异王莽时？"

注释 **①消摇：**同"逍遥"，悠闲自适的样子。**②轰隐交路：**车马、仆从往来于道路。

译文 韩伯生病，拄着拐杖在庭前散步，看见谢家人人富贵，车马仆从往来不断于大路上。他叹道："这同王莽专权时有什么区别啊！"

原文

王文度为桓公长史时，桓为儿求王女，王许咨蓝田。既还，蓝田爱念文度，虽长大，犹抱着膝上。文度因言桓求己女婚。蓝田大怒，排文度下膝，曰："恶见[①]，文度已复痴，畏桓温面？兵，那可嫁女与之[②]！"文度还报云："下官家中先得婚处。"桓公曰："吾知矣，此尊府君不肯耳。"后桓女遂嫁文度儿。

注释 **①恶见：**少见。恶，形容词，难。**②那可：**怎么能。

译文 王坦之任桓温的长史，桓温就为儿子求娶王的女儿。王答应回家请示父亲蓝田（王述）。回到家里，王述因疼爱儿子的缘故，还是将已经长大成人的儿子抱起来放在膝上。王坦之就趁机将桓温求亲的事说给了父亲。王述听后勃然大怒，他把儿子推下膝说："真是太少见了！你竟然犯傻。害怕桓温的脸色吗？桓温身为一个兵士，怎么能把女儿嫁给他们家呢？"王坦之只好回桓温道："女儿早就有婆家了。"桓温听后说："我知道了，这是你父亲不同意罢了。"后来，桓温的女儿最终嫁给了王坦之的儿子。

原文

王子敬数岁时[①]，尝看诸门生樗蒲[②]，见有胜负，因曰："南风

不竞[3]。”门生辈轻其小儿，乃曰：“此郎亦管中窥豹，时见一斑。”子敬瞋目曰[4]：“远惭荀奉倩，近愧刘真长。”遂拂衣而去。

注释 **①王子敬：**王献之。**②门生：**攀附权贵的门客。**樗蒲：**一种赌博游戏。**③南风不竞：**典出《左传·襄公十八年》。古人迷信，常用乐律来占卜出兵的吉凶。楚国与郑国交战的时候，晋国的乐师师旷以南风不竞，象征死亡的声音多，楚国一定不能建功。这里比喻坐在南边的要输。**④瞋目：**发怒时睁大眼睛。

译文 王献之很小的时候，曾经观看一些门客赌博，当看到他们有胜负时，他就会在旁边说：“南风不竞（南边的要输）。”门客们对这个小孩子没放在眼里，很不以为然地说：“这位小郎也是管中窥豹，时见一斑。”献之气得瞪大眼睛说：“比远的，我愧对荀粲；比近的，我愧对刘惔。”于是拂袖而去。

原文

谢公闻羊绥佳，致意令来，终不肯诣。后绥为太学博士[1]，因事见谢公，公即取以为主簿[2]。

注释 **①太学博士：**学校的教官。太学是贵族以及隽秀子弟的学校。**②主簿：**主管文书和书记的官员，地位较高。

译文 谢安听说羊绥是一位难得的人才，便派人前去表达邀请之意并且希望他能来，可是羊绥一直在婉言谢绝。后来羊绥任太学博士，因为有事前去拜见谢安，谢安便马上把他调来任主簿。

原文

王右军与谢公诣阮公[1]，至门，语谢：“故当共推主人[2]。”谢曰：“推人正自难。”

注释 **①阮公：**阮裕，字思旷。**②推：**推崇；推许。

译文 右军将军王羲之和谢安去拜访阮裕，走到门口，王羲之对谢公说：“我们应当共同推崇主人。”谢公说：“正是推崇别人这件事，让人觉得很难。”

原文

太极殿始成[1]，王子敬时为谢公长史，谢送版[2]，使王题之，王有不平色，语信云：“可掷箸门外。”谢后见王，曰：“题之上殿何若？昔魏朝韦诞诸人，亦自为也。”王曰：“魏祚所以不长。”谢以为名言。

注释 **①始成：**刚刚建成。**②版：**牌匾。

译文 太极殿刚刚建成，王献之当时担任谢安的长史，谢安命人送匾去让王献之题写。王献之显露出不满的神情，对来人说：“可丢在门外。”谢后来又见到王，问道：“给正殿题的匾怎么样了？以前魏朝韦诞等名流，也都是这样做的。”王说：“这就是魏朝江山为什么不能坐久的原因。”谢安认为这是一句名言。

原　文

王恭欲请江卢奴为长史，晨往诣江，江犹在帐中[1]。王坐，不敢即言。良久乃得及[2]。江不应，直唤人取酒，自饮一碗，又不与王。王且笑且言："那得独饮？"江曰："卿亦复须邪？"更使酌与王。王饮酒毕，因得自解去。未出户，江叹曰："人自量，固为难！"

注　释　①**犹在**：还在。②**良久**：好长时间。

译　文　王恭想请江敳做长史，早晨到江家去，江还在帐中。王坐下后不敢立即开口，好长时间才说明来意。江没有说什么，只是命人拿来酒。自己喝了一碗，也不请王喝。王就边笑边说："怎么可以一个人喝酒呢？"江说："你也要喝吗？"于是就命人给王斟酒。王喝了酒后就趁机离开。还没有走出门，江便感叹道："一个人要正确估量自己，本来就是很困难的啊！"

原　文

孝武问王爽[1]："卿何如卿兄？"王答曰："风流秀出[2]，臣不如恭，忠孝亦何可以假人[3]！"

注　释　①**孝武**：指晋孝武帝司马曜。**王爽**：是王恭的弟弟，下文问的"卿兄"即指王恭。②**风流**：风采；神韵。③**"忠孝"句**：意思是在忠孝方面自己比哥哥强。假人，借给别人。

译　文　晋孝武帝司马曜问王爽："你和你哥哥王恭相比如何？"王爽回答："风流与才华，我比不上王恭，若说起忠孝之德，又怎么可以让给别人！"

原　文

王爽与司马太傅饮酒[1]。太傅醉，呼王为"小子[2]"。王曰："亡祖长史[3]，与简文皇帝为布衣之交。亡姑、亡姊，伉俪二宫。何小子之有？[4]"

注　释　①**司马太傅**：指会稽王司马道子。②**小子**：对人的蔑称。③**亡祖**：相当于"先祖"，指已故的祖父。王爽的祖父就是王濛。④**何……之有**：属于古汉语的固定句式，译为"有……呢？"比如，"何陋之有"，有什么简陋的呢？

译　文　王爽和太傅司马道子在一起饮酒，太傅醉了，叫王爽为"小子"。王爽说："我的先祖身为长史，和简文皇帝是布衣之交；已故的姑母、姐姐是两宫的皇后。您怎么能称我为小子！"

原　文

张玄与王建武先不相识[1]，后遇于范豫章许[2]，范令二人共语。张因正坐敛衽[3]，王孰视良久[4]，不对。张大失望，便去。范苦譬留之[5]，遂不肯住。范是王之舅，乃让王曰："张玄，吴士之秀，亦见遇于时，而使至于此，深不可解。"王笑曰："张祖希若欲相识，自应见诣。"范驰报张，张便束带造之。遂举觞对语，宾主无愧色。

注　释　①**张玄**：即张玄之，字祖希。官为吏部尚书、冠军将军、吴兴太守。**王建武**：指王忱，晋平北将军王坦之的儿子，他的官做到荆州刺史、建武将军。②**范豫章**：指范宁，字武子，官至中书郎豫章太守。**许**：处所。③**敛衽**：提起衣襟表示恭敬。④**孰视**："孰"通"熟"，仔细看。⑤**苦譬**：苦苦地劝谕。

译　文　张玄和建武将军王忱两人原先不认识，后来在豫章太守范宁家相遇。范宁叫两人交谈交谈。张玄便正襟危坐，王忱却久久地仔细看着他，不答话。张玄非常失望，便告辞，范宁苦苦地解释并挽留他，他到底不肯留下。范宁是王忱的舅舅，就责怪王忱说："张玄是吴地名士中的优秀人物，又是当代名流所看重的，你却让他处在这种情况下，真是很难理解。"王忱笑着说："张祖希如果想认识我，自然应该上门来探望我。"范宁赶紧把这话告诉张玄，张玄便穿好礼服去拜访他。两人于是一边喝酒一边谈论，宾主都没有抱愧的表情。

六　雅量

题　解

本章讲解风雅恢宏的度量，即遇事镇静自若，处之泰然，这里记载的即是士人豁达处事的事例。雅量是魏晋风度中的一种，因此常以此来品评人物，很受士人的重视。

原　文

豫章太守顾劭[1]，是雍之子[2]。劭在郡卒，雍盛集僚属，自围棋。外启信至，而无儿书，虽神气不变，而心了其故。以爪掐掌，血流沾褥。宾客既散，方叹曰："已无延陵之高[3]，岂可有丧明之责[4]！"于是豁情散哀，颜色自若。

注　释　①**顾劭**：字孝则，三国时吴国人，官至豫章太守。②**雍**：顾雍，字元叹，顾劭的父亲，曾任会稽丞，行太守事，在吴任丞相，执政十九年。③**延陵之高**：延陵本为春秋时吴国贵族季札的封邑（在今江苏武进），这里代指季札。据《礼记》记载，季札在儿子死后埋葬时很平静地说："骨肉重新回到土里是命里注定的。他的魂魄则到处都可以存在。"孔子评价他这种态度合于礼。顾雍用"延陵之高"来表示对丧子持坦然的态度。④**丧明之责**：丧明，指丧失视力。《礼记·檀弓》载，子夏死了儿子后，把眼睛哭瞎了。曾子批评他的这种行为，子夏听后连连认错。这里用"丧明之责"来表示儿子死后因哀毁过礼而受到责备。

译　文　豫章太守顾劭，是顾雍的儿子。顾劭在任内去世时，顾雍正兴味盎然地与大批部属们欢聚，而他自己正在下围棋。仆人禀告豫章的信使到了，却没有儿子的书信。虽然当时神情未变，但心里已经明白怎么回事了。他的指甲掐进了手掌，血流出来，染到了衣服。宾客们散去后，顾雍才叹息道："我虽然没有延陵季札失去儿子时那样的旷达，难道可以像子夏那样，因为丧子而哭瞎眼睛，招来众人的指责吗？"于是放宽胸怀，抒解心中的哀痛，神色坦然自若。

原　文

嵇中散临刑东市[1]，神气不变，索琴弹之，奏《广陵散》[2]。曲终，曰："袁孝尼尝请学此散[3]，吾靳固未与[4]，《广陵散》于今绝矣！"太学生三千人上书[5]，请以为师，不许。文王寻亦悔焉[6]。

注　释　①**嵇中散**：嵇康，字叔夜，三国时魏谯郡铚（今安徽宿州西南）人。②**《广陵散》**：琴曲名，又称《广陵止息》，是篇幅最长的琴曲之一。③**袁孝尼**：袁准，字孝尼，为人忠信正直，自甘淡泊。入晋后，官至给事中。④**靳固**：吝惜；舍不得。⑤**太学生**：太学是我国古代的最高学府，其中的学生称为太学生。⑥**文王**：指晋文王司马昭。

译　文　中散大夫嵇康被押到东市被处决时，神色不变，向人要琴弹奏《广陵散》。演奏完说道："袁准曾经想跟我学弹此曲，我舍不得传授给他，如今《广陵散》将要成为绝响了！"当时有三千多太学生上书朝廷，请求拜嵇康为师，没有人获准。嵇康死后不久，晋文王司马昭也后悔杀了嵇康。

原　文

夏侯太初尝倚柱作书[1]，时大雨，霹雳破所倚柱，衣服焦然，神色无变，书亦如故。宾客左右，皆跌荡不得住[2]。

注　释　①**作书**：写字。②**跌荡**：东倒西歪。

译　文　夏侯玄曾经靠着柱子写字，当时正值大雨倾盆，雷电将他靠着的柱子给劈开了，同时烧焦了他的衣服。可是他面不改色，依旧写字。宾客随从都吓得东倒西歪，站都站不稳了。

原　文

王戎七岁，尝与诸小儿游[1]。看道边李树，多子折枝，诸儿竞走取之，唯戎不动。人问之，答曰："树在道边而多子，此必苦李。"取之，信然[2]。

注　释　①**尝**：曾经。②**信然**：果然。

译　文　王戎七岁的时候，曾经同一些小孩子在一起玩儿。他们看到路边有一棵李树，上面结了很多果实，树枝都被压弯了。小孩儿们争着去摘李子，只有王戎不动。有人问他，他说："这树在路边，却还有那么多果实，说明这必是苦李。"拿来一尝，果然像他所说。

原　文

魏明帝于宣武场上断虎爪牙[1]，纵百姓观之。王戎七岁，亦往看。虎承间攀栏而吼[2]，其声震地，观者无不辟易颠仆，戎湛然不动，了无恐色。

注　释　①**断虎爪牙**：即把老虎关在笼子里。②**承间**：趁着空隙。

译　文　魏明帝在宣武场上把老虎关到笼子里，让百姓观看。当时，七岁的王戎也去看。老虎抓着笼子的空隙攀上栅栏怒吼，声音撼天动地，观看的人都惊退跌倒，王戎却神情镇定，安然不动，毫无惊恐之色。

原　文

王戎为侍中，南郡太守刘肇遗筒中笺布五端[1]，戎虽不受，厚报其书。

注　释　①**筒中笺布**：卷成筒的细布。**端**：古代计量单位，二丈为一端。

译　文　王戎任侍中的时候，南郡太守刘肇送给他十丈筒中细布，王戎虽然婉言谢绝了，还是深情地给他写了一封回信。

原　文

裴叔则被收，神气无变，举止自若。求纸笔作书[①]，书成，救者多，乃得免。后位仪同三司[②]。

注　释　①**作书**：写信。②**仪同三司**：散官名，位非三公但是待遇同等。

译　文　裴楷因受牵连被逮捕，他面不改色，举止同往常一样自然。他索要纸笔写信。书信送出去后，很多人前来营救，因此得以免罪。后来官至仪同三司。

原　文

王夷甫尝属族人事，经时未行。遇于一处饮燕，因语之曰："近属尊事，那得不行[①]？"族人大怒，便举樏掷其面。夷甫都无言，盥洗毕，牵王丞相臂[②]，与共载去。在车中照镜，语丞相曰："汝看我眼光，乃出牛背上。"

注　释　①**那得**：怎么。②**牵**：拉，引。

译　文　王衍托族人办一件事，一段时间后还没有办完。一天两个人在宴会上相遇，王衍借机对这位族人说："前些日子嘱办的事情，怎么还没有办好呢？"族人听后大发雷霆，举起食盒子扔到王衍的脸上。王衍没有说一句话，盥洗完毕，他就拉着王导的手，一起坐车离开。在车上他照了照镜子，对王导说："你看我的眼光就好像是从牛背上射出一样。"

原　文

裴遐在周馥所[①]，馥设主人[②]。遐与人围棋，馥司马行酒[③]。遐正戏，不时为饮。司马恚，因曳遐坠地。遐还坐，举止如常，颜色不变，复戏如故。王夷甫问遐："当时何得颜色不异？"答曰："直是暗当故耳[④]！"

注　释　①**裴遐**：字叔道，曾任散骑郎。**周馥**：字祖宣，曾任平东将军，以功封永宁伯。②**设主人**：做主人宴请。③**行酒**：依次劝酒。④**暗当**：默默承受。

译　文　裴遐在周馥家里，周馥以主人身份请客款待。裴遐和人下围棋，周馥手下的司马过来给他敬酒，裴遐正下着棋，没有及时喝酒，司马很生气，把裴遐扯倒在地。裴遐站起来后又回到座位上，举止和平时一样，脸色也没变，继续下棋。事后王衍问裴遐："当时你怎么能做到面不改色的地步呢？"裴遐回答："只是默默忍受罢了！"

原　文

刘庆孙在太傅府[①]，于时人士多为所构，唯庾子嵩纵心事外[②]，无迹可间。后以其性俭家富，说太傅令换千万[③]，冀其有吝，于此可乘。太傅于众坐中问庾，庾时颓然已醉[④]，帻堕几上[⑤]，以头就

穿取，徐答云：“下官家故可有两娑千万[6]，随公所取。”于是乃服。后有人向庾道此，庾曰：“可谓以小人之虑，度君子之心。”

注释 ①**刘庆孙**：刘舆，字庆孙，曾任宰府尚书郎、颍川太守、东海王司马越长史。**太傅**：这里指司马越，字元超，封东海王，历任中书令、司空、太傅。晋怀帝时，代表皇族势力专擅国政。②**庾子嵩**：庾敳，字子嵩，晋颍川鄢陵（今属河南）人。③**换**：借贷。④**颓然**：瘫下来的样子。⑤**帻**：头巾，中空顶圆，形制如帽子。⑥**娑**：“三”字的转音。两娑就是两三。

译文 刘舆在太傅司马越府上任长史时，很多有名望的人遭到他设计陷害，只有庾敳因为不关心政事而超然物外，没有什么事情让刘舆离间。后来刘舆就以庾敳生性节俭，家中必定存有一笔钱为由，劝太傅司马越向庾敳借财千万钱，企望他会因吝惜而不借，这样就有了可乘之机。太傅司马越在聚会时向庾敳提到这件事情，庾敳此时已喝得酩酊大醉，头巾落到几案上，他用头凑上去戴起来，缓缓地答道：“我家确实有两三千万钱，您随便拿去用吧。”刘舆这才服了。后来有人把这件事告诉庾敳，庾敳说：“这可以说是以小人之心，度君子之腹。”

原文

王夷甫与裴景声志好不同，景声恶欲取之[1]，卒不能回。乃故诣王，肆言极骂，要王答己，欲以分谤。王不为动色，徐曰：“白眼儿遂作。”

注释 ①**恶欲取之**：厌恶诋毁他并得到回应。

译文 王衍和裴邈两人志趣爱好不一样，裴想诋毁王并得到回应，但总是得不到搭理。裴于是专门到王家进行辱骂，要王回复自己，想以此来分担人们的非议。王丝毫不为所动，只是缓慢地说道：“这个翻白眼的人居然又发作了。”

原文

王夷甫长裴成公四岁[1]，不与相知。时共集一处，皆当时名士，谓王曰：“裴令令望何足计！”王便卿裴[2]，裴曰：“自可全君雅志。”

注释 ①**裴成公**：裴𬱟。②**卿裴**：称裴𬱟为“卿”，这是不礼貌的行为。

译文 王衍比裴𬱟大四岁，两人并不知心。有一次，当时名士在一起聚会，有人对王衍说：“裴楷的名望不值得顾虑！”王衍便称呼裴𬱟为卿，裴𬱟说：“我自然可以成全您的高雅志趣。”

原文

有往来者云：“庾公有东下意。”或谓王公：“可潜稍严，以备不虞。”王公曰：“我与元规虽俱王臣，本怀布衣之好。若其欲来，吾角巾径还乌衣[1]，何所稍严？”

注释 ①**乌衣**：建康城内的乌衣巷。

译文 有往来首都的人说：“庾亮有起兵叛乱东下的意图。”有人对王导说：“应该暗中略作戒备，以防备万一。”王导说：“我和元规虽然同朝为官，但是我们本来就有布衣之交的友谊。

如果他想来朝廷，我愿意回老家当老百姓，略作戒备大可不必！”

原　文

王丞相主簿欲检校帐下[1]，公语主簿：“欲与主簿周旋，无为知人几案间事[2]。”

注　释　**①帐下：**幕府中，这里指幕僚。**②知：**了解。

译　文　丞相王导的主簿想去查核相关属下的情况，王导拦住他，对他说：“我想和主簿聊聊，不用去了解人家文牍案卷上的事。”

原　文

祖士少好财[1]，阮遥集好屐，并恒自经营。同是一累，而未判其得失。人有诣祖，见料视财物。客至，屏当未尽[2]，余两小簏，著背后，倾身障之，意未能平。或有诣阮，见自吹火蜡屐，因叹曰：“未知一生当箸几量屐[3]！”神色闲畅。于是胜负始分。

注　释　**①祖士少：**祖约，祖逖之弟。**②屏当：**同“摒挡”，料理，收拾。**③量：**量词，“双”的意思。

译　文　祖约爱好钱财，阮孚爱好木屐，两人常常亲自料理。虽然同属一种累人的嗜好，但当时还无法分辨二人的优劣高下。有人到祖约家里拜访，看到他正在检点查看财物，客人到了都还没有收捡起来，剩下两个小竹箱子，于是就把它们藏在背后，侧身将其挡住，神色有些慌乱。有人去阮孚家里拜访，见他正亲自吹火给木屐上蜡，并感叹道：“不知道我这一辈子能穿几双木屐！”他的神色悠闲舒畅。于是二人的优劣高下便分辨出来了。

原　文

许侍中、顾司空俱作丞相从事，尔时已被遇，游宴集聚，略无不同。尝夜至丞相许戏，二人欢极，丞相便命使入己帐眠。顾至晓回转，不得快孰。许上床便咍台大鼾[1]。丞相顾诸客曰：“此中亦难得眠处。”

注　释　**①咍台：**叠韵联绵词，睡觉鼾声。

译　文　许璪和顾和都在丞相王导手下做从事，当时均已受到王的赏识。但凡遇到游览宴饮，宾朋聚会，两人待遇没有丝毫的差异。有一次，在夜里到王导那里去玩，二人都很尽兴，王导就留他们睡在自己的床上。顾和翻来覆去，直到天亮都没有睡着，而许璪一上床就鼾声大作。王导回头对客人们说：“这里也是难得安眠的地方。”

原　文

庾太尉风仪伟长，不轻举止，时人皆以为假。亮有大儿数岁，雅重之质，便自如此，人知是天性。温太真尝隐幔怛之[1]，此儿神

色恬然，乃徐跪曰："君侯何以为此？"论者谓不减亮[②]。苏峻时遇害。或云："见阿恭[③]，知元规非假。"

注　释　**①怛**：吓唬。**②减**：比……差。**③阿恭**：庾会小字。庾会，字会宗，晋太尉庾亮之长子。

译　文　庾亮风度仪表伟岸俊美，举止端庄稳重。世人认为他矫揉造作。庾亮的大儿子才几岁，文雅庄重的气质就是那样，世人才感到这是天性使然。温峤有一次躲在帐幕后吓唬他，他神态安然，只是慢慢地跪下问道："君侯为何要这么做？"人们认为这个小孩子不会比他的父亲差。他在苏峻之乱时遇害。又有人说："见了阿恭，就知道庾亮并非矫揉造作。"

原　文

褚公于章安令迁太尉记室参军，名字已显而位微，人未多识。公东出，乘估客船，送故吏数人投钱唐亭住。尔时，吴兴沈充为县令，当送客过浙江，客出，亭吏驱公移牛屋下。潮水至，沈令起彷徨，问："牛屋下是何物人[①]？"吏云："昨有一伧父来寄亭中[②]，有尊贵客，权移之。"令有酒色，有遥问："伧父欲食饼不？姓何等？可共语。"褚因举手答曰："河南褚季野。"远近久承公名，令于是大遽，不敢移公，便于牛屋下修刺诣公，更宰杀为馔具，于公前鞭挞亭吏，欲以谢惭。公与之酌宴，言色无异，状如不觉。令送公至界。

注　释　**①何物人**：什么人。**②伧父**：北方佬。南北朝时南人蔑称北人为"伧人"。

译　文　褚裒由章安县令升迁为太尉庾亮的记室参军，虽然名声很大，但是官位却很卑微，认识他的人并不多。有一次，他乘商船到东边去，与为他送行的几位属吏投宿钱塘亭。这时吴兴沈充担任县令，正要送客过浙江。客人来后，亭吏便将褚裒赶到牛棚里住。潮水涌来时，沈充到庭院间散步，问："牛棚里是什么人？"亭吏说："昨天有一个北方佬来钱塘亭投宿，由于贵客到来，暂且把他安置到那里。"沈充有些醉意，就远远地问道："北方佬，你想吃饼吗？姓什么，可以一起聊聊吧。"褚裒举手答道："河南褚季野。"远近的人早就知道褚裒的大名，沈充听后窘迫异常，又不敢把他请出牛棚，就在牛棚下恭恭敬敬地将自己的名片递上，来拜谒他，并杀鸡宰羊，设宴款待。同时在褚裒面前鞭打亭吏，以赔礼谢罪。褚与沈一起喝酒聊天，言语神色一如既往，好像什么事情都没有发生过。沈充一直把他送到县界。

原　文

郗太傅在京口，遣门生与王丞相书[①]，求女婿。丞相语郗信："君往东厢，任意选之。"门生归，白郗曰："王家诸郎亦皆可嘉，闻来觅婿，咸自矜持。唯有一郎，在东床上袒腹卧，如不闻。"郗公云："正此好！"访之，乃是逸少[②]，因嫁女与焉。

注　释　**①门生**：门客。**②逸少**：王羲之，王导之侄。

译文 太傅郗鉴在京口，他派门客给丞相王导送信，想在王家找个女婿。王导对郗鉴派来送信的人说："你到东厢房去随便选吧。"门客回去禀报郗鉴道："王家的几位男子都很好，听说您选女婿，个个庄重得有些拘谨，只有一个在东床上袒腹而卧，仿佛不知道这回事似的。"郗鉴说："正是这个好！"一去打听，原来是王羲之，于是就将女儿嫁给了他。

原文

过江初，拜官，舆饰供馔。羊曼拜丹阳尹，客来早者，并得佳设，日晏渐罄[1]，不复及精，随客早晚，不问贵贱。羊固拜临海，竟日皆美供[2]，虽晚至，亦获盛馔。时论以固之丰华，不如曼之真率。

注释 **①日晏渐罄：** 日暮时美食渐渐缺少。**②竟日：** 一天到晚。

译文 晋室南渡之初，新任命的官员都要大办酒席。羊曼被任命为丹阳尹时，来得早的客人都能吃到美味佳肴，天色渐晚，菜肴也逐渐被吃尽，精美食物已经没有。来客不分贵贱，只有早晚的不同。羊固担任临海太守时，一天到晚都供应美味佳肴。有人虽然来得晚，也可以吃到好的饭菜。当时舆论认为，羊固的丰盛华美比不上羊曼的真诚直率。

原文

周仲智饮酒醉，瞋目还面谓伯仁曰："君才不如弟，而横得重名！"须臾，举蜡烛火掷伯仁，伯仁笑曰："阿奴火攻[1]，固出下策耳！"

注释 **①阿奴：** 尊对卑或长对幼的爱称。**火攻：** 出自《孙子兵法》："火攻有五：一曰火人，二曰火积，三曰火车，四曰火军，五曰火队。凡军必知五火之变，故以火攻者，明也。"

译文 周嵩喝醉了酒，圆瞪双眼转过脸去对哥哥周顗说："你的才华不如你的弟弟，却享有盛名。"一会儿，他举起燃着的蜡烛就投向周顗。周顗笑着说："阿奴用火攻，不过是出于下策罢了。"

原文

顾和始为扬州从事，月旦当朝[1]，未入顷，停车州门外[2]。周侯诣丞相，历和车边。和觅虱，夷然不动。周既过，反还，指顾心曰："此中何所有？"顾搏虱如故，徐应曰："此中最是难测地[3]。"周侯既入，语丞相曰："卿州吏中有一令仆才。"

注释 **①月旦：** 农历每月初一。**②未入顷：** 还未入衙的片刻间。**③此中最是难测地：** 心中是最难猜测的地方，即人心难测。

译文 顾和刚担任扬州刺史的从事，每月的初一都要入衙聚会。在尚未入衙的片刻间隙，将车停在门外。周顗来拜访丞相王导，经过顾和的车，顾和正在安闲自在地敞开胸襟捉虱子，没有理会周顗。周顗走过去，又返回，指着顾和的心说："这里面有什么？"顾和依然捉虱子，缓慢地答道："这里是最难测度的地方。"周顗走进去后对王导说："你的州吏中有一个人才可以担任尚书令、尚书仆射。"

原　文

庾太尉与苏峻战，败，率左右十余人乘小船西奔，乱兵相剥掠，射，误中舵工，应弦而倒，举船上咸失色分散。亮不动容，徐曰："此手那可使箸贼[1]！"众乃安。

注　释　①**手**：技艺，此处指射技。**箸**：即"着"。

译　文　庾亮和苏峻作战，战败后带领十来个随从坐小船向西逃跑。乱兵抢夺财物，船上的人射了一支箭，却误中了舵工，舵工随箭倒下。全船人都被吓坏了，个个脸色苍白。庾亮却不动声色，他从容地说："这样的射技，怎么可能让他射中敌兵呢？"大家听后方安定下来。

原　文

庾小征西尝出未还[1]，妇母阮，是刘万安妻，与女上安陵城楼上。俄顷[2]，翼归，策良马，盛舆卫。阮语女："闻庾郎能骑，我何由得见？"妇告翼，翼便为于道开卤簿盘马，始两转，坠马堕地，意色自若。

注　释　①**庾小征西**：庾翼，是庾亮的弟弟。②**俄顷**：一会儿。

译　文　征西将军庾翼有一次外出还没有回来时，他的岳母阮氏，是刘万安的妻子，和女儿一起上安陵城楼观望等待庾翼回来。一会儿，只见庾翼骑着高头大马，后面率领着浩大的车马卫队。阮氏对女儿说："听说庾郎很会骑马，我怎么能见一见呢？"庾翼妻子把这件事告诉了庾翼，庾翼就为岳母，在城门前的开阔地上摆开阵势，跨上战马，来回左右驰骋，刚转了两圈，就从马上摔了下来，可是他神态自若，满不在乎。

原　文

宣武与简文、太宰共载[1]，密令人在舆前后鸣鼓大叫[2]。卤簿中惊扰，太宰惶怖，求下舆。顾看简文[3]，穆然清恬。宣武语人曰："朝廷间故复有此贤。"

注　释　①**宣武**：桓温，谥号宣武。**太宰**：武陵王司马晞，晋穆帝即位后，升任太宰。**共载**：同乘一辆车子。②**舆**：车子。③**顾看**：回头看。

译　文　桓温和简文帝司马昱、太宰司马晞共坐一辆车，桓温暗中叫人在车前车后敲起鼓来，大喊大叫。仪仗队伍受惊混乱，太宰神色惊惶恐惧，要求下车。桓温回看简文帝，他却镇定自若，满不在乎。后来桓温告诉别人说："朝廷里仍然有这样的贤能人才。"

原　文

王劭、王荟共诣宣武[1]，正值收庾希家[2]。荟不自安，逡巡欲去[3]；劭坚坐不动，待收信还，得不定[4]，乃出。论者以劭为优。

注　释　①**王劭**：字敬伦，小字大奴，王导第五子，官至吴国内史。**王荟**：字敬文，小字小奴，王导的小儿子，官至镇军将军，死后追赠卫将军。②**庾希：**字始彦，曾任徐、兖二州刺史。庾家是外戚，有权势，遭到桓温的忌恨，庾希的两个弟弟被桓温设计杀死，后来庾希聚众起兵，事败被杀。③**逡巡：**犹豫；徘徊。④**得不定：**得知事情未定。得，指捕获。

译文 王劭、王荟一起去拜访宣武侯桓温，正好遇上桓温下令抓捕庾希一家。王荟坐立不安，徘徊不定地想离去。王劭却一直坚定地坐在那里，等抓捕的差役回来，知道自己没什么事了，才出来。人们以此判定王劭较为优秀。

原文

桓宣武与郗超议芟夷朝臣[1]，条牒既定[2]，其夜同宿。明晨起，呼谢安、王坦之人[3]，掷疏示之。郗犹在帐内，谢都无言，王直掷还，云："多。"宣武取笔欲除，郗不觉窃从帐中与宣武言[4]。谢含笑曰："郗生可谓入幕宾也。"

注释 ①**郗超：**字嘉宾，一字景兴，晋高平金乡（今属山东）人，参与桓温废立晋帝，历任中书侍郎、司徒左长史，权势甚重。**芟夷：**除掉。②**条牒：**分项陈述的文书。③**王坦之：**字文度，太原晋阳人。因官居北中郎将，故称王中郎。④**不觉：**禁不住。

译文 宣武侯桓温和郗超商议除去一些朝廷大臣，上奏文书都拟定以后，当晚二人住在一起。第二天早晨起来，桓温就招呼谢安、王坦之进来，把奏疏稿扔给他们看，郗超这时还在帐里。谢安一言不发，王坦之又把奏疏扔还给桓温，说："太多了。"桓温拿起笔来准备要删，郗超忍不住偷偷地在帐中和桓温说话，于是谢安笑着说道："郗超真可说是入幕之宾了。"

原文

谢太傅盘桓东山时，与孙兴公诸人泛海戏。风起浪涌，孙、王诸人色并遽，便唱使还[1]。太傅神情方王，吟啸不言。舟人以公貌闲意说，犹去不止。既风转急[2]，浪猛，诸人皆喧动不坐。公徐云："如此将无归[3]？"众人即承响而回[4]。于是审其量，足以镇安朝野。

注释 ①**唱：**同"倡"，提议。②**既：**既而，不久。③**将无：**莫非，还是。④**承响：**应声。

译文 谢安在东山隐居时，与孙绰等人一起出海游玩。这时，风起浪涌，孙绰和王羲之他们都神色惊恐，嚷着要回去。谢安却正有兴致，边吟诗边长啸，不说别的话。船工因谢安神色安定而心情愉悦，便继续前进不停。一会儿，风势更强，浪涛更猛，众人又都惊恐喧哗，不敢坐下，谢安这才缓慢地说："要是这样的话，还是回去好了。"众人于是应声坐回原处。由此事来审察谢安的度量，足以镇抚朝野，安定官民。

原文

桓公伏甲设馔，广延朝士，因此欲诛谢安、王坦之[1]。王甚遽，问谢曰："当作何计？"谢神意不变，谓文度曰："晋阼存亡[2]，在此一行。"相与俱前。王之恐状，转见于色。谢之宽容愈表于貌[3]。

望阶趋席，方作洛生咏，讽“浩浩洪流”。桓惮其旷远，乃趣解兵[4]。王、谢旧齐名，于此始判优劣。

注　释　①**王坦之**：字文度。②**阼**：皇位，国统。③**宽容**：从容不迫。④**趣**：急忙。

译　文　桓温埋伏好兵士，摆设宴席，遍请朝中官员，准备趁此机会将谢安和王坦之杀掉。王坦之非常担忧，他问谢安：“我们该怎么办呢？”谢安神色镇定地对王坦之说：“晋朝国运的存亡，就看我俩此行了。”于是两人一同前往。王坦之脸上的恐惧神情越来越明显，谢安的神色却更加从容。谢安沿着台阶迅速走向席位，并模仿洛阳书生吟咏的腔调，背诵“浩浩洪流”的诗句。桓温被谢安的旷达风度所震慑，便赶紧将伏兵撤走了。本来王坦之与谢安齐名，可是却由此事分辨出了他俩气度胆识的高下。

原　文

谢太傅与王文度共诣郗超，日旰未得前[1]。王便欲去，谢曰：“不能为性命忍俄顷[2]？”

注　释　①**旰**：天晚。②**俄顷**：片刻。

译　文　谢安和王坦之一同去拜访郗超，天色很晚了都还没有被接见。王坦之便欲离开，谢安说：“难道不能为了保全性命而忍一会儿吗？”

原　文

支道林还东，时贤并送于征虏亭。蔡子叔前至，坐近林公；谢万石后来，坐小远[1]。蔡暂起[2]，谢移就其处。蔡还，见谢在焉，因合褥举谢掷地，自复坐。谢冠帻倾脱，乃徐起，振衣就席，神意甚平，不觉瞋沮。坐定，谓蔡曰：“卿奇人，殆坏我面。”蔡答曰：“我本不为卿面作计。”其后，二人俱不介意。

注　释　①**小远**：稍远些。②**起**：起身。

译　文　支道林要回会稽去，当时的名流齐聚征虏亭为他送行。蔡系先到达，座位离林公很近；谢万后来，就坐得稍远。蔡暂时起身，谢就挪到他那里。蔡回来后，看见谢坐在自己的座位上，就把谢连同坐垫一起举起来扔在地上，自己坐上去。谢的帽子和头巾都因此倾斜跌落，于是他慢慢站起，整理好衣冠后重新入座，神情安定，毫无发怒或懊恼的样子。坐定后，对蔡说：“你这个人真怪，差点就把我的脸碰伤了。”蔡说：“我本来就没有替你的脸考虑。”后来二人对此事都不介意。

原　文

郗嘉宾钦崇释道安德问[1]，饷米千斛[2]，修书累纸，意寄殷勤。道安答直云：“损米[3]，愈觉有待之为烦[4]。”

注　释　①**释道安**：东晋名僧，俗姓卫，饱读经典，以博学闻名。②**斛**：容量单位，十斗为一斛。③损：客套话，等于说承蒙赐予。④有待：有所待；有所凭借。《庄子·逍遥游》认为，只有无所待，才能获得精神的真正自由。

译　文　郗超钦佩道安和尚的道德学问，送他一千斛米，还写了一叠纸的长信，表达了诚恳的情意。道安只回复说："感谢你赐米，但更觉得有所依靠是做人烦恼的来源。"

原　文

谢安南免吏部尚书[①]，还东，谢太傅赴桓公司马，出西，相遇破冈。既当远别，遂停三日共语。太傅欲慰其失官，安南辄引以它端[②]。虽信宿中途，竟不言及此事。太傅深恨在心未尽，谓同舟曰："谢奉故是奇士。"

注　释　①**谢安南**：谢奉，字弘道，曾任安南将军。②**它端**：其他事情。

译　文　安南将军谢奉被免去吏部尚书的官职后回东边老家去，太傅谢安因为应召出任桓温的司马往西去，两人在破冈相遇。既然就要久别了，便停留三天一起叙叙旧。谢安对他丢了官一事想安慰几句，谢奉总是借别的事避开这个问题。虽然两人半路上同住了两夜，却始终没有谈到这件事。谢安因为心意还没有表达出来，深感遗憾，就对同船的人说："谢奉确实是个奇特的人。"

原　文

戴公从东出[①]，谢太傅往看之。谢本轻戴，见，但与论琴书。戴既无吝色[②]，而谈琴书愈妙。谢悠然知其量[③]。

注　释　①**戴公**：戴逵，字安道，擅长鼓琴、绘画、铸造和雕刻，曾被征为国子博士，未就职，后移居会稽剡县。**东出**：这里指从会稽往京都建康。②**吝色**：不乐意的神色。③**悠然**：超远闲适的样子。

译　文　戴逵从东边来京都，谢太傅去探望他。谢安原本瞧不起戴逵，所以见面后，只和他谈论琴艺书法，戴逵不但没有丝毫不快的神色，反而谈得越来越精妙，谢安这才从他超远闲适的态度中，了解到他的气量。

原　文

谢公与人围棋，俄而谢玄淮上信至[①]，看书竟，默然无言，徐向局。客问淮上利害，答曰："小儿辈大破贼。"意色举止，不异于常。

注　释　①**淮上**：淮河上，因淝水为淮河上游的支流，故称淮上。这里是指淝水之战。

译　文　谢安和人下围棋，不一会儿谢玄从淮上前线派来信使，谢安看完信后，沉默不语，然后又慢慢地接着下棋。客人们询问淮上战争的胜负情况，谢安说："孩子们大破了敌兵。"他说话的神情举止同平常没有丝毫的差别。

原　文

王子猷、子敬曾俱坐一室[①]，上忽发火[②]，子猷遽走避，不惶

取屐；子敬神色恬然，徐唤左右，扶凭而出，不异平常。世以此定二王神宇。

注释 ①**一室**：同一个房间。②**发火**：发生火患。

译文 王徽之和王献之兄弟俩曾一起坐在室内，忽然屋上起火，王徽之赶忙逃跑，慌得连木屐都没有顾上穿；王献之却神态安然，慢慢地叫侍从来把他扶出去，同平常一样。世人就此事评定二人气度的高下。

原文

苻坚游魂近境，谢太傅谓子敬曰："可将当轴[1]，了其此处。"

注释 ①**可将**：可人心意的将领。**当轴**：掌握权力的重要人物。

译文 苻坚来犯边境，谢安对王献之说："掌握实权的可心将领，即将在此被了结了。"

原文

王僧弥、谢车骑共王小奴许集。僧弥举酒劝谢云："奉使君一觞。"谢曰："可尔。"僧弥勃然起，作色曰："汝故是吴兴溪中钓碣耳[1]！何敢诪张[2]！"谢徐抚掌而笑曰："卫军，僧弥殊不肃省[3]，乃侵陵上国也[4]。"

注释 ①**钓碣**：便于垂钓的石头。谢玄，小名羯，爱好钓鱼。羯与碣音同，此为双关。②**诪张**：放肆，狂妄。③**肃省**：谨慎自醒。④**侵陵**：即"侵凌"。

译文 王珉和谢玄同在王荟家里做客。王珉举起酒杯向谢玄祝酒道："敬使君一杯。"谢玄说："应该这样。"王珉一听就生气地站起来，变了脸色说道："你本不过是吴兴溪中的钓碣而已，怎么可以如此放肆！"谢玄慢慢地笑着鼓掌，并说道："卫军（指王荟），王珉太不自量了，居然敢侵犯大国诸侯。"

原文

王东亭为桓宣武主簿，既承藉，有美誉，公甚敬其人地，为一府之望。初见谢失仪，而神色自若。坐上宾客即相贬笑[1]，公曰："不然。观其情貌，必自不凡，吾当试之。"后因月朝阁下伏，公于内走马直出突之，左右皆宕仆，而王不动。名价于是大重，咸云"是公辅器也"。

注释 ①**相贬笑**：嘲笑他。相，表示一方对另一方的动作。

译文 王珣做桓温主簿，既受荫于祖辈，又享有好的声誉，桓温非常希望他的人品和门第能够在司马府中树立声望。当初，王珣在拜见、告辞时有失礼之处，却并不慌张，依然神情自若。座上有客人嘲笑他，桓温说："不是这样。看其神情举止，必定不平常。我得试试他。"后来，在月初聚会的时候，王珣和同僚们一道拜伏在官署阁下，桓温骑着马从里面冲出来，两旁的人全都摇晃跌倒，只有王珣一动不动。于是王珣的名声身价倍增，人们都说："这是辅国大臣的材料。"

原　文

太元末，长星见[1]，孝武心甚恶之。夜，华林园中饮酒，举杯属星云[2]："长星，劝尔一杯酒，自古何时有万岁天子！"

注　释　①**长星**：彗星的一种，古人认为不吉利。见，同"现"。②**属**：劝请。

译　文　太元末年，有一次长星出现，晋孝武帝认为长星出现不是吉兆，心里很是厌恶它。夜里，他在华林园里饮酒，举杯向长星说："长星，劝你一杯酒。从古到今，什么时候有过万岁天子！"

原　文

殷荆州有所识作赋，是束皙慢戏之流[1]。殷甚以为有才，语王恭："适见新文，甚可观。"便于手巾函中出之[2]。王读，殷笑之不自胜[3]。王看竟，既不笑，亦不言好恶，但以如意帖之而已[4]。殷怅然自失。

注　释　①**束皙**：字广微，任尚书郎，文章诙谐。**慢戏**：不庄重、开玩笑。②**函**：套子。③**自胜**：自我克制。④**如意**：古代的一种器物，用玉、骨等制成。**帖**：通"贴"，压着。

译　文　一次，荆州刺史殷仲堪所认识的人作了一篇赋，是束皙那种游戏文章一类的。殷仲堪自认为自己很有才华，很是得意，他告诉王恭说："我刚见到一篇新作，很值得看一看。"说着便从手巾套儿里拿出文章来。王恭一面读，殷仲堪一面得意地笑着。王恭看完后，既不笑，也不评论文章优劣，只是拿个如意压着它。殷仲堪很失望，心里觉得丢了点什么。

原　文

羊绥第二子孚，少有俊才[1]，与谢益寿相好。尝蚤往谢许[2]，未食。俄而王齐、王睹来。既先不相识，王向席有不说色，欲使羊去。羊了不眄，唯脚委几上，咏瞩自若。谢与王叙寒温数语毕，还与羊谈赏，王方悟其奇，乃合共语。须臾食下，二王都不得餐，唯属羊不暇。羊不大应对之，而盛进食，食毕便退。遂苦相留，羊义不住，直云："向者不得从命，中国尚虚。"二王是孝伯两弟。

注　释　①**少**：年轻时。②**尝**：有一次。

译　文　羊绥的次子羊孚，年轻时非常有才气，与谢混很要好。有一次早晨到谢那里，还没有吃饭。没多长时间，王熙和王爽也来了。原来他们彼此不认识，二王坐在席位上脸色很难看，想让他走开。羊孚看都不看，只是将脚放在几案上，吟咏诗句，左顾右盼，悠然自得。谢混同二王寒暄了几句，便回身同羊孚谈论、赏析，这时二王才发现了羊孚的不一般，便同他一起交谈。不久，饭食摆上来，二王自己顾不上吃，只是不停地招呼羊孚进食。羊对他们爱答不理的，只顾大吃大喝，吃完后就走了。他们苦苦挽留，羊孚还是执意要走，只说："刚才没能遵命离开这里，只是由于腹中空虚。"二王是王恭的两个弟弟。

七　识鉴

题　解

本章记载了对人物的认识和鉴别，也包括对事态发展的洞察。魏晋人士的识鉴虽然不再像东汉时作为进身仕途的依凭，但仍能影响一个人的名誉和地位。

原　文

曹公少时见乔玄[1]，玄谓曰："天下方乱，群雄虎争，拨而理之[2]，非君乎？然君实乱世之英雄，治世之奸贼。恨吾老矣，不见君富贵，当以子孙相累[3]。"

注　释　①**曹公**：即曹操。**乔玄**：字公祖，东汉人，官至尚书令。②**拨**：整治。③**累**：牵累。

译　文　曹操年轻时拜见乔玄，乔玄对他说："现在天下正动乱不安，各路英雄如猛虎一般，群起争斗，能够治理乱世的，不就只有您吗？不过您是乱世的英雄，盛世中的奸贼。遗憾的是我老了，不能见到您荣华富贵的那一天，我就把子孙托付给您了。"

原　文

曹公问裴潜曰[1]："卿昔与刘备共在荆州[2]，卿以备才如何？"潜曰："使居中国，能乱人，不能为治；若乘边守险，足为一方之主。"

注　释　①**裴潜**：字文行，三国魏河东闻喜人，为人博雅有才，曾任曹操参丞相军事，入魏后为散骑常侍、尚书令等。②**共在荆州**：指裴潜和刘备同在刘表处共事。

译　文　曹操问裴潜说："你曾与刘备同在荆州共事，你认为刘备的才能如何？"裴潜说："若让他据守中原，他就只能扰乱民心，却治理不好民众；若让他把守边塞，则他足以成为一方霸主。"

原　文

何晏、邓飏、夏侯玄并求傅嘏交[1]，而嘏终不许。诸人乃因荀粲说合之[2]，谓嘏曰："夏侯太初一时之杰士，虚心于子，而卿意怀不可交。合则好成，不合则致隙。二贤若穆[3]，则国之休[4]，此蔺相如所以下廉颇也[5]。"傅曰："夏侯太初志大心劳[6]，能合虚誉，诚所谓利口覆国之人[7]。何晏、邓飏有为而躁，博而寡要[8]，外好

利而内无关籥[9]，贵同恶异，多言而妒前。多言多衅[10]，妒前无亲。以吾观之，此三贤者皆败德之人尔，远之犹恐罹祸，况可亲之邪？”后皆如其言。

注 释 ①**何晏**：字平叔，南阳宛（今河南南阳）人，三国时玄学家。**邓飏**：字玄茂，三国时魏国人，曾任颍川太守、侍中尚书，司马氏篡魏后，和曹爽、何晏等同时被杀。**夏侯玄**：字太初，三国时魏国人。**傅嘏**：字兰硕，三国时魏国人，官至尚书。按：何晏、邓飏、夏侯玄三人均是魏朝名流，当时名位高于傅嘏，因此这里所说求交于傅嘏，可能是传闻致误。②**荀粲**：字奉倩，三国时魏国人。③**穆**：和睦。④**休**：吉庆。⑤**“此蔺”句**：据《史记·廉颇蔺相如列传》记载，赵国蔺相如原是宦者令缪贤的门客，后因完璧归赵和随赵王赴渑池之会而立功，拜为上卿，位在名将廉颇之上。廉颇不服气，想当众羞辱他。蔺相如以国家利益为重，不计个人得失，一再避让。廉颇得知后，肉袒负荆请罪。⑥**心劳**：用尽心机。⑦**利口覆国**：语出《论语·阳货》："恶利口之覆邦家者。"这里的意思是不切实际的能言善辩会使国家败亡。⑧**寡要**：缺少要领。⑨**关钥**：门闩，这里喻指检点约束。⑩**衅**：破绽；漏洞。

译 文 何晏、邓飏、夏侯玄三个人都想和傅嘏结交，但傅嘏始终没有答应。三人就通过荀粲为他们说合，荀粲对傅嘏说："夏侯太初，是当代优秀的人才，虚心和你结交，而你却不和他交往。能够交好，就有了情谊，不能交好就会产生嫌隙。两位贤人如果能和睦相处，就是国家的幸福，这就是蔺相如情愿居于廉颇之下的原因。"傅嘏说："夏侯太初志向远大，心胸狭窄，用尽心机。这样的人只喜欢虚名，正是那种花言巧语颠覆国家的人。何晏、邓飏有所作为却很浮躁，学识广博却不专精，贪财好利，不知检点自己，只喜欢认同自己的人，厌恶观点不同的人，爱说话，嫉贤妒能。说话多破绽就多，爱嫉妒就没有人愿意亲近。依我看，这三个贤人，其实是败坏道德的人而已，远离他们都还怕惹来灾祸，更何况去亲近他们呢？"后来事实果然如傅嘏所说的那样。

原 文

晋武帝讲武于宣武场[1]。帝欲偃武修文[2]，亲自临幸，悉召群臣。山公谓不宜尔[3]。因与诸尚书言孙、吴用兵本意[4]，遂究论，举坐无不咨嗟，皆曰："山少傅乃天下名言。"后诸王骄汰[5]，轻遘祸难[6]，于是寇盗处处蚁合，郡国多以无备，不能制服，遂渐炽盛。皆如公言。时人以谓"山涛不学孙、吴，而暗与之理会[7]"。王夷甫亦叹云[8]："公暗与道合。"

注 释 ①**晋武帝**：司马炎。**讲武**：讲习武事。**宣武场**：操场名，在洛阳宣武观北面。②**偃武修文**：停息武备，倡导文教。③**山公**：山涛，字巨源，魏末晋初河内怀县（今河南武陟西）人，"竹林七贤"之一，曾任吏部尚书、尚书右仆射、司徒。④**孙、吴**：指孙武、吴起。孙武是春秋时齐国的著名军事家，著有《孙子兵法》；吴起是战国时卫国的著名将领。二人都以善于用兵著称，所以后世多以孙、吴并称。⑤**王**：皇帝对同宗、臣僚所封的最高一级爵位，诸王都有自己的封国。⑥**遘**：酿成；造成。⑦**理会**：事理上相同。⑧**王夷甫**：王衍，字夷甫。

译 文 晋武帝司马炎在宣武场讲习军事，他想停止武备，提倡教化，所以亲自驾到，并且召集所有大臣参加。山涛认为这样不妥，就和各位尚书谈论孙武、吴起用兵的本意，还进一步做了探讨，座上的人无不交口称赞，都说："山少傅所说的话真是至理名言。"后来，王侯们骄奢放纵，给国家造成祸害。各地的兵寇强盗也如同蚂蚁般纷纷聚合，因为多数郡国没有武备，不能加以制服，以至于他们逐渐扩大起来，一切都和山涛说的一样。当时人们认为，山涛虽然没有孙子、吴起的兵法，却无形中和他们的见解相通。王夷甫说："山涛所言不知不觉中合乎文武之道。"

原 文

王夷甫父乂为平北将军，有公事，使行人论，不得。时夷甫在京师，命驾见仆射羊祜、尚书山涛。夷甫时总角，姿才秀异，叙致既快，事加有理，涛甚奇之。既退，看之不辍，乃叹曰："生儿不当如王夷甫邪？"羊祜曰："乱天下者，必此子也！"

译 文 王衍的父亲王乂担任平北将军，有公事，派使者去陈述，但是没有办成功。恰好王衍在京师，就乘车去见仆射羊祜和尚书山涛。当时王衍尚未成年，但容貌才华秀美出众。不仅说话爽快，而且叙事还很有条理，为此，山涛感到十分惊讶。王衍出去时，山涛还一直看着他，并叹息道："生儿子不就应该像王衍那样吗？"羊祜说："将来扰乱天下者，必定是此人！"

原 文

潘阳仲见王敦小时[1]**，谓曰："君蜂目已露**[2]**，但豺声未振耳**[3]**。必能食人，亦当为人所食。"**

注 释 ①**潘阳仲：**潘滔，字阳仲，曾任洗马、河南尹。**王敦：**字处仲，小字阿黑，晋琅琊临沂（今属山东）人。②**蜂目：**比喻眼睛像毒蜂一样地凸露。据《左传·文公元年》记载，楚成王将立商臣为太子，征求令尹子上的意见，子上认为商臣蜂目而豺声，是极为残忍的人，不可立为太子。后来就用蜂目豺声形容为人的残忍。③**豺声：**喻指说话声音像豺叫一样的尖厉。**振：**这里指声音响起来。

译 文 潘阳仲见到王敦少年时的模样，对他说："你已经流露出毒蜂一般的目光，只是说话声音尚未像豺声那样尖厉罢了。你一定能够吃人，也将会被人吃掉。"

原 文

石勒不知书[1]**，使人读《汉书》**[2]**。闻郦(yì)食(jī)其劝立六国后**[3]**，刻印将授之，大惊曰："此法当失，云何得遂有天下？"至留侯谏**[4]**，乃曰："赖有此耳！"**

注 释 ①**石勒：**字世龙，羯族，曾聚众起义，于晋元帝太兴二年（319）自称赵王，建立后赵政权，晋成帝咸和四年（329）灭前赵，称帝后不久病死。②**《汉书》：**东汉班固撰，是记载西汉王朝主要事迹的史书。③**郦食其：**西汉人，刘邦的谋士，曾献计攻下陈留，被封为广野君。**六国：**指战国期间函谷以东的楚、齐、燕、韩、赵、魏六国。④**留侯：**张良，字子房，曾在博浪沙椎击秦始皇未中，后率众归汉，是刘邦的重要谋士。汉朝建立，封为留侯。

译文 石勒不识字，叫人读《汉书》给他听，听到郦食其劝说刘邦立六国的后代为王侯，并刻好了大印准备授给他们的时候，石勒大惊，说："这个办法不妥，这样怎么能得到天下？"等听到留侯张良阻止此事时，又说："幸亏张良劝阻啊！"

原文

卫玠年五岁，神衿可爱[1]。祖太保曰[2]："此儿有异，顾吾老，不见其大耳！"

注释 **①神衿：**仪表精神。**②祖太保：**指卫玠的祖父卫瓘，晋武帝时官至太保。

译文 卫玠五岁时，神情很是可爱。祖父卫瓘说："这孩子与众不同，只是我年岁已高，看不到他将来的成就了！"

原文

刘越石云："华彦夏识能不足[1]，强果有余[2]。"

注释 **①华彦夏：**华轶，字彦夏，任江州刺史，甚得士人欢心，心忧天下，只因不从晋元帝命令，被害。**②强果：**刚强果断。

译文 刘琨说："华轶见识才能不足，倔强、果敢倒是有余。"

原文

张季鹰辟齐王东曹掾[1]，在洛，见秋风起，因思吴中菰菜、莼羹、鲈鱼脍[2]，曰："人生贵得适意尔，何能羁宦数千里以要名爵[3]？"遂命驾便归。俄而齐王败，时人皆谓为见机[4]。

注释 **①张季鹰：**张翰，字季鹰，晋吴郡吴（今江苏苏州）人，曾任大司马东曹掾，因思乡弃官归家。**齐王：**指司马冏。**东曹掾：**东曹中的属官。曹：官署中分科办事的机构。**②菰菜、莼羹：**宋本作"菰菜羹"，疑"羹"上有"莼"字。《晋书·张翰传》作"菰菜、莼羹"，今从《晋书》本。莼羹，用莼菜加调味料制成的稠汤。**脍：**切得很细的鱼肉。**③羁宦：**旅居外地做官。**要：**求；谋求。**④见机：**事前洞察事情变化的迹象。

译文 张翰担任齐王司马冏的东曹属官，住在洛阳，见到秋风起了，就想到家乡吴地的菰菜、莼羹和鲈鱼脍，说道："人生贵在快活称心，怎么能为了功名，在数千里外做官来谋求名声爵位呢？"说完就让人备车回故乡了。不久，齐王失败，时人都觉得张翰有远见。

原文

诸葛道明初过江左[1]，自名道明，名亚王、庾之下[2]。先为临沂令，丞相谓曰："明府当为黑头公[3]。"

注释 **①诸葛道明：**诸葛恢，字道明。初任临沂令，后避难渡江，累迁会稽太守、中书令。**②王、庾：**王导、庾亮。**③明府：**汉代称太守为明府，晋以后也称县令为明府。诸葛恢曾任临沂令，所以称明府。**黑头公：**指头发还没变白就升到高位的人。

译　文　诸葛恢初到江东时，给自己起名叫道明，他的名望仅次于王导、庾亮。先前任临沂县令，王导曾对他说："明府年纪轻轻就会升至公卿大位。"

原　文

王平子素不知眉子[1]，曰："志大其量，终当死坞壁间[2]。"

注　释　**①王平子：**王澄，字平子，晋琅琊临沂（今属山东）人。**眉子：**王玄，字眉子，王澄的侄儿，担任吴国内史时，为政苛急，大行威罚，后代理陈留太守，遭人袭击被害。**②坞壁：**防御敌军或寇盗的小城堡。

译　文　王澄一向不赏识侄子王玄，他说："眉子志向大，器量小，最终必定会死在战乱的小城堡中。"

原　文

王大将军始下[1]，杨朗苦谏不从[2]，遂为王致力。乘中鸣云露车迳前[3]，曰："听下官鼓音，一进而捷。"王先把其手曰："事克，当相用为荆州。"既而忘之，以为南郡。王败后，明帝收朗[4]，欲杀之。帝寻崩，得免。后兼三公[5]，署数十人为官属[6]。此诸人当时并无名，后皆被知遇[7]，于时称其知人。

注　释　**①王大将军：**王敦。**②杨朗：**字世彦，曾任南郡太守，官至雍州刺史。**③中鸣云露车：**即云车，又名楼车，车上有望楼可以观察敌情，车中置鼓锣以指挥军队进退。**④明帝：**指晋明帝司马绍。**⑤三公：**指尚书省中的三公曹尚书。按：三公曹尚书是西晋时的官职，东晋时已撤销，而杨朗是东晋人，不可能担任这一职务，此处应为误传。**⑥署：**任用；委任。**⑦知遇：**赏识；厚待。

译　文　大将军王敦将要东下进攻建康时，杨朗极力劝阻，可是王敦不听从，杨朗只好尽心为王敦效力。他坐着中鸣云露车直奔战阵前面，说道："听我的鼓声，一次进攻即可获胜。"王敦握着他的手说："事情成功之后，我要任命你来担任荆州刺史。"后来就忘了自己的承诺，只让他当了南郡太守。王敦失败后，晋明帝司马绍逮捕了杨朗，要杀掉他。不久明帝驾崩，杨朗得以赦免。后来杨朗位居三公，有几十人被他任命为属吏。这些人当时并没有名望，后来都受到朝廷赏识重用，因此人们赞扬他有识才之能。

原　文

周伯仁母冬至举酒赐三子曰："吾本谓度江托足无所，尔家有相[1]，尔等并罗列吾前，复何忧？"周嵩起，长跪而泣曰："不如阿母言[2]。伯仁为人志大而才短，名重而识暗，好乘人之弊，此非自全之道；嵩性狼抗，亦不容于世；唯阿奴碌碌，当在阿母目下耳。"

注　释　**①有相：**有荣华富贵之相或吉祥福气之相。**②阿母：**（当面称呼）母亲。亲属称谓前加"阿"，是汉魏六朝时的称谓习惯，带有亲昵的意味。

译文 周顗的母亲在冬至这一天赐酒给三个儿子，说："我本以为过江后无落脚之地，幸亏你们周家有福气，你们兄弟几人都在我身边，我也就没什么可忧虑的了。"周嵩起身恭敬地跪在母亲的膝前，流着泪说："并不像母亲所讲。大哥伯仁为人志向远大却才能不足，名声显赫却见识肤浅，且爱乘人之危，这并不是保全自己的方法。我本人性格耿直高傲，为世所难容。只有小弟弟周谟平庸，可以时常在母亲跟前罢了。"

原文

王大将军既亡，王应欲投世儒，世儒为江州；王含欲投王舒，舒为荆州。含语应曰："大将军平素与江州云何[①]，而汝欲归之？"应曰："此乃所以宜往也。江州当人强盛时，能抗同异，此非常人所行。及睹衰厄，必兴愍恻。荆州守文，岂能作意表行事！"含不从，遂共投舒，舒果沉含父子于江。彬闻应当来，密具船以待之，竟不得来，深以为恨。

注释 **①云何：**怎么样。

译文 大将军王敦败亡之后，他的嗣子王应想投奔王彬，王彬是江州刺史；王应的生父王含想投奔王舒，王舒为荆州刺史。王含对王应说："大将军以前与江州王彬的关系如何，你如今要去投靠他？"王应说道："正是因为他们平时感情不好，因此才该去他那里的。江州王彬能够在别人强盛的情况下坚持己见，这不是一般人能够做得到的。当他知道别人面临危难，就必然会有怜悯恻隐之心。荆州的王舒，拘泥于成法，他怎么会做出超出常规、让人感到意外的事情呢？"王含却不听他的意见，于是两人一起去投奔王舒。王舒用船将王含父子沉入江底。王彬本来听说王应要来，就私下里准备等待他，可是最终王应没有来，王彬因此深感遗憾。

原文

武昌孟嘉作庾太尉州从事[①]，已知名。褚太傅有知人鉴[②]，罢豫章还[③]，过武昌，问庾曰："闻孟从事佳，今在此不？"庾云："试自求之。"褚眄睐良久[④]，指嘉曰："此君小异，得无是乎[⑤]？"庾大笑曰："然！"于时既叹褚之默识[⑥]，又欣嘉之见赏。

注释 **①武昌：**郡名，治所在武昌（今湖北武汉市）。**孟嘉：**字万年，祖上移居武昌，庾亮兼任江州刺史时召为庐陵从事。**庾太尉：**庾亮，字元规，晋颍川鄢陵人，官至征西大将军、荆州刺史，死后追赠太尉，谥号文康。**②褚太傅：**褚裒，字季野，晋河南阳翟（今河南禹县）人。曾任兖州刺史，封都乡亭侯，死后追赠侍中太傅。为人性格深沉持重，虽对别人不加褒贬，但心中是非分明。**③"罢豫章"句：**据《晋书·褚裒传》来推算，褚裒被免去豫章太守应在庾亮死后，因此下文所记识别孟嘉可能是在褚裒任豫章太守正月初一去谒见庾亮时的事。**④眄睐：**目光左右流动地观察。**⑤得无：**表示推测，语气偏向于肯定，相当于"大概""恐怕"。**⑥默识：**暗自识别。

译文 武昌的孟嘉担任太尉庾亮的江州从事，当时他已经有名气了。太傅褚裒有鉴赏品评人物的才能，他被罢免豫章太守后，归途中路过武昌，他问庾亮："听说孟从事这个人很不错，今天在这里吗？"庾亮说："你自己找找看吧！"褚裒环视了良久，指着孟嘉说："这个人有点与众不同，可能就是他吧？"庾亮大笑，说："对啊。"此时他既赞褚裒的鉴识能力，又替孟嘉受到赏识而高兴。

原　文

戴安道年十余岁[1]，在瓦官寺画。王长史见之，曰："此童非徒能画，亦终当致名[2]。恨吾老，不见其盛时耳[3]！"

注　释　①**戴安道**：戴逵。②**致名**：获得名望。③**盛时**：即指飞黄显达之时。

译　文　戴逵十几岁时，在京都瓦官寺学画。司徒左长史王濛看见他，说："这孩子不只能画画，将来也会很有发展成就。可惜的是我年事已高，见不到他最好的成就了！"

原　文

王仲祖、谢仁祖、刘真长俱至丹阳墓所省殷扬州，殊有确然之志[1]。既反，王、谢相谓曰[2]："渊源不起，当如苍生何？"深为忧叹。刘曰："卿诸人真忧渊源不起邪？"

注　释　①**确然**：坚定貌。确，"榷"的同音借字，表示坚硬。②**相谓**：互相谈论。

译　文　王濛、谢尚、刘惔一起到丹阳墓地探望隐居的殷浩，殷浩表示了自己长期隐居的坚定信念。回来的路上，王和谢相互议论道："殷浩不出来做官，怎么向百姓交代啊？"深深地为此忧虑叹息。刘惔却说："你们两位真的担心殷浩不出来做官吗？"

原　文

小庾临终，自表以子园客为代。朝廷虑其不从命[1]，未知所遣，乃共议用桓温。刘尹曰："使伊去，必能克定西楚，然恐不可复制[2]。"

注　释　①**虑**：担心。②**然**：可是。

译　文　庾翼临终时上奏章推荐自己的儿子庾爰之接替荆州刺史。朝廷担心庾爰之不服从安排，找不到派去的人选，众人进行一番商讨后决定让桓温去。刘惔说："派他去，肯定会使西楚稳定，可是恐怕今后再也无法控制他了。"

原　文

桓公将伐蜀，在事诸贤，咸以李势在蜀既久，承藉累叶[1]，且形据上流，三峡未易可克。唯刘尹云："伊必能克蜀。观其蒲博，不必得则不为。"

注　释　①**承藉累叶**：继承（前辈事业）好几代。

译　文　桓温即将讨伐蜀地，为官的贤达之人都认为李势在蜀地的时间已经很长了，继承祖辈的基业也已经有好几代了，并且他们在地形上又控制了长江上游，三峡是不会轻而易举被攻

破的。只有刘惔说："桓温肯定能够将蜀地征服。我看过他赌博，没有绝对的把握，他就不会出手。"

原 文

谢公在东山畜妓[1]，简文曰[2]："安石必出。既与人同乐，亦不得不与人同忧。"

注 释 **①谢公：**谢安，字安石。**东山：**谢安早年隐居的地方。当时他常和王羲之等人带着女妓出游。**妓：**表演音乐、歌舞的女侍。**②简文：**晋简文帝司马昱，此时担任丞相。

译 文 谢安在东山养有歌舞女妓，简文帝司马昱说："安石一定会出仕，他既然能与人同乐，也就不得不与人同忧。"

原 文

郗超与谢玄不善。苻坚将问晋鼎[1]，既已狼噬梁、岐，又虎视淮阴矣。于时朝议遣玄北讨，人间颇有异同之论。唯超曰："是必济事。吾昔尝与共在桓宣武府，见使才皆尽，虽履屐之间[2]，亦得其任。以此推之，容必能立勋。"元功既举[3]，时人咸叹超之先觉，又重其不以爱憎匿善。

注 释 **①问晋鼎：**指谋夺东晋的政权。传说夏朝铸九鼎，将其作为国宝，成为国家权力的象征。**②履屐之间：**比喻处理小事情。**③元功：**首功，大功。**举：**成，实现。

译 文 郗超和谢玄的关系不好。苻坚将要对东晋政权图谋不轨，早已像饿狼一样吞食了梁州和岐山，然后又对淮水之南虎视眈眈。当时朝廷商议派谢玄率兵北拒苻坚，不同意见的人有很多。只有郗超说："谢玄肯定可以成功。我以前曾在桓温幕府与他共事，发现他用人可以尽其才，就是处理小事情都可以委任得当。从这些情形来推断，他应该一定能建功立业。"谢玄凯旋后，世人纷纷赞叹郗超的预见能力，同时又对他不因个人的爱憎而隐匿别人的长处的品德非常敬重。

原 文

韩康伯与谢玄亦无深好。玄北征后，巷议疑其不振。康伯曰："此人好名，必能战。"玄闻之甚忿，常于众中厉色曰[1]："丈夫提千兵入死地，以事君亲故发[2]，不得复云为名。"

注 释 **①厉色：**神色严厉。**②君亲：**君和亲，偏指君主。**发：**出兵。

译 文 韩伯和谢玄没有深交。谢玄北拒苻坚后，街谈巷议都怀疑他会打败仗。韩伯说："这个人重名誉，一定能取胜。"谢玄听到这话非常生气，曾经在大庭广众下很愤怒地说："大丈夫率领千军进入决死之地，是为了报效君主才出征，不要再说是为了争名。"

原文

褚期生少时，谢公甚知之，恒云："褚期生若不佳者，仆不复相士[1]！"

注释　**①相士**：通过命相以识别人才。

译文　褚爽年轻时，谢安就很赏识他，经常说："褚爽如果将来不成为一个人才，我就不再鉴别人才了！"

原文

郗超与傅瑗周旋[1]。瑗见其二子[2]，并总发[3]，超观之良久，谓瑗曰："小者才名皆胜，然保卿家，终当在兄。"即傅亮兄弟也[4]。

注释　**①周旋**：交往。**②见**：引见。**③总发**：即总角，指幼年。**④傅亮**：曾任尚书令、左光禄大夫，后因罪被杀，其哥哥傅迪，官至五兵尚书。

译文　郗超和傅瑗素有交往。一次，傅瑗叫他两个儿子出来见郗超，当时他们都还是小孩子，郗超对他们观察了很久，对傅瑗说："小的将来才学名望都会超过他哥哥，可是保全你们一家的，终究还是哥哥。"也就是后来的傅亮兄弟。

原文

王恭随父在会稽，王大自都来拜墓[1]，恭暂往墓下看之。二人素善[2]，遂十余日方还。父问恭："何故多日？"对曰："与阿大语，蝉连不得归。"因语之曰："恐阿大非尔之友，终乖爱好。"果如其言。

注释　**①拜墓**：扫墓。**②素**：向来，一贯。

译文　王恭随同父亲王蕴住在会稽，王忱从京都来会稽扫墓，王恭到墓地去看他。两人素来友好，因此逗留了十多天才回去。父亲问王恭："怎么去了这么多天？"王恭说："与王忱谈话，说起来没完没了，因此回不来。"父亲对他说道："恐怕王忱不会成为你的朋友，你们最终会因为志趣爱好不同而分手。"后来果然如父亲所说。

原文

车胤父作南平郡功曹[1]，太守王胡之避司马无忌之难，置郡于酆阴。是时胤十余岁，胡之每出，尝于篱中见而异焉。谓胤父曰："此儿当致高名。"后游集，恒命之。胤长，又为桓宣武所知。清通于多士之世[2]，官至选曹尚书[3]。

注释　**①车胤**：字武子。少年家贫，夏夜则用袋装萤火虫来借光读书，车胤囊萤的故事就是指他。**②清通**：清廉通达。**多士**：人才众多。**③选曹尚书**：吏部尚书。吏部在东汉时代称为吏部曹，末期改称选部曹，魏晋以后又称吏部，掌管用人之权。

译文　车胤的父亲任南平郡的功曹，郡太守王胡之因为要避开司马无忌的报复，就把郡的首府设在鄄阴。这时车胤才十多岁，王胡之每次外出，都曾隔着篱笆看见他，对他感到惊奇。王胡之对车胤父亲说：“这孩子将会得到很高的名望。”后来遇有游玩、聚会等事，经常把他叫来。车胤长大后，又受到桓温的赏识。车胤在那人才济济的时代里，以清廉通达知名，官做到吏部尚书。

原　文

王忱死[1]，西镇未定，朝贵人人有望。时殷仲堪在门下[2]，虽居机要，资名轻小，人情未以方岳相许。晋孝武欲拔亲近腹心，遂以殷为荆州。事定，诏未出。王珣问殷曰：“陕西何故未有处分[3]？”殷曰：“已有人。”王历问公卿，咸云：“非。”王自计才地，必应在己。复问：“非我邪？”殷曰：“亦似非。”其夜，诏出用殷。王语所亲曰：“岂有黄门郎而受如此任？仲堪此举，乃是国之亡征。”

注　释　**①“王忱”句：** 王忱原任荆州刺史，荆州是晋朝的西部重镇，历来都派重臣镇守，所以大家都想得到这一职位。**②门下：** 官署名，即门下省。**③处分：** 处理；安排。

译　文　王忱死了，西部地区长官的人选还没有决定，朝廷显贵人人都对这个官位存有希望。当时殷仲堪在门下省任职，虽然处在机要部门，但是资历浅，名望小，大家的心意还不赞成把地方长官的重任交给他。可是晋孝武帝想提拔自己的亲信心腹，就委任殷仲堪为荆州刺史。事情已经决定了，诏令还没有发出时，王珣问殷仲堪：“荆州为什么还没有安排人选？”殷说：“已经有了人选。”王珣就列举大臣们的名字，一个个问遍了，殷仲堪都说不是。王珣估量自己的才能和门第，认为一定是自己了，又问：“不是我吧？”殷说：“也好像不是。”当夜下达诏令任用殷仲堪。王珣对亲信说：“哪里有黄门侍郎却能担负起这样的重任？对仲堪的这种提拔，就是国家灭亡的预兆。”

八 赏誉

题解

本章包含了对人物的鉴赏和赞誉。和"识鉴"不同的是，它不包括对于事态发展的预见，完全是从不同侧面对于人物品格、才华、风度进行评论和赞誉。

原文

陈仲举尝叹曰[①]："若周子居者[②]，真治国之器。譬诸宝剑，则世之干将[③]。"

注释 **①陈仲举：**陈蕃，字仲举。**②周子居：**周乘，字子居。**③干将：**宝剑名。相传春秋时吴国干将和妻子莫邪为吴王阖闾铸成两剑，雄剑就叫干将，雌剑就叫莫邪。

译文 陈蕃曾赞叹地说："像周乘这样的人，的确是治国的人才。如果用宝剑来比喻，就是世上的干将。"

原文

世目李元礼[①]："谡谡如劲松下风[②]。"

注释 **①目：**品评；评价。**李元礼：**李膺，字元礼，东汉人，曾任司隶校尉。当时朝廷纲纪不振，他独持法度，名声很高。后因反对宦官专政，未成被杀。**②谡谡：**劲挺有力的样子。

译文 世人品评李膺说："清凛刚直，像吹过松林的疾风一样刚劲。"

原文

谢子微见许子将兄弟曰[①]："平舆之渊，有二龙焉。"见许子政弱冠之时[②]，叹曰："若许子政者，有干国之器。正色忠謇，则陈仲举之匹；伐恶退不肖，范孟博之风。"

注释 **①谢子微：**谢甄，字子微。善清谈，有盛名。**许子将：**许劭，字子将。**②许子政：**许虔，字子政，许劭之兄。

译文 谢甄看到许劭兄弟俩，便说："平舆的深潭之下，有两条蛟龙啊！"他见到二十岁的许虔，赞叹道："像许虔这样的人，有治国的才能。态度严正，忠诚正直，可以和陈蕃相提并论；打击邪恶之人，斥退品行不端的人，又有范滂的风度。"

原文

公孙度目邴原[①]："所谓云中白鹤，非燕雀之网所能罗也[②]。"

注释 ①**公孙度**：字叔济，东汉人，曾任冀州刺史、辽东太守。**邴原**：字根矩，东汉人。避乱到辽东公孙度处，后想回乡里，公孙度不许，便设计离开。手下人要追赶，公孙度说，云中白鹤不是捉小鸟的网所能捕到的。②**罗**：网罗。

译文 公孙度评论邴原说："他是人们所说的云中白鹤，不是用捕捉燕雀的罗网所能捉到的。"

原文

钟士季目王安丰[①]："阿戎了了解人意。"谓"裴公之谈，经日不竭"。吏部郎阙，文帝问其人于钟会，会曰："裴楷清通，王戎简要，皆其选也。"于是用裴。

注释 ①**钟士季**：钟会，字士季。**王安丰**：王戎，字濬冲，伐吴有功，封为安丰侯。

译文 钟会评论安丰侯王戎说："阿戎是一个聪明伶俐的人，他非常懂得别人的心意。"又说："裴楷是一个善谈的人，即便说一整天也说不完。"吏部郎这个职位空出来了，晋文帝司马昭问钟会谁是适当的人选，钟会回答说："裴楷是一个清廉通达的人，王戎能掌握要领而处事简约，都是适当的人选。"于是委任裴楷。

原文

王濬冲、裴叔则二人，总角诣钟士季，须臾去。后，客问钟曰："向二童何如？"钟曰："裴楷清通，王戎简要。后二十年，此二贤当为吏部尚书，冀尔时天下无滞才。"

译文 王戎和裴楷在童年时去拜访钟会，没待多长时间就离开了。走后，客人问钟会："刚才那两个孩子如何？"钟会说道："裴楷清廉通达，王戎简约扼要。二十年后，这两位贤人将会做礼部尚书。但愿到那时候，天下人才可以尽其用。"

原文

谚曰："后来领袖有裴秀。"

译文 谚语说："后辈中的领袖有裴秀。"

原文

裴令公目夏侯太初[①]："肃肃如入廊庙中[②]，不修敬而人自敬。"一曰："如入宗庙，琅琅但见礼乐器[③]。""见钟士季，如观武库，但睹矛戟。见傅兰硕[④]，汪翔靡所不有[⑤]。见山巨源[⑥]，如登山临下，幽然深远[⑦]。"

注释 ①**夏侯太初**：夏侯玄，字太初。②**肃肃**：严整的样子。**廊庙**：本指殿下屋和太庙，是君臣议论政事的地方，这里指朝廷。③**琅琅**：形容玉石的光彩。④**傅兰硕**：傅嘏，字兰硕，三国时魏国人，官至尚书。⑤**汪翔**：宋本作"汪廧"，《晋书·裴楷传》作"汪翔"。吴士鉴《斠注》：

"汪廧，为汪翔之伪文。"今依吴说。⑥**山巨源**：山涛，字巨源。⑦**幽然**：深远的样子。

译　文　中书令裴楷品评夏侯玄说："见到他那严整的样子，就像进入朝廷一样，令人肃然起敬。自己不造作，却让人自然而然地敬重。"还有一种说法是："就像进了宗庙，看到的都是美妙的礼器乐器。""见到钟会，就像参观武器库，只看到矛戟之类的兵器。见到傅嘏，就像看到汪洋大海，感到深厚广博，无所不有。见到山涛，就像登上高山往下看，幽远深邃。"

原　文

羊公还洛[1]，郭奕为野王令[2]，羊至界，遣人要之[3]，郭便自往。既见，叹曰："羊叔子何必减郭太业[4]！"复往羊许，小悉还[5]，又叹曰："羊叔子去人远矣！"羊既去，郭送之弥日，一举数百里，遂以出境免官。复叹曰："羊叔子何必减颜子[6]！"

注　释　①**羊公**：羊祜，字叔子，博学能文，善谈论。②**郭奕**：字太业，曾任野王令。③**要**：拦住。④**减**：不如；次于。⑤**小悉**：少顷；不多久。⑥**颜子**：颜回，孔子的得意门生。

译　文　羊祜回洛阳去，路过野王县，当时郭奕任野王县令，羊祜到了县界，郭奕派人挽留。见面后，郭奕赞叹说："羊祜哪里比我郭奕差呢！"过后再前往羊祜住所，不多久便回去，又赞叹道："羊祜远远超过一般人啊！"羊祜走了，郭奕整天都送他，一送就送了几百里，终于因为出了县境被免官。他仍旧赞叹道："羊祜哪里比颜渊差呢！"

原　文

王戎目山巨源："如璞玉浑金[1]，人皆钦其宝[2]，莫知名其器[3]。"

注　释　①**璞玉浑金**：未经雕琢的玉和未经冶炼的金。比喻人质朴。②**钦**：看重。③**名**：称呼。**器**：器量、才识。

译　文　王戎评山涛："他好比未经雕琢的玉和未经冶炼的金，人人都看重他的珍贵，却无人知道该如何评价他的才识和度量。"

原　文

羊长和父繇与太傅祜同堂相善[1]，仕至车骑掾。早卒。长和兄弟五人，幼孤。祜来哭，见长和哀容举止，宛若成人，乃叹曰："从兄不亡矣！"[2]

注　释　①**羊长和**：羊忱，字长和。繇：羊繇，字堪甫，曾任车骑掾。②**从兄**：堂兄之称。

译　文　羊忱的父亲羊繇和太傅羊祜是堂兄弟，关系很好，羊繇官至车骑掾，年纪轻轻就死了。羊忱兄弟五人，年纪很小就变成了孤儿。羊祜来吊丧，看见羊忱的哀容和举止，完全像个成年人，于是感叹道："堂兄没有死啊！"

原　文

山公举阮咸为吏部郎，目曰："清真寡欲[1]，万物不能移也。"

注　释　**①清真**：清雅纯真。

译　文　山涛推荐阮咸担任吏部郎，并评价阮咸道："纯真淡雅，清心寡欲，没有什么能够改变他高洁的品格。"

原　文

王戎目阮文业："清伦有鉴识，汉元以来未有此人。"

译　文　王戎评论阮武说："他是一个清高而通伦理的人，有知人论世之明，从汉初以来还没有这样的人。"

原　文

武元夏目裴、王曰："戎尚约，楷清通。"

译　文　武元夏评价裴楷、王戎时说："王戎是一个注重简要的人，裴楷是一个清廉通达的人。"

原　文

庾子嵩目和峤[1]："森森如千丈松[2]，虽磊砢有节目[3]，施之大厦，有栋梁之用。"

注　释　**①庾子嵩**：庾敳，字子嵩。**和峤**：字长兴，晋汝南西平（今河南舞阳东南）人。武帝时任中书令，因母丧离职；惠帝即位，拜为太子少傅。他家境富有，却为人吝啬，因此受到世人讥讽。**②森森**：茂盛的样子。**③磊砢**：众石聚在一起的样子。**节目**：树木分出枝杈的地方。

译　文　庾子嵩品评和峤："有如茂盛的千丈松柏，虽然有节疤枝杈，但用来建造高楼，有栋梁的用途。"

原　文

王戎曰："太尉神姿高彻[1]，如瑶林琼树[2]，自然是风尘外物[3]。"

注　释　**①太尉**：指王衍，字夷甫。**高彻**：高迈豪爽。**②瑶林琼树**：传说仙境中美好洁净的玉树。**③风尘**：尘世；世俗。

译　文　王戎说："太尉王衍的仪态高迈豪爽，有如美玉般的宝树，天生就是超脱世俗之外的人物。"

原　文

王汝南既除所生服[1]，遂停墓所。兄子济每来拜墓，略不过叔[2]，叔亦不候。济脱时过[3]，止寒温而已。后聊试问近事，答对甚有音辞，出济意外，济极惋愕。仍与语，转造精微。济先略无子侄之敬，既闻其言，不觉懔然，心形俱肃[4]。遂留共语，弥日累夜。济虽俊爽，自视缺然[5]，乃喟然叹曰[6]："家有名士，三十年而不知！"济去，叔送至门。济从骑有一马，绝难乘[7]，少能骑者。济聊问叔："好骑乘

不？”曰：“亦好尔。”济又使骑难乘马。叔姿形既妙，回策如萦[8]，名骑无以过之。济益叹其难测，非复一事。既还，浑问济：“何以暂行累日？”济曰：“始得一叔。”浑问其故，济具叹述如此。浑曰：“何如我？”济曰：“济以上人。”武帝每见济，辄以湛调之，曰：“卿家痴叔死未？”济常无以答。既而得叔后，武帝又问如前。济曰：“臣叔不痴。”称其实美。帝曰：“谁比？”济曰：“山涛以下，魏舒以上。”于是显名，年二十八始宦。

注释 ①**除所生服：**父母死后，守孝期满，脱去孝服。所生，父母，这里指父亲。②**过：**过访；探望。③**脱：**或许；偶尔。④**懔然：**严肃不苟的样子。**肃：**恭敬、庄重。⑤**缺然：**不足。⑥**喟然：**长叹的样子。⑦**从骑：**骑马的随从。⑧**策：**马鞭子。**萦：**围绕盘旋。

译文 王湛为父亲服丧三年，脱掉丧服后就在墓地居住。他的侄子王济每次来扫墓，都不去看叔叔，而叔叔也从不等他。王济偶然经过，不过寒暄几句而已。后来王济随意问了一些最近的事情，王湛回答得言辞华美、音调悦耳，出乎王济预料，令其大吃一惊。继续与他清谈，越谈越精深微妙。这之前王济对王湛完全没有子侄应有的恭敬，听完他的言辞，王济敬畏之情顿生，身心肃穆。于是留下来一起谈论，一连好几天都是通宵达旦。王济虽然才华出众，性格豪放，但还是认识到了自己的不足之处，他长叹了一口气说：“家里有位名士，三十年来却都不知道。”王济告辞时，叔叔将他送到门口。随王济而来的坐骑中有一匹马，不好驾驭，很少有人能骑它。王济就顺便问叔叔道：“您喜欢骑马吗？”叔叔答道：“也喜欢啊！”王济就让叔叔去骑那匹烈马。发现叔叔跨上马背的姿势妙不可言。马鞭向后一甩，就形成了一个圆圈，即使是著名的骑手，都很难超越他。王济越发赞叹叔叔的高深莫测，其才能并非仅仅表现在某一个方面。回家后，父亲王浑问王济：“怎么去了这么久？”王济说：“我方才找到一位好叔叔。”父亲问他是什么意思，他就边赞叹边述说自己的见闻。父亲王浑又问：“跟我比如何？”王济说：“是在我之上的人物。”以往晋武帝每次见到王济，都会拿王湛跟他开玩笑，问他：“你家的那个傻叔叔死了吗？”王济往往不知怎么回答。重新认识了叔叔以后，当晋武帝又像往常那样问他时，王济便说：“我叔叔并不傻。”并极力称赞叔叔的各种美德。晋武帝问：“可以与谁相比呢？”王济说：“在山涛之下、魏舒之上。”王湛从此闻名于世，二十八岁才开始做官。

原文

裴仆射[1]，时人谓为言谈之林薮[2]。

注释 ①**裴仆射：**指裴颜，曾任左仆射。②**林薮：**草木丛聚之处，比喻事物汇集之地。

译文 左仆射裴颜，当时的人认为他是一个清谈论辩言辞的府库。

原文

张华见褚陶，语陆平原曰：“君兄弟龙跃云津[1]，顾彦先凤鸣朝阳[2]。谓东南之宝已尽，不意复见褚生。”陆曰：“公未睹不鸣不跃者耳！”

注　释　**①龙跃云津：**像龙从天上银河跃出。比喻英才崛起。**②凤鸣朝阳：**像凤鸟在早上鸣叫。比喻贤才遇时而起。

译　文　张华见到褚陶后，对陆机说："你们兄弟俩就像飞龙从天上银河跃出；顾荣就像凤鸟迎着朝阳鸣叫。我本来以为东南的珍宝就已经全在这里了，没想到现在又遇见了褚先生。"陆机说："那只是因为您没有看到不鸣叫、不跳跃的人而已。"

原　文

有问秀才[1]："吴旧姓何如？"答曰："吴府君[2]，圣王之老成，明时之俊乂；朱永长，理物之至德，清选之高望；严仲弼，九皋之鸣鹤，空谷之白驹。顾彦先，八音之琴瑟，五色之龙章。张威伯，岁寒之茂松，幽夜之逸光。陆士衡、士龙，鸿鹄之裴回，悬鼓之待槌。凡此诸君，以洪笔为锄耒[3]，以纸札为良田，以玄默为稼穑，以义理为丰年；以谈论为英华，以忠恕为珍宝；著文章为锦绣，蕴五经为缯帛；坐谦虚为席荐，张义让为帷幕；行仁义为室宇，修道德为广宅。"

注　释　**①秀才：**指蔡洪。**②吴府君：**吴展，字士季。曾在吴国任广州刺史、吴郡太守。**③锄耒：**两种农具：锄头和木叉。

译　文　有人问秀才蔡洪："吴地的世族如何？"蔡洪回答说："吴展，是圣君身边的贤臣，盛世的杰出人物；朱诞，具有治理天下的德行，是公平选拔出的最有声望的人；严隐，像大泽里引颈长鸣的白鹤，像空旷深谷中驰骋的白驹；顾荣，像乐器中的琴瑟，众多花纹中的龙纹；张畅，是寒冬里挺拔的青松，黑暗中散发的光芒；陆机、陆云兄弟，是高空盘旋的鸿鹄，是有待敲击的大鼓。所有这些名士，把大笔当作农具，拿纸张比作良田，把清净无为当作耕种，把明通义理当作丰收，把清谈当作英华，把忠恕当作珍宝，把著述文章当作锦绣，把精通五经当作丝帛，把谦虚当作草席来坐，把发扬道义当作帷幕来张挂，把推行仁义当作建造房屋，把加强道德修养当作构筑大厦。"

原　文

人问王夷甫："山巨源义理何如？是谁辈？"曰："此人初不肯以谈自居，然不读《老》《庄》，时闻其咏，往往与其旨合。"

译　文　有人问王衍："山涛谈义理谈得怎么样？水平和谁可以相提并论？"王衍说："这个人从来不肯以清谈家自居，可是，他虽然不读《老子》《庄子》，而听到他的观点和见解，倒是经常处处和老庄思想相合。"

原　文

洛中雅雅有三嘏[1]：刘粹字纯嘏，宏字终嘏，漠字冲嘏，是亲

兄弟，王安丰甥[2]，并是王安丰女婿。宏，真长祖也。洛中铮铮冯惠卿，名荪，是播子。荪与邢乔俱司徒李胤外孙，及胤子顺并知名。时称："冯才清，李才明，纯粹邢。"

注释 ①**雅雅**：指风雅人士众多。**三嘏**：刘氏三兄弟在西晋时代分别任光禄勋、侍中、吏部尚书，都很有名。②**王安丰**：王戎。

译文 在洛阳众多的风雅人士中有三嘏：他们是刘粹，字纯嘏；刘宏，字终嘏；刘漠，字冲嘏。他们三个人是亲兄弟，是安丰侯王戎的外甥，又都是王戎的女婿。刘宏就是后来鼎鼎有名刘惔的祖父。洛阳声名显赫的人士中有冯惠卿，名荪，是冯播的儿子。冯荪和邢乔都是司徒李胤的外孙，两人和李胤的儿子李顺都很有名气。当时的人称赞说："冯氏才学清纯，李氏才识明达，纯正完美的是邢氏。"

原文

卫伯玉为尚书令，见乐广与中朝名士谈议，奇之曰："自昔诸人没已来，常恐微言将绝[1]。今乃复闻斯言于君矣！"命子弟造之，曰："此人，人之水镜也[2]，见之若披云雾睹青天[3]。"

注释 ①**微言**：精深微妙的言辞。指玄学清谈。②**水镜**：像水一样清澈明亮的镜子。③**披**：拨开，分开。

译文 卫瓘担任尚书令时，看到乐广与中原的名士谈论，感到非常出乎意料，他说："自从过去那些名士去世以来，我总是担心清谈即将断绝，如今又从您这里听到了这种谈论。"于是他就命弟子去拜访乐广，并说："此人就像清澈明亮照人的镜子，见到他就仿佛拨开云雾见青天一样。"

原文

王太尉曰："见裴令公精明朗然，笼盖人上，非凡识也。若死而可作，当与之同归。"或云王戎语。

译文 太尉王衍说："我认为裴楷是一个精明开朗的人，他超越众人之上，不是一般见识的人呀。如果人死了还能再活，我愿意去追随他左右。"有人说这是王戎说的话。

原文

王夷甫自叹："我与乐令谈，未尝不觉我言为烦。"

译文 王衍自己感叹说："每次我与乐广清谈时，总会感觉我的言辞不够精练，而显得过于烦琐。"

原文

郭子玄有俊才，能言老、庄，庾敳尝称之，每曰："郭子玄何必减庾子嵩！"

译　文　郭象才智超群，擅长谈论老庄思想，庾敳曾经称赞他，常说："郭象为什么一定要比我庾敳差呢！"

原　文

王平子目太尉[①]："阿兄形似道[②]，而神锋太俊[③]。"太尉答曰："诚不如卿落落穆穆[④]。"

注　释　①**王平子**：王澄，字平子。**太尉**：指王衍，王澄的哥哥。②**道**：有道；有德行。③**神锋**：精神气概。**俊**：突出。④**落落穆穆**：豁达而又沉静。

译　文　王澄品评太尉王衍："哥哥的外表像是很有德行，只是锋芒太露。"太尉王衍回答说："我的确不如你豁达沉静。"

原　文

太傅府有三才[①]：刘庆孙长才，潘阳仲大才，裴景声清才。

注　释　①**太傅**：指东海王司马越。西晋惠帝时，司马越以太傅录尚书事。

译　文　太傅司马越府里聚集着三位优秀人物：刘舆是长才，潘滔是大才，裴邈是清才。

原　文

林下诸贤[①]，各有俊才子：籍子浑，器量弘旷[②]；康子绍，清远雅正[③]；涛子简，疏通高素[④]；咸子瞻，虚夷有远志[⑤]，瞻弟孚，爽朗多所遗[⑥]；秀子纯、悌，并令淑有清流[⑦]；戎子万子，有大成之风[⑧]，苗而不秀[⑨]；唯伶子无闻。凡此诸子，唯瞻为冠，绍、简亦见重当世。

注　释　①**林下诸贤**：指竹林七贤。魏时山涛、阮籍、嵇康、向秀、刘伶、阮咸、王戎七人，常常在竹林下聚会，饮酒抒怀，世称竹林七贤。②**弘旷**：宏大宽广。③**清远雅正**：志向高洁远大，本性正直。④**疏通高素**：通达，情操高洁纯真。⑤**虚夷**：谦虚平易。⑥**多所遗**：指政务多所忽略。⑦**令淑**：善良文雅。**清流**：比喻德行高洁。⑧**大成**：指学问大有成就。⑨**苗而不秀**：庄稼生长却不抽穗开花。

译　文　竹林七贤都有才智出众的儿子：阮籍的儿子浑，器量宽广恢宏；嵇康的儿子嵇绍，清雅高远、耿直正派；山涛的儿子山简，宁静淡泊、高洁通达；阮咸的儿子阮瞻，谦逊平和、志存高远；阮瞻的弟弟阮孚，坦率开朗，对事物多有超越；向秀的儿子向纯、向悌，都善良美好、品行高洁；王戎的儿子王绥，气度非凡，足以成就大业，但可惜英年早逝；唯独刘伶的儿子默默无闻。在这些人的儿子中，阮瞻堪称第一，嵇绍和山简也被世人看重。

原　文

庾子躬有废疾，甚知名。家在城西，号曰城西公府[①]。

注　释　①**城西公府**：公府本指三公的府第，庾子躬（名琮）曾为太尉（三公之一）的属官。

译　文　庾琮有残疾，可是很有名望。他的私宅在城西，称为城西公府。

原　文

王夷甫语乐令："名士无多人，故当容平子知[1]。"

注　释　①**"名士"二句**：王夷甫很看重他弟弟王平子，凡名士一经王平子评过，王夷甫便不再置评。

译　文　王衍对尚书令乐广说："名士贤达并不多见，自然任凭王澄仔细评审了。"

原　文

王太尉云："郭子玄语议如悬河写水[1]，注而不竭。"

注　释　①**郭子玄**：郭象。

译　文　太尉王衍说："郭象的谈论好像瀑布飞流直下，滔滔不绝。"

原　文

司马太傅府多名士，一时俊异。庾文康云："见子嵩在其中[1]，常自神王[2]。"

注　释　①**子嵩**：庾敳，字子嵩。②**神王**：神旺，精神大振。

译　文　司马越的太傅府里聚集了很多的名士贤达，都是当时很有名声的优秀人才。庾亮说："我看到庾敳在这些人里面，常常显得精神亢奋。"

原　文

太傅东海王镇许昌，以王安期为记事参军，雅相知重[1]。敕世子毗曰："夫学之所益者浅，体之所安者深。闲习礼度，不如式瞻仪形[2]；讽味遗言，不如亲承音旨。王参军人伦之表，汝其师之。"或曰："王、赵、邓三参军，人伦之表，汝其师之。"谓安期、邓伯道、赵穆也。袁宏作《名士传》，直云王参军。或云赵家先犹有此本。

注　释　①**雅**：副词，甚，很。②**式瞻**：即"瞻"，观看。**式**：发语词。

译　文　太傅东海王司马越镇守许昌时，任命王承为记室参军，对他非常赏识，告诫自己的儿子司马毗说："从书中学来的东西比较肤浅，亲身体验到的感受比较深刻。学习掌握礼仪法度，不如亲眼去观看礼仪形式；吟咏品味先人的遗言，不如亲身接受贤人的教诲。王参军是众人的表率，你要向他学习，以他为师。"还有一种这样的说法："王、赵、邓三位参军是人民的表率，你要以他们为师。"说的是王承、邓攸、赵穆。袁宏撰写《名士传》时，就只提到了"王参军"。有人说："以前赵穆家里还保存着这个抄本。"

原　文

庾太尉少为王眉子所知[1]。庾过江，叹王曰："庇其宇下，使人忘寒暑[2]。"

注释 ①**王眉子**：王玄，字眉子。②**"庇其"句**：意谓得到他的赏识，使人感到温暖。宇下，屋檐下。

译文 太尉庾亮年轻时就得到王玄的赏识。后来庾亮避难去了江南，他时常想起王玄说："在他的庇护下，使人忘却了时世的冷暖。"

原文

谢幼舆曰："友人王眉子清通简畅[①]，嵇延祖弘雅劭长[②]，董仲道卓荦有致度[③]。"

注释 ①**简畅**：简约舒畅。②**嵇延祖**：嵇绍，字延祖。**弘雅**：宽宏雅正，有器量。**劭长**：指品德美好。③**卓荦**：卓越；杰出。**致度**：风致气度。

译文 谢鲲说："我的朋友王玄是一个清廉通达、简约舒畅的人；嵇绍是一个宽宏正直、德行高尚的人；董养是一个见识卓越、很有风致气度的人。"

原文

王公目太尉："岩岩清峙[①]，壁立千仞。"

注释 ①**清峙**：巍峨的高山。

译文 王导评价王衍说："他就像巍峨的高山，清秀挺拔；他就像千仞峭壁，耸立于前。"

原文

庾太尉在洛下[①]，问讯中郎[②]。中郎留之云："诸人当来。"寻温元甫、刘王乔、裴叔则俱至[③]，酬酢终日。庾公犹忆刘、裴之才俊，元甫之清中。

注释 ①**庾太尉**：庾亮。②**中郎**：指庾敳。③**温元甫**：温几，字元甫。刘王乔：刘畴，字王乔。裴叔则：裴楷，字叔则。

译文 庾亮在洛阳的时候，探望庾敳，后者挽留他说："有几位朋友将要来访。"不一会儿，温几、刘畴、裴楷都到了。大家欢宴一整天。庾亮后来依然追忆刘畴、裴楷的出众才华，温几的恬静平和。

原文

蔡司徒在洛[①]，见陆机兄弟住参佐廨中[②]，三间瓦屋，士龙住东头，士衡住西头。士龙为人，文弱可爱；士衡长七尺余，声作钟声，言多慷慨。

注释 ①**蔡司徒**：蔡谟。②**陆机兄弟**：指西晋著名文学家陆机、陆云两兄弟。陆机（261—303），字士衡，吴郡吴县（今江苏苏州）人。西晋著名文学家、书法家。出身吴郡陆氏，为孙吴丞相陆逊之孙、大司马陆抗第四子。陆云（262—303），字士龙，西晋官员、文学家，陆抗第五子。

译　文　司徒蔡谟在洛阳时，曾经看见陆机、陆云兄弟一同住在僚属办公处，一共有三间瓦屋，陆云住在东头，陆机住在西头。陆云为人，文雅纤弱而可爱；陆机身高七尺多，声音像钟声般洪亮，说话大多慷慨激昂。

原　文

王长史是庾子躬外孙[1]，丞相目子躬云："入理泓然[2]，我已上人。"

注　释　①**庾子躬**：庾琮。②**入理**：指深入玄理之中。**泓然**：形容深入。

译　文　长史王濛是庾琮的外孙，丞相王导评价庾琮说："他深刻地领会了玄理，是在我之上的人。"

原　文

庾太尉目庾中郎："家从谈谈之许[1]。"

注　释　①**家从**：叔父。中郎庾敳是庾亮的堂叔父。**谈谈**：深不可测。

译　文　太尉庾亮评价中郎庾敳说："家叔深不可测。"

原　文

庾公目中郎："神气融散[1]，差如得上[2]。"

注　释　①**神气**：精神。**融散**：安适，闲散。②**差如**：差不多，大致。

译　文　庾亮评论中郎庾敳说："他是一个精神安适，喜好散漫生活的人，总的来说还算出众。"

原　文

刘琨称祖车骑为朗诣[1]，曰："少为王敦所叹。"

注　释　①**祖车骑**：祖逖，曾与司空刘琨一起任司州主簿，感情很好。两人立志报国，曾闻鸡起舞。死后赠车骑将军。**朗诣**：开朗通达。

译　文　刘琨时常赞许祖逖是一个开朗豁达的人，说："他年轻时曾受到王敦的赞赏。"

原　文

时人目庾中郎[1]："善于托大，长于自藏。"

注　释　①**时**：当时。

译　文　当时的人们评价庾敳道："他善于寄身大道而超脱世事，长于韬光养晦而不露锋芒。"

原　文

王平子迈世有俊才[1]，少所推服[2]。每闻卫玠言，辄叹息绝倒[3]。

注　释　①**迈世**：超出世俗。②**推服**：推崇佩服。③**绝倒**：倾倒，极为钦佩。

译　文　王澄有超世的卓越才华，很少有令他推崇佩服的人。但是每当听到卫玠谈论，总不免赞叹、倾倒。

原　文

王大将军与元皇表云："舒风概简正[①]，允作雅人[②]，自多于邃[③]，最是臣少所知拔。中间夷甫、澄见语：'卿知处明、茂弘。茂弘已有令名，真副卿清论；处明亲疏无知之者。吾常以卿言为意，殊未有得，恐已悔之！'臣慨然曰：'君以此试。'顷来始乃有称之者。言常人正自患知之使过，不知使负实。"

注　释　①**舒**：王舒，字处明，是王敦的堂弟。据《晋书·王舒传》说，王舒"以天下多故，不营当时名，恒处私门，潜心学植"。后避难过江，才做官。**风概**：风采节操。**简正**：指处事简约刚直。②**雅人**：风雅之士；品德高尚的人。③**邃**：王邃，字处重，王舒的弟弟。

译　文　大将军王敦呈送晋元帝的奏章说："王舒是一个很有风采节操的人，他简约刚直，确实称得上高雅的人，自然也胜过了王邃，他是臣少有的很赏识并愿意扶植的人。在这期间王衍、王澄曾对我说：'你是否了解王舒和王导。王导早已有了名声，确实与你的高论相符；王舒身边的人无论亲疏都很少有人能真正了解他。我常常把你的话放在心上，试图多去了解王舒，但是却没什么收获，恐怕你对自己说过的话开始感到后悔了吧！'臣感慨地说：'您按我说的试着再看看。'近来方才有人赞扬王舒，这说明一般人只是担心了解人过了头，实际上是了解得不够。"

原　文

周侯于荆州败绩还[①]，未得用。王丞相与人书曰："雅流弘器[②]，何可得遗！"

注　释　①**"周侯"句**：周侯，周顗，字伯仁，晋元帝时任宁远将军、荆州刺史，刚到任，遇叛军，大败，后召还建康。②**弘器**：大器，有大才的人。

译　文　武城侯周顗在荆州大败后，返回京都，未能得到委任。丞相王导给别人写信说："周顗是一个高雅人士，有大才，怎么能把他抛弃呢！"

原　文

时人欲题目高坐而未能[①]，桓廷尉以问周侯[②]，周侯曰："可谓卓朗。"桓公曰："精神渊著。"

注　释　①**题目**：品评。**高坐**：和尚名，晋代高僧。②**桓廷尉**：桓彝，字茂伦，死后追赠廷尉。

译　文　当时的贤达一心想给高坐和尚做个评论，但是都没有想出恰当的说词，廷尉桓彝把这件事告诉了武城侯周顗，周顗说："可以说他是一个卓越开朗的人。"桓温说："他是一个思想深沉而明澈的人。"

原　文

王大将军称其儿云："其神候似欲可[①]。"

注　释　①**可**：称心，满意。

译文 大将军王敦评价他的儿子说：“从他的神态来看似乎还算让人满意。”

原文

卞令目叔向[1]：“朗朗如百间屋。”

注释 **①叔向**：似是指叔父卞向，但有无其人，无从考证。

译文 尚书令卞壸评价其叔卞向说：“他的气度宽阔犹如上百间大屋一样。”

原文

王敦为大将军，镇豫章。卫玠避乱，从洛投敦。相见欣然，谈话弥日。于时谢鲲为长史，敦谓鲲曰：“不意永嘉之中[1]，复闻正始之音[2]。阿平若在[3]，当复绝倒。”

注释 **①永嘉**：西晋怀帝的年号。**②正始之音**：指清谈玄学。**③阿平**：王澄，字平子。按：晋元帝时，王澄路过豫章，被王敦杀害了。

译文 王敦任大将军时，在豫章镇守。卫玠为了躲避战乱，从洛阳来到豫章投奔王敦，两人一见如故，都很高兴，整天彻夜清谈。当时谢鲲在王敦手下任长史，王敦对谢鲲说：“想不到永嘉年间，又听到了正始年间那种清谈。如果王澄在这里，就会佩服得五体投地。”

原文

王平子与人书[1]，称其儿“风气日上，足散人怀”。

注释 **①书**：写信。

译文 王澄给朋友写信，称赞他的儿子“风度翩翩，气质日日向上，足以排遣内心的苦闷”。

原文

胡毋彦国吐佳言如屑，后进领袖[1]。

注释 **①胡毋彦国**：胡毋辅之，字彦国。

译文 胡毋辅之谈吐中的优美言辞就像锯木时的飞屑一般洋洋洒洒、连绵不绝，他称得上后起的优秀人才中的佼佼者了。

原文

王丞相云：“刁玄亮之察察[1]，戴若思之岩岩[2]，卞望之之峰距[3]。”

注释 **①刁玄亮**：刁协，字玄亮，深得晋元帝信任重用，官至尚书令。**察察**：清察明辨。**②戴若思**：戴渊，字若思，多才善辩，风采过人，官至征西将军。**岩岩**：高峻挺拔，比喻人态度严峻。**③峰距**：山峰高尖突出，比喻人整饬而有锋芒。

译文 丞相王导说：“刁协明察秋毫，戴渊性情严峻，卞壸整饬而有锋芒。”

原文

大将军语右军：“汝是我佳子弟[1]，当不减阮主簿。”

注释 **①佳**：优秀。

译　文　大将军王敦对右军王羲之说："你是我们家的优秀弟子，应该不落后于主簿阮裕。"

原　文

世目周侯[1]："嶷如断山[2]。"

注　释　**①目：**评价。**②嶷：**高峻陡峭。

译　文　世人评价周顗，说："他高峻陡峭，好像一座劈开的大山，让人望而生畏。"

原　文

王丞相招祖约夜语[1]，至晓不眠。明旦有客，公头鬓未理，亦小倦，客曰："公昨如是似失眠[2]。"公曰："昨与士少语，遂使人忘疲。"

注　释　**①祖约：**字士少，曾任豫州刺史。**②"公昨"句：**"是"字疑是衍文，此句似应为"公昨如似失眠"，否则于理不顺。

译　文　一次，丞相王导邀请祖约晚上来他家清谈，两人相谈甚欢，直到天亮都没有困意。第二天一早就有客人来拜访，王导出来见客时，还没有梳头，身体也有点困倦，客人问道："您昨晚是不是失眠了？"王导说："昨晚和祖约清谈，就让人忘了疲劳。"

原　文

王大将军与丞相书，称杨朗曰[1]："世彦识器理致[2]，才隐明断[3]。既为国器[4]，且是杨侯淮之子[5]，位望殊为陵迟[6]。卿亦足与之处。"

注　释　**①杨朗：**字世彦。**②识器：**识见和气量。**理致：**义理和情趣。**③才隐：**才学深邃。**明断：**果断。**④国器：**治国的人才。**⑤杨侯淮：**杨淮，实即杨准，西晋元康末年任冀州刺史，是当时名士。**⑥陵迟：**衰微。

译　文　大将军王敦写信给丞相王导，称赞杨朗说："杨朗是一个很有见识和气量的人，他言谈善于抓住事物之义理而有情趣，才学精湛而注重细节之处，论断高明。既是可以治国的人才，也是杨淮的儿子，可是他地位和名望很是卑微。你也可以和他相处。"

原　文

何次道往丞相许[1]，丞相以麈尾指坐呼何共坐，曰："来，来，此是君坐。"

注　释　**①"何次道"句：**何次道，名充，字次道，是王导的大姨子的儿子，小时候就和王导很要好，且历任显官。

译　文　何充前往丞相王导处登门拜访，王导很高兴地拿拂尘指着上座招呼他比邻而坐，并且很亲切地说："来，来，这是你的座位。"

原　文

丞相治扬州廨舍，按行而言曰："我正为次道治此尔！"何少为

王公所重，故屡发此叹。

译 文 丞相王导下令修建扬州府衙，在他每次视察修建现场时都会说：“我只是在替何充修建这个府衙罢了！”何充年轻时就受到王导的欣赏和重视，所以王导屡次发表这样的赞叹。

原 文

王丞相拜司徒而叹曰[1]：“刘王乔若过江[2]，我不独拜公。”

注 释 ①**司徒**：官名，与司空、太尉号称三公，是最高级的长官。按：东晋明帝即位后，王导升任司徒。②**刘王乔**：刘畴，字王乔，年轻时名望很高，西晋永嘉年间，任司徒左长史，后遇害。

译 文 丞相王导任司徒时感叹说：“如果当时刘畴能到江南来，我就不会一个人晋三公之位了。”

原 文

王蓝田为人晚成，时人乃谓之痴[1]。王丞相以其东海子，辟为掾[2]。常集聚，王公每发言，众人竞赞之。述于末坐曰：“主非尧、舜，何得事事皆是？”丞相甚相叹赏。

注 释 ①**痴**：愚钝、傻。②**掾**：属下。

译 文 蓝田侯王述成名比较晚，当时的人们都说他傻。丞相王导因他是东海太守王承的儿子而征召他来做属官。大家经常聚会，王导每次发言都会得到众人竞相赞美。王述坐在末座，却说：“丞相并非尧舜，怎么能什么都对呢？”王导很赞赏他的话。

原 文

世目杨朗：“沉审经断[1]。”蔡司徒云：“若使中朝不乱，杨氏作公方未已[2]。”谢公云：“朗是大才。”

注 释 ①**经断**：顺理决断。②**杨氏**：指杨朗六兄弟。杨氏兄弟六人，名声都很大，人们普遍认为他们都有做丞相的希望。

译 文 世人评价杨朗说：“他是一个深沉慎重的人，做事合乎理而善于决断。”司徒蔡谟说：“如果西晋社会不动荡的话，杨氏任三公的高官则会接连不断。”谢安说：“杨朗是大才。”

原 文

刘万安即道真从子，庾公所谓灼然玉举[1]。又云：“千人亦见，百人亦见。”

注 释 ①**玉举**：玉立，有操守。

译 文 刘绥是刘宝的侄儿，是庾琮所说的讲究操守、立场鲜明坚定的人。又说：“他的光辉在千人中也能显露出来，在百人中更能显露无疑。”

原　文

庾公为护军[1]，属桓廷尉觅一佳吏，乃经年。桓后遇见徐宁而知之，遂致于庾公，曰："人所应有，其不必有；人所应无，己不必无，真海岱清士[2]。"

注　释　①**为**：担任。②**清士**：高洁之人。

译　文　庾亮担任护军时，嘱托桓彝给他寻找一位好的属官，居然过了一年。桓彝后来遇到了徐宁，对他很赏识，就将其引荐给了庾亮，说："常人应该有的，他不一定有；常人应该没有的，他却不一定没有，实在是东海泰山之间的高洁之士。"

原　文

桓茂伦云："褚季野皮里阳秋[1]。"谓其裁中也[2]。

注　释　①**皮**：肚子。②**裁中**：褒贬得当。

译　文　桓彝说："褚裒腹中藏着春秋。"这就是说他内心里对人事褒贬得当。

原　文

何次道尝送东人[1]，瞻望见贾宁在后轮中[2]，曰："此人不死，终为诸侯上客。"

注　释　①**尝**：曾经。②**瞻望**：远远地看到。

译　文　何充曾送从东边来的客人，他远远地看到贾宁坐在后面的车中，便说："此人若不死的话，就必定会成为诸侯的座上客。"

原　文

杜弘治墓崩[1]，哀容不称[2]。庾公顾谓诸客曰："弘治至羸[3]，不可以致哀。"又曰："弘治哭不可哀。"

注　释　①**杜弘治**：杜乂，字弘治，少时就有名气，官至丹阳丞。②**不称**：不相称。③**羸**：瘦弱。

译　文　杜乂家祖坟塌了，他的面容不甚悲哀，和这件事不相称。庾亮环顾众宾客，对他们说："杜乂身体极弱，不可以太伤心。"又说："杜乂不能哭得太伤心。"

原　文

世称庾文康为丰年玉[1]，稚恭为荒年谷。庾家论云："是文康称恭为荒年谷，庾长仁为丰年玉[2]。"

注　释　①**丰年玉**：比喻能润色太平。用来形容庾亮是治世之才。②**庾长仁**：庾统，字长仁，是庾亮一个弟弟的儿子，曾任寻阳郡太守。

译　文　世人都称颂庾亮似丰收年的宝玉，称颂庾翼像灾荒年头的食粮。庾家家里人的评论则说："庾亮称赞稚恭似灾荒年头的粮食，庾统像丰年的美玉。"

原　文

世目杜弘治标鲜，季野穆少[1]。

注　释　①**穆少**：温和而寡欲。

译　文　世人评论杜乂风采俊秀照人，褚裒温和淡泊。

原　文

有人目杜弘治："标鲜清令[1]，盛德之风[2]，可乐咏也[3]。"

注　释　①**清令**：清雅而纯美。②**盛德**：高尚的品德。③**乐咏**：用音乐、歌声来赞美。

译　文　有人评论杜乂："风采俊秀照人，本性清高纯美，有大德风范，是值得歌颂的。"

原　文

庾公云："逸少国举[1]。"故庾倪为碑文云[2]："拔萃国举。"

注　释　①**举**：推崇。②**故**：因此。

译　文　庾亮说："王羲之是全国上下所推崇的人物。"因此庾倪给他写碑文为"拔萃国举"。

原　文

庾稚恭与桓温书，称："刘道生日夕在事，大小殊快。义怀通乐既佳，且足作友，正实良器。推此与君，同济艰不（pǐ）者也。"

译　文　庾翼写信给桓温，称赞说："刘惔白天晚上都在处理政事，大小事情都处理得非常称心如意。这个人胸怀仁义，豁达和乐，不但这方面很好，而且很值得结为良友，确实是优秀人才。现在把他推荐给您，和您一起渡过艰难困苦的时日吧。"

原　文

王蓝田拜扬州，主簿请讳[1]。教云："亡祖、先君，名播海内，远近所知。内讳不出于外，馀无所讳。"

注　释　①**讳**：指家讳，避忌说出家族中长辈的名和字。按：晋人重视家讳，所以新官上任之前，下属要请求指出避讳名号。

译　文　蓝田侯王述就任扬州刺史时，州府主簿向他请示要避忌的名讳。王述批示说："先祖、先父，名声远播天下，是远近皆知的。妇女的名字不能向外人说出，此外没有要避忌的了。"

原　文

萧中郎[1]，孙丞公妇父，刘尹在抚军坐[2]，时拟为太常[3]。刘尹云："萧祖周不知便可作三公不？自此以还，无所不堪。"

注　释　①**萧中郎**：萧轮，字祖周。②**抚军**：指简文帝司马昱，曾为抚军大将军。③**太常**：九卿之一，主管祭祀礼乐。

译　文　中郎萧轮是孙统的岳父，丹阳尹刘惔在抚军大将军司马昱那里做客时，商议提升萧

轮任太常。刘惔说："萧轮不知可以不可以提为三公？三公以下，他没有不能胜任的。"

原　文

谢太傅未冠[1]，始出西，诣王长史[2]，清言良久。去后，苟子问曰："向客何如尊？"长史曰："向客亹亹，为来逼人。"

注　释　**①未冠：**未成年。**②诣：**拜访。

译　文　谢安还没有成年时，初到建康拜访王濛，清谈了很长时间。走后，王修问他的父亲："刚才那位客人与父亲相比如何？"王濛说："他说话娓娓动听，早晚都会凌驾于众人之上。"

原　文

王右军语刘尹："故当共推安石。"刘尹曰："若安石东山志立[1]，当与天下共推之。"

注　释　**①东山志：**指隐居的心愿。

译　文　右军将军王羲之对丹阳尹刘惔说："我们应该一起引荐安石。"刘惔说："如果安石的志向在隐居，我们便号召天下人一起请他出山。"

原　文

谢公称蓝田[1]："掇皮皆真[2]。"

注　释　**①称：**称赞。**②掇：**搓掉。

译　文　谢安称赞王述说："此人性情表里如一，就算搓掉了表皮，显露出来的也是真的。"

原　文

桓温行经王敦墓边过[1]，望之云[2]："可儿！可儿！"

注　释　**①过：**路过。**②望：**望着。

译　文　桓温外出，路过王敦的墓地，他望着陵墓说："可心的人啊！可心的人啊！"

原　文

殷中军道王右军云："逸少清贵人[1]，吾于之甚至[2]，一时无所后[3]。"

注　释　**①清贵：**清高尊贵。**②于：**爱慕。**甚至：**达到了顶点。**③所后：**后来人。指无人可及。

译　文　中军将军殷浩评论右军将军王羲之说："王羲之是一个清高尊贵的人，我对他喜欢到了极点，一时没有人能比得上他的。"

原　文

王仲祖称殷渊源："非以长胜人，处长亦胜人[1]。"

注　释　**①处长：**处理、对待自己的长处。

译　文　王濛称赞殷浩说："他不但以自己的长处去战胜对手，而且在拿捏长处进退有度上

也完全胜过别人。”

原文

王司州与殷中军语，叹云：“己之府奥，蚤已倾写而见[1]；殷陈势浩汗，众源未可得测[2]。”

注释 ①**府奥：**肺腑，比喻内心的话。**倾写：**等于“倾泻”。②**浩汗：**浩瀚，广大。按：这句话比喻殷浩擅长清谈，辞锋玄理，深不可测。同时也语义双关，因为殷浩，字渊源，这里就用“浩、源”二字。

译文 司州刺史王胡之和中军将军殷浩进行一番清谈后，王胡之很是赞叹地说：“我的见解看法在很早的时候已经倾泻而尽，再无言辞；而殷浩的清谈则具有浩浩荡荡的阵势，似有多个源头奔涌而来，无法估量。”

原文

王长史谓林公：“真长可谓金玉满堂[1]。”林公曰：“金玉满堂，复何为简选[2]？”王曰：“非为简选，直致言处自寡耳。”

注释 ①**金玉满堂：**原意为以宝物装满正屋来比喻极为富有，这里用来描写清谈，说刘真长的辞藻和玄理丰富多彩。②**简选：**选择。刘真长善谈玄理，且言辞简洁，而支道林却认为他言语谨慎，经过挑选润色。

译文 长史王濛和支道林一起谈论刘惔说：“刘惔的言谈可谓丰富多彩。”支道林说：“既然如此丰富多彩，为什么对言辞又要精挑细选？”王濛说：“不是经过挑选，只是他应用言辞的地方本来就不多呀。”

原文

王长史道江道群：“人可应有，乃不必有；人可应无，己必无。”

译文 王濛评价江灌说：“人们应该具备的东西，他却不一定具备；人们都不应具有的东西，他自己一定不会有。”

原文

会稽孔沈、魏顗、虞球、虞存、谢奉并是四族之俊，于时之桀。孙兴公目之曰：“沈为孔家金，顗为魏家玉，虞为长、琳宗，谢为弘道伏[1]。”

注释 ①**长、琳：**长指虞存，字道长；琳指虞球，字和琳。**宗：**尊重；推崇。**弘道：**谢奉，字弘道。**伏：**通“服”，敬佩。

译文 会稽郡孔沈、魏顗、虞球、虞存、谢奉五人是这四个家族的才华出众者，是当时的贤达名士。孙绰评价他们说：“孔沈是孔家的荣耀所在，魏顗是魏家的最值得骄傲的人，至于虞家则应推崇虞存、虞球的才识，谢家应敬佩谢奉的美德。”

原文

王仲祖、刘真长造殷中军谈，谈竟，俱载去。刘谓王曰："渊源真可[①]。"王曰："卿故堕其云雾中[②]。"

注释 ①**可**：这里指才学可取，优良。②**云雾**：比喻蒙蔽人的东西，迷离恍惚地谈论。

译文 一次，王濛和刘惔如约到中军将军殷浩家清谈，几人激烈地畅谈之后，他们二人一同乘车返回。在路上刘惔对王濛说："殷浩的观点见解很多地方都可圈可点啊。"王濛说："原来你掉进了他设下的迷雾中。"

原文

刘尹每称王长史云："性至通，而自然有节[①]。"

注释 ①**"性至"句**:《晋书·王濛传》说，王濛"克己励行"，"虚己应物，恕而后行"，"喜愠不形于色"，这大概就是所谓至通，有节。

译文 丹阳尹刘惔经常夸赞长史王濛说："他是一个本性最为通达的人，而且为人自然有节制。"

原文

王右军道谢万石"在风林中[①]，为自遒上"，叹林公"器朗神俊[②]"，道祖士少"风领毛骨，恐没世不复见如此人"，道刘真长"标云柯而不扶疏"。

注释 ①**道**：谈、说。②**器朗神俊**：器宇轩昂，神采非凡。

译文 王羲之说谢万"在丛林水泽中，自然会挺拔向上"，称赞支林道"器宇轩昂，神采非凡"，称赞祖约"相貌独具风韵，恐怕这辈子都见不到这样的人了"，评价刘惔"好比高耸入云的柯树，但是枝叶并不茂盛"。

原文

简文目庾赤玉[①]："省率治除"，谢仁祖云："庾赤玉胸中无宿物[②]。"

注释 ①**目**：评价。②**宿**：陈腐。

译文 简文帝司马昱评价庾统："简约直率，不蔓不枝。"谢尚评价说："庾统胸中没有陈腐的东西。"

原文

殷中军道韩太常曰[①]："康伯少自标置[②]，居然是出群器[③]。及其发言遣辞，往往有情致[④]。"

注释 ①**韩太常**：韩伯，字康伯，殷浩的外甥。②**标置**：标榜自负；自视甚高。③**居然**：显然。④**往往**：处处。

译文 中军将军殷浩评价太常韩伯说："韩伯年少时就很自负，果然是出类拔萃的人才。

当他开口说话时，言谈措辞，也往往是很有情趣的。”

原　文

简文道王怀祖：“才既不长，于荣利又不淡[1]；直以真率少许，便足对人多多许。”

注　释　**①于荣利又不淡：**并不淡泊功名利禄。

译　文　简文帝称赞王述说：“他并没有突出的才能，也不淡泊功名利禄，只是由于他天真坦率，就这一点已经抵上了别人的许多优点。”

原　文

林公谓王右军：“长史作数百语[1]，无非德音[2]，如恨不苦[3]。”王曰：“长史自不欲苦物。”

注　释　**①长史：**指王濛，官至司徒左长史。**②德音：**有卓识的言谈。**③苦：**这里指在谈论中用言辞使人陷入困境。

译　文　支道林对右军将军王羲之说：“左长史王濛谈了几百句话，没有一句不是卓越的见解，遗憾的是不能说服别人。”王羲之说道：“长史本来就不想为难别人。”

原　文

殷中军与人书，道：“谢万文理转遒[1]，成殊不易[2]。”

注　释　**①转：**愈，更加。**②成：**通“诚”，实在，确实。

译　文　殷浩在给别人写的信中评价谢万，说他“文辞义理越来越刚劲有力，实在是非常不容易”。

原　文

王长史云：“江思悛思怀所通[1]，不翅儒域。”

注　释　**①怀：**心中。**通：**通晓。

译　文　王濛说：“江惇心中所通晓的，并不仅仅限于儒学。”

原　文

许玄度送母，始出都[1]，人问刘尹：“玄度定称所闻不？”刘曰：“才情过于所闻[2]。”

注　释　**①始：**初次。**②过：**超过、超出。

译　文　许询送母亲到京都不久，有人问刘惔道：“许询本人与社会上的传闻到底相符吗？”刘说：“此人的才华远远超出了社会上的传闻。”

原　文

阮光禄云[1]：“王家有三年少：右军、安期、长豫。”[2]

注　释　**①阮光禄：**阮裕。**②右军：**王羲之，王导的侄子。安期：王应，字安期，王含之子，王导之侄。长豫：王悦，字长豫，王导之子。

译　文　阮裕："王家有三位出众的少年：王羲之、王应、王悦。"

原　文

谢公道豫章[①]："若遇七贤，必自把臂入林[②]。"

注　释　**①道：**称赞。**②臂：**胳膊。

译　文　谢安称赞谢鲲说："倘若他遇上了七贤，则必定会挽着他们的胳膊进入山林中。"

原　文

王长史叹林公："寻微之功，不减辅嗣[①]。"

注　释　**①寻微：**探索深奥微妙的玄理。**辅嗣：**王弼，字辅嗣。

译　文　长史王濛赞叹支道林的清谈水准说："他对探索玄理的造诣，已经赶上了王弼。"

原　文

殷渊源在墓所几十年[①]。于时朝野以拟管、葛，起不起，以卜江左兴亡[②]。

注　释　**①"殷渊源"句：**殷浩，字渊源，年轻时就有美名，善谈玄理。曾出任官职，后称病隐居在祖坟的陵园中，将近十年。几，将近。**②管、葛：**管指管仲，春秋时期人，辅助齐桓公成为霸主；葛指诸葛亮，两人都是古代名相。**"起不起"句：**起，指出来做官。殷浩素有盛名，江左人士认为他有宰相之才，他的出仕与否，关系着东晋的兴亡。

译　文　中军殷浩在陵园中居住了将近十年。在这段时期，朝廷内外有识之士都称他为管仲和诸葛亮，以他的出仕或者退隐，来判断预测东晋政权的兴衰存亡。

原　文

殷中军道右军[①]："清鉴贵要[②]"。

注　释　**①道：**称赞。**②贵：**高贵。

译　文　殷浩称赞王羲之："清爽明鉴，高贵简要。"

原　文

谢太傅为桓公司马[①]。桓诣谢，值谢梳头，遽取衣帻。桓公云："何烦此。"因下共语至暝。既去，谓左右曰："颇曾见如此人不？"

注　释　**①"谢太傅"句：**谢安四十多岁时，仍隐居会稽。征西大将军桓温请他出任司马，他才离家赴任。

译　文　太傅谢安出任桓温手下的司马。有一次，桓温突然驾临谢安家，正碰上谢安在梳头，谢安便匆忙穿衣服、戴头巾。桓温说："谢安不必如此慌乱！"于是便下堂去和他一直谈到晚。桓温离开谢安家，问随从："你们可曾遇到过这样的人？"

原　文

谢公作宣武司马，属门生数十人于田曹中郎赵悦子[1]。悦子以告宣武，宣武云:“且为用半。”赵俄而悉用之，曰:“昔安石在东山，缙绅敦逼，恐不豫人事[2]。况今自乡选，反违之邪?”

注　释　**①田曹中郎：**掌管农事的官。**②“昔安石”句：**据《晋书·谢安传》载，谢安隐居会稽时，扬州刺史庾冰想请他任职，“累下郡县敦逼，不得已赴召，月余告归”。缙绅，指官员。豫，参加。

译　文　谢安担任桓温的司马时，把几十个门生托付给掌管农事的赵悦安排职位。赵悦把这事告诉桓温，桓温说：“姑且用他一半人。”赵悦不久就把这些人全部录用了，他说：“从前安石在东山隐居时，郡县的官员敦促、逼迫他出仕，唯恐他不过问政事。况且现在是他自己从家乡选来的人，怎么反而不依从他呢？”

原　文

桓宣武表云:“谢尚神怀挺率[1]，少致民誉。”

注　释　**①神怀挺率：**指胸怀正直坦率。

译　文　桓温在上表皇帝奏章中说：“谢尚是一个胸怀正直坦率的人，年轻时就得到了民众的赞誉。”

原　文

世目谢尚为“令达”[1]。阮遥集云:“清畅似达[2]。”或云:“尚自然令上。”

注　释　**①令达：**指品德美好，心胸旷达。**②清畅：**指德行高尚，通达事理。

译　文　世人曾经评价谢尚是一个美好旷达的人。阮孚说：“他是一个高尚通达，类似旷达的人。”又有人说：“谢尚是一个不做作、美好、优秀的人。”

原　文

桓大司马病[1]。谢公往省病[2]，从东门入。桓公遥望，叹曰:“吾门中久不见如此人!”

注　释　**①病：**生病。**②省：**探望。

译　文　大司马桓温生病了，谢安前去探望，从东门进去。桓温远远看到谢安进来，感叹道：“我家中好久没有看到像谢安这样品高才卓的人了。”

原　文

简文目敬豫为“朗豫”。

译　文　简文帝评论王恬是一个开朗而且心气和悦的人。

原　文

孙兴公为庾公参军，共游白石山，卫君长在坐[①]。孙曰：“此子神情都不关山水，而能作文。”庾公曰：“卫风韵虽不及卿诸人，倾倒处亦不近[②]。”孙遂沐浴此言。

注　释　**①卫君长：**卫永，东晋济阴成阳（今山东曹县东北）人，曾任温峤左军长史。**②近：**浅近、平凡。

译　文　孙绰担任庾亮的参军，有一次，他们一起游白石山，卫永当时也在。孙绰说：“此人的神情并不留意于山水却可以写文章。”庾亮说：“卫永的风韵气度虽然不能与你们相提并论，但是其令人敬佩之处也不同凡响。”孙绰于是以此言为圭臬。

原　文

王右军目陈玄伯[①]：“垒块有正骨[②]。”

注　释　**①陈玄伯：**陈泰。司马昭杀高贵乡公曹髦阴谋篡权，陈泰忧愤呕血而死。**②垒块：**土块。比喻胸中有不平之气。**正骨：**刚正的品格。

译　文　王羲之评价陈泰，说他“胸中积郁不平，但有凛然之气”。

原　文

王长史云：“刘尹知我，胜我自知[①]。”

注　释　**①“王长史”句：**据《晋书·王濛传》载，王濛和刘惔很友好，“惔常称濛性至通，而自然有节”，王濛就说了这句话。

译　文　长史王濛说：“刘惔对我的了解已经完全超过我对我自己的了解。”

原　文

王、刘听林公讲，王语刘曰：“向高坐者，故是凶物[①]。”复东听，王又曰：“自是钵钎后王、何人也[②]。”

注　释　**①高坐：**讲席。**凶物：**非常人，指违背佛法的人。**②“自是”句：**意指佛教徒中的王弼、何晏。王、何二人是著名的玄学家，支道林也善谈玄理，所以把他比作王、何。钵钎，即钵盂，和尚用的饭碗，这里指佛教徒。

译　文　王濛、刘惔在听支道林和尚讲经佛法时，王濛与刘惔小声议论说：“在讲坛上的人，原来是个违背佛法的人。”继续听下去一会儿后，王濛又说：“原来是佛门后世中的王弼、何晏啊。”

原　文

许玄度言：“琴赋所谓‘非至精者，不能与之析理’[①]，刘尹其人[②]；‘非渊静者，不能与之闲止’，简文其人。”

注　释　**①《琴赋》：**作者是魏朝的嵇康。**之：**原文是指琴，这里用以指人。**②“刘尹”句：**指刘惔是至精的人。刘惔精通道学，善谈玄理，受到名流敬重。

译　文　许询说："《琴赋》中有言，'没有达到一定水平的人，我是不会同他一起清谈明理的'，刘惔就是此类人；'不足够沉着安静的人，我是不会与他同居一室的'，简文帝司马昱就是这样的人。"

原　文

魏隐兄弟少有学义[1]，总角诣谢奉。奉与语，大说之，曰："大宗虽衰[2]，魏氏已复有人。"

注　释　**①学义：**学识。**②大宗：**尊称宗族。

译　文　魏隐兄弟年少时就已经很有学识了。他们小时候去拜见谢奉时，谢奉在与他们谈话交流时，表现出非常喜欢他们的谈吐，说："魏氏宗族虽然已经衰微，但是现在还是后继有人了。"

原　文

简文云："渊源语不超诣简至，然经纶思寻处，故有局陈。"

译　文　简文帝司马昱评论殷浩说："殷浩的清谈虽然造诣不够高深，也不够简洁精妙，但是他勤恳认真，每次斟酌、思考过的话，都很有章法。"

原　文

初，法汰北来，未知名[1]，王领军供养之。每与周旋[2]行来，往名胜许，辄与俱。不得汰，便停车不行。因此名遂重。

注　释　**①名：**名气。**②周旋：**交往。

译　文　当初，竺法汰刚从北方来，还没有什么名气，由领军王洽供养。王洽每每同人交往，拜访社会名流，都与竺法汰一同去。若竺法汰没有来，王洽就停下车子不肯前进。竺法汰因此而闻名。

原　文

王长史与大司马书，道渊源"识致安处，足副时谈"。

译　文　长史王濛写信给大司马桓温，信中说殷浩"见识颇多，情致有度，又显得那么悠闲自得，这些完全符合当代的评论"。

原　文

谢公云："刘尹语审细[1]。"

注　释　**①审细：**精密细致。

译　文　谢安说："刘惔的谈论观点见解精密，论据细致，难以攻破。"

原　文

桓公语嘉宾："阿源有德有言，向使作令仆，足以仪行百揆。

朝廷用违其才耳[1]。”

注释 ①**用：** 使用，这里指让殷浩带兵。

译文 桓温对郗超说：“殷浩很有德行，口才也好，之前若让他做尚书令或仆射，完全可以成为百官的典范。可朝廷对他的使用却与他的才干完全相悖。”

原文

简文语嘉宾：“刘尹语末后亦小异，回复其言，亦乃无过。”

译文 简文帝与郗超谈话评论刘惔说：“刘惔早前的清谈风格与后来的风格稍有不同，但是反复回味他的观点见解，却也没有错。”

原文

孙兴公、许玄度共在白楼亭，共商略先往名达[1]。林公既非所关，听讫，云：“二贤故自有才情。”

注释 ①**商略：** 评论。**先往：** 过去。

译文 孙绰和许询同在白楼亭，评论过去的名士。林公与这些没有任何关系，听了他们的话后说道：“二位贤人的确有才华。”

原文

王右军道东阳：“我家阿林[1]，章清太出。”

注释 ①**阿林：** 应为“阿临”，指王临之。王临之是王羲之的同宗晚辈，因此说“我家”。阿，为前辅助词。

译文 王羲之称赞东阳王临之道：“我们家的阿临，彰明廉洁，特别突出。”

原文

王长史与刘尹书，道渊源“触事长易[1]”。

注释 ①**长：** 通“常”。**易：** 平和。

译文 左长史王濛在给丹阳尹刘惔的信中，评论殷浩“遇事常常很平和”。

原文

谢中郎云：“王修载乐托之性，出自门风[1]。”

注释 ①**乐托：** 同“落拓”，豪放，不拘小节。**门风：** 指一家世代流传的准则、风习，犹家风。

译文 中郎谢万说：“王耆之的性格豪放不羁，不拘小节，源自他的家风。”

原文

林公云：“王敬仁是超悟人。”

译文 支道林评价王敬仁说：“王修是一个超脱世俗，很有悟性灵气的人。”

原文

刘尹先推谢镇西，谢后雅重刘，曰："昔尝北面[1]。"

注释 **①北面：**脸朝北，表示师事对方。

译文 丹阳尹刘惔先前对镇西将军谢尚很是崇拜，谢尚后来对刘惔的才华也很钦佩和欣赏，说："以前我曾经以他为榜样。"

原文

谢太傅称王修龄曰："司州可与林泽游[1]。"

注释 **①司州：**王胡之，字修龄，又称王司州。

译文 谢安评价王胡之说："可以和王胡之一起作物外游。"

原文

谚曰："扬州独步王文度，后来出人郗嘉宾[1]。"

注释 **①"扬州"句：**《晋书·王坦之传》载："时人为之语曰：'盛德绝伦郗嘉宾，江东独步王文度。'"独步，超群出众；独一无二。

译文 谚语言："扬州独具一格才华的人当数王坦之，具有卓越才华的后起之秀是郗超。"

原文

人问王长史江虨兄弟群从[1]。王答曰："诸江皆复足自生活[2]。"

注释 **①群从：**指堂房兄弟子侄辈。据载，江虨和弟弟、堂弟都有德行，知名于世。**②生活：**生存；自立。

译文 有人问长史王濛如何评论江虨兄弟和堂兄弟的事，王濛回应说："江家的人每个人都完全能够自己生活得很好。"

原文

谢太傅道安北[1]："见之乃不使人厌，然出户去，不复使人思。"

注释 **①安北：**指王坦之，死后追赠安北将军。他坦率直言，曾经苦谏过谢安。

译文 太傅谢安评论安北将军王坦之说："与他相见，不会让人产生厌恶的感觉，可是他离开后，也不会让人觉得很思念他。"

原文

谢公云："司州造胜遍决[1]。"

注释 **①造胜：**指造胜境，能深入优美的境界。按：司州刺史王胡之喜欢玄言，年轻时就有声誉。**遍决：**指全面排除疑难。

译文 谢安说："王胡之谈玄能够到达绝顶的水平，在他面前已经没有任何疑难了。"

原文

刘尹云："见何次道饮酒[1]，使人欲倾家酿。"

注释 **①何次道**：即何充，据说他饮酒不失礼容，人们都喜爱他的饮酒风度。

译文 刘惔说："看何充喝酒，让人情愿把家里的好酒都拿出来请他。"

原文

谢太傅语真长："阿龄于此事，故欲太厉[①]。"刘曰："亦名士之高操者。"

注释 **①阿龄**：王胡之，字修龄，清廉简约。以有操守、有风采自居。**故欲**：好像。

译文 太傅谢安对刘惔说："王胡之对这件事似乎太过严肃了。"刘惔说："他也是名士里面有高尚操守的人。"

原文

王子猷说："世目士少为朗，我家亦以为彻朗[①]。"

注释 **①我家**：我。

译文 王徽之说："世人评论祖约多数认为是开朗，我也认为他是一个通达开朗的人。"

原文

谢公云："长史语甚不多[①]，可谓有令音[②]。"

注释 **①语**：说话。**②令音**：妙言。

译文 谢安说："王濛虽然不多说话，但是可以说总出妙言。"

原文

谢镇西道敬仁："文学镞镞[①]，无能不新。"

注释 **①文学**：辞章学问。**镞镞**：挺拔出众的样子。

译文 镇西将军谢尚评论王修："辞章学问十分突出，如果没有才能，就不会有这样的新意。"

原文

刘尹道江道群[①]："不能言而能不言。"[②]

注释 **①江道群**：江灌，字道群。**②不能言而能不言**：不善言谈而能以不言胜人。

译文 丹阳尹刘惔称赞江灌说："虽不善言谈，但却能以不言胜人。"

原文

林公云："见司州警悟交至[①]，使人不得住，亦终日忘疲[②]。"

注释 **①见**：看到。**②忘疲**：不知疲劳。

译文 林公说："看到司州王胡之机巧的话语纷至沓来，让人听后欲罢不能，并且可以整日不知疲劳。"

原文

世称"苟子秀出[①]，阿兴清和[②]。"

注释 ①**苟子**：王修的小名。②**阿兴**：王蕴，字叔仁，小字阿兴，苟子的弟弟。阿，前辅助语辞。

译文 世人称赞“王修才华出众，王蕴清净平和”。

原文

简文云：“刘尹茗柯有实理。”

注释 ①**茗柯**：榠樝和柯树。“茗”是“榠”的同音借字。本句以乔木榠和柯树来比喻刘尹身居高位，以柯木的质地坚实来比喻刘尹的“有实理”，也就是善于清谈。

译文 简文帝说：“刘惔就好像榠樝和柯树，身居高位，言谈有实理。”

原文

谢胡儿作著作郎[1]，尝作《王堪传》，不谙堪是何似人[2]，咨谢公。谢公答曰：“世胄亦被遇[3]。堪，烈之子。阮千里姨兄弟，潘安仁中外[4]。安仁诗所谓‘子亲伊姑，我父唯舅[5]’。是许允婿。”

注释 ①**“谢胡儿”句**：谢胡儿是谢朗，小名胡儿，谢安的侄儿。著作郎任职时要撰写一篇名臣传，所以谢朗虽不熟悉王堪，也要写。②**谙**：熟悉。**何似**：何如。③**世胄**：王堪，字世胄，曾任车骑将军，后被害，追赠太尉。④**中外**：中表，指中表兄弟。⑤**“子亲”两句**：大意指你的母亲是我的姑母，我的父亲是你的舅舅。伊、唯，都是加强肯定的助词。按：谢安所以遍举姻亲，是因为晋代重视婚姻门第。

译文 谢朗担任著作郎时，曾经写过一篇《王堪传》。他对王堪不是很了解，便去询问谢安。谢安回答说：“王堪也曾受到皇帝的重用。他是王烈的儿子，是阮瞻的姨表兄弟，潘安仁的姑表兄弟，就是潘安仁诗里所记录的‘子亲伊姑，我父唯舅’。他是许允的女婿。”

原文

谢太傅重邓仆射[1]，常言：“天地无知，使伯道无儿。”

注释 ①**邓仆射**：邓攸，字伯道，渡江避难途中为了保全弟弟的儿子，抛弃了自己的儿子，以致绝了后代。后官至尚书左仆射。

译文 太傅谢安很敬重左仆射邓攸，曾说：“上天无眼，竟然让伯道无后人。”

原文

谢公与王右军书曰：“敬和栖托好佳[1]。”

注释 ①**敬和**：王洽，字敬和，是王导的儿子中最知名的。曾任建武将军、吴郡内史，不久加中书令，和晋穆帝关系密切。

译文 谢安写信给右军将军王羲之，信中说：“敬和的寄托处很是美好。”

原文

吴四姓旧目云[1]：“张文，朱武，陆忠，顾厚。”

注释 ①**旧目**：旧时评说。

译文 过去人们评论吴地的四大望族时说："张姓崇尚文，朱姓崇尚武，陆姓崇尚忠贞，顾姓崇尚宽厚。"

原文

谢公语王孝伯[①]："君家蓝田[②]，举体无常人事[③]。"

注释 **①王孝伯：**王恭，字孝伯。**②蓝田：**指蓝田县侯王述（字怀祖）。王述最性急。年轻时性沉静，被认为痴呆。他和王孝伯同族。**③举体：**全身。

译文 一次，谢安对王恭说："你们家的王述，行事作风都与普通人有异。"

原文

许掾尝诣简文[①]，尔夜风恬月朗[②]，乃共作曲室中语。襟情之咏，偏是许之所长。辞寄清婉，有逾平日。简文虽契素，此遇尤相咨嗟，不觉造膝，共叉手语，达于将旦。既而曰："玄度才情，故未易多有许。"

注释 **①诣：**拜访。**②尔夜：**那天晚上。

译文 许询有一次去拜访简文帝，那天晚上，风静月明，于是一起在内室清谈。直抒胸臆恰是许的长处。言辞清新婉约，远远超过平常。简文帝虽然一直与许都很合得来，但这一次还是大加赞赏，不知不觉中两人便促膝而坐，执手共语，直到天亮。事后，简文帝说："许询才华横溢，其他人实在是很难达到那样的高度。"

原文

殷允出西[①]，郗超与袁虎书云："子思求良朋，托好足下[②]，勿以开美求之。"世目袁为"开美"[③]，故子敬诗曰："袁生开美度[④]。"

注释 **①殷允：**字子思，故下文直称子思。**②托好：**交好。**③开美：**开朗美好。按：袁宏，字彦伯，又称袁虎，是一代文宗，有超群之才，文章绝美，且性格刚强正直。**④"故子敬"句：**子敬是王献之的字，这句诗大意指袁虎有开美的气度。

译文 有一次，殷允到京都去，郗超得知这个消息写信给袁宏说："殷允在广纳良师益友，很有可能会去拜访你，那时请不要用'开美'这样的标准来要求他。"世人评论袁宏为"开美"，所以王献之有诗说："袁生有开朗美好的气度。"

原文

谢车骑问谢公："真长性至峭[①]，何足乃重？"答曰："是不见耳！阿见子敬，尚使人不能已。"

注释 **①至：**非常。**峭：**严峻。

译文 谢玄问谢安："刘惔性格非常严峻，怎么值得你这么敬重呢？"谢安说："那是因为没有见到他，见到了王献之尚且让人忍不住敬仰之情。"

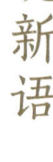

原　文

谢公领中书监，王东亭有事，应同上省[1]。王后至，坐促，王、谢虽不通，太傅犹敛膝容之。王神意闲畅[2]，谢公倾目。还谓刘夫人曰："向见阿瓜，故自未易有，虽不相关，正是使人不能已已。"

注　释　①同：一起。②神意：神态。

译　文　谢安兼任中书监，王珣有公事应该一起上朝。王后到，车上座位狭窄，王和谢虽然平时不来往，但是谢还是将双膝收拢，腾出地方让王坐下。王的神态闲畅，令谢禁不住倾心注目。回来后，对刘夫人说："刚才见到王珣，确实是个不可多得的人。虽然我和他没有任何关系，不过他依然让人倾慕不已。"

原　文

王子敬语谢公："公故萧洒[1]。"谢曰："身不萧洒，君道身最得，身正自调畅[2]。"

注　释　①萧洒：潇洒。②调畅：适意舒畅。

译　文　王献之对谢安说："你的确是非常潇洒。"谢安说："我并非装出潇洒的样子，你却评价我最得当，我真正是适意舒畅。"

原　文

谢车骑初见王文度[1]，曰："见文度，虽萧洒相遇，其复愔愔竟夕。"

注　释　①王文度：王坦之，字文度，反对世俗的放纵和不学儒学的风气。

译　文　车骑将军谢玄初次见到王坦之时，对人评论起他说："我觉得王坦之这人，即使用潇洒的态度来对待他，他也仍然整晚态度温和，举止安详。"

原　文

范豫章谓王荆州[1]："卿风流俊望，真后来之秀。"王曰："不有此舅，焉有此甥？"

注　释　①范豫章：范宁。王荆州：王忱。范宁是王忱的舅父。

译　文　范宁对王忱说："你仪容秀美，才智超群，实在是后起之秀啊！"王忱说："若没有您这样的舅父，怎么会有我这样的外甥呢？"

原　文

子敬与子猷书[1]，道："兄伯萧索寡会，遇酒则酣畅忘反，乃自可矜。"[2]

注 释 **①子敬：**王献之，字子敬。子猷：王徽之，字子猷。**②可矜：**可贵。

译 文 王献之给王徽之写信说："兄长为人淡泊，不随流俗，看到酒就开怀畅饮，流连忘返，确实值得骄傲。"

原 文

张天锡世雄凉州，以力弱诣京师，虽远方殊类，亦边人之桀也。闻皇京多才，钦羡弥至[1]。犹在渚住，司马著作往诣之。言容鄙陋，无可观听。天锡心甚悔来，以遐外可以自固。王弥有俊才美誉，当时闻而造焉。既至，天锡见其风神清令[2]，言话如流，陈说古今，无不贯悉。又谙人物氏族，中来皆有证据[3]。天锡讶服。

注 释 **①弥至：**更甚，备至。**②风神：**风度神采。**③中：**讲，说，谈论。

译 文 张天锡世代称雄凉州，后来由于势力衰弱而来到了京都，他虽然是边远地区的异族，但也称得上是边陲的杰出人物。他听说京都到处都是人才，就非常羡慕钦佩。坐船在长江停泊时，司马著作前去拜访他，言语粗俗，容貌鄙陋，实在是不堪入人耳目。天锡心里很后悔来到了南方，他认为将自己置身于荒原的凉州，还可以自保。王弥才华出众，闻名当地，他听说后就去拜访此人。到后，天锡看他风度翩翩，神采飞扬，言语流畅，谈古论今，无不通晓。并且他还熟悉名士的氏族姻亲，说出来都很有根据，天锡不觉惊叹佩服。

原 文

王恭始与王建武甚有情，后遇袁悦之间[1]，遂致疑隙。然每至兴会[2]，故有相思。恭尝行散至京口射堂，于时清露晨流，新桐初引，恭目之曰："王大故自濯濯。"

注 释 **①间：**离间。**②兴会：**兴致，指有兴致的时候。

译 文 王恭起初和建武将军王忱很有交情，后来受到袁悦的挑拨，便产生了猜疑、裂痕。可是每到兴致勃勃时，还是会想起他。那时王恭曾服药后行散，走到京口的射堂，当时，清露在晨光中闪动，新桐初吐嫩芽，王恭触景生情，评论说："王忱确实清亮明朗。"

原 文

司马太傅为二王目曰："孝伯亭亭直上[1]，阿大罗罗清疏[2]。"

注 释 **①亭亭直上：**向上，指挺拔，形容刚强正直。亭亭，形容直立。**②罗罗清疏：**指清朗疏放。罗罗，形容清疏。

译 文 太傅司马道子给王恭和王忱下评语说："王恭刚强正直，王忱清朗放达。"

原 文

王恭有清辞简旨，能叙说，而读书少[1]，颇有重出。有人道孝伯常有新意，不觉为烦。

注　释　①**而**：可是。

译　文　王恭的谈论言辞清新，意思简明，善于畅谈，可是读书少，多有重复的地方。有人说王恭常有新意，使人不觉得烦闷。

原　文

殷仲堪丧后，桓玄问仲文[1]："卿家仲堪，定是何似人？"仲文曰："虽不能休明一世，足以映彻九泉。[2]"

注　释　①**仲文**：是殷仲堪的堂弟。②**九泉**：黄泉，阴间。

译　文　殷仲堪死后，桓玄问殷仲文："你家的仲堪，究竟是怎么样个人？"仲文回答说："他虽然不能一辈子都德行完美光明，可是也足以光照九泉。"

九　品藻

题解

本章叙述对人物的品题和鉴定。“赏誉”一章中是对单个的某人进行鉴赏赞誉，而“品藻”则主要是进行比较评论，把两个或多个相关的人物，放在一起品题鉴定。

原文

汝南陈仲举、颍川李元礼二人[1]，共论其功德，不能定先后。蔡伯喈评之曰[2]：“陈仲举强于犯上，李元礼严于摄下[3]。犯上难，摄下易。”仲举遂在三君之下[4]，元礼居八俊之上[5]。

注释　①**陈仲举**：陈蕃，字仲举。**李元礼**：李膺，字元礼，东汉人，曾任司隶校尉。当时朝廷纲纪不振，他独持法度，因此声名很高。后因反对宦官专政，未成被杀。②**蔡伯喈**：蔡邕，字伯喈，东汉人，官至左中郎将。③**摄**：通“慑”，威慑。④**三君**：指窦武、刘淑、陈蕃三个当时受人景仰的人。⑤**八俊**：指李膺、王畅等八个才能出众的人。八俊的流品低于三君。

译文　世人评价汝南陈蕃、颍川李膺二人的功德，无法确定他们的高下。蔡邕评论说：“陈蕃敢于冒犯上司，李膺严于威慑下属。冒犯上司很难，威慑下属比较容易。”因此陈蕃就排在“三君”之后，李膺则位居“八俊”之前。

原文

庞士元至吴[1]，吴人并友之，见陆绩、顾劭、全琮，而为之目曰：“陆子所谓驽马有逸足之用，顾子所谓驽牛可以负重致远。”或问：“如所目，陆为胜邪？”曰：“驽马虽精速，能致一人耳。驽牛一日行百里，所致岂一人哉？”吴人无以难。“全子好声名，似汝南樊子昭。”

注释　①**庞士元**：庞统，东汉末年襄阳人，与诸葛亮并称为“凤雏、卧龙”，是刘备的军师中郎将。

译文　庞统来到吴中，当地人纷纷与他交朋友。他见到陆绩、顾劭、全琮，就评论他们道：“陆绩是人们常说的驽马，但有代步的用处；顾劭是人们所说的驽牛，但可以负重到很远。”有人说：“照您这么说，应该是陆绩胜出些？”庞统说：“驽马虽然比驽牛跑得快些，但是它所运载的只不过是一个人而已。驽牛一天走一百里，难道它所运载的只是一个人吗？”吴中人士都没法反驳他。他又接着说：“全琮看重名声，就像汝南的樊子昭。”

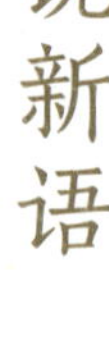

原　文

顾劭尝与庞士元宿语，问曰："闻子名知人，吾与足下孰愈？"曰："陶冶世俗[1]，与时浮沉[2]，吾不如子；论王霸之余策[3]，览倚仗之要害[4]，吾似有一日之长[5]。"劭亦安其言。

注　释　①**陶冶**：熏陶；施加影响。②**与时浮沉**：随时势变化而变化；顺应潮流。③**王霸**：王道和霸道，即以仁义治国的策略和以武力治国的策略。④**倚仗**：当作"倚伏"，语出《老子》五十八章"祸兮福之所倚，福兮祸之所伏"，指因果互相依存、制约的关系。⑤**一日之长**：本指年纪稍大，这里是庞统谦虚的说法，意思是稍强一些。

译　文　顾劭曾和庞统晚上一起聊天，他问庞统："我听说你善于赏鉴人物，我和你相比，谁更好一些呢？"庞统说："改变社会风俗，顺应变化，这点我不如你；探究帝王称霸的策略，观察祸福利害的变化，我可能比你强一些。"顾劭也觉得他的评论很恰当。

原　文

诸葛瑾、弟亮及从弟诞[1]，并有盛名，各在一国。于时以为蜀得其龙，吴得其虎，魏得其狗[2]。诞在魏，与夏侯玄齐名[3]；瑾在吴，吴朝服其弘量。

注　释　①**诸葛瑾**：字子瑜，仕吴任长史、南郡太守，孙权称帝后，担任大将军兼豫州牧。**亮**：诸葛亮。**诞**：诸葛诞，字公休，在魏担任镇东将军、司空。据《三国志》裴松之注，诸葛诞只是诸葛瑾的族弟，而不是堂弟。②**狗**：这里没有贬义，只是喻指人物的流品依次低于龙、虎。③**夏侯玄**：字太初，三国时魏国人，自小聪颖博学，官至太常。当时中书令李丰等人不满司马师专权，密谋以夏侯玄代替他，事情败露，和李丰等人都被杀害。

译　文　诸葛瑾和弟弟诸葛亮，以及堂弟诸葛诞三人，都享有盛名，三人各在一个国家任职。当时人们认为"蜀国的诸葛亮是龙，吴国的诸葛瑾是虎，魏国的诸葛诞是狗"。诸葛诞在魏国和夏侯玄齐名；诸葛瑾在吴国，吴国朝廷上下都佩服他宽宏的器量。

原　文

司马文王问武陔："陈玄伯何如其父司空[1]？"陔曰："通雅博畅[2]，能以天下声教为己任者，不如也；明练简至，立功立事，过之。"

注　释　①**陈玄伯**：陈泰，字玄伯，他的父亲是陈群，任司空。②**通雅博畅**：通达而雅正，渊博而流畅。

译　文　一次，晋文王司马昭问武陔："陈泰和他父亲陈群相比较，谁更优秀呢？"武陔说："说到通雅博畅，能负责在全国树立君主的声威和推行教化这方面，陈泰比不上他父亲；至于明练简至，建功立业这方面，就超过他父亲。"

原　文

正始中[1]，人士比论[2]，以五荀方五陈[3]：荀淑方陈寔，荀靖方陈谌，荀爽方陈纪，荀彧方陈群，荀顗方陈泰。又以八裴方八王：

裴徽方王祥，裴楷方王夷甫，裴康方王绥，裴绰方王澄，裴瓒方王敦，裴遐方王导，裴頠方王戎，裴邈方王玄。

注 释 ①**正始**：三国魏齐王曹芳的年号。②**比论**：并列起来评论。③**方**：比拟；相比。

译 文 正始年间，人们把名流们相互比对评论，用五位荀门中的人物和五位陈门中的人物对比：荀淑比陈寔，荀靖比陈谌，荀爽比陈纪，荀彧比陈群，荀觊比陈泰。后来又用八位裴门中的人物和八位王门中的人物对比：裴徽比王祥，裴楷比王衍，裴康比王绥，裴绰比王澄，裴瓒比王敦，裴遐比王导，裴頠比王戎，裴邈比王玄。

原 文

冀州刺史杨准二子乔与髦[1]，俱总角为成器[2]。准与裴頠、乐广友善[3]，遣见之。頠性弘方[4]，爱乔之有高韵，谓准曰："乔当及卿，髦小减也。"广性清淳，爱髦之有神检[5]，谓准曰："乔自及卿，然髦尤精出。"准笑曰："我二儿之优劣，乃裴、乐之优劣。"论者评之，以为乔虽高韵，而神检不逮[6]，乐言为得。然并为后出之俊。

注 释 ①**杨准**：宋本误作"杨淮"，今校正。字始立，曾任冀州刺史。**乔**：杨乔，字国彦。**髦**：杨髦，字士彦。②**成器**：比喻杰出人才。③**裴頠**：字逸民，晋河东闻喜（今属山西）人，官至尚书左仆射、侍中，死后谥号成。**乐广**：字彦辅，晋南阳淯阳（今河南白河北）人，崇尚清谈，很有名望。曾任吏部尚书，后转右仆射领吏部，代王戎为尚书令。④**弘方**：旷达正直。⑤**神检**：非凡的品格。检，品格。⑥**而神检不逮**：宋本作"检而不匝"，《魏志·陈思王传注》引荀绰《冀州记》作"而神检不逮"，《晋书·乐广传》作"而神检不足"，《广记》一六九引《世说》作"而无检局"。今依《魏志》。

译 文 冀州刺史杨准的两个儿子杨乔和杨髦，都是幼年时就已成才。杨准和裴頠、乐广的关系不错，就让两个儿子和他们见面。裴頠性格大度正直，喜欢杨乔的高雅气质，对杨准说："杨乔的成就将会与你相当，杨髦稍微差一点。"乐广性格清正质朴，他喜欢杨髦非凡的品格，对杨准说："杨乔自然赶得上你，不过杨髦更优秀。"杨准笑着说："我这两个儿子的好坏，就是你们裴、乐二人的好坏。"后来有人评论他们，认为杨乔虽然高雅有气质，但操守不是很完美，证实乐广的评价是正确的。不过二人都是后辈中的精英。

原 文

刘令言始入洛[1]，见诸名士而叹曰："王夷甫太解明[2]，乐彦辅我所敬，张茂先我所不解，周弘武巧于用短，杜方叔拙于用长。"

注 释 ①**洛**：洛阳。②**解明**：精明。

译 文 刘纳刚到洛阳，同当时的一些名士会见后，赞叹道："王衍精明过人，乐广实在让我敬佩，张华此人我有些不懂，周恢非常善于巧用自己的不足之处，杜育却不擅长发挥自己的长处。"

原　文

王夷甫云："闾丘冲优于满奋、郝隆[1]，此三人并是高才，冲最先达[2]。"

注　释　①**郝隆**：《晋书·郗隆传》作郗隆。②**先达**：优秀，出色。

译　文　王衍说："闾丘冲相较于满奋和郝隆更胜一筹；这三个人都是比较优秀的人才，闾丘冲则是其中最优秀的。"

原　文

王夷甫以王东海比乐令[1]，故王中郎作碑云[2]："当时标榜为乐广之俪[3]。"

注　释　①**王东海**：王承，字安期，曾任东海郡太守。②**王中郎**：王坦之，曾任北中郎将，王承之孙。③**标榜**：颂扬，宣扬。**俪**：一对。

译　文　王衍拿东海太守王承来和尚书令乐广相提并论，所以北中郎将王坦之在给王承写的碑文上写明："当时都称王承和乐广齐名。"

原　文

庾中郎与王平子雁行[1]。

注　释　①**庾中郎**：庾敳，字子嵩，曾任太傅从事中郎。

译　文　中郎庾敳和王澄深知自己的职责和位置，两人不分伯仲。

原　文

王大将军在西朝时，见周侯，辄扇障面不得住[1]。后度江左[2]，不能复尔，王叹曰："不知我进，伯仁退？"

注　释　①**辄**：就。②**度江**：渡江。

译　文　大将军王敦在西晋的时候，每次看到周顗就会不停地用扇子遮面。后来渡江南下后，就不再这样了，他总是感叹："不知道到底是我前进了，还是周顗倒退了？"

原　文

会稽虞騑[1]，元皇时与桓宣武同侠[2]，其人有才理胜望[3]。王丞相尝谓騑曰："孔愉有公才而无公望[4]，丁潭有公望而无公才，兼之者其在卿乎！"騑未达而丧。

注　释　①**虞騑**：字思行，历任吴兴太守、金紫光禄大夫。②**同侠**：据余嘉锡《世说新语笺疏》说"同侠盖同僚之误"，同僚指同在一个官署任职。③**胜望**：很高的声望。④**公**：您，指虞騑。

译　文　会稽郡虞騑，晋元帝时和桓温同朝为官，这个人既有才思，声望又很高。丞相王导曾经对他说过："孔愉有您的才能，却没有您的名望；丁潭有您的名望，却没有您的才能；这两方面兼而有之的，大概就是您吧！"虞騑还没有登上高位就过世了。

原　文

明帝问周伯仁[①]："卿自谓何如郗鉴[②]？"周曰："鉴方臣，如有功夫[③]。"复问郗，郗曰："周比臣，有国士门风[④]。"

注　释　**①明帝：**指晋明帝司马绍。**②郗鉴：**字道徽，晋高平金乡(今属山东)人，以儒雅著名。历任兖州、徐州刺史、司空，官至太尉。**③功夫：**功力；修养。**④国士：**一国之内的杰出人才。

译　文　晋明帝司马绍问周顗："你自认为和郗鉴相比怎么样？"周顗说："郗鉴和我相比，更有造诣。"明帝又问郗鉴，郗鉴回答说："周顗和我相比，更有国士的风范。"

原　文

王大将军下，庾公问："卿有四友，何者是？"答曰："君家中郎、我家太尉、阿平、胡毋彦国[①]。阿平故当最劣。"庾曰："似未肯劣。"庾又问："何者居其右[②]？"王曰："自有人。"又问："何者是？"王曰："噫！其自有公论。"左右蹑公，公乃止[③]。

注　释　**①"君家"一句：**中郎等四人即庾敳、王衍、王澄、胡毋辅之四人。阿平指王澄，字平子。**②其右：**其上。按：古人以右边为尊位。**③"左右"句：**按：王敦自以为居右，但不肯说出。庾亮平时就看不起王敦，这里又没有领会王敦的意思，想要再问，手下的人便踩他的脚。

译　文　大将军王敦从武昌到建康后，一次与庾亮谈话，庾亮问他："听说大将军生平有四位好友，他们都是谁啊？"王敦答道："你家的中郎庾敳、我家的太尉王衍、王澄和胡毋彦国。王澄当然是最差的。"庾亮说："好像他还不是最差的。"庾亮又问："哪一位更出众？"王敦说："自然有人。"又追问："是哪一位？"王敦说："唉！自然会有公论吧。"手下的人踩了一下庾亮的脚，庾亮才没有再问下去。

原　文

人问丞相："周侯何如和峤？"答曰："长舆嵯蘖（niè）[①]。"

注　释　**①嵯蘖：**即嵯峨，巍峨高峻的样子。

译　文　有人问丞相王导："周顗与和峤

● 寄情山水

相较，谁更胜一筹？”王导回答说：“和峤像高山屹立。”

原　文

明帝问谢鲲[1]：“君自谓何如庾亮？”答曰：“端委庙堂[2]，使百僚准则，臣不如亮。一丘一壑[3]，自谓过之。”

注　释　**①谢鲲：** 字幼舆，陈郡阳夏（今河南太康）人。谢安的伯父，为两晋名士。**②端委庙堂：** 穿着严整的礼服在朝廷办事，这里的意思是掌管朝政。端委，严整宽长的礼服。**③一丘一壑：** 这里指寄情于山水风景之中。

译　文　晋明帝司马绍问谢鲲：“你自认为和庾亮相比怎么样呢？”谢鲲回答：“身穿朝服端坐在朝中，成为百官的楷模，这方面我不如庾亮；但纵情于山水之间，我自认为超过庾亮。”

原　文

王丞相二弟不过江，曰颖，曰敞[1]。时论以颖比邓伯道，敞比温忠武，议郎、祭酒者也[2]。

注　释　**①“王丞相”三句：** 王导与两个弟弟年少时都很有名，王颖曾任议郎，王敞曾被召为丞相祭酒，没有到任。两人都死于晋室南渡之前。**②温忠武：** 温峤，谥忠武。

译　文　丞相王导有两个弟弟没有到江南，一个叫王颖，一个叫王敞。当时的人们都将王颖和邓攸并称，把王敞和温峤相提并论，两人分别任议郎和祭酒。

原　文

明帝问周侯：“论者以卿比郗鉴，云何？”[1]周曰：“陛下不须牵顗比[2]。”

注　释　**①“明帝”句：** 按：这一则和上文第14则可能是同一事而记载不同。**②“陛下”句：** 按：陛下是对君主的尊称，周死后，明帝才即位，故周不会称他为陛下。

译　文　晋明帝问武城侯周顗：“周围人都在把你和郗鉴相提并论，对此，你是什么看法？”周顗说：“陛下不必拉着我去比较。”

原　文

王丞相云：“顷下论以我比安期、千里[1]，亦推此二人。唯共推太尉[2]，此君特秀。”

注　释　**①“顷下”句：** 按：余嘉锡《世说新语笺疏》引证《太平御览》，“顷下”作“洛下”，这是对的。洛下，指洛阳。安期，王承，字安期。千里，阮瞻，字千里。**②太尉：** 指王夷甫。

译　文　丞相王导说：“洛阳城的人都把我和王承、阮瞻相提并论，我也很欣赏这两个人。希望大家共同支持太尉王衍，因为这个人才华真的很出众。”

原　文

宋祎曾为王大将军妾，后属谢镇西[1]。镇西问祎：“我何如王？”答曰：“王比使君，田舍贵人耳。”镇西妖冶故也。

注　释　**①谢镇西：**谢尚。谢尚曾为南中郎将，兼任江州刺史，后调为西中郎将、豫州刺史，再升为镇西将军。

译　文　宋祎曾为大将军王敦的侍妾，后来又归属镇西将军谢尚。一次，谢尚问宋祎："我与王敦相较，你如何评价？"宋祎回答说："王氏和使君相较，只是农家儿比贵人罢了。"这是谢尚容貌俊美的原因。

原　文

明帝问周伯仁："卿自谓何如庾元规[①]？"对曰："萧条方外，亮不如臣；从容廊庙，臣不如亮。"

注　释　**①庾元规：**庾亮，字元规。

译　文　晋明帝问周顗："你觉得自己与庾亮相较，谁更胜一筹？"周顗回答说："说到退隐山林，逍遥世外，庾亮比不上臣；至于周旋于朝廷之上，臣比不上庾亮。"

原　文

王丞相辟王蓝田为掾[①]，庾公问丞相："蓝田何似？"王曰："真独简贵[②]，不减父祖[③]；然旷澹处故当不如尔[④]。"

注　释　**①王蓝田：**王述，字怀祖，晋太原晋阳（今山西太原）人，曾任扬州刺史、尚书令，袭爵蓝田侯。**②真独：**自然坦率，不同流俗。**简贵：**简约高贵。**③父祖：**父指王承，祖指王湛。**④旷澹：**旷达淡泊。

译　文　丞相王导召王述担任属官，庾亮问丞相王导："王述这个人怎么样？"王导说："率真孤傲、简约高贵这方面，不比他的父亲和祖父们差，然而旷达淡泊的胸怀，的确不如长辈啊。"

原　文

卞望之云："郗公体中有三反[①]，方于事上，好下佞己，一反；治身清贞，大修计校[②]，二反；自好读书，憎人学问，三反。"

注　释　**①反：**相反，矛盾。**②计校：**算计谋划财物。

译　文　卞壸说："郗鉴的身上有三种矛盾的现象：侍奉君主方正，却爱好下级对自己谄媚，这是第一个矛盾；自身要求清正廉洁，却对别人斤斤计较，这是第二个矛盾；自己爱好读书，却讨厌别人做学问，这是第三个矛盾。"

原　文

世论温太真是过江第二流之高者。时名辈共说人物，第一将尽之间，温常失色[①]。

注　释　**①失色：**这里指温峤唯恐第一流人物中没有自己而惊慌失色。

译　文　当时人们认为，温峤是渡江以后，第二流人才中的佼佼者。当时名流们一起品评人物，第一流人物快要说完时，温峤常常惶恐失色。

原　文

王丞相云："见谢仁祖，恒令人得上。"与何次道语，唯举手指地曰："正自尔馨[1]。"

注　释　**①尔馨：**如此，这样。

译　文　王丞相说："见到谢尚，常令人精神奋发。"与何充谈话，他只是将手抬起来指着地面说："正是如此。"

原　文

何次道为宰相，人有讥其信任不得其人[1]。阮思旷慨然曰："次道自不至此。但布衣超居宰相之位，可恨唯此一条而已[2]。"

注　释　**①"人有"一句：**按《晋书·何充传》，何充"所昵庸杂，信任不得其人"。**②"但布衣"一句：**阮思旷说何充是布衣超居宰相，这是出于门阀观念，因为何充不是名门望族。**超：**指超迁，越级提升。

译　文　何充就任宰相以后，有人指责他信任了不值得信任的人。阮裕很感慨地说："何充自然不会做到这一步。只不过是一介平民越级提到宰相的地位，令人遗憾的只有这一条罢了。"

原　文

王右军少时，丞相云："逸少何缘复减万安邪[1]？"

注　释　**①减：**比……差。

译　文　王羲之年轻时，丞相王导说："王羲之为何比不上刘绥呢？"

原　文

郗司空家有伧奴[1]，知及文章，事事有意。王右军向刘尹称之。刘问："何如方回？"问曰："此正小人有意向耳，何得便比方回？"刘曰："若不如方回，故是常奴耳。"

注　释　**①伧奴：**原籍北方的奴仆。南北朝时南人蔑称北人为伧人。

译　文　司空郗鉴家里有个来自北方的奴仆，通晓文章，办事很用心。王羲之向刘惔称赞他。刘问："跟郗愔相比如何？"王说："这只不过是个小人办事很用心而已，怎么可以与郗愔比呢？"刘说："倘若比不上郗愔，就仍然是个普通的奴仆罢了。"

原　文

时人道阮思旷："骨气不及右军，简秀不如真长，韶润不如仲祖[1]，思致不如渊源[2]，而兼有诸人之美。"

注　释　**①韶润：**韶秀温润。**②思致：**思想情趣。

译　文　当时的人们评论阮裕说："风骨气度比不上王羲之，简约秀逸比不上刘惔，韶秀温润比不上王濛，思想情趣比不上殷浩，但是却集这些人的长处于一身。"

原　文

简文云[1]："何平叔巧累于理[2]，嵇叔夜俊伤其道[3]。"

注　释　①**简文**：简文帝司马昱，字道万，371 年至 372 年在位。即位前封会稽王，任抚军将军，后进位抚军大将军，任丞相，所以又称"会稽王""抚军""相王"。②**何平叔**：何晏，字平叔，三国时魏国人，是曹操的女婿。擅长清谈、喜好名理，是魏晋玄学的主要开创者，官至吏部尚书，后被司马懿所杀。③**嵇叔夜**：嵇康，字叔夜，三国时魏谯郡铚（今安徽宿州西南）人，"竹林七贤"之一，曾任中散大夫，因遭钟会构陷，被司马昭杀害。

译　文　简文帝司马昱说："何晏巧言善辩，牵累了他的玄理；嵇康才学奇异，妨害了他的自然之道。"

原　文

时人共论晋武帝出齐王之与立惠帝[1]，其失孰多。多谓立惠帝为重。桓温曰："不然，使子继父业，弟承家祀，有何不可！"

注　释　①**"时人"句**：晋武帝和齐王都是晋文帝的儿子。武帝即位后，立皇子司马衷为太子（后来继位为惠帝），封其弟司马攸为齐王。齐王后任司空，参与朝政，声望很高。这时武帝的宠臣荀勖、冯统看到太子无能，惧怕司马攸将来会继承帝位而对自己不利，就向武帝进谗言，要武帝逼令齐王离京都，回到自己的封国去，以确保太子的继承权。齐王忧愤成病而死。

译　文　当时的人们都在评论晋武帝命令齐王回封国和确立惠帝的太子之位这两件事，哪一件事的失误最大。多数人认为确立惠帝太子之位一事失误最大。桓温表示不同意这种说法，说："不是这样，让儿子继承父业，安排弟弟治理王国，有何不妥！"

原　文

人问殷渊源："当世王公以卿比裴叔道，云何[1]？"殷说："故当以识通暗处[2]。"

注　释　①**云何**：怎么样？②**故当**：只是，不过是。**暗**：不精明。

译　文　有人问殷浩："当代显贵将你同裴遐相提并论，你认为怎么样？"殷说："只不过是拿远见卓识来比愚陋之见罢了。"

原　文

抚军问殷浩："卿定何如裴逸民？"良久答曰："故当胜耳[1]。"

注　释　①**故当**：应当，表示肯定的语气。

译　文　抚军大将军司马昱问殷浩："你跟裴頠相比究竟怎么样？"过了很久，殷浩才回答说："我应该比他强吧。"

原　文

桓公少与殷侯齐名，常有竞心[1]。桓问殷："卿何如我？"殷云："我与我周旋久[2]，宁作我[3]。"

注　释　**①竞心：**争胜之心。**②周旋：**交往，引申为反复商量。**③宁作我：**宁愿做我自己。殷浩既不肯承认自己差，又不想说自己比桓温强，回答得很巧妙。

译　文　桓温年少时与殷浩齐名，总有同殷浩争胜的心理。桓温问殷浩："咱俩相比怎么样？"殷浩说："我同自己反复商量了好久，我宁愿做我自己。"

原　文

抚军问孙兴公："刘真长何如？"曰："清蔚简令。""王仲祖何如？"曰："温润恬和[①]。""桓温何如？"曰："高爽迈出。""谢仁祖何如？"曰："清易令达[②]。""阮思旷何如？"曰："弘润通长[③]。""袁羊何如？"曰："洮洮清便[④]""殷洪远何如？"曰："远有致思。""卿自谓何如？"曰："下官才能所经，悉不如诸贤；至于斟酌时宜，笼罩当世，亦多所不及。然以不才，时复托怀玄胜，远咏《老》《庄》，萧条高寄，不与时务经怀，自谓此心无所与让也。"

注　释　**①温润恬和：**温和而恬静。**②清易令达：**清简平易、善良通达。**③弘润通长：**弘润指心胸宽阔，性情柔顺。**④洮洮：**同"滔滔"，形容论辩滔滔不绝。**清便：**能说会道。

译　文　抚军司马昱问孙绰："刘惔这个人您怎么评价他？"孙绰回应说："他谈吐清新，言辞华美，禀性简单而美好。"又问："王濛这个人呢？"孙绰回答："他性格温和柔润，为人恬静平和。""桓温呢？"孙绰说："他性情高尚爽朗，给人一种神态超逸的感觉。""谢尚怎么样？"孙绰说："他为人清廉平易，性格美好通达。""阮裕怎么样？"孙绰说："他做事宽大柔润，思路精深广阔。""袁乔怎么样？"答："他谈吐清雅，言辞滔滔不绝。""殷融怎么样？"答："他经常会有比较新颖的思想情趣。""你认为你自己怎么样？"孙绰说："敝人才疏学浅，自然无法与诸位贤达相提并论；考虑时势形势，把握全面时局等也大多赶不上他们。可是以我这个没有才能的人而论，还时常寄怀于超脱的境界，赞美古代的《老子》《庄子》，逍遥自在，寄情高远，不让世事打扰自己的心智，我自认为这种胸怀是没有什么可推让的。"

原　文

桓大司马下都[①]，问真长曰："闻会稽王语奇进[②]，尔邪？"刘曰："极进，然故是第二流中人耳。"桓曰："第一流复是谁？"刘曰："正是我辈耳！"

注　释　**①都：**京都。**②闻：**听说。

译　文　桓温来到京都，问刘惔："我听说会稽王司马昱在谈论名理上有了很大的进步，果真这样吗？"刘说："进步确实很大，不过还是第二流中的人物而已。"桓说："那么第一流的人物又是谁呢？"刘说："恰恰是我们这帮人啊！"

原　文

殷侯既废，桓公语诸人曰："少时与渊源共骑竹马，我弃去，已辄取之[1]，故当出我下。"

注　释　①**已**：用作第三人称代词，他。另一种说法为"已"，过去之意。

译　文　殷浩被废黜后，桓温对一些人说："儿时我曾和他玩骑竹马的游戏，我扔掉的，过后他就捡起来，自然就在我之下了。"

原　文

人问抚军："殷浩谈竟何如？"答曰："不能胜人，差可献酬群心[1]。"

注　释　①**差**：大致，大体而言。**献酬**：这里指应酬，应付。

译　文　有人问抚军司马昱："殷浩的清谈水平如何？"抚军回答说："他的清谈水平难以超过其他人，但是大体上能满足大家的心理期待。"

原　文

简文云："谢安南清令不如其弟[1]，学义不及孔岩[2]，居然自胜[3]。"

注　释　①**谢安南**：谢奉。**其弟**：指谢聘，字弘远。②**孔岩**：据《晋书》，当作孔严。③**自胜**：原注"言奉任天真也"。指不受世俗影响，自得其乐。

译　文　简文帝说："谢奉在谈吐言辞之处不如他的弟弟，学识上赶不上孔严，但是显然有他自己的长处。"

原　文

未废海西公时[1]，王元琳问桓元子[2]："箕子、比干[3]，迹异心同，不审明公孰是孰非？"曰："仁称不异，宁为管仲[4]。"

注　释　①**海西公**：晋废帝司马奕。②**王元琳**：王珣，字元琳，小字法护、阿瓜，丞相王导的孙子，曾任桓温手下的主簿，又任尚书左仆射，封东亭侯。**桓元子**：桓温，字元子。③**箕子、比干**：商纣王的两个叔父。传说纣王暴虐无道，箕子进谏，未被采纳，就佯狂为奴；比干强谏，被纣王剖心而死。这两人和微子被孔子称为殷代的"三仁"。④**管仲**：名夷吾，字敬仲，史称管子，出生于颍上（今安徽颍上县），春秋时期政治家、哲学家。孔子也称赞过他有仁德。

译　文　还没有废黜海西公司马奕时，王珣问桓温："箕子、比干二人的做法不同，但用意一致，不知您认为谁对谁错呢？"桓温说："如果同样被称作仁人，我宁可作管仲。"

原　文

刘丹阳、王长史在瓦官寺集，桓护军亦在坐，共商略西朝及江左人物。或问："杜弘治何如卫虎？"桓答曰："弘治肤清[1]，卫虎奕奕神令[2]。"王、刘善其言。

注　释　①**肤清**：指外表清率。②**神令**：精神美好。

译　文　一次，丹阳尹刘惔和司徒左长史王濛在瓦官寺参加聚会，当时护军将军桓伊也在

座，大家一同谈论西晋和江南有声望的人士。有人问："杜乂和卫玠相比，哪个更胜一筹？"桓伊回答说："杜乂外表清丽，卫玠神采奕奕。"王濛和刘惔认为他的评价很到位。

原　文

刘尹抚王长史背曰[1]："阿奴比丞相，但有都长[2]。"

注　释　**①抚：**拍着。**②长：**漂亮、敦厚。

译　文　刘惔拍着王濛的背说："你与丞相王导相比，的确比他漂亮、敦厚。"

原　文

刘尹、王长史同坐，长史酒酣起舞。刘尹曰："阿奴今日不复减向子期[1]。"

注　释　**①减：**逊色。

译　文　刘惔和王濛同在座，王濛酒喝到酣畅时就跳起舞来。刘惔说："王濛今天绝对不比向秀逊色啊！"

原　文

桓公问孔西阳[1]："安石何如仲文[2]？"孔思未对，反问公曰："何如？"答曰："安石居然不可陵践其处[3]，故乃胜也。"

注　释　**①孔西阳：**孔严，字彭祖，历任丹阳尹、尚书，封西阳侯。**②仲文：**指桓温之婿殷仲文。**③陵践：**欺压，压制。**处：**决断，处理。

译　文　桓温问西阳侯孔严："谢安和殷仲文相比，谁强些？"孔严考虑着没有回答，反问桓温："您以为怎么样？"桓温回答说："谢安决断一件事，别人哪敢稍微反对一下，自然就是胜一筹了。"

原　文

谢公与时贤共赏说[1]，遏、胡儿并在坐[2]，公问李弘度曰："卿家平阳何如乐令[3]？"于是李潸然流涕曰："赵王篡逆，乐令亲授玺绶。亡伯雅正，耻处乱朝，遂至仰药，恐难以相比！此自显于事实，非私亲之言。"谢公语胡儿曰："有识者果不异人意。"

注　释　**①赏说：**品评人物。**②遏：**谢玄。**胡儿：**谢朗。**③平阳：**李重，自幼好学，有文辞，曾上疏陈九品之弊。仕晋中书郎、吏部尚书等。为官清正，安贫处素。曾任平阳太守。

译　文　谢安与当时的名士一起评论人物，谢玄和谢朗也在座。谢安问李充："你的伯父李重跟乐广相比如何？"这时，李充潸然泪下，答道："赵王司马伦篡位时，乐广亲自将天子的印玺交给赵王。先伯父为人正直，以居于乱朝为耻，因此服毒自尽了，恐怕他俩是不能相比的。这是显而易见的事实，实非我偏袒亲人的话语。"谢安对谢朗说："有见识的人果然不会辜负人们对他的看法。"

原　文

王修龄问王长史："我家临川，何如卿家宛陵？"长史未答[1]，修龄曰："临川誉贵[2]。"长史曰："宛陵未为不贵。"

注　释　**①未答：**没有回答。**②誉：**美誉、著称。

译　文　王胡之问王濛："我们家王羲之同你们家王述相比怎么样？"王濛没有回答。王胡之说："王羲之以高贵著称。"王濛说："王述也不是不高贵。"

原　文

刘尹至王长史许清言，时苟子年十三，倚床边听[1]。既去，问父曰："刘尹语何如尊[2]？"长史曰："韶音令辞，不如我；往辄破的，胜我。"

注　释　**①倚：**站在……边上。**②尊：**父亲。

译　文　刘惔到王濛家里去清谈，当时王修才十三岁，站在坐榻边听。客人走后，王修问父亲："刘惔所谈的与父亲大人相比如何？"王濛说："辞令优美比不上我，一语中的我却比不上他。"

原　文

谢万寿春败后[1]，简文问郗超："万自可败[2]，那得乃尔失士卒情？"超曰："伊以率任之性，欲区别智勇。"

注　释　**①败：**打败。**②自：**原本。

译　文　谢万在寿春打了败仗后，简文帝问郗超道："谢万原本就该败，他怎么能如此失去兵士们的爱戴之心呢？"郗超答道："他凭借轻率任性的性格，企图区别于靠智勇指挥作战。"

原　文

刘尹谓谢仁祖曰："自吾有四友，门人加亲。"谓许玄度曰[1]："自吾有由，恶言不及于耳。"二人皆受而不恨。

注　释　**①许玄度：**许询，字玄度，小字讷，晋高阳人，曾被征召为司徒掾、议郎，均未就职。善于清谈，后隐居山林。

译　文　丹阳尹刘惔对谢尚说："自从我有了颜回，弟子对我更加亲近了。"对许询说："自从我有了仲由，坏话就传不到我的耳朵了。"两个人都接受了他的话，没有觉得不满。

原　文

世目殷中军："思纬淹通[1]，比羊叔子。"

注　释　**①思纬：**思路，想法。

译　文　世人赞誉中军将军殷浩："他的思路宽广，语言华美而通畅，可以和羊祜相提并论。"

原　文

有人问谢安石、王坦之优劣于桓公。桓公停欲言[1]，中悔曰："卿喜传人语，不能复语卿。"

注　释　**①停：**正；正要。

译　文　有人向桓温问到谢安、王坦之两人的优劣。桓温正要讲，中途又后悔，说道："你喜欢散播别人的话，不能告诉你。"

原　文

王中郎尝问刘长沙曰[1]："我何如苟子[2]？"刘答曰："卿才乃当[3]不胜苟子，然会名处多。"王笑曰："痴！"

注　释　**①王中郎：**王坦之。**②苟子：**王修的小名。**③乃当：**虽然，尽管。

译　文　王坦之曾问刘奭道："我与王修相比如何？"刘说："你虽然比不上他的才华，但是对明理的融会贯通却在他之上。"王听后笑着说道："太傻了！"

原　文

支道林问孙兴公："君何如许掾[1]？"孙曰："高情远致[2]，弟子蚤已服膺[3]；一吟一咏，许将北面。"

注　释　**①许掾：**许询，字玄度，曾被召为司徒掾。**②高情远致：**高远的情趣。**③服膺：**信服，牢记心头。

译　文　支道林问孙绰："您和许询相较，谁更胜一筹？"孙绰说："要论志向抱负，弟子对他早已心悦诚服；说到吟诗咏志，许询却要以我为师。"

原　文

王右军问许玄度："卿自言何如安石[1]？"许未答，王因曰："安石故相为雄，阿万当裂眼争邪[2]？"

注　释　**①安石：**谢安。**②阿万：**谢万，字万石，谢安的弟弟。阿，前辅助语辞。

译　文　王羲之问许询说："你自己说说，你同安石相比如何？"许没有回答。王于是又说："安石和你确实可以并列称雄，不过谢万应该会怒目相争吧？"

原　文

刘尹云："人言江虨田舍[1]，江乃自田宅屯[2]。"

注　释　**①田舍：**同"田舍儿"，乡下人，乡巴佬。**②乃自：**竟然。

译　文　刘惔说："众人都说江虨是乡巴佬，他居然就驻扎在农舍中（以乡下人自居）。"

原　文

谢公云："金谷中苏绍最胜[1]。"绍是石崇姊夫，苏则孙，愉子也。

注　释　①**胜**：优秀。

译　文　谢安说："在金谷园聚会的名流中，要数苏绍最为优秀。"苏绍是石崇的姐夫，苏则的孙子，苏愉的儿子。

原　文

刘尹目庾中郎[1]："虽言不愔愔似道[2]，突兀差可拟道[3]。"

注　释　①**庾中郎**：庾敳。②**愔愔**：幽深的样子。③**突兀**：高耸特出貌；**差**：略；**拟**：类比。

译　文　刘惔评论庾敳："虽然清谈并不似玄理般幽深高妙，但言谈奇特脱俗，差不多和玄理相似。"

原　文

孙承公云[1]："谢公清于无奕[2]，润于林道[3]。"

注　释　①**孙承公**：孙统，字承公，历任鄞令、吴宁令、余姚令。②**无奕**：谢奕，字无奕，谢安的哥哥。③**林道**：陈逵，字林道，曾任西中郎将，兼任淮南太守。

译　文　孙统说："谢安比谢奕清纯，比陈逵温雅。"

原　文

或问林公："司州何如二谢[1]？"林公曰："故当攀安提万[2]。"

注　释　①**何如**：与之相比。②**攀**：高攀。

译　文　有人问支道林："王胡之与谢安、谢万相比如何？"支道林说："当然是高攀谢安而强于谢万了。"

原　文

孙兴公、许玄度皆一时名流。或重许高情，则鄙孙秽行[1]；或爱孙才藻，而无取于许。

注　释　①**"则鄙"句**：《世说新语》原注引《续晋阳秋》说，孙兴公"虽有文才，而诞纵多秽行，时人鄙之"。

译　文　孙绰、许询都是当时的名流。有些人敬重许询的高尚情操，便鄙视孙绰的污秽行为；有些人喜爱孙绰的文才，便认为许询一无可取。

原　文

郗嘉宾道谢公："造膝虽不深彻[1]，而缠绵纶至[2]。"又曰[3]："右军诣嘉宾[4]。"嘉宾闻之云："不得称诣，政得谓之朋耳[5]。"谢公以嘉宾言为得。

注　释　①**造膝**：本指促膝交谈，这里指谈论、议论。②**缠绵纶至**：指情意非常深厚。③**又**：通"有"，有人。④**嘉宾**：据徐震堮《世说新语校笺》说，这两个字疑是衍文。⑤**政**：通"正"，只；仅。**朋**：同等；同类。

译　文　郗超评论谢安："他的谈论虽然不很透彻，但是情意非常深厚。"有人说："右军很有造诣。"嘉宾听到这话后说："不能说很有造诣，只能说两人相当罢了。"谢安认为嘉宾的话说得对。

原　文

庾道季云[1]："思理伦和[2]，吾愧康伯[3]；志力强正，吾愧文度。自此以还，吾皆百之[4]。"

注　释　①**庾道季**：庾龢，字道季，庾亮的儿子，官至中领军。②**伦和**：有条理而又和谐。③**康伯**：韩伯，字康伯，东晋玄学思想家。下文"文度"，指王坦之，字文度。④**百**：是一百倍，作动词用。

译　文　庾龢说："要说思路有条理而又和谐，我自愧比不上韩伯；要说志向纯正毅力坚强，我自愧比不上王坦之。除了这两人外，其余的人我都超过他们一百倍。"

原　文

王僧恩轻林公[1]，蓝田曰："勿学汝兄[2]，汝兄自不如伊。"

注　释　①**轻**：看不起。②**汝**：你。

译　文　王祎之看不起支道林，他的父亲王述说："不要学你哥哥王坦之，你哥哥本来就不如他。"

原　文

简文问孙兴公："袁羊何似[1]？"答曰："不知者不负其才[2]，知之者无取其体[3]。"

注　释　①**袁羊**：袁乔。②**负**：违背。引申为舍弃、忽略。③**体**：品德。

译　文　简文帝问孙绰："袁乔这个人如何？"孙绰说："不了解他的人不会忽视他的才能，了解他的人又不会效仿他的德行。"

原　文

蔡叔子云[1]："韩康伯虽无骨干[2]，然亦肤立[3]。"

注　释　①**蔡叔子**：疑即蔡系，字子叔，官至抚军长史。②**无骨干**：指因肥而看不到骨骼。③**肤立**：指外表挺拔。

译　文　蔡系说："韩伯虽然胖得像没有骨头似的，但是体型壮美，形象还算可以。"

原　文

郗嘉宾问谢太傅曰："林公谈何如嵇公？"谢云："嵇公勤著脚，裁可得去耳。"又问："殷何如支？"谢曰："正尔有超拔，支乃过殷；然亹亹论辩[1]，恐□欲制支[2]。"

注　释　①**亹亹**：同"娓娓"，形容说话谈论滔滔不绝。②**□**：此处为缺文，当是"殷"字。

由于宋初讳殷，因此用“口”来代替。此处当为传抄者漏填。

译文 郗超问谢安：“支道林谈论名理与嵇康相比如何？”谢说：“嵇康必须马不停蹄地跑才能追赶上啊！”又问：“殷浩与支道林相比如何？”谢说：“正是由于具有了如此超凡脱俗的才思和气质，支道林才在殷浩之上，但是在娓娓清谈方面，恐怕支道林就不如殷浩了。”

原文

庾道季云[①]：“廉颇、蔺相如虽千载上死人，懔懔恒如有生气；曹蜍、李志虽见在，厌厌如九泉下人[②]。人皆如此，便可结绳而治，但恐狐狸猯貉啖尽[③]。”

注释 ①**庾道季**：庾亮少子。历仕丹阳尹、中领军等。②**厌厌**：同“恹恹”，精神萎靡不振的样子。③**啖**：吃。

译文 庾龢说：“廉颇和蔺相如虽然是距今千年以上的人了，但是却依然正气凛然，始终保持着生气。曹蜍和李志虽然现在还活着，但是却精神萎靡，像是九泉之下的死人。若人人都像曹蜍和李志，则天下就可以用结绳记事的方法来治理了，不过恐怕人们也都会被狐狸、猯猪、野貉等野兽吃光了。”

原文

卫君长是萧祖周妇兄，谢公问孙僧奴：“君家道卫君长云何[①]？”孙曰：“云是世业人[②]。”谢曰：“殊不尔[③]，卫自是理义人。”于时以比殷洪远。

注释 ①**何**：如何、怎么样。②**业**：事业。③**殊不尔**：远非如此。

译文 卫永是萧轮妻子的哥哥，谢安问孙腾说：“你觉得卫永这个人如何？”孙说：“据说这个人很致力于时务。”谢说：“远非如此，卫原本是个精通玄学的人。”当时人们往往把卫永同殷融相比。

原文

王子敬问谢公[①]：“林公何如庾公[②]？”谢殊不受，答曰：“先辈初无论，庾公自足没林公[③]。”

注释 ①**王子敬**：王献之，字子敬，晋琅琊临沂（今属山东）人，王羲之的第七子，东晋著名书法家，曾任建威将军、吴兴太守、中书令。②**林公**：支道林。**庾公**：庾亮。③**没**：盖过；超过。

译文 王献之问谢安：“支道林和庾亮相比如何？”谢安实在不愿意回答这个问题，答道：“前辈们从没有做过评论，庾亮原本就超过支道林。”

原文

谢遏诸人共道竹林优劣[①]，谢公云：“先辈初不臧贬七贤[②]。”

注　释　①**竹林**：指竹林七贤。②**臧贬**：褒贬；评论高下。

译　文　谢遏等人在一起议论竹林七贤的优劣，谢安说："前辈们从来就不褒贬这七位贤人。"

原　文

有人以王中郎比车骑，车骑闻之曰："伊窟窟成就[①]。"

注　释　①**伊**：他。**窟窟**：义理。

译　文　有人拿王坦之比谢玄，谢玄听后说道："他在义理上每一个方面都取得成就。"

原　文

谢太傅谓王孝伯[①]："刘尹亦奇自知[②]，然不言胜长史。"

注　释　①**王孝伯**：王恭，字孝伯，是长史王濛的孙子。②**奇自知**：非常了解自己。

译　文　太傅谢安对王恭说："刘惔也是很有自知之明的，可是他从来不说已经超过王濛了。"

原　文

王黄门兄弟三人俱诣谢公[①]，子猷、子重多说俗事，子敬寒温而已[②]。既出，坐客问谢公："向三贤孰愈？"谢公曰："小者最胜。"客曰："何以知之？"谢公曰："'吉人之辞寡，躁人之辞多'[③]。推此知之。"

注　释　①**王黄门**：王徽之。**兄弟三人**：指王徽之、王操之、王献之。②**寒温**：寒暄。③**吉人之辞寡，躁人之辞多**：指吉美的人言辞少而精粹，浮躁的人言辞多而啰唆。

译　文　黄门侍郎王徽之兄弟三人结伴去拜访谢安。王徽之和王操之总谈一些俗事，王献之却仅仅寒暄几句而已。他们走后，在座的宾客问谢安："刚才那三位贤人，哪一个更好些？"谢安说："小的那个更好。"客人问："是根据什么判断的？"谢安说："'吉人之辞寡，躁人之辞多'。我就是根据这个来判断的。"

原　文

谢公问王子敬："君书何如君家尊[①]？"答曰："固当不同。"公曰："外人论殊不尔。"王曰："外人那得知。"

注　释　①**尊**：令尊、家父、父亲。

译　文　谢安问王献之："你的书法跟令尊相比如何？"王答道："原本就不同。"谢安说："外人的评论完全不是这样。"王说："外人怎么可能知道呢？"

原　文

王孝伯问谢太傅[①]："林公何如长史[②]？"太傅曰："长史韶兴。"问："何如刘尹？"谢曰："噫！刘尹秀。"王曰："若如公言，并不如此二人邪？"谢云："身意正尔也。"

注释 ①**王孝伯**：王恭。②**长史**：王濛。

译文 王恭问谢安："支道林与王濛相比如何？"谢安说："王濛意趣美好。"又问："同刘惔相比如何？"谢安说："刘惔俊秀出众。"王恭说："照您这么说，支道林比不上这两位吗？"谢安："正是此意。"

原文

人有问太傅："子敬可是先辈谁比[①]？"谢曰："阿敬近撮王、刘之标[②]。"

注释 ①**先辈**：前辈。②**标**：标准、衡量。

译文 有人问谢安："王献之可以与前辈中哪一位相比？"谢安说："王献之近乎集王濛和刘惔二人的风度于一体。"

原文

谢公语孝伯："君祖比刘尹，故为得逮[①]。"孝伯云："刘尹非不能逮，直不逮[②]。"

注释 ①**为得**：能够，会。②**直**：通"只"，只是，不过。

译文 谢安对王恭说："你的祖父同刘惔相比，应当可以与之媲美吧？"王恭说："刘惔此人并不是没有人能够比得上，只是不想做那样的人罢了。"

原文

袁彦伯为吏部郎，子敬与郗嘉宾书曰："彦伯已入[①]，殊足顿兴往之气[②]。故知捶挞自难为人[③]，冀小却，当复差耳。"

注释 ①**已入**：指已经入仕，此指任吏部郎一职。②**顿**：舍弃，消除。**兴往**：前进。③**捶挞**：古代一种杖刑，专门处罚官吏。

译文 袁宏担任了吏部郎，王献之写信给郗超说："袁宏已经入朝就职了，这个官职特别能挫伤人的仕进志气。原先就知道受了杖刑自然很难做人，所以希望他能稍为辞让一下，这样就会好一些呀。"

原文

王子猷、子敬兄弟共赏《高士传》人及赞[①]。子敬赏井丹高洁[②]，子猷云："未若长卿慢世[③]。"

注释 ①**《高士传》**：书名，皇甫谧撰。**赞**：一种文体，人物传记后面对所记人物进行褒贬的评论性短文。②**井丹**：字大春，东汉人，为人博学多才，不慕荣贵。③**长卿**：司马相如，字长卿，汉代著名的辞赋家。**慢世**：指放纵任性，轻蔑世事。

译文 王徽之、王献之兄弟一起欣赏《高士传》中的人物和赞文，献之欣赏井丹的高洁，徽之说："不如长卿对世俗的轻慢。"

原　文

有人问袁侍中曰[1]："殷仲堪何如韩康伯？"答曰："义理所得优劣，乃复未辨；然门庭萧寂，居然有名士风流，殷不及韩。"故殷作《诔》云："荆门昼掩[2]，闲庭晏然[3]。"

注　释　①**袁侍中**：袁恪之，字元祖，曾任黄门侍郎、侍中。②**荆门**：用树枝、荆条编成的门。③**晏然**：安然、平静的样子。

译　文　有人问侍中袁恪之说："殷仲堪和韩伯相比怎么样？"他回答说："在玄理上的收获心得方面，二人高下还难以分辨；然而韩伯门庭幽静，显然是具有名士风范的人，这是殷仲堪不如韩伯的地方。"所以殷仲堪在写给韩伯的《诔》文中说："柴门白天掩着，庭院里闲适悠然。"

原　文

王子敬问谢公："嘉宾何如道季？"答曰："道季诚复钞撮清悟，嘉宾故自上[1]。"

注　释　①**钞撮**：聚集。按：这里指庾道季清谈能学习别人，集中人家清虚善悟的优点。上：原注"超拔也"，指出众，杰出。按：谢安认为嘉宾胜过道季。

译　文　王子敬问谢安："嘉宾和道季相比，谁强些？"谢安回答说："道季的清谈的确集中了他人的清虚善悟，嘉宾却本来就出众。"

原　文

王珣疾，临困[1]，问王武冈曰[2]："世论以我家领军比谁[3]？"武冈曰："世以比王北中郎[4]。"东亭转卧向壁，叹曰："人固不可以无年[5]！"

注　释　①**临困**：到病重的时候。②**王武冈**：王谧，王导的孙子。袭爵武冈侯。少有美誉。曾任黄门侍郎、侍中，领扬州刺史，录尚书事。③**我家领军**：指王洽，是王导的儿子，王珣的父亲。④**王北中郎**：王坦之，王述的儿子。⑤**人固不可以无年**：人确实不能不长寿啊。王珣的意思是，他的父亲王洽的名德超过了王坦之，但是因二十六岁就去世而没有名声，否则不至于跟王坦之比。

译　文　王珣生了病，在病情严重时，问他的堂弟王谧道："世人评论时把我的父亲跟谁相比啊？"王谧说："世人把他同王坦之相比。"王珣转身面向墙壁，长叹说："人可真是不能够不长寿啊！"

原　文

王孝伯道："谢公浓至。"又曰："长史虚，刘尹秀，谢公融。"

译　文　王恭评论谢安说："谢安重情重义。"又说："王濛谦虚宽和，刘惔才智出众，谢安和乐通达。"

原　文

王孝伯问谢公："林公何如右军？"谢曰："右军胜林公。林公在司州前亦贵彻[1]。"

注　释　①**贵彻**：尊贵而贯通。

译　文　王恭问谢安："支道林与王羲之相比较，谁更胜一筹？"谢安说："自然王羲之胜过支道林。可是支道林相较于王胡之来还是显得尊贵豁达的。"

原　文

桓玄为太傅[1]，大会，朝臣毕集。坐裁竟，问王桢之曰[2]："我何如卿第七叔[3]？"于时宾客为之咽气[4]。王徐徐答曰："亡叔是一时之标，公是千载之英。"一坐欢然。

注　释　①**桓玄**：字敬道，晋谯国龙亢（今安徽怀远西北）人，桓温的儿子，袭封南郡公。因篡晋，受刘裕起兵讨伐，被杀。**太尉**：宋本作"太傅"。据《晋书·王桢之传》《晋书·桓玄传》应作"太尉"，今从之。②**王桢之**：字公干，王徽之的儿子，历任侍中、大司马长史。③**卿第七叔**：指王献之，字子敬。④**咽气**：《晋书·王桢之传》作"气咽"，指紧张得喘不过气来。按：桓玄生性暴戾，此时又大权在握，所以大家担心王桢之回答不当会触犯他。

译　文　桓玄担任太傅时，大会宾客，朝中的大臣们全都聚集在一起。刚刚坐定，他就问王桢之说："我和你的七叔王献之相比如何？"这时宾客们都为王桢之紧张得屏住了呼吸。王桢之悠悠答道："亡叔是一时楷模，您是千载英豪。"大家听完都欣然地松了一口气。

原　文

桓玄问刘太常曰[1]："我何如谢太傅？"刘答曰："公高，太傅深。"又曰："何如贤舅子敬？"答曰："楂、梨、橘、柚，各有其美[2]。"

注　释　①**刘太常**：刘瑾，东晋南阳（今河南）人。外祖父为王羲之。历任尚书、太常卿。很有才华。②**楂、梨、橘、柚，各有其美**：各种水果有其各自的美味。

译　文　桓玄问刘瑾："我同谢安相比如何？"刘瑾说："您高大，谢安深远。"又问："我同你的舅父王献之相比如何？"刘瑾说："山楂、梨子、橘子、柚子，各有各的美味。"

原　文

旧以桓谦比殷仲文。桓玄时，仲文入，桓于庭中望见之，谓同坐曰："我家中军那得及此也[1]！"

注　释　①**中军**：指桓谦。**那得**：怎么能。

译　文　以往拿桓谦来比殷仲文。桓玄当权时，有一次殷仲文从外面进来，桓玄在庭院里看到他，跟同座的人说道："我家桓谦怎么赶得上他啊！"

十　规箴

题　解

本章里记载了魏晋名士对于别人不恰当的言行所进行的规劝和谏诫。这种规箴多是善意的，富有教育及启发作用。

原　文

汉武帝乳母尝于外犯事[1]，帝欲申宪[2]，乳母求救东方朔[3]。朔曰："此非唇舌所争，尔必望济者，将去时，但当屡顾帝，慎勿言，此或可万一冀耳。"乳母既至，朔亦侍侧，因谓曰："汝痴耳！帝岂复忆汝乳哺时恩邪？"帝虽才雄心忍，亦深有情恋，乃凄然愍之，即敕免罪。

注　释　**①犯事：**做违法的事。据褚少孙补《史记·滑稽列传》记载，违犯禁令的是乳母的子孙家奴，乳母因受牵连而获罪。**②申宪：**施行法令，指依法处理。**③东方朔：**字曼倩，西汉人，曾任太史大夫，为人诙谐机智，很受汉武帝亲幸。

译　文　汉武帝的乳母曾在外面犯了罪，武帝要依法处置她，乳母向东方朔求救。东方朔说："这不是口舌争辩能办成的事，你想获释的话，就要在离开的时候，频频回头望着皇上，千万不要说话！这样或许会有一线希望。"乳母来到汉武帝面前，东方朔也陪侍在武帝身旁，乘机对乳母说："你太傻了！皇上难道还会记得你哺乳时的恩情吗？"武帝虽然雄才大略，性格刚强，但对乳母也有深深的依恋之情，于是难过地怜悯起她，马上下令赦免。

原　文

京房与汉元帝共论[1]，因问帝："幽、厉之君何以亡[2]？所任何人？"答曰："其任人不忠。"房曰："知不忠而任之，何邪？"曰："亡国之君各贤其臣，岂知不忠而任之？"房稽首曰[3]："将恐今之视古，亦犹后之视今也。"

注　释　**①京房：**字君明，西汉东郡顿丘（今河南清丰）人。官至魏太守。**②幽：**周幽王，因宠幸褒姒而导致败亡。**厉：**周厉王，因肆意杀戮无辜，暴虐无道而被国人放逐。**③稽首：**叩首，古代的一种最为隆重的礼仪。

译　文　京房同汉元帝一起论事，便趁机问汉元帝道："周幽王和周厉王为什么会败亡呢？他们都任用些什么人？"元帝答道："他们所任用的人都不忠诚。"京房说："既然都知道那些人不忠诚，却还要用他们，这又是为什么呢？”元帝说：“亡国之君都认为他们各自的臣子是贤能的，哪有明知他们不忠诚却还要用的呢？”京房叩首道：“恐怕我们今天看古人，也就像以后的人看我们现在。”

原　文

陈元方遭父丧[1]，哭泣哀恸，躯体骨立[2]。其母愍之，窃以锦被蒙上。郭林宗吊而见之[3]，谓曰：“卿海内之俊才，四方是则[4]，如何当丧，锦被蒙上？孔子曰：‘衣夫锦也，食夫稻也，于汝安乎[5]？’吾不取也。”奋衣而去。自后宾客绝百所日[6]。

注　释　①**陈元方**：陈纪，字元方，东汉人，陈寔的长子。②**骨立**：形容消瘦得只剩骨架支撑身体。③**郭林宗**：郭泰，字林宗，东汉人，博学有礼，善处世事和品评人物。④**是则**：这里指仿效你。⑤**“衣夫”三句**：语出《论语·阳货》：“食夫稻，衣夫锦，于女安乎？”孔子认为丧期未满就吃好的穿好的，不能心安。⑥**百所日**：一百来天。

译　文　陈元方父亲去世后，他哀痛哭泣，身体瘦得只剩骨架支撑着。他妈妈怜惜儿子，就悄悄地把锦缎被子披在他身上。郭林宗来吊丧时看到了，就对陈元方说：“你是天下的俊杰，四面八方的人都以你为楷模，为什么在服丧期间，披着彩被呢？孔子说：‘穿着锦衣，吃着白米，你能安心吗？’我认为这是不可取的。”说完挥袖而去。此后一百多天都没有宾客吊唁。

原　文

孙休好射雉[1]，至其时，则晨去夕反。群臣莫不上谏[2]，曰：“此为小物，何足甚耽？”休答曰：“虽为小物，耿介过人[3]，朕所以好之。”

注　释　①**孙休**：字子烈，孙权的儿子，吴太平三年（258）即位，在位七年，谥为景皇帝。②**上谏**：宋本作“止谏”，今据唐写本《世说新书》改作“上谏”。③**耿介**：正直；有节操。古人认为雉是一种有节操的鸟，孙休以此来拒绝谏劝。

译　文　孙休喜欢射猎野鸡，到了射猎的季节，就早出晚归。群臣们没有谁不劝阻他的，说：“雉鸡是小东西，哪值得如此沉溺呢？”孙休说：“虽然是小东西，但它比人刚强正直，所以我喜欢它们。”

原　文

孙皓问丞相陆凯曰[1]：“卿一宗在朝有几人？”陆答曰：“二相、五侯、将军十余人。”皓曰：“盛哉！”陆曰：“君贤臣忠，国之盛也；父慈子孝，家之盛也。今政荒民弊，覆亡是惧[2]，臣何敢言盛！”

注　释　①**孙皓**：吴国的末代君主。**陆凯**：字敬风，出身望族，官至左丞相。②**覆亡是惧**：惧覆亡。是，指示代词，复指前置的宾语。

译　文　孙皓问丞相陆凯说：“你们家族在朝廷里有几个人呢？”陆凯答道：“有两个人做过

宰相，五个人被封侯爵，十几个人担任过将军。”孙皓说：“真是兴盛啊！”陆凯说：“君贤臣忠，国家就兴盛；父慈子孝，家庭就兴盛。如今政治荒废，百姓穷困，覆亡之灾令人恐惧，我哪里还敢说兴盛啊！”

原　文

何晏、邓飏令管辂作卦[1]，云：“不知位至三公不？”卦成，辂称引古义，深以戒之。飏曰：“此老生之常谈。”晏曰：“知几其神乎[2]！古人以为难。交疏而吐诚，今人以为难。今君一面，尽二难之道，可谓‘明德惟馨’[3]。《诗》不云乎：‘中心藏之，何日忘之[4]！’”

注　释　①**邓飏**：何晏、邓飏二人当时都在魏朝依附曹爽，担任尚书。**管辂**：字公明，精通《周易》，擅长卜筮，官至少府丞。②**几**：预兆；事情变化的细微迹象。③**明德惟馨**：语出《尚书·君陈》，意思是光明的德行才是真正的芳香。④**“中心”二句**：语出《诗经·小雅·隰桑》，意思是心中藏有他，哪有一天会忘掉！管辂借着解说卦理，劝谏何、邓二人明存亡之理，辅佐君主，这里何晏引用《诗经》表示接受了他的建议。

译　文　何晏、邓飏让管辂给他们算卦，问道：“不知官位能不能升至三公？”卦成以后，管辂引经据典，言辞深刻地劝诫他们。邓飏说：“这不过是老生常谈而已。”何晏说：“见微知著，古人认为很难。交情疏浅，却能坦诚相待，今人认为很难。今天和你初次见面，却完成了这两件困难的事，可以说是‘圣明之德，芳香清醇’啊。《诗经》中不是说吗，‘中心藏之，何日忘之？’我会牢记心中，永不忘怀的。”

原　文

晋武帝既不悟太子之愚，必有传后意，诸名臣亦多献直言。帝尝在陵云台上坐，卫瓘在侧，欲申其怀[1]，因如醉，跪帝前，以手抚床曰：“此坐可惜！”帝虽悟，因笑曰：“公醉邪？”

注　释　①**申其怀**：申述自己的心意，在这里指劝说晋武帝废掉太子司马衷。

译　文　晋武帝既然不能看清太子的愚钝，就肯定有传位给太子的意思，朝中元老重臣都在直言劝谏。晋武帝曾坐在陵云台上，卫瓘在一旁侍奉，非常想借此机会来申述自己的想法，就装作好像醉了的样子，跪在晋武帝面前，用手抚摸着御榻说：“这个座位可真可惜啊！”晋武帝虽然听出了他的意思，却只是笑着说：“你是喝醉了吗？”

原　文

王夷甫妇，郭泰宁女[1]，才拙而性刚，聚敛无厌，干预人事。夷甫患之而不能禁。时其乡人幽州刺史李阳[2]，京都大侠，犹汉之楼护[3]，郭氏惮之。夷甫骤谏之[4]，乃曰：“非但我言卿不可，李阳亦谓卿不可。”郭氏为之小损。

注　释　①**郭泰宁**：郭豫，西晋太原人，官至相国参军。②**李阳**：西晋高平（今山东巨野南）

人。尚狭义，为世人所推崇。③**楼护**：西汉齐（今山东淄博）人，西汉末为京兆尹。研习经传，负有盛名。看重意气，广泛交游。④**骤**：屡次。

译文 王衍的妻子是郭豫的女儿，才智愚钝却性情倔强，聚敛财物，贪得无厌，还喜欢干涉别人的事情。王衍对她的行为感到厌恶但又没有办法阻止她。当时他的同乡幽州刺史李阳，因侠义而在京都享有盛名，郭氏对他有些畏惧。王衍多次劝诫郭氏，说："不只是我一个人说你不应该这样，李阳也认为你不应该这样做。"郭氏就稍稍收敛些。

原文

王夷甫雅尚玄远[1]，常嫉其妇贪浊，口未尝言"钱"字。妇欲试之，令婢以钱绕床，不得行。夷甫晨起，见钱阂行[2]，呼婢曰："举却阿堵物[3]！"

注释 ①**玄远**：指深奥幽远的玄理。②**阂**：阻碍。③**阿堵**：这；这个。

译文 王衍崇尚玄远深奥的事物，常常厌恶他妻子的世俗贪婪，他的口中从未说过"钱"字。他妻子想试试他，就让婢女把钱绕着床，在周围排开，让他不能通过。夷甫早晨起来，看到那些钱妨碍了他通行，就呼唤婢女道："把这个东西拿开！"

原文

王平子年十四五，见王夷甫妻郭氏贪欲，令婢路上儋粪[1]。平子谏之，并言诸不可。郭大怒，谓平子曰："昔夫人临终，以小郎嘱新妇，不以新妇嘱小郎[2]。"急捉衣裾，将与杖。平子饶力，争得脱，逾窗而走。

注释 ①**儋**：通"担"，挑。②**小郎**：小叔子。

译文 王澄十四五岁，看到王衍的妻子郭氏贪得无厌，让丫鬟在路上挑粪，便劝阻她，并跟她讲不能这样做的各种理由。郭氏听后大发雷霆，对王澄说："当年老夫人临终时，是把你这个小叔子托付给我，而不是把我托付给你这个小叔子的。"说着，一把抓住了王澄的衣襟，准备用棍子揍他。王澄力气很大，挣脱后跳窗跑走了。

原文

元帝过江犹好酒[1]，王茂弘与帝有旧[2]，常流涕谏。帝许之，命酌酒，一啗[3]，从是遂断。

注释 ①**元帝**：指晋元帝司马睿，原为琅琊王、安东将军，西晋灭亡后，317 年他在建康（今江苏南京）登位称帝，建立东晋，又称元皇、元皇帝。②**王茂弘**：王导，字茂弘，司马睿即皇帝位，他因为有功而任丞相。③**啗**：宋本及各本作"酣"，唐卷作"唾"。

译文 晋元帝司马睿过江以后仍旧喜好喝酒，王导和元帝是老朋友，经常哭着劝阻。元帝答应了他，下令畅饮一番，从此就戒酒了。

原文

谢鲲为豫章太守，从大将军下至石头。敦谓鲲曰："余不得复为盛德之事矣[①]！"鲲曰："何为其然？但使自今已后，日亡日去耳[②]。"敦又称疾不朝，鲲谕敦曰："近者明公之举，虽欲大存社稷，然四海之内，实怀未达[③]。若能朝天子，使群臣释然，万物之心[④]，于是乃服。仗民望以从众怀，尽冲退以奉主上[⑤]，如斯则勋侔一匡[⑥]，名垂千载。"时人以为名言。

注释 ①**盛德之事**：指辅佐君主建功立业的事情。②**日亡日去**：指随着时间的流逝而逐渐忘却君臣之间的嫌隙。③**实怀未达**：实际用意并不明确。④**万物**：万众，众人。⑤**冲退**：谦逊退让。⑥**勋侔**：功勋与……等同。

译文 谢鲲担任豫章太守，跟随大将军王敦东下到石头城。王敦对谢鲲说："我不能再做辅佐君主以建功立业之事了！"谢鲲说："为什么啊？但愿今后能够随着时光的流逝将君臣之间的嫌隙忘却。"王敦又假称自己生病而无法上朝。谢鲲劝他道："近来你的行为举动虽然是为了保全社稷，但是四海之内，您的真正用意并没有表明。倘若你能够去朝见天子，消除众臣的疑虑，就会使万民之心归顺。您仰仗民众的心理，顺着民众的想法，以谦逊退让的态度去侍奉君主，倘若能够这样的话，则您建功立业、匡正天下就可以实现了，美名也会流传千古。"世人认为这是名言。

原文

元皇帝时，廷尉张闿在小市居，私作都门[①]，蚤闭晚开，群小患之[②]，诣州府诉，不得理；遂至挝登闻鼓[③]，犹不被判。闻贺司空出[④]，至破冈，连名诣贺诉。贺曰："身被征作礼官，不关此事。"群小叩头曰："若府君复不见治，便无所诉。"贺未语，令且去，见张廷尉当为及之。张闻，即毁门，自至方山迎贺。贺出见，辞之曰："此不必见关，但与君门情，相为惜之。"张愧谢曰："小人有如此，始不即知，蚤已毁坏。"

注释 ①**都门**：京都中街巷的门。②**群小**：街坊邻居。③**挝**：敲击。**登闻鼓**：挂在朝堂外的谏鼓，有所谏议或有冤屈者，可击鼓上达。④**贺司空**：贺循，字彦先。死后赠司空。

译文 晋元帝时，廷尉张闿住在闹市口，他私自设置街道大门，每天关门很早，开门却很晚。附近的百姓为这事很不满，便去州衙门告状，衙门不受理；直到最后只好去击鼓鸣冤，但结果仍然是得不到裁决。大家听说司空贺循外出，到了破冈，就联名到他那里告状。贺循说："我被调做礼官，和这事无关。"百姓给他磕头说："如果府君也不管我们，我们就没有地方申诉了。"贺循没有说什么，只叫大家暂时回去，说以后见到张廷尉一定替大家问起这件事。张闿听说后，立刻把门拆了，而且亲自到方山去迎接贺循。贺循拿出状词给他看，说："这件事本用不着我

过问，只是和您是世交，为了您才舍不得扔掉它。”张闿惭愧地谢罪说：“百姓有这样的要求，当初没有立刻了解到，门早已拆了。”

原　文

郗太尉晚节好谈[1]，既雅非所经[2]，而甚矜之。后朝觐，以王丞相末年多可恨，每见，必欲苦相规诫。王公知其意，每引作他言。临还镇，故命驾诣丞相。丞相翘须厉色[3]，上坐便言：“方当乖别，必欲言其所见。”意满口重，辞殊不流。王公摄其次，曰：“后面未期，亦欲尽所怀，愿公勿复谈。”郗遂大瞋，冰衿而出，不得一言。

注　释　**①郗太尉：**郗鉴。**②经：**擅长，拿手。**③丞相：**唐本及沈本无“丞相”二字。

译　文　太尉郗鉴晚年很是喜欢清谈，虽然这些不是他所擅长的，但是他又表现得很自负。后来朝见皇帝来到建康，由于丞相王导晚年做了不少令人惋惜的事情，所以每次见到王导，一定要苦苦劝诫他。王导知道郗鉴的意图，就经常寻找别的话岔开。后来郗鉴快离开京都回到驻地时，特意坐车去看望王导，他翘着胡子，脸色严肃，一落座就说：“快要分手了，我一定要把我所看到的事说出来。”他很自满，口气很重，可是话说得语无伦次，显得思路不清。王导纠正他说话的层次，然后说：“后会无定期，我也想尽量说出我的意见，就是希望你以后不要再谈论。”郗鉴听到此话非常生气，心情不悦地走了，一句话也没说。

原　文

王丞相为扬州，遣八部从事之职[1]。顾和时为下传还，同时俱见。诸从事各奏二千石官长得失，至和独无言。王问顾曰：“卿何所闻？”答曰：“明公作辅，宁使网漏吞舟，何缘采听风闻，以为察察之政[2]？”丞相咨嗟称佳，诸从事自视缺然也。

注　释　**①八部从事：**当时扬州管辖丹阳、会稽、吴、吴兴、宣城、东阳、临海、新安八郡，每郡分派一位部从事，所以有八部从事。部从事是州刺史的属官，主管督促文书、纠举非法之事。**之职：**指到职视察。**②察察：**清明的样子。

译　文　丞相王导担任扬州刺史时，派遣八个部从事到各郡视察，顾和当时乘车跟随视察，回来后，同时去谒见王导。各位从事分别报告郡太守的优劣，轮到顾和时，他却一言不发。王导问顾和：“你听到什么了？”顾和答道：“您做宰相，宁可让网漏吞舟，怎么会靠听信传闻作为洞察明辨的德政呢？”王导称赞顾和说得好，各位从事也自觉不如他。

原　文

苏峻东征沈充[1]，请吏部郎陆迈与俱[2]。将至吴，峻密敕左右，令入阊门放火以示威。陆知其意，谓峻曰：“吴治平未久，必将有乱。若为乱阶[3]，可从我家始。”峻遂止。

注 释 ①**沈充**：东晋吴兴（今浙江湖州）人。是江东世家大族，王敦起兵时他是主谋。②**陆迈**：东晋吴郡人。才思敏捷，见多识广，为官清正。③**乱阶**：祸乱。

译 文 苏峻向东讨伐沈充，请吏部侍郎陆迈一同前往，将要到达吴郡时，苏峻密令左右士兵在阊门放火以显示军威。陆迈知道他的用意，就对苏峻说："吴郡安定不久，必定会有祸乱。倘若想制造祸端的话，就从我家开始烧吧。"苏峻于是停止了纵火。

原 文

陆玩拜司空[①]，有人诣之，索美酒，得，便自起泻著梁柱间地，祝曰[②]："当今乏才，以尔为柱石之用，莫倾人栋梁。"玩笑曰："戢卿良箴[③]。"

注 释 ①**陆玩**：字士瑶，曾任侍中、尚书左仆射、尚书令，死后追赠太尉。②**祝**：祈祷。③**戢**：收藏。**箴**：规劝；告诫。

译 文 陆玩担任司空后，有人来拜访他，向他要好酒，拿到之后，就站了起来，把酒倒在梁柱边的地上，祈祷说："如今人才缺乏，让你担任柱石之臣，你千万别倾覆了人家的栋梁啊。"陆玩笑着说："我会铭记你的良言劝告。"

原 文

小庾在荆州[①]，公朝大会[②]，问诸僚佐曰："我欲为汉高、魏武[③]，何如？"一坐莫答，长史江虨曰[④]："愿明公为桓、文之事[⑤]，不愿作汉高、魏武也。"

注 释 ①**小庾**：庾翼。这时他担任荆州刺史。②**公朝**：僚属参拜长官。③**汉高、魏武**：指汉高祖刘邦、魏武帝曹操。庾翼说要做刘邦、曹操，意思是要奠定帝业。④**江虨**：字思玄，博学多艺，曾任尚书左仆射、护军将军。⑤**桓、文**：指齐桓公、晋文公，春秋时期两位最有名的霸主，在当时诸侯力政，天下大乱时，他们并未凭借武力取代周天子。

译 文 庾翼在担任荆州刺史时，在下属参拜长官的聚会上，他问同僚们说："我想学做汉高祖、魏武帝，你们觉得如何？"在座的人没有谁回答。长史江虨说："希望您能建立齐桓公、晋文公那样的事业，但不希望您成为汉高祖、魏武帝。"

原 文

罗君章为桓宣武从事[①]，谢镇西作江夏[②]，往检校之。罗既至，初不问郡事，径就谢数日饮酒而还。桓公问："有何事？"君章云："不审公谓谢尚何似人？"桓公曰："仁祖是胜我许人。"君章云："岂有胜公人而行非者？故一无所问。"桓公奇其意而不责也。

注 释 ①**罗君章**：罗含。**桓宣武**：桓温。②**谢镇西**：谢尚。

译 文 罗含担任桓宣武的从事，谢镇西担任江夏相，罗含前去检查事务。到江夏后，对郡里的事情一概不予过问，只是直接到谢尚那里，连着喝了几天酒后返回。桓温问他："有什么事情吗？”罗含答道：“不知道您认为谢尚是个什么样的人。”桓温说：“谢尚是强于我的人。”罗含说：“哪有比你强却还要做坏事的，所以一概不过问。”桓温认为罗含的见解很奇特，所以就没有责怪他。

原　文

王右军与王敬仁、许玄度并善①。二人亡后，右军为论议更克②。孔严诫之曰③：“明府昔与王、许周旋有情④，及逝没之后，无慎终之好⑤，民所不取。”右军甚愧。

注　释　①**王敬仁：**王修，字敬仁。**许玄度：**许询，字玄度。②**克：**苛刻；贬损。③**孔严：**字彭祖，封西阳侯，官至吴兴太守。④**明府：**对郡太守的尊称。王羲之曾任会稽内史，孔严是会稽人，所以他尊称王羲之为明府，下文自称为民。⑤**慎终：**本指在为父母守孝期间能恭敬虔诚，依礼尽哀。这里指能尊重和正确对待死去的人。

译　文　右军将军王羲之和王修、许询的关系都很好，二人去世后，王羲之对他们的议论却更加苛刻。孔严劝诫他说：“您从前和王、许交往，感情很好。他们去世之后，您却不能把这种关系维持到最后，我认为这是不可取的。”王羲之听完后很惭愧。

原　文

谢中郎在寿春败，临奔走，犹求玉帖镫①。太傅在军，前后初无损益之言。尔日犹云：“当今岂须烦此！”

注　释　①**玉帖镫：**马鞍两旁的踏脚，有玉饰。

译　文　谢万在寿春战败，即将逃跑时还在寻找玉帖镫。太傅谢安在军中跟随，从来不曾提出意见，这次也不得不说：“眼下还要为此而增添麻烦吗？”

原　文

王大语东亭：“卿乃复论成不恶①，那得与僧弥戏？”

注　释　①**乃：**连词，如果。**成：**通“诚”。**不恶：**不劣，不坏。

译　文　王忱对王珣说：“你评定人的能力实在是不错，那为什么还和王珉争高下呢？”

原　文

殷觊病困①，看人政见半面②。殷荆州兴晋阳之甲③，往与觊别，涕零，属以消息所患④。觊答曰：“我病自当差⑤，正忧汝患耳！”

注　释　①**病困：**病重，病危。②**政：**通“正”，只，仅仅。③**兴晋阳之甲：**指为了清君侧的目的而进兵。④**消息：**修养。⑤**差：**同“瘥”，病愈的意思。

译　文　殷觊病情严重，看人的时候只能看半边脸。殷仲堪想借清君侧的名义来发兵，前去同殷觊告别时，不禁泪流满面，嘱咐他好好养病。殷觊说：“我的病自然会好，我只不过是担心你的祸患罢了。”

原　文

远公在庐山中，虽老，讲论不辍。弟子中或有惰者[1]，远公曰："桑榆之光，理无远照，但愿朝阳之晖，与时并明耳。"执经登坐，讽诵朗畅，词色甚苦[2]，高足之徒，皆肃然增敬。

注　释　①**惰**：懒惰，懈怠。②**苦**：指言辞恳切。

译　文　慧远在庐山中，虽然年老体衰，但是讲论佛法却从未停止过。弟子中偶尔有人懈怠的，慧远就说："我就好比是桑榆上的落日余晖，光亮无法久远；只是希望你们年轻人像朝阳的光芒，越来越灿烂。"他手拿经书，登上讲坛，诵经流畅洪亮，言辞神态恳切虔诚，高足弟子都肃然起敬。

原　文

桓南郡好猎，每田狩，车骑甚盛，五六十里中，旌旗蔽隰[1]。骋良马，驰击若飞，双甄所指[2]，不避陵壑[3]。或行陈不整，麏兔腾逸[4]，参佐无不被系束。桓道恭，玄之族也，时为贼曹参军[5]，颇敢直言。常自带绛绵绳著腰中，玄问："用此何为？"答曰："公猎，好缚人士，会当被缚，手不能堪芒也。"玄自此小差[6]。

注　释　①**隰**：低洼潮湿的地方。②**双甄**：作战或打猎时的左右两翼。③**陵壑**：山岭和深谷。④**麏**：鹿属动物。⑤**贼曹参军**：军中掌管盗贼事务的属官。⑥**小差**：缓解。

译　文　桓玄爱好打猎，每次出猎，随从的车马都非常多，五六十里的范围内，旗帜遍野，骏马奔驰，追逐如飞，左右两翼所向之处，不避高低。偶有队伍行列不整齐，鹿兔逃跑掉，僚属们就都得被捆绑责打。桓道恭是桓玄的族人，当时担任贼曹参军，敢于直言。他常常自己将一条红色丝绳缠在腰间，桓玄问他："你这是做什么？"桓道恭答道："您打猎时总是爱捆绑人，一旦我被捆绑，我的手可是受不了那粗麻绳上的芒刺啊。"此后，桓玄才稍稍有些收敛。

原　文

王绪、王国宝相为唇齿[1]，并上下权要[2]。王大不平其如此，乃谓绪曰："汝为此欻欻[3]，曾不虑狱吏之为贵乎？"

注　释　①**唇齿**：比喻关系密切。此处指彼此勾结。②**上下**：应该是"弄"，玩弄之意。③**欻欻**：轻举妄动。

译　文　王绪和王国宝相互勾结，一起玩弄权术，王忱不满他们这种做法，就对王绪说："你们这样轻举妄动，难道就不曾顾虑狱吏的尊贵吗？"

原　文

桓玄欲以谢太傅宅为营[1]，谢混曰："召伯之仁，犹惠及甘棠；文靖之德[2]，更不保五亩之宅。"玄惭而止。

注　释　①**“桓玄”句：**桓玄得势时，谢安已死，他想把谢安旧宅夺过来，遭到谢安孙子谢混的反抗。**营：**有围墙的住宅。②**文靖：**谢安的谥号。

译　文　桓玄想把太傅谢安的住宅要来修府第，谢混对他说：“召伯的仁爱，尚且能给甘棠树带来好处；文靖的恩德，难道再也保不住五亩大小的住宅吗？”桓玄听了很惭愧，就不再提了。

十一　捷悟

题　解

本章记载了当时名士在应对答辩上的聪明机智。本章中有关曹操、杨修的几则还被采入《三国演义》中，得到广泛流传。

原　文

杨德祖为魏武主簿[1]，时作相国门[2]，始构榱桷[3]，魏武自出看，使人题门作"活"字，便去。杨见，即令坏之。既竟，曰："'门'中'活'，'阔'字，王正嫌门大也。"

注　释　**①杨德祖：**杨修，字德祖，曾任丞相曹操的主簿，好学能文，才思敏捷，后被曹操所杀。**魏武：**指曹操，当时任丞相，封魏王。**②相国：**官名，职守和丞相同，魏晋以后比丞相更为尊贵。这里是尊称曹操的丞相府。**③榱桷：**屋椽。

译　文　杨修担任魏武帝曹操的主簿，当时正在修造相国府的大门，刚刚架上椽子，魏武帝就亲自过来察看，他让人在门上题写了一个"活"字，就走了。杨修见到后，就下令把门拆了。拆完后，他说："'门'中'活'，是'阔'字，魏王是嫌门修得太大了。"

原　文

人饷魏武一杯酪，魏武啖少许，盖头上题"合"字以示众。众莫能解。次至杨修，修便啖，曰："公教人啖一口也[1]，复何疑？"

注　释　**①人啖一口：**"合"字拆开来是"人一口"，所以说"人啖一口"。

译　文　有人送了魏武帝曹操一杯奶酪，魏武帝吃了一点儿，就在盖子上写了一个"合"字让大家看，众人都不明白。轮到杨修了，他拿过来就吃，然后说："魏王的意思是一人吃一口，还犹豫什么？"

原　文

魏武尝过曹娥碑下[1]，杨修从，碑背上见题作"黄绢幼妇，外孙齑臼"八字[2]。魏武谓修曰："解不？"答曰："解。"魏武曰："卿未可言，待我思之。"行三十里，魏武乃曰："吾已得。"令修别记所知。修曰："黄绢，色丝也，于字为'绝'；幼妇，少女也，于字为'妙'；外孙，女子也，于字为'好'；齑臼，受辛也，于字为'辞'[3]。

所谓‘绝妙好辞’也。”魏武亦记之，与修同，乃叹曰：“我才不及卿，乃觉三十里[4]。”

注释 ①**曹娥**：东汉时的孝女，父亲溺水而死，她沿江号哭，昼夜不绝，最后投江而死。当地县长度尚把她葬在江南道旁，并立下碑石，碑文由邯郸淳写成，这就是曹娥碑。汉末蔡邕又在碑背上题写了“黄绢幼妇，外孙齑臼”八字。②**齑臼**：捣制细末状腌菜的器具。③**辞**：古代捣制齑时，常加上大蒜等具有辛辣味道的作料，因此齑臼要承受辛辣。④**觉**：通“较”，相差；相距。

译文 魏武帝曹操曾经路过曹娥碑，杨修跟从。看到碑的背面题写着“黄绢幼妇，外孙齑臼”八个字，魏武帝对杨修说：“你明白它的意思吗？”杨修回答：“我明白。”魏武帝说：“你先别说，待我想想。”走了三十多里路，武帝才说：“我也知道答案了。”他让杨修另外写下答案，杨修写道：“黄绢，是有颜色的丝，合在一起是‘绝’字；幼妇，是少女，合在一起是‘妙’字；外孙，是女儿的孩子，合在一起是‘好’字；齑臼，是承受辛辣的器物，合在一起是辞，连在一起就是‘绝妙好辞’啊。”魏武帝也写了下来，和杨修的一样，他感叹道：“我的才思不如你呀，竟相差了三十里。”

原文

魏武征袁本初[1]，治装，余有数十斛竹片，咸长数寸，众云并不堪用，正令烧除。太祖思所以用之[2]，谓可为竹椑楯[3]，而未显其言。驰使问主簿杨德祖，应声答之，与帝心同。众伏其辩悟[4]。

注释 ①**袁本初**：袁绍，字本初，是汉末势力最强的军阀之一，和曹操连年互相攻伐，建安五年（200）在官渡大败，两年后病死。②**太祖**：魏朝建立后，给曹操追赠的庙号。③**竹椑楯**：椭圆形的竹制盾牌。④**伏**：通“服”。**辩悟**：言辞流畅而思维敏捷。

译文 魏武帝曹操讨伐袁绍，准备行装时还剩下几十斛竹片，都有几寸长，大家觉得没什么用处，要下令烧掉。武帝觉得很可惜，考虑怎么能派上用场，认为可以用来做竹盾牌，但他没有把这个想法说出来。他急速派人去问主簿杨修，杨修应声回答，用法和武帝一样。众人都钦佩杨修的聪明。

原文

王敦引军垂至大桁[1]，明帝自出中堂[2]。温峤为丹阳尹[3]，帝令断大桁，故未断[4]，帝大怒瞋目，左右莫不悚惧。召诸公来。峤至，不谢，但求酒炙。王导须臾至，徒跣下地[5]，谢曰：“天威在颜，遂使温峤不容得谢[6]。”峤于是下谢，帝乃释然。诸公共叹王机悟名言。

注释 ①**大桁**：建康城南秦淮河上的一座桥，因在朱雀门外，又称朱雀桥。②**明帝**：晋明帝司马绍。**中堂**：地名，在建康城南门外。③**温峤**：字太真，晋太原祁（今山西祁县）人，曾在刘琨手下任右司马，后受命南下建康，拥戴司马睿，被任命为散骑常侍，明帝时调任中书令，后又任江州刺史、骠骑将军等职，封始安郡公，死后谥号忠武。④**“故未”句**：《世说新语》原注说，温峤为阻止叛军进城而烧毁了朱雀桥，和这里所记不同。⑤**徒跣**：赤着脚。⑥**容**：可能；

能够。

译 文 王敦带兵快打到大桁桥了，晋明帝司马绍亲自来到中堂。温峤当时担任丹阳尹，皇上命令他毁掉大桁桥，可是温峤没有执行，皇上瞪着双眼大发雷霆，左右的人都惶恐不安。明帝召令各位公卿前来，温峤到了以后也不谢罪，还索求酒肉。王导一会儿来了，他光着脚走下来请罪说："皇上圣怒，竟使温峤都不敢谢罪了。"温峤立即跪下请罪，皇上这才息怒。大家都赞叹王导的机警智能。

原 文

郗司空在北府[1]，桓宣武恶其居兵权。郗于事机素暗，遣笺诣桓："方欲共奖王室[2]，修复园陵。"世子嘉宾出行[3]，于道上闻信至，急取笺，视竟，寸寸毁裂，便回。还更作笺，自陈老病不堪人间[4]，欲乞闲地自养。宣武得笺大喜，即诏转公督五郡、会稽太守[5]。

注 释 ①**郗司空**：郗愔，这时兼任徐、兖二州刺史。②**奖**：辅助。③**世子**：郗愔袭爵南昌公，其嫡长子也可称为世子。**嘉宾**：郗超，字嘉宾，当时担任桓温手下的参军。④**人间**：人世间事，这里指担任官职。⑤**督五郡**：据《晋书·郗愔传》记载，这是都督浙江东五郡军事。郗愔这次调职，名义上是升迁，但已离开京口这一险要之地，实际上除去了桓温心中的隐病。

译 文 司空郗愔在北府镇江的时候，宣武侯桓温嫉恨他掌握兵权。郗愔对于世事不是很练达，派人送信给桓温说："正想和您共同辅助王室，修复先帝的陵寝。"郗愔的长子郗超在外出行，路上听说信使到了，急忙取过父亲的信来阅读，看完撕得粉碎，回到了驻地。他替父亲重新又写了封信，在信中说自己年迈多病，不能承受世事的劳顿，希望找一个闲适的地方安度晚年。桓温看了这封信大喜，随即下令调任郗愔为都督五郡军事，并兼任会稽太守。

原 文

王东亭作宣武主簿，尝春月与石头兄弟乘马出郊[1]。时彦同游者，连镳俱进[2]。唯东亭一人常在前，觉数十步，诸人莫之解。石头等既疲倦，俄而乘舆向[3]，诸人皆似从官，唯东亭奕奕在前。其悟捷如此。

注 释 ①**石头**：桓熙，字伯道，小字石头，桓温的长子，官至豫州刺史。②**时彦**：当时的贤能人士。**连镳**：并辔；坐骑并排。镳，马嚼子的两端露出嘴外的部分。③**向**：宋本、唐本《世说新书》皆作"向"，其他各本作"回"，回与向皆为"转"义，今依唐本。

译 文 东亭侯王珣担任宣武侯桓温的主簿，曾在春天和桓熙兄弟骑马到郊外去。同游的人都是当时的名流，大家并驾齐驱，只有王珣一个人跑在前面，和其他人相距几十步，大家都不明白是什么意思。一会儿桓熙兄弟累了，就坐到车里，这样刚才同行的那些人就像是侍从了，只有王珣神采奕奕地走在前面，他就是这样的聪明机智。

十二　夙惠

题解

本章记载小孩子的聪明才智，和成人相比，孩子们的聪颖更有天真的童趣。《世说新语》为此专设一章，有特别褒奖之意。

原文

宾客诣陈太丘宿[1]，太丘使元方、季方炊。客与太丘论议，二人进火，俱委而窃听，炊忘著箄[2]，饭落釜中。太丘问："炊何不馏[3]？"元方、季方长跪曰："大人与客语，乃俱窃听，炊忘著箄，饭今成糜[4]。"太丘曰："尔颇有所识不？"对曰："仿佛志之。"二子俱说，更相易夺[5]，言无遗失。太丘曰："如此，但糜自可，何必饭也！"

注释　**①陈太丘**：陈寔。下文"元方""季方"，即陈纪、陈谌，是陈寔的两个儿子。**②箄**：竹箄，蒸食物时能隔开水的一种炊具。**③馏**：把米放在水里煮开，再捞出蒸成饭。**④糜**：稠粥。**⑤易夺**：改正补充。

译文　有客人在太丘长陈寔家留宿，太丘就让元方、季方兄弟二人做饭。兄弟二人正在烧火，听见太丘和客人在谈论，都停下来偷听。做饭时忘了放上竹箄，米都落进了锅里。太丘问："为什么没蒸饭呢？"元方、季方跪在地上说："您和客人谈话，我们俩都在偷听，结果忘了放箄子，饭都成了粥。"太丘说："你们还记得我们说了什么吗？"兄弟回答道："大概还记得。"于是兄弟二人跪在地上一块儿说，并互相补充，大人说的话一点儿都没有遗漏。太丘说："既然这样，喝粥就行了，何必做饭呢！"

原文

何晏七岁，明惠若神[1]，魏武奇爱之。因晏在宫内[2]，欲以为子。晏乃画地令方，自处其中。人问其故，答曰："何氏之庐也。"魏武知之，即遣还。

注释　**①惠**：通"慧"，聪明。**②晏在宫内**：曹操娶了何晏的寡母，因此何晏也随母在曹府中长大。

译文　何晏七岁时，就聪明伶俐，魏武帝曹操非常喜欢他，因为何晏在曹操府第中长大，魏武帝想收他为儿子。何晏就在地上画了个方框，自己站在里面。有人问他怎么回事，何晏答道："这是我们何家的房子。"魏武帝明白了他的意思，就马上让他回去了。

原 文

晋明帝数岁，坐元帝膝上。有人从长安来，元帝问洛下消息，潸然流涕。明帝问何以致泣，具以东渡意告之[1]。因问明帝："汝意谓长安何如日远？"答曰："日远。不闻人从日边来，居然可知。"元帝异之。明日，集群臣宴会，告以此意，更重问之。乃答曰："日近。"元帝失色曰："尔何故异昨日之言邪？"答曰："举目见日，不见长安。"

注 释 **①东渡意：**指晋元帝司马睿渡江南下兴复晋室的意图。

译 文 晋明帝司马绍只有几岁的时候，坐在元帝膝上。有个从长安来的人，元帝就向他询问洛阳的消息，不由得流下了眼泪。明帝问元帝为了什么哭泣，元帝便把东迁的原委详细地告诉了他。于是问明帝说："你认为长安与太阳相比，哪个更远？"明帝回答说："太阳远。没听说有人从太阳那边来，这显然可知了。"元帝感到很诧异。第二天，元帝召集群臣举行宴会时，把明帝的意思告诉大家，又重新问明帝。明帝却回答说："太阳近。"元帝惊愕失色，说："你为什么和昨天说的话不同呢？"明帝回答说："抬头就能见到太阳，却见不到长安。"

原 文

司空顾和与时贤共清言，张玄之、顾敷是中外孙[1]，年并七岁，在床边戏。于时闻语，神情如不相属[2]。瞑于灯下，二儿共叙客主之言，都无遗失。顾公越席而提其耳曰："不意衰宗复生此宝[3]。"

● 灯下夜谈

注 释 **①张玄之、顾敷：**又作"张玄"，字祖希，顾和的外孙，曾任吏部尚书、冠军将军、吴兴太守。顾敷，字祖根，顾和的孙子，官至著作郎。**中外孙：**孙子和外孙。**②属：**关连；关涉。**③衰宗：**对自己家族的谦称。

译 文 司空顾和和当时的名流们一起清谈。张玄之、顾敷是顾和的外孙和孙子，年龄都是七岁，坐在榻边嬉戏。当时听大人们谈话，他们的神情好像并不在意。晚上在灯下，两个小孩子一起论述主客双方的对话，竟没有一点儿遗漏。顾和听见后，离开座位拉拉两个人的耳朵说："没料到我们这个败落的家族又生了你们这两个宝贝！"

原 文

韩康伯数岁，家酷贫，至大寒，止得襦[1]。母殷夫人自成之，

令康伯捉熨斗，谓康伯曰：“且著襦，寻作复裈[2]。”儿云：“已足，不须复裈也。”母问其故，答曰：“火在熨斗中而柄热，今既著襦，下亦当暖，故不须耳。”母甚异之，知为国器。

注释 ①襦：短衣；短袄。②复裈：夹裤。

译文 韩伯很小的时候，家里非常穷，到了最冷的季节，他仍只穿了件短袄。母亲殷夫人给他做衣服，让韩伯提着熨斗，她对韩伯说：“你先穿着短袄，以后再给你做夹裤。”儿子说：“这就够了，不要夹裤了。”母亲问他原因，他回答说：“火在熨斗里，熨斗柄也会热，我现在穿上短袄，下身也觉得暖和，所以不要夹裤了。”母亲非常诧异韩伯的回答，断定他将来一定会成为治国之才。

原文

晋孝武年十二[1]，时冬天，昼日不著复衣[2]，但著单练衫五六重[3]，夜则累茵褥[4]。谢公谏曰：“圣体宜令有常。陛下昼过冷，夜过热，恐非摄养之术[5]。”帝曰：“昼动夜静。”谢公出，叹曰：“上理不减先帝[6]。”

注释 ①晋孝武：司马曜，简文帝的儿子。②复衣：夹衣。③单练衫：单层绢丝做的衣衫。④茵褥：垫褥。⑤摄养：调摄保养。⑥先帝：这里指简文帝司马昱。

译文 晋孝武帝司马曜十二岁的时候，正值冬天，他白天不穿夹衣，只穿着五六层的绢衣，晚上却盖着两床被子。谢安劝告他说：“圣上应该让自己的身体保持规律。陛下白天过冷，晚上过热，恐怕不是养生的办法。”孝武帝说：“白天活动着就不觉得冷，夜间不活动就不觉得热。”谢安出来后赞叹道：“圣上的义理不比先帝差啊。”

原文

桓宣武薨，桓南郡年五岁，服始除，桓车骑与送故文武别[1]，因指语南郡：“此皆汝家故吏佐。”玄应声恸哭，酸感傍人[2]。车骑每自目己坐曰：“灵宝成人[3]，当以此坐还之[4]。”鞠爱过于所生[5]。

注释 ①桓车骑：桓冲，字幼子，桓温的弟弟，桓玄的叔父，曾任荆州刺史、车骑将军。送故：把死在任上长官的灵柩护送回故乡。②酸：悲伤；凄楚。③灵宝：桓玄的小字。④此坐：桓温生前镇守姑孰（今安徽当涂），他死后，朝廷任命桓冲接替他去镇守。此坐，就是指镇守姑孰的职位。⑤鞠：养育；抚养。

译文 宣武侯桓温去世时，南郡公桓玄才五岁，刚脱了丧服，车骑将军桓冲和桓温属下的文武官员道别，他指着这些人对桓玄说：“这些都是你家从前的下属。”桓玄听罢大哭，周围的人都感到悲伤。桓冲常常看着自己的座位说：“等灵宝长大成人后，我一定把这个位置还给他。”桓冲养育桓玄，疼爱的程度胜过自己亲生的子女。

十三　豪爽

题　解

本章从不同侧面表现了魏晋士人的豪迈性情及行事爽快的风格。魏晋时期，豪爽是深受士人重视的一种神情风尚，它能振奋人们的精神，激励人们奋发向上。

原　文

王大将军年少时，旧有田舍名，语音亦楚[1]。武帝唤时贤共言伎艺事，人皆多有所知，唯王都无所关，意色殊恶。自言知打鼓吹[2]，帝令取鼓与之。于坐振袖而起，扬槌奋击，音节谐捷，神气豪上，傍若无人，举坐叹其雄爽。

注　释　①**楚**：楚地指长江中下游一带，由于地方语音色彩较重，中原人认为鄙俗土气。王敦虽是琅琊临沂人，但语音不同于中原，也被看作是楚音。②**鼓吹**：本指鼓、箫等乐曲的合奏，这里单指鼓。

译　文　大将军王敦年轻时，原本就有乡巴佬的外号，说话的口音也很重。晋武帝招呼名流们一起谈论歌舞方面的事，大家都能说出点体会，只有王敦对这事毫不关注，脸色显得非常难看，说自己只会打鼓，武帝就下令把鼓拿来。王敦从座位上甩袖而起，扬起鼓槌，奋力擂击，节奏和谐快捷，神情豪迈奔放，旁若无人，四座无不赞叹他的威武豪爽。

原　文

王处仲[1]，世许高尚之目[2]。尝荒恣于色，体为之弊[3]。左右谏之，处仲曰："吾乃不觉尔，如此者甚易耳！"乃开后阁[4]，驱诸婢妾数十人出路，任其所之，时人叹焉。

注　释　①**王处仲**：王敦，字处仲。②**目**：评语。③**弊**：疲惫；困顿。④**阁**：小楼。

译　文　王敦，世人给予他高尚的评价。他曾经放纵声色，身体也因此衰弱，身边的侍从规劝他，王敦说："我竟没有觉察到，既然这样，也很容易办啊。"就打开后楼内室，把几十名侍妾打发上路，不管去哪里都可以。世人对他的做法大加赞赏。

原　文

王大将军自目高朗疏率[1]，学通《左氏》[2]。

注　释　①**疏率**：放达坦率。②**《左氏》**：即《春秋左氏传》，简称《左传》。

译　文　大将军王敦认为自己高尚爽朗，放达率真，在学问上通晓《左传》。

原　文

王处仲每酒后，辄咏“老骥伏枥，志在千里。烈士暮年，壮心不已[①]”。以如意打唾壶[②]，壶口尽缺。

注　释　**①“老骥”四句**：语出曹操《龟虽寿》一诗，意思是老了的骏马伏在马厩里，它的志向却还是驰骋千里；有志之士到了晚年，他的雄心依然没有止息。王敦引用这四句诗，表明了他仍旧想总揽朝政的意图。**②如意**：又称爪杖，一种搔痒的用具，因搔痒时可如人意而得名。魏晋名士清谈时用以指画，以助语势，后来逐渐成为风雅赏玩的器物。**唾壶**：又称唾盂，供吐痰等用的壶。

译　文　王敦每次酒后，就朗诵“老骥伏枥，志在千里。烈士暮年，壮心不已”，一边诵读，一边用如意击打痰盂作为节拍，痰盂口都被他敲缺了。

原　文

晋明帝欲起池台，元帝不许。帝时为太子，好养武士。一夕中作池，比晓便成。今太子西池是也[①]。

注　释　**①太子西池**：池名，东吴时孙登修建，称为西苑；晋明帝重修，称为太子西池。故址在丹阳（今安徽当涂小丹阳镇）。

译　文　晋明帝司马绍想开凿池塘，要建山水楼台，元帝司马睿不答应。明帝当时是太子，喜欢蓄养武士，他就让武士们晚上开凿池塘，到了早晨就建好了。就是现在的太子西池。

原　文

王大将军始欲下都更分树置[①]，先遣参军告朝廷，讽旨时贤[②]。祖车骑尚未镇寿春，瞋目厉声语使人曰：“卿语阿黑[③]：何敢不逊！摧摄回去[④]，须臾不尔，我将三千兵，槊脚令上[⑤]！”王闻之而止。

注　释　**①下都**：从上游沿江东下，到京城建康。指晋元帝永昌元年时，王敦从武昌以诛杀刘隗的名义发兵东下，占据石头城。**更分**：处理朝政。**树置**：有所建树。**②讽旨**：委婉地暗示意图。**③阿黑**：王敦的小名。此处含有轻蔑的意思。**④摧摄回去**：催促他赶紧离开。**⑤槊**：长矛，此处为名词动用，用长矛刺。

译　文　大将军王敦刚开始想要起兵下京都，处理朝政，以实现其篡权的野心。他先派参军向朝廷报告，并将自己的意图委婉地告诉给了当时的一些贤士。车骑祖逖那个时候还没有出都镇守寿春，听说此事后便瞪眼呵斥王敦的使者道：“你回去转告阿黑，就说：怎敢如此无礼！催他赶快收兵回去吧，倘若有半刻拖延而不照办的话，我就要率领三千士卒去用长矛刺他的脚，迫使他回到上游！”王敦听了这话后就按兵不动了。

原　文

庾稚恭既常有中原之志[①]，文康时，权重[②]未在已。及季坚作相，忌兵畏祸，与稚恭历同异者久之，乃果行。倾荆、汉之力，穷舟车

之势，师次于襄阳，大会参佐，陈其旌甲，亲援弧矢曰："我之此行，若此射矣！"遂三起三叠。徒众属目[3]，其气十倍。

注 释 **①庾稚恭**：稚恭，是庾翼的字，他想北伐入侵外族，收复中原。**②文康**：是庾亮的谥号。**③属目**：同"瞩目"，注目。

译 文 庾翼早就有收复中原的意向，庾亮掌权时，权力不在自己的手中。庾冰担任宰相后，他担心用兵惹祸，同庾翼意见长期不合，后来才终于北伐。庾翼发动荆州、汉水一带的全部力量，征调那里全部船只战车，将军队驻扎在襄阳，召集僚属集会，举行阅兵，亲自持箭拉弓，宣誓道："我此次出兵，就好比这射出去的箭！"于是三射三中。官兵们观看后，士气大增。

原 文

桓宣武平蜀，集参僚置酒于李势殿，巴、蜀缙绅莫不来萃[1]。桓既素有雄情爽气，加尔日音调英发[2]，叙古今成败由人，存亡系才，其状磊落[3]，一坐叹赏。既散，诸人追味余言。于时寻阳周馥曰[4]："恨卿辈不见王大将军。"

注 释 **①萃**：聚集；聚会。**②英发**：英气勃发。**③磊落**：指仪态俊伟。**④周馥**：家住庐江寻阳县，曾为王敦的属官。

译 文 桓温把蜀地平定后，召集部下，在李势的宫殿里大摆宴席。巴、蜀二郡的大官都来了。桓温一向具有远大的抱负，且性格豪爽，再加上这一天声音激越洪亮，谈古论今，事业成败在于人，国家存亡在于人，他仪表堂堂，胸襟坦荡，在座者无不赞叹不已。散会后，众人都还在回味他讲的话。这时候，寻阳周馥说："可惜的是你们这些人都没有见到过大将军王敦。"

原 文

桓公读《高士传》[1]，至于陵仲子[2]，便掷去，曰："谁能作此溪刻自处[3]！"

注 释 **①《高士传》**：书名，皇甫谧撰。**②于陵仲子**：陈仲子，战国时齐国隐士。相传他哥哥在齐国为相，他认为哥哥的俸禄是不义之财，就跑到于陵（今山东邹平东南）隐居起来，夫妇两人过着织布、编草鞋的贫困生活。后来回家探母，母亲杀鹅给他吃，当知道鹅是别人送给他哥哥的时，出门就呕吐出来。楚王想请他担任丞相，他又带着妻子逃到别处，给人家浇园过活。**③溪刻**：刻薄；苛刻。

译 文 桓温读《高士传》，读到于陵仲子的事迹时，就把书扔了，说道："谁能这样刻薄地对待自己呢！"

原 文

桓石虔，司空豁之长庶也[1]，小字镇恶。年十七八，未被举[2]，而童隶已呼为镇恶郎。尝住宣武斋头[3]。从征枋头，车骑冲没陈，左右莫能先救。宣武谓曰："汝叔落贼，汝知不？"石虔闻之，气甚奋，

命朱辟为副，策马于数万众中，莫有抗者，径致冲还，三军叹服。河朔后以其名断疟[4]。

注释 ①**司空豁**：桓豁，是桓温的弟弟，任征西大将军，死后赠司空。②**举**：立，指正式承认庶出子女的身份地位。③**斋头**：书房。④**河朔**：黄河以北。**断疟**：指消除疟疾，使病痊愈。

译文 桓石虔是司空桓豁的庶出长子，小名叫镇恶，十七八岁的年龄，尚未被正式承认身份地位，可是年幼的仆役却已经开始称他为"镇恶郎"了。他住在桓温的书斋中。后来跟随桓温出征到枋头，车骑将军桓冲锋陷入敌阵，身边无人敢去营救。桓温对桓石虔说："你的叔叔落入了敌人的包围圈了，你知道吗？"桓石虔听后，勇气奋发，命朱辟做副手，扬鞭策马冲进数万敌军中，无人可以抵挡，直接救出了桓冲。全军上下无不称赞佩服。黄河以北的民众后来就用他的名字来驱赶疟鬼。

原文

陈林道在西岸[1]，都下诸人共要至牛渚会[2]。陈理既佳，人欲共言折[3]。陈以如意拄颊，望鸡笼山叹曰[4]："孙伯符志业不遂[5]！"于是竟坐不得谈。

注释 ①**陈林道**：陈逵，字林道。**西岸**：长江北岸。陈林道担任淮南太守，驻守历阳（今安徽和县），历阳在长江北面。②**牛渚**：山名，在今安徽当涂。③**折**：折服；挫败。④**鸡笼山**：山名，在今江苏江宁，其附近为孙策作战时的战场。⑤**孙伯符**：孙策，字伯符，孙权的哥哥。他平定江东后，奠定了孙吴政权的基础，后被仇人射死，年仅二十六岁。

译文 陈逵驻守在长江北岸，京城的人一起邀请他到牛渚山聚会。陈逵擅长谈论玄理，大家想在和他辩论时合力挫败他。陈逵却用如意拄着面颊，望着鸡笼山慨叹说："孙策的志向和事业都没有实现！"于是所有的人一直到结束也没能再开口谈论。

原文

王司州在谢公坐[1]，咏"入不言兮出不辞，乘回风兮载云旗[2]"。语人云："当尔时，觉一坐无人[3]。"

注释 ①**王司州**：王胡之，被召为司州刺史，未赴任即死。②**"入不"二句**：语出屈原《九歌·少司命》，意思是神进来时不说话，出去时不告辞，乘着旋风，驾着云旗，飘然地游历太空。③**"觉一"句**：意思是精神进入了超然的境界，感觉不到座中有人。

译文 司州刺史王胡之曾在谢安家做客，朗诵屈原的"入不言兮出不辞，乘回风兮载云旗"的诗句。他后来告诉别人说："在那时，觉得四周都没有人了。"

原文

桓玄西下，入石头。外白司马梁王奔叛[1]。玄时事形已济[2]，在平乘上笳鼓并作[3]，直高咏云："箫管有遗音，梁王安在哉[4]？"

注释 ①**"桓玄"三句**：晋安帝元兴元年（402），桓玄作乱，自江陵攻入建康，杀死会稽

王司马道子，次年年底称帝，把晋安帝司马德宗迁往寻阳。司马梁王，司马珍之，字景度，袭爵为梁王，桓玄篡位时逃奔到寿阳。**②事形：**形势；局势。**③平乘：**一种作战用的大船，又叫平乘舫。**笳：**胡笳，一种类似笛子的管乐器。**④“箫管”二句：**语出阮籍《咏怀诗》，意思是箫管里还在吹奏着魏国时的音调，而魏王如今又在哪里了呢？阮诗是凭吊战国时魏国的遗迹而作，魏国的国都在大梁，又称梁国，因而魏王又可以称为梁王。桓玄这里是一语双关，借战国时的梁王来指晋梁王司马珍之。

译文 桓玄率兵西下，进入石头城，仆役报告梁王司马珍之逃跑了。此时灭晋的大势已定，桓玄坐在大船上，鼓乐齐奏，听到禀报，他只是高声吟诵阮籍的《咏怀诗》：“箫管里还在吹奏着梁（魏）国时的音调，而梁（魏）王如今又在哪里了呢？”

十四　容止

题解

本章记载了魏晋名士的神情举止及风度。从本章的描写中，我们也可以看出当时的审美观及人们的爱好。

原文

魏武将见匈奴使[1]，自以形陋，不足雄远国，使崔季珪代[2]，帝自捉刀立床头。既毕，令间谍问曰[3]："魏王何如？"匈奴使答曰："魏王雅望非常，然床头捉刀人，此乃英雄也。"魏武闻之，追杀此使。

注释　①**魏武**：曹操，当时被封魏王。**匈奴**：我国古代北方的一个民族。②**崔季珪**：崔琰，字季珪，曹操的属官，入魏后任尚书。《三国志·魏书·崔琰传》说他声音洪亮，眉清目秀，须长四尺，极有威仪。③**间谍**：秘密侦探敌情的人。

译文　曹操要接见匈奴使者，他觉得自己外貌丑陋，不能威镇远道而来的异国人，就让崔琰代替他，自己则握刀站在坐榻一旁。接见完毕，派密探问使者："魏王这个人怎么样？"匈奴使者说："魏王高雅的风采不同寻常，不过坐榻旁那个握刀的人，才是真正的英雄啊。"曹操听说后，就派人追杀了那个使者。

原文

何平叔美姿仪[1]，面至白。魏明帝疑其傅粉[2]，正夏月，与热汤饼[3]。既啖，大汗出，以朱衣自拭，色转皎然。

注释　①**何平叔**：何晏，字平叔。②**魏明帝**：但晋人裴启所著的《语林》则为"魏文帝"。按：关于何晏搽粉一事，《三国志·曹爽传》注引鱼豢《魏略》则说何晏粉白不离手，与这里说法不同。**傅粉**：汉魏期间，贵族男子也有搽粉的习俗。③**汤饼**：放在水里煮的面食。

译文　何晏容貌俊美，面色极为白皙。魏明帝曹叡怀疑他搽了粉，当时正是夏季，给他热汤面吃。何晏吃完后，大汗淋漓，就用自己的红色衣服擦脸，脸色更加白皙。

原文

魏明帝使后弟毛曾与夏侯玄共坐[1]，时人谓"蒹葭倚玉树"[2]。

注释　①**魏明帝**：曹叡。**毛曾**：魏明帝毛皇后的弟弟，仪容举止粗鄙，常为时人耻笑，官至散骑侍郎。**夏侯玄**：字太初，三国时魏国人，自小聪颖知名，博学善辩，官至太常。当时中书令李丰等人不满司马师专权，密谋以夏侯玄代替他，事情败露，和李丰等人都被杀害。②**蒹葭**：

未抽穗的芦苇。**玉树**：传说中的仙树。

译文 魏明帝曹叡让皇后的弟弟毛曾和夏侯玄坐在一块儿，当时人们认为是“芦苇倚靠着玉树”。

原文

时人目夏侯太初“朗朗如日月之入怀”，李安国“颓唐如玉山之将崩”[1]。

注释 ①**李安国**：李丰，字安国，官至中书令，后被司马昭杀死。**颓唐**：萎靡不振的样子。**玉山**：玉石的山，比喻人的仪容俊美。

译文 当时人们品评夏侯玄“光明磊落，就像日月投入他的胸怀”；品评李丰“萎靡颓丧，就像玉山将要崩塌”。

原文

嵇康身长七尺八寸[1]，风姿特秀。见者叹曰：“萧萧肃肃[2]，爽朗清举[3]。”或云：“肃肃如松下风[4]，高而徐引。”山公曰[5]：“嵇叔夜之为人也，岩岩若孤松之独立[6]；其醉也，傀俄若玉山之将崩[7]。”

注释 ①**嵇康**：字叔夜。**七尺八寸**：晋尺短于今尺，晋尺七尺八寸相当于今一米九左右。②**萧萧**：洒脱大方的样子。**肃肃**：严正整齐的样子。③**清举**：清朗挺拔。④**肃肃**：状声词，风声。⑤**山公**：山涛。⑥**岩岩**：高峻挺拔的样子。⑦**傀俄**：倾倒的样子。

译文 嵇康身高七尺八寸，风采卓异。看到他的人都赞叹说：“潇洒端正，清秀而挺拔。”还有人说：“就像松下清风，潇洒清丽，高远绵长。”山涛说：“嵇康的为人，高峻得像山崖上的孤松，傲然独立；他的醉态，又倾侧得像是玉山将要崩塌。”

原文

裴令公目王安丰：“眼烂烂如岩下电[1]。”

注释 ①**烂烂**：光亮的样子。

译文 中书令裴楷品评安丰侯王戎说：“双目炯炯有神，就像山崖下的闪电。”

原文

潘岳妙有姿容[1]，好神情[2]。少时挟弹出洛阳道，妇人遇者，莫不连手共萦之[3]。左太冲绝丑[4]，亦复效岳游遨。于是群妪齐共乱唾之，委顿而返[5]。

注释 ①**潘岳**：字安仁，晋人，官至黄门侍郎，后被司马伦及孙秀所杀。②**神情**：风度；神采。③**萦**：围绕；环绕。④**左太冲**：左思，字太冲，晋人，外貌丑陋，但博学能文，曾花十年时间写成《三都赋》（分别描写三国时蜀都益州、吴都建业、魏都邺的山川风物、政治经济等情况），世人竞相传写，一时洛阳纸贵。⑤**委顿**：萎靡疲乏。

译文 潘岳相貌出众，神采仪态优雅。年轻时拿着弹弓走在洛阳的大街上，妇女们遇见他，没有不手拉着手围住他的。左太冲容貌极丑，也要仿效潘岳那样出游，结果妇人们一道向他乱吐口水，他只有垂头丧气地回来了。

原　文

王夷甫容貌整丽，妙于谈玄，恒捉白玉柄麈尾[1]，与手都无分别。

注　释　**①麈尾：**拂尘。魏晋名士经常拿着此物，以显示自己的身份。

译　文　王衍容貌端庄俊秀，善于谈玄，平常总拿着白玉柄拂尘，白玉的颜色和他的手浑然一体。

原　文

潘安仁、夏侯湛并有美容，喜同行，时人谓之连璧[1]。

注　释　**①连璧：**指两璧相连，形容相提并美。按:《晋书·夏侯湛传》载，两人常常同行同止，出则同车，入则同席。

译　文　潘岳和夏侯湛两人都很英俊，而且他们喜欢一同出行，当时人们都认为他们是连璧。

原　文

裴令公有俊容姿，一旦有疾，至困，惠帝使王夷甫往看[1]，裴方向壁卧，闻王使至[2]，强回视之。王出，语人曰："双眸闪闪，若岩下电，精神挺动[3]，体中故小恶。"

注　释　**①惠帝：**晋惠帝司马衷，字正度，晋武帝司马炎的二儿子，憨愚昏庸，在位十七年。**②王使：**指王夷甫。**③挺动：**晃动，这里指精神无法集中。

译　文　中书令裴楷相貌俊秀，有一天病得很厉害，晋惠帝司马衷派王衍去探视。当时裴楷正面向墙壁躺着，听到皇帝使者到了，勉强转身观望。王衍出来后，对人说："他的双目闪烁发亮，像是山岩下的闪电，但是精神涣散，身体确实不大舒服。"

原　文

有人语王戎曰[1]："嵇延祖卓卓如野鹤之在鸡群[2]。"答曰："君未见其父耳。"

注　释　**①语：**对……说话。**②卓卓：**卓然超群。

译　文　有人对王戎说："嵇绍卓然超群，就像仙鹤独立于鸡群一样。"王戎说："遗憾的是你没有见过他的父亲嵇康。"

原　文

裴令公有俊容仪，脱冠冕，粗服乱头皆好[1]，时人以为"玉人"。见者曰："见裴叔则，如玉山上行，光映照人。"

注　释　**①粗服乱头：**粗糙的服饰，凌乱的头发。形容不修边幅。后比喻美好的人或物，毫无雕琢，尽显自然之本色。

译　文　裴楷仪容俊美，即使脱掉官帽，穿上粗布的衣服，蓬头散发，依然不失俊美之态，当时的人们认为他是“玉人”。见过他的人都说：“见到裴楷，就像是行走在玉山上，光彩照人。”

原　文

刘伶身长六尺，貌甚丑悴[①]，而悠悠忽忽[②]，土木形骸[③]。

注　释　**①丑悴：**相貌丑陋而身材瘦弱。**②而悠悠忽忽：**超然闲适，恍恍惚惚的样子。**③土木形骸：**指形体如同土木块一样质朴自然。

译　文　刘伶身高六尺，相貌极其丑陋，身材也非常瘦弱，但是他的神态却超然闲适，形体质朴自然如同土木。

原　文

骠骑王武子是卫玠之舅，俊爽有风姿[①]。见玠，辄叹曰：“珠玉在侧，觉我形秽[②]。”

注　释　**①俊爽：**俊迈豪爽。**②形秽：**相貌丑陋。成语“自惭形秽”源于此。

译　文　骠骑将军王济是卫玠的舅舅，容貌俊美，性格豪爽，风度翩翩。他看到卫玠后感叹道：“就像珍珠美玉在我身边，使我觉得自己相貌丑陋。”

原　文

有人诣王太尉[①]，遇安丰[②]、大将军、丞相在坐。往别屋，见季胤、平子。还，语人曰：“今日之行[③]，触目见琳琅珠玉。”

注　释　**①王太尉：**王衍。**②安丰：**王戎。**③行：**在此处为量词，“趟”的意思。

译　文　有人去拜访王衍，遇到王戎，大将军王敦和丞相王导都在座。去另一间屋子又看到王诩和王澄。回去后，他对别人说：“今天这一趟，眼睛所看到的全是美玉珠宝。”

原　文

王丞相见卫洗马，曰：“居然有羸形[①]，虽复终日调畅[②]，若不堪罗绮。”

注　释　**①羸形：**病弱的样子。**②调畅：**调养。

译　文　丞相王导见到卫玠后说：“他显然一副病弱的样子，尽管整日反复调养舒畅身体，但还是好像连罗绮绸缎的衣服都承受不起。”

原　文

王大将军称太尉[①]：“处众人中，似珠玉在瓦石间。”

注　释　**①称：**称赞。

译　文　大将军王敦称赞太尉王衍说：“处在众人之间就好像珍珠宝玉处在瓦片石头之间。”

原　文

庾子嵩长不满七尺，腰带十围[1]，颓然自放[2]。

注　释　**①十围：**两手的拇指和食指合拢起来就是一围，腰宽十围表示腰很粗。**②颓然：**温和、顺从的样子。**自放：**指疏阔放达，不拘常法。

译　文　庾敳身高不足七尺，腰带却有十围大小，可是他本性和顺，纵情放达。

原　文

卫玠从豫章至下都，人久闻其名，观者如堵墙[1]。玠先有羸疾，体不堪劳，遂成病而死，时人谓"看杀卫玠"。

注　释　**①观：**观看。

译　文　卫玠从南昌到建康，那里的人早就听说过他的美貌，前去观看的人挤得像一堵墙。卫玠本来就身体羸弱，因不堪劳累而病倒死去。当时的人们说"把卫玠看死了"。

原　文

周伯仁道桓茂伦[1]："嵚(qīn)崎历落可笑人[2]。"或云谢幼舆言。

注　释　**①桓茂伦：**桓彝，字茂伦。他很善于鉴别人才，享有盛名。**②嵚崎：**山势高峻貌，比喻人长得高大英俊。**历落：**指举止潇洒。**可笑：**可喜。

译　文　周顗评价桓彝说："他外表高大英俊，举止潇洒，是个招人喜爱的人。"有人说这是谢鲲说的话。

原　文

周侯说王长史父[1]："形貌既伟，雅怀有概[2]，保而用之，可作诸许物也[3]。"

注　释　**①王长史父：**王濛的父亲王讷。**②有概：**有风度。**③诸许物：**一切事情。

译　文　武城侯周顗对长史王濛的父亲有很高的评价："他看上去身体既魁梧，又有高雅的情怀、不凡的风度，保持并发扬这些特长，一切事情都是可以办到的。"

原　文

祖士少见卫君长云[1]："此人有旄杖下形。"

注　释　**①祖士少：**祖约。**卫君长：**卫永。

译　文　祖约见到卫永后说："这个人有旗帜仪仗下那种大将的风度。"

原　文

石头事故[1]，朝廷倾覆。温忠武与庾文康投陶公求救[2]。陶公云："肃祖顾命不见及[3]。且苏峻作乱，衅由诸庾，诛其兄弟，不足以谢天下。"于时庾在温船后，闻之，忧怖无计。别日，温劝庾见

陶，庾犹豫未能往。温曰："溪狗我所悉，卿但见之，必无忧也[4]。"庾风姿神貌，陶一见便改观；谈宴竟日，爱重顿至。

注　释　①**石头事故：**指苏峻作乱。苏峻一向与庾亮有仇，晋成帝咸和二年（327），苏峻起兵谋反，攻陷建康，颁布大赦，独不赦庾亮兄弟。②**温忠武：**温峤，谥忠武。苏峻作乱时，温峤任平南将军、江州刺史，驻扎浔阳。后庾亮战败，逃到他那里，他劝庾亮去见陶侃，并共推陶侃为盟主，起兵讨伐。**庾文康：**庾亮，晋明帝皇后的哥哥，谥文康。**陶公：**陶侃。苏峻作乱时，为征西大将军、荆州刺史，镇守江陵。③**"肃祖"句：**肃祖是晋明帝的庙号。**顾命：**指君主临终的命令。晋明帝病重时，王导、庾亮、温峤等同受顾命，辅佐幼主晋成帝。明帝死后，太后临朝听政，政事由庾亮决定。④**溪狗：**即傒狗。吴人把江西一带的人叫傒狗，有鄙薄之意。陶侃本鄱阳人，所以也得此称谓。

译　文　苏峻起兵发动石头城叛乱，朝廷倾覆了。温峤和庾亮投奔陶侃求救。陶侃说："先帝的遗诏并没有涉及我。再说苏峻作乱，事端都是由庾家的人挑起的，就是杀了庾家兄弟，也不足以向天下人谢罪。"这时庾亮正在温峤的船后，听见这些话，既发愁，又害怕，无计可施。有一天，温峤劝庾亮去见一见陶侃，庾亮很犹豫，不敢去。温峤说："那溪狗我很了解，你只管去见他，一定不会出什么事的。"庾亮那非凡的风度仪态，使得陶侃一见便改变了原来的看法；和庾亮畅谈欢宴了一整天，对庾亮的爱慕和尊重一下子达到了顶点。

原　文

庾太尉在武昌，秋夜气佳景清，使吏殷浩、王胡之之徒登南楼理咏。音调始遒，闻函道中有屐声甚厉，定是庾公。俄而率左右十许人步来[1]，诸贤欲起避之，公徐云："诸君少住，老子于此处兴复不浅。"因便据胡床与诸人咏谑，竟坐甚得任乐。后王逸少下，与丞相言及此事，丞相曰："元规尔时风范[2]不得不小颓。"右军答曰："唯丘壑独存。"

注　释　①**许：**同"所"，概数词，大约，左右。②**尔：**代词，那。

译　文　庾亮坐镇武昌时，有一个秋天的夜晚，天气晴朗，景色宜人，其部属殷浩、王胡之等人登上南楼吟咏诗歌，正当他们音调将要高亢时，听到廊道有急促的木屐声，他们知道定是庾亮。没多长时间，庾亮就带着十来个侍从走来了，大家正准备起身回避，庾亮却慢慢地说："诸位暂且留步，老夫在这方面也有浓厚的兴趣啊！"于是便坐在交椅上同大家一起吟诗谈笑，一整晚，每个人都自由自在地尽情地欢乐。后来王羲之到了建康，跟丞相王导说起这件事，王导说："庾亮那时候的风度不得不有所减损。"王羲之说："只有超然脱俗的情怀依然存在。"

原　文

王敬豫有美形[1]，问讯王公[2]。王公抚其肩曰："阿奴恨才不称！"又云："敬豫事事似王公。"

注　释　①**美形：**容貌俊美。②**问讯：**问候、请安。

译　文　王恬容貌俊美，他去给父亲王导请安。王导拍着他的肩膀说道："阿奴啊，可惜你的才华同你的容貌实在是不相称啊！"又有人说："王恬每个方面都像王导。"

原　文

王右军见杜弘治[1]，叹曰："面如凝脂，眼如点漆，此神仙中人。"时人有称王长史形者，蔡公曰[2]："恨诸人不见杜弘治耳！"

注　释　①**杜弘治**：杜乂，字弘治，杜预的孙子，袭爵当阳侯，官至丹阳丞。②**蔡公**：蔡谟，字道明，为人方正儒雅，历任左光禄、录尚书事、扬州刺史、司徒，死后追赠司空。

译　文　右军将军王羲之见到杜乂，赞叹道："面容洁白细腻得像是凝冻的油脂，眼睛乌黑明亮如点上了漆，真是神仙中的人啊。"当时有人赞扬左长史王濛的美貌，蔡谟说："遗憾的是这些人没有见过杜乂呀。"

原　文

刘尹道桓公：鬓如反猬皮[1]，眉如紫石棱[2]，自是孙仲谋、司马宣王一流人。

注　释　①**鬓**：鬓发。②**眉**：眉毛。

译　文　刘惔称赞桓温说：鬓发好比翻过来的刺猬皮，眉毛就像紫色石的棱角，自然是孙权、司马懿一类的英雄豪杰。

原　文

王敬伦风姿似父[1]，作侍中，加授桓公[2]，公服从大门入。桓公望之，曰："大奴固自有凤毛[3]。"

注　释　①**王敬伦**：王劭，字敬伦，是王导的第五个儿子。②**加授桓公**：在原有官职外兼任其他官职。据《晋书·哀帝纪》载，兴宁元年，加征西大将军桓温侍中、大司马。③**大奴**：指王劭。**凤毛**：凤毛是珍稀之物，比喻有父辈的才华、风采。

译　文　王劭气质风度酷似他父亲，他任侍中时——这时桓温也加授侍中——身穿朝服气宇轩昂地从大门走进来。桓温望见他，说："王劭的确有他父亲的风采。"

原　文

林公道王长史："敛衿作一来[1]，何其轩轩韶举[2]！"

注　释　①**敛衿**：整理衣襟，表示恭敬。②**轩轩**：气宇轩昂的样子。**韶举**：优美的举止。

译　文　支道林评论左长史王濛："一旦神情严肃专注起来，那气度举止间，是多么地轩昂潇洒啊。"

原　文

时人目王右军："飘如游云，矫若惊龙[1]。"

注　释　①**"飘如"二句**：据《晋书·王羲之传》，这是称赞王羲之书法笔势的话。

译文 当时人们品评右军将军王羲之："飘逸得像是浮云，矫健得像是惊龙。"

原文

王长史尝病[1]，亲疏不通[2]。林公来，守门人遽启之曰："一异人在门，不敢不启。"王笑曰："此必林公。"

注释 ①**尝**：曾经。②**通**：接待。

译文 王濛曾经生病，无论亲疏远近，一律不接待。支道林来了，守门人赶忙通报说："有一位非常奇异的人在门外，实在是不敢不禀报。"王濛于是笑着说："这个人必定是支道林。"

原文

或以方谢仁祖不乃重者[1]，桓大司马曰："诸君莫轻道，仁祖企脚北窗下弹琵琶，故自有天际真人想。"

注释 ①**不乃重者**：不怎么被人重视，意为平庸之辈。**不乃**：不太，不怎么。

译文 有人找了一个平庸之辈来同谢尚打比方，桓大司马说："诸位都不要随便议论谢尚，他在北窗下踮着脚弹奏琵琶时，确实就有飘飘欲仙的情怀。"

原文

王长史为中书郎，往敬和许。尔时积雪，长史从门外下车，步入尚书，著公服[1]，敬和遥望，叹曰："此不复似世中人[2]！"

注释 ①**著**：穿着。②**似**：相像。

译文 王濛担任中书郎时，到王洽那里去。当时积雪遍地，王濛从门外下车，步行进入尚书省，王洽从远处望见王濛，感叹说："他实在不像世间的人哪！"

原文

简文作相王时，与谢公共诣桓宣武。王珣先在内，桓语王："卿尝欲见相王，可住帐里。"二客既去。桓谓王曰："定如何？"王曰："相王作辅自然湛若神君[1]。公亦万夫之望，不然，仆射何得自没[2]？"

注释 ①**湛**：深沉，安然。②**何得**：哪得，怎么能。

译文 简文帝做相王时，同谢安一起去拜访桓温。王珣已先在里面，桓温对他说："你要是想看看相王，可以躲在帐幕里。"等两位客人走后，桓温问王珣："到底如何？"王珣说："相王作为辅佐大臣，自然深沉稳重之处赶得上神明。不过你也是众望所归啊，不然，谢安怎么可能会甘居人后呢？"

原文

海西时[1]，诸公每朝，朝堂犹暗，唯会稽王来，轩轩如朝霞举。

注释 ①**海西**：即晋废帝海西公。海西公即位后，会稽王司马昱任丞相。

译文 海西公在位时期，大臣们每次早朝，朝堂还很暗的时候，会稽王司马昱就已经到了，他气宇轩昂，像朝霞高高升起一样。

原文

谢车骑道谢公："游肆复无乃高唱[1]，但恭坐捻鼻顾眯[2]，便自有寝处山泽间仪。"

注释 **①游肆：**游观集市。**无乃：**无须。**②恭坐：**端端正正地坐着。

译文 谢玄称赞谢安道："他出去游览集市时不用高声吟唱，只要端坐下来，捏着鼻子到处看看，栖隐山川林下的高逸风采就自然地流露了出来。"

原文

谢公云："见林公双眼，黯黯明黑[1]。"孙兴公见林公："棱棱露其爽[2]。"

注释 **①林公：**支道林。**黯黯：**漆黑发亮的样子。**②棱棱：**威严正直的样子。

译文 谢安说："看支道林的双眼，黑白分明，炯炯有神，能使暗处变得光明。"孙绰见到支道林也说："严正的眼神中透露着爽朗。"

原文

庾长仁与诸弟入吴[1]，欲往亭中宿。诸弟先上，见群小满屋[2]，都无相避意。长仁曰："我试观之。"乃策杖将一小儿[3]，始入门，诸客望其神姿，一时退匿。

注释 **①庾长仁：**庾统，字长仁。**②群小：**百姓。**③将：**带领。

译文 庾统与弟弟们一起到吴地去，打算在路边驿站住宿。几个弟弟先进去之后，看到整间屋子都挤满了百姓，一点回避的意思都没有。庾统说："让我进去看看。"于是他扶着拐杖，带着一个孩子，刚进门，大家看到他的神采姿容，立刻都退让开了。

原文

有人叹王恭形茂者，云："濯濯如春月柳[1]。"

注释 **①濯濯：**清新明净的样子。

译文 有人赞叹王恭的仪表美好，说："清新明净，就像春天里的柳枝。"

十五　自新

题　解

本章只有两则故事，主要记载人们悔过向善的事迹。

原　文

周处年少时[①]，凶强侠气，为乡里所患。又义兴水中有蛟[②]，山中有邅迹虎[③]，并皆暴犯百姓，义兴人谓为“三横[④]”，而处尤剧。或说处杀虎斩蛟，实冀三横唯余其一。处即刺杀虎，又入水击蛟，蛟或浮或没，行数十里，处与之俱，经三日三夜，乡里皆谓已死，更相庆。竟杀蛟而出，闻里人相庆，始知为人情所患，有自改意。乃入吴寻二陆[⑤]，平原不在，正见清河，具以情告，并云：“欲自修改，而年已蹉跎[⑥]，终无所成。”清河曰：“古人贵朝闻夕死[⑦]，况君前途尚可。且人患志之不立，亦何忧令名不彰邪？”处遂改励，终为忠臣孝子。

注　释　**①周处：**字子隐，年轻时曾为害乡里，发愤改过后，仕吴任东观左丞，入晋后曾任新平太守、御史中丞。**②义兴：**东晋郡名，其治所阳羡（今江苏宜兴南）西晋时属吴兴郡。这里是用后世地名称述前世之事。**蛟：**传说中一种吞噬人的龙或水怪。**③邅迹虎：**能追逐人迹而食人的老虎。**④横：**指蛮横残暴的人。**⑤二陆：**陆机和陆云。陆机，字士衡，晋吴郡吴县华亭（今上海松江）人，曾任平原内史，世称“陆平原”。随司马颖出征，兵败遭谗而被杀。陆云，字士龙，晋吴郡人，世称“陆清河”。与兄陆机齐名，时称“二陆”。其文词藻丽，旨意深雅。按：周处少年时，二陆尚未出生，因此这里所述并非事实。**⑥蹉跎：**失去时机，虚度光阴。**⑦朝闻夕死：**语出《论语·里仁》：“朝闻道，夕死可矣。”意思是早晨听到了圣贤之道，晚上死掉也不算虚度一生。

● 周处长桥搏蛟

译　文　周处年轻的时候，凶狠逞强好斗，被乡邻认为是祸害。另外，义兴河中有条蛟龙，山中有只大老虎，也都一起危害百姓，义兴人将他们并称为“三害”，而周处的为害尤其大。有人劝说周处去杀虎斩蛟，实际上是希望三害中只剩下一害。周处立即去杀死了那只老虎，又跳进河里去斩蛟。那条蛟一会儿浮上来，一会儿沉下去，游了几十里，周处始终和它一起搏斗，经过了三天三夜，乡邻都以为周处已经死了，互相庆贺。结果周处杀蛟回来，听到乡里人互相庆贺，才知道自己也被人们认为是祸害，因此决定改过自新。于是到吴郡去寻访陆机和陆云，陆机不在，只见到陆云，就把乡里人憎恨自己的情况完全告诉了陆云，并且说自己想要改正过错，但年纪已经大了，担心最终不会有什么成就。陆云说：“古人看重‘早上明白了真理，晚上死去也值得’的道理，何况你的前途还很有希望。再说人只怕没有志向，又何必忧虑美好的名声不能显扬呢？”周处于是改过自勉，最终成为忠臣孝子。

原　文

戴渊少时[①]，游侠不治行检[②]，尝在江、淮间攻掠商旅。陆机赴假还洛，辎重甚盛，渊使少年掠劫。渊在岸上，据胡床指麾左右[③]，皆得其宜。渊既神姿锋颖[④]，虽处鄙事，神气犹异。机于船屋上遥谓之曰：“卿才如此，亦复作劫邪[⑤]？”渊便泣涕，投剑归机，辞厉非常[⑥]。机弥重之，定交，作笔荐焉。过江，仕至征西将军。

注　释　①**戴渊**：字若思。②**游侠**：指爱好交游，重义轻生，却又常常招惹是非的行为。**行检**：品行操守。③**胡床**：一种从胡地传入，可以折叠的轻便坐具。④**锋颖**：形容神采挺拔焕发。⑤**劫**：强盗。⑥**辞厉**：当据《太平御览》卷四百零九作“辞属”，指谈吐。

译　文　戴渊年轻时，注重侠义，却不能加强品德修养，曾在长江、淮河一带劫掠商贾游客。陆机休假后返回洛阳，携带的行李物品很多，戴渊指使一些少年抢劫。戴渊当时在岸上，坐在胡床上指挥手下行动，布置得恰到好处。戴渊原本就神采焕发，即使处理这种不正当的事情，也显得洒脱异常。陆机在船舱里远远地对他说：“你这样才华出众的人，为什么还要当强盗呢？”戴渊听完哭了，扔下佩剑归附了陆机。戴渊谈吐非常，陆机更加器重他，两人结为好友，还给他写了推荐信。渡江以后，戴渊官至征西将军。

十六　企羡

题　解

本章反映了对于人物杰出才能的重视。企羡指对某人或某事的企望和羡慕。从本章所述魏晋士人流露的仰慕之情中，即可看出他们心目中的理想和追求。

原　文

王丞相拜司空，桓廷尉作两髻、葛裙、策杖，路边窥之，叹曰：“人言阿龙超[1]，阿龙故自超！”不觉至台门[2]。

注　释　**①阿龙：**王导的小字。**②台：**中央机构的官府。

译　文　丞相王导官拜司空时，廷尉桓彝扎着两个发髻，穿着葛布衣裙，拄着拐杖，在路边观望，他赞叹道：“人们说阿龙洒脱，阿龙确实洒脱啊！”不知不觉就跟着来到司空府门前。

原　文

王丞相过江，自说昔在洛水边，数与裴成公、阮千里诸贤共谈道[1]。羊曼曰[2]：“人久以此许卿，何须复尔？”王曰：“亦不言我须此，但欲尔时不可得耳[3]！”

注　释　**①裴成公：**裴頠，谥号成。**阮千里：**阮瞻，字千里，官至太子舍人。**②羊曼：**字祖延，历任黄门侍郎、晋陵太守、丹阳尹。**③欲：**《世说新语》原注说，一作“叹”。

译　文　丞相王导渡江南下以后，自己说起从前在洛水边，经常和裴頠、阮瞻各位名流一起谈玄论道的事。羊曼说：“人们早就用这件事来称赞你了，哪里还需要再这样说呢？”王丞相说：“并不是我故意要说这件事，只是感叹从前的往事不能再重现罢了！”

● **行到水穷处**

丞相王导到江南后，自己叙述曾经在洛水岸边，经常和裴成公、阮千里诸贤达一起谈道。

原　文

王右军得人以《兰亭集

序》方《金谷诗序》[1]，又以己敌石崇[2]，甚有欣色。

注　释　①**《兰亭集序》**：晋穆帝永和九年（353）三月初三，王羲之和当时名流谢安等四十一人在兰亭举行集会，与会者临流赋诗，王羲之把这些诗汇编为一集，并写了序文，这就是《兰亭集序》。兰亭，亭名，在今浙江绍兴西南。**《金谷诗序》**：晋惠帝元康六年（296），石崇在金谷园设宴送征西大将军王翊回长安，与会者三十人，各自饮酒赋诗，后编为一集，由石崇写成“金谷诗序”，记载当时的盛况。②**石崇**：字季伦，曾任散骑常侍、侍中、荆州刺史，在荆州劫掠客商而成为巨富，生活奢靡。

译　文　王羲之得知有人把他的《兰亭集序》和石崇的《金谷诗序》相比，还拿自己和石崇相提并论，心里很高兴。

原　文

王司州先为庾公记室参军，后取殷浩为长史。始到，庾公欲遣王使下都。王自启求住，曰：“下官希见盛德，渊源始至，犹贪与少日周旋[1]。”

注　释　①**少日**：几日；几天。

译　文　司州刺史王胡之早就担任庾亮的记室参军，后来庾亮又招募殷浩做长史，殷浩刚到，庾亮就派遣王胡之去京都，王胡之自己请求留下来，他说：“我很少见过大德之人，殷浩刚到，我还希望和他亲近几天呢。”

原　文

郗嘉宾得人以己比苻坚[1]，大喜。

注　释　①**苻坚**：字永固，氐族，略阳临渭（今甘肃天水东）人，前秦君主，在位二十余年，与东晋对峙。晋太元八年（383）与晋战于淝水，大败而回，后被羌族首领姚苌所杀。

译　文　郗超听到有人把他和苻坚相比，十分欣喜。

原　文

孟昶未达时[1]，家在京口，尝见王恭乘高舆[2]，被鹤氅裘[3]。于时微雪，昶于篱间窥之，叹曰：“此真神仙中人！”

注　释　①**孟昶**：字彦达，为人庄重严肃，志向高远，曾任丹阳尹、尚书左仆射。②**高舆**：高车。③**被**：通“披”。**鹤氅裘**：用鸟羽制成的毛皮外套。

译　文　孟昶尚未显贵时，家住在京口。有一次看到王恭乘着高大的车子，身披鹤毛大衣。当时正下着小雪，孟昶透过篱笆看到王恭，赞叹道：“这真是神仙中的人啊！”

十七 伤逝

题解

本章表达对逝世者的伤悼及诚挚友情。值得注意的是，魏晋士人对于逝世者不合常规的哀悼方式。他们认为只要能表达自己深厚的情意，就无须顾虑传统礼仪及他人。这也显现了他们自然率真的本性。

原文

王仲宣好驴鸣[1]。既葬，文帝临其丧[2]，顾语同游曰："王好驴鸣，可各作一声以送之。"赴客皆一作驴鸣。

注释 ①**王仲宣**：王粲，字仲宣，"建安七子"之一，先依刘表，未受重用，后为曹操幕僚，仕魏官至侍中。②**文帝**：指魏文帝曹丕。**临**：哭吊死者。

译文 王粲喜欢听驴叫。死后下葬时，魏文帝曹丕来送葬，他回头对同行的人说："王粲喜欢听驴叫，我们每个人学一声驴叫来为他送行吧。"于是送葬的客人都学了一声驴叫。

原文

王濬冲为尚书令[1]，著公服，乘轺车[2]，经黄公酒垆下过。顾谓后车客："吾昔与嵇叔夜、阮嗣宗共酣饮于此垆。竹林之游，亦预其末[3]。自嵇生夭、阮公亡以来，便为时所羁绁[4]。今日视此虽近，邈若山河。"

注释 ①**王濬冲**：王戎。②**轺车**：轻便的小马车。③**预其末**：列在到他们之后。王戎在"竹林七贤"中的年龄最小。④**羁绁**：牵绊，束缚。

译文 王戎担任尚书令，一天他身穿官服，乘坐轻便的马车，从黄公酒垆旁经过。他回头对后面坐着的人说道："我以前曾同嵇康、阮籍一起在这家酒店畅饮。竹林之下的游乐，我也参与其中。但是自从嵇康被杀、阮籍去世至今，我便被世事所束缚。今日看到这家酒店虽然非常近，但往日的情景却像隔着遥远的山河一样可望而不可即了。"

原文

孙子荆以有才[1]，少所推服，唯雅敬王武子。武子丧时，名士无不至者。子荆后来，临尸恸哭，宾客莫不垂涕。哭毕，向灵床曰[2]："卿常好我作驴鸣，今我为卿作。"体似真声[3]，宾客皆笑。孙举头曰：

"使君辈存，令此人死！"

注释 ①**孙子荆**：孙楚，字子荆。②**灵床**：为死者神灵虚设的座位。③**体似真声**：《晋书·孙楚传》作"体似声真"。体，模仿；仿效。

译文 孙楚恃才傲物，很少有他看得起的人，唯独敬重王济。王济去世后，名士们都来吊唁。孙楚后到，走近遗体痛哭，宾客们也受感染跟着流泪。孙楚哭完后，对着灵床说："你一直喜欢我学驴叫，今天我学给你听。"他叫的声音和真的一样，客人们都笑了。孙楚抬起头来说道："让你们这些人活着，却让这样的人死了！"

原文

王戎丧儿万子[1]，山简往省之[2]，王悲不自胜。简曰："孩抱中物[3]，何至于此？"王曰："圣人忘情，最下不及情；情之所钟，正在我辈。"简服其言，更为之恸。

注释 ①**万子**：王绥，字万子，年十九而死。②**山简**：字季伦，山涛的儿子。③**"孩抱"句**：抱在手中刚刚会笑的小儿。孩，小儿笑。由于王绥十九岁才死，并非"孩抱中物"，所以后人认为这应该是王衍、山简之事。《晋书·王衍传》也有王衍丧幼子后山简去吊问的记载。

译文 王戎的儿子万子死了，山简去探望他，王戎悲痛得不能自已。山简对他说："不过是个幼儿罢了，你何必这么悲伤？"王戎说："圣人忘掉了情爱，最下等的人谈不上有情爱。能够钟情的人，正是我们这一类人啊！"山简被他的话打动，也跟着悲伤起来。

原文

有人哭和长舆[1]，曰："峨峨若千丈松崩。"[2]

注释 ①**哭**：吊唁。②**峨峨**：高，巍峨。按：和峤，字长舆，在当时很有名声，庾亮曾赞美他说："峤森森如千丈松。"

译文 有人哭吊和长舆，说："他的离去，犹如挺俊巍峨的千丈青松轰然倒塌。"

原文

卫洗马以永嘉六年丧，谢鲲哭之，感动路人[1]。咸和中[2]，丞相王公教曰："卫洗马当改葬。此君风流名士，海内所瞻，可修薄祭，以敦旧好。"

注释 ①**"卫洗马"句**：卫玠到豫章（首府是南昌）时，当时在王敦手下任长史的谢鲲很敬重他。卫玠后来也葬于南昌。②**咸和**：晋成帝年号（307—313）。咸和年间，卫玠改葬江宁。

译文 太子老师卫玠永嘉六年去世，谢鲲去吊唁，他的哭声悲恸，甚至感动了路人。咸和年间，丞相王导发表了一篇文告说："卫洗马应当改葬。他生前是风雅名流，广受百姓及身边人的仰慕和爱戴，我们应该整治薄祭，来表达我们对值得尊敬的故友的怀念。"

原文

顾彦先平生好琴，及丧，家人常以琴置灵床上。张季鹰往哭之，

不胜其恸，遂径上床鼓琴[1]，作数曲，竟，抚琴曰："顾彦先颇复赏此不？"因又大恸，遂不执孝子手而出[2]。

注　释　①**遂径上床鼓琴**：径直上到灵床上弹琴。②**不执孝子手**：不握孝子的手。意思是对死者哀恸达到了极点而无法顾及礼节。

译　文　顾荣平生喜好弹琴，在他去世后，家人把琴放在他的灵床上。张翰前去吊唁，极其悲痛而难以自持，于是就直接登上了灵床去弹琴。弹完几曲后，张翰抚着琴说道："顾荣还能欣赏这琴音吗？"于是又放声痛哭，以致无心顾及常礼，没有握孝子的手就出去了。

原　文

庾亮儿遭苏峻难遇害[1]。诸葛道明女为庾儿妇[2]，既寡，将改适[3]，与亮书及之。亮答曰："贤女尚少，故其宜也。感念亡儿，若在初没[4]。"

注　释　①**庾亮儿**：庾亮的儿子庾会。②**诸葛道明女**：诸葛恢的女儿，名文彪，是庾会的妻子。③**改适**：改嫁。④**初没**：刚去世。

译　文　庾亮的儿子庾会在苏峻的叛乱中遇害，诸葛恢的女儿是庾会的妻子，成了寡妇后准备改嫁，诸葛恢在给庾亮的信中提到了这个事情。庾亮答道："您的女儿还很年轻，本该如此。只是我感念死去的儿子，就像他刚死去一样痛心。"

原　文

庾文康[1]亡，何扬州临葬[2]，云："埋玉树著土中，使人情何能已已[3]！"

注　释　①**庾文康**：庾亮，去世后谥号为文康。②**何扬州**：何充。③**已已**：停止，在此引申为承受。

译　文　庾亮去世了，何充前来参加葬礼，他说："把这样容貌俊美、才华超群的玉树一般的人埋入土中，让人们的情感如何承受得住呢？"

原　文

王长史病笃，寝卧灯下，转麈尾视之，叹曰："如此人，曾不得四十[1]！"及亡，刘尹临殡[2]，以犀柄麈尾著柩中[3]，因恸绝。

注　释　①**"如此"二句**：王濛仪容美丽，善于清谈，三十九岁即早死。②**殡**：本指停柩待葬，这里指入殓，即把尸体装入棺材。③**柩**：装有尸体的棺材。

译　文　左长史王濛病重时，在灯下躺着，手中转动着麈尾，注视着它，感叹道："像我这样的人，竟然活不到四十岁！"死后，丹阳尹刘惔来出席葬礼，他把犀牛角柄的麈尾放在灵柩里，随即悲痛欲绝。

原　文

支道林丧法虔之后，精神賈丧，风味转坠[1]。常谓人曰："昔匠

石废斤于郢人，牙生辍弦于钟子，推己外求，良不虚也。冥契既逝，发言莫赏，中心蕴结，余其亡矣！”却后一年[2]，支遂殒。

注　释　①**转：**更加，愈。②**却后：**过了，之后。

译　文　支林道自从法虔去世后便神志消沉，风度日益丧失。他常常对人说：“古代的石匠在郢人去世后便不再动斧头，伯牙在钟子期去世后便不再弹琴，推己及人，的确不假。知心的朋友已经不在了，说出来的话也不再有人欣赏，内心的郁闷实在无法排遣，看来我离死也不远了。”一年以后，支道林就去世了。

原　文

郗嘉宾丧[1]，左右白郗公[2]：“郎丧[3]。”既闻，不悲，因语左右：“殡时可道。”公往临殡，一恸几绝。

注　释　①**郗嘉宾：**郗超。②**郗公：**郗超的父亲郗愔。③**郎：**少爷。

译　文　郗超去世了，左右的人对其父说：“少爷去世了。”郗愔听后也不悲痛，然后对左右人说：“出殡的时候可以告诉我。”郗愔亲临出殡，放声大哭，几将昏死。

原　文

戴公见林法师墓[1]，曰：“德音未远，而拱木已积[2]。冀神理绵绵，不与气运俱尽耳！”

注　释　①**戴公：**戴逵。②**拱木：**墓地旁的树木。

译　文　戴逵看到支道林法师的墓地说：“你美好的言论尚未远去，你墓旁的树木却已经成林了。但愿你的精神义理长存，不要同生命一起逝去。”

原　文

王子敬与羊绥善。绥清淳简贵[1]，为中书郎，少亡。王深相痛悼，语东亭云：“是国家可惜人！”

注　释　①**清淳简贵：**清廉淳厚，简约贵重。

译　文　王献之和羊绥是很好的朋友关系。羊绥为人做事清廉敦厚，简约尊贵，曾经任职中书郎，年纪轻轻便去世。他的朋友王献之沉痛地悼念着他，曾对东亭侯王珣说：“他是国家最值得痛惜的人！”

原　文

王东亭与谢公交恶[1]。王在东闻谢丧，便出都诣子敬道：“欲哭谢公。”子敬始卧，闻其言，便惊起曰：“所望于法护。”王于是往哭。督帅刁约不听前[2]，曰：“官平生在时[3]，不见此客。”王亦不与语，直前哭，甚恸，不执末婢手而退[4]。

注　释　①**"王东"句**：王东亭，即王珣，小字法护。王珣、王珉兄弟二人都是谢家的女婿，后因产生嫌隙而先后离婚，王、谢两家就结下了怨仇。②**督帅**：帐下领兵的官，相当于后代的卫队长。**刁约**：曾任谢安手下的督帅，生平不详。③**官**：下属对长官的敬称。④**末婢**：谢琰，字瑗度，小字末婢，谢安的小儿子，曾任徐州刺史、会稽内史，封望蔡公。

译　文　东亭侯王珣和谢安结仇。他在会稽听说谢安死了，就来到京都去拜访王献之，表示要去凭吊谢安。王献之先前还躺着，听了他的话后吃惊地坐了起来，说道："这正是我希望你做的。"王珣于是前往谢安家吊唁。谢安帐下的督率刁约不让他进去，说："大人在世时，就不见这个客人。"王珣也不理他，径直上前哭吊，非常悲痛，哭完后没和谢琰握手就走了。

原　文

王子猷、子敬俱病笃[1]，而子敬先亡。子猷问左右："何以都不闻消息？此已丧矣！"语时了不悲。便索舆来奔丧，都不哭。子敬素好琴，便径入坐灵床上，取子敬琴弹，弦既不调，掷地云："子敬！子敬！人琴俱亡。"因恸绝良久。月余亦卒。

注　释　①**王子猷、子敬**：王徽之，字子猷；王献之，字子敬。二人分别是王羲之的第五子和第七子。

译　文　王徽之、王献之都病得很厉害，而王献之却先去世了。徽之问身边的人："为什么完全没有献之的消息，可见得他一定是去世了。"说话时没有任何伤感。徽之于是叫了车子赶去奔丧，一声也没哭。献之平素喜欢弹琴，徽之径直坐到灵床上，取来献之的琴弹奏，琴弦已经不和谐了，徽之就把琴摔到地上说："子敬啊！子敬！人和琴全都不在了呀！"随即悲痛得晕了过去，昏迷了很长的一段时间。一个月以后，徽之也死了。

原　文

孝武山陵夕[1]，王孝伯入临[2]，告其诸弟曰："虽榱桷(cuī jué)惟新[3]，便自有黍离之哀！"

注　释　①**夕**：傍晚祭奠君主。②**王孝伯**：王恭，字孝伯，是晋孝武帝皇后的哥哥。③**榱桷**：椽子，这里指孝武帝陵墓上的建筑。

译　文　晋孝武帝去世，夕祭的时候，王恭进京哭祭，对他的几个弟弟说："虽然陵寝是新的，却让人感到有'黍离'之悲。"

原　文

羊孚年三十一卒，桓玄与羊欣书曰："贤从情所信寄[1]，暴疾而殒，祝予之叹[2]，如何可言！"

注　释　①**贤从**：贤从兄弟。按：羊孚是羊欣的同祖堂兄。②**祝予**：断绝我；亡我。

译　文　羊孚三十一岁时死了，桓玄给羊欣的信上说："贤堂兄是我所信赖的，友情所寄托的人，突然暴病而死；天将亡我之叹，怎么能用言语来表达！"

原　文

桓玄当篡位，语卞鞠云[1]："昔羊子道恒禁吾此意。今腹心丧羊孚，爪牙失索元[2]，而匆匆作此诋突[3]，讵允天心？"

注　释　①**卞鞠**：原任桓玄的长史，后桓玄举兵攻入京都，委派他任丹阳尹。②**爪牙**：比喻辅佐的人。③**诋突**：唐突；冒犯。

译　文　桓玄将要篡位的时候，对卞范之说："以前羊孚经常不容许我有这种意图。现在我的心腹里头死了羊孚，助手里头又失去了索元，在这种情况下，却要匆匆忙忙做这种冒犯君上的事，难道能符合天意？"

十八　栖隐

题　解

本章记述了隐居山林的人和事。魏晋时期隐居之风大盛，这和道家的“出世”思想以及当时政治环境的险恶有密切关系。不过其中也有不少假隐士，他们借隐居之名以提高自身身价。

原　文

阮步兵啸[1]闻数百步。苏门山中[2]，忽有真人[3]，樵伐者咸共传说。阮籍往观，见其人拥膝岩侧，籍登岭就之，箕踞相对[4]。籍商略终古，上陈黄、农玄寂之道[5]，下考三代盛德之美[6]，以问之，仡然不应[7]；复叙有为之教、栖神导气之术，以观之[8]，彼犹如前，凝瞩不转。籍因对之长啸。良久，乃笑曰：“可更作。”籍复啸。意尽退。还半岭许，闻上唒然有声[9]，如数部鼓吹，林谷传响。顾看，乃向人啸也。

注　释　①**阮步兵**：阮籍，曾任步兵校尉。②**苏门山**：山名，在今河南辉县西北。③**真人**：道教称修行得道的人。④**箕踞**：臀部着地两脚前伸而坐，形状如箕。这是一种放达不拘的坐姿。⑤**黄、农**：黄帝和神农，都是传说中的远古帝王。**玄寂之道**：指道家玄远幽寂的道理。⑥**三代**：指夏、商、周三个朝代。⑦**仡然**：抬头的样子。⑧**有为之教**：有所作为的学说，指儒家学说。这和道家的无为主张相对。**栖神导气**：道家的修炼方法。栖神指凝定心神而不散乱，导气指摄气运息。⑨**唒然**：即“啾然”，形容啸声。**唒**：通“啾”。

译　文　步兵校尉阮籍吹口哨的声音，数百步之外都能听到。苏门山里，忽然来了一位真人，樵夫们都在议论这件事。阮籍也去观看，见这个人盘腿坐在岩石旁边，阮籍就爬上山凑过去，双腿伸直坐在他对面。阮籍说起古代的事情，上自黄帝、炎帝的清净无为之道，下到夏、商、周三代圣君的仁政，并拿这些事情向他请教，这个人只是昂着头不予理睬。阮籍又谈起儒家的入世学说以及道家栖神导气的方法，以此来观察他，这个人还是和刚才一样，凝神不动。阮籍于是对着他长长地吹了一声口哨。过了很长时间，这个人才笑着说：“可以再吹一声。”阮籍又吹了一声。后来阮籍没了兴致就下山了，走到半山腰，听到上面传来悠长的声音，像是有几个乐队在演奏，山谷中都发出回音，回头一看，正是刚才那个人在吹口哨。

原 文

嵇康游于汲郡山中①，遇道士孙登②，遂与之游。康临去，登曰："君才则高矣，保身之道不足。"

注 释 ①**汲郡：**西晋郡名，治所在今河南汲县西南。②**道士：**修道的道教徒。**孙登：**字公和，魏末晋初人，无家，住在汲郡北山土窟中，好读《易经》，弹一弦琴。嵇康和他交往三年，问他的意图，他始终不肯回答。

译 文 嵇康在汲郡山中游历，遇见了道教徒孙登，就和他结伴游历。嵇康临走时，孙登对他说："你的才华确实很高，但保全自身的本领不够。"

原 文

山公将去选曹①，欲举嵇康；康与书告绝。

注 释 ①**山公：**山涛。**选曹：**指选曹郎，即吏部郎，主管官吏选举及朝廷祭祀等。

译 文 山涛要从吏部郎的职位上离任，准备推荐嵇康担任这个职务，嵇康就写了一篇《与山巨源绝交书》，断绝了和山涛的往来。

原 文

李廞是茂曾第五子，清贞有远操，而少羸病，不肯婚宦。居在临海，住兄侍中墓下。既有高名，王丞相欲招礼之①，故辟为府掾。廞得笺命，笑曰："茂弘乃复以一爵假人②。"

注 释 ①**王丞相：**王导，字茂宏。②**乃复：**竟然。复，作词缀，无实意。

译 文 李廞是李重的第五个儿子，他廉洁清正，节操高尚，但是因自幼体弱多病而不肯结婚做官，他家在临海郡，住在哥哥李式的墓旁。名声越来越大后，丞相王导想招聘他，给予礼遇，招为府掾。李廞收到任命书后，笑着说道："王导居然拿官爵来送人。"

原 文

何骠骑弟以高情避世，而骠骑劝之令仕①。答曰："予第五之名，何必减骠骑！"

注 释 ①**何骠骑：**何充，曾任骠骑将军。其弟何准，排行第五，两人皆有名望。

译 文 骠骑将军何充的弟弟因为情趣高尚而隐居，何充劝导他，要他出来做官。他回答说："以我老五的名望，何尝比骠骑低！"

原 文

阮光禄在东山，萧然无事，常内足于怀。有人以问王右军，右军曰："此君近不惊宠辱①，遂古之沈(chén)冥②，何以过此？"

注 释 ①**惊：**害怕。②**沈冥：**即隐士。

译 文 阮光禄在东山隐居，清净悠闲，心里很满足。有人就此事问王羲之，王羲之说："这

位先生近来宠辱不惊，就算是古代的隐士也不过如此而已。”

原　文

孔车骑少有嘉遁意，年四十余，始应安东命。未仕宦时，常独寝，歌吹自箴诲。自称孔郎，游散名山[1]。百姓谓有道术，为生立庙，今犹有孔郎庙。

● 天津桥南山中

车骑将军孔愉在做官前，一直是独自在山中居住。图中表现了古人在山中独处，浏览风景的情形。

注　释　①**游散**：游览，漫游。

译　文　车骑孔愉年轻的时候有隐居的意向，因此直到四十多岁的时候才接受了安东将军司马睿的任命。在做官之前，他经常独居，歌咏诗文，自我告诫。自称是孔郎，遍游名胜山水。人们纷纷传说他有道术，为他建了一座生庙，直到现在孔郎庙还存在。

原　文

南阳刘驎之，高率，善史传，隐于阳岐。于时苻坚临江，荆州刺史桓冲将尽讦谟之益，征为长史，遣人船往迎，赠贶甚厚。驎之闻命，便升舟，悉不受所饷[1]，缘道以乞穷乏[2]，比至上明亦尽。一见冲，因陈无用，翛然而退[3]。居阳岐积年，衣食有无，常与村人共。值己匮乏，村人亦如之，甚厚，为乡闾所安。

注　释　①**悉不受所饷**：一说此处应当为“悉受所饷”，不应有“不”字。**饷**：馈赠。②**乞**：本义为“讨要”，在这里是“赠送”的意思。③**翛然**：洒脱、自由自在的样子。

译　文　南阳的刘驎之高尚率直，对历史典籍颇为精通，在阳岐村隐居。这个时候苻坚的军队已经攻打到长江流域，靖州刺史桓冲想要实现自己的宏图大业，就招刘驎之为长史，派人驾船去迎接，并馈赠了十分丰厚的礼物。刘驎之听完召命后立即上了船，并接受了所有的礼物，一路上把它们送给了贫苦的百姓，到了上明时，就已经转送完了。一见到桓冲，就向他陈述说自己没有什么本事，然后就潇洒地引退。刘驎之住在阳岐村很多年，衣食常常拿出来同村里的人们共同分享，有时候自己缺衣少食时，也会得到村里人照顾。他为人宽厚朴实，乡邻对此非常满意。

原　文

南阳翟道渊与汝南周子南少相友[1]，共隐于寻阳。庾太尉说周以当世之务，周遂仕，翟秉志弥固。其后周诣翟，翟不与语。

注　释　①**翟道渊**：翟汤，字道渊，曾多次被征召任官，均未就职。**周子南**：周劭，字子南，初隐居，后听从庾亮劝说任镇蛮护军、西阳太守。

译　文　南阳翟汤和汝南周劭年轻时就是好友，两人都在寻阳隐居。太尉庾亮以国家大事激励周劭，周劭就出来做官了，翟汤依旧坚持自己的志向。后来周劭去见翟汤，翟汤一句话也不和他说。

原　文

孟万年及弟少孤[1]，居武昌阳新县。万年游宦，有盛名当世。少孤未尝出，京邑人士思欲见之，乃遣信报少孤，云："兄病笃。"狼狈至都，时贤见之者，莫不嗟重[2]。因相谓曰："少孤如此，万年可死。"

注　释　①**少孤**：孟陋。②**嗟重**：赞叹，推重。

译　文　孟嘉和他的弟弟孟陋，在武昌郡阳新县居住。孟嘉在外边做官，当时负有盛名。孟陋从未曾离开家里。京城的一些有名望的人想见见他，于是就派人去对孟陋说："你的哥哥病重了。"于是孟陋急忙赶往京城。当时的名流见到他后，无不赞叹推重，他们相互说："孟陋如此卓然超群，孟嘉可以死而无憾了。"

原　文

康僧渊在豫章，去郭数十里立精舍[1]。傍连岭，带长川，芳林列于轩庭，清流激于堂宇。乃闲居研讲，希心理味。庾公诸人多往看之，观其运用吐纳[2]，风流转佳[3]。加已处之怡然，亦有以自得，声名乃兴。后不堪，遂出。

注　释　①**精舍**：静修的处所。②**吐纳**：就是吐故纳新，即吐出浊气，吸入清气，这是道家的养生之术。③**转**：愈，更加。

译　文　唐僧渊在豫章的时候，在离城郭数十里的地方建造了一座静修的房屋，那里山岭毗连，河流环抱，庭院里还排列着芬芳的花木，堂前流淌着清澈的清泉。于是他独自居住，潜心研究佛法、玩味义理。庾亮等人经常去探望他，见他运用吐故纳新的导引之术，使整个人的风度仪态更加俊美。加上他安居愉悦，自得其乐，于是声名远扬。后来由于不堪世俗之人的不断来访，最终离开了这个地方。

原　文

戴安道既厉操东山[1]，而其兄欲建式遏之功[2]。谢太傅曰："卿兄弟志业，何其太殊？"戴曰："下官不堪其忧，家弟不改其乐[3]。"

注　释　①**戴安道**：戴逵，字安道。其兄戴逯，字安丘，官至大司农。**厉操东山**：指隐居不仕。厉操，磨砺情操。②**式遏**：语出《诗经·大雅·民劳》："式遏寇虐。"意思是遏止侵犯残害百姓。这里泛指抵御侵略，保国卫民。③**"下官"二句**：这是化用《论语·雍也》中的句子。原文是："贤哉，回也！一箪食，一瓢饮，在陋巷，人不堪其忧，回也不改其乐。"

译　文　戴逵在东山隐居，而他的哥哥戴逯却要建功立业。太傅谢安说："你们兄弟二人的志向，为什么那么悬殊呢？"戴逯说："我忍受不了那种忧愁，我弟弟是改变不了那种乐趣。"

原　文

许玄度隐在永兴南幽穴中，每致四方诸侯之遗。或谓许曰："尝闻箕山人似不尔耳[①]。"许曰："筐篚苞苴[②]，故当轻于天下之宝耳！"

注　释　①**箕山人**：指许由。相传尧要将天下让给许由，许由不接受，就逃到了箕山隐居。②**筐篚苞苴**：送饭食所用的竹筐、包裹等。在这里借代饭食鱼肉等礼物。

译　文　许询在永兴县南偏僻的山洞中隐居，常常招致并接受附近高官的馈赠。有人对他说："曾经听说隐居在箕山的许由似乎不是如此吧。"许询说："这些包裹小礼物，自然要比天下的宝座轻微很多吧。"

原　文

范宣未尝入公门[①]。韩康伯与同载，遂诱俱入郡[②]。范便于车后趋下。

注　释　①**范宣**：字宣子，晋人，精通儒籍，被召为太学博士、散骑郎，推辞不就。居家贫俭，以讲诵为业。**公门**：官署。②**郡**：这里指郡官署。

译　文　范宣从没进过官署的门。有一回韩伯和他同乘一辆车，想骗他一块儿进入郡府，结果范宣从后面跳下车跑了。

原　文

郗超每闻欲高尚隐退者，辄为办百万资，并为造立居宇。在剡为戴公起宅[①]，甚精整。戴始往旧居[②]，与所亲书曰："近至剡，如官舍。"郗为傅约亦办百万资[③]，傅隐事差互[④]，故不果遗。

注　释　①**戴公**：戴逵。②**往旧居**：当据《太平御览》卷五百一十引《世说》作"往居"，下文"如官舍"作"如入官舍"。③**傅约**：傅琼，小字约，生平未详。④**差互**：屡失时机而未能成功。

译　文　郗超每当听说有人要避世隐居时，就为他准备百万资财，还替他建造房舍。在剡县时，给戴逵建的屋舍非常精致。戴逵住进去以后，给亲友写信说："最近到了剡县，住的房子就像是官署。"郗超也为傅约准备了百万资财，后来傅约隐居的事没成，所以才没有给他。

原　文

许掾好游山水[①]，而体便登陟。时人云[②]："许非徒有胜情，实有济胜之具。"

注释 ①**好**：喜欢。②**时**：当时。

译文 司徒掾许询喜欢游览山水，而且身体健壮敏捷，便于登高。当时的人说："许询不只有高雅的情趣，而且确有便于游览胜境的好身体。"

原文

郗尚书与谢居士善。常称[1]："谢庆绪识见虽不绝人，可以累心处都尽。"

注释 ①**称**：称赞。

译文 尚书郗恢和谢敷居士很友好。常称赞说："谢敷的见识虽然不比别人高明，但是能够劳心的事情一点儿也没有。"

十九　贤媛

题　解

本章描述了一批才德兼备的妇女形象，而这种对于女性的关注和歌颂，形成了《世说新语》全书的一种特色。

原　文

陈婴者[1]，东阳人。少修德行，著称乡党[2]。秦末大乱，东阳人欲奉婴为主，母曰："不可！自我为汝家妇，少见贫贱，一旦富贵，不祥。不如以兵属人，事成，少受其利，不成，祸有所归。"

注　释　**①陈婴：**秦末人，陈涉起义后领兵依附项梁，后归汉，封为堂邑侯。**②乡党：**乡里；家乡。

译　文　陈婴是东阳人，从少年时代就注重品德修养，在乡里颇负名望。秦末大乱，东阳人要推举陈婴为首领，他的母亲说："不行。自从我做了陈家的媳妇，年轻起就受穷，突然富贵起来，不吉利。不如把兵权交给别人，事情成功了，咱们多少得点好处；事情不成，祸患另有人承担。"

原　文

汉元帝宫人既多[1]，乃令画工图之，欲有呼者，辄披图召之。其中常者，皆行货赂[2]。王明君姿容甚丽[3]，志不苟求，工遂毁为其状。后匈奴来和，求美女于汉帝，帝以明君充行。既召见而惜之，但名字已去，不欲中改，于是遂行。

注　释　**①汉元帝：**刘奭。**②货赂：**贿赂。**③王明君：**即王昭君，名嫱，字昭君，西汉人，晋人因避晋文帝司马昭的名讳改称明君。汉元帝时被选入宫中，后自请往匈奴和亲，促进了汉朝和匈奴的友好关系。

译　文　汉元帝后宫里的宫女太多了，就让画师给她们画像，想要召谁时，就打开画像挑选。其中相貌平平的人，都向画师行贿，以便把自己画得美一些。王昭君姿容美丽，但她从不随便求助于画师，所以画师就丑化她的相貌。后来匈奴来求和，向汉元帝求美女通婚，元帝决定让昭君去。召来之后，元帝就舍不得她，可是名单已经确定，不能中途变卦，于是只能让她去了。

原　文

汉成帝幸赵飞燕[1]，飞燕谗班婕妤祝诅[2]，于是考问。辞曰："妾

闻死生有命，富贵在天。修善尚不蒙福，为邪欲以何望？若鬼神有知，不受邪佞之诉；若其无知，诉之何益？故不为也。”

注释 ①**赵飞燕：**最初为阳阿公主家的歌伎，因体轻善舞而号“飞燕”。后来同妹妹一起入宫，成为汉成帝专宠。成帝死后，又被哀帝尊为皇太后。平帝即位后将其废为庶人，自杀而亡。②**班婕妤：**班彪的姑姑，成帝的宠姬，因赵飞燕诬陷而失宠，退居东宫，曾作《团扇歌》以自伤。**婕妤：**为宫中女官的名字，位比上卿，秩比列侯。**祝诅：**祈告鬼神降祸于所恨之人。

译文 汉成帝宠幸赵飞燕，赵飞燕诬陷班婕妤祈告鬼神诅咒成帝，于是班婕妤被审问。班婕妤辩解说：“我听说生死是命中注定的，富贵是上天已经安排好了的。修德行善还得不到赐福呢，做坏事又有什么指望啊！如果鬼神真的有知觉的话，就不会接受奸邪之人的祷告；而如果没有知觉的话，则祷告又会有什么作用呢？因此我不做这样的事情。”

原文

魏武帝崩，文帝悉取武帝宫人自侍。及帝病困，卞后出看疾[1]。太后入户，见直侍并是昔日所爱幸者。太后问：“何时来邪？”云：“正伏魄时过[2]。”因不复前而叹曰：“狗鼠不食汝余，死故应尔！”至山陵[3]，亦竟不临。

注释 ①**卞后：**曹操的妻子，曹丕和曹植的生母。本是倡家女，曹操在谯时将其纳为妾，到建安初将其扶为正室。②**伏魄时：**招魂的时候，这里是指曹操弥留之际。③**山陵：**陵寝。此处指下葬的时候。

译文 曹操去世后，曹丕将曹操宫中的人要过来侍奉自己。曹丕病危的时候，卞太后出宫来看望。太后一进门，发现那些侍奉曹丕的人都是过去被曹操所宠幸的宫女。太后问道：“她们是何时来的？”答：“正当先帝弥留之际过来的。”太后便不再前去，叹道：“真是连狗鼠都不会捡你剩下的东西吃，实在是该死！”甚至到文帝下葬时，太后都没有到场哭吊。

原文

赵母嫁女，女临去，敕之曰[1]：“慎勿为好[2]！”女曰：“不为好，可为恶邪？”母曰：“好尚不可为，其况恶乎！”

注释 ①**敕：**告诫。②**慎：**千万、慎重。

译文 赵母嫁女儿，女儿临走时，赵母告诫道：“千万不要过分地做好事。”女儿说：“不可以做好事，那是否可以做坏事呢？”赵母说：“好事都不可以做，又怎么可以做坏事呢？”

原文

许允妇是阮卫尉女[1]，德如妹[2]，奇丑。交礼竟，允无复入理，家人深以为忧。会允有客至，妇令婢视之，还答曰：“是桓郎。”桓郎者，桓范也[3]。妇云：“无忧，桓必劝入。”桓果语许云：“阮家既嫁丑女与卿，故当有意，卿宜察之。”许便回入内。既见妇，即

欲出。妇料其此出无复入理，便捉裾停之[4]。许因谓曰：“妇有四德[5]，卿有其几？”妇曰：“新妇所乏唯容尔。然士有百行[6]，君有几？”许云：“皆备。”妇曰：“夫百行以德为首，君好色不好德，何谓皆备？”允有惭色，遂相敬重。

注 释 ①**许允**：字士宗，官至镇北将军，后被司马师所害。**阮卫尉**：阮共，字伯彦，三国时魏国人，仕魏官至卫尉卿。卫尉，即卫尉卿，掌管宫门警卫的官。②**德如**：阮侃，字德如，阮共的儿子，仕魏官至河内太守。③**桓范**：字允明，仕魏官至大司农。④**裾**：大襟，衣服的前襟。⑤**四德**：指妇德、妇言、妇容、妇功（善于纺织）。⑥**百行**：指各种好的品行。

译 文 许允的妻子是卫尉卿阮共的女儿，阮侃的妹妹，相貌奇丑。结婚行过交拜礼后，许允没有进洞房的意思，家里人非常担心。恰好这时有客人来找许允，妻子让婢女去看看是谁，婢女回来禀告说：“是桓郎。”桓郎就是桓范。妻子说：“不用担心了，桓范一定会劝他进来。”桓范果然对许允说：“阮家既然把一个丑闺女嫁给你，一定有他的意图，你应该好好观察。”许允便回到屋内，见了妻子后，马上又想出去。妻子断定他此次出去就不会再进来了，就抓住他的衣襟阻拦他。许允于是说道：“妇人有四德，你有其中的几德？”妻子说：“我缺乏的只是容貌而已。不过士人应有的各种好品行中，你有哪些呢？”许允说：“我都具备。”妻子说：“各种品行里以德为首。你好色不好德，怎么能说都具备呢？”许允顿时面带愧色，从此就敬重她了。

原 文

许允为吏部郎，多用其乡里，魏明帝遣虎贲收之[1]。其妇出戒允曰：“明主可以理夺，难以情求。”既至，帝核问之，允对曰：“‘举尔所知[2]’，臣之乡人，臣所知也。陛下检校，为称职与不？如不称职，臣受其罪。”既检校[3]，皆官得其人，于是乃释。允衣服败坏，诏赐新衣。初，允被收，举家号哭。阮新妇自若，云：“勿忧，寻还。”作粟粥待。倾之，允至。

注 释 ①**虎贲**：官名，负责皇帝侍卫。②**举尔所知**：推举你所了解的人。③**检校**：考察。

译 文 许允担任吏部侍郎的时候，任用的多为同乡人。魏明帝命宫中侍卫将其逮捕。许允的妻子跟出来告诫他道：“明主可以用道理去争取，而很难用情感去打动。”到了朝廷后，明帝审问此事，许允就说：“孔子说：‘举尔所知。’我任用的那些同乡人都是我所熟知的。陛下您可以考察一下他们是否称职。倘若他们不称职，我情愿接受处罚。”经过一番考察，那些人果真都很称职，于是就把许允释放了。许允的衣服弄破了，明帝下诏赐给他新衣服。当初许允被逮捕时，全家上下号啕大哭，阮氏夫人却非常镇定，说：“不用担心，他过不了多久就会回来的。”并把小米粥煮好了等着许允。不久，许允果真回来了。

原 文

许允为晋景王所诛，门生走入告其妇。妇正在机中，神色不变，

曰:"蚤知尔耳!"门人欲藏其儿,妇曰:"无豫诸儿事。"后徙居墓所,景王遣钟会看之,若才流及父[1],当收。儿以咨母,母曰:"汝等虽佳,才具不多[2],率胸怀与语,便无所忧;不须极哀,会止便止[3];又可少问朝事。"儿从之。会反,以状对,卒免。

注释 **①才流:**指才能品级。**②才具:**才能,才干。**③会止便止:**古人按礼节慰问死者家属时当哭泣。

译文 许允被晋景王杀害了,门生急忙跑来向许允的妻子报告。许允的妻子正在织布,神情一点儿都没有变,说:"早就料到会这样了!"门生想把许允的儿子藏起来,许允的妻子说:"这不关孩子的事情。"后来,举家迁往许允的墓地,晋景王派钟会前去查看,并指示:"若才华风韵赶得上他们的父亲,就应该抓起来。"许允的儿子向母亲请教,母亲说:"你们兄弟虽然都很好,但是却都没有突出的才能。只需坦率地同他们讲话,不用担心。不要过于悲伤,钟会不哭了,你们也就赶紧停止哭泣。还可以略微问一下朝中的事情。"儿子按照母亲的教导一一去做了。钟会回去后,把自己的所见所闻一一汇报,许允的儿子们终于幸免于难。

原文

王公渊娶诸葛诞女[1]。入室,言语始交,王谓妇曰:"新妇神色卑下,殊不似公休!"妇曰:"大丈夫不能仿佛彦云[2],而令妇人比踪英杰[3]!"

注释 **①王公渊:**王广,字公渊,三国时魏国人,有风度才学,声名很高。**诸葛诞:**字公休,参见"品藻"注。**②仿佛:**相像。**彦云:**王凌,字彦云,王广的父亲。**③比:**齐步;并驾。

译文 王广娶了诸葛诞的女儿,进了内室,刚开始交谈,王广对妻子说:"看你的神态卑下,一点儿都不像你的父亲公休。"妻子应道:"作为男子汉大丈夫,你不能像你的父亲彦云一样(王广的父亲王凌),却拿一个女人和英杰相比!"

原文

王经少贫苦[1],仕至二千石,母语之曰:"汝本寒家子,仕至二千石,此可以止乎!"经不能用。为尚书,助魏,不忠于晋[2],被收,涕泣辞母曰:"不从母敕,以至今日。"母都无戚容,语之曰:"为子则孝,为臣则忠,有孝有忠,何负吾邪?"

注释 **①王经:**王经初为江夏太守,后升为二州刺史、司隶校尉。**②不忠于晋:**按:王经是魏朝人,当时还没有晋朝,记事者是后代人,所以这样说。

译文 王经年轻的时候,家境贫寒,后来做了官,俸禄达到两千石,母亲对他说道:"你本是穷人家的孩子,做到俸禄两千石的官,就到此为止吧。"王经不听母亲的劝导。他又做了尚书,帮助魏朝而不效忠于晋司马氏,因此遭到逮捕。在跟母亲辞别时,他泪流满面,说道:"只因当初没有听母亲的教诲,才导致今天的下场。"母亲的脸上无丝毫的愁容,她对儿子说:"做

儿子就应当尽孝道，做臣子就应当尽忠心，忠孝两全，怎么会对不起我呢？”

原 文

山公与嵇、阮一面，契若金兰[1]。山妻韩氏觉公与二人异于常交，问公，公曰：“我当年可以为友者[2]，唯此二生耳。”妻曰：“负羁之妻亦亲观狐、赵[3]，意欲窥之，可乎？”他日，二人来，妻劝公止之宿，具酒肉。夜穿墉以视之[4]，达旦忘反。公入曰：“二人何如？”妻曰：“君才致殊不如，正当以识度相友耳。”公曰：“伊辈亦常以我度为胜。”

注 释 **①金兰：**语出《易·系辞上》：“二人同心，其利断金；同心之言，其臭如兰。”后来就用“金兰”指朋友同心同德、志同道合。**②当年：**此生；一生。**③“负羁”句：**据《左传·僖公二十三年》记载，晋公子重耳带着狐偃、赵衰等人流亡国外时经过曹国，曹大夫僖负羁的妻子仔细观察后，认为狐、赵等人均有辅助君王的才能，一定可以帮助重耳返回晋国执政。**④墉：**墙；墙壁。

译 文 山涛和嵇康、阮籍一见面，就觉得志趣投合。山涛的妻子韩氏觉得丈夫和这两个人的交情非比寻常，就问他怎么回事，山涛说：“我一生可以当作朋友的，只有这两个读书人了。”妻子说：“从前僖负羁的妻子也曾亲自观察过狐偃、赵衰，我也想看看他们，可以吗？”有一天，二人来了，妻子劝山涛留他们过夜，给他们准备了酒肉。晚上，她越过墙去观察这两个人，直到天亮也忘了要回去。山涛过来问道：“你觉得这二人怎么样？”妻子说：“你的才智情趣远远比不上他们，只能以你的见识气度和他们交朋友。”山涛说：“他们也总认为我的气度胜过他们。”

原 文

王浑妻钟氏生女令淑，武子为妹求简美对而未得，有兵家子，有俊才，欲以妹妻之，乃白母[1]。曰：“诚是才者[2]，其地可遗，然要令我见。”武子乃令兵家儿与群小杂处，使母帷中察之。既而母谓武子曰：“如此衣形者，是汝所拟者非邪？”武子曰：“是也。”母曰：“此才足以拔萃，然地寒，不有长年，不得申其才用。观其形骨，必不寿，不可与婚。”武子从之。兵儿数年果亡。

注 释 **①白：**说。**②诚：**的确，实在。

译 文 王浑的妻子钟氏生了一个女儿，女儿漂亮贤惠。王济想给自己的妹妹找一个好丈夫，但是却没有找到。有个兵家子弟，才能卓越，王济就打算把妹妹许配给他，于是禀告母亲，母亲说：“倘若有才能，可以不论门第，但是必须得先让我看看。”于是王济就让这位兵家子弟混在一群平民百姓中间，请母亲在帷帐里面观察。过后，母亲对王济说：“穿着这种衣服，长得这种样子，就是你选中的，不是吗？”王济说：“是的。”母亲说：“这人的才气确实出类拔萃，但是由于门第卑微，所以没有很长的时间是无法发挥其才能的。我看他的体型、骨骼，必然不长寿，不能许配给他。”王济听从了母亲的意见。几年以后，这个兵家子弟果真去世了。

原　文

贾充前妇，是李丰女。丰被诛，离婚徙边[①]。后遇赦得还，充先已取郭配女，武帝特听置左右夫人。李氏别住外，不肯还充舍。郭氏语充，欲就省李，充曰：“彼刚介有才气，卿往不如不去。”郭氏于是盛威仪，多将侍婢。既至，入户，李氏起迎，郭不觉脚自屈，因跪再拜。既反，语充。充曰：“语卿道何物[②]？”

注　释　**①徙边：**流放到边远山区。**②何物：**什么。

译　文　贾充的前妻是李丰的女儿。李丰被杀害后，贾充同妻子解除婚约，妻子还被流放到了边远山区。后来赶上大赦回来，可是这时候的贾充已经早娶了郭配的女儿。晋武帝特地允许他设左、右两位夫人。李氏住在外边，不肯回贾家。郭氏就对贾充说想去探望李氏。贾充说：“她性格倔强，又有才气，你去还不如不去呢。”郭氏拉起了一个威严宏大的仪仗队伍，还带上了一大帮丫鬟。到了以后，一进门，李氏便起身相迎，郭氏却不觉中两膝发软，跪下一拜再拜。回到贾府后对贾充述说，贾充说：“之前我对你说什么来着？”

原　文

贾充妻李氏作《女训》行于世。李氏女，齐献王妃；郭氏女，惠帝后。充卒，李、郭女各欲令其母合葬，经年不决。贾后废，李氏乃祔，葬遂定[①]。

注　释　**①“贾后”句：**贾充死于283年。290年，太子司马衷即位，妃贾氏成为皇后。贾氏性妒、狠毒，又想干预朝政，她废太后，杀太傅、太宰、太保。300年，赵王司马伦废贾后并杀之。祔，合葬。

译　文　贾充的妻子李氏写了《女训》一书，在当时广为流传。李氏之女是齐献王王妃；郭氏之女是晋惠帝的皇后。贾充死后，李氏、郭氏的女儿都想让自己的母亲和贾充合葬，一连数年都争论不休，未得解决。后来贾后被废黜，李氏才得以合葬，葬事终于确定下来了。

原　文

王汝南少无婚[①]，自求郝普女。司空以其痴，会无婚处，任其意便许之。既婚，果有令姿淑德。生东海，遂为王氏母仪[②]。或问汝南：“何以知之？”曰：“尝见井上取水，举动容止不失常，未尝忤观，以此知之。”

注　释　**①王汝南：**王湛，字汝南。其父王昶，官至司空。**②东海：**王湛之子王承，曾任东海太守，故称东海。**母仪：**做母亲们的典范。

译　文　汝南内史王湛年轻时一直没人上门提亲，他便想自己向郝普的女儿提出求亲。他父

亲王昶认为他蠢笨，一定无处求婚，便遂他的心意，答应了他。婚后，郝氏果真美貌贤淑。后来又生下了王承，一度成了王家母亲们的典范。有人问王湛为什么认定了她，王湛说："我曾经看见她去水井打水，举止仪容很是镇定自若，也没有不顺眼的地方，因此认定了她。"

原　文

王司徒妇，钟氏女，太傅曾孙，亦有俊才女德[1]。钟、郝为娣姒，雅相亲重[2]：钟不以贵陵郝，郝亦不以贱下钟[3]。东海家内，则郝夫人法，京陵家内，范钟夫人之礼。

注　释　**①女德：**即女子的美德。**②雅：**此处为副词，甚，很。**③下：**低。这里为动词，为"使自己低下""低三下四"的意思。

译　文　司徒王浑的妻子是钟家的女儿，太傅钟繇的曾孙女，也有非凡的才华和女子的美德。钟氏同王湛的妻子郝氏是妯娌，两人关系亲密，相互敬重。钟氏不凭借自己高贵的出身而对郝氏盛气凌人，郝氏也不会因自己门第的卑微而对钟氏低声下气。东海太守王承家里都以郝夫人的规矩为行为准则，而京陵侯家里也以钟夫人的礼节作为行为规范。

原　文

李平阳[1]，秦州子，中夏名士，于时以比王夷甫。孙秀初欲立威权[2]，咸云："乐令民望不可杀，减李重者又不足杀。"遂逼重自裁。初，重在家，有人走从门入，出髻中疏示重；重看之色动，入内示其女，女直叫"绝"，了其意，出则自裁。此女甚高明，重每咨焉。

注　释　**①李平阳：**李重，曾任平阳太守。其父李景，曾任秦州刺史。**②孙秀：**孙秀为赵王伦所宠信，赵王伦自任相国后，任命孙秀为中书令，于是他威权日重。

译　文　平阳太守李重为秦州刺史李景之子，是中原名士，在当时，人们把他和名望很高的王衍并称。起初孙秀想树立自己的威望和权力，到处说："乐广众望所归，不可杀，不如李重的人又不值得杀。"于是就逼李重自杀。事先，李重在家，有人自门外跑进来，从发髻里拿出一封信给李重看；李重看了脸色突变，拿到内室给他女儿看，他女儿只是喊叫说"完了"，李重明白她的意思，出来就自杀了。李重这个女儿见解非常高明，李重遇事经常跟她商量。

原　文

周浚作安东时[1]，行猎，值暴雨，过汝南李氏[2]。李氏富足，而男子不在。有女名络秀，闻外有贵人，与一婢于内宰猪羊，作数十人饮食，事事精办，不闻有人声。密觇之[3]，独见一女子，状貌非常，浚因求为妾。父兄不许。络秀曰："门户殄瘁[4]，何惜一女？若联姻贵族，将来或大益。"父兄从之。遂生伯仁兄弟。络秀语伯仁等："我所以屈节为汝家作妾，门户计耳。汝若不与吾家作亲亲者，吾亦不

惜余年！”伯仁等悉从命。由此李氏在世，得方幅齿遇。

注 释 **①周浚：**汝南郡安城人，曾任扬州刺史，后加安东将军。**②过：**过访，探望。**③觇：**偷看。**④门户：**门第。**殄瘁：**衰微。

译 文 周浚担任安东将军时，一次外出打猎，赶上暴雨，于是就去探望李氏家。李家很富有，可是男子却都没有在家里。有个女儿名字叫络秀，听到外边来了客人，就同丫鬟一起在里边杀猪宰羊，操办了几十人的酒宴。饭食样样精美，但是没有听到有人说话的声音。暗中窥视，只看见一个相貌非凡的女子。周浚因此请求娶她为妾。络秀的父亲和哥哥都不肯答应。络秀却说："咱们家门第衰落，怎么还舍不得一个女儿呢？倘若能与贵族联姻，或许将来还会有好处呢。"于是父兄就顺从了她。后来络秀生下了周顗三兄弟。络秀对伯仁兄弟说道："我之所以委屈自己嫁到你们周家做妾，是出于对李家门户着想罢了。倘若你们不与我李家做亲戚，我也不打算活了！"周顗兄弟一切都听从母亲。从此，李家在社会上开始受到公正的待遇。

原 文

陶公少有大志[①]，家酷贫，与母湛氏同居。同郡范逵素知名[②]，举孝廉[③]，投侃宿。于时冰雪积日，侃室如悬磬[④]，而逵马仆甚多。侃母湛氏语侃曰："汝但出外留客，吾自为计。"湛头发委地，下为二髲[⑤]，卖得数斛米；斫诸屋柱，悉割半为薪；锉诸荐，以为马草。日夕，遂设精食，从者皆无所乏。逵既叹其才辩，又深愧其厚意。明旦去，侃追送不已，且百里许。逵曰："路已远，君宜还。"侃犹不返。逵曰："卿可去矣。至洛阳，当相为美谈。"侃乃返。逵及洛，遂称之于羊晫、顾荣诸人[⑥]。大获美誉。

注 释 **①陶公：**陶侃，字士行，晋卢江寻阳（今江西九江）人。年轻时家中贫困，入仕后勤于职事，很有政绩，声望颇高。曾任江夏、武昌太守，荆、广、江、湘等州刺史以及侍中、太尉等职，封长沙郡公。**②范逵：**曾举孝廉，生平事迹不详。**③孝廉：**选举官吏的科目，要求是孝顺清廉，被选中的人也称为孝廉。**④室如悬磬：**比喻室无所有，极为贫乏。磬，一种石制的敲击乐器，悬挂在架子上演奏。**⑤髲：**假发。**⑥羊：**《晋书·陶侃传》作"杨"，当时担任豫章国郎中令。**顾荣：**字彦先，当时担任豫章国郎中令，死后追赠侍中、骠骑将军，又称"顾骠骑"。

译 文 陶侃少年时就胸怀大志，家中十分贫穷，他和母亲湛氏住在一起。同郡的范逵一向很有名气，被举为孝廉，上任途中到陶侃家投宿。当时连日冰雪，陶侃家徒四壁，范逵带的随从马匹很多。陶侃的母亲湛氏对陶侃说："你只管出去留住客人，我自己想办法招待。"湛氏的头发长及地面，她剪下做成两段假发，卖掉后换了几斛米。又砍掉屋内的几根柱子，劈成两半作柴火，把草席铡碎作为马料。傍晚，摆下了精致的饭食招待客人，随从的人也不缺吃喝。范逵既赞叹陶侃的才华和言谈，又对他深厚的情意感到愧疚不安。第二天早晨范逵离去，陶侃又追着为他们送别，依依难舍，一起走了一百多里。范逵说："已经送得很远，你该回去了。"陶侃还是不回去。范逵说："你回去吧。这次到了洛阳，我一定替你美言。"陶侃这才回去。范逵到了洛阳，就在羊晫、顾荣等人面前赞扬陶侃，陶侃于是名声大噪。

原　文

陶公少时，作鱼梁吏[1]，尝以坩鲊饷母[2]。母封鲊付使，反书责侃曰：“汝为吏，以官物见饷，非唯不益，乃增吾忧也。”

注　释　①鱼梁：一种捕鱼的设施，横截水流，留一缺口，让鱼随水流入竹篓。②坩鲊：一种陶制器皿。鲊：腌渍的鱼。

译　文　陶侃年轻时做鱼梁吏，曾经派人把腌鱼用罐子装着送给他母亲。母亲把腌鱼封好后又退给了使者，写了封信指责陶侃说：“你做官，把公家的东西送给我，这样不但对我不好，反而会增加我的忧虑。”

原　文

桓宣武平蜀[1]，以李势妹为妾[2]，甚有宠，常著斋后。主始不知[3]，既闻，与数十婢拔白刃袭之。正值李梳头，发委藉地，肤色玉曜[4]，不为动容。徐曰：“国破家亡，无心至此。今日若能见杀，乃是本怀。”主惭而退。

注　释　①平蜀：蜀，指成汉，晋十六国之一。晋惠帝时，李雄据蜀称帝，国号大成，成帝时李寿又改国号为汉，史称成汉，其辖境包括今四川全境、陕西南部及云贵北部。成汉传至李势，日益衰落，晋穆帝永和二年（346），桓温率军西伐，次年春，灭掉成汉。②李势：字子人，巴氐族，十六国时期成汉的统治者。桓温伐蜀，他投降后，被封为归义侯。③主：公主，指桓温的妻子晋明帝女儿南康长公主。④曜：发出光辉。

译　文　宣武侯桓温平蜀后，把李势的妹妹纳为妾，非常宠爱她，总是让她住在书房后面。桓温的妻子南康长公主开始不知道此事，后来听说后，带着几十个婢女持刀去刺杀李氏。当时李氏正在梳头，长长的头发垂落到地上，肤色如白玉一般光洁。看到公主后，她毫不动容，徐徐说道：“国破家亡，我也并不想这样。今天如果你能杀了我，正合了我的心愿。”公主很惭愧，便退了下去。

原　文

庾玉台[1]，希之弟也[2]。希诛，将戮玉台。玉台子妇，宣武弟桓豁女也，徒跣求进。阍禁不内[3]。女厉声曰：“是何小人！我伯父门，不听我前！”因突入，号泣请曰：“庾玉台常因人，脚短三寸[4]，当复能作贼不？”宣武笑曰：“婿故自急。”遂原玉台一门[5]。

注　释　①庾玉台：庾友，字玉台，庾冰的三儿子，历任中书郎、东阳太守。②希：庾希，庾冰的大儿子。桓温因忌恨庾希兄弟显贵而将他们杀掉，庾友因其儿媳是桓温的侄女而得以幸免。③阍：守门人。内：同“纳”，意思是进入。④因人：依靠别人。⑤原：宽恕，赦免。

译　文　庾友是庾希的弟弟，庾希被杀后，桓温将要诛杀庾友。庾友的儿媳是桓温的弟弟桓豁的女儿，她光着脚前来求见。守门人将其拦住不让进，她大声呵斥道：“你是什么人，我伯父家的大门居然不让我进去！”于是就冲了进去，号啕大哭请求桓温说：“庾友经常靠人搀扶，脚也比常人短三寸，他会是叛贼吗？”桓温笑着说：“侄女婿本是自己着急！”于是便赦免了庾友一家。

原　文

谢公夫人帏诸婢[1]，使在前作伎[2]，使太傅暂见，便下帏。太傅索更开，夫人云：“恐伤盛德。”

注　释　**①帏：**用帏帐隔开。**②作伎：**表演歌舞等。

译　文　谢安的夫人用帏帐隔开那些婢女，让她们在里面表演歌舞，让谢安看一会儿就把帏帐放下了。当谢安要求再次打开看的时候，谢夫人说：“恐怕伤害了你美好的德行啊。”

原　文

桓车骑不好著新衣。浴后，妇故送新衣与，车骑大怒，催使持去。妇更持还，传语云：“衣不经新，何由而故？”桓公大笑，著之。

译　文　车骑将军桓冲一向不喜欢穿新衣服。有一次洗完澡，他妻子故意叫仆人送去新衣服给他，桓冲大怒，催仆人把衣服拿走。他妻子又叫人再拿回来，并且传话说：“衣服不经过新的，怎么能变成旧的呢？”桓冲听了大笑，就穿上了新衣。

原　文

王右军郗夫人谓二弟司空、中郎曰[1]：“王家见二谢[2]，倾筐倒庋[3]；见汝辈来，平平尔。汝可无烦复往。”

注　释　**①司空、中郎：**指郗愔、郗昙。**②二谢：**指谢安、谢万兄弟。**③倾筐倒庋：**把竹筐、架子里的东西全都倒出来，比喻尽其所有，款待丰盛。

译　文　王羲之的妻子郗夫人，对她的两个弟弟郗愔和郗昙说：“王家见谢安和谢万兄弟到来，翻箱倒柜，倾其所有热情款待；见到你们来了却反应平常。你们可以不必再来了。”

原　文

王凝之谢夫人既往王氏[1]，大薄凝之。既还谢家，意大不说[2]。太傅慰释之曰：“王郎，逸少之子，人材亦不恶[3]，汝何以恨乃尔？”答曰：“一门叔父，则有阿大、中郎[4]；群从兄弟，则有封、胡、遏、末[5]。不意天壤之中，乃有王郎！”

注　释　**①谢夫人：**谢道韫，谢安的侄女。**②不说：**不悦，不高兴。**③不恶：**不错，不坏。**④阿大、中郎：**指谢尚和谢万。或者说是指谢安和谢据。**⑤封、胡、遏、末：**指谢绍、谢朗、谢玄和谢渊。

译　文　王凝之的夫人谢道韫嫁到王家后非常看不起王凝之。回到谢家后非常不愉快，叔父谢安安慰她说：“王凝之是王羲之的儿子，人品才学都很好，你怎么居然厌恶到如此地步呢？”谢道韫说：“谢家一族中，叔父辈有谢安、谢拒；同族兄弟中有谢韶、谢朗、谢玄、谢渊。可是没有想到天地间还有王郎这样的人。”

原 文

韩康伯母隐古几毁坏[1]，卞鞠见几恶[2]，欲易之。答曰：“我若不隐此，汝何以得见古物！”

注 释 ①**隐**：倚靠。②**卞鞠**：韩母的外孙，生活奢靡，平时吃穿用度力求新异，常“以富贵骄人”。

译 文 韩康伯的母亲平日里经常用来靠着的那张很老旧的小桌子坏掉了，卞范之看见小桌破旧了，他想直接换一个新的。韩母回答说：“我如果不倚着这个，你又怎么能见到古物！”

原 文

王江州夫人语谢遏曰[1]：“汝何以都不复进？为是尘务经心[2]，天分有限？”

注 释 ①**王江州夫人**：即王凝之的夫人谢道韫。②**为是**：难道是。

译 文 王凝之的夫人谢道韫对谢玄说：“你怎么一点儿长进都没有呢？莫非是世俗事务烦扰了你的心，还是你的天赋有限呢？”

原 文

郗嘉宾丧[1]，妇兄弟欲迎妹还，终不肯归[2]。曰：“生纵不得与郗郎同室，死宁不同穴！”

注 释 ①**丧**：去世。②**归**：女子回娘家。

译 文 郗超去世了，他妻子的兄弟想把妹妹接回去，她却始终不肯回去。说：“纵然在活着时不能和郗郎同居一室，死了怎么能不和他同葬一穴！”

原 文

谢遏绝重其姊[1]，张玄常称其妹[2]，欲以敌之。有济尼者[3]，并游张、谢二家。人问其优劣，答曰：“王夫人神情散朗，故有林下风气。顾家妇清心玉映[4]，自是闺房之秀。”

注 释 ①**其姊**：指谢道韫，下文“王夫人”也是指她。②**张玄**：又作“张玄之”。③**济尼**：晋时的一个尼姑，生平不详。④**顾家妇**：张玄的妹妹嫁给顾氏，故称为顾家妇。

译 文 谢遏十分推崇他姐姐谢道韫，张玄常常赞扬他妹妹，想把妹妹和谢遏的姐姐媲美。有一个法号济的尼姑，张、谢两家都去过，有人问她二人的优劣，尼姑答道：“王夫人（谢道韫）神情洒脱，确实有竹林名士的风度；顾家媳妇（张玄妹）心灵纯洁明净，有如美玉辉映，自然是一位大家闺秀。”

原 文

王尚书惠尝看王右军夫人[1]，问：“眼耳未觉恶不？”答曰：“发

白齿落，属乎形骸[②]；至于眼耳，关于神明，那可便与人隔？”

注释 ①**尝**：曾经。②**骸**：衰老。

译文 尚书王惠曾经去看望过右军将军王羲之的夫人，问她说：“眼睛、耳朵还没有觉得不好吧？”她回答说：“头发白了，牙掉了，这是属于身体的衰老；至于视力和听力，关系到精神，哪能就阻碍和别人交往呢！”

原文

韩康伯母殷，随孙绘之之衡阳，于阖庐洲中逢桓南郡。卞鞠是其外孙，时来问讯。谓鞠曰：“我不死，见此竖二世作贼！”在衡阳数年，绘之遇桓景真之难也，殷抚尸哭曰：“汝父昔罢豫章[①]，徵书朝至夕发。汝去郡邑数年，为物不得动，遂及于难，夫复何言？”

注释 ①**汝**：你。**昔**：以前。

译文 韩伯的母亲殷氏，随着孙子韩绘之到衡阳去，途中在阖庐洲上遇见南郡公桓玄。桓玄的长史卞范之是殷氏的外孙，当时也来问安。殷氏对卞范之说：“我不死，就看到了这小子两代人做乱臣贼子！”在衡阳住了几年，绘之在桓景真的叛乱中被害，殷氏抚尸痛哭道：“你父亲以前免去豫章太守时，征调他的文书早晨到了，他傍晚就上路；你免官已经几年了，却为着别人不能动身，终于遭难，这还能说什么呢？”

二十　术解

题　解

本章记录了对技艺的理解和掌握，包括占卜、医药、音乐等，表现了魏晋士人在方术上的才能。

原　文

荀勖善解音声[1]，时论谓之暗解[2]。遂调律吕[3]，正雅乐[4]。每至正会，殿庭作乐，自调宫商，无不谐韵。阮咸妙赏[5]，时谓神解[6]。每公会作乐，而心谓之不调，既无一言直勖[7]。意忌之，遂出阮为始平太守[8]。后有一田父耕于野，得周时玉尺，便是天下正尺。荀试以校己所治钟鼓、金石、丝竹[9]，皆觉短一黍[10]，于是伏阮神识。

注　释　①**荀勖**：魏晋时人，善解乐律，曾掌管乐事。②**暗解**：默识；心中自然领悟。③**律吕**：乐律。古代用十二个长度不同的律管，吹出十二个高度不同的标准音，以确定乐音的高低，叫作十二律。十二律分为阴阳两类，奇数六律为阳律，也叫六律，偶数六律为阴律，称为六吕，合称为律吕。④**雅乐**：用于郊庙朝会等隆重场合的正乐。⑤**阮咸**：字仲容，阮籍的侄子，"竹林七贤"之一，和阮籍并称大小阮，曾任散骑侍郎、始平太守。⑥**神解**：神妙的理解。⑦**直**：这里表示"认为……正确"。⑧**始平**：郡名，治所在槐里（今陕西兴平东南）。⑨**钟鼓、金石、丝竹**：泛指各类乐器。⑩**觉**：通"较"，相差。

译　文　荀勖精通音律，当时的舆论认为他能自然领悟，因此由他调正乐律，校定祭祀朝会时的音乐。每当元旦朝会，宫廷奏乐时，荀勖亲自调节五音，韵律无不和谐。阮咸精于音乐鉴赏，当时人们都认为他对音乐有神妙的理解。每当集会演奏音乐时，阮咸总觉得音律不够正确，因此从不讲一句肯定荀勖的话。荀勖心里非常记恨他，就把他外放到始平做太守。后来一个农夫在田野里耕种，捡到一个周朝时的玉尺，这是天下校定音准的标准尺，荀勖就用它来校验自己所造的钟鼓、金石、丝竹乐器的音律，结果都短了一粒米的长度，自此荀勖才佩服阮咸对音乐神妙的见识。

原　文

荀勖尝在晋武帝坐上食笋进饭，谓在坐人曰："此是劳薪炊也[1]。"坐者未之信，密遣问之，实用故车脚[2]。

注　释　①**劳薪**：以使用过的木材作为柴。②**车脚**：车轮。

译　文　一次，荀勖在晋武帝举办的宴席上以笋进食，他对在座的人说："这些是用使用过废弃的木料当柴煮熟的。"周围有人不相信，便暗中去问厨师，才知道确实是拿旧车轮做柴煮成。

原　文

人有相羊祜父墓[1]，后应出受命君[2]。祜恶其言，遂掘断墓后，以坏其势。相者立视之曰："犹应出折臂三公[3]。"俄而祜坠马折臂，位果至公[4]。

注　释　**①羊祜**：字叔子，晋泰山平阳（今山东新泰）人，立身清廉，德才并高，深得时人敬重。曾任尚书左仆射、征南大将军等职，死后追赠太傅。**②受命君**：接受天命统治天下的君主。**③三公**：魏晋以太尉、司徒、司空为三公。**④"位果"句**：羊祜死后追赠太傅，太傅和太宰、太保均为上公。三公、上公，加上大司马、大将军，合称八公。

译　文　有个看相的人看了羊祜父亲的墓地，说羊家以后会出皇帝。羊祜对他的话反感，就把墓后挖断，想以此破坏它的风水。算命的站在那儿看了后，说："还会出一位断臂的三公。"不久羊祜就从马上摔了下来，胳膊断了，官职果然升到了三公。

原　文

王武子善解马性。尝乘一马，著连钱障泥[1]。前有水，终日不肯渡[2]。王云："此必是惜障泥。"使人解去，便径渡。

注　释　**①连钱**：本来指马毛斑驳像钱纹，这里指一种花饰。**障泥**：放在马鞍下的垫子，两旁下垂可以遮挡泥土。**②终日**：良久。

译　文　王济精通马性。曾经骑着一匹马，马背上铺着连钱纹饰的垫子，前面遇到了河，马就死也不肯渡水。王济说："这一定是因为马爱惜垫子。"让人解下垫子后，马果然就直接过河了。

原　文

陈述为大将军掾[1]，甚见爱重。及亡，郭璞往哭之[2]，甚哀，乃呼曰："嗣祖，焉知非福！"俄而大将军作乱，如其所言。

注　释　**①陈述**：字嗣祖，曾担任王敦的属官，很受王敦赏识。**②郭璞**：字景纯，博学有才，精通五行、天文、占卜之术，曾为《尔雅》《方言》《山海经》等书作注，是晋代著名的学者。

译　文　陈述担任大将军王敦手下的属官，很受器重。陈述死后，郭璞来哭吊，非常悲伤，他喊道："嗣祖，怎么知道这就不是福气呢！"不久大将军王敦叛乱，应验了郭璞的话。

原　文

晋明帝解占冢宅[1]，闻郭璞为人葬，帝微服往看，因问主人："何以葬龙角？此法当灭族！"主人曰："郭云：'此葬龙耳，不出三年，当致天子。'"帝问："为是出天子邪[2]？"答曰："非出天子，能致天子问耳。"

注释 ①**解**：能愿动词，能，会。②**为**：通“解”，能，会。

译文 晋明帝会看墓地住宅的风水，他听说郭璞要为人选择墓地，就化装前去观看。他问主人：“为什么要葬在龙角上？这种葬法是会被灭族的。”主人说：“郭璞先生说：‘这是葬在了龙耳上，不出三年，将会引来天子。’”明帝说：“会出天子吗？”主人答道：“不是出天子，只是能够招来天子的询问而已。”

原文

郭景纯过江，居于暨阳，墓去水不盈百步，时人以为近水[1]。景纯曰：“将当为陆。”今沙涨，去墓数十里皆为桑田[2]。其诗曰：“北阜烈烈，巨海混混[3]；垒垒三坟[4]，唯母与昆[5]。”

注释 ①**“郭景纯”句**：郭景纯就是郭璞，西晋末年，他预知天下将乱，为避乱而过江，住在暨阳（今江苏江阴市境）。这句所提到的“墓”没有指墓主是谁，疑有脱字。按：《晋书·郭璞传》说：“璞以母忧去职，卜葬地于暨阳，去水百步许。”应为郭母墓。从下文看，又可能是指郭璞母亲和两位哥哥的墓。步，古时长度单位，三百步为一里。②**桑田**：指农田。③**烈烈**：山的高峻险阻的样子。**混混**：同“滚滚”，大水翻腾的样子。④**垒垒**：堆积貌。⑤**昆**：哥哥。

译文 郭璞刚到江南的时候，住在暨阳县，他把母亲的墓地安放在距离大江不足百步的地方，当时很多人都认为这样离江太近了。景纯却说：“那里将来就会成为高起的陆地。”现在看来泥沙已经增高了，距离坟墓几十里远的地方都变成了农田。郭璞有诗这样记载：“北阜烈烈，巨海混混。垒垒三坟，唯母与昆。”

原文

王丞相令郭璞试作一卦，卦成，郭意色甚恶，云：“公有震厄[1]！”王问：“有可消伏理不[2]？”郭曰：“命驾西出数里，得一柏树，截断如公长，置床上常寝处，灾可消矣。”王从其语。数日中，果震柏粉碎，子弟皆称庆。大将军云：“君乃复委罪于树木。”

注释 ①**震厄**：雷击的灾难。②**消伏**：消除。

译文 丞相王导让郭璞给他算一卦。卦算好了，郭璞的神情很不好，说道：“您有雷震之灾！”王导问：“有没有消除的办法呢？”郭璞说：“坐上车向西走几里路，能见到一棵柏树，把这棵柏树截成和你一样的高度，放在床上经常睡觉的地方，就可以消灾了。”王导听了他的话，几天后，柏树果然被震得粉碎，家里的人都向他祝贺。大将军王敦说：“你竟把罪过转嫁到树身上。”

原文

桓公有主簿，善别酒，有酒辄令先尝。好者谓青州从事，恶者谓平原督邮[1]。青州有齐郡，平原有鬲县[2]；从事言到脐，督邮言在鬲上住。

注　释　**①从事、督邮：**分别是州、郡属官的名称。**②"青州"二句：**齐郡的齐，古时可写作"脐"，即肚脐。鬲县的鬲可以写作"膈"，即膈膜，即胸腔和腹腔间的膜状肌肉。

译　文　早前桓温属下的一位主簿，非常擅长品酒，每当有酒都会找他先来品鉴。若是好酒，他就说是青州从事，如不是好酒，他就说是平原督邮。这么说的原因是青州有个齐郡，平原郡有个鬲县；从事的意思是说酒力能达到肚脐下，督邮的意思是酒力刚到膈膜上就停住了。

原　文

郗愔信道甚精勤[1]，常患腹内恶，诸医不可疗，闻于法开有名[2]，往迎之。既来，便脉，云："君侯所患[3]，正是精进太过所致耳[4]。"合一剂汤与之[5]，一服即大下，去数段许纸，如拳大，剖看，乃先所服符也[6]。

注　释　**①"郗愔"句：**郗愔信奉天师道，曾经绝谷十余年，认为喝符水可以健身治病。**②于法开：**晋时高僧，精通佛法，擅长医术。**③君侯：**对列侯和尊贵者的敬称。**④精进：**这里指专心致志。**⑤汤：**指中药汤剂。**⑥符：**也叫符箓，道士写在纸上用以驱邪治病的神秘符号，用水服下，据说可以祛病延年。

译　文　郗愔信奉道教非常虔诚勤勉，常常感到肚子不舒服，许多医生都无法治好。他听说于法开有名气，便去把他接来。于法开来后就诊脉，说道："您所患的病，正是过分虔诚所造成的。"配了一剂汤药给他。一服药马上大泻，泻出好几个拳头大小的纸团，剖开一看，竟是先前吞下去的符箓。

原　文

殷中军妙解经脉[1]，中年都废。有常所给使，忽叩头流血。浩问其故，云："有死事，终不可说。"诘问良久，乃云："小人母年垂百岁，抱疾来久，若蒙官一脉，便有活理。讫就屠戮无恨。"浩感其至性，遂令舁来，为诊脉处方。始服一剂汤，便愈。于是悉焚经方。

注　释　**①妙解：**神解，即先天的高妙领悟。

译　文　殷浩精通经络脉象，到中年的时候却全荒废了。有个经常使唤的仆人，一天突然向他磕头直至头上出血。殷浩问缘故，那个仆人说："有一件人命关天的事情始终不敢说出口。"问了很久才说道："小人的母亲年近百岁，生病很长时间了，倘若能够承蒙您去为她切脉，便可以继续活下去。事成之后，就是让我去死，也丝毫不会有怨言。"殷浩被他仆人真诚的孝心所感动了，于是就让他把母亲抬来，为她切脉并开了处方。那位母亲刚刚服了一剂药，病就好了。从此以后，殷浩烧光了所有的医书。

二十一　巧艺

题　解

本章记载了艺术相关范畴，涉及的艺术类别有绘画、书法、建筑、棋艺、骑射，而其中以绘画占大部分，这和魏晋士人认为绘画直观性强，最能传达人物的精神有关。

原　文

弹棋始自魏，宫内[1]用妆奁戏。文帝于此戏特妙[2]，用手巾角拂之，无不中。有客自云能，帝使为之。客著葛巾角[3]，低头拂棋，妙逾于帝。

注　释　**①弹棋：**一种赌胜负的游戏。两人对局，在棋盘上放黑白子各十二颗，用手指或他物弹动棋子撞击对方棋子并攻破对方棋门为胜利。这种游戏起源于西汉，东汉逐渐失传，建安时宫女模仿弹棋，用金钗、玉梳在梳妆的镜匣上游戏，其后渐又盛行。因此，这里说弹棋始自魏宫内，并不准确。**②文帝：**指魏文帝曹丕。**③葛巾：**葛布头巾。

译　文　弹棋源自魏时宫内的梳妆匣游戏。文帝曹丕玩得非常好，用手巾角一扫，没有击不中的。有个客人自称他也会玩，文帝就让他玩。客人戴着葛布头巾，他低下头来，用头巾拨击棋子，巧妙胜过文帝。

原　文

陵云台楼观精巧[1]，先称平众木轻重，然后造构，乃无锱铢相负揭[2]。台虽高峻，常随风摇动，而终无倾倒之理。魏明帝登台，惧其势危，别以大材扶持之，楼即颓坏。论者谓轻重力偏故也。

注　释　**①陵云台：**楼台名，魏文帝时建造，高五丈，方四丈。**②锱铢：**古时候很小的两个重量单位。比喻非常轻。**负揭：**担负。

译　文　陵云台楼阁的结构精巧，建造的时候，先称了每根木头的轻重，然后才开始建造，这样一来，众木之间没有丝毫担负。台虽然高峻，且常常随风摇晃，但是却始终都没有倒塌的可能。魏明帝登上陵云台，担心楼台危险，于是就命人用太木材将其支撑住，结果台瞬间倒塌了。当时的人们纷纷议论，都说这是因为轻重失去平衡的缘故。

原　文

韦仲将能书[1]。魏明帝起殿，欲安榜[2]，使仲将登梯题之。既下，头鬓皓然[3]，因敕儿孙勿复学书。

注释 ①**韦仲将**：韦诞，字仲将，三国时魏国人，擅长楷书大字，官至光禄大夫。②**榜**：匾额。③**皓然**：雪白的样子。

译文 韦诞擅长书法。魏明帝曹叡建造宫殿，想挂上一块匾额，就让仲将登梯子上去题匾。下来以后，他的鬓发都白了，于是告诫儿孙不要再学习书法。

原文

钟会是荀济北从舅[1]，二人情好不协。荀有宝剑，可直百万，常在母钟夫人许。会善书，学荀手迹，作书与母取剑，仍窃去不还[2]。荀勖知是钟而无由得也，思所以报之。后钟兄弟以千万起一宅，始成，甚精丽，未得移住。荀极善画，乃潜往画钟门堂，作太傅形象[3]，衣冠状貌如平生。二钟入门，便大感恸，宅遂空废。

注释 ①**钟会**：钟繇的儿子。**荀济北**：荀勖。**从舅**：指母亲的叔伯兄弟。②**仍**：于是。③**太傅**：钟繇。这个时候钟繇已经去世了。

译文 钟会是荀勖的堂舅，两个人感情不是很好。荀勖有一把价值百万的宝剑，常常放在母亲钟夫人那里。钟会擅长书法，于是便模仿荀勖的字体给荀勖的母亲写信，将宝剑骗走了，然后再也不还。荀勖知道是钟会干的，但是却没有办法索要回来，于是就想办法报复钟会。后来钟氏兄弟花费千万巨资建造了一所豪宅，刚刚建好，非常精美华丽，还没有入住。荀勖很擅长画画，于是他就潜入钟会的豪宅，在门堂上画了一幅太傅钟繇的画像，衣冠容貌都跟其生前一样。钟氏兄弟一进门，看到了父亲的画像，就非常感伤悲痛，于是这所住宅从此就空置在那里了。

原文

羊长和博学工书[1]，能骑射，善围棋。诸羊后多知书，而射、奕馀蓺莫逮[2]。

注释 ①**羊长和**：羊忱的字。**工**：擅长。②**奕**：同“弈”。下围棋。**蓺**：同“艺”，技艺。

译文 羊忱是一位学识广博的人，他擅长书法，骑马射箭技术高超，擅长下围棋。羊家的后人大多很懂书法，可是在射箭、下棋这些方面的水平，却没有谁能赶上羊忱。

原文

戴安道就范宣学[1]，视范所为，范读书亦读书，范抄书亦抄书。唯独好画，范以为无用，不宜劳思于此。戴乃画《南都赋图》[2]，范看毕咨嗟，甚以为有益，始重画。

注释 ①**戴安道**：戴逵，字安道，参见“雅量”注。**范宣**：字宣子，晋人，精通儒籍，被召为太学博士、散骑郎，推辞不就。居家贫俭，以讲诵为业。②**《南都赋》**：东汉张衡所作的记述汉朝南都盛况的一篇赋。南都，即南阳郡，治所在宛县（今河南南阳），是汉光武帝刘秀生长的地方，又在汉朝京都洛阳之南，所以称为南都。

译　文　戴逵到范宣那里求学，事事都看范宣的做法，范宣读书他也读书，范宣抄书他也抄书。唯独戴逵喜欢的绘画，范宣认为没用，觉得不该在这方面劳费心思。戴逵于是画了一幅《南都赋图》，范宣看罢赞赏不已，认为绘画大有益处，自此开始重视绘画了。

原　文

谢太傅云："顾长康画[1]，有苍生来所无[2]。"

注　释　①**顾长康**：顾恺之，字长康，是晋时著名的画家。②**苍生**：人类。

译　文　太傅谢安说："顾恺之的画，是自有人类以来所没有过的。"

原　文

戴安道中年画行像甚精妙[1]。庾道季看之，语戴云："神明太俗，由卿世情未尽。"戴云："唯务光当免卿此语耳[2]。"

注　释　①**行像**：古代宣扬佛教的一种宗教仪式，多在佛生日举行。一说即行乐图，游玩娱乐的神像画。②**务光**：传说是夏朝人，隐士。

译　文　戴逵中年时画行像，画得非常精妙。庾龢看了他的画，对他说："神像画得太俗气，这是因为你还没有完全摆脱世俗之情。"戴逵说："只有务光才能避免受到你这样的评论啊。"

原　文

顾长康画裴叔则，颊上益三毛。人问其故，顾曰："裴楷俊朗有识具[1]，正此是其识具。"看画者寻之，定觉益三毛如有神明[2]，殊胜未安时。

注　释　①**识具**：才识。②**定**：的确。

译　文　顾恺之画的裴楷，面颊上添了三根胡须。有人问他为何这样，顾恺之说："裴楷英俊爽朗，又有才识，这三根胡须正是他的才识。"看画的人寻味这幅画像，也觉得增加这三根胡须似乎更有神韵，胜过没有添上的时候。

原　文

王中郎以围棋是坐隐[1]，支公以围棋为手谈[2]。

注　释　①**王中郎**：王坦之，曾任北中郎将。**坐隐**：围棋的别名，意思是在座上隐居。②**手谈**：用手交谈，也是指围棋。

译　文　北中郎将王坦之把下围棋当作是在座上隐居，支道林把下围棋看成是用手交谈。

原　文

顾长康好写起人形，欲图殷荆州，殷曰："我形恶，不烦耳。"顾曰："明府正为眼尔[1]。但明点童子[2]，飞白拂其上[3]，使如轻云之蔽日。"

注　释　①**"明府"句**：殷仲堪瞎了一只眼，因此不愿意画像。②**童子**：同"瞳子"，瞳仁。

③飞白：中国书画的一种笔法，枯笔中露出丝丝白地。

译　文　顾恺之喜爱人物画像，要给荆州刺史殷仲堪画像，殷仲堪说："我长得不好，不麻烦您了。"顾恺之说："您只是因为眼睛吧！只要把瞳子画得明亮一点，然后用飞白掠过，这样看起来就像轻云蔽日一样了。"

原　文

顾长康画谢幼舆在岩石里。人问其所以，顾曰："谢云：'一丘一壑，自谓过之[1]。'此子宜置丘壑中。"

注　释　**①"一丘"二句：**这是谢幼舆回答晋明帝问话时说的话，意思是在山水之间陶冶性情要超过庾亮。

译　文　顾恺之画谢鲲时，将他画在岩石间。有人问他原因，顾恺之说："谢鲲曾说过：'寄情山水，我认为自己超过庾亮。'所以此人应该放在高山幽谷之中。"

原　文

顾长康画人，或数年不点目精。人问其故，顾曰："四体妍蚩[1]，本无关于妙处；传神写照[2]，正在阿堵中[3]。"

注　释　**①妍蚩：**同"妍媸"，美丑。**②写照：**画人物肖像。**③阿堵：**这；这个。这里指眼睛。

译　文　顾恺之画人物肖像，有的好几年都不点上瞳仁。有人问他原因，顾恺之说："形体的美丑，本来就不牵扯到神妙之处；然而最能够传神的，就在这眼睛当中。"

原　文

顾长康道画[1]："手挥五弦易，目送归鸿难。"

注　释　**①道：**谈论。**画：**作画。

译　文　顾恺之谈论作画时说："要画出手挥五弦的动作很容易，要画出目送归鸿的神态就很难。"

二十二　宠礼

题解

本章的内容为对人才的表彰和奖挹。但在当时动荡不安的政局下，为巩固政权，防止叛变，宠礼的目的也包含笼络人心。

原文

元帝正会，引王丞相登御床，王公固辞，中宗引之弥苦[1]。王公曰："使太阳与万物同辉，臣下何以瞻仰？"

注释　①**中宗**：晋元帝司马睿的庙号。

译文　晋元帝司马睿在正月初一朝会时，拉着丞相王导登上御座，王导执意推辞，晋元帝仍是苦苦地拉他。王导说："如果太阳和万物一起散发出光辉，那臣子们瞻仰什么呢？"

原文

桓宣武尝请参佐入宿，袁宏、伏滔相次而至[1]，莅名[2]，府中复有袁参军，彦伯疑焉，令传教更质[3]。传教曰："参军是袁、伏之袁，复何所疑？"

注释　①**袁宏**：字彦伯。**伏滔**：字玄度。袁、伏二人都是桓温手下的参军，当时并称为"袁伏"。②**莅名**：通名；通报来人的姓名。③**传教**：传达教令的属吏。**质**：诘问。

译文　宣武侯桓温曾经让属官入府住宿，袁宏、伏滔先后来到。点名时，府里还有一位袁参军，袁宏怀疑点名的袁参军不是自己，就让负责传达的小吏再问问。小吏说："参军就是袁、伏中的袁参军，又有什么疑惑的？"

原文

王珣、郗超并有奇才，为大司马所眷拔[1]。珣为主簿，超为记室参军。超为人多须，珣状短小。于时荆州为之语曰："髯参军，短主簿。能令公喜，能令公怒[2]。"

注释　①**大司马**：指桓温，当时担任荆州刺史。**眷拔**：爱重提拔。②**"能令"二句**：意思是他们受到桓温的宠信，因而能够左右桓温的喜怒好恶等感情。

译文　王珣、郗超二人都是奇才，受到大司马桓温的器重提拔。王珣担任主簿，郗超担任记室参军。郗超胡子浓密，王珣身材矮小，当时荆州人给他们编了歌谣说："大胡子参军，矮

个子主簿，能让桓温欢喜，也能让桓温发怒。”

原　文

许玄度停都一月，刘尹无日不往[1]，乃叹曰：“卿复少时不去，我成轻薄京尹[2]！”

注　释　①“刘尹”句：许玄度和刘惔都善于清谈，《世说新语》原注引《语林》说：“玄度出都，真长九日十一诣之。”②京尹：即京兆尹，京都地区的行政长官。刘惔当时担任丹阳尹。

译　文　许询在京都待了一个月，丹阳尹刘惔没有一天不去看他的，刘惔感叹道：“你再有几天不走，我就成了不务正业的京兆尹了。”

原　文

孝武在西堂会[1]，伏滔预坐。还，下车呼其儿，语之曰：“百人高会，临坐未得他语，先问：‘伏滔何在？在此不？’此故未易得。为人作父如此，何如？”

注　释　①西堂：东晋皇宫的厅堂名，即太极殿的西厅。

译　文　晋孝武帝司马曜在西堂集会，伏滔也在座。回家后，一下车就招呼他儿子，对他说：“上百人的聚会，皇上就座后没说别的，先问：‘伏滔在哪？在这里吗？’这确实难得，为人在世，做父亲的能够这样，如何？”

原　文

卞范之为丹阳尹[1]，羊孚南州暂还[2]，往卞许，云：“下官疾动，不堪坐。”卞便开帐拂褥，羊径上大床，入被须枕。卞回坐倾睐，移晨达莫[3]。羊去，卞语曰：“我以第一理期卿，卿莫负我。”

注　释　①卞范之：字敬祖，小字鞠，起初担任桓玄的长史，桓玄篡位后任丹阳尹，后被杀。②南州：城名，又名姑孰，故址在今安徽当涂。③莫：暮。

译　文　卞范之任丹阳尹时，羊孚从南州临时回京，前往卞范之家里，对他说：“我的药性发作了，无法坐得住。”卞范之就撩开帐子，铺好被褥，羊孚径直上了床，钻进被子后又要枕头。卞范之侧身坐着望着他，从早晨直到晚上。羊孚离开时，卞范之对他说：“我期望你成为最善于谈论义理的人，你千万不要辜负我呀。”

二十三　任诞

题解

本章反映了魏晋士人对于传统礼教的蔑视，以及借酒浇愁以求精神超脱的内容。这是魏晋士人对于旧礼制的反抗，也是处于黑暗政治环境中，一种对于自由的向往。

原文

陈留阮籍、谯国嵇康、河内山涛，三人年皆相比[1]，康年少亚之。预此契者[2]，沛国刘伶、陈留阮咸、河内向秀、琅邪王戎。七人常集于竹林之下，肆意酣畅，故世谓“竹林七贤”。

注释　**①比**：接近。**②契**：聚会。

译文　陈留的阮籍、谯国的嵇康、河内的山涛三个人年岁相仿，嵇康最小。参加他们聚会的还有沛国的刘伶、陈留的阮咸、河内的向秀、琅邪的王戎。这七人常在竹林下聚会，纵情饮酒，所以世人称他们为“竹林七贤”。

原文

阮籍遭母丧，在晋文王坐，进酒肉。司隶何曾亦在坐[1]，曰：“明公方以孝治天下，而阮籍以重丧[2]，显于公坐饮酒食肉，宜流之海外[3]，以正风教。”文王曰：“嗣宗毁顿如此[4]，君不能共忧之，何谓？且有疾而饮酒食肉，固丧礼也。”籍饮啖不辍，神色自若。

注释　**①何曾**：字颖考，三国时魏国人，曾任司隶校尉，入晋后官至太宰。**②重丧**：重大的丧事，指父亲或母亲去世。**③海外**：本指我国国境以外的地方，这里泛指边远地区。**④毁顿**：指居丧过哀而导致损害身体、神情疲惫。

译文　阮籍为母亲服丧期间，在晋文王司马昭的宴席上喝酒吃肉。司隶校尉何曾也在座，他对文王说：“您正在以孝治国，而阮籍却在母丧期间出席您的宴会，喝酒吃肉，应该把他流放到偏远的地方，以正风俗教化。”文王说：“嗣宗如此悲伤消沉，您不能分担他的忧愁，为什么还这样说呢？况且身体不适而饮酒吃肉，这也是符合丧礼的呀！”阮籍依旧在喝酒吃肉，神色自若。

原文

刘伶病酒[1]，渴甚，从妇求酒。妇捐酒毁器，涕泣谏曰：“君饮太过，非摄生之道，必宜断之！”伶曰：“甚善。我不能自禁，唯当

祝鬼神，自誓断之耳！便可具酒肉。”妇曰：“敬闻命。”供酒肉于神前，请伶祝誓。伶跪而祝曰：“天生刘伶，以酒为名，一饮一斛，五斗解酲[2]。妇人之言，慎不可听。”便引酒进肉，隗然已醉矣[3]。

注释 **①刘伶：**字伯伦，以嗜酒出名。**病酒：**醉酒后引起较长时间的身体不适。**②酲：**醉酒后神志模糊的状态。**③隗然：**醉倒的样子。

译文 刘伶喝醉了，口渴得厉害，就向妻子要酒喝。妻子把酒都倒了，把喝酒的用具也全砸了，哭着劝阻刘伶说：“你喝酒喝得太过分了，这不是养生的办法，应该戒掉！”刘伶说：“说得很对。不过我自己不能控制酒瘾，只有在鬼神面前祈祷发誓才能断绝啊。你去准备祈祷用的酒肉吧。”妻子说：“就照你的话办。”于是就把酒肉供奉在神像前，让刘伶祷告发誓。刘伶跪下祷告道：“天生刘伶，靠喝酒而出名，一喝就是一斛，五斗解除酒病。妇道人家的话，务必不要去听！”说完就拿起酒肉吃喝起来，晃晃悠悠又醉了。

原文

刘公荣与人饮酒，杂秽非类[1]，人或讥之。答曰：“胜公荣者不可不与饮，不如公荣者亦不可不与饮，是公荣辈者又不可不与饮[2]。”故终日共饮而醉。

注释 **①非类：**非同类之人。**②辈：**同一类别和等级。

译文 刘昶与人打交道离不开喝酒，他经常行走在不同身份地位的形形色色的人酒桌中间，有的朋友因此严厉指责他。他回答说：“胜过公荣的人，我不能不和他一起喝；不如我的人，我也不能不和他一起喝；和我同类的人，更不能不和他一起喝。”所以他整天都和别人共饮而醉倒。

原文

步兵校尉缺[1]，厨中有贮酒数百斛[2]，阮籍乃求为步兵校尉。

注释 **①步兵校尉：**官名，西汉设置的屯兵八校尉之一，魏晋时统领宿卫部队。**②厨：**指步兵营厨房。

译文 步兵校尉的职位空缺了，听说步兵营的厨房里还有几百斛酒，阮籍就请求要担任步兵校尉。

原文

刘伶恒纵酒放达，或脱衣裸形在屋中。人见讥之，伶曰：“我以天地为栋宇，屋室为裈衣[1]，诸君何为入我裈中？”

注释 **①裈：**裤子。

译文 刘伶常常纵酒放任，有时脱去衣服，赤身裸体地待在屋子里。有人看到后就讥笑他，刘伶说：“我把天地当作房子，把屋子当作衣裤，你们怎么钻进我的裤子里来了！”

原 文

阮籍嫂尝还家，籍相见与别。或讥之，籍曰：“礼岂为我辈设耶[1]？”

注 释 ①**礼**：礼法，这里指《礼记·曲礼上》中“嫂叔不通问”的规定。

译 文 阮籍的嫂嫂曾经回娘家，阮籍去看她并和她告别。有人以此嘲笑阮籍，阮籍说：“礼法难道是为我们这些人设立的吗？”

原 文

阮公邻家妇有美色，当垆酤酒[1]。阮与王安丰常从妇饮酒，阮醉，便眠其妇侧。夫始殊疑之，伺察，终无他意。

注 释 ①**垆**：酒家安置酒坛的土台。**酤酒**：卖酒。

译 文 阮籍邻居家的妻子长得很美，在酒垆边卖酒。阮籍和安丰侯王戎经常到这家妇人那里喝酒，阮籍喝醉后，就在妇人的身边睡着了。妇人的丈夫起先还怀疑阮籍有不轨举动，就伺机观察，结果发现他并没有什么企图。

原 文

阮籍当葬母，蒸一肥豚，饮酒二斗，然后临诀，直言：“穷矣[1]！”都得一号，因吐血，废顿良久。

注 释 ①**穷**：穷尽，完了。晋时洛下习俗，孝子遭父母丧，按照惯例要哭喊“奈何”“穷”。

译 文 阮籍在埋葬母亲时，蒸了一头小猪，喝了两斗酒后就向母亲诀别，只喊了一声：“完了！”一共就这么一声叫唤，紧接着就口吐鲜血，身体受损，神情恍惚，从此很长时间无法恢复。

原 文

阮仲容、步兵居道南，诸阮居道北；北阮皆富，南阮贫。七月七日，北阮盛晒衣，皆纱罗锦绮。仲容以竿挂大布犊鼻裈于中庭[1]，人或怪之，答曰：“未能免俗，聊复尔耳[2]！”

注 释 ①**犊鼻裈**：形状像牛鼻子的围裙。②**尔**：这样。**耳**：语气词，表示限止，相当于“罢了”“而已”。

译 文 阮咸和他的叔父阮籍住在道南，其他阮姓人家住在道北。道北的阮姓人家都很富裕，道南的阮姓人家都很困窘。七月七日，道北的阮家大晒衣服，全是绫罗绸缎，光彩耀眼夺目。阮咸却用竹竿挂起粗布围裙晾在庭院里。有人对此感到很奇怪，阮咸就答道：“无法免除习俗，就只好姑且这样应景了。”

原 文

阮步兵丧母，裴令公往吊之。阮方醉，散发坐床，箕踞不哭。

裴至，下席于地[1]，哭，吊唁毕便去。或问裴："凡吊，主人哭，客乃为礼[2]。阮既不哭，君何为哭？"裴曰："阮方外之人，故不崇礼制。我辈俗中人，故以仪轨自居。"时人叹为两得其中[3]。

注释 ①**下：**放下，放置。即将席放在地上。②**乃：**副词，仅仅，才。③**中：**通"当"，适当，得当的意思。

译文 阮籍的母亲去世了，裴楷前去吊唁。阮正喝醉了酒，披头散发，伸着腿坐在床上，哭都不哭。裴楷进来后，把垫席放在地上哭泣哀悼，吊唁完就离开了。有人问裴楷："但凡吊唁的时候，主人哭，客人才还礼。阮籍都没有哭，你为什么还要哭呢？"裴楷说："阮籍不是世俗中人，因此不遵从礼制。而我们是世俗中人，因此要按照礼节行事。"当时的人们都赞叹他们各得其所。

原文

诸阮皆能饮酒，仲容至宗人间共集[1]，不复用常杯斟酌，以大瓮盛酒，围坐，相向大酌。时有群猪来饮，直接去上，便共饮之。

注释 ①**集：**集会。

译文 阮家的人都很能喝酒，阮咸到宗族亲友集会的时候，便不再用普通的杯子斟酒，而是用大瓮装酒。大家围坐在一起，共同畅饮，这时候有一群猪也来饮酒，阮咸于是就直接爬上大瓮，同猪们一起饮酒。

原文

阮浑长成[1]，风气韵度似父，亦欲作达[2]。步兵曰："仲容已预之，卿不得复尔。"

注释 ①**阮浑：**字长成，阮籍的儿子。②**作达：**做放任不羁的事情。

译文 阮浑表字长成，气度酷似他的父亲，也想效法他的父亲。阮籍对他说："阮咸已经参与进去了，你就不能再这样了。"

原文

裴成公妇[1]，王戎女。王戎晨往裴许，不通径前。裴从床南下，女从北下，相对作宾主，了无异色。

注释 ①**裴成公：**裴颜，谥号为成。

译文 裴颜的妻子是王戎的女儿。王戎早晨到裴家去，也不打声招呼就直接进来了。裴颜从床的南边下来，他妻子从床北面下来，他们和王戎相对而坐，丝毫没有尴尬的神色。

原文

阮仲容先幸姑家鲜卑婢[1]。及居母丧，姑当远移，初云当留婢，既发，定将去。仲容借客驴，著重服自追之[2]，累骑而返，曰："人

种不可失！”即遥集母也[3]。

注释 ①**幸**：宠爱。②**重服**：重孝服。③**遥集**：阮孚，阮咸的儿子，为鲜卑婢所生。

译文 阮咸原本已经爱上了姑母家的一个鲜卑族的婢女，等到他为母亲守孝的时候，姑母将要搬到远方去住，刚开始说要把这个婢女留下，但是到了出发的时候，又坚决要将其带走。于是阮咸就借了一个客人的驴子，穿着重孝亲自去追赶姑母，然后同这个婢女共骑一头驴回来了，并且说道："后代的种子是不能丢失的。"这就是阮孚的母亲。

原文

任恺既失权势[1]，不复自检括[2]。或谓和峤曰："卿何以坐视元裒败而不救？"和曰："元裒如北夏门，拉攞自欲坏[3]，非一木所能支。"

注释 ①**任恺**：字元裒，晋乐安博昌人，最初为魏国官员，担任中书侍郎。入晋后历任侍中、太子少傅、吏部尚书。此人有经国之才干，性情忠正耿直，与贾充争权，因失势不得志而死。和峤曾与他非常交好，但却不曾以口舌相救。②**检括**：检点约束。③**拉攞**：断裂倾斜。

译文 任恺失去权势后便不再检点约束自己。有人对和峤说："你怎么看着任恺失势而不去帮助他呢？"和峤说："任恺就好比北夏门，一旦倾斜断裂就自然要倒塌，这不是一根木头所能支撑得住的。"

原文

刘道真少时[1]，常鱼草泽，善歌啸，闻者莫不留连。有一老妪，识其非常人，甚乐其歌啸，乃杀豚进之，了不谢。妪见不饱又进一豚。食半余半，乃还之。后为吏部郎，妪儿为小令史，道真超用之，不知所由，问母，母告之，于是赍牛酒诣道真[2]。道真曰："去，去！无可复用相报。"

注释 ①**刘道真**：刘宝。晋高平人，曾是苦役犯，后来被司马骏赎出，官从侍中郎。②**赍**：携带。

译文 刘宝年轻的时候，常常在湖沼中捕鱼。他善于歌吟长啸，但凡听到的人无不流连忘返。有一个老妇人，看出了他的与众不同，非常喜欢他高声吟唱，于是就杀了一只小猪给他吃。刘宝吃完后，连谢意都没有。老妇人看他没有吃饱的样子，于是就又杀了一只小猪给他吃。刘宝这次是吃完了一半，剩了一半，于是就把剩下的还给了老妇人。后来，刘宝做了吏部郎，老妇人的儿子做了小令史，刘宝就破格任用他。他不知道是什么原因，因此就回家问母亲，母亲告诉他原因，于是他就带着牛肉和酒去拜访刘宝。刘宝却说道："走开，走开，我再也没有什么可报答你的了。"

原文

阮宣子常步行，以百钱挂杖头，至酒店，便独酣畅。虽当世贵盛，不肯诣也。

译文 阮脩常在步行的时候，拿一百钱挂在手杖头上，到了酒店里，就独自开怀大饮。即使是富贵人家邀请，也不肯登门拜访。

原文

山季伦为荆州，时出酣畅[1]。人为之歌曰："山公时一醉，径造高阳池[2]，日莫倒载归，茗艼无所知[3]。复能乘骏马，倒著白接篱[4]，举手问葛彊，何如并州儿？"高阳池在襄阳。彊是其爱将，并州人也。

注释 **①山季伦：**山简，字季伦，西晋末年，任都督荆、湘、交、广四州诸军事，镇守襄阳。**②"山公"二句：**高阳池，本名习家池，是汉侍中习郁的养鱼池。山简每到，常大醉而归，曾说"此是我高阳池也"，由此改名高阳池。**③"日莫"二句：**大意是，天晚了，倒卧在车上回家，酩酊大醉，一无所知。茗艼，同"酩酊"，形容大醉。**④"复能"二句：**大意为又能骑骏马，只是白头巾戴颠倒了。白接篱，用白鹭身上的长羽毛做装饰的白帽子。

译文 山简都督荆州时，经常出游畅饮。人们给他编了首歌谣："山涛时一醉，径造高阳池。日暮倒载归，酩酊无所知。复能乘骏马，倒箸白接篱。举手问葛彊，何如并州儿？"高阳池位于襄阳县。葛彊是他的爱将，是并州人。

原文

张季鹰纵任不拘，时人号为"江东步兵"。或谓之曰："卿乃可纵适一时[1]，独不为身后名邪？"答曰："使我有身后名，不如即时一杯酒！"

注释 **①乃可：**同"那可"，怎么能。

译文 张翰生性放纵，不拘礼法，当时的人们称他为"江东步兵"。有人对他说："你怎么可以总是纵情快意于一时，难道你就不为自己身后的名声想一想吗？"张说："与其让我身后有好名声，还不如现在有一杯酒。"

原文

毕茂世云[1]："一手持蟹螯[2]，一手持酒杯，拍浮酒池中[3]，便足了一生。"

注释 **①毕茂世：**毕卓，字茂世，放任纵情，曾任吏部郎，因经常饮酒而黜职。**②蟹螯：**螃蟹前面的一对钳子。**③拍浮：**击水浮游；游泳。

译文 毕卓说："一只手拿着蟹螯，一只手拿着酒杯，在酒池里游来游去，如果可以这样，我这辈子就很满意了。"

原文

贺司空入洛赴命，为太孙舍人，经吴阊门，在船中弹琴。张季鹰本不相识，先在金阊亭，闻弦甚清，下船就贺，因共语，便大相知说。问贺："卿欲何之？"贺曰："入洛赴命，正尔进路。"张曰："吾

亦有事北京。”因路寄载，便与贺同发。初不告家，家追问乃知[1]。

注 释 ①乃：副词，才，仅仅。

译 文 贺循奔赴洛阳，接受任命，做太孙舍人。路过吴地的阊门时，他在船上弹琴。张翰本来不认识他，在金阊亭听到琴声非常清纯悦耳，于是就下船同贺循相见。因此在一起交谈，彼此赏识爱悦。张问贺：“您要到哪里去呢？”贺说：“到洛阳任职，这不正赶路呢吗？”张说：“我也有事要去京城，就顺路搭您的船吧。”于是就与贺一同起程，压根就没有同家里人说，直到家里追寻才知道。

原 文

祖车骑过江时，公私俭薄[1]，无好服玩。王、庾诸公共就祖，忽见裘袍重叠，珍饰盈列。诸公怪问之，祖曰：“昨夜复南塘一出。”祖于时恒自使健儿鼓行劫钞，在事之人亦容而不问。

注 释 ①公私俭薄：公家和个人都不怎么宽裕。

译 文 祖逖刚过江时，公家和个人都不怎么宽裕，没有什么高级昂贵的玩物。王导、庾亮这些名流一起去看望祖逖，忽然发现他的皮衣一件又一件，珍贵的饰物到处都是。大家都感到非常惊讶，就问他，祖逖说：“昨天夜里又到淮河南岸去了一趟。”祖逖当时总是派一些武士去公开进行抢劫，当权者也容忍他，从不追究这些事情。

原 文

鸿胪卿孔群好饮酒[1]，王丞相语云：“卿何为恒饮酒[2]？不见酒家覆瓿布，日月糜烂？”群曰：“不尔。不见糟肉乃更堪久？”群尝书与亲旧：“今年得七百斛秫米，不了麴糵事。”

注 释 ①好：喜好、喜欢、酷爱。②恒：总是。

译 文 鸿胪卿孔群酷爱饮酒，王丞相对他说道：“你怎么总是喝酒呢？难道没有见过酒店里用来盖酒坛子的布，时间久了就腐烂了吗？”孔群却说：“并非如此。难道您没有见过糟肉反而更长久吗？”孔群曾写信给亲戚故友说：“今年田里收成有七百斛糯米，但酿酒还不够用。”

原 文

有人讥周仆射：“与亲友言戏，秽杂无检节[1]。”周曰：“吾若万里长江，何能不千里一曲[2]！”

注 释 ①节：节制、约束。②曲：弯折、拐弯。

译 文 有人嘲笑周顗在同亲友谈笑时言语粗野且不知自我约束。周说：“我就好比是万里长江，怎么可能在千里之间不拐一点儿弯呢？”

原 文

温太真位未高时[1]，屡与扬州[2]、淮中估客樗蒱，与辄不竞。尝

一过，大输物，戏屈，无因得反。与庾亮善，于舫中大唤亮曰："卿可赎我！"庾即送直，然后得还。经此数四。

注释 ①高：显著。②屡：经常。

译文 温峤在其地位尚未显赫时，常同扬州和淮中的客商赌博，但逢赌必输。曾经有一次，他下了很大的赌注，结果赌输了，因此无法脱身。他和庾亮交情很好，于是就在船中大叫庾亮，说道："你应该来赎我啊！"庾亮于是立即把钱送了去，然后温峤方得以返回。这样的事情竟然有好几次。

原文

周伯仁风德雅重，深达危乱。过江积年，恒大饮酒，尝经三日不醒。时人谓之"三日仆射"。

译文 周顗有德行，名望大，深知治国之道。过江以后，经常豪饮，曾经一连三天大醉不醒。当时的人把他称为"三日仆射"。

原文

卫君长为温公长史，温公甚善之。每率尔提酒脯就卫[1]，箕踞相对弥日。卫往温许亦尔。

注释 ①脯：干肉。

译文 卫永在温峤手下任长史，温峤非常欣赏他。平时经常提着酒肉到卫永那里去，两人伸开腿面对面坐着，边喝边聊，一整天便过去了。卫永到温峤那里去时也是如此。

原文

苏峻乱[1]，诸庾逃散。庾冰时为吴郡，单身奔亡[2]。民吏皆去，唯郡卒独以小船载冰出钱塘口，籧篨覆之[3]。时峻赏募觅冰，属所在搜检甚急。卒舍船市渚，因饮酒醉，还，舞棹向船曰："何处觅庾吴郡，此中便是！"冰大惶怖，然不敢动。监司见船小装狭，谓卒狂醉，都不复疑。自送过淛江，寄山阴魏家，得免。后事平，冰欲报卒，适其所愿。卒曰："出自厮下，不愿名器。少苦执鞭，恒患不得快饮酒；使其酒足馀年，毕矣。无所复须。"冰为起大舍，市奴婢，使门内有百斛酒，终其身。时谓此卒非唯有智，且亦达生。

注释 ①乱：发动叛乱。②奔亡：逃亡。③籧篨：粗制的苇席。覆：遮盖。

译文 苏峻起兵发动叛乱，庾家的兄弟纷纷逃散。庾冰当时担任吴郡内史，孤身逃亡。当官的和老百姓都跑完了，只有衙门的一个差役独自用小船载着庾冰逃到钱塘江口，然后用粗制的苇席把庾冰盖住。当时苏峻悬赏捉拿庾冰，命令兵士四处搜索，急迫异常。差役离开小船，

到沙洲上去买东西，并顺便喝得大醉才回到船上，他挥舞着船桨，并指着船说："去哪里找庾内史啊，这里面就是。"庾冰害怕极了，但是也不敢动。搜捕的人见船舱窄小，以为是差役在耍酒疯，因此一点儿都不怀疑。庾冰被差役送过浙江后，寄居在会稽山阴的魏家，这时才得以脱险。后来叛乱被平定，庾冰想报答差役，实现他的愿望。差役说："我出身卑贱，不想做官。不过从小因苦于被人差遣，从来都没有痛痛快快地喝过酒，倘若能允许我后半辈子总是有酒喝，就足够了。其他再也不需要什么。"于是庾冰就为他盖了一所大宅院，还买了几个奴婢，并让他的屋子里经常有上百斛的酒，一直到老。当时的人们认为这个差役不但智谋超群，而且为人豁达。

原文

殷洪乔作豫章郡[1]，临去，都下人因附百许函书。既至石头，悉掷水中，因祝曰："沉者自沉，浮者自浮，殷洪乔不能作致书邮[2]！"

注释 **①殷洪乔：**殷羡，晋陈郡长平人。殷浩的父亲。历任豫章太守、光禄勋，有贪残的名声。**②致书邮：**送信的邮差。

译文 殷羡担任豫章郡的太守，即将赴任时，京都的人托他带了上百封信件。到达石头渚后，他把那些信全都扔到了水里，并祝祷道："该沉的就自己沉下去，该浮的就自己浮上来。我殷羡可不能做送信的邮差。"

原文

王长史、谢仁祖同为王公掾[1]，长史云："谢掾能作异舞。"谢便起舞，神意甚暇。王公熟视，谓客曰："使人思安丰。"

注释 **①王长史：**王濛，王导任丞相时调他为属官，后转司徒左长史。谢仁祖，谢尚，字仁祖，擅长音乐，通晓多种技艺，能作鸲鹆舞（即八哥舞）。

译文 长史王濛和谢尚同是王导丞相的下属。王濛说："谢尚擅长一种很特别的舞技。"谢尚便翩翩起舞，神情投入，非常悠闲。王导仔细地看着他，对客人说："他让我想起王戎。"

原文

王、刘共在杭南[1]，酣宴于桓子野家[2]。谢镇西往尚书墓还，葬后三日反哭[3]，诸人欲要之[4]，初遣一信，犹未许，然已停车；重要，便回驾。诸人门外迎之，把臂便下。裁得脱帻，著帽[5]酣宴。半坐，乃觉未脱衰。

注释 **①杭南：**即航南，朱雀桥南，指乌衣巷。东晋时，王、谢诸名族聚居在这里。**②桓子野：**桓伊的小名。**③反哭：**古丧礼仪式，葬后迎死者神主回祖庙，并哭祭。**④要：**邀请。**⑤帻：**头巾。

译文 王濛和刘惔一同在乌衣巷桓伊家开宴畅饮。这时，镇西将军谢尚从他叔父、尚书谢裒的墓地回来——他在谢裒安葬后三天奉神主回祖庙哭祭，大家想邀请他来宴饮。开头派个送信人去请，他还没有答应，可是已经把车停下；又去请，便立刻掉转车头来了。大家都到门口去迎接，他就亲亲热热地拉着人家的手下了车。进门后，脱下头巾，戴上便帽入座，直到痛饮中途，才发觉还没有脱掉孝服。

原　文

桓宣武少家贫，戏大输[1]，债主敦求甚切，思自振之方[2]，莫知所出。陈郡袁耽俊迈多能。宣武欲求救于耽。耽时居艰，恐致疑，试以告焉，应声便许，略无慊吝。遂变服，怀布帽，随温去，与债主戏。耽素有艺名，债主就局，曰："汝故当不办作袁彦道邪？"遂共戏。十万一掷，直上百万数，投马绝叫，傍若无人，探布帽掷对人曰："汝竟识袁彦道不？"

注　释　①**戏大输**：因赌博输掉钱财。②**自振**：自救。

译　文　桓温年轻的时候，家境困窘，他因赌博输了很大一笔钱，被债主催得很紧，他绞尽脑汁都没能想出自救的办法。陈郡的袁耽豪爽出众，多才多艺。桓温想求助于他。袁耽当时正居丧，桓温担心他会犹豫，因此就试探性地告诉了袁耽，想不到袁耽满口应下，一点儿都没有感到为难。于是他脱去孝服，把布帽子揣在怀里，同桓温一起去与债主博戏。袁耽的赌技向来享有盛名，债主走进赌局，说道："你应该成不了袁耽吧。"于是两人开赌，一次下赌注就达十万钱，然后一直上升到百万钱。袁耽每次投掷骰子都要大声地呼叫，旁若无人，他还从怀里把布帽子取出来，扔给对手，并说道："你到底认不认识袁耽啊？"

原　文

王光禄云："酒正使人人自远[1]。"

注　释　①**自远**：忘掉自我。

译　文　光禄大夫王蕴说："喝酒能让每个人在酒醉中忘掉自我。"

原　文

刘尹云："孙承公狂士[1]，每至一处，赏玩累日，或回至半路却返。"

注　释　①**狂士**：狂放之人。

译　文　丹阳尹刘惔说："孙统是个狂放的人，每到一个风景胜地，就一连数天地赏玩，有时已经回到半路又返回去。"

原　文

袁彦道有二妹：一适殷渊源，一适谢仁祖。语桓宣武云："恨不更有一人配卿！"

译　文　袁耽有两个妹妹：一个许配给殷浩，一个许配给谢尚。有一次他对桓温说："遗憾的是没有另一个妹妹许配给你！"

原文

桓车骑在荆州，张玄为侍中，使至江陵，路经阳岐村，俄见一人持半小笼生鱼，径来造船，云：“有鱼，欲寄作脍[①]。”张乃维舟而纳之。问其姓字，称是刘遗民。张素闻其名，大相忻(xīn)待[②]。刘既知张衔命[③]，问：“谢安、王文度并佳不？”张甚欲话言，刘了无停意。既进脍，便去，云：“向得此鱼，观君船上当有脍具，是故来耳。”于是便去。张乃追至刘家。为设酒，殊不清旨，张高其人，不得已而饮之。方共对饮，刘便先起，云：“今正伐荻，不宜久废。”张亦无以留之。

注释 ①**寄：**托付。**脍：**细切的鱼，这里指生鱼片。②**忻：**同“欣”。③**衔命：**奉命。按：刘遗民是个隐士，知道张玄是官场中人，就不愿和他深谈了。

译文 车骑将军桓冲任荆州刺史时在江陵镇守，当时张玄任侍中，奉命到江陵出差，坐船路经阳岐村，忽然看见一个人拿着半小筐活鱼，径直走到船旁来，说：“有点鱼，想托你们切成生鱼片。”张玄就叫人拴好船让他上来。问他的姓名，他自称是刘遗民。张玄一向听到过他的名声，就非常高兴地接待了他。刘遗民知道张玄是奉命出差以后，问道：“谢安和王坦之都好吗？”张玄很想和他闲聊一下，刘遗民却完全无意停留。等到把生鱼片拿进来，他就要走，说：“刚才得到这点鱼，估计您的船上一定有刀具切鱼，因此才来呢。”于是就走了。张玄就跟着送到刘家。刘遗民摆上酒，酒很浊，酒味也很不好，可是张玄敬重他的为人，不得已喝下去。刚和他一起对饮，刘遗民就先站起来，说：“现在正是割荻草的时候，不宜停工太久。”张玄也没有办法留住他。

原文

王子猷诣郗雍州[①]，雍州在内，见有𣰽㲪[②]，云：“阿乞那得此物！”令左右送还家。郗出觅之，王曰：“向有大力者负之而趋。”郗无忤色。

注释 ①**郗雍州：**郗恢，字道胤，小名阿乞，曾任雍州刺史。②**𣰽㲪：**应作“㲮㲪”，一种地毯，非常珍贵。

译文 一次，王徽之前去拜访雍州刺史郗恢，当时郗恢还在里屋，王徽之看见厅堂地上有地毯，说：“阿乞怎么得到这样的好东西！”随即叫随从送回自己家里。郗恢从里屋出来迎客，发现地毯不见了，四下寻找，王徽之说：“刚才有个大力士背着它跑了。”郗恢也没有表现出不满的情绪。

原文

谢安始出西戏，失车牛，便杖策步归。道逢刘尹，语曰：“安石将无伤[①]？”谢乃同载而归。

注释 ①**将**：应该，恐怕。

译文 谢安第一次去城西赌博，把车以及驾车的牛都输掉了，于是就拄着手杖徒步往家赶。路上遇到刘惔，刘惔对他说道："安石应该没有受伤吧？"谢安就搭刘惔的车一起回来了。

原文

襄阳罗友有大韵，少时多谓之痴。尝伺人祠，欲乞食[1]，往太蚤，门未开。主人迎神出见[2]，问以非时，何得在此，答曰："闻卿祠，欲乞一顿食耳。"遂隐门侧，至晓得食便退，了无怍容。为人有记功：从桓宣武平蜀，按行蜀城阙观宇，内外道陌广狭，植种果竹多少，皆默记之。后宣武溧州与简文集，友亦预焉。共道蜀中事，亦有所遗忘，友皆名列，曾无错漏。宣武验以蜀城阙簿，皆如其言。坐者叹服。谢公云："罗友讵减魏阳元。"后为广州刺史，当之镇，刺史桓豁语令莫来宿，答曰："民已有前期，主人贫，或有酒馔之费，见与甚有旧。请别日奉命。"征西密遣人察之，至夕乃往荆州门下书佐家，处之怡然，不异胜达。在益州，语儿云："我有五百人食器。"家中大惊，其由来清，而忽有此物，定是二百五十沓乌樏。

注释 ①**乞食**：乞讨食物。②**迎神**：迎接神灵。

译文 襄阳的罗友非常有风度，但是年轻的时候总是被别人说傻。他曾探听到有户人家要祭祀神灵，于是就想去要顿饭吃，可是去得太早了，人家的门都还没有开。等主人出来迎接神灵时见到他，就问："时候还不到呢，你怎么就待在这儿了？"他说："我是听说你们家里祭神，我只是想讨一顿饭而已。"说完就躲在门边，直到天色大亮，吃完就走了，脸上毫无羞愧之色。罗友的记忆力非常好，他跟随桓温将蜀地平定后，又巡视了城墙、宫殿、楼观、庙宇，以及城内外的道路宽窄，栽种果树、竹林的多少，全都默默地记在心中。后来，桓温在溧洲同简文帝会面，罗友也参加了。在一起谈论蜀地的事情时往往会有遗忘，罗友却能够将它们的名目一一说出，丝毫没有错漏。桓温拿出蜀地城阙簿册来检验，同罗友说的一样。在座的人没有不赞叹佩服的。谢安说："罗友难道会不如魏阳元吗？"后来，罗友被任命为广州刺史，即将前往就职的时候，荆州刺史桓豁嘱咐他夜间来住宿，他说："我已经有约会在先了，主人贫穷，也许已经颇费备办了酒宴，他与我有着很深的交情。请允许我改日再遵从您的命令吧。"桓豁暗中使人察看，到了晚上，他居然是去荆州刺史的属官、掌管文书的书佐家，两个人相处得非常愉快，与名流贤士相处也不过如此。担任益州刺史的时候，对他的儿子说："我有五百人的餐具。"家里的人都非常惊讶，他向来清廉，却突然说有这么多餐具，必定是二百五十套黑色的食盒了。

原文

桓子野每闻清歌[1]，辄唤"奈何[2]。"谢公闻之，曰："子野可谓一往有深情。"

注释 ①**清歌**：指没有乐器伴奏的歌唱。②**奈何**：《古今乐录》说："奈何，曲调之遗音也。"即有人唱歌时，众人唤"奈何"相伴奏。

译文 桓伊每逢听到别人在清唱时，总是帮腔呼喊"奈何！"谢安知道这件事后，说："桓伊可以说是一往情深了。"

原文

张湛好于斋前种松柏[1]；时袁山松出游，每好令左右作挽歌[2]。时人谓："张屋下陈尸，袁道上行殡"。

注释 ①**松柏**：古人在坟墓旁通常栽上松柏。②**挽歌**：送葬所唱之歌。

译文 张湛喜欢在房子前栽种松柏；袁山松外出游赏时，通常喜欢让随从唱挽歌。人们常笑说："张湛是在房前停放尸首，袁山松是在道上出殡。"

原文

罗友作荆州从事[1]，桓宣武为王车骑集别[2]，友进，坐良久，辞出，宣武曰：卿向欲咨事，何以便去，答曰："友闻白羊肉美，一生未曾得吃，故冒求前耳，无事可咨。今已饱，不复须驻。"了无惭色。

注释 ①**罗友**：东晋襄阳人。博学能文，嗜酒放达。桓温非常看重他，历任襄阳太守，广州、益州刺史。②**集别**：举行宴会送别。

译文 罗友担任荆州从事的时候，桓温为王洽举行送别宴会。罗友进来坐了很久，告辞出去。桓温说："你刚才想汇报公事，为什么就走呢？"罗友说："我听说白羊肉的味道十分鲜美，就是一直都没有吃过，所以冒昧地请求进来，其实并没有什么公事要汇报。现在我吃饱了，就不必再待在这里了。"说这些话的时候，他脸上丝毫没有羞愧之意。

原文

张骥酒后，挽歌甚凄苦[1]。桓车骑曰："卿非田横门人[2]，何乃顿尔至致？"

注释 ①**张骥**：张湛，小名骥。②**田横**：秦末人，在楚、汉争霸中，曾自立为齐王，后来逃亡至海岛。汉高祖刘邦定天下，逼迫田横前来投降，将到洛阳，田横自杀，他的门人唱挽歌来悼念他。

译文 一次，张骥酒后情绪变化起伏，唱起了挽歌，听起来非常凄苦。车骑将军桓冲说："你不是田横的门客，怎么一下子就痛苦到了这个程度？"

原文

王子猷尝暂寄人空宅住[1]，便令种竹。或问："暂住何烦尔[2]？"王啸咏良久，直指竹曰："何可一日无此君？"

注释 ①**尝**：曾经。②**烦**：麻烦。

译　文　王徽之曾经暂时在别人的空房子里借住，他让人种上竹子。有人问他说："只是临时借住，何必如此麻烦呢？"王徽之大声咏诵了很长时间，才指着竹子说："怎么可以一天没有它呢？"

原　文

王子猷居山阴，夜大雪，眠觉，开室命酌酒，四望皎然。因起彷徨[①]，咏左思《招隐》诗[②]。忽忆戴安道.时戴在剡[③]，即便夜乘小船就之。经宿方至，造门不前而返。人问其故，王曰："吾本乘兴而行，兴尽而返，何必见戴？"

注　释　①**彷徨**：徘徊；走来走去。②**左思**：晋人，外貌丑陋，但博学能文，曾花十年时间写成《三都赋》（分别描写三国时蜀都益州、吴都建业、魏都邺的山川风物、政治经济等情况），世人竞相传写，一时洛阳纸贵。**"招隐诗"**：内容主要写招人归隐，并抒发隐居的乐趣。③**剡**：县名，治所在今浙江嵊县，有水路可通山阴。

译　文　王徽之住在山阴时，有天晚上下起大雪，他一觉醒来，打开房门，叫人斟酒。往四处眺望，天地一片洁白，于是起身徘徊，吟咏起左思的《招隐》诗。忽然想起了戴逵，当时戴逵在剡县，王徽之立即乘上小船连夜去找戴逵。船行了一夜才到，王徽之来到戴逵家门口却不进去而又返回山阴。有人问他缘由，王徽之说："我本是因为兴致来而去的，现在兴尽后回来，为何一定要见到戴逵呢？"

原　文

王卫军云[①]："酒正自引人著胜地[②]。"

注　释　①**王卫军**：王荟。②**著**：介词，到，在。

译　文　王荟说："酒的确可以将人带到美好的境界。"

原　文

王子猷出都，尚在渚下。旧闻桓子野善吹笛，而不相识。遇桓于岸上过，王在船中，客有识之者，云是桓子野。王便令人与相闻云[①]："闻君善吹笛，试为我一奏。"桓时已贵显，素闻王名，即便回下车，踞胡床[②]，为作三调[③]。弄毕[④]，便上车去。客主不交一言。

注　释　①**相闻**：传话；通讯息。②**胡床**：一种从胡地传入可以折叠的轻便坐具。③**调**：曲子；曲调。④**弄**：演奏。

译　文　王徽之到京都去，船还停泊在小洲边。以前他就听说桓伊擅长吹笛子，但没有见过面。恰好这时桓伊从岸上经过，王徽之在船上，有个认识桓伊的客人说，那就是桓伊。王徽之就让人传话给桓伊说："听说你笛子吹得很好，可否为我演奏一曲呢？"桓伊当时已经是地位显贵了，也久闻王徽之的大名，就回身下车，坐在胡床上，为王徽之吹了三支曲子。演奏完毕，就上车走了，主客双方一句话也没有说。

原　文

桓南郡被召作太子洗(xiǎn)马[1]，船泊荻渚，王大服散后已小醉，往看桓[2]。桓为设酒[3]，不能冷饮，频语左右："令温酒来！"桓乃流涕呜咽，王便欲去。桓以手巾掩泪，因谓王曰："犯我家讳，何预卿事！"王叹曰："灵宝故自达。"

注　释　①**桓南郡**：桓玄，字敬道，小字灵宝，袭封南郡公，桓温少子。**召**：任命。②**往**：前往。③**设**：摆酒，款待客人之意。

译　文　桓玄被朝廷任命为太子老师，前去赴任的途中，把船停泊在荻渚。王忱服食了五石散后也已经有了几分醉意，前去探望桓玄。桓玄为他摆酒。但是王忱服完散后无法喝冷酒，多次吩咐随从道："让他们温酒来。"桓玄于是就低声哭了起来，王忱就想走，桓玄用手帕擦了擦眼泪，然后对王忱说道："犯的是我的家讳，跟你有什么关系呢？"王忱赞叹道："灵宝实在是旷达啊！"

原　文

王孝伯问王大："阮籍何如司马相如[1]？"王大曰："阮籍胸中垒块，故须酒浇之[2]。"

注　释　①**司马相如**：字长卿，汉代著名辞赋家。②**"阮籍"二句**：意思是阮籍和司马相如都任性放达，不同的只是阮籍好酒。垒块，土疙瘩，比喻心中郁结的不平之气。

译　文　王恭问王忱："阮籍和司马相如相比怎么样？"王忱说："阮籍胸中郁结着不平之气，所以需要酒来浇灌。"

原　文

王佛大叹言："三日不饮酒，觉形神不复相亲[1]。"

注　释　①**"觉形"句**：比喻不喝酒后精神无所寄托。

译　文　王忱叹息说："三天不喝酒，就觉得身体和精神不再互相亲近了。"

原　文

王孝伯言："名士不必须奇才[1]，但使常得无事，痛饮酒，熟读离骚，便可称名士。"

注　释　①**奇才**：特殊的才能。

译　文　王恭说："名士并不是一定有什么特殊的才能，只要他经常闲着无事，尽情畅饮，熟读《离骚》，这就可以称得上为名士了。"

原　文

王长史登茅山，大恸哭曰[1]："琅邪王伯舆，终当为情死[2]。"

注　释　①**大**：非常。②**终**：终归。

译　文　长史王廞登上茅山，非常伤心地痛哭道："琅邪王廞，终归要为情死！"

二十四 简傲

题解

本章表现了士人们对权势的轻蔑以及对追求功名利禄之徒的鄙视。简傲指简慢高傲，为魏晋士人不屑名利、清高自洁的一种精神。

原文

晋文王功德盛大[①]，坐席严敬，拟于王者。唯阮籍在坐，箕踞啸歌，酣放自若。

注释 **①晋文王：**司马昭，死后谥为文王，当时只是晋公。

译文 晋文王司马昭德高望重，他出席宴会时，席座之间严肃恭敬，可以和君王相比拟。只有阮籍箕踞而坐，纵酒放歌，泰然自若。

原文

王戎弱冠诣阮籍，时刘公荣在坐。阮谓王曰："偶有二斗美酒，当与君共饮，彼公荣者，无预焉。"二人交觞酬酢[①]，公荣遂不得一杯，而言语谈戏，三人无异。或有问之者，阮答曰："胜公荣者，不得不与饮酒；不如公荣者，不可不与饮酒；唯公荣，可不与饮酒。"

注释 **①觞：**酒具、酒杯。**酬酢：**宾主相互敬酒。

译文 王戎还是青年的时候，有一天去拜访阮籍，这时刘昶也在座，阮籍对王戎说："碰巧有两斗好酒，我想和你一起畅饮，刘昶先生就不要参加进来了。"两人频频举杯，互相敬酒，刘昶自始至终没得到一杯；可是三个人言谈要笑，和平常一样。有人问阮籍为什么这样做，阮籍回答说："胜过刘昶的人，我不能不和他一起以酒交情；比不上刘昶的人，又不可不和他一起以酒来礼贤下士；只有刘昶，我可以不用和他一起喝酒。"

原文

钟士季精有才理[①]，先不识嵇康。钟要于时贤俊之士，俱往寻康。康方大树下锻，向子期为佐鼓排[②]。康扬槌不辍，傍若无人，移时不交一言。钟起去，康曰："何所闻而来？何所见而去？"钟曰："闻所闻而来，见所见而去。"

注　释　①**钟士季**：钟会，字士季。②**向子期**：向秀，字子期，和嵇康等人为好友，是“竹林七贤”之一。嵇康被害后，他开始出仕，曾任黄门侍郎、散骑常侍。**鼓排**：拉风箱。排，风箱。

译　文　钟会非常聪明，擅长玄理，早先他并不认识嵇康，后来钟会邀请当时的名流，一起去拜访嵇康。嵇康正在大树下打铁，向秀帮他拉风箱。见钟会来了，嵇康依旧挥锤打铁，旁若无人，很长时间也不和钟会说话。钟会起身离去时，嵇康说：“你听到了什么才来的？见到了什么才走的呢？”钟会说：“听到所听到的才来，见到所见到的才走。”

原　文

嵇康与吕安善[1]，每一相思，千里命驾。安后来，值康不在，喜出户延之[2]，不入，题门上作“凤”字而去。喜不觉，犹以为欣，故作。“凤”字，凡鸟也[3]。

注　释　①**吕安**：字仲悌，志向高远，轻视权贵，和嵇康交情很深。②**喜**：嵇喜，字公穆，嵇康的哥哥，历任扬州刺史、太仆、宗正。③**“凤”字二句**：“凤”的繁体字“鳳”由“凡”“鸟”二字组成。凡鸟，比喻凡俗的人，吕安意在表达对嵇喜的轻蔑。

译　文　嵇康和吕安很友好，吕安每当想念嵇康时，就不顾路途的遥远，驾车前往相会。吕安有一次到嵇康家，正好嵇康不在，嵇喜出门来接待他，吕安没有进去，只是在门上写个“凤”字就走了。嵇喜不明白什么意思，还以为是吕安高兴写上去的。“凤”这个字，指的是平凡的鸟。

原　文

陆士衡初入洛[1]，咨张公所宜诣[2]，刘道真是其一。陆既往[3]，刘尚在哀制中[4]。性嗜酒，礼毕，初无他言，唯问：“东吴有长柄壶卢[5]，卿得种来不？”陆兄弟殊失望，乃悔往。

注　释　①**陆士衡**：陆机，字士衡。②**张公**：张华。**宜诣**：应当拜访。③**既往**：前去拜访。④**哀制**：守孝。⑤**东吴**：三国时的吴国，世称东吴。**壶卢**：同“葫芦”。

译　文　陆机初到洛阳，和张华商量应该去拜访哪些人。张华认为刘宝是其中的一个。陆氏兄弟前去拜访的时候，刘宝还在守孝期间，他生性喜欢喝酒，见礼以后，并没有别的话，只问：“东吴有一种长柄葫芦，你带种子来没有？”陆家兄弟非常失望，竟至后悔不该前往。

原　文

王平子出为荆州[1]，王太尉及时贤送者倾路[2]。时庭中有大树，上有鹊巢，平子脱衣巾，径上树取鹊子。凉衣拘阂树枝[3]，便复脱去。得鹊子还，下弄，神色自若，旁若无人。

注　释　①**王平子**：王澄，是王衍的弟弟。②**倾路**：指整条路，比喻全部出动。③**凉衣**：贴身汗衫；内衣。**拘阂**：钩挂。

译　文　王澄要外调任荆州刺史，太尉王衍和许多名士贤达闻讯都来为他送行。当时他家院子里有棵大树，树上有个喜鹊窝。王澄脱去上衣和头巾，干脆爬上树去掏小喜鹊，汗衫挂住树枝，就接着脱掉。掏到了小鹊，又下树来继续玩弄，神态自若，旁若无人。

原 文

高坐道人于丞相坐①，恒偃卧其侧②。见卞令，肃然改容，云："彼是礼法人。"

注 释 ①**高坐道人**：晋高僧帛尸黎密多罗的别称。**丞相**：指王导。②**偃卧**：仰卧。

译 文 高坐和尚到丞相王导家做客，常常是仰卧在丞相身旁。见了尚书令卞壶，神态就变得严肃起来，说："他是讲究礼法的人。"

原 文

桓宣武作徐州，时谢奕为晋陵，先粗经虚怀①，而乃无异常。及桓还荆州，将西之间，意气甚笃，奕弗之疑。唯谢虎子妇王悟其旨②，每曰："桓荆州用意殊异，必与晋陵俱西矣。"俄而引奕为司马。奕既上③，犹推布衣交。在温坐，岸帻(zé)啸咏④，无异常日。宣武每曰："我方外司马。"遂用酒，转无朝夕礼⑤。桓舍入内，奕辄复随去。后至奕醉，温往主许避之⑥。主曰："君无狂司马，我何由得相见？"

注 释 ①**虚怀**：谦虚忍让。②**谢虎子**：谢据，小名虎子，是谢奕的弟弟。③**上**：荆州地处长江上游，所以西入荆州叫"上"。④**岸**：揭开，掀去。**帻**：帻是一种遮住前额的头巾。⑤**朝夕礼**：日常的礼节。⑥**主**：指南康长公主，晋元帝的女儿，是桓温的妻子。

译 文 桓温任徐州刺史，这时谢奕任扬州晋陵郡太守，起初他们两人在交往中都相敬如宾，很是客气，交情不深。到桓温调任荆州刺史，将要西去赴任之际，桓温对谢奕的情意就特别深厚了，谢奕对此也是很赞同。只有谢据的妻子王氏领会了桓温的意图，常常说："桓荆州用意很特别，一定要和谢奕一起西行了。"不久就任用谢奕做司马。谢奕到荆州以后，还很看重和桓温的情意，到桓温那里做客，头巾戴得很随便，长啸吟唱，和往常没有什么不同。桓温常说："你是我的世外司马。"谢奕终于因为好喝酒，越发违反晋见上级的礼节。桓温如果丢下他走进内室，谢奕总是又跟进去。后来一到谢奕喝醉时，桓温就到公主那里去躲开他。公主说："先生如果没有一个放荡的司马，我怎么能见到你呢！"

原 文

谢万在兄前，欲起索便器①。于时阮思旷在坐，曰："新出门户②，笃而无礼。"

注 释 ①**起**：起身，站起。②**新出门户**：新兴的有名望的家族。**门户**：门第、家族。

译 文 谢万在兄长面前，想起身找便器。当时阮裕在座，说："后起的家族，就是直率而缺少礼数。"

原 文

谢中郎是王蓝田女婿，尝著白纶巾，肩舆径至扬州听事，见王[1]，直言曰："人言君侯痴，君侯信自痴[2]。"蓝田曰："非无此论，但晚令耳[3]。"

注释 ①**肩舆**：轿子。由于是人用肩抬而行的，所以称为肩舆。②**信自**：的确。王述少有痴名。不过在这里女婿当面说岳父痴，可见其狂傲。③**令**：美好。

译文 谢万是王述的女婿。他曾经戴着用丝带做的白色头巾，坐着轿子直接来到扬州刺史的衙署，见了王述后，便直言不讳道："别人说你痴傻，你确实是痴傻。"王述说道："并非没有这种说法，不过后来我就显得聪明了。"

原文

王子猷作桓车骑骑兵参军，桓问曰："卿何署？"答曰："不知何署，时见牵马来，似是马曹[1]。"桓又问："官有几马[2]？"答曰："'不问马[3]'，何由知其数？"又问："马比死多少[4]？"答曰："未知生，焉知死？"

注释 ①**马曹**：掌管马匹的管属，本来该叫骑槽，在这里称马曹，有戏谑之意。②**官**：官署。③**不问马**：语出《论语·乡党》，孔子得知马棚失火后，曰："伤人乎？"不问马。孔子是以人为本的思想，而王徽之在这里则是表示自己向来不关心养马之官事。④**比**：最近，近来。⑤**未知生，焉知死**：语出《论语·先进》，孔子看重现实人事，而不问死后鬼神之事。而这里王徽之用这个典故是说：我连活马都不知道有多少，又怎么会知道马死了多少呢？一方面显示他超脱世务，另一方面也说明他为官却不理公事。

译文 王徽之担任桓冲的骑兵参军。桓冲问他："你是哪个部门的？"王徽之答说："不知道是哪个部门的，不过时常看见牵着马过来，好像是马曹吧。"桓冲又问："官署中有多少马？"王徽之说："'不问马'，我怎么能知道马的数量呢？"桓冲又问道："近来马死了多少？"王徽之说："未知生，焉知死？"

原文

谢公尝与谢万共出西[1]，过吴郡，阿万欲相与共萃王恬许[2]，太傅云："恐伊不必酬汝[3]，意不足尔。"万犹苦要，太傅坚不回[4]，万乃独往。坐少时，王便入门内，谢殊有欣色，以为厚待己。良久，乃沐头散发而出，亦不坐，仍据胡床，在中庭晒头，神气傲迈，了无相酬对意。谢于是乃还，未至船，逆呼太傅[5]，安曰："阿螭不作尔[6]！"

注释 ①**出西**：谢安、谢万住在建康东面的会稽，因此到建康去叫作出西。②**萃**：聚；聚集。**王恬**：小字螭虎，当时担任吴郡太守。他是王导的儿子，出身名门，所以对新兴的谢氏家族轻视而没有礼貌。③**酬**：答理；应对。④**回**：改变。⑤**逆**：预先。⑥**不作**：不做作，这里指王恬不会假装热情接待谢万。

译文 谢安和谢万一起去建康，经过吴郡时，谢万想和谢安一块儿去王恬那里，谢安说：

“恐怕他不会招待你，我认为不值得这样做。”谢万还是极力邀谢安同去，谢安坚决不肯答应，谢万就自己去了。谢万在王恬那里坐了一会儿，王恬就进屋了，谢万非常高兴，认为王恬会好好招待自己。过了很久，王恬洗了头，竟披散着头发就出来了，也不就座，只是靠在胡床上，在院子里晒头发，神情高傲而放纵，丝毫没有招待谢万的意思。于是谢万就回来了，还没上船，就迎面叫谢安，谢安说：“阿螭（王恬小名）是不会假装热情接待你的。”

原　文

王子猷作桓车骑参军。桓谓王曰：“卿在府久，比当相料理[①]。”初不答，直高视[②]，以手版拄颊云：“西山朝来[③]，致有爽气。”

注　释　①**比**：近来，最近。**相**：表示动作偏向一方。**料理**：提拔。②**直**：通“只”，只是，不过。③**朝来**：早晨。来，是名词词缀，同“夜来”的“来”。

译　文　王徽之担任桓冲的参军时，桓冲对王徽之说：“你进府里已经很长时间了，最近应该提拔你了。”王徽之不作答，只是抬头仰望，用手板撑着脸说：“西山露出晨曦，引来凉爽空气。”

原　文

谢万北征[①]，常以啸咏自高，未尝抚慰众士。谢公甚器爱万，而审其必败，乃俱行，从容谓万曰：“汝为元帅[②]，宜数唤诸将宴会，以说众心。”万从之。因召集诸将，都无所说，直以如意指四座云：“诸君皆是劲卒[③]。”诸将甚忿恨之。谢公欲深著恩信，自队主将帅以下[④]，无不身造，厚相逊谢。及万事败，军中因欲除之。复云：“当为隐士[⑤]。”故幸而得免。

注　释　①**谢万**：字万石，谢安的弟弟。②**元帅**：这里指全军的主帅。③**劲卒**：精悍的士卒。谢万称诸将为劲卒，引起了反感，一则因为卒有死亡义，军中忌讳它；二则诸将已是将领，再称为卒，更使他们不快。④**队主**：一队之主，即“队长”。古代军队中以一百人为一队。⑤**隐士**：这里指谢安。当时谢安还隐居东山，尚未出仕。

译　文　谢万北征前燕时，常常长啸歌咏显示自己的高贵，从不体恤全体将士。谢安器重爱护谢万，但也明白他必定会失败，于是和他一起随军出征，他找机会对谢万说：“你作为元帅，应该经常召集将领们宴会，以便让大家能心情愉快。”谢万听从他的建议。于是就召集将领们聚会，他什么也不说，只是用如意指着大家说：“你们都是勇猛的士卒。”众将听了非常气愤。谢安想笼络人心，自主帅以下的大小将领，他都亲自去拜访，诚恳地表示道歉。等到谢万兵败，军中的人想乘机除掉谢万。谢安又说：“看看隐士（指自己）的面子吧！”谢万这才得以幸免。

原　文

王子敬兄弟见郗公[①]，蹑履问讯[②]，甚修外生礼[③]。及嘉宾死[④]，皆箸高屐[⑤]，仪容轻慢。命坐，皆云“有事，不暇坐。”既去，郗公慨然曰：“使嘉宾不死，鼠辈敢尔[⑥]！”

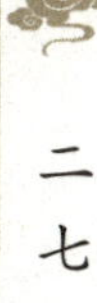

注　释　①**郗公**：郗愔，字方回，王子敬兄弟的舅舅。②**履**：一种单底鞋子，可供正式场合穿着。③**外生**：外甥。④**嘉宾**：郗超，字嘉宾，郗愔的儿子，因深受征西大将军桓温的宠幸而权重一时，王献之兄弟也很推崇他。⑤**屐**：当时的屐主要用来登山，或在家中不见宾客时穿着，由于不是正服，外出或见长辈时穿着木屐是不礼貌的。⑥**鼠辈**：骂人的话，等于说老鼠一类的东西。

译　文　王献之兄弟去见舅舅郗愔时，恭恭敬敬，非常注意做外甥的礼节。等郗超死后，去见郗愔却都穿着高跟木屐，神色傲慢。郗愔叫他们坐，都说："还有事情，没时间坐。"他们走后，郗愔感叹道："如果郗超不死，你们这些鼠辈胆敢这样！"

原　文

王子猷尝行过吴中，见一士大夫家极有好竹，主已知子猷当往，乃洒埽施设[①]，在听事坐相待。王肩舆径造竹下，讽咏良久，主已失望，犹冀还当通。遂直欲出门。主人大不堪，便令左右闭门，不听出[②]。王更以此赏主人，乃留坐，尽欢而去。

注　释　①**施设**：准备饮食。②**听**：听任。

译　文　王徽之有一次路过吴地，他看到有一位士大夫家里有片好竹林。竹林的主人已经知道了王徽之会去，于是就吩咐家人打扫门庭，准备好酒食，坐在大厅等候。王徽之坐着轿子直接到了竹林，在那里吟诗吹口哨，待了很长一段时间。主人已经感到失望了，可是依然希望客人会转来通报。谁知道王徽之看完竹林后就想直接出门走了。这时候主人实在是无法忍受了，于是就命家人把门关上，不让王徽之出去。王徽之因此更加赏识这家主人，于是就留坐，同主人尽欢而别。

原　文

王子敬自会稽经吴，闻顾辟疆有名园[①]，先不识主人，径往其家。值顾方集宾友酣燕[②]，而王游历既毕，指麾好恶[③]，傍若无人。顾勃然不堪曰："傲主人，非礼也；以贵骄人，非道也。失此二者，不足齿之伧耳[④]！"便驱其左右出门。王独在舆上，回转顾望，左右移时不至，然后令送著门外，怡然不屑。

注　释　①**顾辟疆**：吴郡人，曾任郡功曹、平北参军。②**燕**：通"宴"。③**指麾**：指点；评论。麾，通"挥"。④**伧**：六朝时南方人对北方人的蔑称。

译　文　王献之从会稽出来，经过吴郡，听说顾辟疆家有很好的园林。王献之先前并不认识主人，也没打声招呼，就直接来到他家。此时正赶上顾家在大会宾客，王献之游览完毕，对园林指指点点地加以评价，旁若无人。顾辟疆受不了他的行为，勃然大怒说："对主人傲慢，是无礼的行为；因为地位高贵而盛气凌人，是不道义的。失去这两点，只是一个不足挂齿的北方佬罢了！"于是就把他的随从赶出大门。王献之独自坐在轿上，左顾右盼，顾辟疆见他的随从很久也不来，就让人把他送到门外，王献之依旧悠然自得，毫不在乎。

二十五 排调

题解

本章记载着士人间相互调侃的逗趣内容，从中可以看出他们非凡的才华和气度。

原文

诸葛瑾为豫州[①]，遣别驾到台[②]，语云："小儿知谈，卿可与语。"连往诣恪[③]，恪不与相见。后于张辅吴坐中相遇[④]，别驾唤恪："咄咄郎君[⑤]。"恪因嘲之曰："豫州乱矣，何咄咄之有？"答曰："君明臣贤，未闻其乱。"恪曰："昔唐尧在上[⑥]，四凶在下[⑦]。"答曰："非唯四凶，亦有丹朱[⑧]。"于是一坐大笑。

注释 ①**诸葛瑾：**字子瑜，仕吴官至豫州牧。②**别驾：**官名，州刺史的属官。**到台：**等于说入朝。魏晋时期称朝廷内宫为"台"。③**恪：**诸葛恪，字元逊，诸葛瑾的长子，仕吴官至太傅，后受诬陷被孙峻杀害。④**张辅吴：**张昭，字子布，仕吴任辅吴将军。⑤**咄咄：**吆喝声，相当于"哎呀"。**郎君：**门生故吏称呼长官或师门的子弟为"郎君"。⑥**唐尧：**尧，封于唐，称唐尧，是传说中远古时的贤君。⑦**四凶：**传说中尧时的四个恶人，指浑敦、穷奇、梼杌、饕餮，一说指舜时的共工、讙兜、三苗、鲧。这里用"四凶"来影射诸葛瑾手下的别驾。⑧**丹朱：**尧的儿子，因他不成器，所以尧禅位于舜。这里别驾反唇相讥，用丹朱来影射诸葛恪。

译文 诸葛瑾担任豫州牧时，派遣一名别驾到朝廷去，他对别驾说："我儿子擅长言谈，你见了他可以和他聊聊。"到京都后，别驾几次去拜访诸葛恪，诸葛恪都不见他。后来他们在辅吴将军张昭座间相遇了，别驾对诸葛恪喊道："哎呀，公子！"诸葛恪趁机嘲笑他说："豫州都乱了，有什么好哎呀的？"别驾答道："君明臣贤，我没听说豫州乱了。"诸葛恪说："从前贤明的唐尧在位时，他下面不是也有四个凶人吗？"别驾说道："不只有四个凶人，他还有一个不肖的儿子丹朱呢。"于是在座的人都大笑起来。

原文

晋文帝与二陈共车，过唤钟会同载，即驶车委去。比出，已远。既至，因嘲之曰："与人期行，何以迟迟？望卿遥遥不至[①]。"会答曰："矫然懿实，何必同群[②]！"帝复问会："皋繇何如人[③]？"答曰："上不及尧、舜，下不逮周、孔，亦一时之懿士[④]。"

注释 ①**遥遥：**时间长久。按：因为钟会的父亲名繇，而繇和遥同音，所以用"遥遥"来

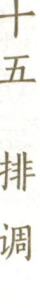

作弄钟会。②**矫然**：形容超然不俗。**懿实**：美德真才的人。按：陈骞的父亲名陈矫，晋文帝的父亲是司马懿，陈泰的父亲名陈群，祖父名陈寔。钟会在回答时或者直用其名，或者用同音字，以此来报复他们三人。③**皋繇**：舜时的法官。按："繇"和钟会父亲的名字同字同音。④**懿士**：有美德的人。

译文 晋文帝和陈骞、陈泰一同乘车，当车子经过钟会家时，招呼钟会一同乘车，还没等他出来，就丢下他驾车离开了。等他出来，车子已经走远了。他赶到以后，晋文帝借机嘲笑他说："和别人约定时间一起走，你为什么迟迟不出来？大家盼着你，你却遥遥无期。"钟会回答说："懿德、实才矫然出众的人，为什么一定要和大家合群！"文帝又问钟会："皋繇是怎样一个人？"钟会回答说："比上不如尧舜，比下不如周公和孔子，但也是当时的懿德之士。"

原文

钟毓为黄门郎，有机警，在景王坐燕饮[1]。时陈群子玄伯、武周子元夏同在坐，共嘲毓。景王曰："皋繇何如人？"对曰："古之懿士。"顾谓玄伯、元夏曰："君子周而不比，群而不党[2]。"

注释 ①**景王**：司马懿的儿子司马师。②**"君子"两句**："君子周而不比"一句引自《论语·为政》，意指君子团结，却不互相勾结。"群而不党"一句引自《论语·卫灵公》，意指合群而不互相袒护。按：这两句的周、群和武周、陈群的名字相同，语意双关。

译文 钟毓任黄门侍郎，机灵聪明。有一次在景王那里宴饮。当时陈群的儿子玄伯、武周的儿子元夏都在一起，他们一起讥笑钟毓。景王问："皋繇是什么样的人？"钟毓回答说："是古代的懿士。"又回过头对玄伯、元夏说："君子周而不同，群而不党。"

原文

嵇、阮、山、刘在竹林酣饮，王戎后往。步兵曰[1]："俗物已复来败人意[2]！"王笑曰："卿辈意，亦复可败邪？"

注释 ①**步兵**：阮籍。②**俗物**：俗人。

译文 嵇康、阮籍、山涛和刘伶在竹林开怀畅饮，王戎后到。阮籍说："俗人竟然来败坏人的兴致。"王戎笑着说："你们这类人的兴致也可以败坏吗？"

原文

晋武帝问孙皓："闻南人好作尔汝歌[1]，颇能为不[2]？"皓正饮酒，因举觞劝帝而言曰："昔与汝为邻，今与汝为臣。上汝一杯酒，令汝寿万春！"帝悔之。

注释 ①**尔汝歌**：魏晋时盛行于南方的民歌。歌中经常以"尔""汝"等称谓来表示亲昵。②**颇**：疑问副词，可。

译文 晋武帝问孙皓："听说南方人喜欢写《尔汝歌》，你会做吗？"孙皓正在喝酒，于是就举起酒杯向晋武帝敬酒，并说道："昔与汝为邻，今与汝为臣。上汝一杯酒，令汝寿万春！"

晋武帝为自己的调笑追悔莫及。

原　文

孙子荆年少时欲隐[1]，语王武子“当枕石漱流”[2]，误曰“漱石枕流”。王曰：“流可枕，石可漱乎？”孙曰：“所以枕流，欲洗其耳[3]；所以漱石，欲砺其齿。”

注　释　**①孙子荆：**孙楚，字子荆，四十多岁才开始做官，官至冯翊太守。**②枕石漱流：**用石块作枕头，用流水漱口。指隐居山林的生活。**③洗其耳：**这里暗用传说中许由洗耳的故事，来表示不愿意了解、参与世俗之事。

译　文　孙楚年轻时想隐居，他本来要对王济说“要枕石漱流”，却误说成“漱石枕流”。王济说：“流水可以枕，石头能漱口吗？”孙楚说：“枕流，是为了洗净耳朵；漱石，是为了磨砺牙齿。”

原　文

头责秦子羽云[1]：“子曾不如太原温颙（yóng），颍川荀寓，范阳张华，士卿刘许[2]，义阳邹湛，河南郑诩。此数子者，或謇（jiǎn）吃无宫商[3]，或尪（wāng）陋希言语[4]，或淹伊多姿态[5]，或讙（huān）华少智谞（xū）[6]，或口如含胶饴[7]，或头如巾齑（jī）杵[8]。而犹以文采可观，意思详序，攀龙附凤，并登天府。”

注　释　**①头责秦子羽：**按：晋人张敏写有《头责子羽》一文，是假托为子羽的头颅来赞扬秦子羽虽身处陋巷，而立身守节，同时也讽刺了攀权附贵的丑恶行径。**②士卿：**即宗正卿，为九卿之一，管理皇族内部事务。按：刘许和张华同为范阳人，所以省去籍贯。**③謇吃：**口吃。**无宫商：**指五音不全，没有乐感。宫商是五音宫商角徵羽中的两个音，泛指音乐。**④尪陋：**瘦小丑陋的样子。**希：**同“稀”，少。**⑤淹伊：**扭捏，矫揉造作。**⑥华：**同“哗”。**智谞：**才能智慧。**⑦胶饴：**一种发黏的糖浆。**⑧巾齑杵：**用头巾包着捣物的棒槌，用来比喻头小而尖。齑是调味用的姜、蒜等碎末儿。

译　文　秦子羽的头谴责他说：“你怎么会比不上太原温颙，颍川荀寓，范阳张华，士卿刘许，义阳邹湛，河南郑诩。这几个人，有的口吃，五音不全；有的瘦弱丑陋，寡言少语；有的矫揉造作，忸怩作态；有的吵吵嚷嚷，缺少智谋；有的像口含着胶糖，口齿不清；有的头像包着头巾的棒槌。然而，他们还是因为文辞值得观赏，思想周备而有条理，很会趋炎附势，结果都能一齐入朝为官。”

原　文

王浑与妇钟氏共坐，见武子从庭过[1]，浑欣然谓妇曰：“生儿如此，足慰人意。”妇笑曰：“若使新妇得配参军[2]，生儿故可不啻如此[3]！”

注　释　**①武子：**王济。**②参军：**王伦，王浑的弟弟。**③不啻：**不止。

译文 王浑同妻子钟氏坐在一起，看见王济从庭院中走过，王浑很高兴地对妻子说："生一个这样的儿子，我已心满意足了。"妻子笑着说："倘若让我和王伦匹配，那么生出的儿子就一定还不止这样。"

原文

荀鸣鹤、陆士龙二人未相识[1]，俱会张茂先坐[2]。张令共语，以其并有大才，可勿作常语。陆举手曰："云间陆士龙[3]。"荀答曰："日下荀鸣鹤[4]。"陆曰："既开青云，睹白雉[5]，何不张尔弓，布尔矢？"荀答曰："本谓云龙骙骙[6]，定是山鹿野麋[7]。兽弱弩强，是以发迟。"张乃抚掌大笑。

注释 ①**荀鸣鹤**：荀隐，字鸣鹤，曾任太子舍人、廷尉平。**陆士龙**：陆云，字士龙。②**张茂先**：张华，字茂先。③**云间**：云彩之间。因为陆云名云，字又叫士龙，所以这样说。后世就把陆云家乡所在地华亭（今上海松江西）称为"云间"。④**日下**：太阳之下。因为荀隐的家乡颍川（治所在今河南许昌）靠近京都洛阳，所以这样说。后世就把京都称为"日下"。⑤**白雉**：银雉，一种色白而像野鸡的鸟。"雉"和"日"音相近，陆云取"白雉"谐音"白日"嘲弄荀隐，暗指荀隐算不上鹤。⑥**骙骙**：强壮的样子。⑦**麋**：驼鹿，俗称"四不像"，这是暗指陆云算不上龙。

译文 荀鸣鹤和陆士龙两人原先并不认识，后来在张华席间相遇。张华让他们俩一块儿交谈，因为二人都有杰出的才学，所以不必像常人那样说些平常的话。陆士龙举手说道："我是云间陆士龙。"荀鸣鹤答道："我是日下荀鸣鹤。"陆士龙说："既然乌云已经散开，见到了白雉，为什么不拉开弓，搭上箭？"荀鸣鹤答道："本以为是矫捷的云龙，没想到是山间的麋鹿，兽弱弓强，所以箭就发得迟缓。"张华于是拍手大笑。

● 西亭晚景图

太尉陆玩去拜访丞相王导，王导招待他。

原文

陆太尉诣王丞相。王公食以酪[1]。陆还，遂病。明日[2]，与王笺云："昨食酪小过，通夜委顿。民虽吴人，几为伧鬼[3]。"

注释 ①**食**：让……吃。②**明日**：明天。③**伧鬼**：北方的鬼。

译文 太尉陆玩去拜访丞相王导。王导请他吃奶酪。陆玩回家后就病了。第二天，他就写信给王导说："昨天多吃了些奶酪，通宵难受。

我虽然是个吴人，但是却差一点儿成为北方的死鬼。”

原　文

元帝皇子生[1]，普赐群臣。殷洪乔谢曰[2]：“皇子诞育，普天同庆。臣无勋焉，而猥颁厚赉[3]。”中宗笑曰：“此事岂可使卿有勋邪？”

注　释　①**元帝**：指晋元帝司马睿，下文“中宗”是他的庙号。②**殷洪乔**：殷羡，字洪乔，官至光禄勋。③**猥**：谦词，表示谦卑。**赉**：赏赐。

译　文　元帝司马睿的儿子诞生后，遍赏群臣。殷羡谢恩道：“皇子诞生，普天同庆。我对此没有什么功劳，却蒙受厚赏。”元帝笑着说：“这样的事怎么能让你有功劳呢？”

原　文

诸葛令、王丞相共争姓族先后。王曰：“何不言葛、王，而云王、葛[1]？”令曰：“譬言驴马，不言马驴，驴宁胜马邪！”

注　释　①**葛**：诸葛氏原为葛氏，后改称诸葛。

译　文　尚书令诸葛恢和丞相王导两人一起争论姓氏的先后。王导说：“为什么不说葛、王，而说王、葛？”诸葛恢说：“譬如说驴马，不说马驴，驴难道胜过马吗？”

原　文

刘真长始见王丞相，时盛暑之月，丞相以腹熨弹棋局，曰：“何乃渹[1]？”刘既出，人问王公云何，刘曰：“未见他异，唯闻作吴语耳。”

注　释　①**乃**：代词，这样，如此。**渹**：意思为凉。为当时的吴人语。

译　文　刘惔初次去见丞相王导，当时正是炎热的夏天，王导将腹部贴在弹棋的棋盘上，说道：“怎么如此凉啊！”刘惔出来后，有人问他王导怎么样，答说：“没有看到他有什么特殊的地方，只是听到他说吴语而已。”

原　文

王公与朝士共饮酒[1]，举琉璃碗谓伯仁曰：“此碗腹殊空，谓之宝器，何邪[2]？”答曰：“此碗英英[3]，诚为清彻，所以为宝耳。”

注　释　①**朝士**：泛指朝廷大小官吏。②**“此碗”句**：王导以碗比喻伯仁，嘲笑他腹中空空，没有才能。③**英英**：明亮的样子。

译　文　王导与朝中大臣一同饮酒，他举起琉璃碗对周𫖮说：“这个碗内空空，还称它是宝器，你说是什么原因？”周𫖮回答说：“这个碗闪亮夺目，质地晶莹澄澈，这就是成为宝器的原因啊。”

原　文

谢幼舆谓周侯曰[1]：“卿类社树[2]，远望之，峨峨拂青天；就而视之，其根则群狐所托，下聚溷（hùn）而已。”答曰：“枝条拂青天，不以

为高；群狐乱其下，不以为浊。聚溷之秽，卿之所保[3]，何足自称！”

注　释　**①谢幼舆**：谢鲲，字幼舆，喜欢玄学，任达不拘，曾任豫章太守，后任王敦长史。**②社树**：社坛周围的树。**③聚溷**：聚集污秽。

译　文　谢鲲对武城侯周𫖮说：“你好比社坛边上的树，从远处看，挺拔直插云霄；走近观看，它的根部却是群狐聚居的地方，下面堆积很多污秽的东西。”周𫖮回答说：“树枝高耸青天，我不认为高；群狐在它根部乱窜，也不认为混乱。至于藏垢纳污这种丑恶的事，是你所占有的，哪里值得自夸呢！”

原　文

王长豫幼便和令[1]，丞相爱恣甚笃。每共围棋，丞相欲举行[2]，长豫按指不听。丞相曰：“讵得尔[3]？相与似有瓜葛[4]。”

注　释　**①王长豫**：王悦，王导的长子。**②行**：下（棋）。**③得**：能。**尔**：如此，这样。**④相与**：相互，彼此。

译　文　王长豫从小就温顺伶俐，王丞相对他非常疼爱娇惯。常常一起下围棋，丞相拈起棋子要下的时候，王长豫（一旦发现自己下错了棋或者棋势不利于自己）就按住父亲的手指不让动。王丞相笑着说：“怎么可以这样呢？我和你好像有些关系呢！”

原　文

明帝问周伯仁：“真长何如人？”答曰：“故是千斤犗(jiè)特[1]。”王公笑其言。伯仁曰：“不如卷角牸(zì)，有盘辟之好[2]。”

注　释　**①犗特**：阉割过的公牛。**②“不如”二句**：这是嘲笑王导的，暗示王导是卷角牸，嘲笑他老年无能，只是让骑牛的人满意罢了。卷角牸，指卷角的母牛。盘辟，盘旋进退。

译　文　一次，晋明帝问周𫖮：“刘惔是怎么样的人？”周𫖮回答说：“自然是头能负千斤的老公牛。”王导嘲笑他说的话。周𫖮说：“当然比不上卷角老母牛，能思虑周全盘算进退。”

原　文

王丞相枕周伯仁膝[1]，指其腹曰：“卿此中何所有？”答曰：“此中空洞无物，然容卿辈数百人。”

注　释　**①膝**：这里指腿。

译　文　丞相王导枕在周𫖮的腿上，指着他的肚子说：“你这里有什么东西呢？”周𫖮答道：“这里空洞无物，不过可以容下几百个像你这样的人。”

原　文

干宝向刘真长叙其《搜神记》[1]，刘曰：“卿可谓鬼之董狐[2]。”

注　释　**①干宝**：字令升，博学多才，曾任散骑常侍。著《搜神记》一书，这是志怪小说的代表作。**②董狐**：春秋时晋国太史，素有古之良史之称。

译　文　干宝向刘惔介绍他写的作品《搜神记》，刘惔说：“你可以称为鬼神的董狐。”

原　文

许文思往顾和许[1]，顾先在帐中眠，许至，便径就床角枕共语。既而唤顾共行，顾乃命左右取枕上新衣[2]，易己体上所著。许笑曰："卿乃复有行来衣乎[3]？"

注　释　①**许**：同"所"，表示处所。②**枕**：此处应为"杭"，同"桁"，指衣架。③**行来**：外出，出行。**乎**：表疑问语气。

译　文　许琛到顾和的处所，顾原先正在帐中睡觉，许琛来了以后就径直走进，然后到床上枕着角枕一起聊天。聊了一会儿，许琛又请顾和一起去散步，顾和就命人取下衣架上的新衣服来替换自己身上所穿的衣服。许琛就笑着说："你怎么还有出门专用的衣服啊？"

原　文

康僧渊目深而鼻高[1]，王丞相每调之[2]。僧渊曰："鼻者，面之山；目者，面之渊。山不高则不灵，渊不深则不清。"

注　释　①**康僧渊**：晋代高僧，西域人，生在长安。②**调**：调笑；戏弄。

译　文　康僧渊眼睛深凹，鼻子高挺，丞相王导常常因此笑话他，康僧渊说："鼻子，是脸上的山；眼睛，是脸上的潭。山不高就没有灵气，潭不深就不会清亮。"

原　文

何次道往瓦官寺礼拜甚勤，阮思旷语之曰："卿志大宇宙[1]，勇迈终古。"何曰："卿今日何故忽见推？"阮曰："我图数千户郡，尚不能得；卿乃图作佛[2]，不亦大乎？"

注　释　①**大**：在这里为动词，比……大。②**乃**：竟，竟然。

译　文　何充经常去瓦官寺拜佛，很虔诚。阮裕对他说："你的志向比宇宙大，你的勇气超越往古。"何充说："你今天怎么突然推崇起我来了？"阮裕答："我想当个几千户的小郡守都还未能实现；你居然想成佛，难道志向还不够大吗？"

原　文

庾征西大举征胡，既成行，止镇襄阳[1]。殷豫章与书，送一折角如意以调之[2]。庾答书曰："得所致，虽是败物，犹欲理而用之。"

注　释　① **"庾征西"三句**：庾翼原为荆州刺史，镇守武昌，在晋康帝建元元年（343）率众北伐，并升为征西将军。**成行**：指军队已经出发。②**折角**：指如意的一角折断了，也比喻锐气大折。

译　文　征西将军庾翼大举征伐胡人，军队向北出发，停留在襄阳。豫章太守殷羡给他写信，并送他一个折角的如意来戏弄他。庾翼回信说："收到来物，虽然有点破损了，我还是想修好它接着使用。"

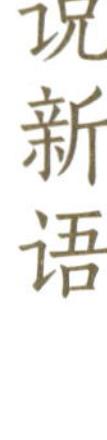

原 文

桓大司马乘雪欲猎[1]，先过王、刘诸人许。真长见其装束单急，问："老贼欲持此何作？"桓曰："我若不为此[2]，卿辈亦那得坐谈？"

注 释 **①猎：**打猎。**②若：**倘若。

译 文 桓温想趁着下雪去打猎，先到王濛、刘惔等人的处所。刘惔见桓温装束单薄紧扎，就问道："你这个老东西，这样装扮想去做什么？"桓温说："倘若我不穿成这样，你们这帮人有谁还能坐下来清谈呢？"

原 文

褚季野问孙盛："卿国史何当成？"[1]孙云："久应竟，在公无暇，故至今日。"褚曰："古人'述而不作'[2]，何必在蚕室中[3]！"

注 释 **①"褚季野"二句：**孙盛在东晋时代历任参军、秘书监。好学，著《晋阳秋》，词直而理正，被赞为良史。这句说的"国史"，即指《晋阳秋》。**②"古人"一句：**《述而不作》是孔子说的，意指转述而不创作。**③"何必"一句：**指司马迁受宫刑写《史记》一事。司马迁遭受宫刑后，畏风寒，只有蚕室中才能调养。这句是讥讽孙盛"在公无暇"一语。

译 文 褚裒问孙盛："你写的国史什么时候可以完成？"孙盛回答说："早就应该完成了。由于公务繁忙没有闲暇时间，所以一直到今天还没有完成。"褚裒说："古人只是'转述前人之言，而不创作'，你为什么一定要在蚕室中才能完成呢！"

原 文

谢公在东山，朝命屡降而不动。后出为桓宣武司马，将发新亭，朝士咸出瞻送[1]。高灵时为中丞，亦往相祖[2]。先时，多所饮酒，因倚如醉[3]，戏曰："卿屡违朝旨，高卧东山，诸人每相与言：'安石不肯出，将如苍生何！'今亦苍生将如卿何？"谢笑而不答。

注 释 **①瞻送：**送行，多指送人远行时看着他离去。**②祖：**原意为古时候人们出行时祭祀路神，在这里引申为饯行。**③倚：**立，站立。

译 文 谢安在东山隐居，朝廷一再下令征召他入朝做官，都不从命。后来，他担任桓温的司马，即将从新亭出发的时候，满朝文武官员都来为他送行。高崧当时担任御史中丞，也来为他饯行。来之前，他已经喝了些酒，于是就站立出一副醉态，并开玩笑地说道："你一再违背朝廷的命令，隐居在东山，众人总是相互议论说：'安石不肯出山，对百姓怎么办呢？'如今百姓对你将该怎么办呢？"谢安听后笑了笑，没有回答。

原 文

初，谢安在东山居，布衣，时兄弟已有富贵者，翕集家门[1]，倾动人物。刘夫人戏谓安曰："大丈夫不当如此乎？"谢乃捉鼻曰[2]："但恐不免耳[3]。"

注 释 ①翕集：聚集。②捉鼻：捏着鼻子。③耳：语气词，表示感叹。

译 文 当初，谢安在东山隐居，他还是个平头百姓，那时候他的兄弟中就已经有做官富贵的了。一旦聚集在家门，都会引起当时当地的轰动。谢安的妻子刘夫人同谢安开玩笑说：“大丈夫难道不应当像这样吗？”谢安就捏着鼻子说：“只怕我想免都无法免呢！”

原 文

支道林因人就深公买印山[1]，深公答曰：“未闻巢、由买山而隐[2]。”

注 释 ①印山：当为岇山。②巢、由：巢父、许由，是传说中的隐士。

译 文 支道林托人向竺法深提出想买岇山，竺法深回应说：“自古从没有听说巢父、许由是自己买座山来隐居的。”

原 文

王、刘每不重蔡公[1]。二人尝诣蔡[2]，语良久，乃问蔡曰：“公自言何如夷甫？”答曰：“身不如夷甫。”王、刘相目而笑曰：“公何处不如？”答曰：“夷甫无君辈客。”

注 释 ①每：总是。②诣：拜访。

译 文 王濛和刘惔二人总是看不起蔡谟。有一次，他俩去拜访蔡谟，一起讨论了很久后，王濛和刘惔就问蔡谟：“你自己觉得同王衍相比如何？”蔡谟答道：“我比不上王衍。”王濛和刘惔听后相视一笑，然后又接着问：“你认为自己什么地方不如王衍？”蔡谟说：“王衍没有像你们这样的客人。”

原 文

张吴兴年八岁[1]，亏齿，先达知其不常[2]，故戏之曰：“君口中何为开狗窦？”张应声答曰：“正使君辈从此出入！”

注 释 ①张吴兴：张玄之，曾经担任吴兴太守。②先达：前辈贤达。

译 文 张玄之八岁的时候掉了门牙，当时那些前辈贤达知道这孩子不平常，因而戏谑他道：“你的嘴里怎么开了个狗洞呢？”张玄之立即回答道：“正是为了让你们从这里进去啊！”

原 文

郝隆七月七日出日中仰卧[1]。人问其故，答曰：“我晒书[2]。”

注 释 ①郝隆：字佐治，晋人，官至征西参军。②晒书：当时的民间风俗，七月七日要晒经书和衣裳。郝隆戏称也要晒晒腹中的经书。

译 文 郝隆七月七日这天到太阳底下仰卧着。有人问他为什么要这样，他答道：“我在晒书呢。”

原　文

谢公始有东山之志，后严命屡臻，势不获已，始就桓公司马。于时人有饷桓公药草[1]，中有远志[2]。公取以问谢："此药又名小草，何一物而有二称？"谢未即答。时郝隆在坐，应声答曰："此甚易解。处则为远志，出则为小草[3]。"谢甚有愧色。桓公目谢而笑曰："郝参军此过乃不恶[4]，亦极有会。"

注　释　①**饷：**馈赠。②**远志：**中药名。根名为远志，叶名为小草。③**处则为远志，出则为小草：**此为双关语，是嘲讽谢安的出仕。**处：**明指隐于地下，暗指谢安隐居山中；**出：**明指露出地面，暗指谢安出山做官。④**过：**量词，次，回。**乃：**甚，很，非常。**不恶：**不错，不坏。

译　文　谢安在最初的时候有隐居东山的意向，后来皇帝的诏令不断地下达，无奈就担任桓温的司马一职。这时候，有人送给桓温一些草药，其中有一味是远志。桓温拿过来这种草药问谢安："这药又名小草，为什么一种东西却有两个名称呢？"谢安没有立即回答。当时郝隆也在座，他随声说道："这非常好解释：隐藏就叫远志，露出就叫小草。"谢安听后一脸羞愧。桓温看着谢安笑了笑说："郝参军这次表现相当不错，话也说得很有意趣。"

原　文

庾园客诣孙监[1]，值行，见齐庄在外[2]，尚幼，而有神意[3]。庾试之，曰："孙安国何在？[4]"即答曰："庾稚恭家。"庾大笑曰："诸孙大盛，有儿如此！"又答曰："未若诸庾之翼翼[5]。"还，语人曰："我故胜，得重唤奴父名。"

注　释　①**庾园客：**庾爰之，小名园客，是庾翼（字稚恭）的儿子。**孙监：**孙盛，字安国，任秘书监，所以称孙监。②**齐庄：**孙放，字齐庄，是孙盛的儿子。③**神意：**灵气。④**"孙安"句：**直呼对方父亲的名字，这是不敬的。⑤**"未若"一句：**庾园客用了齐庄父亲的名"盛"字，齐庄也直称园客父亲名"翼"来回报。因有两个"翼"字，所以下文齐庄说："得重唤奴父名。"

译　文　一次，庾爰之去拜访秘书监孙盛，碰巧孙盛外出，看见其子孙放在外面，年纪虽还小，却有一股灵气。庾爰之想着考验他一下，说："孙安国去哪里了？"孙放马上回答说："在庾翼家。"庾爰之大笑说："孙氏家族如此兴盛，才会有这样的儿子！"孙放又回答说："不如庾氏家族那样洋洋翼翼。"孙放回家告诉别人说："实际上是我胜了，我能够多叫一次那奴才的父亲的名字。"

原　文

范玄平在简文坐，谈欲屈，引王长史曰[1]："卿助我！"王曰："此非拔山力所能助[2]。"

注　释　①**范玄平：**范汪，字玄平，曾任吏部尚书，徐、兖二州刺史。②**"此非"句：**指辞屈理穷，无法挽回。

译　文　一次，范汪在简文帝家做客，在清谈中，处于颓势了，这时他忙把左长史王濛拉过来说："你帮帮我！"王濛说："这不是拔山的力量所能帮助的。"

原　文

郝隆为桓公南蛮参军。三月三日会，作诗。不能者罚酒三升。隆初以不能受罚，既饮，揽笔便作一句云："娵隅跃清池[1]。"桓问："娵隅是何物？"答曰："蛮名鱼为娵隅。"桓公曰："作诗何以作蛮语？"隆曰："千里投公，始得蛮府参军，那得不作蛮语也？"

注　释　①**娵隅：** 古代西南的少数民族把鱼称为"娵隅"。

译　文　郝隆担任桓温的南蛮校尉参军。三月三日那天举行聚会，每个人都要作诗，作不出诗的就得被罚喝三升酒。郝隆刚开始因为作不出诗而被罚，喝完酒后，他就提笔写了一句："娵隅跃清池。"桓温问道："娵隅是什么啊？"答说："蛮人把鱼称作娵隅。"桓温说："作诗为什么还要用蛮语呢？"郝隆说："我不远千里前来投奔您，才得到了个蛮府参军的职位，怎么能不用蛮语呢？"

原　文

袁羊尝诣刘恢，恢在内眠未起。袁因作诗调之曰："角枕粲文茵，锦衾烂长筵[1]。"刘尚晋明帝女[2]，主见诗不平，曰："袁羊，古之遗狂！"

注　释　①**角枕粲文茵，锦衾烂长筵：** 语出《诗·唐风·葛生》，是一首悼亡诗。大意是：华丽的褥子配上角枕有多么鲜艳，长长的竹席铺着丝被会更加灿烂。②**尚：** 娶公主为妻称为尚。

译　文　袁乔有一次去拜访刘恢。刘恢正在帐内睡觉，还没有起来。袁乔便作诗嘲笑刘恢道："角枕粲文茵，锦衾烂长筵。"刘恢娶的是晋明帝司马绍的女儿庐陵公主，公主看了这诗后很不高兴地说道："袁乔是古代狂人的子孙。"

原　文

殷洪远答孙兴公诗云："聊复放一曲。"刘真长笑其语拙，问曰："君欲云那放？"殷曰："榼腊亦放[1]，何必其枪铃邪[2]？"

注　释　①**榼腊：** 叠韵连绵词，状鼓声。②**枪铃：** 钟声和铃声。

译　文　殷融答孙绰的诗说："聊复放一曲。"刘恢就嘲笑他的语句拙劣，问道："你想要怎么放？"殷说："达拉达拉的鼓声也是放，何必一定要是钟声和铃声才叫作放呢？"

原　文

桓公既废海西，立简文。侍中谢公见桓公，拜，桓惊笑曰[1]："安石，卿何事至尔？"谢曰："未有君拜于前，臣立于后[2]！"

注　释　①**惊：** 惊讶。②**未有君拜于前，臣立于后：** 又是双关语，讽刺桓温想自立为君。君，可以是对位高者的尊称，也可指君主。臣，可以用作自己的谦虚称谓，也可以与君主相对而言，

指臣子。

译　文　桓温将海西公罢黜后，立简文做皇帝。这时候担任侍中的谢安一见到桓温就跪拜，桓温惊讶地笑着问道："安石，是什么原因让你这么做啊？"谢安说："那是因为没有君在前面跪拜，而臣却站在后边的道理。"

原　文

郗重熙与谢公书，道王敬仁闻一年少怀问鼎[①]。不知桓公德衰，为复后生可畏？

注　释　**①问鼎：**篡位。传说夏铸九鼎当作传国之宝，分别代表国家的不同的方位，后来，九鼎就成为国家的代称。

译　文　一次，郗昙写信给谢安，信中说起王修听说有一个年轻人密谋篡夺王位的事。不知是桓温德行有亏，还是后生可畏？

原　文

张苍梧是张凭之祖[①]，尝语凭父曰："我不如汝。"凭父未解所以，苍梧曰："汝有佳儿。"凭时年数岁，敛手曰："阿翁，讵宜以子戏父[②]？"

注　释　**①张苍梧：**张镇，三国时候吴国吴郡人。他曾担任苍梧太守。张凭，才华横溢，举孝廉，官至御史中丞。**②讵：**难道，岂。

译　文　张镇是张凭的祖父，他曾对张凭的父亲说："我比不上你啊！"张凭的父亲不明白他说的是什么意思，张镇就说："因为你有一个好儿子啊！"张凭当时才几岁，就拱着手对张镇说道："爷爷，难道可以用儿子来戏弄他的父亲吗？"

原　文

习凿齿、孙兴公未相识，同在桓公坐[①]。桓语孙："可与习参军共语。"孙云："蠢尔蛮荆，敢与大邦为雠[②]！"习云："薄伐猃狁，至于太原。"

注　释　**①习凿齿：**字彦威，荆州襄阳郡人。桓温任荆州刺史时，聘他任从事、西曹主簿，后因触犯了桓温，降为户曹参军。**②"蠢尔"句：**《诗经·小雅·采芑》："蠢尔荆蛮，大邦为雠"，大意是"你们楚国蠢蠢欲动，和我们大国做仇敌"。孙兴公引《诗经》，来嘲笑习凿齿的籍贯是蛮荆之地。

译　文　习凿齿和孙绰还不认识的时候，两人一起在桓温家做客。桓温对孙绰说："你应该和习参军一起好好聊聊。"孙绰说："你们荆蛮蠢蠢欲动，胆敢和大国做对头！"习凿齿说："讨伐猃狁，打到了太原。"

原　文

桓豹奴是王丹阳外生，形似其舅，桓甚讳之[①]。宣武云："不恒

相似，时似耳。恒似是形，时似是神[2]。”桓逾不说。

注　释　**①讳**：忌讳。**②神**：神情。

译　文　桓嗣是王混的外甥，体貌像他的舅舅，桓嗣很忌讳这件事。桓温说：“他也不完全相像。大体相像的是形体，时有相像的是神情。”桓嗣闻言更加不悦。

原　文

王子猷诣谢万[1]，林公先在坐，瞻瞩甚高[2]。王曰：“若林公须发并全，神情当复胜此不？”谢曰：“唇齿相须，不可以偏亡。须发何关于神明！”林公意甚恶，曰：“七尺之躯，今日委君二贤。”

注　释　**①诣**：拜访。**②瞻瞩甚高**：神情傲慢的样子。

译　文　王徽之去拜访谢万，支道林早就已经在座了，他神情傲慢，眼光也很高。王徽之说：“倘若支道林的头发和胡须都齐全的话，神态应当会比现在好吗？”谢万说：“唇齿相依，缺一不可。胡须和头发同精神又有什么关系呢？”支道林心里很不受用，他说：“我这七尺之躯，今天完全交给你们这两位贤达了。”

原　文

郗司空拜北府，王黄门诣郗门拜，云：“应变将略，非其所长[1]。”骤咏之不已。郗仓谓嘉宾曰：“公今日拜，子猷言语殊不逊，深不可容！”嘉宾曰：“此是陈寿作诸葛评，人以汝家比武侯[2]，复何所言？”

注　释　**①应变将略，非其所长**：随机应变的用兵谋略，并非此人所擅长。**②汝家**：你的父亲。

译　文　郗愔被任命为北府长官，他的外甥王徽之来登门祝贺，说：“应变将略，非其所长。”他反复地、不停地吟诵着这句话。郗愔的二儿子郗融对他的哥哥郗超说：“父亲今天上任，王徽之不太恭顺，实在无法容忍。”郗超说：“这是陈寿对诸葛亮的评价，人家把你父亲比作诸葛武侯，你还有什么可说的呢？”

原　文

王子猷诣谢公，谢曰：“云何七言诗[1]？”子猷承问，答曰：“昂昂若千里之驹，泛泛若水中之凫[2]。”

注　释　**①七言诗**：相传汉武帝在柏梁台和群臣联句赋诗，为七言，每人一句，一句一意，世称柏梁体。**②“昂昂”两句**：引自《楚辞·卜居》：“宁昂昂若千里之驹乎，将泛泛若水中之凫。”大意是：像千里马那样信步驰骋，像野鸭子那样漂浮不定。按：王子猷引此诗句，说明他不懂七言诗。

译　文　一次，王徽之去拜访谢安，谢安向他提问说：“什么是七言诗？”王徽之被问到，回答说：“昂昂若千里之驹，泛泛若水中之凫。”

原　文

王文度、范荣期俱为简文所要。范年大而位小，王年小而位大。将前[1]，更相推在前，既移久[2]，王遂在范后。王因谓曰："簸之扬之，糠秕在前[3]。"范曰："洮之汰之，砂砾在后[4]。"

注　释　①**将前**：将要前行时。②**移久**：过了很久。③**簸之扬之，糠秕在前**：簸扬轻浮之物。这是王坦之在以糠秕嘲弄范启。④**洮之汰之，砂砾在后**：淘洗杂质。这是范启在以砂砾来嘲笑王坦之。

译　文　王坦之和范启共同被简文帝邀请。范启年长却官位低，王坦之年龄小却官位高。即将向前走时，两人相互推让，都请对方走在前。推让了好一会儿，王坦之就走在了范启的后边。王坦之于是就对范启说道："簸扬谷子，糠秕都浮在前面。"而范启却说："淘洗米粒，砂砾都沉在后面。"

原　文

刘遵祖少为殷中军所知[1]，称之于庾公。庾公甚忻然，便取为佐。既见，坐之独榻上与语。刘尔日殊不称，庾小失望，遂名之为"羊公鹤"。昔羊叔子有鹤善舞，尝向客称之，客试使驱来，氃氋而不肯舞，故称比之。

注　释　①**知**：器重。

译　文　刘爰之年轻的时候很受殷浩的器重，因此被推荐给庾亮，庾亮非常高兴，就任命他为属吏。接见的时候，让他坐在独榻上同他谈话。可是刘爰之当天的表现却同殷浩对他的称赞不相称。这使得庾亮感到很失望，于是称刘爰之为"羊公鹤"。从前，羊祜养了一只鹤，这只鹤会舞蹈，羊祜曾经向人夸奖它，于是客人试着让他把鹤赶来时，鹤身上的羽毛蓬松凌乱，怎么都不肯起舞，所以人们称他为"羊公鹤"来相比拟。

原　文

魏长齐雅有体量[1]，而才学非所经。初宦当出，虞存嘲之曰[2]："与卿约法三章：谈者死，文笔者刑[3]，商略抵罪[4]。"魏怡然而笑，无忤于色。

注　释　①**魏长齐**：魏颛，字长齐，官至山阴令。**体量**：度量。②**虞存**：字道长，官至尚书吏部郎。③**文笔**：这里指写文章。④**商略**：品评，评论。

译　文　魏长齐很有度量，但是才学不是他的长处。初次做官将要外出时，虞存嘲笑他说："和你约法三章，谈论的人处死，写诗文的人判刑，品评人物就要治罪。"魏长齐高兴地笑着，没有一点儿抵触的神色。

原　文

郗嘉宾书与袁虎，道戴安道、谢居士云："恒任之风，当有所弘耳。”以袁无恒，故以此激之。

译　文　郗超写信给袁宏，评价戴逵、谢敷说：“有恒心和负责方面，应当有所发扬啊。”因为袁宏缺乏恒心，所以用这句话来刺激他。

原　文

范启与郗嘉宾书曰：“子敬举体无饶纵，掇皮无余润[1]。”郗答曰：“举体无余润，何如举体非真者？”范性矜假多烦[2]，故嘲之。

注　释　①**“子敬”二句：**意思是王献之性情率真，无所掩饰。无饶纵，没有丰满的肌肉，这里指没有掩饰率真本性的东西。掇皮，剥去皮。无余润，没有丰润的肌肉，这里也是指没掩饰率真的本性。②**矜假：**矜持做作。

译　文　范启在给郗超的信中说：“王献之全身一点儿也不丰满，即使去了皮也没有多余的肌肉。”郗超回答说：“浑身没有多余的肌肉，和全身都是假的相比，哪一样更好呢？”范启生性虚假做作，所以郗超如此嘲笑他。

原　文

二郗奉道，二何奉佛，皆以财贿[1]。谢中郎云：“二郗谄于道，二何佞于佛。”

注　释　①**财贿：**财物。贿，财。

译　文　郗愔和郗昙兄弟两人都信奉道教，何充和何准兄弟两人都信奉佛教。他们为此都用了很多财物。谢万说：“二郗谄媚道教，二何巴结佛教。”

原　文

王文度在西州[1]，与林法师讲，韩、孙诸人并在坐。林公理每欲小屈，孙兴公曰：“法师今日如著弊絮在荆棘中，触地挂阂[2]。”

注　释　①**西州：**指扬州，州府所在地是西州城。按：王文度（名坦之）的父亲王述曾任扬州刺史。②**触地：**遍地；到处。**挂阂：**挂碍。

译　文　王坦之在西州时，有一次，如约和支道林法师一起讨论，周围还有韩伯和孙绰等人在座。支道林在论述时每遇到道理稍亏时，孙绰就会在边上说：“法师今天像穿着破棉衣走入荆棘中，到处牵扯着。”

原　文

范荣期见郗超俗情不淡，戏之曰：“夷、齐、巢、许[1]，一诣垂名，何必劳神苦形、支策据梧邪[2]？”郗未答，韩康伯曰：“何不使游刃皆虚[3]？”

注　释　①**夷、齐、巢、许：**伯夷、叔齐、巢父、许由，都是上古清廉之士。②**支策据梧：**语出《庄子·齐物论》：“昭文之鼓琴也，师旷之技策也，惠子之据梧也，三子之知几乎！皆其

盛者也，故载之末年。”说明他们的技艺、学识几乎达到登峰造极的程度，晚年仍旧孜孜不倦。**③游刃皆虚：**语出《庄子·养生主》。指刀刃在骨节的间隙切割，以喻顺应环境，保全自己。

译　文　范启看到郗超世俗之情不淡，开玩笑说：“伯夷、叔齐、巢父、许由一举而留名后世，你为什么一定要劳损身心，像师旷、惠子那样劳心劳力呢？”郗超还没有来得及回应，韩伯接着说：“为什么不让自己轻松自在一点儿？”

原　文

简文在殿上行，右军与孙兴公在后。右军指简文语孙曰：“此啖名客[1]！”简文顾曰：“天下自有利齿儿[2]。”后王光禄作会稽，谢车骑出曲阿祖之，王孝伯罢秘书丞，在坐，谢言及此事，因视孝伯曰：“王丞齿似不钝[3]。”王曰：“不钝，颇亦验。”

注　释　**①啖名客：**好名的人。**②利齿儿：**能说会道的人。**③齿：**牙齿。

译　文　简文帝在大殿上行走，王羲之和孙绰二人跟在后面。王羲之指着简文帝对孙绰说：“这一位是啖名客。”简文帝回过头说道：“世上本来就有牙齿锋利的人。”后来王蕴出任会稽内史，谢玄到曲阿为他送行，王蕴的儿子王恭被免除了秘书丞一职，他当时也在座，谢玄说到这件事情，于是就看着王恭说：“王丞相的牙齿好像并不钝啊！”王恭说：“的确不钝，这些已经多次被证明了。”

原　文

谢遏夏月尝仰卧[1]，谢公清晨卒来[2]，不暇著衣，跣出屋外，方蹑履问讯[3]。公曰：“汝可谓前倨而后恭[4]。”

注　释　**①谢遏：**谢玄，字幼度，小字遏。**②卒：**通“猝”，突然。**③履：**一种单底鞋子，可供正式场合穿着。**④前倨而后恭：**语出《战国策·秦策》，是说苏秦在秦国游说失败后回到家中，嫂子不给他做饭；后来他在赵国做了大官，回家时嫂子见了他就跪拜在地。苏秦问：“嫂何前倨而后卑也？”倨，傲慢；怠慢。

译　文　夏天的时候，谢遏正仰面大睡，谢安于早晨时突然来到，谢遏来不及穿衣服，光着脚跑到外屋，正要穿上鞋子问候。谢安说：“你可以说是前倨而后恭啊。”

原　文

顾长康作殷荆州佐，请假还东[1]。尔时例不给布帆[2]，顾苦求之，乃得发。至破冢[3]，遭风大败。作笺与殷云：“地名破冢，真破冢而出[4]。行人安稳，布帆无恙。”

注　释　**①还东：**这里指回家。顾长康，晋陵人，晋陵在今江苏武进市，古属扬州，在荆州东边。**②布帆：**即帆船。**③破冢：**地名，在今湖北江陵县。**④破冢而出：**比喻死里逃生。冢，坟墓。

译　文　顾恺之当年任荆州刺史殷仲堪参军的时候，有一次他请假回家。那时按照惯例不能提供帆船私用，顾恺之极力恳求殷仲堪借船一用，才得以起程。船行至破冢，路遇大风，布帆完全坏了。顾恺之写信给殷仲堪说："地名叫破冢，我们真是破冢而出，死里逃生。行人安稳，布帆无恙。"

原　文

苻朗初过江，王咨议大好事，问中国人物及风土所生，终无极已，朗大患之。次复问奴婢贵贱，朗曰："谨厚有识中者[1]，乃至十万；无意为奴婢问者，止数千耳。"

注　释　①**中**：说，讲。

译　文　苻朗刚刚过江时，王肃之非常爱管闲事，问起中原地区的著名人物、风土人情来没完没了。苻朗很讨厌他。后来他又问起奴婢价格的高低，苻朗回答道："忠厚老实，见多识广的，论这一种，可高达十万钱；没有主见，碌碌无为的，论这一种，只需数千钱而已。"

原　文

东府客馆是版屋。谢景重诣太傅，时宾客满中，初不交言，直仰视云[1]："王乃复西戎其屋[2]。"

注　释　①**直**：通"只"，只是，不过。②**王**：会稽王，指司马道子。**乃复**：竟然。复为词缀，没有实义。

译　文　东府的客馆全都是木板房。谢重去那里拜会太傅司马道子，当时客馆里坐满了客人，他不和别人交谈，只是仰视说道："会稽王居然让客馆成了西戎人的房舍。"

原　文

顾长康啖甘蔗，先食尾。人问所以，云："渐至佳境[1]。"

注　释　①**佳境**：美好的境界，指甘蔗的根部。

译　文　顾恺之吃甘蔗，先吃甘蔗尾。有人问他什么缘故，他说："渐渐地进入美好的境界。"

原　文

孝武属王珣求女婿，曰："王敦、桓温，磊砢(luǒ)之流[1]，既不可复得，且小如意，亦好豫人家事，酷非所须。正如真长、子敬比，最佳。"珣举谢混。后袁山松欲拟谢婚，王曰："卿莫近禁脔(luán)[2]。"

注　释　①**磊砢**：形容才能卓越。②**禁脔**：比喻不许别人动的东西。脔，切成块的肉。《晋书·谢混传》："元帝始镇建业，公私窘罄（缺乏），每得一，以为珍膳，项（颈）上一脔尤美，辄以荐帝，群下未尝敢食，于时呼为禁脔。"

译　文　晋孝武帝委托王珣帮忙物色女婿人选，说："王敦、桓温，属于才能卓越一类的人，比较难找到，而且这类人一般自鸣得意，也喜欢过问别人的家事，我不喜欢这类人。如果像刘惔、王献之一样的人，是最理想的人选。"王珣提到谢混。后来袁山松打算把女儿嫁给谢混，王珣就对袁山松说："你不要靠近禁脔。"

原 文

桓南郡与殷荆州语次，因共作了语[1]。顾恺之曰："火烧平原无遗燎[2]。"桓曰："白布缠棺竖旒旐[3]。"殷曰："投鱼深渊放飞鸟。"次复作危语。桓曰："矛头淅米剑头炊[4]。"殷曰："百岁老翁攀枯枝。"顾曰："井上辘轳卧婴儿。"殷有一参军在坐，云："盲人骑瞎马，夜半临深池。"殷曰："咄咄逼人！"仲堪眇目故也。

注 释 **①了语：**了：指完了，终结。以完了、终结之意为题所作的诗句隐语为了语。**②遗燎：**余火，剩下的火种。文中意思是野火烧了平原，没有留下任何东西。**③旒旐：**是招魂幡，出殡的时候在棺材前面引路的旗子。**④炊：**做饭的意思。

译 文 桓玄和殷仲堪在清谈的时候，顺着话题一起试作了"了语"。顾恺之说："火烧平原无遗燎。"桓玄说："白布缠棺竖旒旐。"殷仲堪说："投鱼深渊放飞鸟。"紧接着，他们又一起作"危语"。桓玄说："矛头淅米剑头炊。"殷仲堪说："百岁老翁攀枯枝。"顾恺之说："井上辘轳卧婴儿。"殷仲堪的一个参军也在座，说道："盲人骑瞎马，夜半临深池。"殷仲堪说："实在是咄咄逼人啊！"因为殷仲堪有一只眼睛是瞎的。

原 文

桓玄出射，有一刘参军与周参军朋赌，垂成，唯少一破。刘谓周曰："卿此起不破，我当挞卿。"周曰："何至受卿挞！"刘曰："伯禽之贵[1]，尚不免挞，而况于卿！"周殊无忤色。桓语庾伯鸾曰："刘参军宜停读书，周参军且勤学问[2]。"

注 释 **①"伯禽"一句：**伯禽是周朝周公的儿子，周公辅佐周成王处理国政，成王有罪时，周公就鞭打伯禽。**②"刘参"二句：**桓玄以为，刘参军滥引古书故事，用伯禽的事来比不伦不类，所以说宜停止读书；周参军不明白这是捉弄自己，所以要勤学习。

译 文 一次，桓玄出外射箭，有一位刘参军和周参军合成一组赌射箭，到了最后一局，就差最后一箭定胜负。刘参军对周参军说："你这一箭如果不中，我该鞭打你。"周参军说："哪至于受你的鞭打！"刘参军说："伯禽那样显贵，还不免受到鞭打，何况你呢！"周参军没有显露不满的情绪。桓玄对庾鸿说："刘参军应该停止读书，周参军还要用功学习。"

原 文

桓南郡与道曜讲《老子》[1]，王侍中为主簿[2]，在坐。桓曰："王主簿可顾名思义[3]。"王未答，且大笑。桓曰："王思道能作大家儿笑[4]。"

注 释 **①道曜：**晋人，生平不详。**②王侍中：**王桢之，字公干，小字思道，王羲之的孙子，曾任侍中，御史中丞。**③顾名思义：**《老子》的主旨讲"道"，桢之小字思道，所以桓玄说可以顾名思义。**④大家儿：**名门大族的子弟。

译　文　南郡公桓玄和道曜讨论《老子》，侍中王桢之当时担任桓玄手下的主簿，也在座。桓玄说："王主簿可以见到自己的名字就想到道的含义。"王桢之没有回答，只是大笑。桓玄说："王思道能发出名门子弟的笑声。"

原　文

祖广行恒缩头[①]。诣桓南郡，始下车，桓曰："天甚晴朗，祖参军如从屋漏中来[②]。"

注　释　①**行**：走。②**屋漏**：此一语双关。本来是指屋子的西北角，因为西北角上开有天窗，日光由此照射到屋里。这里是指漏水的房屋，调侃祖广走路时缩头缩脑的滑稽模样。

译　文　祖广在走路的时候总是缩头缩脑的，他前去拜会桓玄的时候，刚一下车，桓玄就说："天空多么晴朗啊，祖参军却好像刚从漏雨的屋子里走出来一样。"

原　文

桓玄素轻桓崖，崖在京下有好桃，玄连就求之，遂不得佳者。玄与殷仲文书，以为嗤笑曰："德之休明，肃慎贡其楛矢[①]；如其不尔[②]，篱壁间物，亦不可得也[③]。"

注　释　①**楛矢**：楛木作箭杆的箭。②**尔**：这样。③**也**：表示肯定的语气词。

译　文　桓玄一向都看不起桓脩，桓脩在京城建康种有良种的桃子，桓玄多次去找他要种子，都没有要到好的。桓玄在写给殷仲文的信中，用此事来嘲笑他道："德行清廉美好，远处边陲的肃慎族也会进贡特产楛矢；反之，则即使是近在宅院的东西，也得不到。"

二十六　轻诋

题　解

本章记述了士人交往间的评论或言谈，但和“排调”不同的是，这里含有贬抑对方的意思，即用轻诋的言辞来蔑视对方。

原　文

王太尉问眉子[1]：“汝叔名士，何以不相推重？”眉子曰：“何有名士终日妄语！”

注　释　**①眉子**：王玄，字眉子，王衍的儿子。他的叔叔王澄，字平子。

译　文　太尉王衍问他的儿子王玄：“你的叔叔是名士，为什么你不推崇他呢？”王玄回答：“哪有名士一天到晚胡说八道的？”

原　文

庾元规语周伯仁：“诸人皆以君方乐。”周曰：“何乐？谓乐毅邪[1]？”庾曰：“不尔，乐令耳[2]。”周曰：“何乃刻画无盐，以唐突西子也？”

注　释　**①乐毅**：战国时燕国人，燕昭王时任上将军，曾率五诸侯国之兵征伐齐国，大破齐军，封为昌国君。**②乐令**：乐广，西晋人，官至太子舍人、尚书令。

译　文　一次，庾亮与周顗闲谈时说：“周围人都把你和乐氏相提并论。”周顗问道：“是哪个乐氏？是指的乐毅吗？”庾亮说：“不是，是乐广啊。”周顗说：“怎么总美化无盐来亵渎西施呢？”

原　文

深公云[1]：“人谓庾元规名士，胸中柴棘三斗许[2]。”

注　释　**①深公**：竺道潜，字法深。**②许**：同“所”，概数词，大约，左右。

译　文　竺法深说：“世人都认为庾亮是名士，可是他胸中所藏的荆棘就有两三斗。”

原　文

庾公权重[1]，足倾王公。庾在石头[2]，王在冶城坐。大风扬尘，王以扇拂尘曰：“元规尘污人！”

注　释　**①“庾公”句**：庾亮当时以镇西将军镇守武昌，掌握重兵。**②石头**：地名，故址在今江苏南京市西南。

译　文　庾亮权力很大，足以压倒王导。庾亮在石头城，王导在冶城闲坐，大风刮起尘土，王导用扇子拂去尘土说："庾亮刮来的尘土把我都弄脏了。"

原　文

王右军少时甚涩讷[1]。在大将军许，王、庾二公后来，右军便起欲去。大将军留之，曰："尔家司空、元规，复可所难[2]！"

注　释　①**涩讷**：说话迟钝，口吃。②**司空**：指王导，官至侍中、司空。**可所难**：同"何所难"。

译　文　右军将军王羲之年轻时很不善于说话。他在大将军王敦府上，得知王导和庾亮两人来了，王羲之便站起来要走。王敦挽留他，说："是你家的司空和元规两人，又为难什么呢！"

原　文

王丞相轻蔡公[1]，曰："我与安期、千里共游洛水边，何处闻有蔡充儿[2]？"

注　释　①**蔡公**：蔡谟，字道明。他曾嘲笑过王导娶妾后的一件尴尬事，让王导无地自容，所以对他很恼怒。②**"我与"二句**：西晋时王导、王承、阮瞻都已显贵，蔡谟尚未出名。洛水，流经西晋京都洛阳的一条河，这里暗指西晋时代。安期，王承，字安期。千里，阮瞻，字千里。蔡充，据《晋书·蔡谟传》当作"蔡克"，字子尼，蔡谟的父亲。

译　文　丞相王导瞧不起蔡谟，他说："我和王承、阮瞻在洛水边游玩时，哪里听说过蔡充的儿子呢？"

原　文

褚太傅初渡江，尝入东[1]，至金昌亭[2]，吴中豪右燕集亭中[3]。褚公虽素有重名，于时造次不相识[4]，别敕左右多与茗汁，少著粽，汁尽辄益，使终不得食。褚公饮讫，徐举手共语云[5]："褚季野。"于是四坐惊散，无不狼狈。

注　释　①**东**：对建康来说，吴郡、会稽在东面。②**金昌亭**：亭名，在苏州城西门附近。③**豪右**：豪门大族。④**造次**：匆忙。⑤**举手**：指拱手作揖。**褚季野**：褚裒，字季野，很有名望，死后追赠侍中、太傅。

译　文　太傅褚裒刚到江南时，曾经去过吴郡，有一次，他到了金昌亭，吴地的豪门大族正在亭中聚会宴饮。褚裒虽然一向有很高的名声，可是当时那些富豪匆忙中不认识他，就另外吩咐手下人多给他茶水，少摆上粽子，茶喝完了就添上，让他始终也吃不上。褚裒喝完茶，慢慢和大家作揖、谈话，说："我是褚裒。"于是满座的人惊慌地散开，个个进退两难。

原　文

王右军在南，丞相与书，每叹子侄不令，云："虎豘、虎犊，还其所如[1]。"

注释 ①**“虎豚”两句：**虎豚是王彭之小名，官至黄门侍郎。虎犊是王彪之小名。是王彭之三弟，累迁至左光禄大夫。两人是王导的族人。这句用豚、犊比喻两人才质平庸。

译文 右军将军王羲之在南方时，丞相王导经常给他写信，信中常常慨叹子侄辈才质平庸，说：“虎豚、虎犊，正像他们的名字一样。”

原文

褚太傅南下，孙长乐于船中视之。言次，及刘真长死，孙流涕，因讽咏曰：“人之云亡，邦国殄瘁（tiǎn cuì）[1]。”褚大怒曰：“真长平生何尝相比数，而卿今日作此面向人！”孙回泣向褚曰：“卿当念我！”时咸笑其才而性鄙。

注释 ①**“人之”二句：**语出《诗经·大雅·瞻卬》，大意是，贤德的人都亡了，国家就要面临困境了。殄瘁，困苦。

译文 太傅褚裒到南方去镇守京口，长乐侯孙绰到船上去看望他。闲谈之中，说到刘惔之死，孙绰流着眼泪，随口诵道：“人之云亡，邦国殄瘁。”褚裒很生气地说：“刘惔平生何尝和你相提并论，而你今天装出这副面孔对着我！”孙绰收泪对褚裒说：“你应该同情我！”当时人都笑话他虽有才学可本性庸俗。

原文

谢镇西书与殷扬州，为真长求会稽，殷答曰：“真长标同伐异，侠之大者[1]。常谓使君降阶为甚，乃复为之驱驰邪[2]？”

注释 ①**侠：**通“狭”，狭隘，气量小。②**乃复：**竟然。

译文 谢镇西给殷扬州写信，信中推荐刘惔担任会稽内史。殷扬州给他回信道：“刘惔党同伐异，实在是个心胸狭窄的人。我常常认为你降低身份来同他交往就已经很过分了，怎么还要为他奔走效劳呢？”

原文

桓公入洛[1]，过淮、泗，践北境，与诸僚属登平乘楼[2]，眺瞩中原，慨然曰：“遂使神州陆沉[3]；百年丘墟，王夷甫诸人不得不任其责[4]！”袁虎率尔对曰：“运自有废兴，岂必诸人之过？”桓公懔然作色，顾谓四坐曰：“诸君颇闻刘景升不？有大牛重千斤，啖刍豆十倍于常牛，负重致远，曾不若一羸牸。魏武入荆州，烹以飨士卒，于时莫不称快。”意以况袁。四坐既骇，袁亦失色。

注释 ①**入洛：**指桓温在晋废帝太和四年（369）伐燕一事，后因粮运不济，受挫而还。②**平乘楼：**大船的船楼。③**陆沉：**指国土沦丧。④**王夷甫：**王衍，字夷甫，虽居宰辅之位，却爱好清谈而不以国事为重，最后被石勒俘虏杀害。

译文 桓温进军洛阳，经过淮河、泗水，来到北方地区，他和僚属登上大船船楼，眺望中原，感慨道："国土沦丧，成了百年废墟，王衍等人不能不承担责任！"袁宏冒失地答道："国运自有衰败兴盛的规律，哪里就是这些人的过错呢？"桓温顿时神情变得严厉起来，他环顾四座的人说："大家都听说过刘表吧？他有一头一千斤重的大牛，吃的草料是普通牛的十倍，可负重远行，竟然不如一头瘦弱的母牛。曹操进入荆州后，就把它杀了，犒赏士兵，当时人们没有不拍手称快的。"桓温的意思是把这头牛比袁宏。在座的人听了很害怕，袁宏也大惊失色。

原文

袁虎、伏滔同在桓公府[1]。桓公每游燕，辄命袁、伏。袁甚耻之，恒叹曰："公之厚意，未足以荣国士[2]；与伏滔比肩[3]，亦何辱如之！"

注释 ①**"袁虎"句**：袁宏小名虎，任大司马桓温府中记室参军。伏滔，有才学，任桓温参军，深受赏识。②**国士**：国内的杰出人物。③**比肩**：并肩，相当。

译文 袁宏和伏滔同在桓温的大司马府中供职。桓温每逢游乐宴饮，都会要袁宏和伏滔陪同。袁宏对此感到很不自在，他经常长叹，说："大人的情意，不会让国家的有识之士感到光荣；把我和伏滔放在同一个位置上，还有什么耻辱比得上这个呢！"

原文

高柔在东，甚为谢仁祖所重。既出，不为王、刘所知。仁祖曰："近见高柔，大自敷奏，然未有所得。"真长云："故不可在偏地居，轻在角䚥中，为人作议论。"高柔闻之，云："我就伊无所求。"人有向真长学此言者[1]，真长曰："我实亦无可与伊者。"然游燕犹与诸人书："可要安固[2]。"安固者，高柔也。

注释 ①**学**：学舌。②**安固**：即高柔，因其做过安固令，所以又被人称安固。

译文 高柔在会稽，受到谢尚的推崇。到了京城建康后，却并没有得到王濛和刘惔的赏识。谢尚说："最近看到高柔写给皇上的长篇奏章，可是却毫无成效。"刘惔说："所以不能住在边远地区，随便待在某一个角落里，只能给人做议论对象。"高柔听了这些话后，说道："我对他并无所求。"有人把这话说给刘惔听，刘惔说："我也实在没有什么东西可以给他。"不过每每遇到游乐宴饮，刘惔还是会给各位写信说："可以邀请安固。"安固就是高柔。

原文

刘尹、江虨、王叔虎、孙兴公同坐，江、王有相轻色。虨以手歙叔虎云[1]："酷吏！"词色甚强。刘尹顾谓："此是瞋邪？非特是丑言声，拙视瞻[2]。"

注释 ①**歙**：击打的意思。②**视瞻**：看。

译文 刘惔、江虨、王彪之和孙绰同坐，江虨和王彪之脸上显出互相轻视的神色。江虨用手击打王彪之说道："酷吏！"言辞和脸色都很严厉。刘惔回过头来说道："你这是发怒啊，不

仅仅是声音难听，模样难看。”

原　文

孙绰作《列仙商丘子赞》曰：“所牧何物[1]？殆非真猪。倘遇风云，为我龙摅[2]。”时人多以为能。王蓝田语人云：“近见孙家儿作文，道何物，真猪也。”

注　释　**①何物：**什么。**②为：**动词，助。**龙摅：**像蛟龙一样腾飞。

译　文　孙绰作《列仙商丘子赞》说：“所放牧的是什么，大概不会是真猪。倘若能够遇上风起云涌，助我腾飞好似蛟龙舞。”世人大多认为写得非常好。王述对别人说：“近几天看到了孙家那个小子写的文章，说什么牧何物，真猪也。”

原　文

桓公欲迁都，以张拓定之业[1]。孙长乐上表谏，此议甚有理。桓见表心服，而忿其为异，令人致意孙云：“君何不寻《遂初赋》，而强知人家国事[2]！”

注　释　**①“桓公”二句：**东晋穆帝永和十二年（356），桓温任征讨大都督，率军北伐，攻入洛阳。桓温想趁机把京都由建康迁回洛阳，孙绰便上奏，加以劝阻。**②“君何”句：**孙绰年轻时在会稽隐居十余年，遂作《遂初赋》来表明自己的心意。

译　文　桓温想迁都洛阳，来发展扩充疆土，安定国家的事业。长乐侯孙绰上奏章谏阻，他的主张很有道理。桓温看到奏章以后心里很服气，可是恨他持异议，就叫人向孙绰转达自己的想法说：“您为什么不重温《遂初赋》，而硬要去过问别人的家国大事呢！”

原　文

孙长乐兄弟就谢公宿[1]，言至款杂。刘夫人在壁后听之，具闻其语。谢公明日还，问昨客何似，刘对曰：“亡兄门未有如此宾客[2]。”谢深有愧色。

注　释　**①孙长乐兄弟：**指孙绰和他哥哥孙统。**②亡兄：**指已死的刘惔，是谢安的大舅哥。

译　文　一次，长乐侯孙绰兄弟到谢安家留宿，但是他们谈话空洞、观点杂乱、举止粗俗。谢安的妻子刘夫人在隔壁，听到了他们的谈话。谢安第二天回到内室，问刘夫人昨晚的客人怎么样，刘夫人回答说：“亡兄家里从来没有过这样的宾客。”谢安脸色很羞愧。

原　文

简文与许玄度共语，许云：“举君亲以为难[1]。”简文便不复答，许去后而言曰：“玄度故可不至于此。”

注　释　**①“举君”一句：**君亲指君主和父母，这里指尽忠和尽孝。许玄度认为忠孝不能两全。

译　文　简文帝和许询在一起闲谈，许询说：“我认为选拔忠孝两全的人是困难的。”简文帝没有答话，许询离开以后才说："许询本来可以不说这种话。"

原 文

谢万寿春败后，还，书与王右军云："惭负宿顾[1]。"右军推书曰："此禹、汤之戒。"

注 释 **①"惭负"句：** 晋穆帝升平三年（359），谢万受命北伐，恃强傲物，不肯善待将士，最后大败而还。

译 文 谢万在寿春战败后，回来，给右军将军王羲之写信说："我很惭愧，辜负了你一向对我的关怀照顾。"王羲之推开信说："这是夏禹、商汤那种警诫自己的话。"

原 文

蔡伯喈睹睐笛椽[1]，孙兴公听妓，振且摆折。王右军闻，大嗔曰："三祖台乐器，虺瓦弔[2]，孙家儿打折。"

注 释 **①睹睐笛椽：** 顾盼察看可以做笛子的竹椽。**②虺瓦：** 女子的代称。虺，本来指毒蛇，瓦，本来指陶质的纺锤。**弔：** 善。

译 文 蔡邕在会稽亭看到了一根可以用来做长笛的屋椽竹，并用它做成了长笛。孙绰一边听歌伎唱歌，一边拿着这个长笛手舞足蹈，并把它打断了。王羲之听说这件事后，大发雷霆，说道："这是三祖台（铜雀台）的乐器，女子尚且懂得爱惜它，可是孙家那小子却把它给打断了。"

原 文

王中郎与林公绝不相得。王谓林公诡辩，林公道王云："著腻颜帢[1]，絺布单衣[2]，挟《左传》，逐郑康成车后[3]，问是何物尘垢囊[4]！"

注 释 **①颜帢：** 三国魏时流行的一种模仿古代皮弁而制成的丝帛便帽，帽前有一横缝，可以区别前部和后部；到西晋末年，渐渐去掉横缝，称为"无颜帢"。东晋时期戴颜帢，犹同今天戴古人的冠巾，已不合时宜。**②布：** 古代的一种粗葛布。**③郑康成：** 郑玄，字康成，东汉著名经学家，曾聚徒讲学，遍注群经。**④尘垢囊：** 装尘土和污垢的皮囊。

译 文 北中郎将王坦之和支道林不和。王坦之认为支道林诡辩，支道林评价王坦之说："戴着油腻的老式帽子，穿着粗布单衣，挟着《左传》，追随在郑康成的车子后面跑，请问这是什么样的污秽皮囊啊！"

原 文

孙长乐作王长史诔云："余与夫子，交非势利，心犹澄水，同此玄味[1]。"王孝伯见曰："才士不逊[2]，亡祖何至与此人周旋！"

注 释 **①"余与"四句：** 意思是我和他的交往，并不是势利之交；我们的心里像是清水一样，都有这种玄奥美妙的旨趣。夫子，对文人的尊称。**②才士：** 有才华的人，这里指孙绰。

译 文 长乐侯孙绰在为左长史王濛撰写的诔文中说："我和先生，非势利之交，心如澄水，有共同的意趣。"王恭看了以后说："孙绰太不自量力了，我已故的祖父怎么会和这样的人交往！"

原文

谢太傅谓子侄曰："中郎始是独有千载[1]！"车骑曰："中郎衿抱未虚[2]，复那得独有[3]？

注释 ①**中郎**：谢万，谢安的弟弟，谢玄的叔叔。②**衿抱**：胸怀。③**那得**：怎么能。

译文 谢安对子侄们说道："中郎才是千百年来独一无二的。"谢玄说："中郎的胸襟不开阔，又怎么可以称得上是独一无二呢？"

原文

庾道季诧谢公曰[1]："裴郎云[2]：'谢安谓裴郎乃可不恶，何得为复饮酒？'裴郎又云：'谢安目支道林如九方皋之相马[3]，略其玄黄[4]，取其俊逸。'"谢公云："都无此二语，裴自为此辞耳。"庾意甚不以为好，因陈东亭《经酒垆下赋》[5]。读毕，都不下赏裁[6]，直云："君乃复作裴氏学！"于此《语林》遂废。今时有者，皆是先写，无复谢语。

注释 ①**诧**：告诉。②**裴郎**：裴启，字荣期，曾作《语林》一书流传于世。这里的"裴郎云"，即《语林》中所记之事。③**九方皋**：春秋时人，善于相马。他曾为秦穆公寻求良马，不重马的毛色雄雌而注重马的内神，因而得到良马，受到伯乐的赞赏。④**玄黄**：赤黑色和黄色，这里泛指马的毛色。⑤**《经酒垆下赋》**：《语林》中记载了经酒垆下一事，东亭侯王珣曾为此作赋。庾道季称引这篇赋的目的，是要谢安相信《语林》一书所记的事是可信的。⑥**赏裁**：鉴定；评语。

译文 庾龢诧异地对谢安说："裴启说：'谢安说裴郎确实不错，怎么又喝起酒了呢？'裴启还说：'谢安评价支道林就像九方皋相马，忽略马的毛色，只注重它的神态。'"谢安说："这两句话都不是我说的，是裴启他自己编造的。"庾龢心里很不高兴，就说起东亭侯王珣的《经酒垆下赋》。读完后，谢安不做任何评价，只是说："你竟然作起裴氏的学问了！"从此《语林》便不再流传。现在看到的，都是先前抄写的，不再有谢安所说的话。

原文

王北中郎不为林公所知，乃著论《沙门不得为高士论》。大略云："高士必在于纵心调畅[1]，沙门虽云俗外[2]，反更束于教，非情性自得之谓也。"

注释 ①**高士**：超越世俗的人。②**沙门**：依照戒律出家修行的佛教徒，即和尚。

译文 北中郎将王坦之不被支道林看重，他就写了《沙门不得为高士论》，主旨是说："高士一定是随心所欲、闲适舒畅的人。和尚虽然在世俗之外，但更容易受到戒律的约束，并不能说是他们的本性悠然自适。"

原　文

人问顾长康："何以不作洛生咏[1]？"答曰："何至作老婢声！"

注　释　①**作**：效仿，模仿。**洛生咏**：洛阳的书生吟诵诗文的腔调。

译　文　有人问顾恺之道："您为何不像洛阳的书生那样吟诵诗歌呢？"顾恺之说："为何至于学老年妇女的声音啊？"

原　文

殷觊、庾恒并是谢镇西外孙。殷少而率悟，庾每不推。尝俱诣谢公，谢公熟视殷曰："阿巢故似镇西[1]。"于是庾下声语曰[2]："定何似？"谢公续复云："巢颊似镇西。"庾复云："颊似，足作健不？"

注　释　①**阿巢**：殷觊，字伯道，小字阿巢。阿在前作辅助语词，没有实义。②**下声**：压低声音。下，低。

译　文　殷觊和庾恒都是谢尚的外孙。殷觊自幼聪明直率，但是庾恒却总不赞许他。有一次，他们一起去拜访谢安，谢安仔细打量了殷觊一番，说："阿巢确实像镇西将军。"这时候，庾恒低声说道："到底什么地方像？"谢安接着说："阿巢的脸颊长得像镇西将军。"庾恒又说："脸颊像，难道就能够成为强者吗？"

原　文

旧目韩康伯：捋肘无风骨[1]。

注　释　①**捋肘**：握住胳膊肘用力地滑动。

译　文　过去的人们评价韩伯说："用力握捏胳膊肘，也摸不着他的骨头。"

原　文

苻宏叛来归国[1]，谢太傅每加接引。宏自以有才，多好上人[2]，坐上无折之者[3]。适王子猷来，太傅使共语。子猷直熟视良久，回语太傅云："亦复竟不异人。"宏大惭而退。

注　释　①**苻宏**：前秦王苻坚的太子。晋孝武帝太元十年（385），西燕王慕容冲攻入长安，苻宏投降晋朝。②**上**：凌驾，高出。③**折**：折服。

译　文　苻宏叛逃出来归降晋国，太傅谢安接待了他，也常常推荐朋友给他认识。苻宏自认为有才能，经常喜欢把自己摆在高处，而盛气凌人，周围宾客没有人让他折服。有一次，恰逢王徽之来了，谢安让他们一起聊聊。王徽之只是仔细打量了他好久，回头对谢安说："终究和别人没有什么不同。"苻宏深为惭愧，便告辞了。

原　文

支道林入东，见王子猷兄弟。还，人问："见诸王何如？"答曰："见一群白颈乌[1]，但闻唤哑哑声[2]。"

注　释　**①白颈乌：**乌鸦的一种，颈部有一圈白羽毛。王氏兄弟多穿白衣领的服装，所以这样讥讽他们。**②唤哑哑声：**丞相王导虽是北方人，但很喜爱说吴地方言，王氏子弟多学他的做法。这里是在讥讽他们说话像乌鸦叫。

译　文　支道林到会稽，见到了王徽之兄弟，回来后，有人问他："看了王氏兄弟觉得怎么样？"支道林回答："看见一群白脖子的乌鸦，只听见哑哑的叫声。"

原　文

王中郎举许玄度为吏部郎，郗重熙曰："相王好事[①]，不可使阿讷在坐头[②]。"

注　释　**①相王：**简文帝。**②阿讷：**许玄度的小字。**头：**放在名词的后边，表示处所，相当于"旁边""前边"等。

译　文　王坦之推荐许询担任吏部郎，郗昙说："相王爱多事，不能让阿讷在他的身边。"

原　文

王兴道谓谢望蔡[①]："霍霍如失鹰师[②]。"

注　释　**①谢望蔡：**谢琰，因淝水之战破苻坚有功，封望蔡公。**②霍霍：**鸟飞的声音，此指来去匆匆的样子。**鹰师：**驯鹰的人。

译　文　王和之评论望蔡公谢琰说："来去匆匆像个丢了鹰的鹰师。"

原　文

桓南郡每见人不快[①]，辄嗔云："君得哀家梨，当复不烝食不[②]？"

注　释　**①快：**技艺高超。**②食：**吃。

译　文　桓玄每次看到别人办事能力差的时候都会生气地说："你得到哀家的梨子，该不会蒸着吃了吧？"

二十七　假谲

题　解

本章里的欺骗大多是为了解决当下难题所行使的善意谎言，显现了行诈者机警的一面。本章中出于玩弄权术而伤害他人的事例为少数。

原　文

魏武少时，尝与袁绍好为游侠[1]，观人新婚，因潜入主人园中，夜叫呼云："有偷儿贼！"青庐中人皆出观[2]，魏武乃入，抽刃劫新妇，与绍还出，失道，坠枳棘中[3]，绍不能得动。复大叫云："偷儿在此！"绍遑迫自掷出[4]，遂以俱免。

注　释　**①游侠：**重义轻生又好招惹是非的人。**②青庐：**用青布搭成的棚屋，新婚夫妇在里面行交拜礼。**③枳棘：**枳木和棘木，是两种多刺的灌木。**④遑迫：**惊慌。**掷：**腾跃。

译　文　魏武帝曹操年轻时，曾经喜欢和袁绍一起四处做些游侠的事。有一次看到别人家结婚，就潜入主人的院子里，夜里叫喊道："有贼！"新房里的人都跑出来看，魏武帝乘机进入屋内，拔刀将新娘子劫出，和袁绍一道返回。途中迷失道路，掉进了荆棘丛中，袁绍动弹不得。曹操又大嚷道："小偷在此！"袁绍惊慌得自己跳了出来，二人才得以逃脱。

原　文

魏武行役，失汲道[1]，军皆渴，乃令曰："前有大梅林，饶子，甘酸可以解渴。"士卒闻之，口皆出水，乘此得及前源。

注　释　**①汲道：**通向水源的道路。汲，取水。

译　文　魏武帝曹操行军途中，找不到水源，士兵们都渴得厉害，于是他传令说："前面有一片梅子林，结了很多果子，又甜又酸，可以解渴。"士兵听说后，嘴里都流出口水，靠这一招才得以赶到前方的水源处。

原　文

魏武常言："人欲危己，己辄心动。"因语所亲小人曰："汝怀刃密来我侧，我必说心动。执汝使行刑，汝但勿言其使，无他，当厚相报！"执者信焉[1]，不以为惧，遂斩之。此人至死不知也。左右以为实，谋逆者挫气矣[2]。

注释 ①**执者**：被捉住的人。②**挫气**：挫伤了勇气。

译文 魏武帝曹操曾说："如果有人要谋害我，我就会心跳得厉害。"他随即对他的贴身仆人说："你揣着刀，悄悄走到我身边，我一定会说我心跳得厉害，然后就把你抓起来送去受刑。你只要不说是我指使你的，就不会有什么事，我还会重重报答你。"仆人相信了他的话，也没觉得害怕，结果就被杀了。此人到死也不明原因。左右的人也以为这是真的，想谋害他的人因此而泄气。

原文

魏武常云："我眠中不可妄近，近便斫人，亦不自觉。左右宜深慎此！"后阳眠[1]，所幸一人，窃以被覆之，因便斫杀。自尔每眠，左右莫敢近者。

注释 ①**阳**：通"佯"，假装。

译文 魏武帝曹操曾说："我睡觉的时候别人不能随便靠近我，靠近了，我就会杀人，自己也不知道。手下的人对此应当特别小心！"后来他假装睡觉，一个他宠爱的随从悄悄给他盖被子，他就趁机杀死了他。从此每当他睡觉时，手下的人没有谁敢靠近。

原文

袁绍年少时，曾遣人以剑掷魏武[1]，少下，不着。魏武揆之，其后来必高。因帖卧床上，剑至果高。

注释 ①**掷**：刺杀。

译文 袁绍年轻的时候，曾经派遣人夜里用剑刺杀曹操，剑稍微低了些，没有刺中。曹操推测第二剑肯定会高些。于是就贴床紧卧，剑刺下来的时候果真很高。

原文

王大将军既为逆，顿军姑孰。晋明帝以英武之才，犹相猜惮，乃著戎服，骑巴赛马，赍一金马鞭，阴察军形势。未至十余里，有一客姥，居店卖食，帝过愒之[1]，谓姥曰："王敦举兵图逆，猜害忠良，朝廷骇惧，社稷是忧。故劬劳晨夕，用相觇察[2]。恐行迹危露，或致狼狈，追迫之日，姥其匿之！"便与客姥马鞭而去，行敦营匝而出[3]。军士觉，曰："此非常人也！"敦卧心动，曰："此必黄须鲜卑奴来[4]！"命骑追之。已觉多许里[5]，追士因问向姥："不见一黄须人骑马度此邪？"姥曰："去已久矣，不可复及。"于是骑人息意而反。

注释 ①**愒**：恐吓，吓唬。②**用**：连词，以，来。**相**：表示动作偏向一方。③**行**：走。④**此必黄须鲜卑奴来**：由于晋明帝的母亲是北燕胡人，因此晋明帝貌似胡人。⑤**觉**：相差。

译文 王敦谋反，军队驻扎在姑孰。晋明帝虽然可谓文韬武略，但依然害怕他，于是穿上

军装，快马加鞭，暗自去察看军情。在距离军营还有十多里的地方，有一位客居的老妇人在店里吃东西。晋明帝一进去就先吓唬老妇说："王敦谋反，猜忌陷害忠良，朝廷为之惊恐，由于担忧国家，我才不辞辛劳，日夜兼程来察看军情。担心暴露行踪，也许会狼狈不堪。他们追赶我的时候，请您来掩护我吧。"于是就把金马鞭送给了老妇人，然后离去，在围绕着王敦的军营走了一圈后就又出来了。这时被军士察觉，说："这并非一般人。"王敦正躺在床上，他忽然心跳，就说："肯定是黄胡须的鲜卑奴来了。"于是立刻命令骑兵追赶。这时已经相距好几里路了，追赶的军士于是询问刚才的那位老妇人道："有没有看到刚才有一个黄胡须的人骑着马从这里经过？"老妇人答道："已经走了很长时间了，你们追不上了。"于是骑兵便打消了继续追赶的念头，掉头回营了。

原　文

王右军年减十岁时[1]，大将军甚爱之，恒置帐中眠。大将军尝先出，右军犹未起。须臾，钱凤入[2]，屏人论事[3]，都忘右军在帐中，便言逆节之谋[4]。右军觉，既闻所论，知无活理，乃阳吐污头面被褥[5]，诈孰眠。敦论事造半，方忆右军未起，相与大惊曰："不得不除之！"及开帐，乃见吐唾从横[6]，信其实孰眠，于是得全。于时称其有智。

注　释　①**王右军**：王羲之，是王敦的堂侄。②**钱凤**：字世仪，曾任王敦手下的铠曹参军。③**屏**：屏退；使避开。④**逆节**：指叛逆作乱。⑤**剔吐**：呕吐。剔，一作"阳"，通"佯"，假装。⑥**从横**：纵横。从，同"纵"。

译　文　右军王羲之还不到十岁时，大将军王敦很喜欢他，常常让他在自己的床帐里睡觉。有一次大将军先从帐里出来，王羲之还没起来，一会儿钱凤来了，王敦遣开手下的人，一起商谈事情，完全忘了王羲之还在帐里，一起密谋叛乱的细节。王羲之醒后，听到了他们密谋的事情，知道自己会有灭口的危险，于是吐口水弄脏头脸和被褥，装作自己还在熟睡。王敦事情商量到一半，才想到王羲之还没起床，两人大惊失色，说道："不能不杀掉他。"等他们掀开帐子，发现王羲之口水流得到处都是，就相信他还在熟睡，于是他的性命才得以保全。当时人们都赞扬王羲之有智谋。

原　文

陶公自上流来[1]赴苏峻之难，令诛庾公，谓必戮庾，可以谢峻。庾欲奔窜，则不可；欲会，恐见执，进退无计。温公劝庾诣陶[2]，曰："卿但遥拜，必无它。我为卿保之。"庾从温言诣陶。至，便拜。陶自起止之曰："庾元规何缘拜陶士衡？"毕，又降就下坐。陶又自要起同坐。坐定，庾乃引咎责躬[3]，深相逊谢。陶不觉释然[4]。

注　释　①**陶公**：陶侃，字士行，当时担任征西大将军、荆州刺史。他曾说："苏峻作乱，衅

由诸庾，诛其兄弟，不足以谢天下。”②**温公**：温峤，字太真，当时担任江州刺史。③**引咎责躬**：归罪于自己，责备自己。④**释然**：疑惑消除的样子。

译　文　陶侃从上游下来平息苏峻叛乱，他下令杀掉庾亮，说只有杀了庾亮，才能稳住苏峻。庾亮此时想逃跑已经不可能了，想见陶侃又怕被抓起来，进退两难。温峤劝庾亮去拜见陶侃，他说：“你只管远远地跪拜，一定不会有什么事，我替你担保。”庾亮听从了温峤的建议，去拜见陶侃，一见面就下拜。陶侃自己起身阻止，说道：“庾亮为什么要拜我陶士行？”行完礼，庾亮又屈身到下位坐下。陶侃亲自起身邀请他和自己坐在一块儿。落座后，庾亮就引咎自责，诚恳地谢罪，陶侃也渐渐消除了对庾亮的怨恨。

原　文

温公丧妇，从姑刘氏[1]，家值乱离散，唯有一女，甚有姿慧，姑以属公觅婚。公密有自婚意，答云：“佳婿难得，但如峤比云何？”姑云：“丧败之余[2]，乞粗存活，便足慰吾余年，何敢希汝比？”却后少日[3]，公报姑云：“已觅得婚处，门地粗可，婿身名宦，尽不减峤。”因下玉镜台一枚[4]。姑大喜。既婚，交礼，女以手披纱扇[5]，抚掌大笑曰：“我固疑是老奴[6]，果如所卜！”玉镜台，是公为刘越石长史，北征刘聪所得。

注　释　①**刘氏**：既然是温峤堂姑母，应当称温氏，这里可能是随夫姓而称刘氏。又据《温氏谱》，温峤并未娶刘家女子，所以有人认为这是一篇虚构的文字。②**丧败**：丧乱败落。③**却后**：过后。④**玉镜台**：一种玉制的梳妆用具，上面可以架镜子。⑤**纱扇**：新娘用来遮脸的纱巾。⑥**老奴**：老家伙，含有亲密调侃的意味。

译　文　温峤妻子死了。他的堂姑母刘氏，遭遇战乱和家人失散了，只有一个女儿，美丽聪慧。堂姑嘱咐温峤给女儿寻门亲事，温峤私下已有自己娶她的意思，就回答道：“好女婿实在难找，如果是像我这样的怎么样？”堂姑母说：“遭遇战乱后侥幸生存的人，只求能马马虎虎地活下去，就足以告慰我的后半生了，哪里敢奢望找到你这样的人呢？”事后没几天，温峤报告堂姑母说：“已经找到人家了，门第还算可以，女婿的名声地位都不比我差。”随即送了一个玉镜台作为聘礼，堂姑非常高兴。结婚时行了交拜礼后，新娘用手掀开纱巾，拍手大笑说：“我本来就怀疑是你这老家伙，果然不出我所料！”玉镜台是温峤担任刘琨手下的长史时，北征刘聪的战利品。

原　文

诸葛令女[1]，庾氏妇，既寡，誓云不复重出。此女性甚正强[2]，无有登车理[3]。恢既许江思玄婚[4]，乃移家近之。初诳女云：“宜徙于是。”家人一时去，独留女在后。比其觉，已不复得出。江郎莫来，女哭詈弥甚[5]，积日渐歇。江虨暝入宿，恒在对床上。后观其意转

帖[⑥]，彪乃诈厌，良久不悟，声气转急。女乃呼婢云："唤江郎觉！"江于是跃来就之，曰："我自是天下男子，厌何预卿事而见唤邪？既尔相关，不得不与人语。"女默然而惭，情义遂笃。

注释 **①诸葛令**：诸葛恢，字道明，官至尚书令。他的大女儿嫁给庾亮的儿子庾会。**②正强**：正直倔强。**③登车**：指出嫁时乘车到夫家。**④江思玄**：江彪，字思玄，博学多才艺，曾任尚书左仆射、护军将军。**⑤詈**：骂。**⑥帖**：安定。

译文 尚书令诸葛恢的女儿是庾会的妻子，守寡以后，立誓说不再嫁人。这个女儿性格非常正直倔强，没有再嫁的可能。诸葛恢答应江彪求婚后，便把家迁到靠近江彪的地方。起初他骗女儿说："应当迁到这里。"后来全家人都走了，唯独把女儿留了下来。等她察觉后，已经无法出去了。江彪傍晚到来，她哭骂得更厉害，好多天才逐渐安静下来。江彪晚上进来就寝，总是在对面床上睡。后来见她的情绪渐渐安定，江彪就假装做噩梦，许久不醒，声音和气息渐渐急促。她就招呼婢女说："把江郎叫醒！"江彪于是跳起来到她身边，说道："我本是世上的男人，做噩梦关你什么事，为何要叫醒我呢？你既然这样关心我，就不能不和我说话。"她默默无言，又感到羞愧，此后夫妻的感情才深厚起来。

原文

愍度道人始欲过江，与一伧道人为侣[①]，谋曰："用旧义往江东，恐不办得食[②]。"便共立"心无义"。既而此道人不成渡。愍度果讲义积年。后有伧人来，先道人寄语云："为我致意愍度，无义那可立[③]？治此计，权救饥尔！无为遂负如来也[④]。"

注释 **①伧**：粗俗，鄙陋。南北朝的时候南人用这个词来蔑称北人。**②不办**：不能。**③那可**：怎么能。**④无为**：同"勿为"，不能，不要。

译文 愍度道人起初想要过江，他与一位北方的僧人结伴而行，两人计议道："单靠着原来的教义到江东，恐怕连饭都没得吃。"于是两人共同创立"心无义"说。后来这位北方的僧人没有渡江去南方，而愍度道人却在渡江后讲了多年的"心无义"说。后来有个北方人过江来，原先的那位僧人托他捎话说："我问候愍度道人，'心无义'说怎么能成立呢？想出这个办法，不过是为了暂且解决饿肚子的当务之急罢了。千万不能这样辜负了如来佛祖啊！"

原文

王文度弟阿智[①]，恶乃不翅[②]，当年长而无人与婚。孙兴公有一女，亦僻错，又无嫁娶理。因诣文度，求见阿智。既见，便阳言："此定可，殊不如人所传，那得至今未有婚处？我有一女，乃不恶[③]，但吾寒士，不宜与卿计，欲令阿智娶之。"文度欣然而启蓝田云："兴公向来，忽言欲与阿智婚。"蓝田惊喜。既成婚，女之顽嚚，欲过阿智。方知兴公之诈。

注　释　①**阿智：**王虔，字文将，小字为阿智。阿为前辅助语词辞，无实义。②**乃：**颇，甚。六朝的口语词。**不翅：**即“不啻”，意思是不只，不止。③**不恶：**不坏，不错。乃不恶的意思就是说非常不错。

译　文　王坦之的弟弟阿智非常凶恶，年岁大了都还没有人肯与他结亲。孙绰有个女儿，也非常乖僻，一直都嫁不出去。孙绰于是去拜访文度，要求见见阿智。见面以后，孙绰假意说道：“这个孩子一定很好，并不像外边流传的那样，怎么至今还没有婚娶呢？我有个女儿，也很不错，不过我是个贫寒之士，本不该与你商量，我想让阿智娶她。”王坦之听后便急忙高兴地去告诉父亲王述，他说：“孙绰刚才来过，忽然提出要把女儿嫁给阿智。”王述听后又惊又喜。结婚后，女方的顽愚固执远远超过阿智，这才知道了孙绰的狡诈。

原　文

范玄平为人[1]好用智数[2]，而有时以多数失会[3]。尝失官居东阳，桓大司马在南州[4]，故往投之。桓时方欲招起屈滞[5]，以倾朝廷，且玄平在京，素亦有誉，桓谓远来投己，喜跃非常。比入至庭，倾身引望[6]，语笑欢甚。顾谓袁虎曰：“范公且可作太常卿。”范裁坐，桓便谢其远来意。范虽实投桓，而恐以趋时损名，乃曰：“虽怀朝宗[7]，会有亡儿瘗(yì)在此[8]，故来省视。”桓怅然失望，向之虚伫[9]，一时都尽。

注　释　①**范玄平：**名汪，进爵武兴县侯，东阳太守，徐、兖二州刺史。②**智数：**智谋，权术。③**会：**良机。④**南州：**指姑孰。桓温曾兼任扬州牧，镇守姑孰。⑤**屈滞：**指被委屈、埋没的人才。⑥**倾身：**侧身，有仰慕之意。⑦**朝宗：**谒见长官。⑧**瘗：**埋葬。⑨**虚伫：**虚心期待。

译　文　范汪是一个做事谨慎善算计的人，可是有时算计太多而坐失良机。他有一段时间丢掉官职住在东阳郡，得知大司马桓温在姑孰，他想去投奔桓温。桓温当时正想招揽起用一些不得志的人才，以胜过朝廷。再说范汪在京都时，一向也很有声誉，桓温认为他是远道来投奔自己，格外高兴、激动。等到他进入院内，便侧身伸长脖子远望，说说笑笑，高兴得很。还回头对袁宏说：“范公暂且可以任太常卿。”范汪刚刚坐下，桓温就感谢他远道而来的好意。范汪虽然确实是来投奔桓温，可是又怕人家说他趋炎附势，有损名声，便说：“我虽然有心拜见先生，也正巧我有个儿子葬在这里，特意前来看望一下。”桓温听了，神色突变，大失所望，刚才那种虚心期待之情，顷刻之间全都完了。

原　文

谢遏年少时，好著紫罗香囊，垂覆手[1]，太傅患之，而不欲伤其意。乃谲与赌[2]，得即烧之。

注　释　①**覆手：**手巾之类。②**谲：**诡诈，设计谋。

译　文　谢玄年轻的时候，喜欢佩戴用紫色的锦罗制成的香袋，还垂着手巾之类的服饰。谢安很为此担忧，但是又不想使他伤心。于是就设计与他赌，赢过来后便立即将其烧掉。

二十八　黜免

题　解

本章记载了关于黜退而免官的事迹，反映出魏晋时期统治阶级内部的权力斗争。

原　文

诸葛厷（gōng）在西朝[1]，少有清誉，为王夷甫所重，时论亦以拟王。后为继母族党所谗[2]，诬之为狂逆[3]。将远徙，友人王夷甫之徒诣槛车与别[4]。厷问："朝廷何以徙我？"王曰："言卿狂逆。"厷曰："逆则应杀，狂何所徙？"

注　释　①**诸葛厷**：字茂远，官至司空主簿。②**族党**：同族亲属。③**狂逆**：狂放叛逆。④**槛车**：押解犯人的囚车。

译　文　诸葛厷在西晋时，年纪轻轻就声名远播，深受王衍的器重，当时人们也把他和王衍相比。后来遭到继母家族的陷害，诬告他狂妄叛逆。即将流放时，他的朋友王衍等人，到囚车前和他告别。诸葛厷问："朝廷为什么要流放我？"王衍说："有人说你狂妄叛逆。"诸葛厷说："叛逆该杀头，狂妄为什么要流放？"

原　文

桓公入蜀[1]，至三峡中，部伍中有得猨子者[2]。其母缘岸哀号，行百余里不去，遂跳上船，至便即绝。破视其腹中，肠皆寸寸断。公闻之怒，命黜其人。

注　释　①**入蜀**：指桓温伐蜀一事。②**部伍**：部队。

● **孝德升闻**

图中表现了舜的父母、兄弟商量着要杀害舜，但舜仍一心孝顺父母，以至感动天地的故事。

译文 桓温率领部队进入四川，经过三峡时，队伍里有人捉住一只小猿，母猿沿岸一直跟着，哀鸣哭号，走了一百多里都不肯离去。最后母猿跳到船上，刚落甲板就气绝身亡。有人剖开母猿的肚子，看到肠子全都断成一寸一寸的。桓温听到此事后大怒，下令把那个捉猿的人从军中开除。

原文

殷中军被废[1]，在信安，终日恒书空作字。扬州吏民寻义逐之，窃视，唯作"咄咄怪事"四字而已[2]。

注释 ①**被废**：指殷浩北伐失败被废为庶人一事。②**咄咄怪事**：使人吃惊的怪事。咄咄，表示惊叹诧异的声音。

译文 中军将军殷浩被废为平民后，住在信安，整天总是对着空中写字。扬州的官民因为追念他的恩义就跟随他，暗中察看，发现殷浩只是在写"咄咄怪事"四个字而已。

原文

桓公坐有参军椅烝薤，不时解[1]，共食者又不助，而椅终不放，举座皆笑。桓公曰："同盘尚不相助，况复危难乎？"敕令免官。

注释 ①**椅**：当据《太平御览》卷九百七十七作"掎"，指用筷子夹取食物。**烝薤**：同"蒸薤"，把米和薤调上油豉蒸熟的一种食物。由于蒸熟后凝结在一起，所以很难夹取。薤，也称石头，一种多年生草本植物，地下有鳞茎可食用。

译文 桓温举行宴会，席间有一名参军用筷子夹蒸薤，粘在一起夹不开，一起进餐的人都不帮助他，参军就夹住蒸薤不放，在座的人都笑了。桓温说："同桌吃饭尚且不肯互相帮助，何况是有危难的时候呢？"于是下令免去在座人的职务。

原文

殷中军废后，恨简文曰[1]："上人著百尺楼上，儋梯将去[2]。"

注释 ①**恨简文**：简文帝司马昱当时以抚军、录尚书事辅佐朝政，殷浩兵败后被罢免，虽然是桓温提议的，但认可这一提议并奏请皇帝的却是司马昱。②**儋**：通"担"，扛。

译文 中军将军殷浩被废为平民后，他抱怨简文帝司马昱说："让人爬上百尺高的楼上，却把梯子给扛走了。"

原文

邓竟陵免官后赴山陵[1]，过见大司马桓公[2]。公问之曰："卿何以更瘦？"邓曰："有愧于叔达[3]，不能不恨于破甑！"

注释 ①**邓竟陵**：邓遐，字应远，曾任桓温手下的参军，官至竟陵太守，后桓温在枋头兵败，迁怒于他，被免官。②**过见**：拜访。③**叔达**：孟敏，字叔达，后汉人，荷甑而行，甑堕地破裂，不顾而去。

译文 竟陵太守邓遐罢官后去参加简文帝的葬礼，同时去拜访大司马桓温，桓温问他："你

怎么越来越瘦了？”邓遐说：“我有愧于孟敏，不像他那样豁达，即使瓦甑碎了也毫不抱怨。”

原　文

桓宣武既废太宰父子[1]，仍上表曰：“应割近情，以存远计。若除太宰父子，可无后忧。”简文手答表曰：“所不忍言，况过于言？”宣武又重表，辞转苦切[2]。简文更答曰：“若晋室灵长[3]，明公便宜奉行此诏；如大运去矣，请避贤路。”桓公读诏，手战流汗，于此乃止。太宰父子远徙新安。

注　释　**①太宰父子**：指司马晞、司马综父子二人。司马晞，字道升，简文帝的哥哥，官至太宰。简文帝辅政时，司马晞因未能掌权而有所不满。简文帝即帝位后，桓温告他谋反，奏请逮捕司马晞父子并处以死刑，简文帝不答应，后流放到扬州新安郡。**②苦切**：急切。**③灵长**：绵延久长。

译　文　宣武侯桓温废黜太宰司马晞父子后，又上奏章说：“应该割舍亲情，确保长远大计。如果除掉太宰父子，就没有后顾之忧了。”简文帝司马昱亲自在奏章上批示说：“这是我不忍心说的，何况所做的已超过所说的。”桓温又再次上奏章，言辞更加急切。简文帝又批示说：“如果晋室国运长久，你就应该执行这道诏令；如果运势已去，就请允许我让开进用贤人的道路！”桓温读罢诏书，双手大颤，脸上流汗，才打消了这个念头。太宰父子于是被流放到遥远的新安郡。

原　文

桓玄败后[1]，殷仲文还为大司马咨议[2]，意似二三[3]，非复往日。大司马府听前[4]，有一老槐，甚扶疏[5]。殷因月朔[6]，与众在听，视槐良久，叹曰：“槐树婆娑[7]，无复生意！”

注　释　**①败**：指桓玄篡位遭北府兵将领刘裕起兵声讨，桓兵败被杀。**②殷仲文**：字也叫仲文，桓玄的姐夫，曾帮助桓玄谋反，用为侍中，后被刘裕所杀。**大司马**：这里指琅琊王司马德文，即后来的晋恭帝。**咨议**：即咨议参军，谋议军事要务，位在其他参军之上。**③二三**：指反复无定，错乱异常。**④听**：通“厅”。**⑤扶疏**：枝叶繁茂而分披下垂的样子。**⑥月朔**：每月初一。**⑦婆娑**：这里指枝叶倾伏乏力的样子。

译　文　桓玄失败后，殷仲文回来继续担任大司马刘裕的咨议参军，他有些心神不宁，三心二意，不再像从前那样了。大司马府的堂前有一棵老槐树，枝叶很茂盛。殷仲文在初一这天和大家到厅堂集会，他凝视槐树良久，感叹说：“槐树枝叶倾伏乏力，再也没有生机了！”

原　文

殷仲文既素有名望[1]，自谓必当阿衡朝政[2]。忽作东阳太守，意甚不平。及之郡，至富阳，慨然叹曰：“看此山川形势，当复出一孙伯符[3]！”

注　释　①**素**：一向。②**谓**：认为。③**孙伯符**：孙策，字伯符，孙权兄，平定江东。

译　文　殷仲文一向很有名望，自认为一定会主持国政。忽然调任东阳太守，心里非常不平。当到郡上任，经过富阳时，感慨地叹息说："看这里的山河地理形势，应当再出一个孙策。"

二十九　俭啬

题　解

本章记载了节俭和吝啬两种品德。反映节俭的如陶侃，反映吝啬的如王戎。

原　文

和峤性至俭[1]，家有好李，王武子求之，与不过数十。王武子因其上直[2]，率将少年能食之者[3]，持斧诣园，饱共啖毕，伐之，送一车枝与和公，问曰："何如君李？"和既得，唯笑而已。

注　释　①**和峤**：字长舆，生性吝啬，因此受到世人的讥讽。下文王武子是他的妻舅。②**上直**：入官署值班。③**率将**：带领。

译　文　和峤生性吝啬，家里有非常好的李子树，王济向他要些李子时，他只给了几十个。王济趁他上朝值班的时候，率领年轻体壮能吃的人，手持斧头来到他的果园，一起大吃一顿，然后就把树给砍了，还送了一车树枝给和峤，问他说："和你们家的李子树相比怎么样？"和峤收下这些树枝后，只有苦笑而已。

原　文

王戎俭吝[1]，其从子婚[2]，与一单衣，后更责之[3]。

注　释　①**王戎**：字浚冲，生性吝啬，极爱聚敛财物，世人常常以此讥笑他。②**从子**：侄儿。③**责**：索取。

译　文　王戎十分吝啬，侄子结婚，他送了一件单衣，侄子婚后他又去要了回来。

原　文

司徒王戎既贵且富，区宅、僮牧、膏田、水碓之属[1]，洛下无比。契疏鞅掌[2]，每与夫人烛下散筹算计[3]。

注　释　①**水碓**：利用水力舂米的工具。②**契疏**：券契账簿。**鞅掌**：繁多的样子。③**筹**：又叫筹马、筹码，计数用的工具。

译　文　司徒王戎，地位显贵，十分富有，家中的宅院、奴仆、田地以及水碓之类的财物，在洛阳无人能和他相比。家里有很多券契账簿，常常和妻子一起在烛光下摆开筹码算账。

原　文

王戎有好李，卖之，恐人得其种，恒钻其核[1]。

注释 ①“恐人”二句：钻破果核后就无法再种。

译文 王戎家有良种李子树，卖李子时他生怕别人会得到李子的树种，就把李子核给钻了。

原文

王戎女适裴頠，贷钱数万。女归[1]，戎色不说。女遽还钱[2]，乃释然。

注释 ①**归**：已婚妇女回娘家。②**遽**：急忙；迅速。

译文 王戎的女儿嫁给了裴頠，向父亲借了几万钱。女儿回娘家时，王戎脸色很不好，女儿就急忙把钱还给他，王戎这才高兴起来。

原文

卫江州在寻阳[1]，有知旧人投之[2]，都不料理[3]，唯饷“王不留行”一斤[4]。此人得饷，便命驾。李弘范闻之[5]，曰：“家舅刻薄，乃复驱使草木。”

注释 ①**卫江州**：卫展，字道舒，晋人，历任南阳太守、江州刺史、廷尉。**寻阳**：县名，故址在今江西九江西，是江州州治所在地。②**知旧**：故交；老友。③**料理**：照顾；安排。④**王不留行**：也称王不留，一种药草名。卫展送此物，暗示他不留友人。⑤**李弘范**：当据《晋书》本传作“李弘度”。李充，字弘度，官至中书侍郎。

译文 江州刺史卫展在寻阳时，有一位老友来投奔他，他一点儿也不好好招待，只是送了一斤“王不留行”草药给他，老友得到这种馈赠，立即坐车走了。李弘范听说此事后，说：“我舅舅太刻薄了，竟然驱使草木为他送客。”

原文

王丞相俭节，帐下甘果[1]，盈溢不散。涉春烂败，都督白之[2]，公令舍去。曰：“慎不可令大郎知[3]。”

注释 ①**帐下**：营帐中。②**都督**：这里指帐下领兵的人，相当于卫队长。③**大郎**：大公子，这里指王悦，王导的长子。

译文 丞相王导生性节俭，家里的水果堆积如山，也不给别人。到了春天，水果都烂了，管家把这件事告诉他，他下令扔掉，还说：“千万不要让大郎（王导的大儿子王悦）知道。”

原文

苏峻之乱，庾太尉南奔见陶公[1]。陶公雅相赏重。陶性俭吝，及食，啖薤[2]，庾因留白[3]。陶问：“用此何为？”庾云：“故可种。”于是大叹庾非唯风流，兼有治实。

注释 ①“苏峻”二句：南奔，此时陶侃在寻阳（今江西九江西），庾亮自建康（今江苏南京）

去见他，因寻阳在建康西南，所以说南奔。②**薤**：参见“黜免”注。③**白**：指薤的地下根部分，色白，可以吃，也可以再种。

译文 苏峻叛乱时，太尉庾亮南逃，去见陶侃，陶侃对他十分厚待。陶侃生性节俭，吃饭时，给他吃薤头，庾亮就把根白留下了。陶侃问他：“你要这个有什么用？”庾亮说：“还可以再种。”陶侃因此大加赞叹，说庾亮不仅才华出众，而且具有治世的本领。

原文

郗公大聚敛，有钱数千万。嘉宾意甚不同，常朝旦问讯[1]，郗家法，子弟不坐，因倚语移时[2]，遂及财货事。郗公曰：“汝正当欲得吾钱耳！”乃开库一日，令任意用。郗公始正谓损数百万许。嘉宾遂一日乞与亲友，周旋略尽[3]。郗公闻之，惊怪不能已已。

注释 ①**朝旦**：早晨。②**倚语**：站着说话。**移时**：过了很长时间。③**乞与**：送给。**周旋**：有交往的人；朋友。

译文 郗愔大肆聚敛，有几千万钱，郗超非常反感他这样做。有一次早晨去请安，按郗家的家规，子弟们不能坐着，他便站了很长时间，把话题转移到钱财上来。郗愔说：“你不过是想要我的钱罢了！”于是就敞开钱库一天，让他随便取用。郗愔原本以为只会损失几百万钱，没想到郗超在一天之内几乎把钱都给了亲朋好友。郗愔闻听后，惊诧不已。

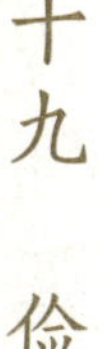

三十　汰侈

题　解

本章描写了魏晋时期统治者的纵情挥霍和享受，揭露他们腐朽堕落的生活。

原　文

石崇每要客燕集[1]，常令美人行酒。客饮酒不尽者，使黄门交斩美人[2]。王丞相与大将军尝共诣崇，丞相素不能饮，辄自勉强，至于沈醉。每至大将军，固不饮以观其变[3]。已斩三人，颜色如故，尚不肯饮。丞相让之[4]，大将军曰："自杀伊家人，何预卿事？"

注　释　①**要：**通"邀"，邀请。**燕：**通"宴"。②**黄门：**黄门令，多为宦者。③**固：**坚持，固执。④**让：**责备。

译　文　石崇每次请客宴饮，总让美女劝酒，客人倘若没有喝完，就要让内侍把劝酒的美女杀掉。王导和王敦曾经一起去拜访他。王导平时不怎么喝酒，这天一再强迫自己喝，结果大醉。每次轮到王敦的时候，他都不喝，以便观察事态的变化，已经有三个人被杀了，王敦依然面不改色，并且还是不肯喝。王导责备他，王敦说："他自己杀自己家里的人，与你有什么关系呢？"

原　文

石崇厕常有十余婢侍列，皆丽服藻饰[1]。置甲煎粉、沉香汁之属[2]，无不毕备。又与新衣著令出，客多羞不能如厕。王大将军往，脱故衣，著新衣，神色傲然。群婢相谓曰："此客必能作贼。"

注　释　①**藻饰：**打扮。②**甲煎粉：**把甲煎（一种螺）研磨后加上香料而制成的粉。**沉香汁：**用沉香木泡制而成的香水。

译　文　石崇家的厕所里，总有十几个婢女站在一旁侍候着，她们都穿着华丽的服饰。厕所内还放着甲煎粉、沉香汁之类的香料，无不齐备。又让上完厕所的客人换上新衣服后出来，有的客人不好意思，就不上厕所了。大将军王敦去时，脱下旧衣服，换上新衣服，神色非常傲慢。婢女们议论说："这个人一定会造反。"

原　文

武帝尝降王武子家[1]，武子供馔，并用琉璃器。婢子百余人，皆绫罗绔褶[2]，以手擎饮食。烝豘肥美[3]，异于常味。帝怪而问之，

答曰："以人乳饮豘。"帝甚不平，食未毕，便去。王、石所未知作。

注释 ①**降**：莅临。**王武子**：王济，晋武帝司马炎的女婿。②**绫**：薄且有彩纹的丝织品。**罗**：轻而有眼纹的丝织品。**绔**：同"裤"，裤子。**襹**：女子的上衣。③**豘**：同"豚"，指小猪。

译文 晋武帝曾经莅临女婿王济家里。王济供献酒食，并且用的都是玻璃器皿。一百多名身穿绫罗衣裤的婢女，用手举着食品。有一道蒸乳猪菜，味道肥嫩鲜美，不同于一般的味道。晋武帝很奇怪，就问王济，王济说："这是用人奶养的小猪。"晋武帝心中不快，没吃完就走了。王恺和石崇再富裕，都不知道这么做。

原文

王君夫以粭糒(bèi)澳釜[①]，石季伦用蜡烛作炊。君夫作紫丝布步障碧绫里四十里[②]，石崇作锦步障五十里以敌之。石以椒为泥[③]，王以赤石脂泥壁[④]。

注释 ①**王君夫**：王恺，字君夫，是晋武帝司马炎的舅父。**粭糒澳釜**：粭，同"饴"，麦芽糖。糒，干饭，也可能是饴糒，即糕饼。澳，擦洗。②**紫丝布**：用紫色的丝织成的布。**步障**：古代显贵出行，设在道旁两侧的幕布。③**椒**：指花椒，其种子可和泥涂墙，墙壁可以散发出一种香气。④**赤石脂**：一种风化石，可用来涂饰墙壁。

译文 王恺用麦芽糖和饭来擦锅，石崇用蜡烛当柴火做饭。王恺用紫丝布做步障，衬上绿绫里子，长达四十里；石崇则用锦缎做成长达五十里的步障来和他抗衡。石崇用花椒来刷墙，王恺则用赤石脂来刷墙。

原文

石崇为客作豆粥，咄嗟便办[①]。恒冬天得韭蓱虀[②]。又牛形状气力不胜王恺牛，而与恺出游，极晚发，争入洛城，崇牛数十步后迅若飞禽，恺牛绝走不能及[③]。每以此三事为搤腕，乃密货崇帐下都督及御车人[④]，问所以。都督曰："豆至难煮，唯豫作熟末[⑤]，客至，作白粥以投之。韭蓱虀是捣韭根，杂以麦苗尔。"复问驭人牛所以驶[⑥]。驭人云："牛本不迟，由将车人不及制之尔[⑦]。急时听偏辕，则驶矣。"恺悉从之，遂争长。石崇后闻，皆杀告者。

注释 ①**咄嗟**：呼唤和答应声。指顷刻之间。②**韭蓱虀**：用韭菜、艾蒿等捣碎制成的腌菜。八月做这种菜，到冬天就难得了。③**绝**：尽力。④**货**：贿赂。⑤**末**：末子；细碎的东西。⑥**驶**：跑得快。⑦**"牛本"三句**：指驭手赶不上牛的速度而加以控制。《晋书》本传作"良由驭者逐不及，反制之"。

译文 石崇为客人做豆粥，他都能很快就做好了；也常常在冬天吃上韭蓱虀。另外，石崇家的牛无论外形还是力气都比不上王恺家的牛，可是他和王恺每次到郊外出游时，他都会很迟才坐牛车起程，每次两人都会出现争先进洛阳城的画面，石崇的牛走了很短的距离后就快得像飞禽一样，王恺的牛拼命跑也追不上。王恺常常认为这三件事是最令人痛心的，就暗中贿赂石崇府中卫队长和驭手，探究是什么原因。卫队长说：“豆子是最难煮烂的，只有事先煮熟做成豆末，客人到了，煮好白粥，然后添加豆末进去。韭蓱虀是把韭菜根捣碎，掺上麦苗罢了。”又问驭手，牛为什么会跑得那么快。驭手说：“牛原本跑得不慢，由于驭手跟不上，反而限制到了它。紧急时就任凭车侧过一边，那么牛就会跑得飞快了。”王恺照他们所说的去做，果然争到了头名。石崇后来听说了，就把泄密的人都杀了。

原　文

王君夫有牛，名八百里驳(bó)，常莹其蹄角[1]。王武子语君夫：“我射不如卿，今指赌卿牛，以千万对之。”君夫既恃手快[2]，且谓骏物无有杀理[3]，便相然可，令武子先射。武子一起便破的，却据胡床，叱左右速探牛心来。须臾，炙至，一脔(luán)便去[4]。

注　释　①**八百里驳**：牛名。**驳**：指毛色黑白相间；八百里，指可日行八百里。**莹**：指磨得很光洁。②**手快**：技术好。③**骏物**：即上所提八百里驳。④**脔**：切成小块的肉。

译　文　王恺有一头牛，起名叫八百里驳，牛蹄、牛角经常磨得光洁发亮。有一次，王济对王恺说：“我射箭的技术不如你强，但是今天想指定你的牛做赌注，和你赌射箭，我押上一千万钱来顶你这头牛。”王恺既仗着自己射箭技术好，又认为其牛难得没有可能杀掉，就答应了他，并且让王济先射。王济一箭就射中了箭靶，退下来坐在胡床上，吆喝随从赶紧把牛心取来。一会儿，烤牛心端了过来，王济吃了一块就走了。

原　文

王君夫尝责一人无服余衵[1]，因直内著曲閤重闺里[2]，不听人将出。遂饥经日，迷不知何处去。后因缘相为，垂死，乃得出。

注　释　①**王君夫**：王恺。**衵**：内衣。②**箸**：介词，在。**閤**：同“阁”。

译　文　王恺曾经惩罚一人，只让他穿着一件内衣，不让多穿。由于要去上朝，因此就把那个人关在深宅内院里，谁都不许将其放出来。就这样饿了好几天，被罚的人昏昏沉沉找不到出路。后来都快要死了，靠别人帮助，才被放了出来。

原　文

石崇与王恺争豪，并穷绮丽[1]，以饰舆服[2]。武帝，恺之甥也，每助恺。尝以一珊瑚树[3]高二尺许赐恺。枝柯扶疏[4]，世罕其比。恺以示崇，崇视讫，以铁如意击之。应手而碎。恺既惋惜，又以为疾己之宝，声色甚厉。崇曰：“不足恨，今还卿。”乃命左右悉取珊瑚树，有三尺、四尺，条干绝世，光彩溢目者六七枚，如恺许比甚众[5]。恺惘然自失[6]。

注　释　①**绮丽**：华美艳丽。②**舆服**：车马服饰。③**珊瑚树**：由珊瑚虫的分泌物聚结而成的树状物体，有红、白、黑色，可供玩赏。④**扶疏**：枝条繁茂的样子。⑤**许**：这样；如此。⑥**惘然**：

精神恍惚、若有所失的样子。

译文 石崇和王恺斗富，二人都极尽奢华地装饰自己的车马服装。晋武帝司马炎是王恺的外甥，他常常帮助王恺。有一次送给王恺一棵二尺多高的珊瑚树，枝条扶疏，世间少有。王恺拿给石崇看，石崇看罢，随手举起铁如意向珊瑚树砸去，珊瑚树应声而碎。王恺非常惋惜，还以为石崇妒忌自己的珍宝，所以声色俱厉地指责石崇。石崇说："这不值得遗憾，我今天就赔给你。"于是命令手下把珊瑚树都拿了出来，有的三尺高，有的四尺高，枝条都极其漂亮，世上罕见，光彩夺目，这样的珊瑚树石崇有六七棵，像王恺那一类的就更多了。王恺顿时觉得惘然若失。

原文

王武子被责[1]，移第北邙下[2]。于时人多地贵，济好马射，买地作埒[3]，编钱匝地竟埒。时人号曰"金沟"。

注释 **①"王武"句：** 王济被任命为河南尹，尚未到任，因为经过王宫时鞭打了王府官吏而被免官。责，责罚。**②北邙：** 山名，在洛阳东北。**③埒：** 矮墙，这里指骑射场地四周的土围墙。

译文 王济遭贬，把家迁到了北邙山下。当时人多地贵，王济喜欢骑马射箭，就买地修建了跑马场，价格相当于把钱用绳子穿起来围着跑马场铺一圈。当时人们称此为"金沟"。

原文

石崇每与王敦入学戏，见颜、原象而叹曰："若与同升孔堂，去人何必有间！"王曰："不知余人云何[1]，子贡去卿差近[2]。"石正色云："士当令身名俱泰，何至以瓮牖语人[3]！"

注释 **①云何：** 怎么样。**②差：** 副词，比较。**③瓮牖：** 原宪生活贫困，但是却安贫乐道。他住的屋子窗户是用陶瓮做的。

译文 石崇每每同王敦一起去学校玩，看到颜回和原宪的像，石崇总是叹息说："如果能同他们一起进入孔子的学堂，也不一定能相差多远。"王敦说："我不知道其他人如何，但子贡与你比较相近。"石崇严肃地说："身为士人，应当使本身安泰，声名显赫，我怎么能想象自己与贫寒之人为伍，并和别人谈论呢？"

原文

彭城王有快牛，至爱惜之。王太尉与射，赌得之。彭城王曰："君欲自乘[1]，则不论；若欲啖者，当以二十肥者代之。既不废啖，又存所爱。"王遂杀啖。

注释 **①乘：** 骑乘。

译文 彭城王司马权有一头走得非常快的牛，彭城王非常爱惜它。王衍同他比试射箭，赌赢了这头牛。彭城王说："倘若是您自己想乘骑，那就什么都不用说了，倘若您是想要吃掉它，则我愿意用二十条肥牛来换它。既让您有了吃的，又保全了我的爱物。"王衍最终还是把那头

牛杀着吃了。

王右军少时，在周侯末坐，割牛心啖之[1]。于此改观。

注释 **①牛心：**当时的习俗认为牛心最珍贵。周顗当时很有声望，他先切牛心给王羲之吃，表明了对王羲之的重视。

译文 右军王羲之年轻时，在武城侯周顗举行的宴会上位列末座，周顗把割下的牛心给他吃，从此人们就改变了对他的看法。

三十一 忿狷

题 解

本章记载了士人急躁易怒、心胸狭窄的个性，其中流传最广的为王蓝田食鸡子的事迹。

原 文

魏武有一妓声最清高，而性情酷恶[1]。欲杀则爱才，欲置则不堪。于是选百人，一时俱教。少时，果有一人声及之，便杀恶性者[2]。

● 庭前歌舞图

注 释 ①**酷**：极；非常。②**恶性**：性情暴躁。

译 文 魏武帝曹操有一名歌女，声音清丽高亢，可是性情冷酷暴躁。魏武帝想杀掉她又怜惜她的才华，要留下她又不能忍受她的脾气。于是选来一百名歌女，同时教她们唱歌。不久，果然就有一个人的声音赶上了她，魏武帝立即把那个脾气暴躁的歌女杀了。

原 文

王蓝田性急。尝食鸡子，以箸刺之[1]，不得，便大怒，举以掷地。鸡子于地圆转未止，仍下地以屐齿蹍之[2]，又不得。瞋甚，复于地取内口中，啮破即吐之。王右军闻而大笑曰："使安期有此性[3]，犹当无一豪可论[4]，况蓝田邪？"

注 释 ①**箸**：筷子。②**屐齿**：木板鞋底部的齿状木头。**蹍**：踩；踏。③**安期**：王承，字安期，王述的父亲，很有名望。④**豪**：通"毫"，比喻极其细微的地方。

译 文 蓝田侯王述性情急躁。有一次吃鸡蛋，他拿筷子去戳鸡蛋，没戳着，顿时大怒，拿起鸡蛋就扔到地上。鸡蛋着地后滴溜溜地转个不停，王述又跳下地去用木屐齿去踩，还没踩中。王述气疯了，把鸡蛋从地上捡起放到嘴里，嚼烂了就吐了出来。右军将军王羲之听说此事大笑说："假使王承有这个脾气，尚且没什么值得可取的，何况是王述呢！"

原　文

王司州尝乘雪往王螭许。司州言气少有牾逆于螭[1]，便作色不夷。司州觉恶，便舆床就之，持其臂曰："汝讵复足与老兄计[2]？"螭拨其手曰："冷如鬼子手馨[3]，强来捉人臂！"

注　释　①**牾逆**：不服顺。②**老兄**：面对弟辈的自称，具有亲昵的意味。③**鬼**：骂人的话。

译　文　王胡之冒雪到王恬那里。王胡之言语之间有些地方触犯了王恬，王恬的脸便变了颜色，心里不平。王胡之发现王恬脸色不好看，便在座具上亲近王恬，拉着他的胳膊说："你哪能为了这点小事老是与我计较呢？"王恬拨开王胡之的手，说："你的手冷得像鬼的手，居然硬要来拉我的胳膊！"

原　文

桓宣武与袁彦道樗蒱[1]，袁彦道齿不合[2]，遂厉色掷去五木[3]。温太真云："见袁生迁怒，知颜子为贵[4]。"

注　释　①**樗蒱**：一种赌博游戏，类似后世的掷骰子。②**齿**：博齿，指骰子上的点数。③**五木**：赌博用具，两头尖细，中间扁平，两面分别为黑白二色。因每副五枚，用木头制成，所以叫五木。④**颜子**：颜回，孔子弟子。孔子曾向鲁哀公称赞颜回不迁怒。

译　文　宣武侯桓温和袁耽赌博，袁耽掷出的点数不合心意，就火冒三丈地把五个色木都扔了。温峤说："见袁生把怒气迁移到五色木上面，更知道颜回是值得尊敬的。"

原　文

谢无奕性粗强[1]。以事不相得，自往数王蓝田[2]，肆言极骂。王正色面壁不敢动。半日，谢去，良久，转头问左右小吏曰："去未？"答云："已去。"然后复坐。时人叹其性急而能有所容。

注　释　①**谢无奕**：谢奕，字无奕，曾任安西司马、安西将军、豫州刺史，死后追赠镇西将军。**粗强**：粗暴倔强。②**数**：数落；责备。

译　文　谢奕性情粗暴蛮横，因为一件事和王述不和，就自己跑到王述那里数落他，破口大骂。王述神情严肃地面对墙壁，一动也不动。骂了半天，谢奕走了。过了很久，王述才掉过头来，问身边的侍从："走了吗？"侍从回答："已经走了。"王述这才回到座位上。当时人们赞赏王述虽然性急却能有所容忍。

原　文

王令诣谢公[1]，值习凿齿已在坐[2]，当与并榻[3]。王徙倚不坐[4]，公引之与对榻。去后，语胡儿曰[5]："子敬实自清立，但人为尔，多矜咳，殊足损其自然。"

注　释　①**王令**：王献之，字子敬，官至尚书令。②**习凿齿**：字彦威，官至荥阳太守。③**并榻**：

合坐一榻。下文“对榻”指坐在对面的榻上。④**徙倚**：徘徊。⑤**胡儿**：谢朗，字长度，小字胡儿，谢安的侄儿。

译文 尚书令王献之去拜访谢安，恰巧习凿齿也在，按道理王献之应该和习凿齿坐同一张榻。王献之却走来走去地不肯坐下，谢安于是让他和习凿齿对坐。王献之走后，谢安对胡儿说：“王献之确实清高特立，不过显得做作，这样过分地矜持拘泥，尤其伤害了他的自然本性。”

原文

王大、王恭尝俱在何仆射坐[①]。恭时为丹阳尹，大始拜荆州。讫将乖之际[②]，大劝恭酒。恭不为饮，大逼强之，转苦，便各以裙带绕手[③]。恭府近千人，悉呼入斋，大左右虽少，亦命前，意便欲相杀。何仆射无计，因起排坐二人之间，方得分散。所谓势利之交，古人羞之。

注释 ①**王大**：王忱，字元达，小字佛大。**王恭**：字孝伯，他是王忱的族侄，但两人感情不和。**何仆射**：何澄，字季玄，为人清正而有名望，曾任尚书左仆射。②**乖**：分别。③**裙**：下衣。

译文 王忱、王恭曾一道在尚书左仆射何澄家做客。王恭当时任丹阳尹，王忱刚出任荆州刺史。快分别的时候，王忱向王恭劝酒，王恭不喝，王忱就逼着他喝，越来越激烈，最后双方都撩起衣服，准备动武了。王恭府上有近千人，全都叫进屋里。王忱手下人数虽少，也都奉命前来，双方摆开阵势，准备厮杀。何澄万般无奈，便站起来坐在两人的中间，这才使得双方人马散去。这种势利之交，古人都认为是羞耻的。

原文

桓南郡小儿时，与诸从兄弟各养鹅共斗。南郡鹅每不如，甚以为忿。乃夜往鹅栏间，取诸兄弟鹅悉杀之。既晓，家人咸以惊骇，云是变怪，以白车骑[①]。车骑曰：“无所致怪，当是南郡戏耳[②]！”问，果如之。

注释 ①**车骑**：指桓冲，字玄叔，桓玄的叔叔，曾任车骑将军。②**南郡**：桓温死时，桓玄才四岁，袭爵南郡公，所以这里直接称他为南郡。

译文 南郡公桓玄小时候，和堂兄弟们一起养鹅，然后互相斗着玩。桓玄养的鹅常常斗败，他非常气愤，于是夜里跑到鹅栏里，把堂兄弟们的鹅全都给杀了。天亮后，家人发现此事都非常惊恐，以为是什么灾害，就把这件事告诉了车骑将军桓冲。桓冲说：“不是什么怪事，一定是桓玄搞的鬼！”一问，果然如此。

三十二　谗险

题　解

本章叙述进谗者为了自己的利益而极力诋毁他人的事，反映了当时政治环境的险恶。

原　文

王平子形甚散朗[1]，内实劲侠[2]。

注　释　①**王平子**：王澄，字平子。**散朗**：闲适爽朗。②**劲侠**：狭隘。

译　文　王澄外表看来非常闲适爽朗，但内心却十分狭隘。

原　文

袁悦有口才[1]，能短长说[2]，亦有精理。始作谢玄参军，颇被礼遇。后丁艰[3]，服除还都，唯赍《战国策》而已。语人曰："少年时读《论语》《老子》，又看《庄》《易》，此皆是病痛事[4]，当何所益邪？天下要物，正有《战国策》。"既下，说司马孝文王[5]，大见亲待，几乱机轴[6]。俄而见诛。

注　释　①**袁悦**：字元礼，官至骠骑咨议。晋孝武帝太元年间，他深受会稽王司马道子的信任，经常劝道子专揽朝政。王恭知道这事后，报告了孝武帝，孝武帝借其他罪名杀死了他。袁悦曾离间王忱、王恭。②**短长说**：战国纵横家所用的游说之辞。短长，《战国策》的书名曾称为《短长》，主要记述战国时纵横家的言论和行动，由汉代刘向根据先秦史料编订而成。③**丁艰**：遭遇父亲或母亲的丧事。④**病痛**：小病，比喻小事。⑤**司马孝文王**：会稽王司马道子，字也叫道子，晋孝武帝的胞弟，死后谥为孝文。⑥**机轴**：比喻国家的重要部门。机，弩牙。轴，车轴。

译　文　袁悦很有口才，擅长纵横家的游说之术，说理很深刻。他开始担任谢玄的参军，很受器重。后来回家守丧，丧期过后回到京都，只带了本《战国策》。他对人说："年轻时读《论语》《老子》，还读了《庄子》《周易》，这些说的都是些不痛不痒的小事，读了能有什么收获呢？天底下最重要的书，只有《战国策》。"到了京都后，游说孝文王司马道子，很受宠信和款待，几乎搅乱了朝纲，不久就被杀了。

原　文

孝武甚亲敬王国宝、王雅[1]。雅荐王珣于帝，帝欲见之。尝夜与国宝及雅相对，帝微有酒色，令唤珣。垂至，已闻卒传声，国宝

自知才出珣下，恐倾夺要宠[2]，因曰："王珣当今名流，陛下不宜有酒色见之，自可别诏召也。"帝然其言，心以为忠，遂不见珣。

注释 **①王国宝**：字也叫国宝，王绪的从祖兄，因和司马道子有姻亲，也深受信任。会稽王司马道子辅政时，重用王绪、王国宝，二王互相勾结，扰乱朝政，后来王恭、殷仲堪联合起兵声讨，王绪被杀，王国宝被赐死。**王雅**：字茂建，曾任太子少傅、尚书左仆射。**②倾夺**：争夺。

译文 孝武帝司马曜非常信任王国宝和王雅。王雅向孝武帝举荐王珣，孝武帝想见见他。一天晚上，孝武帝和王国宝、王雅在一起，孝武帝略有醉意，他下令传王珣晋见。王珣快要到了，已经听到士兵传唤的声音。王国宝自知才华在王珣之下，害怕他会夺了自己的宠幸，就对孝武帝说："王珣是当今的名流，陛下不该在酒后召见他，可以改日再下令召见他。"孝武帝觉得他说得很对，认为他忠心耿耿，就没有召见王珣。

原文

王绪数谗殷荆州于王国宝[1]，殷甚患之，求术于王东亭。曰："卿但数诣王绪，往辄屏人，因论它事。如此，则二王之好离矣。"殷从之。国宝见王绪，问曰："比与仲堪屏人何所道[2]？"绪云："故是常往来，无它所论。"国宝谓绪于己有隐，果情好日疏，谗言以息。

注释 **①王绪**：字仲业，曾任会稽王司马道子从事中郎，深受宠幸。**②比**：近来。

译文 王绪屡次在王国宝面前说荆州刺史殷仲堪的坏话，殷仲堪因此很烦恼，他向东亭侯王珣求教对付的办法。王珣说："你只要频繁地去拜访王绪，到了以后就叫身边的人退下，然后说些不相干的事。这样，就会离间他和王国宝的关系。"殷仲堪按王珣说的去做了。后来王国宝见到王绪，问道："最近你和殷仲堪在一起时总要赶走侍从，你们都说些什么呢？"王绪说："我们只是一般地来往，没有谈其他的事情。"王国宝觉得王绪对自己有所隐瞒，两人感情开始一天比一天疏远，谗言也因此平息了。

三十三　尤悔

题　解

本章记载着人们对于自己过失所引发的悔恨，涉及面极广，大到政治斗争，小至生活琐事，表现出人们对于自我行为的自省能力。

原　文

魏文帝忌弟任城王骁壮[1]。因在卞太后阁共围棋[2]，并啖枣，文帝以毒置诸枣蒂中，自选可食者而进。王弗悟，遂杂进之。既中毒，太后索水救之。帝预敕左右毁瓶罐。太后徒跣趋井，无以汲，须臾遂卒。复欲害东阿[3]，太后曰："汝已杀我任城，不得复杀我东阿！"

注　释　**①任城王：**曹彰，字子文，曹操的儿子，和曹丕、曹植都是卞夫人所生，曹丕即位后，封任城王。**②卞太后：**曹丕的母亲，曹丕即位时尊为太后。**③东阿：**指曹植，字子建，封东阿王。

译　文　魏文帝曹丕嫉恨弟弟任城王曹彰的骁勇强壮。他趁着在卞太后屋里，一块儿下围棋吃枣的机会，把毒放在枣蒂里，他自己挑没有毒的吃，任城王不知道，就把有毒没毒的都一起吃了。中毒后，卞太后找水救他。魏文帝早预先让手下把瓶子瓦罐都砸了，太后光着脚跑到井边，却没法打水。不久，任城王死了。随后魏文帝又要加害东阿王曹植，卞太后对他说："你已经杀了我的任城王，不要再杀我的东阿王了。"

原　文

王浑后妻，琅邪颜氏女，王时为徐州刺史，交礼拜讫，王将答拜，观者咸曰："王侯州将，新妇州民，恐无由答拜[1]。"王乃止。武子以其父不答拜，不成礼，恐非夫妇，不为之拜，谓为颜妾。颜氏耻之，以其门贵，终不敢离。

注　释　**①"王侯"三句：**王浑承袭父亲的爵位为京陵侯，故称王侯。晋代，军权往往在一定程度上掌握在州刺史手中，王浑是扬烈将军、徐州刺史，所以称州将。琅邪属徐州管辖，颜氏女是琅邪国人，所以是州民。

译　文　王浑迎娶后房妻子，她是琅邪国颜家的女儿，王浑当时任徐州刺史，颜氏行完交拜礼，王浑刚要行礼答拜，旁观有人说："王侯是州将，新娘是普通百姓，恐怕不宜行答拜之礼。"王浑碍于这个规矩就没有行答拜礼。王济觉得父亲没有行答拜礼，也就还没有成婚，应该不算

夫妻，他自然也就没有行拜后母礼，只称她为颜妾。颜氏认为这是耻辱，只是碍于王浑门第高贵，终究不敢离婚。

原　文

陆平原河桥败[1]，为卢志所谗[2]，被诛。临刑叹曰："欲闻华亭鹤唳[3]，可复得乎？"

注　释　①**"陆平"句**：晋武帝死后，西晋发生八王之乱，成都王司马颖任命陆机为河北大都督，率军征讨长沙王司马乂，战于河桥，兵败遭谗，陆机被司马颖所杀。河桥，桥名，故址在今河南孟县西南、孟津东北的黄河上。②**卢志**：字子道，当时是司马颖手下的左长史。③**华亭**：地名，属吴郡吴县，故址在今上海松江，是陆机的家乡。

译　文　平原内史陆机河桥兵败后，遭到卢志的陷害，被杀。临刑前，陆机感叹道："想听听故乡华亭的鹤鸣，还有可能吗？"

原　文

刘琨善能招延[1]，而拙於抚御。一日虽有数千人归投，其逃散而去亦复如此，所以卒无所建。

注　释　①**刘琨**：刘琨在西晋永嘉元年出任并州刺史，并州当时发生饥荒，百姓流离，寇盗猖狂。刘琨转战至晋阳，那里已变成了废墟。

译　文　刘琨擅长广纳贤才，但是他却不善于安抚和使用他们。一天之内虽然有几千人前来投奔他，可是逃跑的也有这个数目，因此他终于没有什么建树。

原　文

王平子始下[1]，丞相语大将军："不可复使羌人东行[2]。"平子面似羌。

注　释　①**王平子始下**：王澄，字平子，西晋惠帝末年出任荆州刺史，东晋元帝召他为军咨祭酒，路过豫章时去探望堂兄弟王敦，王敦将其杀害。②**羌**：羌族人。羌族是住在西北一带的古代民族。这里指王平子。

译　文　王澄刚从荆州到建康的时候，王导丞相特意告诉大将军王敦说："不可再让那个羌人到东边来。"因为王澄脸长得像羌人。

原　文

王大将军起事[1]，丞相兄弟诣阙谢[2]。周侯深忧诸王，始入，甚有忧色。丞相呼周侯曰："百口委卿！"周直过不应。既入，苦相存救。既释，周大说，饮酒。及出，诸王故在门。周曰："今年杀诸贼奴[3]，当取金印如斗大系肘后。"大将军至石头，问丞相曰："周侯可为三公不[4]？"丞相不答。又问："可为尚书令不？"又不应。因云："如此，唯当杀之耳。"复默然。逮周侯被害，丞相后知周侯救己，叹曰："我

不杀周侯，周侯由我而死。幽冥中负此人[5]！”

注释 ①“**王大”句**：指晋元帝永昌元年（322）王敦起兵以诛刘隗为名准备攻入建康一事。②**诣阙谢**：王导是王敦的堂弟，当时担任司空、录尚书事。王敦起兵，刘隗劝晋元帝诛杀王氏宗族，因而王导兄弟整天到朝廷谢罪。阙，这里指皇宫。③**贼奴**：对坏人的蔑称，这里指王敦等人。④**三公**：晋代以太尉、司徒、司空为三公，是掌握军政大权的中央最高官员。⑤**幽冥**：暗昧不明。

译文 大将军王敦起兵谋反，丞相王导兄弟一起到朝廷谢罪。武城侯周顗也很担心王家的安危，刚进宫时，神色忧郁。王导对周顗喊道："我们一家老小都托付给你了！"周顗径直从他们面前走过，没有答话。进了宫里，周顗竭尽全力，救助王家。王导等人被赦免后，周顗非常高兴，还喝了酒。等他出来时，王家的人还在门口。周顗说："今年杀了那些叛贼，我会把斗大的金印挂在胳膊肘后。"不久大将军王敦到了石头城，问王导说："周侯能做三公吗？"王导没有作答。又问："能做尚书令吗？"王导还是没有作答。王敦于是说道："既然如此，那只有杀了他啦！"王导依旧沉默。周顗被杀后，王导才知道是周顗救了自己，他慨叹道："我没有杀周侯，周侯却因我而死，我在冥冥中辜负了这个人！"

原文

王导、温峤俱见明帝，帝问温前世所以得天下之由。温未答。顷，王曰："温峤年少未谙，臣为陛下陈之。"王乃具叙宣王创业之始，诛夷名族[1]，宠树同己[2]。及文王之末高贵乡公事。明帝闻之，覆面著床曰："若如公言，祚安得长！"

注释 ①**诛夷名族**：指晋宣王司马懿在创业过程中杀害魏王室曹爽、吏部尚书何晏、太尉王凌等人，以及逮捕了当朝的一批王公。名族，有名望的家族。②**宠树同己**：指提拔追随自己的太尉蒋济等人，司马懿曾封蒋济为都乡侯。宠树，宠爱提拔。同己，指赞同自己的人。

译文 王导、温峤一起去见晋明帝司马绍，明帝问温峤前代君王获得天下的原因。温峤没有回答。过了一会儿，王导说："温峤年轻，不熟悉以前的事情，我来说给陛下听吧。"王导就详细叙述了晋宣王司马懿开始创业时，诛杀名门望族，培植亲信，以及文王司马昭晚年除掉高贵乡公曹髦的事情。明帝听后，掩面倒在坐榻上说："如果像您说的，晋室的气数怎么会长久呢！"

原文

王大将军于众坐中曰："诸周由来未有作三公者[1]。"有人答曰："唯周侯邑五马领头而不克[2]。"大将军曰："我与周洛下相遇，一面顿尽[3]。值世纷纭，遂至于此[4]！"因为流涕。

注释 ①**由来**：历来。②“**唯周”句**：指周顗官至尚书左仆射，但最终也未能做到三公。邑五马，指赌博时得到五个筹码。邑，通"挹"，取。马，筹码。领头，领先。③**顿尽**：立即说尽内心的话，指真诚相待。④**此**：指周顗被王敦所杀一事。

译文 大将军王敦在聚会时对在座的人说："周家从来没有人担任过三公的。"有人答道："只

有周顗取得五个筹码，处于领先的地位。”大将军王敦说：“我与周顗在洛阳相遇，一见如故。没想到却遇上世事纷乱，所以就到了今天这样的地步！”于是为他流下了眼泪。

原　文

温公初受刘司空使劝进[1]，母崔氏固驻之[2]，峤绝裾而去[3]。迄于崇贵，乡品犹不过也[4]。每爵，皆发诏。

注　释　①**“温公”句**：温峤任刘琨使臣劝说晋元帝的事情。②**驻**：车马停止不前。③**绝裾**：扯断衣襟，是去意坚决的表示。衣服的大襟或前后部分为裾。④**乡品**：乡里的品评。**不过**：不能通过。

译　文　温峤当初受命于司空刘琨过江劝说晋元帝即帝位，他母亲崔氏坚决阻止他走，温峤毅然决然地走了。一直到他显贵以后，乡亲们的舆论还是不赞同他的做法。每当给他晋升官爵，都要由皇帝发布命令来说明。

原　文

庾公欲起周子南[1]，子南执辞愈固。庾每诣周，庾从南门入，周从后门出。庾尝一往奄至，周不及去，相对终日。庾从周索食，周出蔬食[2]，庾亦强饭，极欢[3]；并语世故，约相推引，同佐世之任。既仕，至将军二千石，而不称意。中宵慨然曰：“大丈夫乃为庾元规所卖！”一叹，遂发背而卒。

注　释　①**周子南**：周劭，字子南，在庐山隐居。庾亮前往拜访，他躲避不见。后任镇蛮护军、西阳太守。②**蔬食**：指粗食。③**强饭**：努力用餐。

译　文　庾亮想要起用周劭做官，周劭却执意推辞，而且态度越发坚决。庾亮每次拜访周劭，庾亮前门进来，他便从后门出去。有一次，庾亮突然到来，他来不及躲开，就和庾亮面对面坐了一整天。庾亮向周劭要饭食，周劭拿出粗茶淡饭，庾亮也吃得很香，特别开心的样子；两人谈论世事，约定互相推荐，共同担负起辅助国家的重任。周劭出来做官后，升为将军、郡守，却不称心。夜半感慨地说：“大丈夫竟被庾亮出卖了！”一声长叹，终于背疮发作而死。

原　文

阮思旷奉大法[1]，敬信甚至。大儿年未弱冠，忽被笃疾[2]。儿既是偏所爱重，为之祈请三宝[3]，昼夜不懈。谓至诚有感者，必当蒙佑。而儿遂不济[4]。于是结恨释氏，宿命都除[5]。

注　释　①**阮思旷**：阮裕。**大法**：指佛教大成之法，这里泛指佛教。②**被**：遭受。③**三宝**：指佛、法、僧。④**不济**：没有救了，即死去。⑤**宿命**：原来的佛教信仰。

译　文　阮裕信奉佛法，虔诚至极。他的大儿子阮牖年龄还不满二十岁，却忽然身染重病。这个孩子是阮裕最为偏爱的一个，他于是就为儿子祈求佛教三宝显灵，日夜不敢懈怠。他认为用自己的虔诚来感动佛祖，就一定会蒙受佛祖的保佑。但是儿子最终还是死了。从此以后，阮

裕开始怨恨佛教，把素来的虔诚信仰全都抛掉了。

原　文

桓宣武对简文帝，不甚得语。废海西后[1]，宜自申叙[2]，乃豫撰数百语，陈废立之意。既见简文，简文便泣下数十行。宣武矜愧，不得一言。

注　释　①**废海西**:371 年，桓温废当时的皇帝为海西县公，立简文帝。②**申叙**：指叙述事情。

译　文　桓温回答简文帝的问话时，没有很好地阐述自己的想法。罢免海西公后，他应当亲自申奏说明，便事先构思好几百句话，陈说废黜旧君、拥立新君的本意。见到简文帝后，简文帝就泪流不止。桓温既怜悯又羞愧，一句话也说不出来。

原　文

桓公卧语曰："作此寂寂[1]，将为文、景所笑[2]！"既而屈起坐曰[3]："既不能流芳后世，亦不足复遗臭万载邪？"

注　释　①**作**：像。②**文、景**：指晋文帝司马昭和晋景帝司马师。③**屈起**：屈，同"崛"。意思是一下子坐起来。

译　文　桓温躺着说道："像这样默默无闻地度过一生，将会被晋文帝和晋景帝所耻笑。"说完，他就一下子坐起来说："既然无法流芳百世，难道不可以遗臭万年吗？"

原　文

谢太傅于东船行，小人引船[1]，或迟或速，或停或待。又放船从横，撞人触岸。公初不呵谴[2]，人谓公常无嗔喜。曾送兄征西葬还[3]，日莫雨驶[4]，小人皆醉，不可处分[5]。公乃于车中，手取车柱撞驭人[6]，声色甚厉。夫以水性沉柔，入隘奔激，方之人情，固知迫隘之地[7]，无得保其夷粹[8]。

注　释　①**小人**：对士族阶层之外的平民百姓蔑称。②**呵谴**：呵斥责备。③**征西**：指谢奕，字无奕，死后追赠镇西将军。据《晋书·谢奕传》，他并未任命为"征西"的官职，这里称为"征西"，不知何据。④**驶**：迅疾。⑤**处分**：处理。⑥**车柱**：垫车的圆木。⑦**迫隘**：狭窄，喻指危险的场合。⑧**夷粹**：平和纯正。

译　文　太傅谢安在东边会稽乘船出行，船夫驾着船，有时慢有时快，有时停下有时等候，有时还任船四处漂游，冲撞别人的船或者撞到岸上，谢安从不指责，有人说谢安为人无怒无喜。一次为哥哥谢奕送葬回来，傍晚雨下得很急，车夫们都醉了，无法顺利地驾驭马车。谢安就在车上拿起垫车的木柱击打车夫，声色俱厉。水性沉静柔和，可是进入险要处却奔腾激荡。用来比喻人的性情，自然就知道，当处于紧急危难的时刻，是无法保持那份平和美好的心境的。

原　文

简文见田稻，不识，问是何草？左右答是稻。简文还，三日不

出，云："宁有赖其末而不识其本[①]？"

注释 ①**末**：这里指稻穗。**本**：这里指稻苗。

译文 简文帝司马昱见到田里的稻子，不认识，问是什么草？身边的人告诉他说是稻子。简文帝回来后，三天没有出门，说："哪有依靠它的末梢生存，却不认识它的根本的道理？"

原文

桓车骑在上明畋猎。东信至[①]，传淮上大捷[②]。语左右云："群谢年少，大破贼。"因发病薨。谈者以为此死，贤于让扬之荆。

注释 ①**至**：达到。②**传**：送来。

译文 车骑将军桓冲在上明打猎。东边的信使到了，送来淮上大捷的消息。桓冲对随从说："谢家年轻人大败贼寇！"于是就发病死了。舆论 认为这样死胜过让出扬州刺史到荆州去。

原文

桓公初报破殷荆州[①]，曾讲论语，至"富与贵，是人之所欲，不以其道得之不处"。玄意色甚恶。

注释 ①**初**：刚刚。**破**：打败。

译文 桓玄刚刚接到打败荆州刺史殷仲堪的报告时，正在讲解《论语》，讲到下面一句"富有和尊贵，是人人都想得到的，如果不用正当的方法去得到它，君子是不能受用的"，桓玄心情、脸色都很不好。

三十四　纰漏

题　解

本章记录着士人们的差错和失误，以及造成这些失误的原因。有嘲讽也有感慨，例如王国宝误以为自己即将升官，是因为求官心切而未能分析形势；而任瞻不辨茶或茗，则是因为失意后的精神恍惚，显示当时失意知识分子的处境。

原　文

王敦初尚主[1]，如厕，见漆箱盛干枣，本以塞鼻，王谓厕上亦下果，食遂至尽。既还，婢擎金澡盘盛水，琉璃碗盛澡豆[2]，因倒著水中而饮之，谓是干饭。群婢莫不掩口而笑之。

注　释　**①主：**指晋武帝的女儿舞阳公主。**②澡豆：**用豌豆末和香药制成的丸剂，可以用来洗手洗脸。

译　文　王敦刚娶舞阳公主为妻时，有一次上厕所，看到漆盒里装着干枣，这本来是上厕所用来塞鼻子的，王敦却以为是厕所里摆的果品，就都给吃光了。出来后，婢女手端着金澡盘盛水，琉璃碗里装着澡豆，王敦还以为是干粮，就把它倒在水里给吃了。婢女们看到后都掩口而笑。

原　文

元皇初见贺司空[1]，言及吴时事，问："孙皓烧锯截一贺头[2]，是谁？"司空未得言，元皇自忆曰："是贺劭[3]。"司空流涕曰："臣父遭遇无道，创巨痛深，无以仰答明诏。"元皇愧惭，三日不出。

注　释　**①贺司空：**贺循，字彦先，死后追赠司空。**②孙皓：**字元宗，孙权的孙子，吴国末代君主。**③贺劭：**字兴伯，贺循的父亲，三国时吴国会稽山阴（今浙江绍兴）人，曾任吴郡太守，官至太子太傅。据《资治通鉴·晋纪》记载，孙皓荒淫残暴，怀疑中书令贺劭假装中风，竟然把锯子烧红后锯下了他的头。

译　文　晋元帝司马睿第一次见到司空贺循时，谈及吴国的事情，他问道："孙皓曾用烧热的锯子锯断了一个姓贺的头颅，这个人是谁呢？"贺循没有回答，元帝自己回忆道："是贺劭。"贺循流泪说道："我的父亲遇上无道的昏君，我至今还创痛深重，所以无法回答陛下的问话。"元帝非常内疚，三天没有出门。

原　文

蔡司徒渡江[1]，见彭蜞[2]，大喜曰："蟹有八足，加以二螯。"令

烹之。既食，吐下委顿，方知非蟹。后向谢仁祖说此事，谢曰：“卿读《尔雅》不熟[③]，几为《劝学》死。”

注释 ①**蔡司徒**：蔡谟，字道明，曾任司徒。②**彭蜞**：外形像螃蟹，但较小，螯与足无毛。③**《尔雅》**：我国最早一部解释词义的专书，其中《释鱼》篇讲到八足二螯的动物有三种，并非都是螃蟹。

译文 司徒蔡谟到了江南后，看见彭蜞非常高兴，说道：“螃蟹有八只脚，加上两只螯。”就让人把彭蜞煮了。吃了以后，上吐下泻，疲惫不堪，这才知道吃的不是螃蟹。后来他向谢尚说起这件事，谢尚说：“你没读熟《尔雅》，还差一点被《劝学》害死。”

原文

任育长年少时[①]，甚有令名。武帝崩，选百二十挽郎[②]，一时之秀彦，育长亦在其中。王安丰选女婿，从挽郎搜其胜者，且择取四人，任犹在其中。童少时神明可爱，时人谓育长影亦好。自过江，便失志。王丞相请先度时贤共至石头迎之，犹作畴日相待，一见便觉有异。坐席竟，下饮[③]，便问人云：“此为茶为茗[④]？”觉有异色，乃自申明云：“向问饮为热为冷耳[⑤]。”尝行从棺邸下度，流涕悲哀。王丞相闻之曰：“此是有情痴。”

注释 ①**任育长**：任瞻，字育长，历任谒者仆射、都尉、天门太守。②**挽郎**：牵引灵柩唱挽歌的年轻男子。③**下饮**：上茶；设茶。④**茗**：晋时称早采者为茶，晚采者为茗。⑤**为热为冷**：晋时热和茶、冷和茗各在同一韵部，读音相近，任瞻因不辨茶和茗，自觉失言，想掩饰自己的窘态，所以这样说。

译文 任瞻年轻时，名声很好。晋武帝驾崩后，选了一百二十名跟随灵柩唱挽歌的人，都是当时的优秀人才，任瞻也在其中。王戎选女婿，在这一百二十名当中挑选了四个较为卓越的人才，任瞻还是在其中。少年时，任瞻聪明可爱，当时人们说连任瞻的影子都好看。但自从过江以后，他就神志失常了。当时丞相王导邀请已经渡江的名流一起到石头城迎接他，大家仍像以前那样互相问候，可是见面后就发现有些异样。落座后上茶，任瞻就问人说：“这是茶还是茗？”看到别人诧异的神色，就自言自语道：“刚才我是问水是热还是冷的？”有一次经过棺材铺，悲伤得哭了。王导闻听后说：“这是犯了痴症了。”

原文

谢虎子尝上屋熏鼠[①]。胡儿既无由知父为此事，闻人道痴人有作此者，戏笑之，时道此非复一过[②]。太傅既了己之不知，因其言次，语胡儿曰：“世人以此谤中郎[③]，亦言我共作此。”胡儿懊热[④]，一月日闭斋不出[⑤]。太傅虚托引己之过，以相开悟，可谓德教[⑥]。

注释 ①**谢虎子**：谢据，字玄道，小字虎子，谢安的二哥。②**一过**：一遍。③**中郎**：指谢据。

④**懊热**：懊恼，羞惭。⑤**一月日**：一个月。⑥**德教**：用德行来感化教育人。

译　文　谢据曾经跑到房顶上去熏老鼠，谢朗不知道他父亲做过这样的事，听人说只有傻子才这样做，就一起跟着嘲笑，不时地和人说起这件事，而且不止说过一次。太傅谢安知道谢朗并不知道事情的原委，就趁着和他聊天的时候，对谢朗说："社会上的人拿这件事诋毁中郎，还说我和他一块儿干的。"谢朗听后羞愧懊恼，一个月都躲在书房没有出去。太傅假托事情是自己干的，以此来开导谢朗，使他醒悟，可以说是以德教人。

原　文

殷仲堪父病虚悸[1]，闻床下蚁动，谓是牛斗。孝武不知是殷公，问仲堪："有一殷，病如此不？"仲堪流涕而起曰："臣进退维谷[2]。"

注　释　①**殷仲堪父**：殷师，字师子。②**进退维谷**：进退都陷于困难的境地，这里指不知如何回答。

译　文　殷仲堪的父亲得了心悸的病，听到床下蚂蚁走动的声音，就说是有牛在打斗。孝武帝司马曜不知这是殷仲堪父亲的事，问殷仲堪说："有一个姓殷的，病情是不是像这样的？"殷仲堪哭着站起来说："我不知如何回答才好。"

原　文

虞啸父为孝武侍中[1]，帝从容问曰："卿在门下[2]，初不闻有所献替[3]。"虞家富春[4]，近海，谓帝望其意气[5]，对曰："天时尚暖，鮆鱼虾鱃未可致，寻当有所上献。"帝抚掌大笑。

注　释　①**虞啸父**：晋会稽余姚（今属浙江）人，历任侍中、尚书、会稽内史。②**门下**：官署名，即门下省，是直属于皇帝的顾问机构。③**献替**：献可替否，意思是直言进谏，提出正确可行的建议，否定错误不当的政令。④**富春**：县名，东晋时改称富阳，在今浙江杭州西南。⑤**意气**：进奉；奉献。

译　文　虞啸父担任孝武帝司马曜的侍中时，有一次孝武帝不经意地问他说："你在门下省，可是我从来没听说你有过什么贡献呀。"虞啸父家在富春，靠着大海，他以为皇上是希望他进贡，就答道："现在天气还热，鱼类海产还得不到，过不了多久就会进献给你。"孝武帝听后拍手大笑。

原　文

王大丧后，朝论或云国宝应作荆州[1]。国宝主簿夜函白事云[2]："荆州事已行。"国宝大喜，而夜开阁唤纲纪[3]，话势虽不及作荆州[4]，而意色甚恬。晓遣参问[5]，都无此事。即唤主簿数之曰："卿何以误人事邪？"

注　释　①**"王大"二句**：王忱死后，会稽王司马道子想让王国宝接任荆州刺史，但晋孝武帝却下令任用殷仲堪。②**白事**：报告文书。下文"荆州事"的"事"，也指公文、文书。③**纲纪**：主簿。④**话势**：话头；话题。⑤**参问**：验证。

译文 王忱死后，朝中议论王国宝应担任荆州刺史。王国宝的主簿夜间作函报告说："有关荆州的公文已经发布了。"王国宝大喜，当晚就打开房门把主簿叫来，虽然谈论的话题没有涉及荆州刺史的事，但他的神情非常安适。第二天早晨，他派人去朝廷询问，得到的答复竟是完全没有这回事。王国宝立刻把主簿叫来，数落他说："你怎么误了人家的事情呢？"

三十五　惑溺

题　解

本章主要描写男女之间情爱上的迷惑和沉溺，以及因此而丧失神志的举止。

原　文

魏甄后惠而有色①，先为袁熙妻②，甚获宠。曹公之屠邺也③，令疾召甄，左右白："五官中郎已将去④。"公曰："今年破贼正为奴⑤。"

注　释　**①甄后：**魏文帝曹丕的皇后甄氏，是明帝曹叡的生母。**惠：**通"慧"，聪明。**②袁熙：**字显奕，袁绍的次子，汉末曾任幽州刺史。**③邺：**县名，汉末魏郡郡治所在地，故址在今河北临漳西南邺镇东。袁熙出任幽州刺史，甄氏留在邺城。建安九年（204），曹军攻破邺城后获得甄氏。**④五官中郎：**官名，主管皇帝侍卫，因曹丕曾任此职，这里代指曹丕。**⑤奴：**尊长者对卑幼者的昵称，这里指曹丕。

译　文　魏甄后聪明貌美，原先是袁熙的妻子，很受宠爱。曹操攻破邺城后，立即下令召见甄氏，身边的人禀告说："五官中郎将曹丕已经把她带走了。"曹操说："今年击败敌人正是为了这小子！"

原　文

荀奉倩与妇至笃①，冬月妇病热，乃出中庭自取冷，还以身熨之。妇亡，奉倩后少时亦卒，以是获讥于世。奉倩曰："妇人德不足称，当以色为主。"裴令闻之曰："此乃是兴到之事②，非盛德言，冀后人未昧此语。"

注　释　**①荀奉倩：**荀粲，字奉倩，三国时魏国人，年二十九而死。**②兴到：**兴致所到，指一时兴起。

译　文　荀粲和妻子的感情很深，冬天妻子生病发烧，荀粲就到院子里把自己冻冷，然后回到屋子，用自己的身体贴着妻子给她退烧。妻子去世后，荀粲没过多久也死了，因此受到世人的嘲笑。荀粲曾说："女人的德行并不值得称道，应当以容貌为主。"中书令裴楷听到此言后说："这是一时兴起所说的话，并不是有美德的人应当之言，希望后人不要被这话弄糊涂了。"

原　文

贾公闾后妻郭氏酷妒①，有男儿名黎民，生载周②，充自外还，

乳母抱儿在中庭，儿见充喜踊，充就乳母手中呜之[3]。郭遥望见，谓充爱乳母，即杀之。儿悲思啼泣，不饮它乳，遂死。郭后终无子。

注释 ①**贾公闾**：贾充，字公闾，曹魏时任司马氏属下右长史，指使成济杀害高贵乡公曹髦。入晋后，和裴楷共同制定晋律，官至太尉。②**载周**：满一周岁。③**呜**：亲吻。

译文 贾充的后妻郭氏心胸非常狭隘。有个儿子名叫黎民，刚满周岁时，贾充从外面回来，奶娘抱着他在院子里，儿子看见贾充兴奋异常，贾充就到奶娘跟前，在她手中亲吻了孩子。郭氏老远看见了，以为贾充爱上奶娘，就把她杀了。儿子思念奶娘，忧伤得啼哭，别人的奶不喝，最后死了。郭氏从此再也没有子嗣。

原文

孙秀降晋[1]，晋武帝厚存宠之[2]，妻以姨妹蒯氏，室家甚笃[3]。妻尝妒，乃骂秀为貉子[4]。秀大不平，遂不复入。蒯氏大自悔责，请救于帝。时大赦，群臣咸见。既出，帝独留秀，从容谓曰："天下旷荡[5]，蒯夫人可得从其例不？"秀免冠而谢，遂为夫妇如初。

注释 ①**孙秀**：字彦才，原任吴国前将军，降晋后拜骠骑将军，封会稽公。②**存宠**：抚慰、宠爱。③**室家**：夫妇。④**貉子**：北方人对南方人的蔑称。⑤**旷荡**：宽宏浩荡。

译文 孙秀降晋后，晋武帝司马炎对他厚爱有加，把姨家的表妹蒯氏嫁给了他，夫妻二人感情很深。有一次妻子生气，就骂孙秀是"貉子"，孙秀大怒，从此就不再进蒯氏的屋子。此事发生后蒯氏非常内疚，她向晋武帝求助。当时正在大赦天下，大臣们都来谒见皇上。散朝后，晋武帝单独留下孙秀，不经意地对孙秀说："国家对有罪之人都宽宏大量，蒯夫人也能按照这个标准宽恕她吗？"孙秀摘掉帽子向武帝谢罪，从此夫妻二人和好如初。

原文

韩寿美姿容[1]，贾充辟以为掾。充每聚会，贾女于青琐中看[2]，见寿，说之。恒怀存想，发于吟咏。后婢往寿家，具述如此，并言女光丽。寿闻之心动，遂请婢潜修音问，及期往宿。寿跻捷绝人[3]，逾墙而入，家中莫知。自是充觉女盛自拂拭[4]，说畅有异于常。后会诸吏，闻寿有奇香之气，是外国所贡，一著人则历月不歇。充计武帝唯赐己及陈骞[5]，余家无此香，疑寿与女通，而垣墙重密，门阁急峻，何由得尔？乃托言有盗，令人修墙。使反曰："其余无异，唯东北角如有人迹，而墙高，非人所逾。"充乃取女左右婢考问[6]，即以状对。充秘之，以女妻寿。

注释 ①**韩寿**：字德真，历任散骑常侍、河南尹，死后追赠骠骑将军。②**青琐**：刻镂成格子并涂上青色的窗户。③**跻捷**：行动轻灵敏捷。④**拂拭**：这里指修饰打扮。⑤**陈骞**：字休渊，

官至大司马。⑥**考问：** 审问。

译　文 韩寿相貌出众，贾充召他做属官。贾充每次召集聚会时，他女儿就透过窗格朝里观望，见到韩寿，很喜爱他，总为他朝思暮想，还把自己的思念之情抒发到诗文里。后来她的婢女到韩寿家，把贾充女儿对他的爱慕之情说了，还告诉韩寿贾充的女儿非常漂亮。韩寿听罢心动了，让婢女暗中为他传递消息，并约定时间去女子那里过夜。韩寿身手矫健，晚上翻墙而入，贾充家里没人知道。从此以后，贾充发现女儿总是极力装扮自己，心情也比以往愉快多了。后来和官吏们聚会，他闻到韩寿身上有一种奇异的香味，这种香料是国外的贡品，涂到身上，香味几个月都不会消失。贾充心想，这种香料晋武帝只赐给了自己和陈骞，别人家没有这种香料，于是就怀疑韩寿和女儿私通，不过家中院墙高大，门户看管得也很严密，韩寿怎么能够进来呢？于是借口发现盗贼，让人修整围墙。派遣的人回来说："别的地方没什么异常，只有东北角好像有翻越的痕迹，不过墙那么高，人是翻不过去的。"贾充就把女儿身边的婢女叫来审问，婢女把实情告诉了他。贾充把此事隐瞒下来，将女儿嫁给了韩寿。

原　文

王安丰妇，常卿安丰[1]。安丰曰："妇人卿婿，于礼为不敬，后勿复尔。"妇曰："亲卿爱卿，是以卿卿；我不卿卿，谁当卿卿？"遂恒听之。

注　释 ①**卿安丰：** 用卿来称呼安丰。卿，相当于"你"，常用来称呼地位、辈分低于自己的人；用于平辈之间，显得亲昵而不拘礼节。

译　文 安丰侯王戎的妻子常称他为卿。王戎说："妻子称丈夫为卿是不礼貌的，以后不要再这样了。"妻子说："我亲你爱你，所以才称你为卿。我不称你为卿，谁该称你为卿？"从此王戎就任凭她这样称呼了。

原　文

王丞相有幸妾姓雷，颇预政事，纳货[1]。蔡公谓之"雷尚书"[2]。

注　释 ①**纳货：** 收受贿赂。②**谓：** 称呼。

译　文 丞相王导有个爱妾姓雷，颇多干预朝政，收受贿赂。蔡谟称她为"雷尚书"。

三十六　仇隙

题　解

本章记载了各种因仇恨而产生报复的仇杀事迹，而这些多半和权力斗争相关。

原　文

孙秀既恨石崇不与绿珠[1]，又憾潘岳昔遇之不以礼[2]。后秀为中书令，岳省内见之[3]，因唤曰："孙令，忆畴昔周旋不？"秀曰："中心藏之，何日忘之[4]？"岳于是始知必不免。后收石崇、欧阳坚石[5]，同日收岳。石先送市[6]，亦不相知。潘后至，石谓潘曰："安仁，卿亦复尔邪？"潘曰："可谓'白首同所归'。"潘《金谷集》诗云："投分寄石友，白首同所归。"乃成其谶。

注　释　①**孙秀**：字俊忠，赵王司马伦的心腹，司马伦篡位后，他任中书令，专擅朝政。**绿珠**：石崇的歌伎，美丽而善于吹笛。司马伦专权时，孙秀曾指名索取绿珠，后石崇被捕，她坠楼自杀。②**"又憾"句**：潘岳父亲为琅邪太守时，孙秀是他手下的役吏，服侍潘岳，潘岳曾多次踢打孙秀，不把他当人看，所以孙秀心怀不满。③**省内**：官署里。④**"中心"二句**：语出《诗经·小雅·隰桑》，意思是心中记着这件事，哪一天能忘记呢？⑤**欧阳坚石**：欧阳建，字坚石，石崇的外甥，历任山阳令、尚书郎、冯翊太守。⑥**市**：东市，是执行死刑的地方。

译　文　孙秀既憎恨石崇不把绿珠给自己，又怨恨潘岳以前对自己的无礼。后来孙秀做了中书令，潘岳在中书省见到他，就招呼他说："孙令，你还记得以前我们的交往吗？"孙秀说："我一直记在心里，一天也不会忘！"潘岳于是知道孙秀的报复是不可避免的。后来孙秀派人逮捕石崇、欧阳坚石，当天也把潘岳抓起来了。石崇先被送到东市刑场，他还不知道潘岳的情况。潘岳随后到了，石崇对潘岳说："安仁，你也落到了这个地步？"潘岳说："这可以说是'白首同所归'呀。"潘岳在《金谷集》中的诗写道："投分寄石友，白首同所归。"没想到竟成了他们的谶语。

原　文

刘玙兄弟少时为王恺所憎[1]，尝召二人宿，欲默除之。令作坑，坑毕，垂加害矣。石崇素与玙、琨善，闻就恺宿，知当有变，便夜往诣恺，问二刘所在。恺卒迫不得讳[2]，答云："在后斋中眠。"石便径入，自牵出，同车而去。语曰："少年何以轻就人宿？"

注　释　①**刘玙兄弟**：指刘玙、刘琨兄弟二人。刘玙，《晋书》本传作“刘舆”，字庆孙，刘琨的哥哥。②**卒迫**：猝迫，仓促急迫。卒，通“猝”。

译　文　刘玙兄弟年轻时被王恺憎恨，有一次王恺让兄弟二人在自己家住宿，想悄悄除掉他们。王恺让人挖坑，坑挖好后，就要加害他们。石崇一向和刘玙、刘琨兄弟关系不错，听说他们在王恺家留宿，知道会发生变故，就连夜来到王恺家，问刘玙兄弟在哪里。王恺仓促之间没有隐瞒，回答说：“在后面的屋里睡觉。”石崇就径直去了后屋，把他们兄弟拉出来，一起坐车走了。他对他们说：“年轻人，怎么能随随便便到别人家住宿！”

原　文

王大将军执司马愍王[1]，夜遣世将载王于车而杀之[2]，当时不尽知也。虽愍王家亦未之皆悉，而无忌兄弟皆稚[3]。王胡之与无忌，长甚相昵，胡之尝共游，无忌入告母，请为馔。母流涕曰：“王敦昔肆酷汝父[4]，假手世将。吾所以积年不告汝者，王氏门强，汝兄弟尚幼，不欲使此声著[5]，盖以避祸耳！”无忌惊号，抽刃而出，胡之去已远。

注　释　①**司马愍王**：司马丞，字元敬，袭父爵封为谯王，曾任湘州刺史。王敦起兵时，他兴兵讨伐，后被王敦所害，死后谥为愍王。②**世将**：王廙，字世将，王胡之的父亲。他又是王敦的堂兄弟，曾追随王敦叛乱，担任平南将军、荆州刺史。③**无忌**：司马无忌，字公寿，司马丞的儿子。④**肆酷**：肆意残害。⑤**声著**：声张；张扬。

译　文　大将军王敦抓了愍王司马丞，夜里派王廙在车里把愍王给杀了，当时人们并不知道事情的真相。即使愍王的家人也不是全都知道，司马无忌兄弟年纪还小。王胡之（王廙子）和无忌长大后关系很好，有一次王胡之和他一起玩，无忌回家告诉母亲，请她准备饭食。母亲流着眼泪说：“王敦以前肆意残害你的父亲，借王廙的手把你父亲杀了。我之所以这么多年不告诉你，是因为王氏家族势力强大，你们兄弟年纪还小，我不想把这件事声张出去，是为了避祸啊！”无忌听罢大叫，拔刀往外跑，此时王胡之已经走得很远了。

原　文

应镇南作荆州[1]，王修载、谯王子无忌同至新亭与别[2]，坐上宾甚多，不悟二人俱到。有一客道：“谯王丞致祸，非大将军意，正是平南所为耳[3]。”无忌因夺直兵参军刀[4]，便欲斫。修载走投水，舸上人接取，得免。

注　释　①**应镇南**：应詹，字思远，曾任荆州刺史，死后追赠镇南大将军。②**王修载**：王耆之，字修载，王廙的儿子，王胡之的弟弟。③**平南**：指王廙，字世将，曾任平南将军。④**直兵参军**：值班的参军。

译　文　镇南大将军应詹出任荆州刺史时，王耆之和谯王司马丞的儿子司马无忌一起到新亭为他送别。当时在座的人很多，没料到这两人一块儿来了。有一个客人说：“谯王司马丞遇难，

不是大将军王敦的意思，正是平南将军王廙做的。”无忌听了立即夺过值班参军的刀，就要砍王耆之（王廙子）。王耆之急忙逃走，跳入水中，幸亏船上的人搭救，这才得以幸免。

原　文

王右军素轻蓝田，蓝田晚节论誉转重[①]，右军尤不平。蓝田于会稽丁艰[②]，停山阴治丧。右军代为郡。屡言出吊，连日不果。后诣门自通，主人既哭，不前而去，以陵辱之。于是彼此嫌隙大构。后蓝田临扬州[③]，右军尚在郡。初得消息，遣一参军诣朝廷，求分会稽为越州[④]，使人受意失旨，大为时贤所笑。蓝田密令从事数其郡诸不法，以先有隙，令自为其宜[⑤]。右军遂称疾去郡，以愤慨致终。

注　释　①**晚节**：晚年。②**丁艰**：据《晋书·王述传》记载，这里指王述在担任会稽内史时遭遇母亲的丧事。③**临扬州**：指王述守孝期满后出任扬州刺史。临，出任。④**“求分”句**：会稽郡本属扬州，王羲之要求把会稽郡从扬州划出来新建越州，目的是避开王述的管辖。⑤**自为其宜**：自己采用适宜的办法去处理。

译　文　右军王羲之一向看不起蓝田侯王述。王述晚年声誉越来越高，王羲之为此愤愤不平。王述在会稽任内遭遇母丧，留在山阴办理丧事。王羲之代为会稽郡守，他屡次说要前去吊唁，却接连多日都没有去。后来去了王述家，自己通报要进去吊唁，主人哭起来以后，王羲之却没进去哭吊就走了，以此来侮辱王述，于是两人之间的仇隙就更深。后来王述出任扬州刺史，王羲之还在会稽郡。刚得到这个消息，他就派一名参军到朝廷去，要求把会稽分出去，成立越州。没想到使者未能领会他的意思，此事成了名流们的一大笑柄。王述也暗地里命令下属挑剔会稽郡的诸多不法行为，因为先前的结怨，王述让他自己看着办。王羲之就称病辞职，因此愤恨而死。

原　文

王东亭与孝伯语，后渐异[①]。孝伯谓东亭曰：“卿便不可复测！”答曰：“王陵廷争，陈平从默[②]，但问克终云何耳[③]。”

注　释　①**渐异**：指意见逐渐不同。王孝伯曾想杀掉把持朝政的中书令王国宝，王珣暂时没有同意，两人意见略有分歧。②**“王陵”二句**：西汉惠帝时，吕后想封吕氏诸人为王，问右丞相王陵，王陵认为不可；又问左丞相陈平，陈平说可以。后来陈平却和周勃一道消灭诸吕，安定了天下。从默，顺从沉默。③**克终**：这里指结果。

译　文　东亭侯王珣和王恭原本志趣相投，后来渐渐出现分歧。王恭对王珣说：“你真让人难以捉摸！”王珣答道：“王陵在朝廷和吕后抗争，陈平却保持沉默，只是要看看事情最后的结果如何啊。”

原　文

王孝伯死[①]，县其首于大桁[②]。司马太傅命驾出至标所[③]，孰视首，曰：“卿何故趣欲杀我邪[④]？”

注释 ①**“王孝”句：**晋安帝隆安二年（398），王恭联合殷仲堪再次起兵，讨伐专擅国政的太傅司马道子，兵败后被部将刘牢之杀死。②**大桁：**大浮桥，这里指建康秦淮河上的朱雀桥。③**标：**受刑者斩首后悬首示众的高柱子。④**趣：**通“促”，急促。

译文 王恭被杀后，他的头颅被挂在朱雀桥上示众。太傅司马道子乘车来到悬首的柱子前，他仔细看着王恭的首级，说道：“你为什么要急着杀我呢？”

原文

桓玄将篡，桓修欲因玄在修母许袭之[1]。庾夫人云：“汝等近，过我余年，我养之，不忍见行此事。”

注释 ①**桓修：**字承祖，小字崖，桓冲的第三子，桓玄的堂兄弟。

译文 桓玄将要篡位，桓修想趁桓玄在他母亲庾夫人那里时杀了他。庾夫人说：“你们关系亲近，等到我度过晚年吧。我抚养了他，不忍心看你做这种事。”